心理咨询与治疗丛书

心理咨询的理论与实务

Xinli Zixun de Lilun yu Shiwu

（第2版）

江光荣　著

高等教育出版社·北京

内容提要

本书系统介绍当代心理咨询和治疗的理论与实践。全书大致分为两部分，前一部分从咨询和心理治疗的专业性质及其发展历程入手，以心理治疗中当事人的改变为核心问题，分别阐述心理咨询的影响因素、咨询的目标、咨询关系、咨询过程和策略、专业道德等基本问题。后一部分则分章对当代心理咨询与治疗的一些主要体系如精神分析、行为治疗、以人为中心、理性情绪行为、结构家庭等治疗体系逐一进行系统介绍。

本版在前版基础上对结构和内容进行了一些调整和修改，重点是深化咨询过程方面的内容，同时反映近年来本专业领域内的最新进展。本版保持了原版理论实践并重、资料丰富翔实、叙述清晰易懂的特点。

本书可供大学心理学专业高年级本科生，临床心理学、心理咨询、社会工作和精神医学等专业研究生作为教材或教学参考书使用，并可供各类心理咨询师和心理治疗师培训使用。

图书在版编目（CIP）数据

心理咨询的理论与实务 / 江光荣著．—2 版．—北京：高等教育出版社，2012.2（2024.12 重印）
（心理咨询与治疗丛书/郑日昌，伍新春主编）
ISBN 978-7-04-032320-7

Ⅰ．①心…　Ⅱ．①江…　Ⅲ．①咨询心理学-高等学校-教材
Ⅳ．①C932

中国版本图书馆 CIP 数据核字（2011）第 230193 号

策划编辑　单　玲　　责任编辑　单　玲　　封面设计　王　雎　　版式设计　王艳红
责任校对　金　辉　　责任印制　张益豪

出版发行	高等教育出版社	网　　址	http://www.hep.edu.cn
社　　址	北京市西城区德外大街 4 号		http://www.hep.com.cn
邮政编码	100120	网上订购	http://www.landraco.com
印　　刷	河北鹏盛贤印刷有限公司		http://www.landraco.com.cn
开　　本	787mm×1092mm　1/16		
印　　张	23.5	版　　次	2005 年 7 月第 1 版
字　　数	530 千字		2012 年 2 月第 2 版
购书热线	010-58581118	印　　次	2024 年 12 月第 20 次印刷
咨询电话	400-810-0598	定　　价	46.80 元

本书如有缺页、倒页、脱页等质量问题，请到所购图书销售部门联系调换

物 料 号　32320-A0

重印说明

为贯彻党中央、国务院关于加强和改进新形势下大中小学教材建设的意见，全面、准确、系统体现习近平新时代中国特色社会主义思想和党的二十大精神内涵，全面贯彻党的教育方针，落实立德树人根本任务，充分发挥教材的铸魂育人功能，服务教育高质量发展和教育强国建设，在本次重印前，我们按照教育部《普通高等学校教材管理办法》中的教材编写要求，以习近平新时代中国特色社会主义思想为指导，对教材内容与知识体系进行了全面梳理和完善，更新了一些内容，力求反映中国特色社会主义实践，反映相关学科教学和科研最新进展。

教材建设是一项战略工程、基础工程、系统工程，要持之以恒，久久为功。本次重印前的一些订正得益于部分热心读者提出的宝贵意见，在此谨表示真诚的谢意。期望广大师生在使用本教材的过程中继续提出宝贵意见，以便我们后续组织修订此教材。

第 2 版前言

党的二十大报告指出，人民健康是民族昌盛和国家强盛的重要标志，要把保障人民健康放在优先发展的战略位置，完善人民健康促进政策，要重视心理健康和精神卫生。《“健康中国 2030”规划纲要》指出，要调整优化适应健康服务产业发展的医学教育专业结构，加大养老护理员、康复治疗师、心理咨询师等健康人才培养培训力度。《教育部办公厅关于加强学生心理健康管理工作的通知》也指出，高校要强化心理咨询服务平台建设，为开展个体心理咨询与团体心理辅导提供优质的实时实地服务。2024 年全国两会期间，心理咨询持续受到代表委员的关注。例如，建议加大校园心理危机干预力度，将心理咨询等项目纳入医保；建议构建“全生命周期”生命教育体系，打造心理咨询与治疗的“中国模式”等。心理咨询与治疗正在受到越来越多的关注。

此次修订，对各流派理论，除了更新一些知识以反映该流派的进展以外，变动并不太大。主要改动集中在咨询过程方面。从第四章到第七章，共有四章讲述咨询过程的内容。如此强调咨询过程，是因为我在近年的研究生教学中，发现同学在掌握了咨询过程的一些主要概念和基本技巧之后，还需要就基本概念和技巧在实务中的表现形式，对它们的运用，有更多、更深入的体会，以促进知识的扩展和融会贯通。但这样处理之后，可能在有些导论性质的本科课堂上，教材的部分内容显得过细、过于专门了一点。授课老师可以根据需要删减一些。第八章也做了比较大的改动，主要是把这一章的主题集中在咨询过程中对当事人的理解上，即个案厘析和评估的问题。其中个案厘析是近年来本专业比较受重视的领域，本章对此提供了一个导论性质的框架。最后，在内容编排上有一个小的改变，就是把原来放在最后一章的专业伦理，前移到第九章。这样安排在结构上显得更加合理，也在一定程度上显示专业伦理的重要性。

心理咨询与治疗学科中，存在两大类知识。一是这个专业的一般规范，普遍认可的概念、理论和方法，等等。这类知识是本专业内大多数人共同接受、认可或遵循的。从科学性角度看，这类知识由于得到较多的实际研究，发展水平较高一些。另一类知识是由一些作者或治疗师个人创立，后来逐渐发展，吸引了多少不等的“信众”，自成一派的“理论体系”。从科学性角度看，这类知识因为学派的不同，发展水平不一，但总体而言，较前一类知识科学性略低。使事情变得复杂的是，共同知识中，很多是由原来的流派知识演化过去的。例如有关治疗关系的共同知识，大半源于以人为中心理论和心理动力理论。

就教材写作而言，如何恰当地处理这两类知识，是一个比较棘手的问题。本版沿用前版的办法，把全书分为前后两部分，前部介绍“共同知识”，后部介绍理论流派。从分量上，前部内容讲得比较深入，后部只对几个主要流派提供一个导论性质的介绍。这样安排的好处，是读者可以清楚地知道哪是基础的、共同的知识，并且知道知识的来源；不好的地方，是前后内容可能出现重复。当今心理咨询与治疗的科学发展趋势，是流派的声音渐弱，共同知识的声音渐强。我也希望本版修订，在一定程度上能够体现这个趋势。

本次修订的过程，前后花了两年时间。其间得到许多人的支持和帮助。最大的帮助来自我的硕士生课堂和博士生周例会。跟一群聪明、勤奋，富有活力和创造力的年轻人一起工作，一起讨论人和人的改变的学问，是一件刺激、美妙的事情。我在帮助他们学习、研究心理咨询和治疗的过程中，自己的视野、思考也得到开拓和磨砺。许多灵感和领悟都来自这几个课堂。真诚地谢谢你们，已经毕业和在读的同学们！接下来，我要特别感谢钱铭怡教授。钱教授在百忙之中，慨然应允担任书稿的审阅工作。当我拿到出版社转来的钱教授的审阅稿时，我真的十分震惊：钱教授不仅对全书给出了全面、中肯的评价，对若干内容提出了修改建议，而且在文稿上对写作上的一些细节，如名词术语、表达方式，甚至标点符号的问题，都做了仔细标注。这般的用心和认真，真令我感激又感动。再一个感谢要送给全国各地使用本书做教材的同行，其中有的我认识，大部分不认识。我在不同场合收到各地同行口头或者通过邮件发送的反馈意见，有的提出修改建议，有的分享个人的想法。这些建议和想法也对我的修订工作有莫大帮助。我真诚地希望大家继续关注这本书，告诉我你们的使用心得和建议，以及希望从我和出版社得到的协助。最后，要感谢我的当事人，以及接受我督导的学生的当事人。我是一个研究心理咨询，教心理咨询，同时也做心理咨询的人。多年的专业生涯中，最令人激动和敬畏的事情，是陪伴和观察一个个受助者受困、挣扎、复活的过程。这些过程令我有一个深切的感受：生命的故事再卑微也值得尊重，助人的生涯再平凡也值得追求。

江光荣
2011年10月16日
（2024年5月修改）

第1版前言

本书是作者《心理咨询与治疗》(安徽人民出版社,1995年版)一书的第二版。这次改版,除书名改名为《心理咨询的理论与实践》,出版人改为高等教育出版社外,更对内容作了大幅度的增删和修改,原书中"变态行为"和"咨询和心理治疗的中国化"两章被删去,新增了"当事人评估"、"结构式家庭治疗"和"专业伦理问题"等三章。其余各章尤其是前六章作了很大修改,篇幅也扩充了很多。

本书的目标读者仍然是有志学习心理咨询与治疗的人。他们可能是大学心理学专业高年级学生,临床心理学、咨询心理学和社会工作等专业的研究生,以及各类心理咨询师和心理治疗师培训班、心理健康教育教师培训班、社会工作者培训班的学员。作者也希望这本书对许多希望通过阅读心理咨询著作来增进自我了解甚至自我帮助的人士有所帮助,但总的来说,这本书主要还是作为一本教材来写的。

本书第一版出版至今已经整整十年了。这十年里中国心理咨询与治疗有了相当可观的发展。近几年在政府有关部门的推动下,心理咨询的专业化脚步加快了。比如,劳动与社会保障部和卫生部相继推出了心理咨询师、心理治疗师资格考试,各地心理咨询师的培训颇有声势。但是,认真观察和分析这些繁荣景象之后,笔者发现我国心理咨询的专业化还是存在一些问题和隐忧。这里提出几点来谈一谈。

第一个问题是中国心理咨询与治疗是不是应该走专业化的发展之路?所谓专业化,就是由受过专业训练的人,以专业的态度和方法,来做专业的事。这个问题前几年在一些人士中间看法不完全一致。大多数意见认为心理咨询和治疗在中国也应该像西方一样,强调她的专业属性,走专业化的发展的道路。但有些人觉得,在心理咨询起步发展的阶段,太过于强调专业性会阻碍她的发展速度。另外,中国有思想政治工作的传统,有人际互助的传统,存在着大量半专业和非专业的助人者,如果太强调专业身份,这些人将无法确定其位置。有人半开玩笑地说强调专业化是"不许革命"。现在随着政府介入,看来中国心理咨询的发展将走专业化的道路,广大公众也更认可咨询的专业化。毕竟,对受助者利益负责是更高一层的理由。

专业化的核心理由是保证服务的质量和水准。在心理咨询这个专业里,服务的质量和水准可以由多方面的元素构成,但最重要的一个元素,无疑应该是咨询和治疗的效果。如果一项专业活动其效果是虚假的,不能保证的,或者无效的,它的生命迟早会终结。如果心理咨询与治疗不能够有效地促使当事人改变,提升当事人的生命质量和个人幸福,她的生命迟早也会完结。靠皇帝的新衣一样的神话来维持一个无效专业是不可能长久的。因此,衡量心理咨询专业化的成就和水平,应该把心理咨询的效果作为第一位的标准。其他许多专业化的工作和措施,应该看它们能不能促进咨询效果的提升。

如果建立以上这个评价标准,那么今天我们身边所进行的不少心理咨询的"专业化"

工作，其实经受不起认真的考评。兹举一例。笔者曾经对比美国心理咨询资格认证和我国劳动与社会保障部所推动的心理咨询师资格认证（江光荣、夏勉，2005），指出美国心理咨询师的培养和认证制度几个不同于我国的特点：一是区分培训机构的资质鉴定与咨询师的资格认证，重视培训机构的资质鉴定，而不是只管咨询师的资格认证。在美国，合格的培训机构几乎清一色是大学和研究院的心理学系科，而我国劳动部认可的培训机构，许多是各地的职业培训学校；二是强调心理咨询为一高级专业活动，重视正规训练和学历教育。美国（包括世界上多数国家和地区）对心理咨询师申请人的最低资格要求是临床心理学或心理咨询的硕士。反观我国劳动和社会保障部颁布的心理咨询师国家职业标准，对进入水平的最低要求是“取得本专业或相关专业中专以上毕业证书、经心理咨询员正规培训达规定标准学时数，并获得毕（结）业证书者”①。这个要求存在几个问题：(1) 进入水平要求太低；(2) 轻视学历教育，把非学历培训放在正式学历教育之上。既从“本专业”毕业，如何还要经心理咨询员的“正规培训”？哪个更“正规”？(3) 不合理地扩大入口。“取得本专业或相关专业中专以上毕业证书”一语中“相关专业”一词，用模糊法放宽了申请者的专业条件，实际上谁都可以申请做心理咨询师。

除了咨询员的培养和训练，作为一门社会职业，心理咨询的专业伦理和相关法律问题也应该是专业化工作的重要内容。这一点在我国也没有受到重视。心理咨询与治疗是可能涉及非常复杂的伦理和法律问题的专业领域。例如，当当事人利益与公众利益发生冲突的时候，咨询师的立场应该如何确定？为当事人保密的原则与司法机关的侦查发生矛盾时，咨询师应该怎样处理？当从业者发生违犯职业伦理和守则的行为时，由谁，依据什么来对违规者进行处理？诸如此类的事项，中国的心理咨询专业现在还缺乏一个管事的机构，更谈不上制定出规则和执法，同时也不能跟国家的法律相衔接。

国家正处在一个突飞猛进的发展时期，心理咨询的专业化过程中所面临的这些问题，相信会在发展中逐渐得到处理。作为准备进入这个专业的学习者，应该有使命感，为促进我国的心理咨询专业的发展做出自己的贡献。

本书的修改写作过程中，得到许多人的帮助。华中师范大学心理学系心理咨询与治疗专业方向的研究生刘朝莹、孙启武、余晓敏、李凤兰、李涛、郑莺、夏勉、秦向荣、黎少游等同学，直接参与了修改工作。他们有的协助作者收集新近的文献，有的提出了修改建议，有的写出了部分章节的修改初稿。作者对这些同学致以诚挚的感谢。作者还要感谢近几年参加“辅导理论”和“辅导过程与训练”两门课程学习的所有研究生和研究生课程班的同学，修改稿中许多思想、许多新的认识，都是在课堂互动中产生的。最后要特别感谢本书责任编辑林丹瑚女士，是她的不断督促，才使作者坚持着完成了写作任务。

① 摘自中华人民共和国劳动与社会保障部：《心理咨询师国家职业标准》，2002年。

目录

第一章

绪　　论

心理咨询和心理治疗是现代社会中一项独特的、专业化的人际帮助活动。如果想要了解或进入这一专业领域，首先从宏观角度对这一专业在现代社会中的定位、她的发展历史和现状以及她的主要特点作一鸟瞰，是较为明智的选择。这样可以使读者先见森林，再见树木。因此，本章将从讨论现代社会中个人生存发展的困难与专业助人活动的可能性入手，阐明心理咨询产生和发展的社会原因，以及心理咨询专业的哲学基础和科学基础。在这个基础上再来讨论咨询和心理治疗活动的基本属性和特点。最后，我们将回顾心理咨询和治疗发展的大致历程，并对中国人社会（台湾、香港和大陆）心理咨询的发展状况予以介绍。

第一节　人的发展与助人专业

一、人的心理困扰

（一）适应和发展——人生两大基本任务

每个人来到这个世界上，便面临两个终生的课题，即适应和发展。适应和发展体现着人（也是任何一种生物）存在的基本规定性，是不能选择的。

在心理学中，“适应”是指有机体以行为改变为手段对环境条件的顺应。任何人出生到这个世界上，必承受许多先定的、个人无法选择的生活条件（环境），例如我们的父母、我们的家庭、我们的种族，等等。而且任何人终其一生，始终都是在一个受限制的环境中生存，在一个有限的舞台上演出。所谓适应，其实是尽可能地利用受限的生存条件，使自己的需要得到满足，同时也使个人的生命尽可能丰满和有意义。

不同个体适应环境的情况有好有坏，描述这种适应情况的概念叫做“适应性”。适应性不仅在个体之间存在差别，在一个人生命的不同时期也往往有变化。例如有人在青少年时期学校适应很好，步入社会后却频遭挫折。

综合来说，我们不妨这样对适应下一个定义，即，适应是个人通过不断作出身心调整，在现实生活环境中维持一种良好、有效的生存状态的过程。

适应和发展无法分开,恰如一枚硬币的两面。在心理学中,“发展”指的是个体的身心机能及其品质发生有顺序的、积极的变化的过程。在一个相对适应的水平上,由于个体生理的成熟,或由于环境和教育条件发生了改变,原来的适应平衡便被打破。新的条件和新的要求需要高一级水平的心理机能和个性品质才能适应。个体由是通过学习来提升心理机能和个性品质。这一由较低的适应水平向较高的适应水平推进的过程,便是发展。

人类个体的发展既有其客观定则,又有相当大的不确定性或可变性。就其客观定则而言,首先,绝大多数个体只要生长在一个基本正常的环境中,就必不可免会有所发展。比如身体一天天长大,能力和知识越来越丰富。其次,每个人都要经历大致相同的发展阶段,从嗷嗷求哺而追逐嬉戏而上学读书而成家立业……就其不确定性而言,一则,对于一个人,发展总是在特定环境中进行的,而这个环境既存在客观性又存在偶然性。一个人所面临的经济条件、教育条件和人生际遇,会对其发展过程产生重大影响,使得发展有时顺利,有时出现障碍和差错。再则,每个人在发展过程中继起的追求发展的努力程度,也影响他的发展水平。事实上,许多心理学家相信,虽然每个人都有一个心理发展的上限(这个上限由个体遗传的发展潜质所决定),但大多数人并未达到这个上限。

由上述讨论,我们了解到环境对于人的适应和发展有着绝对的意义:环境条件既可支持个人的适应和发展,也可能阻遏其适应和发展。由此,我们自然地希望,人类的社会文化条件变得更合人性,更有利于人的生存发展。遗憾的是,事实好像并非如此。

(二)社会变迁——现代人面临的适应挑战

20世纪是一个发生了广泛的社会文化变迁的世纪。变化的范围之广,幅度之大,速度之疾,为文明史上所仅见。作为人适应和发展环境的社会文化条件的这种变革,使当代人的适应和发展面临严峻挑战。学者们在研究社会文化变革与人的适应的关系时,确认以下一些社会变迁因素对人构成适应压力:(1)价值冲突压力;(2)社会变革压力;(3)文化移入压力;(4)生活变动压力;(5)目标-努力不符压力(如唤起了的成就期望与实际的成就水平之间不一致造成的失落与愤怒);(6)社会地位分化压力;(7)角色冲突压力(参见马尔塞拉,1991,第256—258页)。为更多一点了解这种适应挑战,我们不妨联系几种社会文化的变迁,看看它们造成压力和挑战的情形。

变化之一:专业分工愈来愈细,造成人的心理机能的片面使用和发展。大工业生产导致非常精细的专业分工。这种分工只要求生产者具有非常单一的能力,并在该项能力上有卓越的发展。对这种生产来说,生产者最好是只具有某种单一功能——譬如专门焊接一批固定焊点——的“机械手”。他的思想、情感、创造性等变成了多余的累赘。从心理生活的丰富性、心理机能发展的全面性来比较,一位狩猎社会的猎人甚至要比一位在流水线上作业的现代工人幸运得多。一位猎人要有灵敏的视、听、嗅、想象和思维能力,要有强健的体魄,要有独立拼搏、不屈不挠的意志,要有合作、助人的品质。他的环境也提供了充分的压力和刺激让他发展这些机能和品质。而在流水线上的工人呢?社会要求他的只有两样东西:一是对金钱的需要,二是娴熟地拧螺丝的技能。

变化之二:人口密度增加,人际冲突增加。由于人口绝对数量的增加,更重要的是由于工业化和城市化过程中人口迅速向作为工商业中心的都市集中,造成人口相对密度急剧增加,而生存资源和机会相对有限,使得发生人际摩擦和冲突的几率大大增加了。有限的工作职位,有限的晋升晋级机会,有限的居住、交通、教育、医疗容量,在各方面制造出一个个竞争“瓶颈”。竞争不仅催生冲突,更使人经常处于应激、不安之中。

变化之三:家庭结构和功能发生变化,家庭的心理保健功能下降。传统家庭担负着多重功能,如生产、生殖、保护、教育、消费,等等。以这多重功能为纽带,家庭结构比较牢固地得以维系。但在现代社会里,家庭作为生产和消费的基本单位的功能日益萎缩,其他一些功能也日益社会化(如教育功能转移到学校,安全保护功能转移到保险、社会福利、公安部门),家庭在人们生活中的重要性开始下降。家庭结构向小型化、核心家庭发展。家庭破裂、重组的比例增加,稳定性下降。由于性爱成分在维系家庭上的作用相对上升,加上避孕技术的进步和性道德观念的淡化,使家庭不稳定的趋势更加突出。在各种文化中普遍存在的离婚率上升现象,就是这种变化的证明。

联系家庭生活与个人的心理健康的关系来看,家庭历来都有双重作用,好的家庭关系支持、维护家庭成员的心理健康,不良家庭关系引起冲突和压力,造成心理困扰。在现代社会中,虽然总的说来家庭的积极作用仍然大于消极作用,但两种作用成分却发生着令人担心的消长:家庭保护心理健康的作用在下降,引起困扰的作用在上升。

变化之四:教育日益片面化,忽视个性和谐发展。人的全面和谐的发展一直是教育的理想和追求,但片面化的教育却一直是教育发展的现实和趋势。在现代社会中,教育的这种畸形发展越来越严重。一方面是社会对教育的投入越来越大,个体受教育的时间越来越长;另一方面是教育日益变成了职业教育、谋生教育。教育内容片面集中于知识、技能的传授。大至国家、社会,小到家庭、个人,对教育进行评价的尺度越来越单一地集中在对生产力的开发方面。在今天的学校(还有家庭)里,体育、美育要么受冷落,要么就单单对那些稍有天赋的孩子进行重点教育,以便让这些孩子日后以体育或艺术谋生。

教育畸形的结果,一是使学生在校学习期间经受巨大的学习压力和竞争压力,产生大量心理困难;二是让学生以不健全的个性品质走向社会,造成长远的适应困难。

变化之五:人际直接交往减少,情感联系淡化。在现代社会中,个人与他人及社会的联系和沟通越来越倚重各种通讯工具、信息载体和大众传播媒介。互联网更是一个无远弗届的信息交流之网。借助这些先进手段,人的行为半径可延伸至很远的物理空间。但另一面,人生活的社会、情感空间却缩小了,人与人的直接交流也减少了。由于交往的形式越来越间接化,交往的内容也就越来越非个人化。以直接交往为条件的情感交流变得越来越不可能。现代人的交往表现出浅表、公事化、形式化的特点。结果形成一种奇怪的现象:人们发现满世界都是同类,却又互不相知,每个人周围都是许多“熟悉的陌生人”。

变化之六:价值观的变化。价值观的演变是演变着的实际社会生活的反映。这里不拟谈论当代社会价值观转变的方向及其好坏,心理学家更关心的是社会价值取向改变的速度和深刻程度,因为它们才和心理健康有直接的关联。在近几十年里,世界各大文化中都发生了巨大的价值危机和价值嬗变。中国社会近数十年里的价值转变更时时使人觉得“今是而昨非”(或“今非而昨是”)。在一个价值尺度变动不已,价值取向从单一走向多元的社会里,个人内部和人际间的价值冲突是不可避免的事情。

我们知道,个体的价值观作为个性因素之一,对其认知、体验和行动有重大影响。价值冲突和混乱必然造成心理困扰。

(三) 陷入适应困境的现代人

在如此广泛而又深刻的社会变迁过程中,现代人的心理适应变成了一场艰苦的战斗。这从现代人心理适应的两个特点可以看出来。

现代人适应过程的特点之一,是适应的相对平衡期缩短,动态调整期变长。好不容易建立起一个适应模式,但持续没多久就变得不适应了。这一现象的根源在于社会文化环境的改变速度太快。这一情况的突出例子是改革开放以来中国社会价值取向的演变。20世纪70年代末的"知识热"迅速演变成"文凭热",没几年"经商热"、"下海热"、"出国热"、"从政热"又后来居上,此起彼伏。"热"体现着社会的价值取向。"热"的转换意味着社会价值取向的转换。如此频繁的价值转换,不可能不影响个体的价值观体系。它迫使个体重新评价以前的价值追求,面对严重的价值冲突。而我们知道,价值观作为人格结构的"内核"部分,具有相当大的稳定性,改变价值观是令人非常痛苦的过程。当一个人以数十年的青春和生命追求的东西一夜之间变得一钱不值时,那种痛失、追悔莫及和愤怒是他人难以理解的。总而言之,在现代社会中,生活条件似乎永远在向个体的能力、经验、现有的适应模式发出挑战,在个体一生中持续地带来压力。个体似乎永远也不可能"准备好了再上阵"。他总是仓促应战,总是刚刚"适应"了又立刻变得不适应,没有喘息的机会。

由于适应状态持续时间变短,调整时间变长,个体经受的应激压力便增加了,而经常处于应激状态是诱发心理障碍的一个基本原因。

现代人适应和发展的另一个特点,是个体有更大的自由度去选择自己的人生。在传统、习惯占支配地位的社会里,人与人之间的"连带感"(relatedness)较强。个人行为较多受到有连带关系的他人——如父母、亲友——的支配。一个人的人生道路往往在很早就相当明白地摆在他面前:父母的今天就是他的明天,个人选择的余地相当小。在这样的社会里,教育、习俗、价值取向也不鼓励青年一代自主自立、自由选择,而强调安分守己、循规蹈矩的品行。这种情况在我国儒家精神中有强烈表现(参见沙莲香,1989)。所谓"父母在,不远游",便是写照之一。但在现代社会里,一方面由于经济、文化生活条件的不断变化,社会不再能提供给年轻一代一条现成、可靠的生活道路,而代之以一系列的选择机会甚至是选择的必然性。另一方面,教育、习俗和价值取向均崇尚、鼓励独立自主、自由选择。两者合在一起就创造出年轻一代渴望选择,也必须选择这样一种局面。选择的自由度大大增加了。

选择自由度增加固然给个体提供了更多的发展机遇,但也并非全如想象的那般美妙。正如弗洛姆(E. Fromm)所指出的,这是一种使人焦虑痛苦、剥夺人的安全感的自由,一种使人想要逃避的自由(弗罗姆,1987)。因为你必须选择,无人能代替你选择,且须由你自己承担选择的后果。来自众多治疗家的经验和临床研究都表明,选择和焦虑几乎是一对孪生子。大量的焦虑个案都与当事人面临某种人生选择有关。当人面临一个选择关头时,既有一种控制感——"我的命运攥在自己手里",同时又深深体验到压力、无助和孤单,焦虑便不可避免地产生了。

在这场求适应的战斗中,现代人如果不是已经失败,至少也是陷入了困境。实际资料残酷地表明这是事实。这里不罗列世界各国的调查,仅以我们国家的情况为证。

新中国成立以来社会发生了巨大变革。尤其是改革开放以来的三十多年里，中国成了世界上社会变迁最剧烈的地区之一。伴随着史无前例的变革的是前所未见的适应困难。从 20 世纪 50 年代以来，历次精神疾病流行学调查显示，我国人口中精神疾病的发生率一直在上升。调查数据的攀升可能一部分源自调查标准的不同，但在一定程度上还是反映了我国精神疾病情况的严重性。例如，精神病的发生率 20 世纪 50 年代为1.3‰～2.8‰，70 年代为 3.2‰～7.3‰，80 年代初一次大规模调查显示：15 岁以上人口中，精神病的时点患病率为 10.54‰，总患病率为 12.69‰。该项调查还表明，在 15—59 岁的人口中，神经症的时点患病率达为 22.21‰（陈学诗，1985）。到了 20 世纪 90 年代，精神病患病率还一直在攀升，1993 年为 13.47‰，1999 年达到 15.56‰。费立鹏等人对山东、浙江、青海、甘肃四省 2001—2005 年全人口抽样调查显示，18 岁以上成人各类心理障碍（以 DSM-Ⅳ轴Ⅰ为标准）的 1 个月时点流行率达 17.5%，据此推算，全国有一亿七千三百万人患有各类心理障碍（Phillips, et al., 2009）。国家卫生部 2009 年卫生事业发展统计公报称，精神障碍是居死亡原因第十一位的疾病（卫生部统计信息中心，2010）。据费立鹏等人的调查，中国人自杀死亡率为 23/10 万，每年自杀死亡 28.7 万人。自杀死亡人数占全部死亡人数的 3.2%，并且自杀是排第五位的死亡原因。而在 15—34 岁年龄组人群中，自杀是第一位的死亡原因（Phillips, Li, & Zhang, 2002）。当然，精神病中的重性精神病，例如精神分裂症等，生物因素是其主要的发病基础，但环境的适应对其也有重要影响。

20 世纪八九十年代，国内一些高校对大学生心理卫生状况作了不少调查。尽管这些调查的工具、方法、评估标准不够统一规范，但总的倾向性估计是，大学生中存在心理困难的人数比例（包括任何程度的心理困扰，从轻微的、非病理性的困扰到严重的精神障碍）约在 15%～25%，其中神经症患病率可能达到 3%～4%。近年对大学生心理健康状况的调查显示，存在中度及以上心理困扰的学生比例为 10%～20%。

中小学生的心理健康问题也不遑多让。例如，王玉凤用 Rutter 儿童行为问题问卷对北京市 2 432 名小学生进行精神卫生流行学调查，有行为问题的儿童的检出率为 13.16%（王玉凤，1989）。1989 年杭州市“大中学生心理卫生问题和对策研究”课题组运用 SCL-90、SDS、STAI、CPI 以及自编的学生心理卫生调查表（SMHI）对该市大中学生作抽样调查，发现约有 16.7% 的学生存在不同程度的心理卫生问题，其中初中生为 13.76%，高中生为 18.79%（杭州市“大中学生心理卫生问题和对策研究”课题组，1990）。陈立华等人于 1994 年报告对武汉市 1 600 名初中生进行心理健康情况调查的结果，采用 SCL-90 为调查工具，发现有不同程度心理健康问题的学生约占总体的 20%，其中有较严重问题的在 3%～6%（陈立华等，1994）。2000 年北京师范大学课题组在北京、河南、重庆、浙江、新疆等五个不同地区抽样选取 16 472 名中小学生，调查结果表明，小学生有异常心理问题倾向的比例是 16.4%，有严重心理行为问题的比例是 4.2%；初中生有异常心理问题的比例是 14.2%，有严重心理行为问题的比例是 2.5%（俞国良，2001）。近年的调查数据之间差异较大，但检出率大致在 10%～20%。

这些实际调查虽然由于使用的标准、调查工具以及样本不同，不同结果间的可比性不高，但各个调查所传达的基本信息是一致的，那就是当代中国人（包括青少年人群）的心理健康情况相当严峻。

（四）应对之策：改良环境和帮助个人

在如何帮助人类个体获得良好适应和发展的问题上，有两条道路可走：其一是改良环境，其二是帮助个人。所谓改良环境，就是使社会的政治、经济、文化、教育等基本活动更人性化，更利于个体的适应和发展。在这方面，西方发达国家作了不少努力，也取得了一些成就，尤其是在那些政府对市场保留一定程度干预的国家。中国社会在制度和文化传统上有许多独特的地方。其中有的有利于人的适应和发展，有的不利于此。比如中国社会主义制度下政府对社会生活实施积极干预的可能性，中华文化传统中重人际关系、人际支持的倾向，中国人追求与自然和谐相处而不是一味地占有和征服的文化，利用得当，当会有助于个体适应和发展。重要的是在经济、社会加速发展的时期，行政管理者的头脑要清醒一些，不要以经济成就代替一切，不要以为任何能够刺激经济发展的东西都是好东西。总之，不应以牺牲精神文明为代价换取物质文明的进步。

第二条道路是帮助在适应和发展过程中有困难的个人。这里说的帮助是一种专门化的帮助。目前，世界上多数国家都程度不同地以政府行为的方式，通过建立心理卫生保障体系这样的社会支持系统来帮助自己的社会成员克服适应和发展障碍，达到较好的心理健康水平。这一支持系统有如下特征：(1) 明确的目标——预防和矫治各种心理障碍，维护和增进心理健康，促进人格的健全发展，提高社会成员对社会生活的适应和改造能力；(2) 专业化的工作队伍——包括数种学科的专业人员和受过专门训练的志愿人员，如精神科医生、临床心理学家、教育心理学家、咨询和辅导工作者、社会工作者、学校心理学家等；(3) 广泛的服务场所——各级各类学校、社区机构、公共卫生机构、政府主办的各种社会福利机构、公私雇佣部门等；(4) 专门的工作内容——如心理咨询与治疗，学校辅导，职业发展计划，家庭辅导，酗酒、吸毒及犯罪行为的改造，等等；(5) 相关的学科群——如精神医学、心理学和社会学等大学科中与心理卫生相配合的子学科；(6) 法律保障——各发达国家都颁布了一系列旨在推进和保障心理卫生工作的法律法规。

在这样一种社会性的帮助系统里，心理咨询和治疗扮演着一个相当关键的角色。

二、心理咨询的哲学基础

一般人容易把心理咨询与治疗想象成纯粹实践性的学问。其实，心理咨询与治疗涉及一些重要的哲学问题。其中，关于人的本性、存在的本质、人与人的关系、生命与价值等哲学命题，往往深蕴于心理治疗实践活动之中。只有对有关命题有认识，才能在实践中不盲目。作为举例，请思考以下这些问题：

- 文明的发展和人类心理、精神生活的发展是同步的吗？如果不同步，原因何在？
- 在自然状态下，极少见到动物出现神经症行为，神经症是人类独有的吗？为什么？
- 自杀是病态现象吗？还是自杀反映了人的崇高？对自杀的干预总是合理的吗？
- 什么是幸福？幸福是人生的最终目标吗？
- 什么是痛苦？“心理治疗致力于消除痛苦”是基于何种理由？
- 当自利和利他发生冲突的时候，应该如何取舍？
- 人本质上是理性的吗？人应该“理性地生活”吗？
- 心理咨询是帮人换一种“活法”吗？心理咨询师凭什么要干涉别人的活法？

- 当事人应该对自己的心理障碍和生活的不幸负责吗？
- ……

以下我们把心理咨询与治疗中涉及的哲学问题大略地归纳为三个方面，分别是：(1) 关于人类心理困难的原因；(2) 关于人性观；(3) 关于价值和价值干预，并尝试着作一些探讨。

（一）人类心理困扰的基本原因

这里论及的是作为一个类存在的人类，而不是个体。人类存在的一个基本事实是：我们带着特定的生物规定性出生，落入一个既存的历史文化环境之中。每个人类个体要在这个特定环境中适应和发展。这里有一个问题：人类的生物规定性是数百万年进化的结果，它相对稳定，而历史文化环境却发生着急剧变化。人类的生物规定性能够适应变化的历史文化环境吗？对于这个问题，有两种不同的回答。

启蒙运动以来，一直有思想家和学者从工业文明与人性的调适角度探讨现代人适应和发展困难的原因。他们认为，工业文明和人类本性之间存在基本的冲突，正是这种冲突导致了神经症和各种心理障碍。卢梭（李常山译，1982）、弗洛伊德（傅雅芳、郝冬瑾译，1987）及当代一些存在主义哲学家和心理学家都有这样的看法。他们的论证大致是这样的：人类个体与生俱来就有一些先天的心理倾向，此即人的生物本性。这种本性是人类在漫长的进化过程中形成的，因此它与人类早期的生活环境相适应。到了现代，人类在物质文明方面的大踏步前进造成了一个与传统生活条件面目迥异的生活环境，而人的生物学进化却几乎停滞不变。这就使得今天的人类要用相对“原始”的生物本性来应付大大改变了的生活环境。著名社会学家奥格本（W. Ogbum）把这种情形形容为“穴居人要在现代城市中生活”（奥格本，1989，p. 147）①。在这些学者看来，人的本性和现代文明的基本矛盾是当代人心理适应困难的根本原因。而且，由于文明的进步无法逆转，人的生物学进化又不可能加速，因此，指望这种调适矛盾出现转机是不可能的，人类精神生活的前景一片暗淡。

另有一批人类学家和社会学家不同意上述论点。他们认为没有充足的证据表明人的生物本性必然不能适应现代条件或文化的改变（奥格本，1989；本尼迪克特，1988）。当代人心理困难的原因不在人性而在文化，在于物质文化的加速发展造成了整个文化的结构性失调。用奥格本的话说，是由于当代文化中的制度文化和精神文化落后于物质文化。一方面，改变了的生活环境向现代人提出了适应挑战，另一方面，社会文化中还没有来得及发展出支持个体适应新的生活条件的体制。人的先天素质中并不缺乏适应的潜能，人所缺少的是获得适应能力的环境条件。

（二）人性观

人性观是一个非常复杂的概念，各派学者都谈论人性观，但着眼点并不一致。如马克思说人是社会关系的总和，是就现实的、社会的人而言。在哲学心理学家眼里，人性通常是指人与生俱来的、带有生物学色彩的倾向性。

心理学家奥尔波特（G. Allport）指出，心理学中对人的本质有三种描画，分别把人看

---

① 奥格本本人并不赞成这种“穴居人”理论，而倾向于第二种观点，即文化失调的解释。

成“反应的存在”(reactive beings),“深层反应的存在”(reactive beings in depth),和“自主的存在”(proactive beings)(Allport,1968)。在心理治疗领域,恰好有三种治疗取向,即行为主义取向、精神分析取向和人本主义取向,各拥抱其中一种人性观:行为主义拥抱“反应的存在”的人性观,精神分析拥抱“深层反应的存在”的人性观,人本主义则拥抱“自主的存在”的人性观。江光荣和林孟平曾依奥尔波特的划分对这三种人性观进行描述(江光荣、林孟平,2003),摘要如下。

1. 反应的存在——行为主义人性观

在行为主义者眼里,人没有先天倾向性,人是环境的产物,环境单向地作用于个人,塑造个人,个人不会对环境有任何有意义的作为。因此,人的行为是被环境所决定的。

人的最终的动机——如果有动机这回事的话——是肉体的生存和舒适,这是所谓“内驱力”概念所表达的意思(Hull,1943)。

学习是一切行为(无论是健康的还是病态的行为)获得的根本途径,心理治疗其实也是一种学习。

从根本上说,人是服从于决定论的。人的自发、自主、自由都是美丽的谎言。如果一个人感觉到他是自由和自主的,这感觉是不能算数的,因为连这感觉也是被决定的。斯金纳说,我们之所以还需要一个“自主的人”这样的概念,是因为我们需要拿它来解释我们现在还解释不了的东西,每当我们了解得多一点,自主的概念就消失一点(Skinner,1971)。

总之,这一种人的形象,正如奥尔波特的名称所指的,是把人看成一个被动反应的生物,其存在方式完全由环境所决定、塑造。

2. 深层反应的存在——精神分析人性观

以下是弗洛伊德主义者眼里人的形象。

人是有先天倾向性的。人跟低于人的生物一样,是追求快乐的动物。趋乐避苦是上帝在构造人这个生物时安排的一个普遍法则。①

人的行为的最深刻的根源在于人的机体,或者更准确地说,在于蕴藏于人的机体之中的本能。人是自己本能的奴隶。

人的任何行为,无论表面上看起来多么令人崇敬(如宗教)或富有创造性(如艺术),都可以追溯或还原到基本的无意识动机。所以自由是一种假象,人是被决定的。弗洛伊德相信,连口误也是无意识动机的某种折射。

人现在的状况是由过去的事件决定的。尤其是出生头五年的经历,几乎决定了人一辈子的生存方式。在这个意义上可以说,人永远生活在过去时态中。

人基本上是非理性的,攻击冲动和性冲动按快乐原则行事,与文明的生活方式格格不入。理性(弗洛伊德体系中的“自我”)只是非理性冲动的“仆人”。

总之,如奥尔波特所指,心理动力学理论也把人看成反应的个体,它跟行为主义的不同,只在它认为引起这反应的原因是人心深处的生物性力量而不是外部环境。本能虽在人的内部,但它却像一种异己的力量一样来控制人。

---

① 也许应该把“上帝”替换为“进化”。弗洛伊德大概不同意上帝造人之说。

3. 自发自主的存在——人本-存在主义人性观

人本-存在主义也强调人有先天存在的趋向，这种趋向是人最基本的动力之源(Maslow,1954)。虽然这一看法跟弗洛伊德相同，但是这个趋向的性质与弗洛伊德的本能截然相反，它被认为是积极的、建设性的和亲社会的。这个趋向被叫做“实现趋向”(Rogers,1951)或者“自我实现的动机”(Maslow,1954)。

由于有这样一种本质倾向，所以人性基本上是值得信任的。当个体听任本性的指导而自由地选择时，他总是选择于个人的成长有利亦于社会有益的方向。

人有自我意识。由于人有自我意识，使他不会，也不能像低等动物那样“自然地”活着，听任自己做环境或自身生物性活动(如本能)的反应体；人总是“有意地”活着，自己为自己设立目标，并努力追求这些目标。也可以说，人不是为自己的过去所决定，而是为自己所选择的将来所决定。

人不是被动的反应体，而是主动的、有自发性的活动者(proactor)。人能意识到自己存在的不可替代性，意识到必须做自己。这条存在的规定性，决定了“人不是任何别的什么，人是他自己所造者”(Sartre,1957)。同样由于这种存在规定性，人也是自由的和负责的。

所以每个人都是一个独特的存在，有独特的价值。每一个人都是值得尊重的。

除了上述三种经典的人性观以外，近些年由于进化心理学的兴起，心理学中对于人性似乎又有了第四种看法。

进化心理学比此前的任何理论都更强调人类行为具有遗传的基础。进化心理学甚至从人的利他、爱情等行为中，也找出基因作用的痕迹。但是，可能正是因为认为大多数人类行为背后都有遗传的基础，进化心理学的人性观拒绝以“性善”和“性恶”来判断人性(Pinker,2003)。这使得它不同于以上三种人性观中的任何一个。

进化心理学对心理治疗可能的影响主要有二：一是它提供了大量证据，表明人脑出生后不是“白板”，而是印有复杂“电路”的电路板。这便使得心理治疗师在认识人类行为及其异常变化时，可以放心、坚定地把生物学因素纳入考虑。其二是进化心理学会再一次刺激心理卫生领域对于心理健康、行为异常和正常的标准的探讨和争论。因为在这个领域一直有一个主张，认为应该依人的天然需要是否得到发展和满足来判断行为是否健康。但这个主张遇到一个非常棘手的难题，就是当天然需要的发展与社会道德发生冲突的时候，应该如何取舍？

人性观对心理咨询与治疗的影响是很宽广的。除了这里提到的它影响对心理行为正常与否的判断以外，还体现在心理治疗过程中一些重要事项的决定上。江光荣和林孟平(江光荣、林孟平,2003)曾指出这些受影响事项包括：关注人还是关注病；全人的改变还是局部的改变，治疗还是发展；教导还是“助长”；在关系中的卷入程度；心理治疗师对病负责还是当事人对自己负责；重视思维、情感还是行为。

(三) 价值

心理咨询和治疗与价值问题有着密切的关联。本书的第三章将全面地从理论和实践上讨论心理咨询中的价值干预问题。这里只涉及哲学价值论与心理咨询的关系。

价值论的核心问题之一是确定人存在的意义及其标准。通俗地说，就是确定什么样的人生是值得的,什么样的是不值得的。显然,这个问题跟心理咨询大有关联,因为许多心理问题其实是人生选择问题,所以人存在的意义及其标准是心理咨询中许多决策的前提。如果存在某种永恒的、绝对的价值,那么心理咨询中的诸多难题就好办了。因为从绝对的价值可以派生出相对具体的价值,进而可以确定人生各种选择的价值标准。遗憾的是,自苏格拉底、孔子以来,人类无数睿智的头脑探索过这个问题,始终没有最终的答案。

虽然绝对价值问题没有结果,但是人类在不同时代不同社会始终是有作为当代意识形态的价值体系的。中国封建社会崇尚"仁、义、礼、智、信",近年中共中央提出"八荣八耻",就体现着我国不同时代的主流价值观。个体不是生活在价值真空之中,而是时刻在与价值发生关联。幸福也来自价值,痛苦也来自价值。个体的价值选择与主流价值的关系,往往是当事人心理问题的一个症结所在。所以,心理咨询与治疗的工作,许多时候其实在帮助当事人处理价值问题。

困难和荒谬的地方在于,咨询师要在没有绝对价值标准的前提下,处理大量具体价值问题。还有一个情况使问题更复杂:咨询师也是生活在特定环境中的人,也有着自己的价值问题。所以,咨询和治疗中的价值问题是一个学习者要非常认真对待的课题。

三、心理咨询与治疗的科学基础

心理治疗是科学还是巫术?您可不要以为这个提问荒诞无稽。从某种意义上说,心理治疗起源于巫术。即使现在,心理治疗实践中也还有不少非科学或"类巫术"的东西。但是,从弗洛伊德创立第一个现代心理治疗体系之始,它就明确地标榜自己是科学。而且,从百余年心理咨询与治疗的发展过程来看,它也的确是把科学化作为自己的自觉追求。那么,心理咨询与治疗是建立在什么样的科学基础之上呢?这个基础可以分做两部分来看:其一是一般性的科学规范和法则;其二是心理咨询与治疗的理论范型、方法和知识积累。

心理咨询与治疗承认科学通则的有效性,它愿意遵循通用的科学规范和方法。这包括一些重要的原则或信念:(1) 认为人的心理(包括异常行为),无论多么神秘难解,是客观存在;心理咨询和治疗活动本身,也是客观现象。(2) 相信决定论原则。相信决定论就意味着认为心理治疗领域的现象服从因果律和逻辑法则,并因之可以由科学逻辑来理解。(3) 相信人类行为及人类行为的改变,无论多么复杂,都是可以认识的,尽管我们目前的认识还非常浅薄。(4) 承认一般科学方法、程序的合法性。这些基本原则保证心理咨询与治疗远离巫术和不可知论。接受这些原则对于心理治疗有着特殊意义。心理治疗在其发展史上曾经跟巫术、神秘主义、有神论有密切关系,它并不是由正统心理学生长出来,而是从巫术、民间医学、宗教活动中分离出来,被心理学所"收养"。时至今日,心理咨询与治疗这个领域中,还有不少人不喜欢或怀疑心理治疗的科学属性。他们认为由于心理治疗过程的复杂微妙,科学方法的笨拙,坚持心理治疗的科学属性会扭曲、肢解了真实、美妙、神圣的治疗。

心理咨询与治疗的实质性的科学基础,体现在这个领域的范型、方法和长期以来所累积的知识中。

范型(paradigm)是科学哲学家用来描述科学发展过程中的基本要素的概念(Kuhn,1970)。它是指在某门科学发展的一个特定历史时期,从事该科学的科学家群体所共同持有的一组信念、问题、概念、方法的集合。它代表着该科学家群体对于该科学领域中基本问题的当代认识。在心理咨询与治疗领域,符合范型条件的东西是几个主要的理论取向。一般认为,现代心理咨询与治疗中,比较有规模、发展相对成熟的是心理动力理论取向,认知-行为理论取向和人本-存在理论取向。每个理论取向(范型)都有一些共同的东西,例如,共同的信念和理论(人性观、病因论、治疗论),共同的概念(如“客体”——心理动力取向;“条件作用”——认知-行为取向;“助长条件”——人本取向),共同的问题(如人格改变的条件和机制)。

衡量科学研究方法的标准主要是两个:有效和可靠。有效指依方法而取得的事实和结果是客观存在的、真实的;可靠是指依方法所作的测量(或观察)是正确的。心理咨询与治疗的研究既从通用心理学研究方法中获取自己的研究方法,也基于本身研究对象和过程的特点发展了一些独特的方法。前者如量表法、统计方法等,后者如临床观察法、个案法等。在心理咨询与治疗的研究中,最主要的困难是研究对象的复杂性、内隐性和能动性与研究方法所要求的客观性、可重复性之间的矛盾。临床心理学家一直在努力寻找解决这些矛盾的新技术、新办法,并且不断在取得进步。

心理咨询与治疗从弗洛伊德的第一个理论体系开始,就自觉地积累着这个学科的知识。约100年过去,今天我们来看这个知识领域,发现已经积累了好大一屋子事实、概念和理论。如果您是临床心理学或咨询心理学专业的一名研究生,您开始查阅文献,想要找一个硕士或博士论文的研究主题。您会发现,您能够想到的绝大多数问题,都有前人的研究在那儿。另一个了解心理咨询与治疗的知识体系的角度,是看心理咨询与治疗专业的学生所要修习的专业课程,因为每门课程都是一个知识领域。专栏1-1提供了一个窗口,您可以从中看到心理咨询与治疗专业的相关知识领域。

不过,心理咨询与治疗的科学基础整体上仍然比较薄弱。从科学范型来说,这个领域存在着多个彼此竞争的“小型”范型,而没有出现类似物理学的相对论那样的大范型;从研究方法来说,现有的临床心理学各种研究方法相对于心理治疗过程的复杂度来说,显得太简单笨拙,使得心理治疗领域中一些关键区域非常难以进行有效的实证研究;从知识积累来说,跟其他专业比如医学比较,这个领域的知识增长其实是比较慢的。弗洛伊德的概念和实践方式仍然是活着的经典,以原始的或略作修正的形式在教科书和课堂里被传授。现在指导着大多数实践的主要理论,多数是20世纪50年代至70年代发展出来的。

让我们用一个形象的说法来形容心理咨询与治疗的现状。在心理咨询与治疗领域,有1吨实践,只有1公斤理论,更只有1克研究。这是说心理咨询与治疗领域中,日常的咨询与治疗实践、有关的治疗理论和科学研究之间存在着严重的不匹配,存在着相当多未经检验、缺乏研究支持的“理论”,更有大量缺乏理论和研究支持的“治疗”。这种状况显然不利于心理咨询与治疗的科学发展。

专栏 1-1 心理咨询与治疗专业课程内容

一些权威的行业学术组织如美国心理学会(American Psychological Association, APA),美国咨询协会(American Counseling Association, ACA),中国心理学会,为了规范心理咨询与治疗专业人员的教育,保证提供咨询与治疗课程的学校的教学水平,有一种对教学机构的咨询与治疗课程进行资质鉴定的措施。资质鉴定评价一种培养课程是否达到了特定的标准,是否有资格培养咨询员(江光荣、夏勉,2007)。各学会提出的资质鉴定标准中,包含了对培养课程内容的要求。以下是美国心理学会所要求的课程内容,从中读者可以了解心理咨询与治疗专业的学生要学习哪些知识和技能:

美国心理学会专业心理学博士课程要求(APA,2009):

A. 科学心理学基础:

- 行为的生物学方面;
- 行为的认知和情绪方面;
- 行为的社会方面;
- 心理学的历史与体系;
- 心理测量;
- 心理学研究方法;
- 数据资料分析方法。

B. 专业基础(在实际专业心理学领域的科学、方法学和理论的基础):

- 行为的个体差异;
- 人的发展;
- 行为障碍/心理病理学;
- 专业准则与伦理。

C. 临床诊断、评估和干预:

- 评估和诊断的理论和方法;
- 有效干预的理论和技术;
- 提供专业意见与督导;
- 干预效能评估。

D. 文化和个体多样性事项

E. 终生学习态度、学术追求,以及以科学和专业精神解决问题

中国心理学会也制订了临床与咨询心理学专业的课程要求(中国心理学会,2007),该要求与美国心理学会的要求大致相同。读者可以从中国心理学会临床与咨询心理学专业机构和专业人员注册系统网站查阅。

第二节 心理咨询与治疗概述

一、名词说明

心理咨询与治疗的一些常用名词和称谓，我国台湾、香港和大陆有时翻译不同，不同学者有时也各有使用习惯，结果造成同一概念所用名词不同的情况。为了后面叙述方便，这里将本书中用到的几个关键专业名词统一作出说明。

心理咨询 英文为 counseling，字面上并无"心理"的意思，所以中文也可径译做"咨询"或"辅导"。此名词在台湾一般译做"咨商"，在香港译做"辅导"。在本书中，"心理咨询"和"心理辅导"并用，有时也简称"咨询"或"辅导"。

心理治疗 英文为 psychotherapy。这个词的翻译在台湾、香港和大陆没有歧见。

咨询师 英文一般为 counselor。这个名词译法多样，台湾叫"咨商员"或"咨商师"，香港叫"辅导员"，在大陆有"咨询员"、"咨询师"、"辅导员"等叫法。

心理治疗师 英文有 psychotherapist，therapist 等叫法。大陆和台湾、香港的叫法有"心理治疗师"、"治疗师"、"心理医生"等，但"心理医生"并非正规称谓。

指导 英文为 guidance。心理咨询的源头之一就是所谓"指导运动"（Guidance Movement）。现今在西方学校中，对学生进行的咨询服务还有沿用这个名词的，但多数人改用 counseling。这个词（guidance）在大陆译做"指导"，在台湾、香港译做"辅导"。

当事人 英文为 client，个别场合也作 counselee，指接受心理咨询或治疗的人。这个词在台湾、香港和大陆一般都译做"当事人"，但也有少数人用别的叫法，如"来访者"、"受辅者"、"受助者"、"咨客"、"求询者"，等等。

二、心理咨询和心理治疗

心理咨询和心理治疗是两样不同的专业活动，还是一种专业活动两种叫法，常常令人困惑。为避免这困惑影响到后面的讨论，我们先解决这个问题。

心理咨询和心理治疗像是两条发源于不同地方的河流，各自流过一些地方之后，不知不觉间汇合到了一起。① 由于历史渊源的不同，今天的心理咨询和心理治疗仍然保留着一些传统的区别。但如果深入考察，就会发现几乎每一种差异都不是本质的差异，而是程度、范围，或者侧重点的差别。所以这个领域经常出现这样的情况：心理咨询师所做的事情在心理治疗师看来是心理治疗，心理治疗师做的事情在心理咨询师看来是咨询。因此，现在这个领域中学者们较为一致的看法，是肯定心理咨询和心理治疗在本质上的一致，同时也承认有一些惯例方面的区别，或者"量"的区别（Corsini & Wedding, 2000；Patterson, 1973）。兹申述如下。

心理咨询和心理治疗是本质相同的专业助人活动。心理咨询和心理治疗都是通过一

① 二者各自的起源见下一节。

种专门的帮助关系来使当事人发生心理和行为上的改变。例如帮助当事人自我了解、面对丧失(lose)与生活危机、培养积极行动、消除症状、产生行为改变以及发挥潜能等。不仅改变的性质相同,导致改变的条件、改变发生的机制也都是一样的。

心理咨询与心理治疗依凭同样的心理学理论。当代心理学理论体系中一些重要的理论体系,如精神分析理论、行为理论、认知与社会学习理论、人本心理学理论、家庭系统理论等,是心理咨询和心理治疗共同的理论基础(Patterson, 1973;林家兴、王丽文,2001)。

心理咨询与心理治疗应用同样一些策略和技巧。例如倾听、提问、评估、解释、支持、说明、提供信息、劝告和指导等,心理咨询师和心理治疗师同样使用,只不过略有偏重而已。一般而言,心理咨询师在提问、提供信息、劝告和指导的运用上高于心理治疗师,心理治疗师在倾听、支持的运用上高于心理咨询师(Corsini, 1968)。

心理咨询和心理治疗的服务对象是“同中有异”。心理咨询与心理治疗可以对相同的对象提供服务。一般公众也无从区别心理咨询与心理治疗的不同。同一个当事人,带着相同的问题,可能去求助心理咨询师,也可能求助心理治疗师。如果他去了精神科门诊,他所接受的服务就被称为“心理治疗”,如果他去了学生辅导中心或社区心理卫生中心,他所接受的服务就被称为“心理咨询”。但在传统上,心理咨询的服务对象较偏向于正常人群。他们的困难主要是现实生活中的适应和发展问题,其中解决发展性的问题又是心理咨询的特色。而心理治疗的对象,尤其是精神科的门诊病人中,有相当高的比例是可以作出精神障碍诊断的人,例如人格障碍、神经症和心境障碍。这些人也可以称做“患者”或“病人”(但许多治疗者都拒绝这样称呼他们)。

部分心理咨询师和心理治疗师的专业训练背景有所不同。从事心理咨询的人通常称做咨询师(counselor)或咨询心理学家(counseling psychologist),从事心理治疗的人主要是临床心理学家,通常称为心理治疗师(psychotherapist)。名称虽异,两种人所受的实际专业训练却非常近似,都是受的心理学训练。在美国,心理治疗师的平均学历比咨询师稍高一点。另外还有一部分精神病医生(psychiatrist)也从事心理治疗。他们所受的专业训练与前二者不同,受的是医学专业训练。① 心理治疗师和咨询师供职的机构虽有很大交叠,但也有所偏重。前者主要在各种医疗、保健和康复机构工作,也有私人开业的。后者的传统领域都是学校、社区服务机构等处所,较少独立开业。

心理咨询和心理治疗的帮助特点也是“同中有异”。心理咨询侧重帮助当事人获得信息,学习新的适应技能,解决所面临的工作、学习和生活问题;心理治疗较多涉及比较深入的心理特质、行为方式的改造,重视改善病人的人格。所以在方法上,咨询多倾向于认知、支持、再教育方法;治疗多倚重矫正、领悟、训练、重建方法。也有人从当事人问题的性质和相应的帮助特点角度,称心理咨询偏于“意识层面”一些,心理治疗偏于“无意识层面”一些。但帕特森严肃地告诫说,如果由此认为心理咨询就只是教导和提供信息,只是纯理性的讨论,那就大错特错了(Patterson, 1973)。

心理咨询和心理治疗的主要区别见表 1-1。

---

① 目前我国精神科医生的培养,大多数并不包括心理治疗。只有受过系统的心理治疗训练者才能够从事心理治疗。

表 1–1　心理咨询和心理治疗的主要区别

	心理咨询	心理治疗
接受帮助者	称做“当事人”(client)。主要是在适应和发展上发生困难的正常人	可称为“病人”,主要有:(1)(康复期的)精神病人;(2)神经症病人;(3)人格障碍者或品行障碍者;(4)遭受心理创伤的人
给予帮助者	(1)咨询师(counselor),在心理学系、教育心理学系或临床心理学系接受训练;(2)临床心理学家,在临床心理学系接受训练;(3)社会工作者,在社会学系或社会工作系接受训练	(1)精神科医生,主要在医学院接受训练;(2)临床心理学家,主要在心理学系或临床心理学系接受训练
障碍的性质	正常人在适应和发展方面的障碍,如人际关系问题、学业和学习问题、升学就业问题、婚姻家庭方面的问题	神经症、人格障碍、行为障碍、心身疾病、性心理异常、处在缓解期的某些精神障碍
干预的特点	强调教育的原则和发展的原则,重视当事人理性的作用,重视发掘、利用当事人潜在的积极力量,自己解决问题。用时较短,从一次会谈到数十次不等	强调人格的改造、行为方式的矫正,重视症状的消除,有的治疗体系(如心理动力学和行为治疗)不重视病人理性的作用,费时较长,从数周到数年不等

图 1–1 以另一角度表示出心理咨询与心理治疗的关系。它把心理咨询和心理治疗的不同方面,如心理困难的严重程度、帮助方法的深入性等,看成一些连续的维度。很容易发现,每一维度对于心理咨询和心理治疗来说都是共有的,但是二者在每个维度上分别趋近于两端。

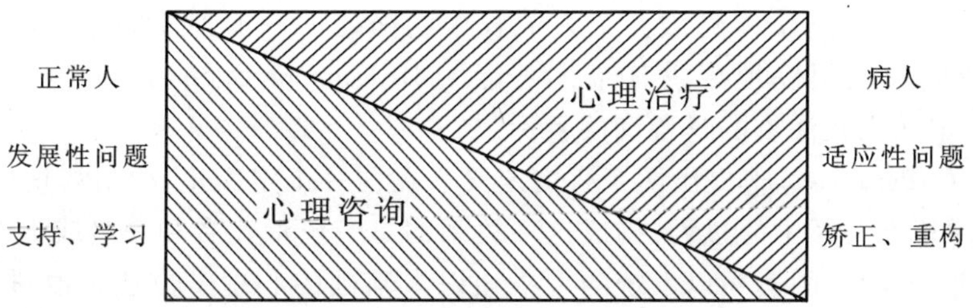

图 1–1　心理咨询与心理治疗关系示意

还有一个区别心理咨询与心理治疗的角度,就是把心理咨询师和心理治疗师与心理咨询和心理治疗分开。在多数情况下,心理咨询师和心理治疗师都是既做心理咨询,又做心理治疗。在心理咨询室(或心理治疗室)里,经常有这样的情况,同一位咨询师(治疗师),对上一位当事人的帮助,比较恰当的归类是心理咨询,对下一位当事人的帮助,比较恰当的归类却是心理治疗。

从我国这些年心理咨询与心理治疗的实际情况看,属于发展性咨询的成分并不很重。尤其是门诊咨询,当事人大多都由于这样那样的心理障碍而来,因而带有明显的治疗色彩。产生这种情况恐怕主要还是与我国目前经济和社会发展水平有关。当温饱尚未解决时,人们对精神生活的“质量意识”不会太高,只是在心理困扰妨碍正常生活,痛苦到不得已时,才去寻求专业帮助。随着社会生活水平的提高,人们对生命价值和生存质量的关注提升,发展性咨询将会逐渐增加。

归纳上述讨论如下,虽然由于传统和惯例的缘故,心理咨询和心理治疗存在侧重点的不同,但在本质上,二者是相同的实践活动。正是由于这个原因,除了一些相沿成习的叫法——如精神科医生习惯叫心理治疗,学校中的专业人员喜欢叫心理咨询,此领域中多数人认为“心理咨询”(counseling)和“心理治疗”(psychotherapy)两个词可以混用。在本书后面的行文中,除有特别原因,将不再详细区分两个名词的用法。

三、什么是心理咨询和心理治疗

“咨询”一词,从中文字面理解,是一种提供专业建议的活动。现代社会里存在多个咨询领域,例如法律咨询、行政咨询、管理咨询、投资理财咨询等。心理咨询是否也仅仅是一种提供心理方面的专业建议的活动呢?答案是否定的。要准确把握心理咨询的独特性质,我们最好把问题分解得具体一些。根据心理咨询的特点,我们会关注下列几个问题:接受心理咨询帮助的是什么人?提供心理咨询帮助的是什么人?这种帮助的特点是什么?带着这些问题,我们先看看一些咨询理论家关于心理咨询和心理治疗的定义。

大多数学者对前两点有一致的看法。即接受心理咨询帮助的人是存在心理上的困扰而又不能自己解决的个人,给予帮助的人是在助人方面训练有素的专业人员。例如皮雷兹(Perez, 1965)认为:“咨询是由需要帮助的当事人和受过给予这种帮助的专门训练、教育的咨询师共同参与的一种互动过程”。但对这种帮助的特点,不同的学者因其重视的角度不同,在说法上有一些差别。

早在1950年代,美国心理学会的咨询心理学分会就给心理咨询下了一个官方的定义,说心理咨询是“帮助个体克服其个人成长中的障碍——不管这些障碍出现在什么地方,并帮助他们最大限度地开发其个人潜能”(Division of Counseling Psychology, APA, 1956)。这个定义比较注重的是咨询的目标。

帕特森(C. Patterson)曾提出两个咨询定义。在前一个定义里,他对咨询的表述是“发生在一种人际相互关系中的过程,构成这一关系的是一位治疗者和一名或更多的当事人。在这个关系中,前者试图运用以系统的人格知识为基础的心理学方法来改进后者的心理健康水平”(Patterson, 1959)。在后一个定义中他说,“咨询是一种人际关系,在这种关系中咨询人员提供一定的心理气氛或条件,使对象发生变化,作出选择,解决自己的问题,并且形成一个有责任感的独立个性,从而成为更好的人和更好的社会成员”(Patterson, 1967)。后一个定义比较具体,它就咨询的目标和帮助过程的特点作出了说明。

在心理咨询与心理治疗领域中存在一些不同的流派。不同流派在治疗的理念和特点上有所不同。因之其对心理咨询和心理治疗所下的定义往往也会带有这个流派的特点。例如“以人为中心治疗”的领袖人物罗杰斯(C. R. Rogers)对心理咨询的定义是:“咨询是一个过程,其间辅导者与当事人的关系能给予后者一种安全感使其可以从容地开放自己,甚至可以正视自己过去曾否定的经验,然后把那些经验融合于已经转变了的自己,作出统合”(Rogers, 1942, p. 70, 转引自林孟平,1988,第7页)。这个定义突出表达了以人为中心治疗对于帮助过程的特点的看法。

柯西尼(Corsini, 2000)曾试图尽可能宽泛地定义心理治疗,以包容尽可能多的治疗流派:"心理治疗是两方互动的一个正式的过程,每一方通常由一个人构成,但也有可能由两个或更多的人组成。其目的是经由精通人格源起、发展、维持与改变之理论的治疗者,在专业与法律认可下,使用逻辑上与该理论有关的治疗方法,来改善另一方在下列任一或所有领域的无能或不良带来的苦恼:认知功能(思维异常)、情感功能(痛苦或情绪不舒适)或行为功能(行为不当)。"

布洛切(D. Blocher)对心理咨询的界定也非常值得借鉴。布洛切是一位以生态学观点看待人的行为和经验形成的咨询理论家,在咨询的目标取向上主张发展性咨询。他对咨询过程基本特点的概括侧重于咨询的功能目标。他认为,咨询过程旨在"帮助个人认识自己以及自己对环境中影响自己行为的因素的反应方式,帮助他确定其行为方式的个人意义,并设法为进一步的行动弄清目标和价值。……同时咨询促进个人的效能和控制,做自己生活的主人"(Blocher, 1987, p. 13)。

以下是笔者对心理咨询和心理治疗的理解。

心理咨询得以产生效果的首要条件是咨询师与当事人之间的一种人际关系。在这种透着信任、关怀和理解的关系气氛中,当事人可以安全地、无顾虑地进行自我探索,把平时有意识地或无意识地掩盖着的、自己的真实需要、动机和内心冲突表达出来,发掘出来。这时候当事人往往可以明白自己的一些情绪和行为——包括那些令自己困扰的情绪和行为——后面真正的原因。咨询过程又会促使或引导当事人去观察自己对于环境(主要是人的环境)中一些影响自己的因素作出了何种反应,以及自己习惯性的体验方式、思考方式和行动方式。这样一种自我省察可以帮助当事人明了自己跟环境的关系:环境对自己做了什么,自己对环境做了什么,自己对环境所做跟环境对自己所做之间有什么关联。然后很自然地,当事人会去评价自己跟环境的关系,去评估自己跟周围的人和事打交道的方式是否正是自己希望的那种方式,是不是一种给自己带来幸福的方式。在这种自我探索和自我认识的基础上,当事人会产生一种改变的欲望和动力,他/她会主动地去探求新的生活目标,去发现新的行为方式,并采取实际行动去学习新的行为方式,追求新的目标。在这整个过程中,当事人并不是一个被动、接受的角色,相反,所有这些自我探索、领悟和行动,都有赖于当事人积极主动的活动。咨询师会设法启动、支持、陪伴当事人的自我探索和自我新生的过程,并在必要时给予提示、解释或指导,但他并不替代当事人去做这些事情。

四、心理咨询的性质和特点

心理咨询是一种人际帮助活动。心理咨询总须有两方才能进行:一方是接受帮助的人,一方是提供帮助的人。前者为一名或数名有需要帮助的困扰或问题的当事人,后者则是受过心理学方面的专门训练,能够给予所需帮助的咨询师或治疗师。所谓帮助,是指咨询师依据一定的理论,针对当事人的特殊问题,运用一定的方法、技术或创设一定的条件来影响当事人,使后者的困难得到解决或达到某一特定的咨询目标。

心理咨询是一个人际互动过程。互动又叫相互作用,是社会心理学的一个概念,指两个行为主体相互发生影响的过程。互动的实质是一方对另一方发出影响信息(刺激),另一方对这种影响进行认知和评价并作出一定行为(反应),后者的反应又作为反馈信息(刺激)作用于前者这样一个双向的影响和被影响过程。心理咨询是一种互动,是双向的信息交流而非单向交流。这一特点意味着:不仅咨询师在影响、改变当事人,当事人也在影响、改变咨询师。互动成功与否,关系着咨询的质量和效果。例如,在咨询中,咨询师要全面了解当事人各方面的情况。这表面看来是一个当事人说、咨询师听的简单的事情,实则不然。假如当事人在说的时候发现咨询师神情不专注,或者面露怀疑之色,他就会对此有所反应,斟酌下一步说还是不说,说什么,如何说。心理咨询中所发生的行为改变,主要就是通过这种互动实现的。

咨询过程中的互动应是一种良性互动。良性互动集中表现为在咨询师和当事人之间发展出了一种理解、信任、富有建设性的关系。绝大多数咨询师都极其重视咨询关系。这从前面介绍的一些定义中也可以看出来。有的理论家(如罗杰斯)甚至就把咨询看成设法建立、维持、发展咨询关系的过程。

心理咨询具有“心理性”。心理咨询不同于其他领域的咨询(如法律咨询、管理咨询)的地方还在于它具有“心理性”。说它有心理性是指存在以下这些限定:首先,当事人的困难或问题是心理、行为方面的困扰或问题。例如人际交往障碍、应对策略欠缺、焦虑症或抑郁症等。当然,许多心理困扰与人的生活事件有直接联系,如离婚、诉讼、金钱问题等,但咨询师关注的是人在面临这些问题时的心理适应问题,而不是告诉当事人离婚程序是怎样的,怎样打官司,怎样做生意。其次,咨询互动的内容主要属于心理学范畴。如帮助当事人认识自己和环境条件,分析他的行为的意义和有效性,设计生活目标及达到目标的行动方式;又如探讨消极情绪与认知评价的因果联系,帮助当事人领悟其内在动机冲突,指导当事人克服不良习惯,如此等等,都限于心理学的范围。当代有个别激进的咨询人士认为个人心理困扰乃是不良环境乃至社会制度的牺牲品,主张应改造环境而不是改变个人。这种看法有明显的偏颇,并不被大多数咨询师所认可。第三,咨询目标是要促成当事人在心理、行为方面的积极改变,例如消除紧张反应、获得客观的自我认识、提高各种能力,等等。第四,咨询所依据的理论、使用的方法来自心理学的基础研究。例如,基础心理学的学习原理、需要-动机理论、情绪理论、心理测量学理论就是许多具体咨询策略、方法和技术的基础。

第三节 心理咨询与治疗的发展历程

谈论心理治疗的历史,必然涉及对异常心理现象的认识。以下所述,既涉及心理咨询与治疗的理论与实践,也涉及不同历史时代人类对心理异常现象的认识。总体来说,虽然人类很早就观察到异常心理现象,但人类对异常心理的本质、原因以及矫治方法的认识和探索,其进展却相当缓慢。无论东方西方,情形皆大抵如此。

一、中国传统文化中心理治疗的思想和实践

中华民族在悠久的文明发展过程中,积累了不少有关异常行为的理论认识和治疗实践知识。可惜的是,对这部分文化遗产的系统研究和整理还比较缺乏。大略地看,这些文化遗产可以从以下几方面予以考察:一是中医在医学心理方面的理论和实践;二是各种传统的养生、健身之道中包含的心理卫生思想;三是许多民俗性活动(包括迷信活动)中所蕴含的心理治疗成分。

(一) 中医医学心理的理论和实践

古代中医关于异常心理现象的病理研究和治疗实践有不少精华。

在对异常现象本质的把握方面,中医从唯物主义的形神观出发,相信先有形(身体),后有神(心理),神不能脱离形而独立存在。这就排除了从超自然的观点解释异常心理现象的可能性,而把异常理解成机体的失调所致。这种看法在历代医家中一直占主导地位。较之西方历史上长期用神的惩罚、魔鬼附体来解释异常心理现象,中医在这一点上更富有科学精神。

在病因论方面,中医有一套成系统的理论,其中虽有不少今天看来不科学的地方,但也有若干值得借鉴的看法。

中医把人体看做一个由两类相反相成的因素所构成的一个动态平衡系统。这相反相成的两方被概括为“阴”和“阳”这一对概念。《黄帝内经》说:“阴阳者,天地之道也,万物之纲纪,变化之父母,生杀之本始,神明之府也,治病必求于本”(《素问·阴阳应象大论篇》)。“治病必求于本”,这个“本”,就是阴阳的动态平衡。在古医籍中,一般认为人体阴阳二气的失调(动态平衡被破坏)乃是产生异常心理的基本原因。至于引起体内阴阳二气失调的因素,又可分为外、内两类。外感因素以自然界的寒热风燥等为主,内感因素则是人的异常情志活动。《黄帝内经》明言:“夫百病之始生也,皆生于风雨寒暑,阴阳喜怒,饮食居处,大惊卒恐。则血气分离,阴阳破败,经络厥绝,脉道不通,阴阳相逆,卫气稽留,经脉虚空,血气不次,乃失其常”(《灵枢·口问》)。成书于隋代的《诸病源候论》这样分析狂病:“狂病者,由风邪入并于阳所为也。风邪入血,使人阴阳二气虚实不调,若一实一虚,则令血气相并。气并于阳则为狂。发,或欲走,或自高贤,称神圣是也。又肝藏魂,悲哀动中则伤魂,魂伤则狂忘不精明,不敢正当人,阴缩而挛筋,两胁骨不举。毛瘁色夭,死于秋。皆由血气虚,受风邪,致令阴阳气相并所致,故名风狂。”此外,中医也在一定程度上注意到人的先天禀赋、素质在感染疾病中的作用,如“木形之人……其为人,苍色,小头,长面,大肩背,直身,小手足,好有才,劳心,少力,多忧劳于事。能春夏不能秋冬,感而病生……”(《黄帝内经·灵枢·阴阳二十五人》)。

中医非常重视消极情志活动对人身心健康的影响。它认为消极情志活动过度可以致病。《黄帝内经》说:“故喜怒伤气,寒暑伤形”(《素问·阴阳应象大论篇》。“是故怵惕思虑者则伤神,神伤则恐惧流淫而不止。因悲哀动中者,竭绝而失生。喜乐者,神惮散而不藏。愁忧者,气闭塞而不行。盛怒者,迷惑而不治。恐惧者,神荡惮而不收”(《灵枢·本神》)。以今天的观点看,这可以说是一种心身医学的观点,是很有见地的。

在治疗方面,古代中医的实践也有许多值得借鉴的地方。一些古代医家的治疗方法

相当高妙。总的看来,古代中医在治疗上的成就要高于理论探索上的成就。

兹参考徐声汉的归纳(徐声汉,1996),举出中医关于心理治疗所遵循的若干原则:

(1) 医心为先,治神为本

治心与治神的意思,是医者要留心病人的总体精神状态,设法激发病人求生的动力和生活的热情。《黄帝内经》说:“精神不进,志意不治,故病不可愈”(《素问·汤液醪醴论篇》)。故医工诊病,须重视病人的神,“得神者昌,失神者亡”(《素问·移精变气论篇》)。

(2) “顺其志”而治

“志”指病人的欲望和意愿。《黄帝内经》说:“夫治民与自治,治彼与治此,治小与治大,治国与治家,未有逆而能治之也,夫惟顺而已矣。顺者,非独阴阳脉论气之逆顺也,百姓人民皆欲顺其志也”(《灵枢·师传》)。这是说治疗须帮助病人满足其志愿,方可见效。但这里的“志”并非病人一切的欲愿,而是合于“道”的志,“法于阴阳,和于术数”的志。而“以酒为浆,以妄为常,醉以入房,以欲竭其精,以耗散其真。不知持满,不时(识)御神,务快其心,逆于生乐,起居无节”(《素问·上古天真论篇》)的生活方式,是不能“顺”的。

(3) 重视医生的态度和医患关系。

中国医学传统非常重视医生的职业道德。医德之首,莫过于视病人的生命、健康为首要。唐代大医家孙思邈在《千金方》中说“凡大医治病,必当安神定志,无欲无求……亦不得瞻前顾后,自虑吉凶,护惜身命。”古代医家相当重视诊断和治疗过程中的医患关系。《黄帝内经》认为,临诊时要“闭户塞牖,系之病者,数问其情,以从其意”(《素问·移精变气论篇》)。即创造一种安静舒适的环境,顺从病人的主诉,以关切的态度取得病人的信任与合作,了解全部病史及难言的心理和社会因素的隐情。“病(病人)为本,工(医生)为标;标本不得,邪气不服”(《素问·汤液醪醴论篇》)。

(4) 因人施治

中医非常重视诊治要因人而异。即使是同一种类型的病,在不同的人身上也会有所不同。因之诊治要切合每个病者的实际情况。《黄帝内经》中有“五过”的说法(《素问·疏五过论篇》)。“五过”是指医生临证之时,由于忽视病人的人生境遇变化(如先贵后贱,始富后贫)、思想情绪变化、精神内伤状况和患病的始末,以及不明诊脉的原则,而发生误诊与误治的五种过失。其中包含的重要精神,就是要根据每位病人的社会、心理和生物学的实际情况,作出诊断,进行治疗。

(5) 教以身心健康之道

中医重养胜于重治。养不仅是养身,而且包括养心和养德。这一点在下面有更详细的介绍。

由于历代医家的贡献,中医积累了相当丰富的治疗实践和方法。不过,中医还没有发展出成形的心理治疗体系,只有一些治疗策略和具体方法,其中不少又是以验案的形式载入医学典籍。根据当代一些学者的归纳,中医心理治疗方法主要有:

(1) 情志相胜的策略

中医认为“怒伤肝,悲胜怒……喜伤心,恐胜喜……思(注:悲愁)伤脾,怒胜思……忧伤肺,喜胜忧……恐伤肾,思胜恐……”(《黄帝内经·素问·阴阳应象大论篇》),利用五种情志彼此相克的道理，设法引起与症状相克的情绪反应，以达到治疗目的。金代名医张从正①对《黄帝内经》的情志相胜之说有杰出的发挥："悲可以制怒，以怆恻苦楚之言感之；喜可以制悲，以谑浪亵狎之言娱之；恐可以制喜，以迫遽死亡之言怖之；怒可以制思，以污辱欺罔之言触之；思可以制恐，以虑彼志此之言奇之。凡此五者，必诡诈谲怪无所不至，然后可以动人耳目，易人视听"（《儒门事亲》）。以下为以怒制思的一个病案：

某富家妇人，伤思过甚，二年不寐，无药可疗。其夫求戴人治之。戴人曰：两手脉俱缓，此脾受之也。脾主思故也。乃与其夫，以怒激之，多取其财，饮酒数日，不处一法而去。其人大怒汗出，是夜困眠。如此者，八九日不寤，自是食进，脉得其平（《儒门事亲》）。

（2）祝由治疗法

祝由本为古代中医一科，历代太医院都设有此科。但祝由科杂合了各种方术、符咒禁禳一类成分，为历代大医家所不屑，逐渐没落，至有清一朝终被禁。但祝由治疗中含有一些心理治疗成分，如告诉病人所患疾病的病因、病理、病情、发展、转归，以及在治疗中应注意的事项，让病人"知其病之所从生者"（《黄帝内经·灵枢·贼风》），以期改变其心理预期，增强信心和求生意志来战胜疾病。这和现代心理治疗和咨询中提供信息的治疗策略有相通之处。

（3）开导之法

《黄帝内经》有一段直接论述"心理咨询"的文字：

且夫王公大人血食之君，骄恣从欲，轻人，而无能禁之，禁之则逆其志，顺之则加其病，便之奈何？治之何先？

岐伯曰：人之情，莫不恶死而乐生，告之以其败，语之以其善，导之以其所便，开之以其所苦。虽有无道之人，恶有不听者乎？（《灵枢·师传》）

岐伯所说的话里，包含着深刻的心理咨询的道理。医生所做，不是教导，不是"灌输"，而是顺着人"恶死而乐生"的本性，让当事人自己去想明白道理，进而改变其生活态度。

（4）以平制惊

《黄帝内经》有"惊者平之"一条治则。经名医张从正一番阐发和应用，真可视为现代行为治疗中脱敏治疗的先驱。其治疗卫德新之妻是一个广为流传的医案：

卫德新之妻，旅中宿于楼上。夜值盗，劫人烧舍，惊堕床下。自后每闻有响，则惊倒不知人。家人辈蹑足而行，莫敢冒触有声，岁余不痊。诸医作心病治之，人参珍珠及定志丸，皆无效。戴人见而断之曰：惊者为阳，从外入也，恐者为阴，从内出。惊者，为自不知故也。恐者，自知也。足少阳胆经属肝木。胆者，敢也。惊怕则胆伤矣。乃命二侍女执其两手，

① 张从正（约1151—1231），字子和，号戴人。金代大医学家，在医学理论上有很多创见，对后世有很大影响，为金元四大家之一，是攻邪派的开山人物。主要著作《儒门事亲》。

按高椅之上，当面前下置一小几。戴人曰：娘子当视此，一木猛击之，其妇大惊。戴人曰：我以木击几，何以惊乎？伺少定，再击之，惊也缓，如是连击三五次，又以杖击门，又暗遣人击背后之窗，徐徐惊定而笑曰，是何治法？戴人曰：《内经》云，惊者平之。平者常也，平常见之必无惊。是夜使人击其门窗，自夕达曙，无惊意。一二日，虽闻雷亦不惊。（《儒门事亲》）

（二）养生论中的心理卫生思想

中国传统保健思想中有一个很重要的观点是“治未病”。《黄帝内经》说，“是故圣人不治已病治未病，不治已乱治未乱”（《素问·四气调神大论篇》），讲究通过调摄精神，平和七情，节制六欲，乃至“移精变气”，来使“正气存内，邪不可干”。因之，中国文化中各种养生、健身的理论和实践构成了一道独特的景观。中国传统的养生观在心理卫生方面有两个重要观点。

其一，主张形神兼养，以神养形。中医非常强调人生观、生活方式对于躯体和心理健康的影响。“夫上古圣人之教也，下皆为之。虚邪贼风，避之有时，恬淡虚无，真气从之，精神内守，病安从来？是以志闲而少欲，心安而不惧，形劳而不倦。气从以顺，各从其欲，皆得所愿。故美其食，任其服，乐其俗，高下不相慕，其民故曰朴。是以嗜欲不能劳其目，淫邪不能惑其心。愚智贤不肖不惧于物，故合于道。所以能年皆度百岁而动作不衰者，以其德全不危故也”（《黄帝内经·素问·上古天真论篇》）。

晋代嵇康在《养生论》中则明确提出“修性以保神”、“安心以养身”的养生原则。

其二，主张清心寡欲为养神的主要途径。历代养生家大多主张节制欲望（不仅指生理欲望，而且包括功名利禄方面的欲望），以恬淡自然的心态生活。因为欲生情，情绪过度活动会伤及身体，故清心从寡欲始。如唐代大医家孙思邈指出养生有五难：一为名利不去，二为喜怒不除，三为声色不去，四为滋味不绝，五为神虑精散。五难之中，一、三、四都是欲。所以孙思邈主张“勿汲汲于所欲”。这种思想，发源于道家，最后逐渐变成了中国人的一种独特的人生观——安生乐命。

在传统养生实践中，气功是一种影响广泛的方法。

“气功”一词作为一个正式术语出现，是1950年代之后的事。与之相应的活动在古代通常被称为吐纳、导引、行气、服气、炼丹、修道、坐禅等。从气功的心理生理过程角度来说，它是一种透过自我暗示，促使意识进入催眠或半催眠状态，通过心理—生理—形态自调机制调整心身平衡，达到健身治病目的的自我锻炼方法（张洪林，1996）。

气功门派繁多，菁芜互见。但凡正源正道的门派，都包括调身（躯体）、调息（气息）和调心（意识状态）三大方面。这三方面的调节练习，会引出一种独特的心理状态。这种状态在意识唤醒水平、意识内容、情绪唤醒水平和情绪性质、躯体状态等方面均有其特异性。以静功而言，这种状态叫做“入静”。入静状态中，意识处在普通的清醒与睡眠之间，“似睡非睡，似醒非醒”。此时，大脑除自知自己是在练气功这一点上保持清醒兴奋外，其他部位都处于一种主动的睡眠抑制状态。古人描述为“万念俱泯，一灵独存”。按照现代心理学对焦虑性障碍的了解，这种入静状态与焦虑是不能共存的。正因为这样，入静能有效地缓解紧张、松弛身心。就这一点来说，气功远在西方人所创的肌肉放松训练之上。我国从1950年代以来，对气功状态下人的各项身体心理机能指标的改变作过不少研究，发现在入静状态下，人体各大系统的机能指标都相应地出现了有益的改变。气功锻炼从开始到入静的过程中，首先是从心理调整启动变化的，在良好的心理状态下，神经系统功能向着同步协调的方向发展，进一步通过神经及神经内分泌途径作用于全身，引起全身各系统功能活动向着健康协调的方向发展。这是一个从心理到生理，从精神到形体，从局部到全身的变化过程（张洪林，1996）。

（三）民俗性活动中的心理治疗成分

在中国传统文化中，许多民俗性的活动含有心理治疗成分，如民间的算命、看相、请神、卜卦、看风水等活动。就其对接受者产生作用的途径来说，这些活动都是透过心理机制发生作用的。它们在一定程度上解除了求助者的心理困扰，所以有学者干脆称之为民俗性的心理咨询（曾文星，1996）。

例如请神这种活动，叫法各地不一，仪式程序也不尽相同。但都围绕一个主题而作，那就是相信巫婆（或神汉）有特异的通灵之术，他们能请来各路神仙附身，借其口或手为病人解除困扰或治病。一般情况是，巫婆神汉以神灵名义说出一段话，这段话模糊难解，需经巫婆神汉作一番解释。有经验的巫婆神汉的解释大多富有机巧，往往是根据病人的情况，指出犯病的原因，并指明出路何在。他们的病因解释大多显得荒谬，如没有祭拜祖先，冲撞了白虎星，被某个妖孽附身，等等。所指明的解法也往往是做法事，收魂之类。从心理学的角度看，对一个有心理困惑的人指出惑之所来以及何以消解，不管是否现实，却显得“合理”，因而有使人心安之效。

有的神汉治病实际上是一种催眠治疗。例如笔者曾亲睹一位神汉先后治疗两位患歇斯底里的农村妇女的全过程。神汉借助画符烧化及念咒等暗示性仪式，很快使病人进入了完全催眠状态。然后神汉以暗示方式说病人是被某处一妖精附体，随即请来天上神仙来助他制服妖怪。神汉实际是在现编现演一个有头有尾的故事，病人的亲属亦不自觉地参与其中。包括病人在内，对眼前所发生的一切无人不信。神汉对病人的暗示控制完全与现代催眠术的各项要求暗合。每次“治疗”过后，病人都有若干天病症完全消失。两个病人一个经四次治疗，一个经五次治疗均痊愈。

至于算命、看相、看风水等活动，与请神卜卦一类仪式略有不同。后者把心理困扰和异常解释为超自然力量所致，前者则把基本信条建立在自然与人的交通感应上，认为从自然的日月移转、山水地形的方位、人体构造面貌等可以预测人的前途命运、吉凶祸福。从其对当事人的心理影响来看，其实与超自然方法没有多大区别，也往往能起到安心、安慰的作用。以笔者的推测解释，算命先生的说法尽管虚妄，但对相信其灵验的当事人来说，这个虚妄的世界却是真实的。算命、看相所产生的心理效应到底如何，缺乏认真的研究。以心理治疗的角度，可设想出三种功能：一是有一种解脱感——既然自己遭遇的事乃由命定，自己就没有责任，不必自谴自责；二是知道了事情的来龙去脉，能够解除疑惑这种不确定状态，产生一种控制感；三是知道化解的办法，会产生信心和希望。

著名精神病学家弗兰克（J. D. Frank）很早就指出，从治疗功能和机制的角度来说，巫术之于原始部落与“科学心理治疗”之于现代“文明人”，其实是一样的。它们都促进了当事人的获助期望和信心，进而导致治疗效果（Frank, 1961；参见本书第二章）。不过，有一个问题是不容忽视的。巫医或“民俗性辅导者”的“服务”，其专业性和服务动机往往有问题。几乎没有哪个巫医会以现代心理治疗的角度来看待他们的“服务”，因之其“专业活动”质量良莠不齐。大多数巫医的“服务”是出于利益动机，由于缺乏“职业规范”和监管，很容易出现讹人钱财甚至残害人命一类问题。

总之，在中国传统文化中历来就存在心理咨询和治疗的成分。从历史上看，中国人对待异常行为的态度、对异常行为的认识以及实际的治疗水准，在很长时期里都是领先于西方的。看看西方心理治疗的发展历史就能体会到这一点。

二、西方心理治疗的发展历史

心理治疗与咨询有不同的历史渊源。只是到了20世纪40年代以后，二者才逐渐融合。鉴于此，我们在这里分开介绍心理治疗和咨询的发展过程。

西方对异常行为的认识和治疗，其曲折的发展历程与整个西方文明的发展大体是同步的。宗教神学在西方历史上的长期统治地位，严重窒息了心理治疗的进步。

远古时代的人一般持泛灵论信仰——相信世间万物皆有灵魂，对一切不能以熟悉的经验理解的现象，都会以某个超自然的存在作为原因进行解释，精神异常也一样。人如果出现精神异常，就是有魔鬼侵入或附体，控制了这个人的行为。20世纪前期，考古学家在法国南部旧石器时期人类居住过的洞穴发掘，发现了一些头盖骨，上面有人工钻开的孔（图1-2）。考古学家相信，这种孔洞是开启一个通道，以便困在病人头颅里的魔鬼的精灵逃出去（Rosenhan & Seligman，1995）。

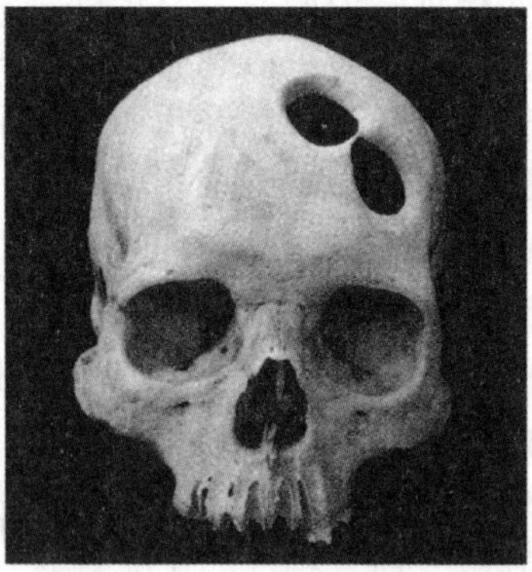

图1-2 旧石器时期洞穴里有开孔的头盖骨

古希腊人受当时人类认识能力的限制，一般也是从超自然的观点看待异常行为的。当时的人相信，心理障碍要么是由于精灵附体，要么是神对人的惩罚。如果是前一种情况，患病者往往被看成赋有特异力量，因而令人敬畏，甚至膜拜。但多数病人则被看做冒犯了神灵，因而神使其行为怪诞以作惩罚。因此，心理障碍患者主要交由神职人员看管。治疗是粗糙的，主要是给予支持、宽慰、草药，并进行祈祷或别的宗教仪式性治疗。各种驱魔方法如叫喊、放血、饥饿也被广泛使用。

希波克拉底（Hippocrates，前460—前377）是首位以理性态度对异常行为进行研究和治疗的医生。他摒弃了从无形的神那里寻找心理障碍的起因的想法，而把心理障碍归结为人自身身体上的原因。他说：“欢乐、愉快，欣幸、嬉戏，苦恼、悲伤、不满和烦扰等，都是从脑产生出来的……而我们所以会疯狂、胡言乱语，深夜或黎明时被郁苦和恐惧所笼罩，同样也是由于脑的存在。”（转引自张伯源、陈仲庚，1986，第18页）当时，癫痫被人们看做神的原因所致，希波克拉底则说：“如果砍开你的头颅，你就会发现大脑是湿的，充满了湿气并且十分难闻。那样你就会发现损害身体的不是神，而是疾病。”（转引自 Bootzin & Acocella，1988，第9页）此外，希波克拉底也强调环境和社会压力对于人的活动和心理异常的作用。

希波克拉底还根据自己的观察，对异常心理现象作了粗陋的分类，分为狂病、郁病和精神错乱(脑炎)。希波克拉底对病人的治疗在当时也是最人道、最有科学性的。例如,对抑郁病人,他主要让其保持生活的平静安宁,给予适当的兴奋刺激,并辅之以素食。如果必要,也采用放血疗法。对于歇斯底里症,他跟当时希腊人的普遍信念一样①,认为是一种妇女病,原因在子宫(希腊语中 Hystera 意为"子宫"),并认为结婚是一条合适的治疗途径。古希腊人关于歇斯底里症是妇女病的错误看法在西方一直延续两千余年,直到19世纪才被法国精神病学者推翻。

罗马人征服希腊以后,希腊理性精神得以持续。罗马医生继承希波克拉底的传统,把对异常心理的唯物主义理解和治疗研究继续下来。例如,埃斯克勒皮阿底斯第一个区分了急性心理疾病和慢性心理疾病,并将错觉、妄想和幻觉区分开。他还发明了一种吊床,以使病人安适。他反对放血、捆绑和关地牢等"治疗"手段(Holme, 1972)。到公元一世纪末,另一位医生阿瑞忒欧斯看出躁狂和抑郁是同一疾病的不同表现。

古希腊、古罗马医学的集大成者,也是中世纪以前最后一位重要人物,是罗马帝国时期的希腊医生盖伦。盖伦(Galen,130—200)继承和发展了用身体原因解释心理障碍的理性精神。他以自己作为角斗士医生的经验和对动物进行解剖的知识为依据,坚信心理机能与身体器官的联系。盖伦把疾病分为身体的和心理的两大类,同时认为大脑负责心理机能。这也表明他在身心关系上强调身体是第一位的。与这一思想相一致,盖伦认为心理障碍应该通过身体治疗来克服。虽然用今天的知识来衡量,盖伦及其同时代的医生的这种看法不尽完整,但对于把治疗诉诸超自然力量的蒙昧见解来说,是了不起的历史进步。盖伦还对引起异常行为的原因作过论述,他列出了头部损伤、恐惧、酗酒、失恋、月经变化等原因。盖伦(还有另一位医生索兰纳斯)正确地看出歇斯底里症不是妇女病,而是一种跟性有关的病,并且男性也可有类似症状(Veith, 1965)。不过盖伦这一发现湮没无闻,并未对普遍流行的信念产生影响。此外,盖伦对异常心理现象作了自己的分类,分为感觉病症、记忆病症和心理错乱三类。

然而,古希腊、古罗马的理性精神并未持续下去,随着中世纪的到来,西方文明进入长达一千年的黑暗时期,神学和宗教统治与一切科学思想为敌,西方对心理障碍的研究和治疗也在劫难逃。

在中世纪早期,基督教兴起并统治了西方社会生活的一切方面。由古罗马人建造的医院被毁坏,已有的对心理异常的科学探索倾向被扼杀。人们把心理障碍患者要么看做魔鬼附体,要么看做处于一种无目的的漫游状态。对诸如抑郁症这样的障碍,教会则视同懒惰或懒散之类的罪过。障碍严重者被人们摒弃,被逐出正常社会生活。教会和修道院取代医生和医院来收留和"治疗"患者。既然疯狂是附体魔鬼作祟,残酷的拷打、禁闭、火烧、水淹、放血、停食等驱魔手段就成为治疗精神病的主要方法。有的病人头发被剃成十字,更多的病人被铁链锁在修道院的石柱上进行治疗。最初,人们还对魔鬼附体的人作一

① 古希腊人很早就观察到今日所说歇斯底里症,并发现这种病主要发生在未婚女子和寡妇身上。当时的人普遍相信,这种病跟女性的子宫有关。当时人们认为子宫在体内是可以游走的。子宫离开原来的地方,游走到身体的不同部位,附着在其他器官上,就出现各种症状。例如,如果附着在肝脏上,会失声、磨牙;游走到胸腔,就出现惊厥;附着于心脏,就出现压迫、焦虑和呕吐(Veith, 1965)。

种区分:一部分人是因为血缘关系不幸被撒旦俘获,一部分人则是主动与撒旦勾结。到后来,这种区分也模糊不清。到15世纪中叶,对女巫(witches)的态度变得更为严厉。出于对她们的恐惧①,出现了追猎女巫的运动。许多被抓者被活活烧死、砍头或处绞刑(班克特,2006)。

到了公元1000年以后的中世纪成熟时期,由于十字军东征,导致古希腊、古罗马的古籍重新被发现,其中也包括盖伦的解剖学研究。这时有些人开始重新考虑心理障碍的自然原因,此时医生阶层也日渐获得社会地位。但总的说来心理障碍者仍然被认为应该由上帝及其代理人——教会来照管。当时的一部戏剧提供了一个教士是怎样治疗精神病患者的例证。剧中主角是一个有迫害妄想的类偏执狂病人。他父亲带他去看一位因治疗精神病卓有成效而获得圣徒名声的教士。这位教士的治疗是,劝父亲把儿子带回家好好休息,并以圣艾尔凯尔的名义向修道院祈祷和捐献财物。这恐怕就是当时最好、最人道的治疗了(迈耶和萨门,1987)。

从文艺复兴开始,随着科学和医学的逐渐发展,对心理障碍的认识和治疗也开始进步。当时的思想家不满于心理障碍是源于魔鬼附体的解释,对把精神病患者当成巫妖而残酷迫害十分震惊。例如一位名叫韦耶尔的医生和文学家就在一本书中就自己目睹的"驱魔"事例指出,多数被当做女巫活活烧死的人只不过是精神上或身体上有病而已。这些学者认为,异常行为具有自然原因,应该用观察和实验的方式进行研究。

文艺复兴时期对精神病患者的照管也逐渐从修道院转到精神病院。不过,当时所谓的精神病院只是一个收容精神病人的场所(图1-3),管理上也和修道院差不多。治疗不过是给予食宿加上一点人道对待而已。班克特称这种收容所是"人类极端困苦状况的集中地"(班克特,2006,第37页)。

图1-3 文艺复兴时期的精神病院

① 女巫被认为跟魔鬼有关系,淫荡、充满肉欲而又不知满足。女巫主要的罪恶是夺男人的阳精,谋害婴儿甚至胎儿,糟蹋庄稼和牲畜。

真正的改变发生于18世纪末。法国的皮内尔(P. Pinel,1745—1826)医生在改革精神病治疗的历史上是一位划时代的人物。他开始以科学和人道的态度对待精神疾患的治疗。1793年,在法国革命的背景下,他作为比塞特医院(La Bicêtre)院长,为医院的病人解除了镣铐(图1-4)。次年皮内尔又被任命为萨尔拍屈里哀医院(La Salpêtrière)院长。在这两所医院里,他和他的学生开始记录并保存病历,给病人自由、阳光和新鲜空气,使疯人院的面貌大为改观。与此同时,图克(W. Tuke)因痛恨英国精神病院恶劣的条件,于1796年在英国开设了私立的约克疗养院(Retreat at York)。在约克疗养院,病人不再被当做"囚犯",而被当做客人。医护人员以亲切、关心和尊重的态度对待病人。受英国的影响,很快在美国也出现了类似的改革。其中最著名的是迪克斯(D. Dix,1802—1887)女士所倡导的运动。从1841年起,迪克斯就要求改善监狱和救济院中精神病人的医疗条件,要求建立更多的医院收治精神病人。她四处奔走呼吁,迫使地方政府采取措施。这一运动导致美国许多州建立了精神病治疗医院。但总的说来,美国医院对精神疾患的治疗效果很差。医院的条件与管理也很恶劣。所以到了20世纪初,发生了以比尔斯为倡导人的一场心理卫生运动。

图1-4 皮内尔为精神病人解除镣铐

伴随着对待精神病人的人道主义改革,19世纪的西方在异常行为的认识研究方面也有较大进展。这种研究大体有两个方向,即医学的方向和心理学的方向。在医学的方向上,德国著名精神病学家克雷丕林(E. Kraepelin,1856—1926)作出了重要贡献。克雷丕林依据躯体医学的研究思路,于19世纪末对大量精神病人的异常行为进行观察,在此基础上探索基本的疾病单元,并提出精神疾病的第一个现代分类体系。克雷丕林因此被看做现代精神医学的奠基人。克雷丕林代表的是异常心理的医学模式。

从心理学角度来认识和治疗心理障碍实际上在18世纪已经开始。这条途径的发端颇有戏剧性,它与维也纳医生麦斯麦的名字联系在一起。麦斯麦(F. A. Mesmer,1734—1815)相信磁力对人体能发生影响。实际上,认为人身上有一种"动物磁力"的看法早在

15—16世纪就有人提倡。麦斯麦认为人与磁石或人与人之间可以“通磁”。他用磁石按摩人的身体，或通磁于他人身体，发现他常能把病人引入一种特殊的意识状态（即现今所说的催眠状态）。后来，他以自己作为磁力源，来治疗精神病和神经症病人，收到好的疗效。麦斯麦致函欧洲各科学院，提出动物磁力说，但遭到各处冷遇。维也纳不少人则对他的学说提出批评。于是他于1778年移居巴黎。在巴黎，麦斯麦用橡木作成一个大木桶，内装化学物品和铁器。患者被告之麦斯麦已给木桶“通磁”。病人们围桶而坐，并互相握着手或以绳索互相牵连，从木桶接受通磁。房间半明半暗。四面有镜子，伴有时奏时止的音乐。麦斯麦出现，有时作魔术师的装束，他绕桶而行，“以手触一人，通磁于另一人，瞥视第三人……”，受此“麦斯麦术”的治疗，不少病人痊愈了（波林，1982，第133页）。显然，麦斯麦术中的治疗要素乃是我们后来所说的催眠作用。但当时科学界还不能理解催眠现象和麦斯麦术，连麦斯麦自己也说不明白这种方法是怎样治好患者的。麦斯麦被斥为江湖骗子，只得再迁居瑞士，于1815年郁郁而终。

催眠现象直到19世纪40年代才由于英国医生布雷德（J. Braid，约1795—1860）的研究被科学界接受。布雷德抛弃了动物磁力说，称催眠状态为神经性睡眠，认为它是一种非自然的睡眠状态，并将诱发这种特殊状态的操作称为催眠术。从此以后，催眠治疗方法逐渐被治疗者所采纳，尤其在法国得到发展。

19世纪后半叶，对精神病和神经症的研究和治疗在法国取得很大进展。法国南锡（Nancy）的李厄保（Liébeaut，1823—1904）把催眠术应用于歇斯底里症的治疗，收到了疗效。其后另一医生伯恩海姆（H. Bernheim）成为李厄保的助手。他们对催眠术在理论上也进行了研究，被称为南锡学派。而在巴黎，由沙可（J. Charcot，1825—1893）和让内（P. Janet，1859—1947）先后主持的萨尔拍屈里哀学派（又称巴黎学派）也对神经症和催眠作了大量研究。两个学派关于歇斯底里和催眠的看法各树一帜，互相对立。其中巴黎学派和沙可的名声更大，萨尔拍屈里哀医院俨然成了国际上最负盛名的精神、神经疾病研究中心①。法国医生的成就直接影响了弗洛伊德。弗洛伊德于1885—1886年去巴黎就学于沙可，后又于1889年赴南锡向伯恩海姆学习催眠。沙可等人的观点对弗洛伊德回国后从事歇斯底里症和催眠的研究有很大启发作用。

弗洛伊德（S. Freud，1856—1939）在心理治疗的历史上是一位划时代的人物。他创立的精神分析体系是心理治疗的第一个完整的体系。弗洛伊德标志着现代心理治疗的真正开端。精神分析治疗体系创立之后很长一段时期——大约从19世纪末到20世纪50年代——心理治疗领域里一直是这一体系以及由此体系衍生出来的支系占据着统治地位（Garfield & Bergin，1994）。从20世纪40年代以来，继精神分析体系之后又陆续出现了人本主义体系、行为主义体系和认知行为主义体系等心理治疗体系，围绕着各体系又形成了多种心理治疗流派，使今天世界范围内的心理治疗呈现百家争鸣的景象。关于弗洛伊德学派以及后来发展出的各主要心理治疗流派的发展情况，我们将在本书的后半部分分

① 沙可从未亲自对病人作过催眠，他提出了一种解释催眠的神经学说，并用他的学生们所做的催眠为例证。哪知他的学生们的例证是伪造的——告诉病人如何表演。南锡的伯恩海姆不能重复出沙可的发现，并很快揭露出问题的原因（Rosenhan & Seligman，1995）。

别进行介绍。

三、心理咨询在美国的发展过程

如果说现代心理治疗发源于欧洲的话,心理咨询就是地道的美国产物了。一般认为,心理咨询有两个源头,都发轫于 20 世纪初:一是所谓“指导运动”(Guidance Movement),一是心理卫生运动。前者主要在学校系统中发展,后者主要在社区发展。这种起源上的分别一直沿袭下来。因此心理咨询作为一门统一的专业,在不同的社会领域其服务重点却有不同。

指导运动的兴起与当时美国的社会问题有关。19 世纪后期,美国的资本主义经济得到突飞猛进的发展。伴随着资本主义生产的发展,出现了广泛而深刻的社会变迁。学者们通常用工业化和城市化这两个概念来概括这一变迁过程。到了世纪转换的时期,社会变迁导致了大量的社会问题。其中,童工问题、年轻人从学校走向社会时面临的求职、就业和职业适应等问题,引起了一些有社会改良愿望的人士的热切关注。他们首先在学校和一些社会福利机构行动起来,作宣传,设立帮助机构,寻找帮助方法,试图帮助年轻人解决面临的困难。一些零散的努力逐渐发展成一场有组织、有影响的运动。这便是后来所称的指导运动。指导运动的内容主要有两个方面:一是职业指导,主要是给年轻人提供职业介绍和职业咨询;二是改善学校教育。指导者们是一些以启蒙思想和人道主义态度看待教育的人。他们关心学生的个别差异,主张人人都有受到适当教育的权利,强调学校要因材施教,而不是只注重那些有天赋的儿童。

在指导运动中,最有影响的人物是帕森斯(F. Parsons),后人称之为“指导运动之父”。1908 年,帕森斯在波士顿创办了一家机构,名叫“波士顿职业事务所”(Boston Vocational Bureau)(Gibson & Mitchell, 2003)。职业事务所的业务主要有两方面:一是为需要职业帮助的年轻人提供帮助,二是培训职业辅导教师。职业辅导教师负责为职业学校挑选适合学习某些职业的学生,协助学生明智地选择自己的职业,并在学生从学校过渡到工作场所的过程中给予必要的帮助。1909 年,帕森斯出版了一本书,名为《选择职业》(Parsons, 1909),这不是一本面对当事人的书,而是一本怎样做职业指导的书,阐述在职业指导中咨询师的角色以及使用的策略和方法。帕森斯本人的生活经历使他有资格写这样一本书:他学过土木工程,在一家钢厂做过普通工人,又在几所大学教过书,学习过法律,竞选过波士顿市市长,失败后便投身于社会工作。

其他先驱者包括戴维斯(J. Davis)、蕊德(A. Reed)、韦悦(E. Weaver)和西尔(D. Hill)等人(Rockwell & Rothney, 1961, 转引自 Gibson & Mitchell, 2003)。例如戴维斯是首先在学校开始辅导活动的人士之一,他于 1898 年在底特律市建立了一个教育职业指导中心。戴维斯的指导思想受基督教信念的影响,很重视职业态度、敬业精神的教育。由于这些先驱人物的努力,更由于这个运动非常切合社会的需要,指导运动在短时间内迅猛发展。1913 年,美国的全国职业指导协会(National Vocational Guidance Association, NVGA)宣告成立,两年后,出版了第一份专业杂志《职业指导》。自此之后,“指导”(guidance)一词作为学校咨询的一个专门术语,一直沿用超过 50 年(Gibson & Mitchell, 2003)。

心理咨询的另一源头——心理卫生运动——的发起人,不是学者,不是社会改革家,而是一位曾数年罹患精神病的青年学生,名叫比尔斯(C. Beers)。比尔斯是耶鲁大学商学院的一名学生,曾因精神失常而住进精神病院。从住院期间和出院后自己的亲身遭遇中,他对于当时州立精神病治疗机构中对病人的冷漠和虐待,对公众对于精神病人的偏见和歧视产生了切肤之痛。1908 年,比尔斯写了一本名为《一颗找回了自己的心》的书(Beers, 1908),再现了自己在三所治疗机构中的遭遇,以自己作为一名精神病人的切身体验,揭示出媒体和公众对精神病人的误解和歧视。比尔斯的书和呼吁得到著名心理学家詹姆斯(W. James)和著名精神病学家迈耶(A. Meyer)的大力支持,也激起了公众要求对精神病患者以人道对待和对心理疾病进行科学研究的呼声。由此开始了一场由美国发轫,最后遍及全世界的心理卫生运动。这场运动在当时得到的一个直接成果,就是在许多城市设立一种机构,叫做"心理医院"(Psychiatric Hospital)。这是设在社区的一种治疗机构,主要为出院后的精神病人提供治疗性咨询。这种机构以后演变为"社区心理卫生中心"。

在 20 世纪前 20 年里,指导运动还主要是社会工作者的事,它与正统的心理学几乎没有什么关系。但到了 30 年代,却出现了咨询发展史上所谓的"测量的十年"。发生这种改变的原因,一方面是由于第一次世界大战以后心理测量学在美国迅速取得进展,使得测量方面的专家能编制出各种适用、有效的测量工具;另一方面,指导运动的深入发展也提出了应用心理测验的要求。二者可以说是相互促进。这一时期编制的测量工具以能力倾向、职业兴趣方面的测验最多、最著名,正是上述情况的证明。在这一转变中,指导运动变得越来越心理学化,越来越专业化,开始有了现代咨询的雏形。明尼苏达大学的帕特森当时曾评论说,当帕森斯创办他的职业事务社时,他的心理学橱柜里空空如也。现在情况不同了,心理测量的发展,使指导者能方便地得到人的心理机能或能力、态度和兴趣方面的资料,从而能引导当事人对自己有更好的了解,选择最适合自己的职业。在这个转变中,以明尼苏达大学威廉森(E. G. Williamson)为首的学者起了重要作用,以至形成了一个后来称为"特质-因素"的咨询学派。这个学派的特色,就是强调以科学的手段(主要是使用心理测验)来获得当事人的心理资料,然后给予针对性的指导。

如前述,早期的学校咨询偏重于职业指导。到 20 世纪 20 年代,它从大学的学生事务得到很多启发,因而发展了许多新的辅导计划,关注的着眼点也扩展到青少年学校适应的各个方面,如学习迟钝、学业不振、残疾儿童的特殊困难、逃学、少年犯罪等。这样一来,咨询中的"治疗"成分就加重了(Gibson & Mitchell, 2003)。

20 世纪四五十年代,发生了咨询发展史上最深刻的转变,即指导运动向当代咨询的转变。这场转变的结果,是从指导运动和心理卫生运动中最终整合出心理咨询这门专业,同时咨询专业又跟心理治疗越走越近。

导致这一转变的社会历史原因跟第二次世界大战可能有密切关系①。其中一个比较直接的原因是第二次世界大战结束后大批退伍军人回国。这些军人回国后,美国社会面临帮助他们尽快身心康复,并找到合适的职业的任务。为了完成好这项工作,退伍军人管

① 其实第一次世界大战后,美国就成立了退伍军人管理局,开展了对退伍军人的康复咨询和职业指导。

理局(Veterans Administration, VA)需要大批临床心理学家和咨询师,同时需要研究快速有效的帮助途径。国立心理卫生研究院(National Institute of Mental Health,NIMH)也把最主要的资源用于资助临床心理学和心理咨询的研究。这样,在政府雄厚财力的支持下(Pickren,2007),职业指导和心理卫生两方面的帮助活动都得到有力的推动,尤其是专业咨询人员的培训和设立心理卫生中心这些工作发展迅速。在这一转变时期,临床心理学家罗杰斯(C. R. Rogers)起了重要作用。

罗杰斯的主要贡献有以下几点。首先,罗杰斯提出了一种新的咨询理论。这个新理论强调咨询过程的主角是当事人而不是咨询师,是当事人对改变负责而不是咨询师对改变负责。这使传统的指导活动的一些做法,如指导者与当事人关系上的权威主义态度和家长式的作风,过分依赖测验和滥用测验,过多的直接指导,等等,受到很大冲击。其次,罗杰斯开始以真正心理学的眼光分析咨询关系和咨询过程,致力于找出咨询和治疗中真正起作用的要素,从而使咨询变成一个以科学研究为基础的实践学科。最后,这种非指导的"治疗"使得原来主要在学校进行的指导活动和主要在心理卫生机构进行的治疗活动有了统一的理论基础。这就使得咨询和治疗开始靠拢,有时甚至到了难分彼此的地步。在罗杰斯看来,咨询就是治疗,治疗就是咨询,二者实质上是一回事。另外,罗杰斯还接受退伍军人管理局的委托,培训一批人事咨询员,并在完成这个委托的过程中,发展了团体咨询这种形式(江光荣,2000)。

20 世纪 40 年代中期到 50 年代中期,也是咨询专业完善学科组织建设,使咨询师的专业训练正规化,并使咨询的专业地位最终获得学术界和社会确认的年代。1946 年,美国心理学会成立第 17 分会,即咨询心理学分会①。同时,美国心理学会还推荐由全美考试委员会主持对咨询心理学家的执照和专业考试。同年,原有的全国职业指导协会改组为"全美人事指导协会"②。1951 年,在伦恩(C. G. Wrenn)等人的倡议和组织下,在埃文斯顿市的西北大学召开了有 60 位有名望的心理学家参加的首次咨询心理学会议。这次会议更扩大了心理咨询这一专业的影响,提高了它在公众中的认可和接受程度。

心理咨询的专业地位确立以后,咨询心理学家与临床心理学家、精神科医生、社会工作者密切合作,不断地拓展其服务领域,学科和专业队伍获得迅猛发展。Blocher(2000)归纳美国专业咨询发展的历程见表 1-2。

表 1-2 美国专业咨询发展的轨迹

时间	服务处所	帮助对象	目标
1900—1919 年	高中,安置之家	即将离校的年轻人	聚焦于职业方面

① 当时称为"咨询和指导分会"(Division of Counseling and Guidance),后于 1953 年更名为"咨询心理学分会"(Division of Counseling Psychology)(Hanna & Bemak,1997)。

② 简称 APGA,该会于 1984 年再次更名为"美国咨询和发展协会",简称 AACD,1992 年又改名为美国咨询协会,简称 ACA。

续表

时间	服务处所	帮助对象	目标
1920—1939 年	高中，大学学院，就业服务处所	将离校的大学毕业生，求职者	聚焦于职业方面，教育方面
1940—1959 年	高中，初中，康复机构，退伍军人管理处，大学学院，就业服务处	孩子，少年，年轻成人，退伍军人	聚焦于职业方面，教育方面，康复方面，就业培训方面
1960—1979 年	小学、初中、高中，大学学院，家庭服务处所，管教所，康复机构，酗酒和吸毒者处理机构	所有年龄的人	聚焦于发展方面，治疗方面
1980—1999 年	小学、初中、高中，大学学院，康复机构，家庭服务机构，管教所，酗酒吸毒者处理机构，员工帮助计划	所有年龄的人，包括妇女和少数民族的人	聚焦于发展方面，治疗方面，预防方面
2000 年	小学、初中、高中，大学学院，康复机构，家庭服务机构，管教所，酗酒吸毒者处理机构，员工帮助计划，私人开业，组织顾问，健康维护组织，保健	所有年龄的人，包括妇女和少数民族的人	聚焦于发展方面，治疗方面，预防方面

资料来源：Blocher, D. H. (2000). *Counseling: Developmental approach* (4th ed.) (p. 9). New York: Wiley.

而从目前的情况看，专业咨询员供职的地方随社会发展又有扩大，比如反映国际化、科技发展和信息时代特点的咨询业务虽已出现，但传统的一些服务处所（主要集中于教育系统和心理卫生机构）仍然吸收了最多的新入职者。据霍利斯的调查（Hollis & Dodson, 2000），在 1999 年，从社区咨询员课程（入职水平）毕业的新入职者有 58%在公立机构就业，排第一位；排第二位的是在私人机构供职或私人开业，占 13%。从心理卫生咨询课程（入职水平）毕业的新入职者就业情况与此接近，在公立机构就业的占 52%，在私人机构供职或私人开业的占 21%，也是分别排第一、二位。而从学校咨询员课程（入职水平）毕业者，有 92%在学校供职（小学 30%，初中 22%，高中 30%，高校学生事务处 2%，其他 8%）。

考察美国心理咨询专业的发展历程，可发现它有两个重要特点：一是其专业服务密切切合社会需要，二是政府的立法举措在其发展中扮演了关键作用，而这两个特点又是互相关联的。

作为现代心理咨询的两个源头，指导运动和心理卫生运动都是因应当时社会发展的需要而出现的。在以后的发展进程中，每一代的咨询者都从当时的社会需要找到自己生存发展的资源和条件。如第一、二次世界大战之后退伍军人的康复和安置服务，由于退伍军人管理局提供了大量财力支持，使得心理咨询在专业服务领域、服务规范、学科建设和服务规模等方面实现大幅度成长。

社会需要往往会反映为美国国会的立法行动。这种立法行动往往成了专业咨询发展的最大动能(Pope, 2000)。在美国专业咨询的发展过程中，有多次重要的发展契机都由于美国国会的立法行动引起。如1946年美国国会通过《乔治-巴顿职业教育法案》①，1958年通过《国防教育法案》②，1963年通过《社区心理卫生中心法案》③。尤其是后两者，对心理咨询在美国的发展影响深远。例如，《国防教育法案》出台后6年时间里，各州共拨款3 000万美元，使中学的辅导员由12 000人增加到30 000人，使中学的辅导员/学生之比由1958年的1/960，增加到1964年的1/510(Gibson & Mitchell, 2003, p. 10)。1996年国会通过的《心理健康保险平权法案》④为心理健康服务获得跟医疗服务同等的保险待遇迈出了关键一步。

20世纪60年代前后，心理咨询开始走出美国，在世界范围内发展。

四、心理咨询在中国人社会中的发展

以下略述心理咨询在中国人社会中发展的情形，因大陆、台湾和香港的发展各自相对独立，故分别叙述之。

(一) 心理咨询在台湾的发展

我国台湾地区于20世纪50年代引入心理咨询，初期定其名为“指导”，后改称为“辅导”(冯观富，1999)。此时的辅导，即为美国的指导(guidance)工作。台湾学者将台湾的学校辅导发展分为三段，称为萌芽生长期、体制建立期和推动发展期(陈秉华，1999)⑤。

萌芽生长期约从20世纪50年代中至1967年。台湾地区的辅导起源于20世纪50年代的侨生教育。约在1954年左右，大量侨民子女返台就读，人地生疏、语言隔阂，产生辅导需要。适逢当时台湾“教育部”侨教委员会主任蒋建白曾留美研习辅导，于是在他的大力推动下，辅导在台湾学校系统中开始引入，并于1958年成立了辅导学会，由蒋建白任第一任理事长。

此时期的工作主要集中于四个方面。一是辅导观念和理论的引入和传播。二是培训

① George-Barden Vocational Education Act。该法案中有条款规定，由政府提供资金，资助高校设置课程培养学校咨询员。在此法案支持下，一批高校开设了咨询员培养的硕士课程(Hoyt, 2001)。

② 《国防教育法案》是在苏联率先将人造卫星送入太空，美国举国上下批评教育拖了国家发展的后腿的背景下出台的。该法案中有多项条款与辅导有关，其中最关键者是规定拨款加强各州的学校辅导工作，并资助高校培养辅导人员。

③ 美国国会于1955年通过一项立法对心理卫生工作进行研究，该工作于1961年推出一份名为《为了心理健康，行动起来》的研究报告。这导致在1963年正式通过一项立法，名为《社区心理卫生中心法案》，旨在在全国范围内新建和加强社区心理卫生中心。法案要求在全国建立2000个社区心理卫生中心，法案并规定了心理卫生中心的职能、运作和资金来源。这项法案在1975年和1978年又两次进行修订，对中心须提供的服务进行调整。

④ Mental Health Insurance Parity Act，该法案于1998年1月1日生效。

⑤ 另张植珊等据已故宗亮东教授的说法，把台湾头20年(约1958—1978)的辅导发展分为介绍、实验、推广和发展四个阶段(张植珊、吴正胜，1999)。

辅导人员。主要由台湾大学、台湾师范大学和政治大学等校承担培训工作。台湾师范大学于 1958 年成立教育心理学系,该系后改名为“教育心理与辅导学系”。该系和彰化师范大学辅导学系等几个系所,是台湾辅导力量培养的主要机构。三是进行实验和研究,以探索在台湾推行辅导的办法和效果,自 1962 年起,先后有 31 所大中小学校参加实验计划(陈秉华,1999)。四是推广服务。1966 年台湾设立“青年辅导委员会”,在各地设置就业辅导中心,中学课程中引入指导活动。辅导工作渐次进入学校、社会。

体制建立期从 1968—1990 年。这时期的特点是辅导工作的各方面制度化、规范化和常规化,辅导活动普及于各级各类学校。

推动发展期从 1991 年至今。台湾地区于 1991 年推出一项“辅导工作六年计划”。此计划是根据台湾青少年问题日益严重、犯罪率上升的情况而提出的。希望通过推行这一计划,整合家庭、学校和社会各方面的资源,建立全面的辅导体制,统整规划辅导工作,来有效地解决青少年的问题(陈秉华,1999)。这项计划规模宏大,投入惊人(6 年内实际投入 25.21 亿新台币),动员了台湾全部辅导力量。所推进和发展的工作全面,包括辅导研究、辅导人才培训、普及性的辅导和心理卫生知识讲座、宣传报道和出版、充实学校辅导设施、发展心理与教育测验、建立辅导网站、开发社会辅导资源、对有特别需要的学生实施咨商和治疗、规划辅导体制、完善有关法规,等等(陈秉华,1999)。这项计划如期完成,专家评估后,指出其取得一定成就,但相对其投入规模,仍有不少不足(夏林清、丘延亮,1997;钟思嘉、萧文,1996)。

20 世纪 90 年代中期以来,台湾地区展开了庞大的教育改革计划。在这个背景下,“建立学生辅导新体制”的改革方案启动,其主旨是将教学、训导和辅导三者合一。计划在 5 年内投入 13 亿新台币,以试行、评估、改进、推广的步骤实行之。不过,对这一计划,专家学者争议颇多,不少人担心由于台湾地区教育的实际情况,这计划的实行有可能削弱辅导工作(陈秉华,1999)。

台湾学者常将辅导与心理咨询(也叫咨商)看成两种略有不同的服务(金树人,1999;吴武典,1990)。从这样的角度来理解的话,咨商的出现就比辅导要晚一些。台湾的咨商心理学的发展是由一些在美、欧留学的学者回台后逐渐发展起来的。到 20 世纪 90 年代,台湾咨商的发展已经粗具规模。在专业服务方面,咨商已经在学校、医疗系统、社区以及私人开业中相当广泛地推行。例如较大的城市都设立了心理卫生中心,一些基金会的和宗教团体支持的社区辅导机构相当活跃。在理论应用方面,各种咨商理论与技巧的应用日益普遍,外来技术的研习推介活动纷然杂陈(金树人,1999);在专业人员训练方面,已经有台湾师范大学、彰化师范大学、政治大学、高雄师范大学等一批高等学校设置了从咨商专业硕士到博士的课程;在学术研究方面,台湾的咨商和辅导学者一方面跟踪西方学者的研究主题,在此领域的各个方面展开了研究,另一方面也有少量努力用于研究中国文化背景下心理咨询和辅导的问题(陈秉华,1999)。值得一提的是,台湾地区在 2001 年通过了“心理师法”,依据申请者主修专业的分别(临床心理还是心理咨询),设计了“临床心理师”和“咨商心理师”两种职业称谓,并就心理师的资格、执业、管理等事项作出了明确规定。这是台湾地区心理咨询发展上的一个里程碑。

台湾心理咨询的发展也存在一些问题。其中一些问题已经引起台湾学者的反思(如陈秉华,1999;金树人,1999;萧文,1999)。

根据台湾师范大学陈秉华教授的归纳,台湾学校辅导存在的主要问题有:(1) 辅导人员工作负担重、压力大。辅导人员多有耗竭感,士气不振。(2) 校长和其他教师普遍对辅导专业缺乏认识,且重视不足。(3) 辅导人员专业训练不足。(4) 与学校其他部门、其他工作缺乏协调,未能合作。(5) 升学主义使得各方面只重学习成绩,忽视学生情绪与人格健康,进而忽视辅导的价值。(6) 政策主导专业。台湾辅导发展的主要途径,是政府自上而下的推动。这种做法利弊互见。其弊端主要是它使学校失去自主,辅导计划脱离学校实际需要,最终使许多工作流于形式(陈秉华,1999)。

(二) 香港辅导事业的发展

香港的辅导起步较晚。英国人在统治香港的很长时期里,并不重视对当地人的社会服务。1967 年,香港出现社会动乱。港英当局开始认识到,欲使香港的商业中心地位稳固繁荣,不能忽视底层民生问题和青少年犯罪等社会问题。在教育和社会服务界别的呼吁下,辅导工作方始萌发。

20 世纪 80 年代中期以来,香港经历急剧的社会变革,使得辅导需要迅速上升。在此背景下,政府机构、学校和一些民间宗教团体纷纷推出辅导服务,由此促进了辅导事业的发展。

在香港从事辅导工作的专业人员主要包括咨询师、临床心理学家、教育心理学家、社会工作者。不过在政府的社会服务系统中,并没有给咨询师(counsellor)设立正式职位。这一点对咨询专业在香港的发展造成一个重要的限制(Leung, 1999)。香港有两所大学提供临床心理学课程,即香港大学和香港中文大学,另外香港中文大学还提供心理咨询课程,各主要大学均提供社会工作课程。目前全港约有一百多位临床心理学家,大部分受雇于政府部门(如社会服务、惩教、医疗、教育等界别的机构)。教育心理学家(相当于美国的学校心理学家)则大多在学校系统服务。在香港担当心理咨询和心理卫生工作主角的是社会工作者(Leung, 1999),他们作为政府雇用的专业人员,在相当广泛的社会服务领域工作,如中小学、老人之家、青少年中心、家庭和妇女救助机构,等等。除了这些专业人员外,在中小学中还有一种“辅导教师”(guidance teacher)的职位。这个职位往往是由一般学科教师充任,一般是以教学为主,兼作学生辅导。

香港的辅导和治疗工作可分为学校和社区两大方面。

香港中小学的辅导工作在 20 世纪 60 年代即有萌芽,与台湾不同的是,此工作是起于学校和班主任自发自主的实践。直到 1976 年才制定青少年辅导社会服务工作计划,明确学生社会工作应为一项独立的服务。此后中小学的辅导才得以在政府推动下更有力度地开展(林孟平,1988,第 339 页)。香港学校辅导工作是由香港教育署、社会福利署及志愿机构联合推行。在辅导的模式上,香港中小学在 20 世纪 90 年代以前,一直比较着重于从问题、从矫正偏差行为这样的角度着眼来做辅导。1990 年香港教育统筹委员会发表《第四号教育报告书》,提出要发展“全校参与的辅导方式”。1993—1995 年间,香港教育署的辅导服务科出版了《学校本位辅导方式工作指引——小学适用》和《学校本位辅导方式工作指引——中学适用》。这是一套代表官方政策的文件,它对推动和规范中小学的辅导工作有重要作用。

全校参与的模式强调以下一些辅导理念(林孟平,1995):

(1) 全人教育,包括在体能、智力、社群、情绪、职业和事业各方面整体发展,而不是只重学习成绩。

(2) 将预防性、发展性的工作放到学校辅导的主要位置,而不是过分强调“治疗”。

(3) 强调全体师生的共同参与,强调营造良好的学校氛围。

(4) 把培养学生健康的自我形象作为学生辅导的主要目标。

香港中小学的学生辅导经过多年的发展,其价值已经在学校内外广为认可,但是总体而言,离理想的状况还有相当大的距离,主要存在以下问题:第一,辅导人力不足,这也是最重要的一点,目前社会工作者和辅导教师与学生的比例大约是 1 : 2000,一位社会工作者往往要负责两三所学校,人手严重不足。近些年香港教育界在呼吁“一校一社工”,情况正在缓慢改变。第二,辅导人员训练不足。初期的“辅导教师”只受过 4 个月的短期训练,社会工作者也大多只有大学本科水平,这样的训练和经验在面对真正的心理困扰时往往力所不及。第三,学校内部各种力量缺乏协调配合。学校的非辅导人员对辅导的价值和功能缺乏正确认识,学科教师、训导教师①对辅导缺少配合,学校领导支持不足,使辅导人员陷入单打独斗状态,因之士气不振,效能不彰。

相比之下,香港各大学的辅导工作相当有力和有成效。香港大学于 1970 年首开学生辅导服务(王文佩,2001)。目前全港有 8 所大学,全部设有学生辅导机构。辅导机构人员比较充足②,设施优良。辅导人员大多有硕士水平以上专业训练。高校提供的学生辅导主要为三类(何镜炜、杜婉芬,2001):(1) 个别辅导。辅导中心针对有特别需要的学生提供个别辅导,这种辅导常具有“治疗”性质。(2) 发展性活动及训练。这类活动是香港高校辅导中非常有特色的部分,旨在推进学生实现全面、均衡的发展。活动主题及形式各异,短期的有两小时至整天的辅导小组或工作坊,定期的则包括整年不断的训练,如讲座、工作坊、成长营等,训练范围广及智能、情绪、社群、身体、精神及事业等。(3) 就业辅导。香港高校的就业辅导遵循一般职业辅导的传统,旨在协助学生了解职业特点,了解自己的兴趣和性向,并在二者的配合中作出职业选择。职业辅导中应用心理测验较多。

香港高校辅导工作发展迅速且卓有成效,有两个重要原因:一是各校开展的各种辅导服务切合学生需要,有特点,有活力,有利于学校发展和提升学校竞争力;二是学校管理当局对辅导活动不遗余力地给予支持。更重要的是这二者互相促进,良性互动。

就第一点来说,香港高校的学生辅导有一些有价值的特点(何镜炜、杜婉芬,2001):(1) 以学生的实际需要为本。学生事务处每年都会进行新生调查,以了解学生的特点和辅导需要。在订定目标、设计训练项目时,能做到以调查资料为依据,故而较切合学生需要。又针对不同年级和学段学生的需要和时间上的便利,设计不同的服务项目,如对新生侧重于大学适应,对毕业生侧重就业辅导。(2) 采取主动策略。为了更有效地

---

① 相当于内地的德育老师。

② 专职辅导员与学生之比各校有差别,香港大学是 1 : 2300,香港科技大学是 1 : 1400,多数学校在 1 : 1000~1 : 2000之间。

提供服务，各校均采取主动策略，将服务拓展至办公室以外。如在校园摆设展览、流动服务摊位，利用校报、通讯、小册子、校园网等渠道传递辅导信息，与专业教师取得联络，为有需要的学生提供学习辅导，等等。（3）形式活泼多样，适合学生文化。各校的辅导形式，尤其是发展性的活动及训练方面的服务形式，充分利用校内设施和学校特点，非常多样。同时在宣传上注意贴近青年学生的爱好和时尚，尽量吸引学生的兴趣。（4）认识、体验、践行并重。在发展性活动和职业辅导方面，并不单是知识讲习，而是尽量把个人体验和实践行动组织到一起，促使学生能从切身经验中学习。（5）开发和利用多方面辅导资源，重视协作。

香港高校的学生辅导都受到学校管理层的重视。这主要是因为学生辅导工作直接影响到学生求职、就业状况，学生在校的身心康乐，进而影响到学校在社会上的声誉，以及学校招生的吸引力，而所有这些最后又会影响到学校获得政府和民间资助的状况。所以学校管理当局对学生事务部门一方面提供较好的工作条件，如人员配备、设施、经费等的保障，另一方面又给学生事务部门较大的工作压力。例如有些学校将学生事务的年度经费与毕业生就业统计数据（如一次就业率、毕业生平均起点薪酬）挂钩。

香港的社区心理咨询服务大多是整合于社会福利工作之中，作为其中的一项服务内容。政府的社会福利署在全港各区都分布着社会服务的分支机构，福利署和一些民间组织还兴办了不少社会福利机构，如老人之家、妇女之家等。特别值得一提的是，香港的民间社会福利组织在大众心身健康服务方面有非常突出的贡献。这些组织基本是非营利性质，或由志愿人士发起（如“突破机构”），或由宗教组织兴办（如“香港明爱”）。香港政府也给予相当有力的支援（如“突破”青年村就是由政府批地兴建，“明爱”也以项目形式获得政府资助）。视工作对象不同，这些机构中进行的辅导服务也不同。多数机构中都有个别化的心理健康辅导。有些机构如“突破机构”，则提供包括拓展训练、团体辅导、工作坊等多种形式的辅导服务。除了这些社会福利性质的辅导服务外，最近几年还有一些私人开业形式的辅导服务出现，这些辅导主要面向中产阶层。但据梁湘明教授的看法，由于香港目前还没有辅导和心理治疗从业人员的资格认证制度，因而这里面潜藏着一些可能的危险，如服务质量、当事人利益等方面的问题（Leung, 1999）。

（三）大陆心理咨询事业的发展

美国心理咨询的两个源头——心理卫生运动和职业指导运动——很早就被引入中国。这与当时一批留美学者回国并在教育、卫生界产生影响有关。1916 年清华学校在校长周诒春先生的倡导下，率先实施职业辅导（江有恒、沈光烈，1947，转引自温怡梅、陈德华，1990）。1917 年，由黄炎培联合社会知名人士蔡元培、梁启超、张謇、宋汉章等发起，在上海成立中华职业教育社，致力于职业教育和职业辅导。该社宗旨为使“无业者有业，有业者乐业”，并提出其职业教育的目的是“谋个性之发展；为个人谋生之准备；为个人服务社会之准备；为国家及世界增进生产力之准备”（中华职业教育社，2003）。自 1917 年至 1948 年，中华职业教育社创办了 5 所职业学校，12 个职业教育中心，12 个职业辅导中心（Zhang, Hu, & Pope, 2002），可谓成就卓著。总体来说，当时中国教育系统中职业教育和辅导工作已经初具规模（温怡梅、陈德华，1990）。在心理卫生领域，1936 年由著名教育家吴南轩和各界知名人士发起，成立了“中国心理卫生协会”(马建青,1990)。之后几十年里,心理卫生事业的发展迟缓,直到1985年才恢复成立“中国心理卫生协会”。

今日大陆的心理咨询,跟早期工作几乎没有继承关系。此领域的工作是20世纪80年代以后,在社会变革的背景下,随着对外开放和学术交流,重新引进的。80年代初首先在一些精神病治疗机构开设了心理门诊,此后综合性医院也开展了心理咨询门诊。目前,卫生系统的心理咨询是大陆心理咨询的一个重要方面。这方面的咨询工作有较重的心理治疗色彩。心理咨询发展的另一个主要领域是学校,尤其是高等学校。在1985年左右,湖北、上海、浙江有若干院校率先开展了大学生心理咨询的尝试性探索①。此后,各地高校陆续有咨询中心成立。到80年代末,全国已有相当一批高校开展了心理咨询工作。1991年“中国心理卫生协会大学生心理咨询专业委员会”成立。中小学心理咨询工作在20世纪90年代前期也有一些尝试。1994年4月,一批学者和中小学心理咨询工作者在岳阳聚会,倡议成立“全国学校心理咨询研究会”(龙立荣、江光荣,1994),后该组织并入中国教育学会教育实验研究会。

自20世纪90年代中期以来,心理卫生的推进渐渐有了活力。1990年“中国心理卫生协会心理治疗与心理咨询专业委员会”成立。2004年,经过多年的筹备,中国心理学会正式成立了临床与咨询心理学专业委员会②。临床与咨询心理学专业委员会成立以后,集中力量做了两件有影响的事情:一是建立临床与咨询心理学专业机构和人员的注册制度(详见下文);二是在2008年10月成功承办了第五届世界心理治疗大会。后一项工作大大提升了我国心理咨询与治疗工作在国际同行中的认同程度。

近些年来,中共中央提出科学发展观,强调建设和谐社会,大大提升了对国民心理健康的重视程度。与此相应,相关政府部门有所行动,如教育部先后在1999年和2001年出台了有关加强中小学生和大学生心理健康教育的政策,卫生部、民政部、公安部和中国残疾人联合会联合出台了《中国精神卫生工作规划(2002—2010年)》。劳动与社会保障部于2002年推出职业心理咨询师资格考试。卫生部于2003年开始心理治疗师资格考试。教育部也将推出学校系统中的心理咨询人员进入资格认可制度。目前,精神卫生法的立法工作也正在抓紧推进。

2007年,在中国心理学会常务理事会的直接领导下,以中国心理学会临床与咨询心理学专业委员会为主,建立了“中国心理学会临床与咨询心理学专业机构与专业人员注册系统”。该注册系统包括了六个细分的注册标准和办法:(1) 临床与咨询心理学专业硕士培养方案注册标准;(2) 临床与咨询心理学专业博士培养方案注册标准;(3) 临床与咨询心理学实习机构注册标准;(4) 心理师注册标准;(5) 临床与咨询心理学专业督导师注册标准;(6) 继续教育项目的注册标准。与注册工作配套,中国心理学会还公布了《中国心理学会临床与咨询心理学工作伦理守则》(见本书附录)。这一举措对我国心理咨询

① 位于武汉的华中师范学院(现华中师范大学)于1985年1月以“华中师院教育心理咨询服务中心”名义面向社会开展心理咨询服务,同年10月正式成立“华中师范大学心理咨询保健所”。从现有资料来看,这可能是新中国成立后第一家高校专业心理咨询机构(资料来源:华中师范大学心理辅导研究所档案)。

② 2010年改为中国心理学会临床与咨询心理学分会。

专业的职业化无疑具有非常重要的意义。

2008年5·12汶川大地震后，在赈灾救援中开展的心理救援工作，将在中国心理咨询与治疗发展史上留下浓重的一笔。灾难发生后，全国的心理学工作者尤其是临床与心理健康方面的工作者，几乎是全员出动，展开了人类历史上最大规模的心理援助。这场大规模心理援助之后，中国国民对于心理健康和心理健康工作的认识，政府对于心理卫生专业的态度，专业机构对于心理专业的建设力度，都发生了巨大的、积极的变化。

目前大陆与心理咨询和治疗有关的工作大致可以分为以下几方面：医疗机构的心理咨询与治疗，高等学校的心理健康教育，中小学的心理健康教育，民间和社区的心理卫生工作。这四个方面的工作近几年出现了一个高速发展的局面。其背后的原因，依笔者的观察，主要者有四：一是社会转型期社会成员适应压力增大，心理困难增加；二是大众对生活质量要求提升，对心理健康的重视程度提高；三是居民收入增加，对心理健康服务的"消费能力"提高；四是官方介入，政策主导性质的推动。四者之中，官方主导推动的作用为最。

但以心理咨询这门专业目前的世界水平来衡量，大陆的发展还处在初级水平，并且在高速发展的过程中曾出现了不少令人担心的问题。以下依笔者的观察和意见，略陈其要：(1) 量的扩张快，质的提升慢。前者表现为机构增加，从业人员增多，培训规模增大；后者表现为咨询效果参差不齐，服务质量低，缺乏监督机制等。(2) 学习太少，"创造"太多。一些业内人员在对西方理论和实践缺乏系统学习的情况下，大胆"创造"了许多名目的"疗法"、"模式"。一些人以"心理咨询中国化"或"中国特色的心理咨询"为幌子，随意曲解心理咨询，随意实践"心理咨询"。(3) 因行政部门主导而产生了一些消极现象。近几年行政部门介入咨询专业发展，且扮演主导角色。其积极方面是资源投入增加，推动有力，但已经出现一些与此有关的消极现象，如违背咨询专业本身的成长规律强行推进；不分地域、对象实施一刀切要求；基层单位从事辅导不是因为本地需要，而是因为要对上级负责；走过场，图形式；等等。(4) 缺乏合格的师资，培训质量难符要求。大陆的临床与咨询心理学专业此前的基础非常薄弱，近年在急速增加的需要面前，一些高校纷纷开设咨询专业或专业方向。问题在于许多高校并不具备培养心理咨询专业学生的师资和条件。一些教学生心理咨询的教师自己从未学过心理咨询。这种情形要在短期内有根本改变是很困难的。(5) 学术研究薄弱。有关心理咨询、心理健康教育的文章并不少，但非常缺乏的是有质量的学术研究，尤其是建立在系统观察或翔实可靠事实资料基础上的研究。这个问题还没有引起足够重视。

思考·讨论·活动

1. 回顾您自己的成长经历，聚焦于一两个适应和发展困难的时段，回忆当时的困扰和挣扎，尤其留意您的环境中的两种力量：引起您困扰的力量和助您摆脱困扰的力量。在小组里分享您的经验。

2. 做一项文献研究或者实地调查，了解您所在的城市或社区精神疾病和心理问题的发生率等情况，特别聚焦于需要帮助的人群实际得到帮助的情况。您也可以选择一个个案，对其心理困扰和受助情况进行深入了解。在课堂上报告您的调查。此处的"帮助"是指从精神疾病治疗到心理困扰的非专业排解等一切外部的协助。

3. 本章第一节关于心理咨询的哲学基础部分，列举了一系列思考题。请从中选择一题，尝试给出您的回答。

4. 如果毕业之后，您将从事心理助人的职业，您希望自己成为一名心理咨询师，还是一名心理治疗师？请从个人、咨询师或者治疗师的职业特点，以及二者的配合角度组织您的理由和想法。在小组里分享您的想法，特别留意与您的选择相反的组员的想法。

5. 以我国心理咨询与心理治疗的发展现状和存在的问题为主题，以文献研究为依据，列举五个积极的方面、五个消极的方面，并逐一给出您的理由或依据。

第二章

心理咨询的要素

心理咨询和治疗的核心问题是当事人在心理、行为上的改变或改善。改变是从一种不理想、不适应状态向理想的、适应的或更健康的状态转化的过程。如果心理咨询和治疗不能促成这种转化,或者使这种转化更迅速、更顺利,心理咨询和治疗就没有存在的价值。谁也不会花费时间和金钱来“购买”这种毫无用处的服务。因此,心理咨询与治疗领域中研究者最为关心的事,是“疗效”问题。事实上,研究者花了极大的努力来研究心理咨询和治疗的疗效。截至目前,这方面的研究结果表明,心理咨询和治疗的确是有效的。它们程度不同地促进了当事人的改变(Lambert & Cattani-Thompson,1996)。心理咨询的服务对象——当事人——也认可其效果(Seligman,1995)。对于初接触心理咨询的人来说,很自然的问题是:心理咨询和治疗何以能促成当事人的改变?问得更具体一些,在咨询和治疗情境中,发生了什么事情,从而导致了改变?有哪些要素和变量对改变有影响?本章将以治疗性改变为立足点,对心理咨询和治疗的一些基本要素进行概略的介绍。

第一节　心理咨询和治疗中的共同要素

一、对共同要素的研究

要说明是什么导致了当事人的改变,按常识我们自然会想到,对每一例治疗来说,咨询师都拥有:(1)一套理论,它能够解释当事人的困难是什么,是由什么原因、条件,经过什么途径造成的;(2)一套治疗策略和技术,可以从中选定一种“处方”有针对性地施用于这位当事人。正是这套理论和治疗策略的应用,才使得当事人出现改变。

如果世界上只有唯一一个心理治疗体系,这个常识性的想法是说得通的。然而以下事实令事情变得费解:一方面,当今世界上存在的主要心理治疗流派,有十数种之多。对于同一位当事人,不同的治疗流派有不同的“说法”(理论),不同的“治法”(策略和技术);另一方面,有可靠的研究表明,同一当事人或同一心理障碍,可以从不同治疗体系中得到治疗改善,且不同治疗体系之间的疗效没有明显的优劣差异(Lambert & Bergin,

1994;Lambert & Cattani-Thompson,1996)。按理说,既然各治疗流派在理论、方法上是互相竞争、互不相同的,那么应该出现每个流派只在某些障碍上解释正确、治疗有效,在另一些问题上解释失实、治疗无效的局面。在这里逻辑与事实之间无法统一。

要解释这个矛盾,从逻辑上可提出三个假设(Lambert & Bergin,1994):(1) 不同的疗法可透过不同的治疗过程得到同样的疗效;(2) 不同的治疗的确产生了不同的疗效,但现有的研究设计没能够把它们检测出来;(3) 在不同的治疗体系中存在共同的治疗因素,正是这些共同因素(common factors)导致了治疗效果。三个假设中,共同因素说受到认真的对待,引起了富有成效的研究。近年来,强调共同因素的观念因为万普教授(B. Wampold)及其小组的工作,得到进一步的伸张(Chwalisz,2001)。万普等用元分析的方法,进一步肯定了早期研究者关于共同因素的结论:各种治疗体系的价值基本相等,导致治疗效果的主要是各个疗法中共同的东西,而不是特异的东西(Wampold,2001)。

既然疗效主要出自共同的治疗因素,那么研究者自然就想知道,各种治疗中真的存在共同因素吗?它们是哪样一些因素呢?为了回答这个问题,研究者采取了一种新的研究策略,不去关注各流派是怎么说的,而去看它们是怎么做的。这意味着暂时搁置各流派对自己的疗法的理论基础和策略的说明和论证,例如对人性的基本假定,对心理困扰的本质的看法,对治疗策略的合理性和作用机制的说明;而去考察各种治疗的实际过程,考察治疗者和当事人的实际互动,看在实际咨询中到底发生了什么事情,这些事情中包含了哪些对改变有意义的要素。

总的说来,这方面的研究获得了一些很有价值的发现。下面,我们先概略地介绍这些发展的一般情况。

二、对共同要素的认识

《认知治疗与研究》(*Cognitive Therapy and Research*)杂志在 1980 年第 4 期发表了一篇题为"关于有效的心理治疗之要素的某些看法"的调查文章。在这篇文章中,一些杰出的治疗家分别就他们"自己的经验和作为临床工作者的观察",指出"在实际治疗中起作用的治疗原理或临床策略"(Goldfried,1980)。其中一些人的看法概述如下。

1. 约翰·布雷迪(John Panl Bredy):

(1) 治疗者-当事人关系;

(2) 促进当事人对积极结果之期望的程序和策略;

(3) 促进当事人自我价值感、对环境的驾驭感和效能的策略;

(4) 使当事人更有效地应对某些情境、克服害怕的策略;

(5) 当事人在治疗中获得的新的思考、行为和体验方式在治疗之外予以实践;

(6) 鼓励当事人认识到他的思维、行为和情感最终是由他自己控制的,从而自己对治疗改变承担责任。

2. 吉罗德·戴维森(Gerald C. Davison):

(1) 环境影响行为;

(2) 使当事人触及他通常不曾留意的情感;

(3) 鼓励当事人敢冒风险,勇于尝试;

(4) 宽慰或暗示；

(5) 提供一种生活哲学或一套成见。

3. 吉罗德·伊甘(Gerald Egan)：

以问题解决模式作为组织所有用于治疗的原则和技术的工具。因之所有的治疗都涉及协助当事人发现问题、确定改变的目标、探讨如何达到目标，以及协助当事人采取有力的行动去实现目标。

4. 杰罗姆·弗兰克(Jerome Frank)：

(1) 激发当事人的希望；

(2) 提供认知或体验性学习的机会；

(3) 唤起当事人的情绪；

(4) 增强当事人的自尊或主宰感。

(弗兰克的观点另见本节详述)

5. 麦顿·吉尔和艾尔文·霍夫曼(Merton M. Gill & Irwin Hoffman)：

(1) 一种良好的关系；

(2) 新的经验；

(3) 新的觉醒或领悟。

以上三者在治疗关系中得到整合。

6. 阿诺德·拉扎勒斯(Arnold A. Lazarus)：

(1) 有活力的关系；

(2) 存在希望。

7. 维克多·雷米(Victor Raimy)：

(1) 治疗者同当事人交流的能力；

(2) 治疗联盟的发展；

(3) 发现当事人方面重要的错误观念；

(4) 以某种方式改变这些错误观念。

8. 朱利安·罗特(Julian B. Rottor)

(1) 增进当事人关于他会改进的信念；

(2) 治疗者对当事人关怀的态度以及对当事人作为一个有价值的人的接纳。

仔细分析这些学者的意见，你会发现他们之间的共同点多于分歧，有一些分歧只是表述或用词的不同。对于这一结果，研究者哥德弗雷德(Goldfried, 1980)认为，对治疗中直接观察到的东西进行抽象概括可以有不同的水平，最高的概括水平是在理论基础及相应的哲学立场上进行的，最低的概括水平针对特殊的技术和临床程序，介于二者之间的是临床策略和原理。在理论基础和特定技术层面的概括会表现出较大差异，各流派都强调自己的独特性。但对临床策略和原理层面的概括会表现出许多共同性，而临床策略和原理经常是“不那么清楚地阐明”但却指导着多数咨询师的实际治疗过程的东西。上述不同流派学者的看法正好印证了哥德弗雷德的分析。在实际治疗策略层面，各流派存在不少共同的策略和原理。

根据上述分析，哥德弗雷德和帕德瓦(Goldfried & Padawer, 1982)提出了各种治疗中

存在的五条共同的原理(即要素),它们是:

(1) 当事人对治疗会有助益的期望;

(2) 治疗关系;

(3) 对个人自己和世界获得一种外来的视角(意即当事人从咨询中了解到别人是怎样看待他自己、他的问题和这个世界);

(4) 矫正性的体验(corrective experience,指当事人过去的经验,尤其是未曾处理的负性情绪在治疗情境下重新体验并得到处理的过程);

(5) 不断地进行现实检验。

事实上,对共同因素进行概括可以有不同角度,哥德弗雷德和帕德瓦所给出的仅是其中之一。许多人认为,兰伯特和贝京就共同因素提出的概括框架是迄今最具综合力和易于理解的(Lambert & Bergin,1994)。他们认为,在不同治疗中存在的共同因素可以分成三大类,分别是支持因素、学习因素和行动因素。他们把文献中得到实际研究支持,表明其对治疗效果有实际贡献的各种策略和技术(或某个治疗变量)提取出来,发现所有这些变量可以放到上述三个类目之下,见表 2-1。

表 2-1　各疗法中与积极疗效有关的共同因素

支持因素	学习因素	行动因素
宣泄	忠告	行为调控
认同治疗师	情感体验	认知性掌控
减轻孤独感	同化困难经验	鼓励直面恐惧
积极的关系	改变对个人效能的预期	冒险
放心感	认知学习	掌控的努力
舒缓紧张	矫正性情绪体验	示范模仿
结构化(structure)	对内部参考系的了解	实践
治疗同盟	反馈	现实检验
治疗师/当事人积极参与	领悟	成功体验
治疗师的专家形象	理性态度	修通(working through)
治疗师的温暖、尊重、同感、接纳和真诚		
信任		

资料来源:Lambert,M. J. ,and Bergin,A. E.(1994). The effcetiveness of psychotherapy. In Allen E. Bergin & Sol L. Garfield (Eds.),*Handbook of psychotherapy and behavior change* (4ed.),p.163.

兰伯特和贝京认为,上述三类因素在实际的治疗过程中,是先后依次出现的。最先是支持性的因素出现,形成一种咨访双方相互支持、共同努力的氛围;在这种氛围中,当事人的信任、安全感不断增加,紧张、威胁和焦虑感不断降低,这导致当事人对自己的问题的认识逐渐产生改变;随之出现的就是当事人行为上的改变,如以不同的态度和方式对待恐惧,冒险尝试新的可能性,以及在治疗关系中反复锤炼、强化一点一滴的进步。

三、弗兰克的研究和看法

在共同因素的"革命"中,最具影响力的工作也许是由杰罗姆·弗兰克(Jerome Frank)

和他的研究小组做出的。弗兰克是美国约翰·霍普金斯大学医学院的精神医学教授，他从20世纪50年代起就致力于对心理治疗中各种对改变有影响的要素进行研究，直到20世纪80年代，持续20多年（Frank，et al.，1978；Frank，1992）。他的研究结果的突出特点是发现和强调治疗改变中的共同性。这种共同性体现在三个方面：(1) 当事人出现心理痛苦的共同性；(2) 各种治疗的共有特性；(3) 各种治疗原理和方法的共同的治疗功能。

（一）心理痛苦的共同性

弗兰克承认不同当事人出现心理障碍的终极原因可能是各不相同的，他们的症状也各有特殊之处。但是，各种心理障碍都有一个共同的痛苦来源，弗兰克称之为心力委顿（demoralization）。心力委顿是这样一种心理状态：它起于人的主观无能感，即无法应付他自己以及周围的人都觉得他能够处理的问题。心力委顿的久暂和严重程度有很大差异，但其典型的形式有这样一些表现：对自己丧失信心，不仅感到失去了对外在环境的控制能力，也失去了对自身情感和思维的控制能力。在典型的病例中，一连串的失败感导致了内疚、自责和羞耻感。这些人常常感到被疏远和孤立，同时也感到愤懑，因为他觉得应该帮助他的人似乎不能或不愿帮助他。与他人关系的疏远使其失去对团体价值的重视，失去对他人的信念，而这曾使他体会到自己的价值，并有安全感。心力委顿者的心理世界在时间上和空间上都受到限制，他变得专注于自我，看不到长远目标，时刻担心下一次失败。他的主导心境通常是焦虑和抑郁，程度可有不同——从轻微的担心直到恐慌，从轻微的沮丧直到绝望（Frank，1990）。

由于各种心理困扰不论其终极病因和症状表现怎么不同，都会出现这种共同的状态，各种治疗就必然含有对这种特定状态进行干预的东西。因此，各种治疗必然存在一些共有的要素，它们作用于心力委顿，促使症状部分地或全部地改善。

（二）各种治疗的共有要素

弗兰克相信下面四种要素或特性是各种心理治疗共有的：

(1) 与一位鼎力相助的人保持一种密切、信任、注入了情感的信赖关系。这个相助的人往往是咨询师，有时候还有某个团体（如在团体治疗中）的参与。咨询师在当事人心里如同知己。

(2) 治疗背景或设置。指与治疗和治疗者相联系的一些象征性、标志性的事物和情境。例如，一个有名望的诊所，布置有书架、书桌、安乐椅、治疗者的毕业文凭或其他证明治疗者专业能力的文件等的会谈室，安静和给人安全感的气氛，一些体现治疗的专业性的规定等。

(3) 一套治疗原理或概念构想。通俗地说，这就是一套“说法”，它能够解释当事人症状的起因，并能提示治疗程序的方向。弗兰克认为，治疗原理必须能使咨访双方都深信不疑。它与咨访双方所属文化中占主导地位的世界观相关联，因而是牢固的，不致因治疗无效而动摇。例如，在当代多数文化中，世界观中之核心信仰是科学，而在古代或一些原始文化中是鬼神和巫术。因此，在现代世界，心理治疗的原理应具有（至少是外表上的）科学性。

(4) 与基本原理相联系的治疗程序和具体方法。它们是能够从基本原理或根据基本原理予以说明的，而且双方都相信这种方法能够使当事人恢复健康。

(三) 各种治疗之共有功能

弗兰克认为各种治疗都具有一些共同的功能,这些功能主要是由上述共同的治疗要素实现的。笔者认为,弗兰克对心理治疗共有功能的阐释是其研究中最值得重视、值得反复体味的东西。下面的讨论以弗兰克的说法为主,也结合了其他研究者(包括作者)的看法。

1. 激起和维持当事人的获助期望

当事人相信治疗者和治疗能够帮助他,这对积极的治疗结果具有莫大意义。根据心力萎顿假说,当事人都有无能感、自卑、无望和无助这些心理状态。他因此种痛苦而来,但多数时候他们对自己有多大希望获得改善是信心不足的,许多人是抱着试一试、碰碰运气这样的态度进入咨询诊所的。上述几种治疗因素,都有激起当事人获助期望的功能。一旦他通过初步会谈对咨询产生信心,这就为咨询注入了强大的活力。这种活力可以从不同角度来考察。第一,期望为当事人积极投入治疗提供了动力。根据一种动机理论(Vroom & Kenneth,1968),动机强度等于目标效价(valence)乘以期望值(expectancy)。就当事人而言,消除心理痛苦的价值无疑极大,如果当事人相信这一效价是可以达到的(期望值大),他投入咨询的积极性就会空前提高。第二,当事人从"无望"变为"有望"本身就会在一定程度上改善当事人的心境,他的抑郁、悲观、消极情绪会受到冲击,而产生振奋、积极的情绪体验。第三,还有一种或许是与唤起期望有关的情况:许多当事人进入咨询时怀着他是"唯一有这种问题的人"这种想法,并因此觉得自己"真蠢"、"真倒霉"。这种想法加重了他的无助感。在治疗中,仅仅让他了解"并非只是我一个人有这种麻烦",就会使他感到如释重负。雅罗姆(I. Yalom)称这种现象为"普遍性"①,在团体治疗中是重要的治疗因素。

当事人的期望在咨询初期显得极其重要,一些当事人在一次会谈后就终止了来访,往往与咨询者没有注意激发其获助期望有关。而且,在咨询和治疗的全过程中,期望始终是一个与改善密切相关的变量,尤其是在当事人遇到改变途中的困难时,期望的作用更明显。

2. 唤起当事人的情绪

情绪的疏泄(catharsis)是各种治疗的共同功能。某些治疗者特别致力于促进当事人的情绪和情感的宣泄,他们把这看做治疗的核心。弗兰克等把情绪宣泄称做情绪"唤起"(arousing),认为情绪唤起之所以有治疗作用有三个原因:第一,情绪唤起有助于建立和维持当事人对治疗者的信赖,从而增强了治疗者的影响力;第二,情绪唤起能降低焦虑和抑郁,并促使当事人重构(即重新认识)自己的问题;第三,它有助于当事人的病理性态度的改变。弗兰克及其合作者认为,从根本上讲,心理治疗是一个态度改变过程。在情绪唤起伴随认知困惑时,当事人受暗示性提高,这是情绪唤起能够促使旧态度的"解冻"和新态度的"冻结"的原因。弗兰克的一位同事的研究还表明,情绪的唤起对于态度改变的作用是有限的,光有情绪唤起要么不足以使态度改变,要么改变维持不长。他们提示治疗者,

---

① 在团体治疗中,有相同心理困扰的人进入一个治疗团体,彼此发现各人的心理困难大同小异,是为普遍性(universality),这是团体治疗的要素之一。

当情绪唤起造成当事人态度的解构之后，应该跟进认知的重构（建立新态度），并设法获得环境支持，这样才能有效地引起态度改变并维持改变（Hoehn-Saric，1978）。

3. 提供新的学习经验

学习是使人的心理、行为发生改变的基本途径。各种治疗都有促进学习新经验的功能。有的有助于当事人学习新行为或为自己的问题找到解决办法，有的有助于当事人获得新的看待自己或其问题的视角。尤其是后一种学习，仿佛给当事人打开一片新的天地，往往给他一种豁然觉悟的感觉。

弗兰克特别强调“体验性学习”的作用。他认为所有治疗学派对这一点的认识都是一致的。仅有单纯的理智认识不足以促成改变，伴随着对“道理”的认识，必须有情绪体验才能产生真正有用的学习。体验性学习是认知与情感体验并重的学习。它的两种可能的情况是：经验到强烈的情绪感受，然后通过理智的力量认识感受的含义；或者伴随着新的认识产生强烈的震撼、惊奇和欣喜。

4. 增强当事人的“主宰感”或自我效能

心力萎顿假说认为当事人痛苦的原因之一是他们感到自己对环境及自身无能为力，不知道是什么力量在支配自己，更不能左右或驾驭这种神秘的力量，所有驾驭的努力都以失败告终，并反过来加强了他的无助感。关于控制感、自我效能在健康心理生活中的作用，自20世纪70年代以来在心理学界引起了极大关注，如维纳（B. Weiner）等对归因后效的研究，塞里格曼（M. Seligman）和阿布拉姆森（L. Abramson）对习得性无助的研究，罗特（J. Rotter）等对控制点（Locus of Control）的研究，班杜拉（A. Bandura）的自我效能说，拉扎勒斯（R. Lazarus）关于应激的中间评价模式的研究等都一致指出，个人是否感到自己能够有效地控制、支配周围环境及自己，与一个人行为和思维的积极性、情绪体验的好坏有很高的相关。而后者正是心理健康的重要指标。弗兰克小组的研究表明，主宰感对维持治疗改善有重要的作用（Liberman，1978）。

各种心理治疗都有一些途径和策略使当事人产生或增强自主、支配和自我效能。获得主宰感的一个简单而又常见的途径是给自己的感受命名。例如告诉一位当事人，“你给我的印象好像是经常缺乏安全感”，这位当事人很可能就会按照“不安全感”这个命名来使自己的许多模糊感受概念化。一旦能对自己的感受命名和概念化，就能使人产生一种“我已能驾驭它”的感觉，尽管有时这种驾驭是虚幻的。对自己的感受取得合理的解释也能导致支配感。因为生活经验使人获得一种无意识的信念：理解了的就可以驾驭它。最能增强主宰感的恐怕莫过于成功体验，班杜拉认为自我效能的重要来源之一就是成功体验。成功体验维持和增加了当事人的期望，强化了信心，减少了对失败的担忧。在行为治疗中，成功体验的作用是最明显的。治疗者总是把改变的任务由易到难地加以组织，使得当事人不断地获得阶段性成功，显示出每次治疗都有进步的迹象。这样的安排使得当事人不断有成功体验，使咨询始终保持着一种推力。

5. 提供机会，使当事人能够内化并维持治疗收获

这里所谓内化不光指认知上的理解，而且是指当事人把改变从认知、情感和行为习惯上与个人的生活予以整合，形成新的认识、体验、行动模式，并且使之巩固下来。这实际上就是学习理论中说的应用和迁移。内化使得当事人的收获能够超越治疗所涉及的情境，

而对当事人的生活有普遍意义。要实现内化,当事人不断地练习、实践习得的改变是一个必要途径。所有疗法都鼓励当事人消化或协助当事人"修通"(work through)治疗中的收获,并在日常的实际生活中实践之。一些疗法反复地加强当事人的认识"处理";一些疗法给当事人布置家庭作业,并要求当事人按时汇报练习的情况;另一些疗法虽然不明确布置任务,却强烈地期望当事人努力实践。

过去数十年内心理治疗界对于共同因素的研究结果,对当代心理治疗的理论倾向产生了深刻的影响。大约从20世纪70年代以后,心理咨询与治疗的理论发展上出现了一个所谓"折中主义"的趋向,其中一条重要的折中路线,就是以共同因素的研究发现为指向,来重新认识和阐释各种原有理论体系,进而发展出新理论和策略来。美国著名的心理咨询教育家艾维(A. Ivey,1980)极力倡导咨询师应该"有主见"(intentional counseling),意思是说一位好的咨询师应该保持自觉性,知道自己所说和所作的意义及可能有的影响作用,在灵活、机变中始终不忘咨询的根本。要做到这点,参透到底是什么对治疗改变起作用,如何起作用,是至关重要的。

第二节 当事人

共同因素的研究为我们理解心理咨询与治疗的作用机制提供了一个很富启发性的角度,但它并没有把全部道理说完。我们应该想到,这些要素是在咨询和治疗过程中逐渐产生和"制造"出来的,而不是在治疗一开始就天然存在的。有些治疗可能进行很久了还是不具备多少改变的因素。这就促使我们进一步思索,有哪些条件与产生治疗要素有关呢?显而易见的是,影响治疗过程的最重要的变量来自当事人和咨询师。在这一节,我们专门讨论当事人在心理咨询和治疗中的作用。

心理咨询和治疗的服务对象一般称做当事人(client)。据说首次用这个叫法的是卡尔·罗杰斯,在他之前,心理治疗者一般称自己的服务对象为"病人"或"患者"(patient)。现在,除了少数医生出身的治疗者外,多数人都避免把当事人称做病人,因为这样称呼可能引起一些消极效应。

在心理咨询与治疗的研究中,有大量有关当事人的研究,这些研究的着眼点包括:查明有哪些当事人变量影响着当事人寻求心理咨询的帮助,及其在咨询过程中的坚持性;探索一些当事人条件或变量在治疗过程中的变化,以及它们跟其他治疗变量的相互作用;调查哪些当事人更有可能从治疗中获得积极改善,等等。

一、哪些人不适合作心理治疗

心理咨询和治疗能对相当大范围的心理困扰有帮助,但并非所有有心理障碍症状的人都适合作咨询。这是咨询与治疗的固有特性决定的。咨询和治疗只能借助心理学的手段(如认知领悟、情绪宣泄、行为练习)对人的心理因素进行干预,因而只有那些心理因素是痛苦的原因或起重要作用的人才适合作心理治疗。有些人虽然有心理、行为上的异常,但心理因素并非此种异常的原因,或不在症状表现中起重要作用,对他们作心理治疗往往是无效的。

根据这一标准，精神科的许多病人不适合心理治疗。一切以生物学因素为主要病因的病人要么完全不适用心理治疗，要么只能以心理治疗作为辅助手段。例如精神分裂症病人、情感性精神障碍患者、脑器质性精神障碍病人等。

另外，有些心理障碍虽然心理因素是致病原因或者起重要作用，但由于障碍的特殊性以及现有心理治疗手段的局限性，心理治疗的疗效也极为有限。这种情况的一个突出例子是某些人格障碍患者，例如反社会型、偏执型、分裂型人格障碍病人。这些人在智力、意识方面没有明显问题，但他们要么主观上不感到痛苦，因而没有求助动机；要么在治疗中极难合作，对一切治疗努力都“免疫”，结果使治疗归于无效。所以虽然从理论上说这些人应该进行心理治疗，并且也确有一些这类当事人会来寻求心理治疗（比如由法庭判定，或由监护人强制其接受心理治疗），但实际上治疗——至少从现在的治疗效果上看——是相当困难的。

学习心理咨询和治疗的人应该对那些不宜作心理治疗或治疗效果有限的障碍心中有数，这需要学习变态心理学的有关内容。特别是那些在非精神科的心理咨询和治疗机构中工作的咨询者，要注意有选择地排除那些非心理治疗适应证的病人。

二、当事人的社会和人口统计学变量

西方有许多研究着力于探查当事人的某些社会和人口统计学变量与治疗的关系，受到研究的变量包括社会经济地位、种族、性别、年龄、婚姻状况等。研究结果表明，这些变量对于当事人是否寻求帮助或者是否坚持治疗，有较明显的预测力。例如，研究表明，社会经济地位较高的当事人，在心理治疗过程中的坚持性也较好（Petry，Tennen，& Affleck，2000）；东方人尤其是中国人较西方人对于寻求心理帮助更为消极（Matsuoka，Breaux，& Ryujin，1997）；女性较男性容易寻求心理帮助（俞晓敏、江光荣，2004），但在心理治疗过程中的坚持性跟男性没有差别。

国内的研究也表明，就大学生样本来说，女生较男生更愿意求助于专业心理帮助，而分别出身于大城市、中小城镇和农村的大学生，求助于专业心理帮助的意愿依次降低（江光荣、王铭，2003）。

有趣的是，尽管社会和人口统计学变量与心理求助和坚持治疗有肯定的关联，但这些变量对于当事人从治疗中获益的预测力很低。现有的研究表明，性别、年龄、社会经济地位和教育程度等变量，都跟治疗效果没有什么关联（Petry，Tennen，& Affleck，2000）。换句话说，这些变量影响着当事人是否求助于心理治疗，影响到当事人在治疗过程中是否能够坚持下来，但对治疗效果却没有什么影响。因此，影响咨询和治疗效果的，可能是一些更心理学化的个人特点。

三、障碍的特点和改变动机

（一）障碍的性质、持续时间和严重程度

有些障碍较易取得治疗效果，有的较难，这是容易想见的事，研究文献也证实了这一点。例如，弗兰克在综合他们小组长达 25 年的研究资料时发现，心理治疗对焦虑和抑郁

症状的改变最为明显，而对躯体化的问题疗效最差（Frank，1974）。也有人发现，进入治疗时当事人存在焦虑症状，往往会在治疗中取得较好的效果。所以不少治疗者接案评估时，会特别留意当事人的即时症状，小心考虑当事人心理障碍的性质。许多治疗者会特别小心那些主要诉说躯体痛苦而不是情绪、心境、人际关系问题的人。至于为什么心理问题躯体化的当事人较难取得积极的治疗效果，还缺乏系统的说明，推测可能是躯体化表现了当事人的一种特别的防御方式，或是某种人格特点，而这种防御和人格特点又是难以取得治疗进步的根源。

一般认为，在治疗之前心理障碍已经持续的时间对治疗效果有预测作用。慢性的、反反复复的障碍，治疗预后较差。

心理症状的严重程度是一个受到相当关注的变量。弗洛伊德曾半开玩笑地说，好的当事人是“人不太老，病不太重”，其实是真知灼见。几乎所有的研究都一致发现，障碍的严重程度与治疗效果之间是负相关关系（Petry，Tennen，& Affleck，2000），这真不是什么好消息。

（二）改变的态度和动机

态度和动机因素是重要的影响改变的变量。其中，当事人对咨询和治疗的信念以及对获得帮助的期待，对心理咨询与治疗的后效有很强的预测作用。上一节有关共同因素的介绍中，已经说明这一点。这种信念指的是当事人是否相信，以及在多大程度上相信咨询和治疗的有效性；期待是指当事人预期自己能不能从治疗中获得好处，以及在多大程度上期盼通过咨询解除痛苦。态度、期望直接决定着当事人接受咨询的动机力量。态度和动机可以在咨询过程中予以培养，但当事人在进入咨询前已有的态度不容忽视，它对咨询互动过程尤其是开头的进程有重大影响。一个坚信咨询和治疗的价值并热切盼望通过咨询解除痛苦的人在咨询过程中会更合作、更认真、更努力，更能接受指导和解释，并更能在遇到困难时坚持下去。所以多数咨询者在开头的会谈中总是很小心地处理这方面的问题，通过介绍咨询和治疗的有效性，特别是与当事人讨论希望达到的咨询目标来培养当事人的态度和信心。

四、当事人的人格和个人特点

当事人之间存在个别差异。这种差异不仅表现在心理问题的原因、症状上，而且表现在人格和一些个人特点上。其中一些特点对咨询过程有重要影响，制约着治疗改变的难易和速度。

综合考察有关研究文献后，海伦和希尔（Highlen & Hill，1984）指出，下面几种人格和个人特点对取得治疗效果十分重要：（1）当事人对人际影响的敏感性。那些更易与人相处、形成人际关系，愿意听从劝告和建议的当事人治疗成功率高一些；而具有怀疑、易对抗和不信任他人等特点的当事人治疗比较困难。（2）当事人处在烦恼之中，有心理痛苦，能促进治疗；那些被迫来咨询或没有自觉痛苦的当事人不易有疗效。（3）当事人的痛苦如果是诉诸人际交往而不是抱怨肉体之痛，治疗效果好一些。有的当事人表现出心理痛苦躯体化的情况，即当事人不是诉说心理、情绪上的苦恼，而是抱怨失眠、无食欲、头昏头疼，等等，这种当事人的治疗效果会差一些。（4）有一定的应对（coping）能力和成功的应对经验的当事人预后较好。（5）一般智力也是一个重要因素，尤其是其中的言语理解和言语表达能力，以及自我理解和内省能力。前两种能力对咨询互动和交流有直接影响，后面两种能力则制约着获得认知领悟的可能性。

心理治疗中向来有这样一个说法，认为所谓 YAVIS 病人较易寻求专业服务并在治疗中较易获得收效（Schofield，1964）。YAVIS 是五种个人特点的英文缩写，即：年轻（young）、有吸引力（attractive）、善言谈（verbal）、聪慧（intelligent）和成功（successful）。这个说法与上述特质有许多相合之处，表明治疗者的经验观察与实证调查结果是一致的。

这些研究结果也从一个侧面暗示了心理咨询和治疗的局限性，它非常依赖咨询关系，依赖言语和非言语的信息交流。当然这些也正是心理咨询和治疗的特点。由此，那些非 YAVIS 的当事人获得帮助的可能性受到限制。目前，人们认为非 YAVIS 病人作行为治疗更可取一些，除此之外，还没有解决这个问题的有效对策。

虽然没有人会怀疑人格对咨询效果会发生影响，但要从研究的角度讲清这种影响的具体情形、它们的作用机制，就相当困难。首先是交流上的困难。人格往往是一个很含糊、包罗很广的概念，不同的人讲这个词时内心所指可能不同。其次，人格的改变往往是心理治疗的目标，而人格又影响着心理咨询与治疗的过程，这是使得分清当事人人格在心理治疗中的作用变得特别复杂的根本原因。再次，对与心理治疗效果有关的人格特点进行测量也是相当困难的。测量的困难使得研究很难有较好的效度。所以从研究角度来说，人们对人格特点跟心理治疗效果的关系详情现在还知之甚少。

当事人人格对心理咨询与治疗的影响恐怕首先是通过对治疗关系的影响产生的。有些人格特质会使得当事人极其难以跟任何一个人建立信任的个人关系，比如分裂样型人格障碍的人。这种人在世界上除了自己谁也不相信，他们是这个世界的客人，永远用异在的、分离的眼睛看人、看世界，这种人很难跟治疗者建立起好的治疗关系或治疗联盟，自然也就难以从治疗中获益。

跟治疗关系有紧密联系的还有一个因素，就是当事人对人际影响的独立性或敏感性。海伦和希尔（Highlen & Hill，1984）在分析文献后发现，许多研究者强调当事人对人际影响的敏感性对于心理治疗的意义。对人际影响较敏感的人在治疗中收获往往较显著。心理治疗中有一种称做“阻抗”的现象，大体是说当事人对治疗者和治疗要求的改变发生抵触，表现得不合作、对抗，等等。其实仔细地看，可以发现阻抗有两种情况：一种可以称之为“特质性”阻抗，这种阻抗来自当事人的执拗性格，有时表现为固执、简单、冲动等行为。这种特质性的东西很难在治疗中改变。另一类阻抗才是治疗家们较多关注的阻抗，可以称之为“动机性”阻抗。按精神分析理论，这种阻抗往往来自治疗改变过程跟当事人习惯化的应对方式之间的冲突，当事人无意识地以抵抗来逃避改变。显然，如果一位当事人具有特质性的阻抗，这种阻抗是很难克服的。这个治疗个案的效果自然也不会好。

第三节　咨询师

心理咨询师首要的工具，就是作为一个人的他自己。学习心理咨询的学生，要学习许多专业课程，如人格与心理治疗理论、诊断与干预技术、行为的动力学，等等。虽然这些知识是必需和有用的，但仅有这些不足以建立有效的治疗关系，也不足以促成当事人的良性改变。在每一次治疗中，咨询师都会带着自己个人的成长经验和特质来跟当事人互动。这些个人层面的因素是影响双方交流的最有力的元素。如果期望心理咨询能够促进当事人的成长与改变，咨询师本身必须正视自己个人作为治疗力量的事实，并愿意在专业实践中促进自己的成长。

一、咨询师的角色与功能

布拉麦和麦克唐纳（Brammer & MacDonald，2003）所描述的助人过程如图 2-1 所示：

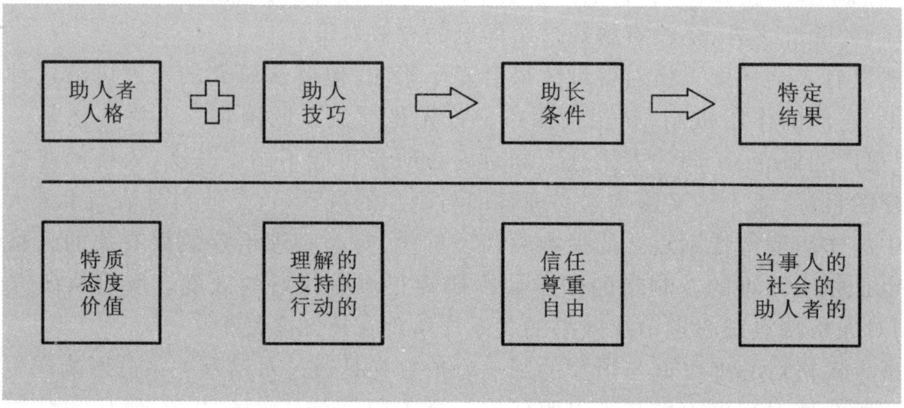

图 2-1 心理咨询与治疗概要图示

资料来源：L. M. Brammer & G. Macdonald. *The helping relationship*：*Process and skills*（8th ed.）（p.3），2003，Boston，MA.：Allyn and Bacon.

按这个理解，心理咨询与治疗的关键条件是咨询师。咨询师的人格特点和助人技巧决定了咨询关系，然后又由咨询关系引致治疗效果。照这个思路推想，我们自然想要进一步了解：咨询师在治疗过程中到底扮演着什么样的角色？起着什么作用？

这个问题很难给出一个统一并且令每个咨询师同意的答案，因为不同的心理咨询和治疗流派对于咨询师在治疗过程中所扮演的角色有不同的见解。例如心理动力学派认为咨询师的作用是协助当事人重现童年经验并领悟过去经验跟现在问题之间的联系，咨询师的重要工作是分析、解释、促进领悟；认知治疗者认为咨询师的作用是促使当事人认识到不良信念和世界观在个人困扰的发生和维持上起着重要作用，咨询师的重要工作是帮助当事人识别这些信念，破除这些信念。有人形容心理动力学的治疗者是心理侦探，认知治疗者是教师。以下是本书作者在综合学者意见后的一种理解。

（一）心理咨询师是示范者

这里之所以没有用“榜样”、“模范”两个词，是因为这两个词在中文里有太强的褒义，其实心理咨询师就是榜样和模范。不管咨询师是否愿意或是否有意，咨询师个人的价值观、态度、行为方式都会对当事人产生示范效应。有三个原因使得这种情况不可避免：第一，许多当事人困于心理痛苦且不得解脱的处境中，他们没有正确行动的向导，因此往往视咨询师为榜样,主动地或不自觉地认同咨询师[①]。第二,温暖、支持的咨询关系又促进了这种认同。第三,在多数情况下,咨询师是比较健康的人,其行为方式容易在当事人身上因替代强化而引起观察学习[②]。

正因为咨询师是示范者这个客观事实,使得心理咨询师的个人发展显得特别重要。咨询师不健康的人格特质和生活方式,会潜移默化地对当事人产生消极影响;而积极健康的人格特质和生活方式,会对当事人产生巨大的引力,"诱使"当事人改变。除了个人发展外,咨询师的自觉也很关键。从某个意义上说,自觉甚至比个人健康发展更要紧。我们不可能要求咨询师是一个完人,但可以要求咨询师对个人的局限有自觉,这样可以避免因个人的局限造成对当事人的伤害,而且自觉也是咨询师自我成长和发展的契机。

(二)心理咨询师是倾听者

心理咨询师的第一"功夫"是倾听。倾听的力量只有从事心理咨询的人或接受过心理咨询的人才有深刻的体会,因为世俗的谈话中,真正的倾听是很少的。心理咨询与治疗中的倾听,能够听出当事人心中郁结多年而又未能自知的情绪,能够促进当事人比任何时候都更清晰地看清自己的需要、自己的苦闷之源。在具有治疗效力的倾听面前,人们有时会发现一种神奇的效果:当事人更加了解本真的自己,更能接受本真的自己,更愿意做本真的自己。对于有些治疗——例如以人为中心的治疗——来说,倾听就是治疗本身。

(三)心理咨询师是支持者

人生活于这个世界,都需要来自他人的支持。这种支持往往来自生命中重要的他人。心理咨询的当事人恰恰缺乏这种支持。按照弗兰克的心力萎顿说,心理咨询的当事人都有孤立感、无助感、无望感。他们陷入个人的痛苦体验之中,觉得自己是天下最不幸的人,周围的人——即使是亲人——要么帮不了自己,要么不肯帮自己。在这个当口,咨询师以真诚、理解、关怀的态度,并且加上他的专家身份,进入当事人的世界,就使得当事人重燃希望,重新在这个世界上与一位特别重要的人建立个人化的联结。这就是心理治疗中支持的作用。心理咨询师的支持主要在于创造了一个环境,在这里,当事人不再被排斥、被忽视。他的痛苦被承认,他这个人被珍视,他的隐私可以公开,他的伤疤、卑下感、害怕和畏缩,都可以表达出来,咨询师不会因此而鄙视他、抛弃他。这就可能使当事人自己也慢慢可以接纳这些痛苦情绪和自卑,并重新获得勇气去探索改变的可能性。

咨询师的支持工作关键在于两点:一是让当事人感到安全;二是给他必要的鼓励。

(四)心理咨询师是"研究者"

这里的研究不是指科学研究,而是指在治疗过程中对当事人进行研究。研究通常包含两种工作:观察和分析理解。在治疗过程中,咨询师要设法了解当事人,这种了解的渠道有两种:一是客观的观察,即从咨询师自己的角度所作的观察。其实咨询师总是以自己的知识、经验为背景对当事人进行观察,很难说它就是客观的。另一是同感的观察,即从当事人的角度,以感同身受的方式来了解当事人。咨询师的另一种工作是设法分析、理解当事人,从所得观察资料中找出联系,形成假设,并在双方交流中探讨这些理解和假设。

---

① 这里认同指不自觉地以咨询师的眼光看问题,模仿咨询师的行为方式。

② 替代强化和观察学习两个概念参见本书第十一章。

在实际治疗中，咨访双方会不停地交流这种观察和分析，这一过程使得当事人对自己有更好的认识。

(五) 心理咨询师是督促者

心理咨询师激励当事人投入咨询中来，当当事人感到困难时鼓励其坚持下去，促使当事人采取实际行动来改变自己和自己的生活……心理咨询师要经常注意和督促当事人去做些事情。接受心理咨询是一个挑战，坚持心理咨询的全过程而不中途放弃也是挑战。改变的过程中，当事人常常会感到畏缩，承受不了压力。旧的应对方式因为跟当事人的生活中广泛的方面相关联并且相“适应”，新的态度和行为方式因为跟这些生活方面相冲突或不适应，就会造成当事人有意无意地情愿“留在过去”，对下定决心采取行动感到畏难。所有这些，都赋予咨询师一个职责：不能仅仅满足于当事人在认知上的领悟，或者有些新的体验，还要督促当事人实实在在行动起来，学习和实践新的行为。

心理咨询师在咨询关系中的角色是多重的，除了以上这些外，还有许多别的角色，例如教师角色、信息提供者角色、教练角色，等等。但就心理咨询的本质特点来看，咨询师在咨询过程中的功能主要是“助长”(facilitation)。就好像园丁一样，园丁的工作是提供种子发芽的条件，移除妨碍它长大的障碍，成长却是靠种子自身的力量来完成的。咨询师帮当事人找出压制其成长的内外力量，找回成长的动力，找到发展的方向，然后陪伴当事人去成长，但咨询师并不包办当事人的改变和成长。

二、咨询师的个人特点

多少年来，心理咨询与治疗的研究者和培训者都在做一件事：寻找优秀的咨询者。他们孜孜以求想要的答案是：有效能的、优秀的咨询师是怎样的人？这里面的原因很容易理解，我们不能选择当事人，但我们可以选择咨询师，或者选择那些更有潜能做一个好咨询师的人来学习心理咨询。我们也可以在培训时有意识地培养那些对治疗改变有促进作用的个人品质。

随着研究的进展，我们现在对咨询效能与咨询师个人变量的关系的了解已经比较多了。

(一) 专业训练和经验

专业训练和经验被整合于咨询者的专业能力中，它们对咨询改变的效率的影响是不言而喻的。专业训练和经验主要来自专门的学习和实践。在心理咨询发展水平高的国家，如美国，对从事心理咨询和治疗的人有严格的资格要求，要获得这种资格须在大学和研究机构进行长期学习和临床实践，然后还要通过一个由权威的学术认证机构或政府的认证机构举办的资格考试(江光荣、夏勉，2004)。例如临床心理学家往往须取得哲学博士或心理学博士学位，再通过考试取得心理咨询师或治疗师的执业资格。这需要花八九年的时间。专业训练是成为一个心理咨询师的必要的条件，这是为了保证他所从事的咨询服务一方面符合职业伦理，另一方面能对当事人有实际的治疗效果。

从研究的结果来看，虽然不同研究所得并不完全一致，但一般认为总体结果是支持咨询师的专业训练和经验与咨询效果之间有肯定关联的(Teyber & McClure，2003)。不过，这方面的研究存在不少方法上的问题。例如，对治疗结果的定义和变量选择不确定，有的以当事人的满意度为结果变量,有的用症状改变为结果变量,不少研究对专业训练与咨询经验不加区分(其实二者并不完全相等),等等。

从常识来看,咨询师的训练和专业经验不可能对咨询效果没有影响。但是,正如某些研究结果所提示的,并不一定是只要受训练层次较高、从业经验较长,就一定有更高的专业效能。其中原因,是训练和经验并不完全等同于专业能力。只有学习咨询者能够将知识转化为能力,善于从经验中学习,有"悟性",善于不断总结、概括出自己的原则和原理,咨询训练和经验才是有效的训练和经验,是整合于个人专业能力的经验,这种经验是能够影响咨询结果的。

(二)个人特点

人们推荐的"有效咨询师"的品质种类之多、要求之高令人吃惊。它们包括:安全感、客观性、人格整合程度、人情味、直觉能力、洞察力、耐心、善解人意、创造性、想象力,等等。海伦和希尔开玩笑说,没准还应该加上飞檐走壁的能力(Highlen & Hill,1984)。显然,要完满地具备这些品质,咨询师须得是个超人和完人。

有鉴于此,人们试图寻找那些与咨询过程关联更密切的品质。例如,斯特拉普(H. Strupp)认为成熟、技能和敏感性这三方面的品质较为重要。成熟主要指人格发展上的成熟,其中人格的协调性(整合程度)和稳定性是两个重要指标。人格协调性和稳定性高的人在个性倾向性方面没有基本的长期存在的冲突,例如内在的价值观冲突;对世界、对人生形成了自己的观念和态度体系,显得遇事有主见,能容忍多样性,容忍他人的生活态度;有较稳定的情绪生活,有较强的自制力。这样的特点有助于咨询师对当事人保持一种开放、接纳的态度,并在咨询中保持客观性,避免个人的投射作用。

咨询师的技能因素可以包括很多东西。处理咨询中诸如诊断、治疗程序等具体事项的能力固然重要,但更重要的是创造性地解决问题的能力。有学者认为咨询的过程实质上就是一个问题解决的过程(Eagan,1990),而问题解决是一个需要高度灵活性的工作,中途随时会遇上无法套用现成规则的情况。当面临一个问题情境时,好的咨询师应能迅速产生出许许多多的反应,能够看出众多的可能解决途径。

此外,咨询师通过言语和非言语手段与他人交流自己的思想、情感的能力也是重要的。咨询师的交流对象不仅限于与自己有相同文化背景的人,而且包括大量来自不同文化、不同社会阶层、不同年龄、不同职业群体的人,所以能否以适合特定当事人的方式进行交流也是衡量咨询师技能的一个重要指标。

敏感性主要关系咨询师对当事人的知觉和理解,尤其是对当事人情感和内在冲突的知觉。咨询师的敏感性是影响同感理解(见后文)的基本条件,而后者又是影响咨询改变的一个关键变量。研究者发现,咨询师对自己情绪活动的敏感度与对他人的情绪的敏感度之间有正相关。这意味着:(1)可以从咨询师情绪的自知程度预测他的人际敏感度;(2)咨询师可以通过培养情绪的内省能力来提高人际敏感度。

对咨询师效能的研究近年来引入了质化研究方法,这种研究方法比量化研究方法更能切合研究对象的实际,所得结论也更丰富。例如,詹宁斯和斯卡沃(Jennings & Skovholt,1999)用质的分析方法,对10位大师级治疗者进行研究,发现这些人是:

(1)永不满足的学习者;

(2) 大量地从经验中学习;

(3) 不排斥认知上的复杂性和不确定感;

(4) 敏于并且愿意接纳别人的情绪;

(5) 个人心理健康、成熟,注意自己的情绪的康宁;

(6) 明了自己的情绪是怎样影响自己的工作的;

(7) 有很杰出的关系技能;

(8) 信赖治疗者-当事人的工作同盟;

(9) 善于在治疗中利用自己的各种用得上的技能。

比较其他一些咨询学者的个人看法,你会发现他们对"理想的咨询师"的看法有非常多的共识,詹宁斯和斯卡沃的这项研究结果,给了这些个人看法相当好的支持。例如柯里影响颇广的对有效能的咨询师的描述(Corey & Corey,1993,pp. 18-19;Corey,1996),就跟詹宁斯和斯卡沃的结论相当吻合。

(三) 人格特质

研究者还对咨询师的人格特质与治疗效果之间的关系进行了研究。有两种研究思路:一种是以一般通用人格测验作为测量工具,这种研究显然是想要发现:(1) 是否有某些人格特质跟有效的心理咨询有特定的关联;(2) 会不会存在某种特定类型的"治疗师人格"。研究结果总体来说是否定的,既没有发现关联,也没有发现特定的"治疗师人格"。另一种研究思路是从理论推论出发,有针对性地研究某些特定人格特质跟咨询效果的关联,这一思路的研究倒是得到一些关联效应。有三种咨询师人格特质受到较多关注:支配性、控制点和概念水平(Beutler,Machado,& Neufeldt,1994)。支配性指咨询师是倾向于支配、主动还是倾向于依从、被动,控制点(locus of control)是指咨询师个人知觉倾向性——倾向于外部控制还是内部控制;概念水平是指咨询师的认知特点,高概念水平是以较抽象、清晰、复杂的方式看事情,反之是以较具体、感性的方式看事情。研究结果显示,这几个人格特质虽然都跟咨询效果有一定关联,但不同研究所得的关联方向却不一致。以支配性为例,有研究发现支配性较强的治疗师产生较好的治疗效果,有的则发现了相反的情况。产生这一现象的原因,很可能在于咨询师人格特质与咨询效果之间存在着某些中间变量,它们调节着二者相互作用的过程。再以支配性为例,有迹象表明,咨询师和当事人支配性的配合是一个中间变量,互补型的配合(强-弱,弱-强配合),较能产生积极效果,同质型配合(强-强,弱-弱配合)则产生消极效果。支配性跟咨询师的理论取向也会有关系。可以推测,认知治疗者加上较强的支配性,可能产生较积极的疗效;以人为中心治疗者加上较弱的支配性,也可能产生较积极的疗效。

第四节 其他变量

当事人和咨询师作为心理咨询的两个主体,自然是影响咨询效果的最重要的因素。但是,还有其他一些因素也对咨询效果有着不可忽视的影响,虽然它们或多或少都跟咨询师和当事人有着一定的联系。

一、咨询关系

咨询关系是影响咨询和治疗成效的一个非常重要的变量。考察一下任何一种人际帮助活动，无一不是在某种关系的背景、气氛下进行的。这种背景的情况会极大地影响帮助的效果。我们在日常生活中观察到许多帮助活动没有收效，其中一个重要原因就是没有一种良好的关系。譬如存在情绪敌对、交流生硬，或在双方内心深处存在猜忌和不信任，等等。心理治疗不同于药物治疗的一个突出特点，就是它不具备强制生效的功能。我们可以在一位病人极不愿意的情况下给他吃药打针，治疗照样有效。但我们无法在一位抱着敌意、不信任的当事人身上取得任何心理咨询的功效，当事人的戒备、不合作会使得咨询步履维艰。

咨询关系发展的可能性主要取决于咨询师的态度，也跟当事人的人际信任有一定关系。由于我们没有办法选择当事人，所以，在谈论咨询关系时，学者们的注意焦点主要集中于咨询师的态度特点。

对咨询师态度在治疗改变中的作用的发现和强调始于罗杰斯。罗杰斯提出了同感理解、无条件积极关怀、真诚等几种态度特质，他称之为改变的条件或助长条件（facilitative conditions）。罗杰斯大胆地宣称：这些条件决定着治疗的全部效果，既是人格改变的必要条件，也是充分条件（Rogers，1957；参见江光荣，2000）。后来的学者包括罗杰斯的学生对这个假设作了相当充分的研究，结果表明罗杰斯的看法基本上是正确的。大多数当代的心理咨询流派都接受和吸收了罗杰斯学派的这一发现，结果这些助长条件被看做各种心理咨询与治疗体系中的共同要素（见本章第一节）。目前的研究倾向于这样的结论：助长条件的作用虽然不一定像罗杰斯所断言的是充分必要条件，至少是必要条件。

我们将在第四章详细讨论咨询关系的作用、建立良好关系的条件和过程。

二、理论、策略和方法

虽然有理论家和治疗流派认为建立良好的咨询关系和咨询师具备一些特定的态度特质就足以促发当事人的改变，但当今多数理论家和从事实务的咨询师都倾向于这样的看法：关系条件是必要条件，但非充分条件，特定的治疗理论和策略、技术仍是重要的、不可缺少的。

心理咨询和治疗中的理论和策略可大致分做两类：一类是一般的、共同的理论和策略；一类是隶属于某一种或几种流派的理论和策略。诸如说明咨询和治疗的性质、作用，探讨当事人评估的方法论问题，探讨咨询关系的作用机制、关系条件，以及咨询会谈的策略和技巧这些部分，是一般的理论和策略。这是咨询的基础知识和技能。特殊的理论和策略从属于各咨询流派体系。它们包括不同流派对心理障碍的独特理解，独特的治疗原理、原则，以及具体的评估、矫正技术。

当今世界上到底有多少种心理咨询与治疗的体系？很难给出一个准确的估计。20世纪80年代有人粗略统计出，当时存在的心理疗法总共达250多种，后来不断有新说法，比如说400余种的，甚至1000余种的。但这许多理论体系中真正有影响、为较多咨询师实际应用的体系却为数很少。这意味着得到公认者集中在少数一些影响较大的体系上面。有不少研究者调查过美国心理咨询和治疗工作者的理论取向(如 Smith,1982;Young,1993;Gibson & Mitchell,2003),结果发现,超过90%的受调查者的理论取向集中于十多种理论体系。表 2-2 列出了吉布森和米切尔于 20 世纪 90 年代中期的一个调查结果。

表 2-2 美国咨询工作者的理论取向

理论	学校		非学校	
	选择的百分比(%)	排序	选择的百分比(%)	排序
折中	7	6	16	1
以人为中心(罗杰斯)	22	1	14	2.5
家庭系统	1	11.5	14	2.5
理性-情绪	12	4	12	4
个体心理学(阿德勒)	14	2	10	5.5
指导	13	3	10	5.5
行为	3	9	6	8
相互作用分析(TA)	0	13.5	6	8
现实	10	5	5	10.5
精神分析(弗洛伊德)	0	13.5	5	10.5
问题解决(solution-based)	4	7.5	2	12
存在	2	10	2	12
格式塔	1	11.5	2	12
其他	4	7.5	6	8
	N = 170		N = 116	

受调查者为美国咨询协会(ACA)会员,发出问卷 420 份,有回答者 286 人。调查时间:1996 年至 1997 年。

资料来源:Gibson,R. L. & Mitchell,M. H. ,*Introduction to Counseling and Guidance*(*6th ed.*)(*p. 155*). Upper Saddle River,New Jersey: Merrill Prentice Hall,2003.

如果从基本倾向上再作进一步分析,可发现以上十多种理论取向中,有一些具有共同性或相近之处,例如以人为中心理论和存在理论,行为理论、指导理论和理性-情绪理论。一般认为,如果不计折中理论,则精神分析理论、行为理论、以人为中心理论、认知理论和家庭理论代表着当代心理咨询和治疗的几个主要模式。本书后半部分将对这些代表性的理论体系进行较系统的介绍。

心理咨询的学习者要系统学习当代重要的心理咨询与治疗理论体系,要熟悉一种或几种咨询和治疗的理论模式,掌握相应的治疗方法。这是不言而喻的。但仅仅完成这种学习还不够,咨询师训练和专业成长中的一个很重要但又不那么容易的任务,是透过学习和对各方面条件的整合,发展出个人的咨询理论。这不是指完全创造出一套新的理论,而是指在一个或几个主流理论取向之下,根据个人的情况,整合理论、方法和个人条件,发展出带有个人色彩而又卓有成效的个人咨询理论和风格。

理论、策略跟咨询师的个人特点和人格之间的配合对咨询师的工作效能有明显影响。现在有不少证据表明，孤立地考察治疗策略跟疗效之间的关系，或者孤立地考察咨询师人格特点跟疗效之间的关系，都没有太明显的效应，但将咨询师人格变量跟其采取的理论取向和策略配合起来，再考察它们跟疗效的关联，就会出现明显的效应。从咨询师的学习和专业发展的角度来看，这个发现有重要的启发作用：咨询师要根据自己的世界观和人性观，个人特点和人格特点，从众多治疗理论中选取适合自己的理论，寻找或发展自己的咨询风格，这样才能做一个有效能的咨询师。

三、心理治疗之外的力量

在整个心理咨询和治疗期间，当事人除了会见时间外，其余时间仍在他自己的家庭、单位、班级以及社区中生活着。换句话说，当事人此时受到两种力量的影响：治疗内的力量和治疗外的力量。而且这两种力量会在当事人身上发生复杂的相互作用。结果是，治疗内的改变可能影响治疗外的改变，治疗外的改变也可能影响治疗内的改变。雅罗姆描述了一种相互作用的理想的情况：当事人在治疗内获得的一种改变引起了他的人际环境的改善，后者又反过来促进进一步的个人改变。雅罗姆以“适应螺旋”一词来指称这种情况。但咨询师应该想到，同样的过程也可能以完全相反的方向进行，两种力量不是促进而是促退，从而形成“不适应螺旋”。

环境力量与治疗内的力量的匹配情况不外乎三种：(1) 彼此促进；(2) 彼此冲突；(3) 既有促进成分又有冲突成分。在多数情况下，以第三种情形居多。例如，笔者曾接待这样一位当事人，他的问题是社会性退缩，不愿跟人打交道，不上班，不谈恋爱(25 岁)，成天窝在家里靠读消遣性杂志打发时光，可以十天半月不下楼。他的父母一方面为此焦急万分，四处寻找哪儿能治好儿子的“病”，并连哄带吓地促儿子来咨询。但另一方面又为儿子闭门不出提供了大量实际支持，如单位来人动员孩子上班时帮忙撒谎，说孩子有病；尽管孩子没有一分钱的工资收入，仍一如既往地衣食住全包，且照料得无微不至；每当儿子以身体不适为借口拒绝出游邀请时，总是立刻就帮孩子打圆场。这对父母对孩子的治疗影响就是双重的：一方面给当事人接受咨询提供了动力支持；另一方面又实际强化了当事人的消极行为。

治疗者对治疗之外的力量的影响要有足够的重视。在马哈利(Mahoney,1992)的一项调查中，接受调查的心理咨询师把当事人的社会支持放在所有影响改变的因素中的第一位。在处理环境力量方面，行为和认知取向的治疗者做得比较好。下面提出几条原则性的意见供学习者参考：

(1) 在问题诊断时，分析环境因素对造成障碍、维持障碍的作用；

(2) 在设计矫正方案时，注意利用环境支持力量，例如环境中的奖励和惩罚力量；

(3) 直接干预环境中的消极因素，例如对学生家长、教师、配偶、亲属提出忠告、建议；

(4) 鼓励当事人在治疗间隔期从认识上思考、修通咨询会谈中的收获，例如布置日记之类的家庭作业；

(5) 鼓励当事人在实际生活中尝试、实践新的行为方式；

(6) 随时保持对治疗外力量的监督和控制。

以上我们概略地介绍了对治疗改变有影响的主要变量。在结束本章时，应该再次强调这样一个观点：心理咨询和治疗是上述各种变量相互作用的复杂过程。作为心理咨询和治疗工作者，应该对此有清醒的认识。在实际咨询中，既要对各变量的实际情形有准确的把握，更要对各种因素之间可能发生的相互作用保持足够的敏感。以此为基础，咨询师才能去创造有效的条件或情境，设计独特的方案和程序，促使各种治疗因素形成一股“合力”，推动当事人改进。

思考·讨论·活动

1. 列举生活中人们态度和行为改变的各种情况，比如，学生受老师批评或表扬发生的改变，宗教传道导致的改变……思考心理咨询与治疗情境中当事人的改变与这些改变的异同，写出您的认识并在小组内分享。

2. 您赞成心理咨询/心理治疗过程中当事人的改变主要来自共同因素的说法吗？说说您赞成或反对的理由。

3. 访问一家心理咨询或心理治疗机构。调查去该机构寻求帮助的当事人的人口统计学指标。向机构的有关人士了解当事人问题的类别、平均会谈的次数或接受咨询的时长、当事人求助的意愿和坚持性，等等。然后以咨询效果为因变量，以当事人种种情况为自变量，分析当事人各种变量对咨询效果的影响。在班级或小组里报告您的结果。

4. 参考本章第三节有关咨询师的内容，列举有助于您成为一名优秀咨询师/治疗师的个人条件，以及妨碍您成为一名优秀咨询师/治疗师的个人因素。在小组里分享您的自我分析，并听取其他同学的反馈意见。

第三章

咨询目标

心理咨询和治疗工作者全力以赴的事，可以说是要促使当事人发生改变。但我们希望当事人出现什么样的改变？向什么方向改变？这就涉及咨询目标问题。以医学治疗为例，医生们首先确定了人的各项身体形态、机能的正常指标，他们清楚地知道治疗就是设法使病人逐渐达到这些指标。而且所有医生对此的认识都是一致的。具体到个别病人，每个医生都会根据其病种、病情和现有疗法的有效性等情况，为之设立一个具体、适宜的治疗目标。而且一般来说，只要操作正确，不同医生所设立的目标不会有太大差异。但心理咨询和治疗的事情远不是这样。有两个原因使得心理咨询与治疗不能完全效仿医学治疗：一是人生价值的相对多样性——美好人生并不只有一个模样；二是心理问题本身的复杂性，以及心理咨询和治疗学科的不成熟。心理咨询和治疗领域中对咨询目标的研究和观点存在不少笼统、模糊、分歧之处。对于学习咨询的人士，除了正视这一事实之外，更应注意钻研现有的各种理论观点，在比较、分析的基础上，对咨询目标及其处理逐渐形成自己的主见。在这一章里，我们先讨论有关咨询目标的一些理论观点和研究，然后介绍咨询过程中对咨询目标的处理，最后对一个与咨询目标密切相关的问题——价值干预——再作深入考察。

第一节　健全人格与咨询目标

如果我们问不同的咨询和治疗家，他的心理咨询和治疗追求什么，你会得到各种各样的回答，例如“消除或缓解临床症状”，“解决当事人面临的问题”，“促进心理健康”，“充分发挥机能”，“适应环境”，“开发潜能”，“自我实现”，等等。尽管言人人殊，有一条却是肯定的：只要被询问者回答了上述问题，就意味着他心目中有一个理想的人的“样子”。他按照自己心目中的这个“样子”或者这个样子指引的方向来规定自己的咨询所追求的东西。

如果要寻找一个术语来指代这个“理想样子”，大多数人会选择“健全人格”这个词。健全人格的研究对心理咨询和治疗有重要意义，尤其是对咨询和治疗的基础理论影响甚大。例如，它制约着我们对当事人有无障碍、行为正常还是异常的判断，制约着我们理解心理障碍之形成、发展以及矫正的机制，以及我们这里所讨论的——心理咨询的目标。

一、健全人格的含义

人格（personality）一词在我国心理学中又叫“个性”。我国心理学界一般将它定义为带有动力倾向性的心理活动特征的总和。它包括个性倾向性和心理活动特征两方面。前者指的是推动人从事各种活动的动力系统，如人的需要、动机、兴趣、信念、价值观等。后者指的是一个人在进行各种心理活动时表现出来的个人特点，如智力品质、性格、气质特点等。一个人在需要的驱使下行动，通过活动来适应环境并使自己得到发展；他活动的方式、效率又取决于他已经发展出的（当前的）心理品质。所以，一个人的心理特征既是以前发展的结果，又是预测一个人活动效率的指标。一个人的人格怎样，一个人的心理生活也就怎样。

健全的人格就是具有健全心理生活的人的人格。所以从不太严格的意义上说，健全人格跟心理健康差不多是同义语。杰拉德（S. Jourard）曾试探性地给健全人格下了这样一个定义：健全人格是引导一个人行动的方式，人在其智慧以及对生活的尊重的指引下行动，从而使其需要得到满足，使人在觉悟、胜任力以及热爱自我、他人和自然的能力方面得到发展（Jourard & Landsman，1980）。还有许多其他心理学家也定义过健全人格，但不同的人所说的并不完全一样。定义健全人格其实是指出一个标准，但因为健全人格涉及其他一些更根本的问题，这个标准就比较难以统一。

二、健全人格标准涉及的问题

（一）人性观与健全人格标准

对健全人格的理解与一个人的人性观分不开。任何一种人格理论都建立在理论家的人性观基础上，因而人性观不一样，对健全人格的理解就不一样。人本主义理论家如马斯洛、罗杰斯等认为人有固有天性，这种天性是指向自我发展、自我完善的。人后天的现实人格是在先天本性的基础上，通过与后天环境的相互作用而形成的。因此在考虑人格健全与否的时候，一个主要指标是看其先天本性的现实化（人本主义者称为“自我实现”）程度。因此在人本主义者看来，健全人格就是自我实现者的人格（见下文）。在另一方面，行为主义者不承认人有天性，只有习性，人格就是经学习而巩固下来的行为特点和习惯。如果要一位行为主义者回答什么是健全人格，他一定会说，能够在环境中得到最多强化者是为健全人格。人格健全就是对生活环境有良好适应。

（二）价值取向与健全人格标准

理论家的价值取向也会影响他的健全人格标准。人格健全的判断总是渗透着理论家的价值判断。这种渗透又有几种情况：第一是世俗的见解。在人类历史上，普通大众一直倾向于把人格问题、心理问题看成德行问题。中国古语“君子坦荡荡，小人常戚戚”（《论语·述而》），就是这一见解的刻画。第二是人格作为一个对象具有二重性，它既是科学（心理学）研究的对象，又是伦理学研究的对象。在人格成分之中，性格由于包含了对人对事的态度特点这一成分，故而是可以进行道德评价的。例如自私、狡诈，既是性格特点，又是不良品行。人格是人的生活态度和生活方式的体现，既是价值对象，就不能指望它有一个确切不移的、统一的标准(参见本章第四节)。此一理论家可能赞同这样一种生活态度和生活方式,彼一理论家可能认为另一种更好。例如,A 型性格(这种性格的人急切地追求成功、成就,拼命工作,急躁易怒)是好还是不好,在未发现 A 型性格者易患心血管疾病以前,许多人并不认为它不妥。第三是把一个人的社会贡献与他的人格健全程度混为一谈。在国内前几年对心理健康标准的讨论中,有讨论者举出一些天才、伟人曾有变态行为甚至疯狂,来质疑心理健康标准的合理性(张海钟,1995),其隐含的逻辑就是:天才不可能不健康,如果一个标准令天才显得不健康,那一定是标准有问题而不是天才真的有问题(江光荣,1996)。

(三)历史、文化与健全人格标准

健全人格标准还受历史和文化影响。虽然在历史上的多数时候,在世界的主流文化中,对于一些重要且常见的心理疾病的判断是一致的,但仍然有不少行为在不同历史时期,在不同文化中有不同的评价。一个最明显的例子是同性恋行为。在历史上,几乎多数主流文化都曾认为同性恋是一种病态行为,但今天,至少在发达国家和受西方文化影响较强的国家和地区,同性恋不再被看做病态行为。又如儿童注意和多动障碍,许多中国的临床心理学家都注意到,中国的父母、教师乃至医生很容易夸大儿童的过动行为,许多在中国被诊断为多动症的儿童,如果按美国标准诊断,都不够多动症的条件。其根源实际上是中国文化中对儿童活动性的接受程度要低于美国。

(四)方法论分歧

研究健全人格的理论家在方法论上存在重大分歧。大体说来,有两种研究思路。两种思路在选择健全人格的研究样本时有不同的指导原则。笔者把第一种思路称为"众数思路",把第二种称为"精英思路"(江光荣,1996)。

众数思路大体是这样的:它以统计学上的正态分布为假设依据,假定在人口总体中,人格的各维度量度是服从正态分布的。譬如"乐群性"这一特质维度,如果在人口总体中测量,必是极不乐群者和特别乐群者为数很少,落入分布的两端,大多数人居中,结果呈正态分布。因此,应该以"平均数"、"众数"等统计指标作为健全人格的参照尺度。事实上当代多数人格测验都是按这一思路设计的。

精英思路主要在一些著名的人本主义心理学家中流行,马斯洛(A. Maslow)是典型代表。如前所述,马斯洛认为人生而有天性,天性本善,但人的天性需在环境条件中才能发展成现实的人格。如果环境条件提供了适宜的发展土壤,人就能按其天性发展出健全人格。但是在许多情况下,环境条件可能与天性要求不一致,可能阻抑、扭曲了人的天性。在极端情况下,可能一个社会中主流文化是病态、压抑人性的,结果会导致多数人都出现不健全的人格,出现许多"适应良好的奴隶"、"作为文化的牺牲品的神经症"(马斯洛语)。这样,"众数"代表的人格可能就不是什么健全人格。因此,马斯洛认为,真正的健全人格要从那些其先天本性现实化程度最高的人、"自我实现的人"身上去寻找。由于这种人在全人口统计分布中一定处在分布的尖端,他称这种研究策略为"尖端样本统计学"。

显然,以众数思路和精英思路分头去寻找人格健全的人,找到的人会有所不同。

可以预想,由于人性观、价值观、文化背景的影响,以及方法论上的分歧,不同理论家会给出不同的健全人格标准。但理论立场和经验研究之间毕竟还有一定距离,考察一些经验研究所得,我们欣幸地发现,对健全人格特点的研究得到的结果有相当高的一致性。

三、不同研究得到的健全人格模型

下面我们罗列若干有关健全人格的研究发现,其中包括了来自不同理论立场的研究。希望学习者把重点放在寻找不同研究发现的共同点上,尤其要注意那些表述不同但实质内涵相近或一致的地方。

(一) 马斯洛:自我实现的人

马斯洛的发现来自他筛选出来的一些优秀人物,其中包括一些著名的历史人物如林肯、杰斐逊、爱因斯坦、詹姆斯等。这里的介绍以"自我实现的人——关于心理健康的研究"一文为准。其中一些人格特征的表述参考了杰拉德《健全人格》(Jourard & Landsman,1980)一书。自我实现的人有如下特征:

(1) 比一般人更有效地知觉现实,并更能适意地在现实中生活。这些人对现实的认识不受主观歪曲,因而更准确。他们拒绝幻想,宁愿与不愉快的现实打交道也不愿躲进幻想世界去生活。

(2) 对自己、他人以及客观现实有高度的接纳。他们不为自己的缺点自责、不安,亦不对他人和环境吹毛求疵。但这不是说他们不去改造不正常、可以改善的东西。

(3) 有自发性,率真,一任天然。正如弗罗姆所说的,这些人往往根本没有想他是什么,他要什么,以及他自己的观点是什么之类的问题。

(4) 以问题为中心。他们并不太关切自己的问题,而是专注于任务、职责和使命。

(5) 有独处的需要。他们能领受独处的意趣,常需要超然物外,以便有机会集中于感兴趣的问题或是沉思默想。

(6) 高度的自主性。自我实现的人不太受他人、文化环境等的影响和左右。荣誉、地位、批评、失宠均不能动摇其主见,他们始终保持着对自己的真诚。

(7) 能够欣赏生活,不失去对普通生活的新鲜感。

(8) 常有"高峰体验"。这种体验有时被形容为神秘的,"海洋一般的",感到一个人的个人局限突然消失,而与整个人类、整个天地融为一体。

(9) 有"同类相亲之感"。他们有与整个人类一体化的感觉,对其他人类成员有一种很深的认同、同情和爱的感情,一种兄弟般的感情。

(10) 与一些朋友和亲爱的人有密切的关系。有这种关系的对象可能不多,但那是一种忠实、亲密、充满爱意的关系。

(11) 民主的性格结构。自我实现的人倾向于把人作为活生生的个人来对待,不习惯按地位、学识、宗教信仰等人群特点来看人,他们能够自发地平等待人。

(12) 强烈的道德感和独立的善恶判断能力。这些人有明确一致的道德准则,并体现在言行中,不会在不同情境中出现混乱。另外,他们的道德标准是内在的、个人的,不以外部标准为转移,因而有时显得不合习俗。

(13) 善意的幽默感。

(14) 创造性。他们是富有创新倾向的人。这与天赋无关,这种创造性乃是人性的一个基本特性,常表现为对陈旧、习惯的东西的厌倦,永远对未知、新奇的东西有兴趣。

(15) 抗拒文化适应。自我实现的人似乎能抵御文化“洗脑”,或烙上文化的印记,从而能对自己所属的文化中的矛盾或不公采取批判的态度。

(二) 奥尔波特:成熟的人

奥尔波特(G. Allport)也是一位著名的人格理论家,他用“成熟的人”来指称健全人格。成熟的人有如下特点:

(1) 扩展了的自我;

(2) 自我客观化;

(3) 统一的人生观;

(4) 热情深切地把自己与他人相联系的情感——同类相亲之感;

(5) 投入工作并能解决问题的能力;

(6) 自我接纳和安全感;

(7) 客观的现实知觉。

(三) 罗杰斯:充分发挥机能的人

罗杰斯(C. Rogers)相信人的天性存在于人的生物机体之中,其本质就是不断地成长、自我实现。因此,健全人格不应理解为人的状态,而是过程或趋势。自我实现就是使自己的固有潜能充分发挥的趋势。机能是否得以充分发挥,可以考察如下特征(详见本书第十二章):

(1) 对经验的开放性:对个人的一切感性和理性、来自心灵和来自肉体的经验的开放,与之相反的是对经验的压制和防御;

(2) 富有存在感的生活:愿意让每时的经验跟自己成为一体,每个时刻都跟经验同在;

(3) 信任自己的机体;

(4) 自由感和自发性。

(四) 杰拉德:健全人格

杰拉德(S. Jourard)是马斯洛的追随者,因此他对健全人格的看法受到马斯洛的影响:

(1) 对新的思想、对人具开放态度;

(2) 关心自己、他人和世界;

(3) 具有整合吸收否定性经验的能力;

(4) 有创造力;

(5) 有做生产性工作的能力;

(6) 爱的能力。

(五) 科恩:理想的自我

科恩(R. Coan)用心理专业学生作被试,作了6小时的测验,这些测验涉及135个变量。他试图通过因素分析找出健全人格(他称为“理想的自我”)的特质。结果他发现健全人格具有下述五种特质。

(1) 效能:机能胜任(能把事情做好),能独立有效地工作,专注于自身之外的事务;

(2) 创造性:以常新的态度经验熟悉的事物,对新异、陌生、尚未被社会认可的事物持开放态度,创造出新的生活方式;

(3) 内在的平静:喜爱自己,有独处的需要;

(4) 密切的关系:有同情心,真诚坦率,能迅速准确地理解别人的意思;

(5) 超脱:与宇宙神秘地融为一体,与大自然或上帝相通。

四、健全人格的维度

上述学者所谈的,都是在他们研究中观察到的人格健全者所具有的一些心理和性格特点。另一些学者试图为人格健全的评估找到一些更具普遍性的维度。以下是两个这方面的研究。

(一) 黑斯的研究

黑斯(D. H. Heath)通过对在校学生和毕业生的研究和追踪,以及跨文化研究,提出一个含五个维度的健全成长和发展模型。这五个维度是:

(1) 符号化。符号化是指以词、数、图、音乐和姿势来表征经验的能力,成熟者较能准确地对内在的归因过程进行内省,有较好的自知以及人际知觉。

(2) 非自我中心主义。非自我中心是指从狭隘的自我中心分离出来的倾向,健全者更能设身处地地从他人角度看问题,能为社会考虑。

(3) 整合。整合是指一个人的自我意象与他人印象之间一致的程度,以及个人价值观系统内在的协调性。

(4) 稳定性。健全者在发展中更具有稳定性,包括自我观念的稳定、人际关系的稳定以及面临应激情况时情绪的稳定。

(5) 自主。健全者自主性强,能自我抉择,自我调节控制,独立于外在期待或影响。

(二) 杰荷达的研究

杰荷达(M. Jahoda)做了一项颇有影响的研究,他认为应该从六个方面建立心理健康的标准,见表 3-1。

表 3-1 杰荷达:心理健康的六条标准

维度	标准
对自己的态度	有意识地对自身进行适当的探索; 自我概念的现实性; 接受自我,能现实地评价自己的长处和短处; 心理认同感觉的明确性和稳定性
成长、发展或自我实现的方式及程度	实现自己各种能力及才干的动机水平; 实现各种较高目标(如关心他人、工作、理想、兴趣)的程度
主要心理机能的整合程度	各种心理能量的适宜的动态平衡(如本我、自我和超我); 有完整的生活哲学; 在应激条件下能坚持,并具有忍耐能力和应对焦虑的能力

续表

维度	标准
自主性或对于各种社会影响的独立性	遵从自身的内部标准； 行为有一定之规； 行为的独立程度
对现实知觉的适宜性	没有错误的知觉； 对于所预期及所见之物重视实际证据； 对于他人的内心活动有敏锐的觉察力和同情
对环境的控制能力	具有爱的能力并建立了令人满意的性关系； 有足够的爱、工作和娱乐； 人际关系适宜； 能够适应环境的要求； 具有适应和调节自身的能力； 能有效地解决问题

资料来源：Jahoda, M. (1958). *Current concepts of positive mental health: A report to the staff director*, Jack R. Ewalt, 1958. New York: Basic Books.

五、综合评论——健全人格的标准

仔细审视各个独立的研究和综合概括，使人有一个强烈的感觉：对健全人格特征的各种看法，一致之处多于分歧。正如人格理论家卡特尔所见，人格是一个有机整体，其中若干特质处在更基本、更重要的地位。同理，对于心理健康而言，有些特征处于核心、起主导作用的位置，它们制约着次要特征的变化。而受到众多研究者共同关注的特征很可能正是那些核心的、基本的特征。因此，我们应该特别关心这些被众多研究共同认可的人格特征，根据这些特征为健全人格确定标准。根据这个标准，下述几方面的特征对衡量人格健全有突出的意义：

1. 客观的自我认识和积极的自我态度

人格健全者应该有客观的自我知觉，他对自己各方面、各种特点的认识应是比较符合实际的。当然，人的自我形象很难像照相一样准确，也不是越精确越健康。但是，大幅度地偏离客观实际，持有严重扭曲的自我观，肯定是不健康的。相对而言，积极的自我态度可能更为关键。积极的自我态度与自我认识密切相关但不完全由后者决定。它指的是一种从总体上“认可自己，接纳自己，愿意做自己”的态度。态度是以评价为基础的。近年贾基等人(Judge, Locke, & Durham, 1997; Bono & Judge, 2003)在工作满意度的研究中提出“核心自我评价”的概念，并通过一系列研究表明，核心自我评价可能是一个潜隐的内心结构，它是自尊、一般自我效能、情绪稳定性与控制点的上位结构(Bono & Judge, 2003；杜建政、张翔、赵燕，2007)。在笔者的临床经验中，自尊和自信(约等于一般自我效能和内控)可能更符合核心自我评价的概念。自尊和自信是积极自我态度的核心。二者中一是对自我价值的态度，一是对自我能力的态度。有了自尊和自信，一个人的内在状态和体验就会安详、充实和幸福，外在表现和适应就会坚定、有效且成功。

2．客观的社会知觉和建立适宜的人际关系的能力

客观的社会知觉（对人的认知）是建立适宜的人际关系的基础之一。人格健全者应能准确地从别人的言语、行为中体察别人的思想、愿望和感受，了解别人对自己的看法和态度。而且，他对别人的了解是建立在事实依据上而不是个人情感的投射。此外，他对人的态度特征和人际交往技能应有助于建立适宜的人际关系。例如对人具有关注意愿、同情心，能恰当地表达自己，等等。

3．有活力和有效解决问题的能力

生命与活动具有同一性，所以心理健康的人应该是热爱生活，有投身于工作、事业和家庭的热情的人。与此相关的是一个人要具有与自己的年龄相适应的生活能力，主要是处理、解决自己遇到的工作、学习、生活、人际问题的能力。缺乏这种能力，他就不能有效适应环境，满足自己成长、发展的需求。

4．个性结构具有协调性

人格健全者应该有较高的内在一致性或协调性，具有内在的和谐。对于成年人而言，这种内在和谐主要表现在有较为清晰、稳定的世界观和人生观；人格动力系统（需要、兴趣、动机、价值观）具有协调性和一致性；心理活动的不同方面（认知、情感和行为）、不同层面（无意识活动、意识活动和外显行为）之间具有协调性。用一个不很贴切的比喻，人格健康的人好比一辆状况优良的汽车，它的发动机、转向系统、行驶系统都完善协调地配合着，无论在高速公路还是乡野泥地都能以一个完美的整体顺畅地行驶。孔子在讲到人的发展时，用“不惑”、“知天命”、“耳顺”、“从心所欲，不逾矩”等词来形容发展到较高水平时的境界，其实这些描述，都跟内部的清晰、稳定和协调有关。

第二节 咨询目标概述

健全人格的讨论对咨询师思考咨询和治疗的目的有重要意义，但健全人格只提示我们治疗的努力方向。在实际咨询中，咨询师需根据自己对健全人格标准的理解，结合对当事人问题的判断，形成具体的咨询目标。在这过程中，有以下几个基本问题需要考虑。

一、目标对于咨询的意义

在咨询过程中，明确咨询目标至少有三方面的意义。

1．为咨询提供方向，引导咨询过程

任何活动，只有依据目标才能确定其有无价值，咨询和治疗亦不例外。咨访双方在咨询过程中要进行哪些活动，须根据咨询所追求的目标而定，不然咨询就会像盲人骑瞎马一样漫无目的。

2．便于对咨询进展和效果进行评估

在咨询和治疗进行过程中，需要保持对治疗进展的监控，这种监控是以评判目标达成情况为依据的。例如，尝试一种治疗程序之后，须根据目标来判定这一程序是否有效，并依据比较结果来决定该程序的继续、调整或中止。在要决定一例治疗是否结束或转介时，

也须以疗效评估为依据。无论是治疗过程中的评估还是终了时的评估,咨询目标都提供了基本的衡量标准。

3. 督促双方积极投入咨询

同当事人谈论、讨论治疗目标有助于调动当事人的积极性,唤起其获助期望。而当事人是否对改善有信心,是否有参与治疗的积极性,是影响治疗成败的至关重要的因素。另外,明确咨询目标对咨询师也有积极影响。许多咨询师都有这样的体会,在不知道努力的方向时,往往有焦虑之感。一旦双方将目标明确下来,咨询师也感到舒了一口气,剩下的只是寻找达到目标的途径了。

二、目标概念分析

前面我们一直笼统地使用咨询目标这个概念,实际上我们在不同场合使用这个词时,所指会略有不同,因此有必要对这个概念作一些分析。

(一)一般目标和个别目标

一般目标是指某一流派或某一流派的治疗家所持的、被认为适用于所有当事人的目标。它与该流派对健全人格的看法有直接联系,并且与该流派对心理障碍的原因、人格结构及其运作规律以及心理治疗机制的假设有关。例如,精神分析流派认为心理健全的人就是自我、本我和超我有适宜的动态平衡的人,其中尤以自我能正常、现实地发挥作用为紧要。神经症当事人的主要问题是自我功能弱化,不能有效地行使解决无意识冲突的职能。因此,心理治疗的目标就是要使无意识活动意识化,帮助自我放弃无效的防御机制,行使正常的协调功能。本节后面介绍的各治疗流派的咨询目标都属于一般目标。

与一般目标相对,个别目标是指针对某位特定的当事人所确定的目标。由于一般目标是就共同的情况而言的,因而显得概括化、笼统,不能针对特定当事人的特殊情况指示特别的方向,咨询师需要根据当事人的问题特点,在一般目标的指导下,确定一个只适用于这一位当事人的目标。这也可以说是一般目标的具体化。例如,咨询师判断一位当事人与其妻子的矛盾是由于他的不当心理防御机制所致。他内心里对妻子不满意,而通过投射和反向形成的作用,变成了怀疑妻子对自己不忠。因而把治疗目标放在让当事人领悟自己的无意识冲突及防御机制的使用上。

(二)终极目标和阶段性目标

帕特森(Patterson,1974,转引自林孟平,1988)最先提出可以把咨询目标区分为终极目标和中间目标。他说的终极目标是依据健全人格标准而确定的,有些类似于上面所说的一般目标。终极目标的最高概括,不少学者认为是人的自我实现(林孟平,1993)。中间目标则是达到终极目标的一个个阶段性目标。

终极目标是概括的、笼统的,它不容易给实际治疗和咨询以确切的指示。此一当事人走向健全人格和自我实现的障碍,与彼一当事人走向自我实现的障碍是不完全一样的,他们个人的现有资源和条件也是不一样的,可以说,每个当事人走向自我实现和健全人格之路都各不相同。这种不同,表现在咨询目标上,就是会有不同的阶段性咨询目标。另外,就多数个案来说,向终极目标的努力往往无法一步到位,因此需要设立一些中间性、过渡性的目标。这就是阶段性目标。

心理咨询和心理治疗对阶段性目标的认识和设定存在相当的区别。心理治疗的目标比心理咨询的目标要一般化一些，往往集中于当事人人格的改变。心理咨询的目标则往往跟当事人的生活现实联系较为紧密，如改善特定人际关系、改变学习态度和习惯、学会作出生活决策，等等。在不太严格的意义上，可以说心理咨询的目标较多涉及生活的改变，心理治疗的目标较多涉及人格的改变。

如前述，确定阶段性目标其实是将终极目标具体化。不同治疗流派和不同咨询者在具体化方面也有不少差别，有的规定得很具体，有的则满足于比较笼统的描述，如促进当事人的领悟，协助当事人重新体验创伤性情绪。

阶段性目标的确定还跟咨询和心理治疗的理论取向有关，跟各流派对心理障碍的原因和治疗机制的认识有关。例如心理动力学治疗重视童年客体关系的再现，认知治疗重视对非理性信念的发掘，行为治疗则重视对当事人现实环境中强化力量的了解，等等。

（三）矫正的目标和发展的目标

还有一种区分是根据目标对于当事人的意义，将目标分为两种，即所谓矫正的目标和发展的目标。矫正的目标主要着眼于消除临床症状，克服消极的、不适应的行为；发展的目标则重在学习新经验、开发潜能这样一些提升生命价值的努力上。这种区分只有相对意义，因为落实到具体目标时，常常无法判断一个目标究竟具有矫正意义还是发展意义。也有人据此来分辨治疗和咨询的不同，认为治疗侧重于矫正的目标，咨询侧重于发展的目标。在笔者看来，这也只有相对的说服力。

三、不同流派的治疗目标

要切实领会各治疗流派的目标涵义，需深入研究它们关于人格的发展、人格结构、心理障碍的起因、心理改变的机制以及健全人格的标准等方面的理论（可参阅本书第十至第十五章）。这里只能作一般性的介绍和讨论。

各流派之基本治疗目标见表3-2。

表3-2 各主要流派的咨询目标

理论流派	基本目标
精神分析学派	将无意识意识化；重组基本的人格；帮助当事人重新体验早年经验，并处理被压抑的冲突，作理智的领悟
行为主义学派	消除当事人适应不良的行为模式，帮助他们学习建设性的行为模式以改变行为；帮助当事人选择特殊的目标，将一般性的目标转化成确切的目标
以人为中心学派	提供一种安全的气氛，引导当事人进行自我探索，以便当事人认识成长的障碍，能体验到从前被否定与扭曲的经验；使他们能开放地体验，更信任自己的机体和自我；有投入咨询的意愿，并且增加自发性和活力
完形学派	帮助当事人察觉此时此刻的经验；激励他们承担责任，以内在的支持来对抗对外在支持的依赖
理情行为疗法	消除当事人对人生的自我挫败式思维；帮助他们更能容忍，更能过有理性的生活

续表

理论流派	基本目标
相互作用分析疗法	帮助当事人有脚本自由、策略自由，成为有自主性的人；能选择、成为他们想要成为的人；帮助他们检验早年的决定，并能在意识的水平上作新的决定
现实疗法	引导当事人学习现实的与负责任的行为，发展一种成功的统整感。帮助他们对行为作价值评估，并决定改变的计划

比较各流派的一般目标，直接印象是它们之间存在相当的分歧，这是能够想象的。因为，一般咨询目标的确定，不仅与各流派对健全人格的看法有关，而且还与它们对心理障碍的一般原因的认识，以及消除障碍的途径的观点有关。由于对后两点的认识不一样，必然会出现强调的重点不同、看问题的角度不同、治疗的途径不同的情况，而这些一定会反映在目标的确定上。举例来说，如精神分析流派，它认为当前症状是受压抑的经验、本能欲望达不到意识层面的结果，治疗的目的就是要将被压抑经验与当前症状联系起来，使当事人领悟。因此它把这种知觉、领悟作为一般咨询目标。理性-情绪疗法认为情绪症状是信念不合理的结果，因此在治疗上它以认知改变为主要诉求，重在形成一种新的生活哲学。行为疗法则认为症状行为是学习（如条件作用）的产物，同样可利用条件作用方法使之消失，因此它把直接消除不适行为或塑造合适行为作为基本的治疗目标。

由于近几十年来心理咨询和治疗领域内折中、辐合的倾向越来越占上风，多数心理咨询师不再囿于门户之见，而对各派的理论、策略采取兼收并蓄的态度，常常对同一个当事人运用不同的方法综合施助，因而在确定目标时也出现多目标（包括属于其他派别的目标）并取的局面。这种开放的趋向有不少可取之处，值得我们留意。但这并不意味着可以随便对待目标问题，或干脆不理会咨询目标。对任何一例咨询，咨询师都应做到心有主见。一般说，你心目中的终极目标应是明确的、稳定的。终极目标与阶段目标之间、各个阶段性目标之间，应该互为补充，相互促进，而不是彼此无关甚至互相冲突的。总之，咨询师应该根据当事人的实际情况，参照一种或数种治疗理论，形成对这一当事人的系统的认识，在此基础上确定合适的目标结构，而不是不加消化地照搬不同流派的作法。

四、目标要求

一般而言，在确定心理咨询和治疗的目标时应该注意以下要求。

（一）目标要能够以可观测的行为指标来体现

心理咨询中当事人的改变往往有两个特点：内隐性和广泛性。前者是指改变不容易从外部观察到，如情绪体验从冷漠到敏感、某些观念的转变，等等；后者是指改变往往是特质的改变，如从害羞、内向变得较为开放、进取，这种改变是个人性格上的改变，因而“波及面”会非常广。由于这两个特点，对改变的评估就出现一种既易又难的情况。易者，我们可以通过当事人的陈述来了解他内在的改变，我们也可以通过观察到的少数行为推论当事人在别的方面也产生了改变。难者，如果从严格的、科学研究的角度来要求，无论当事人的主观陈述、心理咨询师的主观感觉，或者少数几次行为观察，都可能缺乏可靠性。

因此，提出目标要以可测度的行为指标来体现的要求，可以从临床实践和科学研究两个立场来对待。如果是一般的临床咨询，咨询师只要有使目标客观化的意识，能够同当事人一起确认某些体现改变的行为指标，即可以通过；但如果是进行心理治疗的研究，则须事先找出一套合理、可行的指标系列，并严格按要求去观察和评估指标出现的频次和强度。科学研究的改变指标经常由专门的疗效评定量表来规定。

（二）目标应该是靠心理学的手段可以达到者

必须考虑心理咨询和治疗所面对的问题、所要达成的改变能否通过心理学的干预手段达到。

有些障碍虽然有心理、行为上的异常表现，但导致障碍的主要原因是生物学因素，例如一些精神障碍，因而应主要通过生物学的干预手段（如药物治疗）来改变。

还有一些障碍，虽然心理因素是原因之一，但主要原因却在不利的环境和社会因素上，譬如由于丈夫凶暴而造成妻子的痛苦，父母教育态度、方法不当造成孩子的行为问题，在咨询和治疗中这种情况比比皆是。在这样的案例里，当事人不仅需要咨询的帮助，还需要对其社会环境进行干预。但这种干预常常不再是心理学手段的干预，而是社会学手段的干预，这种工作一般是由社会工作者来承担。当然还有一种选择，是通过类似家庭治疗的方式把咨询对象的范围扩大，把跟当事人的困扰有直接关系的人纳入帮助的对象中来。

总之，心理咨询和治疗师要认识到我们拥有的手段的局限性。心理治疗的干预手段通常只能对当事人的认识、情感和行动过程施加影响，例如认知领悟、情感反应训练、行为矫正，等等。因而能达成的改变只限于当事人本身，且限于靠上述手段而非生物手段和社会手段才能达成者。确定咨询目标须依此标准来权衡。

（三）目标应重在心理机能的改变

心理咨询和治疗应把目标限制在心理机能、行为方式的改变上。例如人际认知更准确、客观，负性情绪减少，情绪和行为的自我控制能力提高，解决问题的策略改善，等等。但由于心理机能水平与人的实际生活有密切联系，在咨询中常出现咨询师直接干预当事人的生活选择问题。这个问题在我国咨询界特别突出，应引起重视。

假如一位丈夫或妻子来咨询，他面临的问题是配偶一方有外遇，本人心灰意冷，想要离婚，但又担心对孩子的影响，因此为离和不离委决不下，痛苦不堪。他来求助的问题是：离婚还是不离？对这例咨询，无论你是把目标定为劝其离婚还是劝其改善夫妻关系，都是不合适的。即使你判定该离或不该离的依据再充分，也不应以此为目标。你需要考虑两个问题：(1) 你准备或者应该对当事人的生活选择承担法律的或道德的责任吗？(2) 这种帮助当事人作出具体生活决策的办法，真的能够帮助当事人吗？他下一次面对另一个生活决策是不是又要来咨询呢？

大多数心理咨询的个案，都有具体的生活难题需要处理，许多时候涉及作出个人决策；同时当事人又有人格或心理上的困难，比如自卑、个人身份感混乱、缺乏自信，等等。这两者之间的关系，往往是后者更为根本。当事人生活中的麻烦和困境，其实部分或全部是因当事人心理功能障碍而起。所以，咨询的目标应侧重于提升当事人的心理功能，应放在帮助当事人澄清自我认识、需要、价值，帮助当事人想到更多的可能性，提高决策能力等方面，而不是直接帮他拿主意。

要加以说明的是，我们这里谈的是不应以生活干预作为咨询的基本目标，而不是要求在咨询中绝对杜绝生活干预。在咨询中是存在生活选择方面的干预的，这种干预有两种情形：一种情形是间接干预。如果在咨询中当事人的认知经验有所变化，譬如认识到自己真正的需要，放弃了一个原来的价值观，往往导致当事人作出新的生活选择，这就是一种间接干预。另一种情形是直接干预。咨询师对当事人的选择意向直截了当地表示支持、否定甚至严厉的禁止。但做这种干预要特别谨慎和节制。判断是否宜于作出这种直接干预的标准是：(1) 当时的情境使得直接干预无法回避；(2) 当事人的选择意向可能导致的后果在法律、伦理和公认的价值规范上是明确的。一个极端但并非少见的例子是当事人有自杀或伤害他人的意向，在发现有这种意向时，咨询师有责任立即采取干预措施。

(四) 目标应现实可行

某些咨询和短期心理治疗并不以人格改变为主要目标，而是以当事人较为具体的心理困难的解决为目标，如消除某个症状、解除某种心理痛苦。这时确定咨询目标，就需要考虑它能不能在有限的时间内达到，因此目标应该现实可行。要做到现实可行，就需要综合考虑当事人问题的性质和程度、已有的心理发展水平和潜力、环境条件和咨询师的条件，使目标限制在这些条件允许达到的范围内。超越可能性的目标不仅无益，反而会因达不到而挫伤双方的积极性。

(五) 目标之间有系统联系

如果确定了多方面的目标，要力求使各目标之间有内在联系，互相支援，先后合理，成为一个有序的结构。例如，如果有几个目标，要排出一个优先顺序，并设法使先期达到的目标对后续目标有支持作用。阶段性目标要安排得合理，从一个阶段目标到下一个阶段目标要有一定跨度，呈现出递进性。

第三节　确定咨询目标

确定咨询目标是咨询全过程的一项阶段性任务(见本书第五章)。通常在了解情况，确认问题，当事人产生改变的意愿后开始正式讨论咨询目标。在这一节里，我们讨论实际确定目标时的一些操作性问题。

一、常见问题与处理原则

(一) 谁来确定目标

这个问题的答案有一点是确定的：双方共同参与；有一点是不确定的：有时是咨询师起主导作用，有时是当事人起主导作用，要看咨询师的倾向。

不同流派在处理咨询目标时的确存在不同处理倾向。例如，精神分析学派的咨询师有时根本不与当事人讨论目标，目标完全存于咨询师心中；行为治疗则目标明确，计划周全。出现这个情况的原因是可以理解的。精神分析取向的咨询师心中的目标，是心理动力方面的目标，往往是当事人不易理解，理解了也没有什么助益的专业概念，这些目标并不需要当事人知道。行为治疗把症状消除或新行为的学习作为目标，这种目标对当事人有重要作用，须得当事人接受和承诺才可能发生治疗效力。

心理咨询往往有确定的最终目标,由于明确目标有缩短治疗期限、激发当事人积极性的作用,所以,在心理咨询中,正式地讨论目标并吸收当事人的意见更可取一些。

(二)当事人的期望与目标

在目标讨论中,当事人的期望是个要慎重对待的问题。处理得好,期望会成为改变的助力;处理不好,则可能失去这一宝贵的力量,甚至可能产生阻力。处理的原则是:设法激起或维持期望,把期望转化成目标,或把期望塑造得与目标一致。

有些当事人主要由于感受到痛苦而来求助,他们对咨询能给自己什么、通过咨询想达到什么只有模糊的概念。当你询问他"想得到什么帮助"时,你可能会碰上以下一些反应:

"……"(沉默,说明他没想过这个问题)

"我就想找个能理解我的人说说……"

"我说不明白,我希望你能帮助我。"

"太多了,一下子说不清楚。"

这些反应都说明当事人缺乏明确具体的目标期望。对这类情况,自然需要咨询师主动诱导。笔者的经验是,从情绪感受入手,渐及具体期望和目标。每位当事人都有真切的痛苦感受,他们都希望解除痛苦和烦恼。从这一点切入会立刻产生共鸣。从情绪目标生发开去,逐渐涉及认知的和行为的目标,这样讨论比较自然顺畅。

另一类情况是当事人有较明确的期望,但其期望与一般咨询目标不一致。这种不一致又可分为两种情形:其一是当事人的期望与咨询的功能不一致。例如,该不该离婚,该不该报复某个伤害过他的人,应当报考哪个专业,等等。这都是生活选择问题,不能作为咨询的直接目标。其二是当事人的目标期望与咨询师认可的目标不一致。咨询师是根据当事人的情况、问题、咨询理论、改变手段等综合考虑来设想目标的,当事人是根据感受和主观需要来提出期望的,因而二者常有不一致。不一致的具体情形千差万别,难以一概而论。解决办法可参考以下几点:(1) 重新考查咨询师自己的设想;(2) 分析当事人的想法是否合理可行;(3) 吸收当事人的目标作为辅助的或过程性的目标;(4) 澄清和解释咨询师设想的目标。

(三)目标焦虑问题

罗杰斯注意到过高的咨询目标有可能诱发对目标的焦虑。这是一种矛盾的情绪反应:既想达到目标,又深深地怀疑自己能否达到目标。为防止这种问题,对阶段性目标应详细讨论。因为阶段性目标的连续实现会导向终极目标的实现,而阶段性目标是"跳一跳,够得着"的。

(四)让当事人对目标负责任

再好的目标,只有当事人作出艰苦的努力才能实现。当事人越是愿意自己对改变负责,咨询的效果越好。改变意味着长时间、痛苦的努力。但正如巴-里沃(Bar-levau)观察到的,"当事人一般并不求变好,而只求好受一些"。努力的痛苦是不受欢迎的。所以让当事人自己承担起改变的责任并非易事。有时候当事人能认识到"只有自己才能救自己”,但在情感上并不愿接受这个事实。中国的当事人在这方面又更消极一些。有研究表明,和西方的当事人比较,我国当事人一般更易信任咨询师和治疗家,依赖性也强一些。例如,有研究发现,在美国的大学里,来自中国、伊朗和非洲的大学生比美国大学生更愿意接受咨询师的权威角色,更愿意由咨询师直接提供解决办法。而中美大学生比较起来,中国学生动机自觉性较高,而承担改变责任的意愿较低。

在目标讨论中,以共同参与方式,并且让当事人自己提出改变目标(哪怕仅仅在形式上如此),有助于唤起当事人承担责任的热情。管理心理学中的“参与模式”证明了这一效应的存在。另外,辅之以一些说明、激励也是必要的。

二、确定咨询目标的方法

为了使咨询目标达到具体化、可测度以及有明确的结构的要求,行为主义取向的咨询师发明了一些有效的做法。下面介绍的方法就是属于行为主义取向的一些做法。应该说明的是,并非所有的咨询师都赞同或习惯于按这些方法去做。但从学习咨询的角度看,了解这些做法是有意义,至少是有启发作用的。

(一)目标操作化技术

目标操作化的主要目的是使目标具体到可观察、可测度的水平。如前所述,尽管目标的具体性有不同水平,但有些即使看来相当具体的目标也是难以精确观察和测度的。例如“不逃学”这一目标,如果我们不能确定孩子在什么时间、什么情境下的什么行为算逃学,我们仍然无法进行观测。可见,操作化就是把目标转化成具体情境下的具体行为,这也叫操作性定义。

布洛恰(D. Blocher)提出一种“成功指标”技术来使目标操作化。“成功指标”是把一个概念性的目标与特定的时间、地点、情境和行为联系起来。实质上就是指定一个可观察的行为作为该目标的标志。一旦观察到当事人出现了这一行为,且达到了我们规定的频率、速度、强度等方面的指标,我们就可认为当事人成功地达到了目标。例如,对“在处理人际关系中转变得较少防御性”这一目标,就可以确定这样一个成功指标:能在与配偶单独相处时,在5分钟之内听取对方的批评,不予打断、反驳或否认。而“在人际知觉上更敏感”这一目标则可转化为“能与14岁的女儿转换角色,在两个有争论的问题上准确地转述女儿的看法并得到女儿的认可”。

成功指标技术的依据是抽样原理。从道理上讲,一个目标所覆盖的可能行为是很多的,目标概括程度越高,覆盖的行为就越多。我们无法观察每一个行为,只能抽取一种或数种行为作为观察的样本。只要抽取得当,就能比较有把握地根据观察的样本行为去推断目标达成情况。在实际咨询中,不像实验研究要求那样严格,常常是由咨询师根据对行为性质的定义和对目标范围的划分,结合考虑其他条件和要求(见下文),和当事人一起确定成功指标。

成功指标的质量取决于它满足下列要求的程度:

(1)它是按当事人特定的可观察的行为来陈述的;

(2)它指明了行为发生的地点和情境;

(3)它是目标的代表,且能全面地代表目标;

（4）它在当事人的实际生活中可以以较高的概率出现；

（5）它指定了某种指标，从而可以对行为进行度量；

（6）便于观察和记录。

（二）形成目标结构的方法

使目标有系统性的措施就是使目标结构化，即形成一个目标结构。下面介绍的措施只是可能的结构化方法之一，不同的咨询师可以根据目标要求和原则来创造新的方法。

形成目标结构可以采取“两头开始，中间合拢”策略，即先确定终极目标和现状，然后向中间的阶段目标合拢。具体操作可以分作三步：

（1）确定终极目标。双方先确定咨询最终要达到的目标。这种目标是用一般概念以陈述句式表达的。如果终极目标不止一个，应确定一个优先顺序。

（2）现状评估。现状评估就是评估当事人在正式治疗开始前的心理情况。实际上在问题-个人探索阶段①，我们就在对当事人的问题进行评估，但那时的评估是定性的，现在要作一个系统的定量评估。行为治疗师常把这项工作叫做“基线评估”（参见本书第十章）。

（3）设立阶段目标。明确了终极目标和现状，设立阶段目标就容易了。布洛恰介绍了一种“需要评估”（need assessment）方法，可用于设立阶段目标（Blocher，1987）。

需要评估的“需要”概念不是指人的心理需要。这里的需要指的是：目标完全达成状态与现状之间的差距。目标状态与现状之间可以设想存在一条“需要-差距”线。如图 3-1 所示。

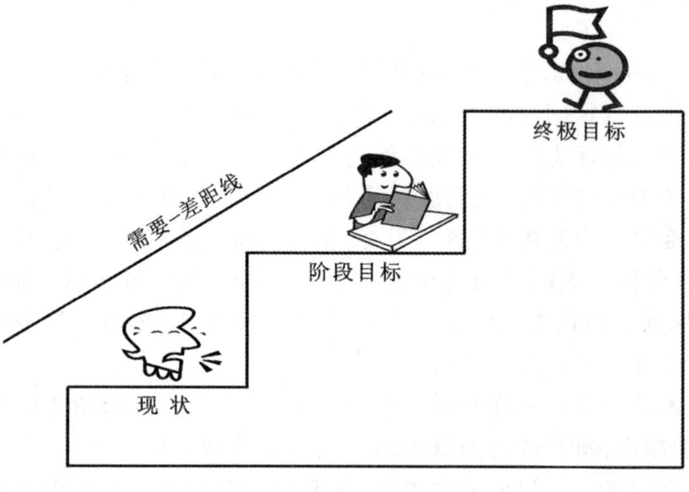

图 3-1　需要-差距示意图

对不同的当事人及不同目标而言，需要-差距线有长有短，如果差距线太长，就要在这条差距线上设立一个或几个阶段目标。

设计阶段目标时主要应考虑两个要求：第一，该阶段目标处在需要-差距线上。也就是说，该阶段目标是从现状出发向终极目标前进的中途必须经过的中间目标，不能偏离终

---

① 参见第五章关于咨询阶段的划分。

极目标的方向。例如,终极目标为“提高人际知觉的客观性”,设立的一个阶段目标却是“建立一个作息时间表”,这就有点牛头不对马嘴。当然,判断是否在需要-差距线上,有赖于咨询师的理论和对改变机制的假设。第二个要求是阶段目标的难度要合适。每一阶段目标都要符合“跳一跳,够得着”的原则。太易则损失效率,太难则不达。各阶段目标间要构成递进的趋势,使前一阶段目标成为后一阶段目标的准备条件。

(4) 确定目标的成功指标。确定成功指标的要领前面已述,这里附带谈一下为阶段目标确定成功指标的一种做法。在问题和目标定义明确且阶段目标较少的时候,可以直接以成功指标代替阶段目标,只要双方对此有把握就行。许多行为矫正程序实际上都省去了阶段目标的表述。

(5) 把目标结构记录下来。所有工作做完后,还须以书面的或计算机数据的形式把目标结构记录下来。目标描述可以采用文字或列表的方式。

第四节　价值与价值干预

在心理咨询中,价值问题是一个不显山露水,却对咨询的理论和实践有深刻影响的东西。影响最直接的是心理困扰的判别标准和咨询目标的取舍。

一、心理咨询中价值问题的本质

心理咨询中价值问题的本质是价值干预问题。这个问题又可以具体化为以下一些问题:心理咨询应不应该进行价值干预?咨询师有权干预当事人的价值观吗?实际的心理咨询有没有价值干预?或者是否有可能避免价值影响?笔者把这些疑问归结为三个基本问题:(1) 价值干预的合法性;(2) 价值干预的必要性;(3) 价值干预的必然性。

(一) 价值干预的合法性

价值干预的合法性是指,我们对当事人进行价值干预是合伦理的吗?

价值的本质,是人的需要与其存在条件之间的关系。通俗地理解,价值其实就是:对于人来说,什么是好的,值得要的;什么是不好的,不值得追求的。现在假设,我是一位咨询师,我有一个价值观点:“人应有仁爱之心”,并且以这个价值来直接教导或间接诱导我的当事人,我这种价值干预是合伦理的吗?

质疑我的人会问我很多问题,其中关键的一个是:你凭什么证明,仁爱之心是好的?换句话说,你这个价值标准的依据何在?你凭什么断定你的标准是成立的?被问到这个地步,任何一个被质疑者都会感到难于回答。因为这实际上涉及价值标准的绝对性和相对性问题。从古至今,价值问题争论不休,其中一个重要原因就是很难找到一个价值的绝对标准(马斯洛,1987;奥尔波特,1977)。在历史上,从神的意志、人的良知、人的生物学等概念出发来建立绝对价值标准的种种努力,都没有成功。在当今文明中,只有相对的、约定俗成的价值标准和价值法则,没有绝对的价值标准和价值法则。

既然没有一个绝对的价值标准,那么我认为仁爱之心是好的显然是出于一个相对的价值标准,是一个我自己以及跟我有同样信念的人们所拥护的价值标准。我们没有办法证明它有普遍意义。因而我把我的信念"推销"给当事人，这种做法不能取得伦理上的合法性。

或许是意识到这个问题的严重性，心理咨询中一直就有所谓"价值中立"的原则，要求在咨询中避免干预当事人的价值观。美国咨询学会（American Counseling Association，ACA）的伦理守则开宗明义就表明尊重价值、尊严等的多样性，该《守则》的 A.5.b. 项明确提出，咨询师要避免把自己的价值观强加给当事人（ACA，1995）。事实上在美国社会里，"尊重多样性"本身倒是一项主流社会的价值观，这后面的逻辑就是多样性所涉及的事物都没有划一、无争议的标准。在没有绝对标准的地方把某个选择强加于人，就是违反伦理，亦是侵犯个人权利的。

（二）价值干预的必要性

在心理治疗中进行价值干预的必要性来自治疗本身的要求。简单地说，大多数心理治疗要取得疗效，就得有对当事人的价值干预（Samler，1960）。这点在心理治疗理论中已经有所暗示。先以以人为中心治疗理论为例：以人为中心理论认为，个体之所以产生心理失调，是因为在当事人童年或以后的社会化过程中，在其与环境的互动中，由于需要得到他人的积极关注，便违心地或者未经消化地吸收了大量来自环境和社会的价值观和评价标准。此后他便苛刻地、僵化地按照这些标准来评价自己、要求自己。其实这些价值或者他运用这些价值的方式可能是违反他的本性（实现趋向）的，但他为了顾全自己的自我形象，会以无意识的方式压抑本性要求。这种压抑和冲突到了不可解决的时候，就出现精神障碍。针对这种致病原因，以人为中心的治疗师透过给当事人提供一种安全、无威胁的关系气氛，帮助当事人在自我探索中自悟到是什么在自己心里扼制着自己，从而导致了心理障碍。罗杰斯曾提出两条衡量心理治疗效果的标准：一是自我中的"价值条件"减少；二是无条件的自我关注增加（参见江光荣，2000）。很清楚，以人为中心治疗的核心——从治疗的作用机制来讲——就是改变当事人原来的价值体系，以及自我评价的方式。再看另一个有名的治疗理论——理性-情绪-行为治疗（rational emotive behavior therapy，REBT），在说明心理障碍的发生机制上，REBT 重视当事人解释世界的方式，即那种绝对化、极端化地看待事情的方式。但是思维加工的方式和用以加工的"结构"（constructs）总是不可分开的。在 REBT，这些结构就是所谓"非理性信念"。从根本上说，非理性信念大多都是价值观，或者反映着价值观。这从艾利斯（Ellis & Bernard，1985）所列举美国人常见的 10 多条非理性信念可以很容易地看出来。在治疗上，REBT 所集中火力攻击的，正是这些非理性信念。"咨询师不仅要针对性地处理当事人特定的非逻辑思维，还应该向当事人表明，一般来说人容易跟从哪些主要的非理性信念，以及应该用哪些较为理性的人生哲理来取代它们"（Ellis，1958）。这明显是说的价值观改造问题。

从以上两个例证可以看出，心理治疗的共同作用机制之一，是改变当事人的价值观和人生观。其实在关于心理治疗过程的理论和研究中，有不少理论和见解都直接间接地支持上述结论。例如，不少研究者把治疗过程看成一种社会心理学的态度改变过程，或者说服的过程（Frank，1961；Strong，1968）。而在社会心理学的概念里，信念、态度和价值观三者有密不可分的联系，态度是在价值评价的基础上所产生的对待事物的积极或消极的意向，价值是比态度更深层的心理结构。改变态度实际也改变着价值观。

这样我们关于价值影响的必要性也有一个确定结论:心理咨询要发生效力,必得有价值干预。

(三)价值干预的必然性

没有完全排除了价值干预的心理咨询。正如柯里等(Corey,Corey,& Callanan,1998)所言:“即使你认识到把你自己的价值观加于当事人不合适或者不符伦理,你仍然会以某些微妙的方式影响他们赞同你的看法。”在笔者看来,当事人和咨询师两方面都有些倾向性的行为会导致价值影响。在当事人方面,即使他的咨询师非常小心地隐藏自己的看法,他也会主动寻找能够反映咨询师的价值观的蛛丝马迹。这是因为大多数当事人都恰恰缺乏自信和个人主见,同时又极希望与咨询师认同,或者取得咨询师的好感,这些动机因素会促成当事人主动寻求价值影响。在咨询师方面,即使是再好的训练和修养也不可能完全避免、“悬置”一个人的价值倾向。在会谈中咨询师总是会有意无意地表达自己的价值倾向。通常较为隐蔽的途径有:话题的选择,对什么显得高兴或者有兴趣、对什么没有兴趣,倾听的举动(如眼神、声调、姿势),等等。老实说,在实际会谈中,当事人几乎总是毫不费力就能够知道你赞同什么、不赞同什么。

这样,我们关于心理咨询中价值干预的三个基本的疑问都有答案了。但是把三个答案合在一起是一个令人困惑的结果:从干预的合法性来说,心理咨询无权干预当事人的价值取向;而从干预的必要性和必然性来说,价值干预是既有必要又必然的。还有一点也是明显的:心理咨询自身不可能解决这个困局。因为心理咨询的执业者和社会大众都把心理咨询定位为一种专业化的科学活动,而非如宗教、德育一般的价值活动。心理咨询自身不能提供一套普遍的、终极的价值,也没有别的权威授权或规定心理咨询执行一套既定的价值。

因此心理咨询中价值干预的问题只是:如何使价值干预有效、合法!

二、心理咨询实务中对价值问题的处理

分析西方(主要是美国)心理咨询实务中对价值问题的处理方式,可以从中归纳出若干公认和通行的原则:

1. 咨询师应该对自己的价值观有高度的自觉,对咨询中的价值问题有高度的敏感

由于价值干预是一个容易引起伦理上的问题的领域,故要求咨询师对价值问题的处理首先要有一种谨慎的态度。这种态度自然就会要求咨询师一方面对自己的价值观有自觉,知道自己对于一些基本的价值对象持有何种倾向。另一方面要对咨询中涉及的价值问题保持敏感,要能够迅速意识到在当事人的某个生活抉择后面,或者某个态度后面所蕴涵的价值冲突。只有知道自己的价值取向才有可能在面临价值问题的时候保持警觉,只有敏感于当事人面临的价值选择才会意识到自己的价值观可能对当事人产生什么样的影响。这一条是处理其余问题的前提。

2. 承认多元化价值取向存在的权利

但照布洛切的看法,这种承认不是漫无边际的。对于某些在当事人所属文化的主流中属于反社会或者边缘性的价值取向,咨询师应该保持警觉。布洛切提到一些在现代西方社会中仍有生命力(即有较多人遵从)的价值体系,共有 7 种:(1) 一神论的;(2) 道德

理性论的；(3) 道德绝对论的；(4) 功利主义的；(5) 道德自我论的；(6) 道德直觉论的；(7) 追求社会公正的(Blocher,1987)。尽管这些价值体系互相并不一致，但它们都是主流的价值，不能歧视对待。

3."我有我的，你有你的"

当涉及价值问题的时候，鼓励咨询师公开、清晰地和当事人讨论。同时不有意地以任何明白或隐晦、直接或间接的方式把自己的价值强加于当事人。让当事人享有选择和决定的自由。咨询师要明确地向当事人表明哪是咨询师个人的价值观、个人的看法和倾向，并表明当事人并没有义务要遵从咨询师。但这不意味着当咨询师发现当事人作出一个明显"不好的抉择"时不能有任何举动，那是不负责任的行为(Brace,1997)。在这时咨询师有责任与当事人讨论，向当事人指出其他替代性选择的可能性，然后把最后决策的权利留给当事人(当然当事人也得对自己的选择负责)。

4. 遵循一批有相对普遍意义的价值

布洛切提出以下一些咨询师须共同遵循的价值：(1) 尊重人的生命；(2) 尊重真理；(3) 尊重自由和自主；(4) 信守诺言和义务；(5) 关心弱者、无助者；(6) 关心人的成长和发展；(7) 关心不让他人遭到损害；(8) 关心人的尊严和平等；(9) 关心感恩和回报；(10) 关心人的自由。他认为，这一批价值在美国文化中有着普遍性，应该是咨询师在做价值判断时的向导(Blocher,1987)。

5. 小心地处理咨询师的价值观与当事人的价值观不一致的问题

当咨询师的价值观和当事人的价值观不一致，尤其是两者相反的时候，往往会产生对当事人的负面态度。如果咨询师没有敏感和自觉，就极易妨碍咨询关系。咨询师应该能够迅速察觉价值观差异，并且与当事人作公开的讨论。

三、原则：侧重功能干预，避免内容干预

通过分析上述处理价值问题的实践原则，读者可以从中看出美国咨询心理学在处理价值影响问题上的一个基本道理，即：侧重价值的功能性干预，避免内容上的干预(江光荣,2001)。笔者以为这是一个相当现实而又明智的处置，它在一定程度上化解了前面的分析中发现的困境：既有效地避免了直接干预当事人的价值选择权利，又满足了心理咨询中价值干预之必要性和必然性的要求。笔者认为，应该把这种做法确定为一个原则、一个指导性的方针，心理咨询中所有与价值有关的问题都应该依此方针来处理。

价值的功能干预是引导当事人把自我探索集中于个人选择与个人的需要之间的关系上，而不是由咨询师根据自己的价值判断来评判一个选择是否有价值，然后把自己的观点加诸当事人。例如，帮助当事人澄清其价值追求，让当事人意识到自己有什么样的价值观；帮助当事人明确自己的真实需要是什么；帮助当事人认识其价值观之间是否存在矛盾，认识价值选择和自己的需要之间是否存在矛盾或者不一致之处；让当事人领悟其价值观与行为和情感之间的矛盾及其后果，作出相应的改变，等等。在做这些工作时，尽可能避免价值说教(不向当事人宣讲人应该有什么样的价值追求)，也不对当事人的价值观做好坏、正误判断。可以引入别的价值观，比如表明咨询师自己的价值态度，但这种引入目的在于扩大当事人的视野，认识到多种价值选择的可能性，而不应存有直接地或暗示性地

迫使其接受某种价值的企图。

在咨询过程中,咨询师的注意力应该主要集中于心理机能的动力学问题,而不是把关心的焦点集中于诸如社会正义、抑恶扬善之类的事项上。毕竟,咨询师不是某种价值体系的卫道士,也不是社会改革者。咨询师也不应把主要注意力放在关心当事人是否是一个有道德的人,或者关心是否要让当事人通过咨询成为一个道德高尚的人,这是社会教化和德育工作的任务。心理咨询与德育(或思想政治教育)工作之间的一个关键区别,就在于对价值的处理不同。后者本质上是以一套既定的、统一的世界观(其核心是价值观)去塑造人的心灵(参见《中国教育百科全书》"德育"条,1991)。而心理咨询则:(1) 不以品德塑造为自己的基本目的;(2) 不指定任何既定的价值观;(3) 不从内容上干预当事人的价值取向。

思考·讨论·活动

1. 通过文献研究和本章的学习,进一步认识"机能"或者"心理机能"这个概念。您可以把您的探究聚焦在以下一个或多个问题上:(1) 在一个活的个体身上,心理机能指的是什么?(2) 从临床心理学的角度来看,心理机能可以分为哪几个方面?(3) 心理机能与环境的关系是怎样的?(4) 可以从心理机能的角度来定义心理健康吗?

请把您的认识写成一篇小论文,在班级或小组里交流。

2. 从生物-心理-社会-文化的综合视角,思考什么是"心理障碍"(以及其他大致等值的说法如"精神疾病"、"心理问题")。然后全班同学分成两组,以"心理障碍是病吗?"为题,进行一场辩论。正方立场是"心理障碍是病",反方立场是"心理障碍不是病"。(提醒,在正式辩论之前,须作较为充分的研究准备。)

3. 访问一位咨询师或治疗师,请他给您介绍一个个案的咨询/治疗目标(注意保密事项的处理)。请咨询师/治疗师介绍为什么及怎样确定了这个目标。把您的访问结果和您的思考带到小组里分享。

4. 在青少年咨询中,有时会遇到这样的情况,当事人还不具备对其人生选择负责的能力(比如,一位 14 岁的男生决定弃学),这时还要严格遵循功能干预的原则吗?请就此跟同学进行讨论。

第四章

咨询关系

在咨询师与当事人之间建立和维持一种坦率、信任的关系是咨询过程中头等重要的事情,是有效咨询的前提条件。有大量的、从不同角度进行的研究,证明咨询关系对于心理咨询的效果的重要作用。咨询关系是公认的心理治疗的共同因素之一,各个流派都格外重视它在改变过程中的价值。本章将讨论咨询关系的含义、咨询关系的治疗功能和机制、促进理想咨询关系形成的条件以及咨询关系的建立和维持。

第一节 咨询关系概述

一、什么是咨询关系

咨询关系也常称为"治疗关系",它是存在于需要心理帮助的人与能给予这种帮助的人之间的一种独特的人际关系,它有助于当事人的良性改变。

咨询师经常在两个不同的意义上使用"咨询关系"这个词。当咨询师接受一位特定的当事人,他可能会说:"我们确定了咨询关系"。这时所说的关系,其实是职业活动上的委托与受委托关系。同一位咨询师,在咨询进行了一段时间以后,还可能会说:"这个个案的治疗关系还没有建立起来。"这里说的治疗关系,才是前面定义所指的独特的人际关系,才是我们在这一章所讨论的主题。

咨询关系这个名称经常被另一些名称所替换。除了前述"治疗关系"外,还有"助长条件"、"核心条件"、"工作关系"、"工作同盟"、"治疗同盟"、"当事人-治疗师同盟"等叫法。这种名称上的不统一部分反映着认识上的不一致:学者们对咨询/治疗关系的内涵还没有达成共识。基本上存在两种情况:一种是持单一结构的观点,比如以"助长条件"为咨询关系,或以"工作同盟"为咨询关系;另一种是持复合结构的观点,比如柯蜜儿和纽瑞斯(Cormier & Nurius,2003)认为咨询关系包括三个方面:助长条件,移情和反移情,以及工作同盟;而乔叟和海叶斯(Gelso & Hayes,1998)则提出咨询关系包括工作同盟、移情和真实关系三个要素。目前,"咨询关系"或"治疗关系"已经变成一个比较松散然而又比较习用的名称。而在研究上,不同研究会对所研究的"关系"或关系成分作出具体界定。

治疗家真正认识到咨询关系的价值是20世纪50年代的事。在此之前,已经有一些治疗家自觉不自觉地在其治疗中认真对待关系因素。例如弗洛伊德(1922,1986)关于移情和反移情的陈述,兰克(O. Rank)的治疗和阿德勒(A. Adler)的治疗,甚至一些以学习理论为基本取向的治疗家也认为温暖、理解的咨询关系是学习过程顺利进行的基础和支持条件。这些思想对于后来罗杰斯对咨询关系的认识有或直接或间接的影响。

正式提出治疗关系对于心理治疗的决定性作用的是罗杰斯。罗杰斯在1957年发表了一篇在心理治疗历史上非常重要的文章,题为"治疗性人格改变的充分必要条件"(Rogers,1957)。在这篇文章中,罗杰斯提出,要使人格发生建设性的改变,须得具备六项条件。这六项条件中的核心部分,由其学生杜亚士和卡库夫等人整理归纳,总结为真诚一致、同感理解和积极关注等三项①,他们称之为"助人关系中核心的治疗成分"(Truax & Carkhuff,1967,p. 25)。嗣后,罗杰斯的弟子和一些后来者陆续对治疗关系进行概念化和测量的探索,并研究治疗关系与治疗效果之间的关系。例如巴雷特-林纳在1962年第一个编制了包括真诚、同感和积极关注三个维度的量表(Barrett-Lennard,1986);奥林斯基和霍华德结合实证研究与罗杰斯理论提出一个三维度的咨询关系模型:工作同盟、同感共鸣以及相互肯定(近似于罗杰斯的积极关注)(Orlinsky & Howard,1986);而波尔丁则进一步对此三维度模型作出修改,提出目标一致、任务一致和情感联结等三个维度(Bordin,1979;Elvins & Green,2008)。波尔丁的划分影响很大,直到今天还有大量研究是基于他的三维度模型进行的。

在另一方面,20世纪60年代以后,一些致力于寻找各种心理治疗中的"共同要素"的研究逐渐引起注意。这些方面研究的一个共同发现是,治疗者-当事人关系的质量是预测治疗效果的一个重要变量(Frank,1961;Frank,et al.,1978)。自此以后,循着这一途径研究心理治疗效果的工作经久不衰,而咨询关系(或名称不同的其他各种等价物)的作用也一再被证实。兰伯特和贝京在总结过去数十年对共同要素的研究发现时指出,当事人中心理论所指认的"充分必要条件"是受到最多研究的共同要素之一,各个流派都已承认这些条件对积极治疗效果的价值(Lambert & Bergin,1994)。

二、咨询关系的特征

(一)咨询关系的外部特点

1. 明确的目的性

咨访双方对为什么要结成咨询关系,结成这种关系的目的是什么,都是非常明确的。双方都认识到,当事人因存在心理困扰而来;咨询师是能够并且愿意提供帮助,以解除当事人心理困扰的人;结成这种关系是为了帮助当事人解除困扰,除此而外,不存在别的目的。由于有这样一个双方事前心照不宣的约定,就使得咨询师事先就处于一种易于被当事人接受的有利地位。换句话说,当事人事先就有了一种对咨询师的积极的态度和情感准备。他为寻找一个可以诉说痛苦,助其解决困扰的专业人员而来,而咨询师在他心目中就是这个人。这对于进一步发展情感联系,对于保证这种关系的纯洁性是一个有利条件。

① 关于这些"关系要件"的归纳和表述,在不同的作者中略有区别。其中"真诚"和"同感理解"比较一致,"积极关注"的含义则有不少不同的表达,如"尊重"、"温暖"、"安全"、"接纳",等等。

2. 非强制性

很明显,咨询关系的建立、维持和发展以双方共同愿意为前提。不可能迫使人自愿帮助人,也不可能迫使人自愿接受帮助。双方中的任何一方都有完全的自由在任何时候中断或解除这种关系。这一特点会在当事人心里诱发两个重要的反应:(1) 强化“我是有心理困扰的”这一认识,进而强化求助动机。根据社会心理学家贝姆的“自我知觉理论”(Bem & McConnell,1970),人通过观察自己做什么来推断自己的态度和内在状态。个人愈是有选择行动的自由,就愈会把所选择的行动看做发自自己内在要求的。那么,在咨询关系中,当事人内心有这样的推断:我既是自愿来求助的,那么我一定是有需要帮助的问题的。(2) 强化当事人的自主感,使他感受到“毕竟我是一个能支配自己的人”。而这种自主感正是有效的治疗要素之一,也是多数治疗所追求的一个重要目标。

非强制性这一特点还提示一件很重要的事,即当事人应有求助动机。有无心理困扰是一回事,有了困扰是否意识到了又是一回事,意识到困扰后是否愿意寻求帮助则是第三回事。只有意识到困扰又希望得到别人帮助的当事人才是合适的咨询对象(参见第二章)。许多咨询收效甚微,原因就在当事人没有真正想要通过咨询改善自己的愿望。

3. 职业性

尽管所有作者都强调咨询关系中个人卷入和承诺的重要性,但咨询关系还是一种职业关系。咨询关系的职业性并非一定起消极作用,它也有一定积极之处。当事人和咨询师是在特定的时间、特定的地点为着特定的目的发生职业服务性质的联系,除此之外,双方不再有别的瓜葛。在双方预期中没有长远的利益、情感联系,不用担心对方日后会利用这种联系对自己进行控制,造成威胁。再加上咨询的保密性原则,就使得双方比较能够敞开心扉,无顾忌地投入关系之中。

4. 人为性

由于咨询关系具有至关重要的治疗功能,所以咨询师在整个咨询进程中会始终对咨询关系予以特别的关注。可以说,咨询关系是被有意识地建立、发展、维持和利用的。这使得咨询关系有浓厚的人工色彩。这使它与日常生活中自发形成的其他人际关系如同学、同事、朋友、夫妻关系形成鲜明对照。由于这种人为性,使得关系始终保持明确的目的、方向,具备治疗功能,因而关系成了影响改变的有效载体,能够承载其他改变要素(如策略、技术)的运作。而且,它省去了日常社交中的许多虚应成分,始终集中于要解决的问题,因此有较高效率。

(二) 咨询关系的内在特点

通过有意识的操作而精心发展起来的咨询关系具有以下一些内在特点:信任、理解、真诚、关怀和爱护、喜爱、尊重、宽容和接受、诚实、承诺感(commitment)和可靠性,等等。这些成分彼此混合在一起,很难分离开,共同构成一种微妙的、难以形容的关系氛围。弗兰克曾以“契合”一词形容之。不同作者对咨询关系特性的描述不尽相同。例如,戈尔德斯坦等认为,咨询关系的三个基本成分是喜爱、尊重和信任(Goldstein & Higginbotham,1991);而布拉默等则提出咨询关系可以从四个维度进行描述:独特-一般维度,情感-理智维度,模糊-清晰维度,以及信任-不信任维度(Brammer & MacDonald,2003)。波尔丁认为咨询关系(他称为工作同盟)包括三个要素:目标一致,任务协同,情感联结(Bordin,

1979)。依本书作者的观点,以下几点是良好咨询关系最主要的内在特点:

1. 信任和理解

信任和理解可能是良好的咨询关系最重要最突出的特点。再进一步作区分的话,信任可能更多涉及当事人对咨询师的态度,而理解则更多涉及咨询师对当事人的态度。信任和理解可以相互促进,咨询师的理解导致当事人的被理解感,被理解感又能促进信任。在理解和信任的气氛下,双方能够作到坦诚相待,把自己无顾虑地交托给对方,从而增进自我探索。同时,信任加强了咨询师的指导、解释的分量,降低了当事人的抗拒性。

2. 情感联系

良好的咨询关系中存在较深厚的情感成分。两种经常被提及的情感是喜爱和温暖。虽然这种情感可以是双向的,但多数时候喜爱主要是指当事人对咨询师的喜爱,而温暖则主要是咨询师对当事人的一种感受。情感联系的另一个含义是指咨询关系中的情感交流。在咨询中,咨询师总是设法创造一种能够自由表达情感的气氛,促使当事人充分地表达情感,同时也用一颗"感受情感的心"去体验对方的感受。当然,咨询关系也不是纯粹的情感关系,理智也是一个重要的方面,这正是布拉默把情感-理智看成一个维度的原因。但无论怎么说,情感联系是心理咨询这种职业关系的一大特点。

3. 工作取向

具治疗功能的咨询关系应该是工作取向的。工作取向是指这样一种共识:咨询师和当事人双方在一起是合作做一件工作——帮助当事人克服困难。工作取向意味着双方对于治疗目标有一致的认可,对于达到目标要完成的任务有共识,并在会谈的过程中自觉地把焦点集中于治疗事务。工作取向中的"工作"一词不可理解为单纯的理性讨论或事务性、程序性的事项,它泛指为促进当事人改变所需要做的任何事情,包括对双方关系中出现的情感事件(如移情或反移情)的处理。

4. 承诺感

良好咨询关系的另一特点是咨访双方彼此都愿意对治疗目标作出承诺,愿意为之付出心血和努力。承诺是指一种自愿的责任承担,意味着单方面(即不以对方是否作出相应努力为前提)的主动、积极、努力,以及——如果需要的话——自我牺牲。在具承诺感(commitment)的关系中,咨访双方就像一条船上的两个划手,同心协力,互相支援,共同前进。

与外部特点不同的是,内部特点并非一开始就存在,而是逐渐发展出来的。外部特点为内部特点的发展准备了一些条件,但仅有外部特点并不足以保证内部特点一定出现。要发展出良好的咨询关系,有赖于许多因素和条件,但其中的关键因素,乃是咨询师自己。

三、咨询关系的意义和作用

咨询关系对于治疗改变有两方面的意义:其一,咨询关系本身即有治疗作用;其二,咨询关系是其他改变因素的载体和支持物。

(一)咨询关系有治疗作用

良好的咨询关系能诱发当事人多方面的积极反应,其中一些反应本身就构成了改善。

1. 积极的情绪体验

咨询师的宽容、接纳、非评价和理解的态度有助于当事人自由地表达和探索情绪。我们知道,无论什么情绪,表达出来都有一种疏泄作用,使人感到如释重负。而在当事人的实际生活中,他的情绪往往是受抑制的,周围的人要么不理会,要么不接受,要么不理解。这种情况会加重他的挫折感和敌意。在咨询中常见到这样的情况,当事人在尽情地倾诉之后,尽管咨询师什么指导、解释都没做,他都感到好受多了,并产生一种对咨询师的感激、信赖之情。

2. 提高自尊心

在良好的关系气氛下,当事人对自己的看法变得更积极了。咨询师接受当事人的"毛病"的态度使他感到自己并非一无是处。在提高自尊心的基础上又会进一步增加"我能变好"的信心。这两者又可能促进更多的积极情绪感受。

3. 提高自我效能

咨询师对待当事人的信任、鼓励,以及相信当事人一定能改变的信念,会感染当事人,提高他的自我效能。经验表明,生活中重要的人的评价性态度会深深地影响一个人的自我效能(Liberman,1978)。作为当事人生活中的重要人物,咨询师所表现出的对当事人的信心、鼓励,在当事人失败后的安慰并协助当事人对失败进行合理归因,都是恢复或提高当事人自我效能的重要原因。

(二)咨询关系是其他改变因素的载体

在咨询过程中,协助当事人对自己以及自己的困难产生更好的了解,确定咨询目标并寻找实现目标的方案,给予解释和指导,都以一定的咨询关系为背景。这些治疗程序能否起作用,在很大程度上取决于双方的情感关系。我们的日常经验和大量的实验研究一致表明,当两个人之间存在信任、好感时,对对方的看法、观点更容易接受,对对方的要求更容易依从,防御性、批判性会降低。这正应了中国的一句格言:"亲其师,信其道"。因此,良好的咨询关系就好比吞下苦药后喝的甜水,它促进了改变因子的传递,使咨询师对当事人作的解释、指导更易于被他接受,被他理解和消化(Strong,1968)。经典精神分析学派极看重移情的作用,其中重要的道理就在这里。另外,在良好的关系中,当事人会试图"取悦"咨询师,无意识地希望保持、增加咨询师对他的好感。他的手段之一就是相信咨询师,接受咨询师的指点,服从咨询师的要求,向咨询师认同。所以在这个意义上,可以说咨询关系是一条高效率的传送带,它给其他改变因素提供了强有力的动力支持。

四、咨询关系的作用机制

根据江光荣的归纳,有关咨询关系的作用机制的理论假设主要有三个来源:第一是以人为中心理论;第二是社会影响理论;第三是心理动力理论(江光荣,2003)。

(一)以人为中心理论

按照以人为中心理论,咨询关系的作用主要在于它促进了当事人的自我探索,进而促进了当事人的一致性(congruence)。一致性是指当事人的感受和体验、这些感受和体验在意识中的表征,以及当事人对它们的表达这三者之间的一致程度。在罗杰斯的概念体系里,心理治疗的基本目标可以说是促进当事人由不一致向一致转化。罗杰斯设想,当咨询师具备同感理解、真诚一致,以及对当事人的积极关注这样一些基本特质时,可以有效地降低当事人的防卫性，从而使得当事人的感受和体验可以无障碍地进入意识，且可以把意识中的东西真实地表达出来（Rogers，1959）。在罗杰斯看来，要促进当事人的一致性，上述途径是唯一的，故他视咨询关系为有效心理治疗的充分必要条件。

（二）社会影响理论

社会影响理论本是社会心理学中关于人际影响的条件和过程的理论。大致来说，以社会影响观点看待心理治疗作用机制的学者把心理治疗看成一个说服和态度改变的过程（Heppner & Frazier，1992）。以此观点来看待心理治疗始于弗兰克（Frank，1961），由其他一些学者继承下来。以此观点来看心理治疗过程，注意力自然集中于治疗过程中导致态度改变的那些因素。咨询关系被看成这些因素之一。持此观点的研究者提出了不同的理论来解释咨询关系在造成当事人态度改变过程中的作用。其中有两个理论模型比较引人注意：

第一个理论模型是斯特朗提出的两阶段治疗模型（Strong，1968）。在治疗的第一阶段，咨询师要设法使自己在当事人心中成为一个有影响力的动因，即显得富有专业技能、有个人魅力、值得信任、关心当事人，等等。在第一阶段工作的基础上，治疗进入第二阶段，这一阶段主要是咨询师利用自己作为一个有力的影响源，来造成当事人态度、信念和行为的改变。显然，第一阶段所强调的就是咨询关系。按照这个模型，咨询关系的作用机制在于，它通过增强咨询师的可信性，降低当事人对于咨询师的防御程度，由此造成态度改变。咨询关系本身并不直接影响当事人的态度，而是促进影响性信息由咨询师向当事人的传递，以及促进当事人对信息的接受和吸收。

第二个理论模型是“精密可能性模型”（elaboration likelihood model，ELM），由蓓提和凯西普（Petty & Cacioppo，1986）提出。它认为，由说服导致态度改变可以有两条路线：核心路线和边缘路线。这个理论把影响态度改变的各种因素分为核心因素和边缘因素两类，说服者的专业性和吸引力等，属于边缘因素；而说服性信息本身的一些特征如重要性、合理性或说服力等，是核心因素。在说服过程中，这两类因素可能都起作用，但作用的相对大小会视情况的不同而不同。到底主要由哪条路线引起态度改变，要视说服信息、当事人的动机和当事人对信息的加工能力三者的相互作用情况而定。如果缺乏动机或加工能力，态度改变可能主要受边缘因素的影响。如果一个人面对一个有重要个人意义的事件，并且他有加工说服性信息的能力（动机和能力），这个人可能就会认真思考说服性信息本身。而说服性信息又证据充分、具有说服力的话，当事人就极可能按说服性信息引导的方向发生改变。此种态度改变就是核心路线的改变。研究表明，核心路线所造成的改变较边缘路线所造成者持续的时间长，且较为稳定。显然，按这个理论模型，心理治疗中的关系因素属于边缘因素。

（三）心理动力理论

当代心理动力理论有关治疗关系作用机制的观点主要源于客体关系理论。其中依恋理论提供了基本理论框架。从这个框架理解咨询关系又存在两个不同的角度，二者分别从依恋理论中找到一个核心概念，并以此来解释咨询关系及其作用。第一个角度是把当事人的依恋模式跟当事人-治疗者之间的移情关系联系起来（Mallinckrodt，Gantt，& Coble，1995）。依恋理论认为，婴儿跟母亲（或照料者）之间早期的互动经验会逐渐演变为一种工作模型(Bowlby,1988),这种无意识的工作模型包含着孩子对自己和他人,以及对自己与他人关系的知觉方式和反应倾向。麦林罗等认为:“移情是当事人对治疗者和咨询关系的错误知觉,它导因于当事人使用其久已形成的对自己和他人的工作模型来处理新的抚育(治疗)性依恋中的模糊情况,并预测新的依恋(治疗)对象的动机和行为”(Mallinckrodt,Gantt,& Coble,1995)。简单地说,移情关系可以看做当事人早期依恋关系的投射。既然移情关系是早期依恋关系的再现,那么,在治疗中借助对移情关系的分析,就有可能帮助当事人领悟现在的感受和体验跟早期依恋经验之间的联系,从而了解自己心理问题的来源。

另一个从依恋理论来看待咨询关系的角度,是认为咨询关系提供了当事人依恋需要的满足(D'Elia,2001)。依恋理论认为,依恋是一种有着生物学根源的需要,其本质是与一个更强大、更有能力的对象(对于婴儿,这个对象往往是其母亲)建立联系,以获得照顾和保护。依恋总是伴随着强烈的情绪感受。当依恋对象在场时婴儿会有舒适、放松和安全的感受,在这种情境下儿童会作出更冒险、更勇敢的探索。鲍尔比曾把儿童跟依恋对象之间的纽带关系比喻为远征队和基地的关系(Bowlby,1988)。纽带越牢靠,远征队就越能远离基地。这一角度把治疗者看成一个随时能够给当事人提供(心理上的)安全保障的依恋对象,把咨询关系看成一种特殊的依恋关系。

概言之,心理动力理论认为咨询关系的作用在于:⑴移情性的咨询师-当事人关系使得当事人早期的依恋情况及当事人的内部工作模型得以在治疗中显现,从而为分析治疗提供依据并指示方向;⑵咨询关系中的依恋成分为当事人提供安全感的体验,增进其对治疗者的信赖,并由此引起或促进不同方面的改变。

五、咨询关系的发展

在咨询和治疗过程中,没有一个专门用来发展咨询关系的阶段。咨询关系的建立、维持和发展是在收集资料、探索问题、说明和指导等活动中同时实现的。这又分为两种途径:其一,咨询师在处理各阶段的基本事项(如收集资料)时,在反应方式上运用各种技巧(如情感反映、即时性等),这些反应向当事人传递着咨询师的接纳、关怀、理解和尊重等态度信息,从而潜移默化地影响当事人产生信任、感激和好感,在此基础上发展出良好关系。其二,在会谈中,有时会直接涉及双方关系,直接就关系问题进行讨论和交流。例如在会谈开始时的结构化工作中,涉及对咨询关系的一些设置;在随后的咨询进程中,随着咨询关系的发展,会出现一些关系方面的事项,如当事人对咨询师的移情、不满、抗拒或敌意,等等,也会根据治疗的需要进行相应的处理。从互动总量看,前一种途径为主,后一种为辅。当然不同理论取向的咨询又有差别。

反过来说,各阶段的互动内容和方式又要参考已经达到的关系水平,要考虑现有关系能否提供相应的支持。例如,在会谈一开始咨询师一方就过深地涉及情感内容,或立刻探查很隐秘的事实,很可能就是不妥的。在关系初期和关系成熟后,咨询师的反应方式应该有所不同。一般说,在初期多应用一些倾听技巧,在后期可增加影响性技巧的比例。但总的说来,倾向于以人为中心的咨询师更多运用倾听反应,而行为取向的咨询师运用影响技巧多一些。

从整个咨询过程看,关系的建立、发展相对集中于咨询的前几个阶段,即在探讨感应、收集资料和明确问题、确定目标等阶段。在后面的治疗行动、评估、结束等阶段,则重点在于关系的维护、巩固和深化,移情处理,以及终结等工作。

第二节　工作同盟

一、工作同盟的概念

工作同盟(working alliance)又作“治疗同盟”(therapeutic alliance),是一个集中体现当事人-咨询师关系的概念。它开始是来自心理动力学体系①,20 世纪 70 年代以后,卢勃斯基(Luborsky,1976)和波尔丁(Bordin,1979)等人或放宽视野,或从跨理论的立场出发,将其发展为一个泛理论的概念(Horvath & Bedi,2002)。所以工作同盟现在已经是心理咨询与治疗领域的一个基础概念。按照波尔丁的观点,它是咨询关系的核心成分。波尔丁在工作同盟的概念化方面作出了特别的贡献。他系统地分析了各个治疗理论(包括心理动力理论、以人为中心理论、行为治疗和认知治疗,等等)有关治疗关系的看法,提出工作同盟的核心是当事人和咨询师之间的合作,并从理论上构想出工作同盟的结构成分(Bordin,1979;1994)。波尔丁的工作为后来关于工作同盟的大部分研究奠定了基础。

虽然对工作同盟的内涵和结构等方面的研究,还没有达成一致的共识(Elvins & Green,2008),但目前已经可以对工作同盟概念给出一个操作性的定义。它是指“心理治疗中当事人和治疗师之间合作关系的性质和强度”(Horvath & Bedi,2002)。这个定义把工作同盟的性质界定为“合作”,它意味着心理咨询与治疗是咨询师和当事人共同进行的一项工作,需要双方同心协力一起来完成,所以波尔丁之后,大家比较多用“工作同盟”这个名称,其他原本等价的名称慢慢就较少被使用了。

波尔丁对工作同盟的结构提出了一个理论分析,认为它包括三种成分:目标一致,指双方对治疗所要追求的目标有共识;任务一致,指双方对于达成目标所要完成的工作任务有共识;以及情感联结,指当事人和咨询师之间以喜爱、信任为主要成分的情感关系(Bordin,1979)。波尔丁这个三维结构模型是迄今影响最大的一个模型,但并不是唯一的一个。在工作同盟概念发展的历史上,一直存在一个二维结构的观点。早在 20 世纪 60 年代,精神分析家格林森(Greenson,1965)就指出治疗关系中存在两种成分,他分别称为“工作同盟”和“治疗同盟”②,前者指当事人顺从地投入分析的能力,后者指咨询师和当事人发展一种个人联结的能力。卢勃斯基(Luborsky,1976)提出“甲型同盟”和“乙型同盟”的说法。甲型同盟大致是指当事人信任咨询师有能力并且愿意提供治疗;乙型同盟大致是指当事人愿意投入治疗过程之中,去追求治疗的目标。而在 20 世纪 90 年代,更有人基于对实证资料的分析,提出一个两维的工作同盟结构(Hougaard,1994;转引自 Elvins &

① 弗洛伊德在谈到当事人何以能够面对分析的冲击而坚持下来时,提到当事人为了康复而愿意与治疗师合作,以及移情作用这两种力量(Freud,1922)。这被看成工作同盟概念的起源。

② 注意这两个术语跟今天的同一术语不是一个意思。

Green,2008)。两个维度分别是“个人同盟”(personal alliance)——指咨询师和当事人之间的个人关系,和“任务相关的同盟”(task related alliance)——指跟治疗任务关系密切的方面。这几个二维的模型虽然表述不同,但两个维度的大致内容却差不多,用通俗的话来说即是“人情维度”和“事情维度”:前者较多涉及咨访双方的个人关系、情感;后者较多涉及咨询中的工作任务。我们可以再进一步把这个二维模型跟波尔丁的结构比较,会发现其实二者是相当一致的:人情维度相当于波尔丁的情感联结,而事情维度则是波尔丁的目标和任务两个维度的合二为一。近些年中,许多研究者投入对工作同盟的结构的探索之中,但还没有得到一个统一的结果(Elvins & Green,2008)。最近国内也有学者开始探索工作同盟在中国咨询情境中的结构(Jiang & Zhu,2010),初步发现有三种成分,分别命名为“情感联结”、“工作取向”和“承诺”。

虽然在概念发展的历史上,工作同盟与移情概念有密切关系,而且工作同盟中有一个成分涉及当事人和咨询师之间的情感,但目前学者们一致同意,工作同盟与移情是不同的关系成分。可以从三个方面来说明二者的区别:首先,工作同盟是基于现实的,而移情不是基于现实的。工作同盟中的情感,是基于双方在咨询过程中的实际态度和行为而产生的;而移情(包括反移情)的情感,只是表面上跟对方有关,实际上是来自移情一方未解决的“情结”,是其过去情感的再现。其次,工作同盟涉及的心理成分都是意识层面的,是可以清晰地在意识中表征的;而移情的心理成分,既有意识层面的,也有无意识层面的。第三,工作同盟已经被认做所有咨询和治疗的一个共同要素,它是“跨理论”的;而移情通常被认为主要是心理分析学派的概念①。

工作同盟与下一节要讨论的助长条件也有区别。因为助长条件主要来自以人为中心理论,所以这里的讨论须提及罗杰斯和以人为中心理论。在工作同盟概念的发展过程中,罗杰斯有关咨询关系的理论有着重要的影响(Bordin,1994;Elvins & Green,2008;Horvath & Bedi,2002)。工作同盟中情感联结这一关键成分,明显带有以人为中心理论的烙印。尽管如此,工作同盟还是跟助长条件有所不同。也可以从三个方面来看它们的区别:(1)助长条件是以咨询师在关系中的态度和行为来描述的,它们主要涉及咨询师一方,不涉及当事人(Gelso & Carter,1994);而工作同盟是一个关系概念,涉及咨询师和当事人双方。(2)一般认为,助长条件跟工作同盟具有功能关系:良好的助长条件是发展出积极的工作同盟的必要前提(Horvath & Luborsky,1993)。(3)一般认为,助长条件主要跟工作同盟中的情感联结维度关系密切,而跟目标和任务维度的关系没有那么密切。

二、工作同盟的作用

(一)工作同盟与治疗效果之间的关系

有关工作同盟跟治疗效果之间关系的研究由来已久。最早开展这种研究的是以人为中心学派的罗杰斯和其同事,他们在20世纪五六十年代之交就罗杰斯所提出的人格改变的条件——即同感、积极关注和真诚一致等——是否能够导致积极的治疗效果,在不同的治疗对象(包括普通门诊当事人和精神病院住院病人)中进行了实验研究,发现这些条件

---

① 也有学者认为移情也是跨理论的(Gelso & Carter,1994),但这个观点并未被普遍接受。

跟治疗改变之间存在肯定的关联(Rogers,Gendlin,Kiesler,& Truax,1967)。嗣后这类研究陆续增加,20 世纪 90 年代以来,增加的速度更加迅速。1991 年霍维斯和西蒙茨对截至当时研究者所做的工作同盟-治疗效果关系研究进行元分析,符合入选标准的研究是 24 个(Horvath & Symonds,1991)。而在 2000 年马丁等做第二次元分析时,符合入选标准的研究已经达到 79 个,不到 10 年间增加了两倍还多(Martin,Garske,& Davis,2000)。

这些研究得到的结果非常一致:工作同盟与治疗效果之间存在确定的正相关。综合不同研究得到的结果,学者们估计工作同盟对治疗效果的平均效应值约在 0.22 ~ 0.29 之间①,如果工作同盟是取自当事人的观测值,以及在咨询早期阶段的观测值,则效果量还要大一些(Horvath,2005)。另外,元分析结果表明,工作同盟与效果间这种正向关系十分确定,不受其他变量,如治疗理论取向、测量方法、评分者、评分时间点等的影响(Martin,Garske,& Davis,2000)。可能有读者会问,照上述效果值折算,咨询效果被工作同盟解释的方差还不足 10%,这并不算高。但霍维茨解释说,鉴于此前研究结果中,全部治疗处理所解释的效果量仅为 0.39(Smith & Glass,1977),再加上考虑到心理治疗中的有效成分并不是独立起作用,可能超过一半的心理治疗效果都跟工作同盟有关(Horvath,2001)。

(二)工作同盟的作用机制

工作同盟到底是如何导致积极的治疗改变的呢?这个问题也是当前此领域的研究者最为关注的问题。总体情况是,已经有学者提出一些假说,但主张并不一致,基于各种假说的验证性研究还非常缺乏。

乔叟和卡特对咨询关系作用机制的理论假说作了一个较系统的梳理(Gelso & Carter,1985)。他们提出一个咨询关系的三维度分析框架,从这个框架来了解各种咨询理论有关咨询关系的观点。三个维度分别是:核心-非核心维度(把咨询关系和“关系工作”看做治疗的核心还是非核心)、现实-非现实维度(重视关系中的“现实”成分还是“非现实”成分),以及手段-目的维度(把关系的发展看做治疗的手段还是目的)。根据这个框架,他们分析了影响最大的三种心理咨询理论——心理分析理论、人本主义理论和学习理论——各自有关咨询关系的观点,得到表 4-1(Gelso & Carter,1985,p.233)的内容:

表 4-1 咨询关系的三维度分析框架

	咨询关系		
	核心性(高-低)	现实-非现实	手段-目的
心理分析	高	非现实	手段
人本主义	高	现实	目的
学习理论	低	现实	手段

按照乔叟的这个分析框架,必然得到一个推论:不同治疗理论取向的咨询关系,其特点是不一样的。人本的、心理动力的以及行为和认知行为取向的治疗,其治疗关系各不同。再进一步推论,自然就会得到以下看法:不存在一个统一的、跨理论的关系作用机制。

① 指相关系数。

所以,在这篇分析文章的最后,乔叟回到一个有名的说法,咨询关系的作用问题应该这样问:“是哪一类咨询师,在哪个理论体系框架中,以及在何种咨询设置下,针对哪个当事人的咨询?在此特定咨询关系中,何种成分是最重要的?”(Gelso & Carter,1985,p.235)

读者须注意,乔叟的这个观察以及上述推论,还没有得到普遍认可。它也许只是部分正确,因为它和两个公认的发现有抵触:(1)各种治疗理论的疗效相差无几;(2)咨询关系是一种跨理论的共同要素。但无论如何,乔叟的看法对咨询的研究,也许还包括实务,还是有启发的。

由于工作同盟是咨询关系的一部分,所以前节介绍的咨询关系作用机制的理论假说也适用于工作同盟的作用机制。这几种理论观点更接近于从关键点上解释工作同盟的作用机制,所以更值得认真对待。

第三节 助长条件

一些学者以咨询师的态度和行为来定义咨询关系。其中缘由可能有二:一是我们无法选择或要求当事人,但是我们可以选择或要求咨询师;二是我们需要知道咨询师要有什么特质,咨询师如何作出反应,才能发展出具有治疗功能的咨询关系。本节我们将集中介绍和讨论咨询师与咨询关系直接相关的态度和行为变量。

罗杰斯于1957年发表《治疗性人格改变的充分必要条件》,文中列举了六个条件。后来的研究者在罗杰斯的基础上又作了新的归纳,如前面提到的杜亚士和卡库夫的概括,另外的研究者又提出另一些条件。其中若干研究者的看法见表4-2。这些研究者所用的名称并不统一,有的叫“助长条件”(facilitative conditions)①,有的叫“帮助者特点”。其实它们都是指咨询师在咨询关系中的个人特点和行为特点。

表4-2 不同理论家强调的助长条件

理论家	助长条件
罗杰斯 (Rogers,1989)	1. 无条件的积极关注 2. 真诚和一致 3. 同感
卡库夫和巴韧生 (Carkhuff & Berenson,1967)	1. 同感 2. 尊重和积极关注 3. 真诚 4. 具体性
斯特朗 (Strong,1968)	1. 享有诚实的声誉 2. 有一个受信任的社会角色(如医生、治疗家等) 3. 表现出真诚和坦率 4. 没有迹象显示助人主要是为了个人获益

① 以人为中心理论认为咨询师的功能是协助当事人成长,故译为“助长条件”。

续表

理论家	助长条件
伊甘 (Egan,1990)	1. 实用主义 2. 专业能力 3. 尊重 4. 真诚 5. 尊重和促进当事人自我负责
布拉默 (Brammer & MacDonald,2003)	1. 同感 2. 温情和关切 3. 开放,坦诚 4. 积极关注和尊重 5. 明确具体 6. 交流的能力 7. 有主见(intentionality)
艾维和艾维 (Ivey & Ivey,2007)	同感及其统辖下的: 1. 积极关注 2. 尊重和温情 3. 具体性 4. 即时性 5. 非评价态度 6. 真诚和一致

本书作者倾向于用罗杰斯的说法,叫"助长条件"。在经典的以人为中心体系中,助长条件主要指同感、积极关注和真诚三项。

一、同感

(一)同感的含义

同感(empathy)有时又称为同感理解(empathical understanding)。这个词的中译很麻烦,没有一个与之完全对应的中文词。在我国大陆、台湾和香港,对 empathy 有好几种译法,如"共情"、"同理心"、"同感"、"同情"、"移情"等。本书的第 1 版曾译为"共感",现在使用香港中文大学林孟平教授的译法,称为"同感"。"同感"一词,最早由德国美学家费舍(R. Vischer)作为一个美学概念提出来,其德语原文为 Einfühlung,指人在审美活动中无意识地将自己的主观情感倾注在对象上面,从而使对象具有了情感和美的色彩。早期的德国心理学家曾使用 Einfühlung 这个概念,后来铁钦纳(E. B. Titchener)将这一概念带入美国心理学,并英译做"empathy"。中国美学界将 Einfühlung 译做"移情"。值得指出的是,在心理学中将 empathy 译为"移情"显然不妥,因为人们已接受了把弗洛伊德理论中的"transference"译做"移情",再把 empathy 也译成"移情"会造成混淆。

在心理咨询中使用 empathy 概念始自罗杰斯,但自从罗杰斯用其概括咨询师交流中的一种活动特点后,empathy 的含义已发生了一些变化。

按照罗杰斯的看法,同感就是咨询师体认当事人内部世界的态度和能力:“感受当事人的私人世界,就好像那是你自己的世界一样,但又绝未失去‘好像’这一品质——这就是同感……感受当事人的愤怒、害怕或烦乱,就像那是你的愤怒、害怕和烦乱一样,然而并无你自己的愤怒、害怕或烦乱卷入其中,这就是我们想要描述的情形”(Rogers,1989a,p. 226)。用我们的话说,同感就是咨询师设身处地地去体会当事人的内心感受,达到对当事人内心世界的心领神会。同感包含着“换位”的意思,是咨询师用当事人的心情去感受,用当事人的眼睛看世界。有两个中文词:“设身处地”和“感同身受”,两者合在一起,就很好地表达了同感的要义。

杜亚士和卡库夫对同感理解有一个很好的形容。他们说,当我们对当事人的意愿和需要,对当事人的成功和失败……了解得非常真切的时候,我们就进入一种状态,一种跟当事人声气相通的状态。就好像读一本小说时,我们进入小说主人公的世界,跟他“活在一起”(Truax & Carkhuff,1967,p. 42)。在同感理解之中,我们也是跟当事人“活在一起”,我们进入当事人的内部参考系,用当事人的眼光、角度、心情来生活,从而能够体验到不断流过当事人心头的感受、情绪和想法。譬如对于当事人生活中的某个人,比如他父亲,我们不再是从一个治疗师的角度,较为“客观地”去看这个父亲,而是以当事人的眼光去看,看到的是父亲在当事人心目中的样子:威严的,骄横的,令人害怕的;以当事人的心胸去体会,体会到的是面对父亲时当事人的体验:畏惧、想要反抗又不敢反抗。在同感状态中,我们有时真的有跟当事人“同一化”的感觉,就像某首歌写的:悲伤着你的悲伤,幸福着你的幸福……然后,把我们感受到的当事人的感受再传达给当事人,这就是同感。

同感和真诚以及尊重有密切的关系。严格地说,这三者并不是完全独立,可以分开的①。三者之间的关系,是互为条件或者互为手段。从态度来说,三者的基础首先是真诚。只有当咨询师是发自内心而出,他的关怀和尊重、他的同感表达,才能够在当事人心中被如实地感知为尊重和理解,而不会被感知为虚伪或引起不安。所以罗杰斯在谈到这些核心治疗条件时,总是首先强调咨询师的真诚一致。真诚首先支持的是尊重或积极关注,而尊重或积极关注又是同感理解的基础。咨询师要作到准确的同感理解,需要他真正对当事人“感兴趣”,对当事人这个“人”感到关切,把他当做一个活生生的、对于自己有着个人意义的人,而不是一个无关紧要的服务对象,才有可能真正进入当事人的世界,跟当事人“同一化”。但反过来看,真诚和尊重又依赖着同感理解。当我们处在同感状态中的时候,我们进入了一种“半忘我”的境界,这时候我们那些习惯了的防御会暂时离开我们,我们就比较容易作到真诚。而当我们进入当事人的世界,对当事人了解得真切的时候,我们就会油然地对这个人产生同在、温情、尊重的感觉,而不是矫揉造作,更不会以日常习惯了的评价性态度跟当事人相处,一边交谈一边在心里说着“烦人”、“真没用”、“怎么这么笨”,等等。

(二)同感理解的水平

同感可以有不同的深度,其反应可以有不同的水平。

---

① 布拉特等以因素分析方法,发现罗杰斯的助长条件相互之间并不独立,而是共同构成一个因子(Blatt,Zuroff, Quinlan,& Pilkonis,1996)。

伊甘曾把同感分成两种类型(Egan,1990):一种是初级同感(primary empathy),它主要运用倾听技巧,重在对对方内心体验和想法的了解并反馈这种了解。第二种是高级准确的同感(advanced accurate empathy),运用这种类型的同感时,咨询师显得积极一些,它不仅使用倾听技巧,而且常结合使用一些影响性技巧,如自我揭示、解释等。两种同感的区别主要在于,前一种同感较容易为当事人接受,因为它跟当事人意识到的内心活动是一致的。后一种往往是说出了当事人"心中所有,意(识)中所无"的东西,那些东西可能是当事人疏忽了的,更可能是无意识地要回避的。当事人往往会有一种顿悟、震撼的感觉。高级同感反应有较强的影响力,但出错的概率也较高。一旦出错,对咨询关系就可能造成负面影响。

以下举例可说明这两种同感反应的差别:

当事人:我拿不准他对我到底怎么样。我跟他一起上街,他老是盯着别的女人看,我气极了,我知道自己没有魅力……

咨询师A(初级同感):你拿不准他对你是否有真情,你对你们的关系感到不安。

咨询师B(高级准确的同感):一方面你怀疑他是否全心全意地爱你,另一方面你又很看重你们的关系,你害怕由于自己没有魅力而失去他,我能感觉出此刻你这种不安全的感受。

可以看出,在初级同感反应中,咨询师所表达的理解跟当事人自己的了解差别不大。比当事人稍进一步的是指出当事人的不安全感。其实当事人自己也能够意识到不安全感。在高级准确的同感反映中,咨询师对当事人的理解更准确、更贴切,并且显然比当事人能够意识到的更深一层。

艾维和艾维(Ivey & Ivey,2007)归纳多位作者的观点,认为同感理解可以分为三种基本的类型:基本同感、加同感(additive empathy)和减同感(subtractive empathy)。基本同感的特点是咨询师的反应跟当事人的表达大致相等,二者是可以互换的:加同感的特点是咨询师的反应较之当事人的表达有所增加;减同感则是咨询师的反应较之当事人的表达有所减少,或者有所曲解。其实,艾维归纳的并不是不同的类型,而是同感的三种水平。其中基本同感与伊甘的初级同感相当,加同感与伊甘的高级同感相当。以笔者的经验,同感的水平可以差距很大。同是加同感,最深的(最高水平的)真的可以达到心心相印的程度,较浅的也可以仅仅比表面理解多一点而已。但从学习和训练的角度来说,艾维的这个三水平划分比较好用,因为标准容易掌握。

在研究中,应用比较广泛的是杜亚士和卡库夫对同感水平的划分(Truax & Carkhuff,1967)。他们将同感反应分出9种水平,并做出一个评定量尺来,以帮助教师和学生对训练中的同感反应进行评估。后来其他人所制定的评定量尺,大都是以他们的工具为蓝本。以下是卡库夫和巴壬生的一个5级水平的评定量尺(Carkhuff & Berenson,1977,转引自Kanfer & Goldstein,1991,pp.41-42)。

(1)水平一:咨询师在言语和行为上的表现要么未曾专注于当事人的言行表达,要么明显心有旁骛,双方的交流未能充分包纳当事人所表达的感受和体验。

举例:咨询师连当事人最显而易见、最表面的感觉也不曾察觉,咨询师感到心烦、厌倦,或者只是根据某个预定且完全脱离当事人实际的参考架构来行事。总之,咨询师忙忙碌碌,唯独忘了对当事人哪怕最显而易见的感受表现出倾听、理解和细心体会,他明显地对当事人所表达的东西听而不闻。

(2) 水平二:咨询师对当事人所表达的感受有所反应,但却忽视了当事人交谈中值得重视的情感方面。

举例:咨询师能够表达出对当事人明显可见的、表面的感受有觉察,但他的交谈不曾在情感层面进行,在意义层面也有曲解。咨询师可能谈出在他看来事情如何,但这与当事人所表达的有出入。总之,咨询师总是倾向于对别的而不是当事人确切表达或意指的东西作出反应。

(3) 水平三:在对当事人的表达作反应时,咨询师的表达基本上可以与当事人的表达互换,因为它们在实质上是表达同一情感和意思。

举例:咨询师的反应是基于对当事人表面感受的准确理解,但可能对较深层的感受没有反应,或对较深层的感受有曲解。总之,咨询师的反应对当事人的表达既不添加什么,也不减少什么,他对当事人表面感受底下的实际感受如何没有作出反应,但他表示他是愿意这么做的。水平三代表着积极人际互动的起码水平。

(4) 水平四:咨询师的反应相对于当事人的表达明显地有所增加,甚至表达了比当事人自己所能表达的更深一层的感受。

举例:咨询师传达出他对当事人表达的理解,他的理解比当事人表达的深了一层,从而可使当事人去体验或表达他此前未能表达的感受。总之,咨询师的反应对当事人的表达增加了深一些的感受和意思。

(5) 水平五:咨询师的反应对当事人所表达的感受和意思作了重要增加,甚至准确地表达了比当事人自己所能表达的深几层的感受,或者说,在当事人深入的自我探索中,咨询师与他最深层的感受息息相通。

举例:除了表面感受而外,咨询师对当事人任何更深的感受有准确的反应,他"调准"到当事人的"波长",双方携手并进,去探索此前未曾触及的人的存在领域。总之,咨询师是在充分意识到对方是谁,是在全面准确地同感理解那个人最深层的感受的基础上作出反应。

(三) 同感反应的要领

(1) 转换角度,真正"设身处地"地使自己"变成"当事人,用他的眼睛和头脑去知觉、思维和体验。当然,完全使咨询师变成当事人事实上是不可能的,这样要求的实质是要咨询师尽可能排除自己的经验,如知识、价值观、人格特点、兴趣爱好等的干扰,用一颗"空"心,以关切、体察的态度去接触对方的内心世界。这是同感的最基本的东西。事实上,它最重要,但也最难做好(对某些人尤其如此)。

(2) 投入地倾听当事人,不仅要注意他的言语内容,更要注意非言语线索所传递的情感信息。如果必要,小心运用倾听技巧与之沟通。如果把前一点看成同感的态度准备的话,这一点就是同感体认过程。

(3) 回到咨询师自己的世界里来,把咨询师从当事人那里知觉到的东西作一番清理,理解它们。具体一些说,咨询师先把言语(事实)内容与情感内容分开;接着理解言语内容;再识别出情感内容,分辨出都是哪些情感,尤其要注意当事人未直接表达,但是咨询师能够感受到的情感；接下来咨询师要留意一下当事人情感反应与语言内容之间的联系（主要看二者是否一致，如有不一致，是很值得注意的信息）。如果这一切做完了，咨询师还得记住，这些结果是咨询师的认知系统加工处理得出的，它们很可能是不准确、不符合当事人实际的。

（4）以言语或非言语行动作出反应，向当事人说出咨询师的理解。视情境、时机，决定运用低水平的反应还是高水平的反应。

（5）留意对方的反馈信息，必要时应直接询问对方咨询师的了解是否正确，以判断当事人是否感到自己被理解了。这是减少错误或纠正错误的重要途径。

事实上，同感反应不可能像上面说的那样按部就班地来。咨询师可能要不断地进入对方世界，回到自己的世界，再进入，再出来；咨询师的反应也不应当是一次性的，咨询师自始至终都在以表情、动作、言语向对方说话；咨询师在体认、理解、反应等环节都可能经历试误过程。因此，灵活性始终是必要的。

以下是几个同感反应的实例分析。由于文字表述无法表达非言语线索及其联系的情绪感受，所以需要读者去体会说话人当时的情绪。

例一：

当事人：我妻子死了，我的人生也完了。孤零零一个人，我真不知怎么活下去。

咨询师 A：千万别这么想，看开些，一切都会好的。

分析：咨询师的反应可能是日常生活中一般朋友之间的典型反应。在卡库夫等的量表上，得分大约 1.5。咨询师在很大程度上忽略了当事人的感受，对未来的空洞保证只会使当事人感到对方口不应心，离自己很远。

咨询师 B：的确，这对你是个沉重打击。

分析：比上一个反应同感水平稍高，在卡库夫量表上为 2.5，“沉重打击”虽然比较模糊，但所指向的情感方向是正确的。

咨询师 C：你妻子去世就像你生活中的支柱倒塌了。没有了妻子，你感到茫然和无助。

分析：相当准确地体认到当事人的感受，并反馈了自己的体认。相当于伊甘的初级同感，在艾维的尺度上相当于水平四，在卡库夫的量表上相当于水平三。在许多情况下，在此水平反应已足够，可以引发当事人进一步探索这方面的感受。

例二：

当事人：他不愿意跟我好了，这都是我不好。我现在才知道，我既不温柔又不漂亮。我算是完了，没指望……

咨询师 A：凭什么你认为自己既不温柔又不漂亮呢？

分析：撇开当事人当前的主要感受，把谈话方向引向另一主题。相当于卡氏的水平一。

咨询师 B：你说你现在才知道自己既不温柔又不漂亮？

分析：除了有前一反应同样的毛病外，这一反应还含有这样一种反馈：咨询师承认她的确既不温柔又不漂亮。水平一。

咨询师 C：他不再跟你好了，你认为这是你的过错，是因为你没有魅力。

分析:基本上转述了当事人说的事实内容,但咨询师没有体认她的感受。相当于水平三。

咨询师 D:你的意思是他甩了你,这使你非常伤心,并且使你突然觉得自己原来毫无魅力,你因此感到悲观、绝望。

分析:相当于卡氏的水平四。不仅正确反映了情感和内容,而且隐隐道出了情感和内容之间的联系。情感描述比当事人更确切。"他甩了你"这一新的表述如果被当事人接受,则有助于深化当事人的认识;如果当事人不接受,则此反应会打折扣,总之它是一个风险因素。

二、积极关注

积极关注(positive regard)这一概念也源自罗杰斯。以人为中心的治疗家常用"关怀"、"无条件积极关注"、"温情"或"无条件的温情"(warmth or unconditional warmth)、"尊重"等语来表达,含义大同小异。积极关注指的是咨询师不以评价的态度对待当事人,不依据当事人行为的好坏来决定怎么对待当事人。无条件地从整体上接纳对方,对待当事人就像对待一个跟自己一样的人,一个独立于自己的人,有权在世界上占有一方之地生活的人,看重他、尊重他。

咨询师积极关注的一个重要表现是允许当事人做他自己,有他自己的感受、想法、情绪和行为,即使这些感受和想法是咨询师不喜欢、不赞成的。咨询师不把自己的好恶、价值标准强加于当事人。总之,他看重当事人是不附加条件的。

根据是否附加条件这一标准,有时即使咨询师对当事人抱着很浓的温情,喜欢当事人,可能仍然没有积极关注,因为他是因为当事人"表现好"而给予喜爱和温情。反之,有时咨询师批评当事人的某个行为,可能仍然保持了对当事人的积极关注,因为他并没有因为当事人的消极行为而对当事人这个人有任何否定。

以作者的体会,无条件积极关注跟中国人说的"仁"很接近。孔子对仁的解释是"爱人"(《论语·颜渊》)。仁是一种大爱,不是有选择的对某个特定人的爱,而是"泛爱众",是博施之爱。积极关注即是一种仁厚的态度,表达出咨询师尊重当事人的独立人格、珍视这个人,并能够把这种尊重跟当事人的具体行为(包括病态的行为)作适当的区隔。这种态度背后有两个很深的对人信念:(1) 人皆有独立存在的权利和尊严;(2) 人皆有改善和成长的潜力。

无条件积极关注要求慎用评价。要注意三点:一是要节制评价,尽可能不把关注点放在道德评价上,关注"是什么"和"为什么",少关注"好不好"。二是对事不对人,如果要作评价,只评价行为,不评价整个人。三是只从行为对于当事人本人的意义角度评价行为(请参阅第四章有关价值的功能干预的讨论),避免从咨询师的角度或者社会的角度,来评价一个行为是好还是不好、道德还是不道德。

积极关注这一特质对咨询关系和咨询效率是非常重要的。几乎大多数咨询中都强调积极关注这一要素,正是这一要素重要的证明。积极关注或温情的治疗价值可能主要来自两方面:第一,积极关注促进了当事人的自我接纳;第二,积极关注加深了咨询师和当事人的情感联系。

大多数当事人在自我接纳上存在困难。他们对自己有太多的不满,他们要求自己样样要好,如果达不到要求,就折磨自己。在这种心态下,他们对别人的态度会非常敏感,他们根据别人的态度来评价自己,一些正常人根本不介意的反应,在他们眼里都很容易解释成“我不好,他在小瞧我”。如果在咨询中,咨询师以肯定的态度来对待他,接纳和关怀他,不因为他的行为表现而小看他这个人,就能使他感到安全一些,在人际互动中放松一些,逐渐变得不再老睁着“第三只眼”观察自己的表现好坏,并逐渐建立起内在的自我认同。

积极关注有助于加深当事人和咨询师的情感沟通。这主要是因为积极关注或温情有互惠性。人在接受一方的关注和温情的时候,会产生对对方的关注和温情。戈尔德斯坦的研究(Goldstein,1971)表明,当通过某种程序使得治疗中的 A(治疗者或当事人)对 B(治疗者或当事人)的喜爱增加后,B 对 A 的喜爱也随之上升。这样,咨询关系中双方的情感联系就得到加强了。

伊甘对积极关注进行分析后,认为积极关注可以细分出若干种成分:承诺、理解、非评价的态度,以及能力和关怀(Egan,1994)。这对我们学习和评价积极关注提供了定向。以笔者的看法,伊甘所列的前三个成分更为重要。承诺是指咨询师对当事人的一种态度,它表示咨询师愿意跟当事人一起,把自己“交托”给咨询关系。这种态度向当事人强烈地传递一个信息:咨询师看重他这个人。至于理解,在这里起作用的不是理解本身,而是咨询师愿意努力去理解、了解当事人的态度,这种态度也传递着咨询师对待当事人的认真和重视。再就是非评价的态度,正如前面谈到的,非评价态度是促成当事人自主自立,并最后达到“自重”的重要治疗条件。

杜亚士和卡库夫也发展出一个量尺对积极关注——他们使用“非占有的温情”这个术语——的水平进行评定(Truax & Carkhuff,1967,pp. 60-67)。请仔细品评这个量尺,体会高水平的无条件关注的情形,它对你深入地了解积极关注会有很大帮助。

(1) 水平一:咨询师积极地给予劝告,或者给予负面评价。他可能在告诉当事人“什么是最好的”,或者煞费苦心地用各种方式对当事人的行为表示欣赏或批判。咨询师的行动使得他成了专司评价的人,他自以为他要对当事人负责。

(2) 水平二:咨询师对当事人的反应非常机械,很少显出积极关注并因而很少非占有式的温情。他可能忽视当事人或当事人的感受,或者显得不关心、缺乏兴趣。在一些应该表现出非占有式的温情的地方,他对当事人显得无动于衷;他显得极为消极,让人觉得他几乎一点也不关注当事人。

(3) 水平三:咨询师显现出对当事人的积极关注,但那是一种半占有式的关注,因为他给当事人这样的感觉:“你的行为我很在意”。他的表达似乎在告诉当事人:“如果你不讲道德,那可不好”;“我希望你把工作做好”;“我很看重你跟科室的同事搞好关系”,等等。咨询师觉得自己对当事人负有责任。

(4) 水平四:咨询师清晰地传达着这样的信息:他对当事人的幸福有着深深的关切,他对当事人显露出无微不至的非评价的、无条件的温情。尽管在一些较私人化的地方还残留着某种条件性,但当事人基本上被赋予自由去做他自己,被喜爱的是当事人本人。对想法和行为的评价已经很少。但在非常个人化的领域,咨询师可能还是有条件的,他可能传达着这样的态度：当事人尽可自主行动——但有一条，他得日益成熟，不可在咨询中倒退，接受和喜爱咨询师，因为这些对咨询师很重要。在所有其他领域，都可看到非占有式的温情。咨询师觉得自己是应当事人需要而动的人。

（5）水平五：在此水平，咨询师无保留地传达着温情。他的态度显示出对当事人作为一个人的价值、对他做一个自主的人的权利的深深的尊重。在这个水平，当事人拥有完全的自由做他自己，即使这意味着他的倒退、防御、讨厌或拒绝咨询师本人。咨询师深深地关切着当事人这个人，当事人选择什么样的行为并不会令咨询师感到介意。他真诚地关怀、深深地珍视当事人，因为他具有人的禀赋。咨询师不会去评价当事人的行为或思想，他愿意平等地分享当事人的快乐和抱负，或者沮丧和失败。

三、真诚

真诚（genuineness）也是罗杰斯强调的一种品质。有时候罗杰斯也以"真实"、"一致性"来表示这一品质。简言之，真诚就是咨询师在咨询关系中"做真实的自己"，不特意取悦对方，不因自我防御而掩饰、修改自己的想法和态度，不文饰、回避自己的失误或短处。罗杰斯曾这样论及真诚：

在（咨询）关系中，治疗者愈是他自己，愈是不戴专业面具或个人面具，当事人就愈有可能发生建设性的改变和成长。真诚意味着治疗者对当时当地流过自己心头的情感和态度保持开放。"透明的"一语较切合真诚要素的韵致——治疗者对当事人保持透明，当事人在咨询关系中对他能够看得真切，能体会到咨询师是毫无保留的。对治疗者来说，他意识中的东西应是可被知觉，可以进入咨询关系，可以——如果合适的话——交流的。因此，可以说，在他感受的实质内容、这感受在他意识中的表现和他传达给当事人的东西之间，是切合的或者说是一致的（Rogers，1977，pp. 9-12）。

真诚的作用或意义可能主要有两点：第一，真诚能导致信任和喜爱。这一点和日常人际关系中的情形是一样的。你以坦诚的态度对待人，会让对方感到你是可以信任、可以交心的。因为你先把自己"交"给了对方，他能摸到你的思想脉络和情感，他感到你对他没有戒心，他便会以信任的态度对待你，并觉得你可亲可"近"。第二，咨询师的真诚具有榜样作用。咨询师的真诚使当事人的任何企图掩饰、隐藏、回避的反应受到一种无形的压力。人们似乎都接受这样一条处世原则：人以诚待我，我亦应以诚待人。另一方面，咨询师的真诚又鼓励当事人更开放坦率地对待自己和对待咨询师，当事人希望像咨询师那样坦坦荡荡地生活，因为这样的生活方式要比时刻提防这琢磨那要来得轻松自如得多。

关于如何表达真诚的问题，伊甘曾根据前人的意见（如 Gibb，1968，1978），综合提出一些建议（Egan，1991，pp. 69-72），其中重要者包括：第一，走出角色。咨询师很容易利用"咨询师"这个角色来避免个人卷入，这其实是一种防卫反应。第二，多一点自发性（spontaneity），少一点瞻前顾后。第三，不设防（避免防御反应）。第四，表里一致。第五，分享自我，愿意自我揭示。总的说来，这五点是非常有价值的，值得我们反复体味。但对自发性这一条应正确、恰当地去看。如果把自发性理解为听任自己的冲动，对自己的即时感受不加任何节制,都要表达出来,这是不合适的。罗杰斯在论及表达对当事人的负面感受时指出,只有当这些负面感受持续出现,或者这些感受妨碍了咨询师在咨询过程中跟当事人一起前行的能力时,才需要表达出来(Rogers,1989)。另外,对当事人的负面感受及其表达还跟积极关注有关系。有的负面感受其实表明咨询师在积极关注上有问题。举例说,"你这人悟性真差!""你这种行为实在叫人厌恶!""你如此自私,怎么能指望别人喜欢你呢?"此类的表达尽管可能是咨询师当时真情实感的反映,却也是不能积极关注的表现。

在表达真诚态度中有一类特殊情况,即有时候当事人直接或间接地表达出对咨询师的不满、不赞成或责怪,咨询师该怎样处理?显然,咨询师的自我防御倾向在这时候是一个突出的问题。自我防御倾向强的咨询师往往会把这种责难知觉为对自己权威、能力、面子的挑战,而倾向于作出解释、辩白,或直接攻击当事人。这就谈不上真诚了。一般而论,这时咨询师应该提醒自己防止自发的防御反应,而把注意力集中于同感理解当事人,体会他的心情,理解他为什么会这么说。在反应上,要正面表达出你已知觉到他的不满,并把你的同感理解反映出来。请看一个例子:

当事人:……原来我充满了希望,我以为很快就能摆脱烦恼……可已经快两个月了,我觉得你告诉我的办法没有多大作用。

咨询师A:……你不应该丧失信心,虽然总共快两个月了,可是你中间有两三次没到我这里来,而且我不知道你回去后是否完全是照我们商量的那样去练习了。

咨询师B:你觉得前一段的会谈对你帮助不大,我感觉得出你现在心情很焦急,有些失望。你愿意就我们前一段的咨询作一次检查吗?

在第一种反应中,咨询师急于推卸责任,回避正视当事人的责难,对当事人表达了负性评价(攻击),显然自我防御的需要起了重要作用。后一种反应中咨询师首先正面反映了当事人失望和焦急的心情,表示了对不满的理解。他没有回避自己的责任,但也不违心地在情况不明的情况下承担责任,因为那同样也是不真诚的。更重要的是他对解决当事人的不满提出了一条建设性的意见,显得既真诚,又富有理性。

真诚可能是最难以进行客观评定的。杜亚士和卡库夫也发展出一个评定量尺,虽然后来人在研究中应用的比例并不高,但在这里还是译出这个量尺(Truax & Carkhuff,1967, pp. 69-72),因为它至少对学习者具有很好的参考作用。

(1) 水平一:咨询师在互动中明显具有防御性,有清楚的证据表明他所说的和他所体验的东西之间存在距离。咨询师的表达中存在显著的矛盾,他的言语内容跟非言语线索之间存在明显的冲突(例如,咨询师相当烦恼地用紧张干涩的声音说他对当事人的愤怒"一点也不介意")。

(2) 水平二:咨询师的反应虽然是合适的,但用的是专家的姿态而非个人的姿态,它给人的印象是:之所以要说这些话,是因为它们听起来是正确的话,但其中所表达的并不是咨询师的真实感受或真实意思。存在一种造作的、排演过的味道,或者专业化的面孔。

(3) 水平三:虽然没有明确的证据,但能感觉到咨询师是防御的或者戴着专业面具的。

(4) 水平四:无论是隐含的还是明显的防御都不存在,也没有证据表明咨询师戴着面具。咨询师没有显现出自我不一致的地方。

(5) 水平五:在咨询关系中,咨询师是他自己,自由地任内心流露。他对任何类别的经验和感受——无论快乐的还是带来伤害的——都开放,没有一丝防御和专业面具的迹象。尽管会有某些矛盾的感受,这些感受是被接纳、被识认了的。在所有反应中——无论这些反应是非常个人化的还是陈词滥调——咨询师清楚地是他自己。

第四节 咨询关系与咨询师

一、咨询关系的决定性因素——咨询师

平心而论,咨询关系的好坏不仅取决于咨询师,也取决于当事人,还受情境因素的制约。但我们仍然强调咨询师本人是关系的决定性因素,因为我们不能选择当事人,也不能要求当事人都具备易于发展咨询关系的条件。事实上,一些当事人恰恰正是缺乏与别人建立良好关系的能力,才造成了他的心理困难。推敲图 4-1 也许有助于我们理解咨询双方的关系。

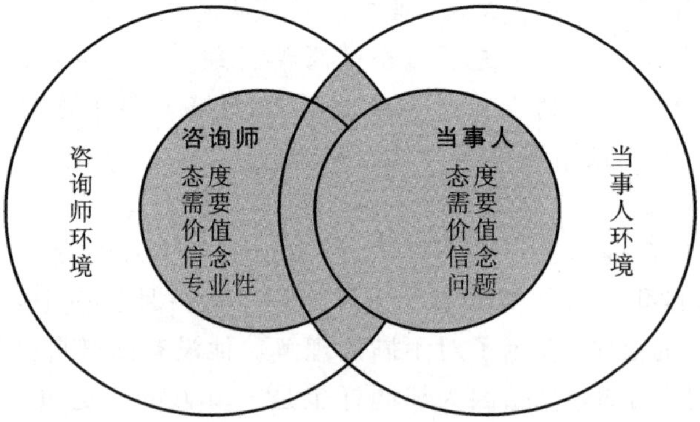

图 4-1 咨询关系的初始形态。

注:据 B. F. Okun(1987,p.22,fig. 2.2)和 L. M. Brammer & G. MacDonald(2003,p.49,fig.3.1)改编。

图 4-1 表示咨询关系的初始形态。咨询师和当事人都是从自己的环境和成长背景、经历中走来的,他们带着自己的需要、态度、价值观、信念、经验等个人变量进入咨询关系。所不同者,咨询师带进了他所受过的专业训练,而当事人带来了他的心事或问题。可以预期,双方在态度、价值观、信念等方面的相似或相异,对于咨询关系的发展及咨询关系的特点一定会产生影响。既然我们无法选择当事人,那么要发展出有帮助效力的咨询关系,唯一可以要求的只有咨询师自己。这里的关键在于咨询师的专业性。咨询师的专业性可以指非常广泛的内容,包括咨询师人格的成熟和健全、专业能力、智慧、专业经验,等等。本书第二章对咨询师方面影响咨询效果的变量作了一些一般性介绍,下面专门就咨询师个人发展与人格成熟再作一些讨论,因为它们与咨询关系的建立和效力有密切关联。

二、咨询师的个人发展

咨询师并不是为咨询而生。这句话的潜台词是,我们下意识地希望咨询师就是为咨询而生,希望他们从出生伊始,就在一个理想的环境中长大,在需要爱的时候有爱,在需要独立的时候他们的父母允许其独立,因之他们人格发育顺利、健全,从而能够成为有效的助人者。心理治疗的历史表明,这个美好的愿望从来就是且仅是一个愿望。事实上,许多伟大的助人者,不仅在成长过程中充满艰辛,而且伤痕累累。所不同者,他们有幸能够克服自身成长的局限,变得比较健全,甚至能够从自身的"治疗"经验中汲取营养,变得更有助人能力。

如果咨询师的人格发展存在局限,这种局限会深刻地影响到咨询关系。这就是为什么在咨询师的训练中,会有相当大的注意力是集中于受训咨询师的个人成长。

陈苇是一所大学咨询中心的实习咨询师。她出生后一直寄养在外婆家里,直到上小学才回到父母身边。幼年时期她最深刻的记忆包括:舅妈家的孩子姓李而她姓陈;她不能太放肆;吃东西得尽表哥表妹先取;不时有一个女人来看她,别人让她喊这个女人妈妈,但妈妈似乎更在乎弟弟而不是自己……陈苇现在有一位当事人,大二女生阿珠。阿珠的问题是,跟宿舍的室友关系紧张。阿珠告诉陈苇,尽管她努力要跟同室搞好关系,但室友们似乎不领情。她们似乎在联合起来排斥阿珠。陈苇对阿珠有一种天然的同情,她好像特别能够理解阿珠面对另外三位不友好的室友时的委屈和愤怒。阿珠也很快对她的咨询师产生了非常强烈的好感。于是,她们的咨询很快就变成了一场两个人为了讨回公道而进行的密谋。

须知,这位实习咨询师已经修完了咨询的研究生课程,对个人的局限也有一定程度的自觉。但她面对阿珠的时候,就像中邪了一样缺乏自知力。在咨询训练中,类似这样的事例不胜枚举。每个事例的表现或有不同,但往往都会在咨询师的个人局限上找到问题的根源。

咨询师的个人成长是个很大的工程,无法在这里系统讨论。以下结合跟咨询关系最为密切者,提出几个个人发展的主题。

(一)安全感

根据鲍尔比的理论(Bowlby,1988),安全的需要是一种具有生物学基础的需要,而依恋行为其实是保证获得安全的行为。作为一种人格特质,安全感是个体生命头几年发展的结果。它具有相当大的个体差异。安全感高的人放松、自在、主动,面对陌生情境较少焦虑,对人有较高的信任和自然的亲近感,探索精神较强,较有勇气冒险。反过来,安全感低的人容易紧张、焦虑,对世界的信任度低。反映在对人的态度和反应倾向上,有的人以敌对的方式跟世界互动,有的人以回避的方式跟世界互动,还有的人一直没有发展出有效的方式,仍然保持着焦虑和不知所措的方式。

咨询师的安全感对他在咨询关系上的行为有着最广泛的影响。例如,在基本心态上,安全感较高的咨询师,面对当事人时更能够放松、安详,更能专注于当事人,较少内心的杂音;而安全感低的咨询师则可能容易紧张,左顾右盼(心理上的)。在倾听和理解当事人上面,安全的咨询师更容易如实地听取当事人的信息,较少出现知觉扭曲;而低安全的咨询师则可能被自己的防御倾向所支配，出现较多的知觉歪曲问题。在面对当事人移情性的反应时，安全感高的咨询师能够更敏锐地察觉，更放松并因而能更有效地处理；而低安全的咨询师则可能要么较盲目，要么较迟钝，要么较不知所措。

如果以工作同盟的子结构来考虑咨询师的安全感，则它对发展健康的咨询师-当事人情感联结会产生最大的影响。咨询师的安全感与情感联结的关系，很可能是通过咨询师对亲密关系的态度作为中介，来对情感联结产生影响。安全感低的咨询师，要么是对密切的关系有着病态的需要，要么是本能地回避这种关系，要么是不知所措。

由于安全感在人格健康中具有基础性，所以它还广泛地影响到个人的其他特点，并进而影响着咨询师的关系行为。这也包括对下面几个发展主题的影响：

（二）能力和自信

这里所说的能力其实不是指客观的能力，而是指咨询师对自己能力的评价和态度，通常我们称它为自我效能。自我效能跟普通人所说的“自信”含义非常接近。

咨询师对自己能力的自信可以细分为两种：一是所谓一般自我效能；另一是助人的自我效能。前者影响广泛，后者稍为具体。

咨询师劳君因为一位聪明的当事人而烦恼。当事人是一位大四男生，是由劳君的一位同事转介过来的。劳君还记得同事在转介时略带自嘲地摇着头说：“我搞不定他。”初次接触，劳君对这位当事人的印象是：整洁，礼貌且有教养，言语准确简练，对咨询有足够的开放。除此而外，给劳君印象最深刻的，是这位当事人聪明、敏捷，而且知识丰富——劳君甚至觉得可以用“渊博”来形容。更要紧的是，这位兄弟的聪明和渊博，是在不经意中流露出来的，完全没有年轻人常见的卖弄。随着会谈的进行，劳君跟当事人的互动越来越带有竞争的意味。劳君感到自己有一种内在的冲动，要跟当事人比试一下，甚至是想要战胜他。幸亏会谈时间已到，才使情形没有恶化下去。劳君在寻求督导意见的过程中，发现了自己的一个局限：一方面他是一个对自己的能力和智慧比较自信的人，而且能力和天分的确都比较高；但在另一方面，劳君的自尊又不是那么稳健，这使得他面对含有能力评价成分的情境时，会非常敏感。他会不自觉地想要检验自己的能力，证明自己“很行”。这位当事人的聪明和才华恰好触发了自己这个“待命战斗”的扳机，而当事人对待自己才能的淡定更令自己因嫉妒而恼羞成怒。

咨询师的自我效能会影响到他对当事人的选择、对咨询目标的确定、会谈中跟当事人相处时的心态、面对困难时的坚持，等等。劳君的例子，就表现为对跟特定当事人相处时的心态。

从工作同盟的结构来看问题，咨询师的自我效能可能跟目标、任务的协同一致（Bordin，1979）关系更为密切。可以推测，自我效能较高的咨询师，更容易影响当事人选择切实的目标，并更能坚持和投入。但也有一个可能的危险，就是因为过于自信而忽视了当事人的感受，或者缺乏耐性而让咨询成了咨询师一个人拉的车。自我效能低的咨询师遇到的问题会比较严重，影响更为广泛。说一句武断的话，自我效能太低，不适合做助人工作。

（三）权力

人格心理学家李瑞曾指出（Leary，1957）：一个人的人格最集中地体现在人际反应上面，而人际反应的两个基本维度之一，是他所谓的"支配－顺从"（dominance－submission）维度（另一个是敌对－友善维度）。咨询师在"支配－顺从"这个维度上的个人倾向，一定会体现于咨询师和当事人的互动中，并对咨询关系产生深刻影响。支配性高的咨询师倾向于在咨询互动中主动、控制，当然也认为自己应对咨询事务负责。他往往也比较主观，不容易理解当事人，当事情进展不顺利时，他们也更容易焦虑。顺从性高的咨询师，显得缺乏主见，工作效率低，很容易被当事人抛弃。

咨询师的支配性和当事人的支配性的配合（尤其是双方在支配性的得分都趋于两端的情况下），会产生富有戏剧性的效果。按逻辑搭配，一共会出现四种关系类型，姑且命名和描述如下：

"竞争和战斗型"①（咨询师高支配－当事人高支配）——咨询双方不时会为争夺控制权而角力，他们的互动可能因为争夺权力而没有任何建设性和生产率。

"无效型"（咨询师高顺从－当事人高顺从）——双方都倾向于顺从和依赖对方，却又发现对方不可依赖。这种配合可能产生最没有效率的关系。

"父女型"（咨询师高支配－当事人高顺从）——在一段时间里两人会发现瞌睡遇到了枕头，但时间长了，当事人会变得更为依赖，咨询越来越成了咨询师一个人的事情。而且这种情况会妨碍当事人的成长。

"母子型"（咨询师高顺从－当事人高支配）——这种搭配情况比较微妙。在这种格局下，咨询关系的发展情形非常依赖于其他变量的情况。比如，如果咨询师有较好的训练，其顺从主要体现在互动的形式上，而不是盲从，那么也可能出现较积极的结果。但多数时候，仍然是不利的情形更容易出现。

可以看出，咨询师支配性太高和顺从性太高都可能造成麻烦。所以，学习者应该反省自己在权力问题上的个人倾向。

再讨论一个比较有中国特色的问题——咨询关系中的"权威主义"。

我国的咨询关系存在一个很突出的特点，那就是权威主义。这种权威主义体现在咨询双方对于支配和顺从的角色信念和态度上，当然也体现在互动行为上。我国的咨询师更易于在对待当事人时表现出权威、支配的态度。我国的当事人也比较易于接受咨询师的权威，有时甚至期待着咨询师的权威。其他中国学者也提到这个现象（如曾文星，1996b）。

权威主义是否是一种助长条件，很可能是仁者见仁，智者见智。见仁与见智的不同，很可能又跟对心理咨询的终极目标、咨询关系的作用机制的认识有关。例如，如果以"社会影响理论"来理解咨询关系的作用，权威主义可以被视为一种"边缘因素"，有意识地运用，可能有助于治疗改变。但如果以"当事人中心"理论来看治疗关系，权威主义显然是要在关系中摒除的，因为它妨碍当事人自主性的成长。对于这一点，需要治疗师自己去决定取舍。不过，需要指出一点：咨询师的权威主义很容易与前面所说的同感、积极关注和真诚等特质相抵触。过分强调权威主义的咨询师，表现出同感和真诚的可能性会较低，这势必影响总体性的咨询关系并进而影响咨询效能。为保险起见，笔者认为咨询师应该抑

① 除了无效型外，其他三种类型命名都是比喻说法。

制在对待当事人上的权威态度，尤其是在关系发展到一定程度，双方有了较多信任，进入较深入的个人探索和目标澄清阶段以后，咨询师应该更多以一个同伴身份出现，以利于当事人的自我从内在的地方重新生长。

（四）亲密关系

亲密关系通常是私人关系，咨询关系本质上是一种职业关系，按理说二者应该不相干。但是，咨询师在亲密关系中的反应倾向，会投射性地反映到咨询关系上。另一方面，当事人在亲密关系中的反应，会更严重地投射到咨询关系上来。这样一来，咨询师处理亲密关系的能力，就非常要紧。

亲密关系上常见的问题主要是两个极端的表现：一端是疏远；另一端是缺乏界线。疏远的人不能跟任何人建立亲密关系，他们对亲密关系感到不舒服，当感到双方心理上靠得太近时，他们会不自觉地闪开，或把对方推开。他们害怕被人需要，他们也习惯性地抑制对别人的需要。他们经常用客气、公事公办、不欠人情等方法来跟人保持距离。咨询师如果有这样的问题，他们面对当事人时会让当事人感到冷漠，缺少热情。当当事人带来充满情感的内容时，他们会把情感内容抽象化，像讨论学术问题一样地谈论情感而不是让情感以“活的”形式表达出来。他们会回避当事人对他们的情感。而所有这些，都会对咨询效率产生负面影响。在亲密关系上缺乏界线的人，下意识中分不清对方和自己，或者觉得对方和自己就应该不分彼此。他们把自己的想法和感受强加于对方，他们要求对方像自己希望的那样思想、感受和行动。他们经常为对方不是那样，或者不愿意那样而苦恼，并因此跟最亲的人有最多的冲突。有这种问题的咨询师极易跟当事人发展出非常缠结的关系。面对当事人的移情，他们很容易以相应的反移情作为响应，而在作出这些反应后还缺乏自觉。

三、利用咨询关系促进当事人改变

传统的心理治疗，促成当事人改变的主要手段就是咨询关系。在精神分析的治疗里，当事人的移情是有效治疗的必要条件。精神分析有一句名言：没有移情就没有治疗。而移情的治疗，大略说来，就是利用当事人对于咨询师的情感反应作为分析材料，来帮助当事人领悟。可以说，充满移情的咨询关系，是精神分析的关键要素。现代一些咨询流派如认知取向的流派，不像传统理论那样重视移情以及咨询关系，但无论如何，利用咨询关系来帮助当事人改变，是非常有价值的咨询途径。

在过去20年里，有关治疗同盟的“故障”（problems or ruptures in alliance）的理论和研究吸引了不少注意（Safran，1993；Safran & Muran，2000）。塞弗兰认为，当事人在建立和维持治疗同盟方面出现的问题，可能反映着他们与重要他人关系中的重要议题，透过探索和澄清这些“故障”，咨询师可以得到珍贵的资料以了解当事人的人际问题。再进一步，透过处理和修复这些关系故障，可以协助当事人作出建设性改变（Safran，1993）。这方面的理论和研究为我们考虑如何利用治疗关系来促进治疗，提供了很有价值的线索。

在助人过程中利用咨询关系，可以分为三种情况：一是透过关系来理解当事人；二是在关系中让当事人获得新的“关系经验”；三是利用关系来催化当事人改变。

（一）透过关系来理解当事人

透过关系能理解当事人的什么？如何实现这种理解？精神分析理论借助“移情”这个概念对此作出了说明。但移情概念比较狭窄，而且客观性不够。卢勃斯基(1977)提出了一个性质接近移情，但更具有泛理论色彩的概念：核心冲突性关系主题(core conflictual relationship themes，CCRT)。比起移情，CCRT的理论更简明，方法更容易把握，而且不限于精神分析，其他治疗取向都可以应用。我们借助这个方法来说明如何透过关系来理解当事人。

核心冲突性关系主题是指当事人在治疗中展现的人际反应模式，这种模式在当事人的生活中是重要且一再展现的。这种模式也会体现在当事人-咨询师关系之中。卢勃斯基发展出了一个方法来发现这种冲突性关系主题，其中涉及一个重要他人，三个反应。一个重要他人即当事人生活中的一个重要人物，比如父亲、母亲、老师、伴侣、同学、老板、咨询师，等等。三个反应分别是：(1) 当事人指向这位重要人物的需要或者愿望；(2) 重要他人的反应；(3) 当事人自己的反应。分析的重点是发现特定的三个反应的组合，如果某种特定组合重复出现，就可以认定它是一个冲突性关系主题(Luborsky & Barrett，2007)。

李路研究生毕业参加工作不久，他因为主管压制他的积极性而非常愤怒，但考虑到工作并不好找，他又不能辞职。他抱怨主管和同事，指他们自己平庸又不让年轻人有发挥的机会，他们没有重视他的创意，总是敷衍一下就把他的想法晾在一边。在咨询初期，他对他的咨询师如此认真倾听他的话感到非常受用。但随着咨询的进行，他开始对他的咨询师感到不耐烦，他开始追问咨询师对他的想法有什么评价。有一天他冲着咨询师说：“我发现做咨询就是说‘哦，哦’，你们是必须这样说话吗？”而在最近一次会谈中，他提出要结束咨询。经过了解，他内心的想法是认为他的咨询师对他不像以前那么重视，他觉得从这位咨询师这儿不能得到好的帮助。

分析这个事例，很容易发现李路对咨询师的反应和他对主管和同事的反应有某种共同之处。在李路的意识里，也许咨询师跟主管一样，是一个重要的人。李路可能有的一个冲突性关系主题是：他希望主管或者咨询师能够重视他、欣赏他，但是他们似乎都对他的优秀之处视若无睹，他因此非常失望，并因此对主管和咨询师感到愤怒。这就是李路在面对一位年长或地位较高者时的反应模式，它会在他的生活中反复出现。

卢勃斯基的方法主要是用于研究，以便获得客观资料。在实际咨询中，咨询师可以根据这个方法的基本原理，更自由、更灵活地利用有关线索来发现当事人的关系主题。以下是对咨询师的几点建议：

(1) 保持自己在互动中心态的“空”(安详、开放、中性)，尽量减少自己带进互动中的“污染源”。

(2) 注意当事人在谈及重要他人(包括咨询师本人在内，以下同)或跟重要他人互动时，直接或间接透露出来的需要和愿望。

(3) 注意在当事人眼里，重要他人是怎样反应的。许多时候，并不容易了解当事人是怎样知觉重要他人的反应，你可以直接询问当事人，也可以通过下面第5点的做法来获得此项信息。

(4) 注意当事人如何对重要他人的反应作反应。

(5) 注意咨询师本人对当事人行为的反应,例如当事人或他的行为让你感到生气、受压迫、不忍,等等。透过自己的反应,来获得当事人内在知觉和/或需要与愿望的线索。

(6) 注意发现双方的上述反应是否构成某种固定组合,以及它是否重复出现。

需要指出的是,了解当事人的重要关系冲突或模式,还不能说完全理解了它们。更深入的理解,需要知道当事人何以会发展和维持着这个模式。咨询师可以透过所发现的核心关系主题,再结合对当事人成长历程和现实环境的了解,逐渐形成对当事人问题行为模式的内、外原因的认识。有关这些内容,参见本书第八章。

(二) 让当事人获得新的"关系经验"

咨询关系如果经营得好的话,可以是一个试验场,而且是一个受到良好监控的试验场。当事人可以在这里矫正过去的经验,学习新的经验。心理动力的治疗和其他主流心理治疗都自觉或不自觉地利用这个珍贵的试验场来帮助当事人。

心理动力理论有一个"矫正性情绪体验"(corrective emotional experiences)的概念(Alexander & French,1946;转引自 Hartman & Zimberoff,2004)。大意是说,在重新打开记忆时,当事人得以用不同的方式重新体验早年的经验。在咨询关系中,当事人在体验自己和治疗师的关系时,有着与早年跟父母相处时很不相同的感受。他可以感到害怕,可以感到愤怒,可以表达自己的意志,而不会受到责难,不会被惩罚。以人为中心理论有着同样的做法:治疗师总是鼓励当事人表达自己的感受,治疗师只是反映这种感受,但不会评价(更不会惩罚)这些感受,治疗师的态度似乎在说:"我明白你感到……你可以拥有你的感受。"用行为主义理论来理解的话,在咨询关系中,这样的操作一方面使当事人的旧经验不再被强化而逐渐消退,另一方面让当事人学到新的经验(跟咨询师相处的经验),并由这种积极经验得到强化。

塞弗兰认为在面对"关系故障"时,是让当事人产生矫正性情绪体验的宝贵时机(Safran,1993)。心理治疗中,关系故障是不可避免的。因为一方面咨询师总会有没能同感到当事人的时候;另一方面,咨询师不可能满足当事人的病理性的关系需要。而这两种情况都有可能触发当事人的不满、愤怒,以及另一些消极情绪。咨询师如果能够充分反映当事人的这些情绪,接纳他们的情绪,同时又以实际反应让当事人领悟到咨询师是一个独立的个人,他也有自己的意志,而不是一件从属于自己的"东西"(object)①,就可能帮助当事人慢慢学会三样东西:(1) 承认并学会做独立的自己;(2) 承认并允许别人做独立的自己;(3) 跟别人(首先是咨询师)建立一种相互确认(reciprocal confirmation)的关系(Safran,1993)。

塞弗兰主要是从客体关系理论的框架谈关系治疗,其实,不同取向的咨询师都可以自觉利用咨询关系来帮助当事人改变。例如,以行为治疗的理论,一位男性咨询师可以有意识地利用自己作为一个练习的靶子,让一位有视线恐怖的女孩获得现实脱敏。在许多治疗中都运用的角色扮演技术,如果结合咨询师的真实反馈(咨询师从角色出来后,以咨询师身份提供给当事人的反馈),也可以很有效地帮助当事人领悟。

---

① object,在汉语中正式译法为"客体"。

（三）利用关系催化当事人改变

当事人改变的过程中，不可避免会遇到困难。当事人要卸下已经习惯了的面具，要放弃相当熟练并且也还有效的防御“手法”，要面对不确定，要面对环境的“抵抗”……这些都是困难。

咨询师帮助当事人在这些困难面前坚持下去的首要法宝，恐怕就是咨询关系。前面所讨论的工作同盟中，目标和任务的一致，以及双方的承诺感，就是咨询关系中支持当事人坚持的核心要素。当然，情感联结的作用也不可低估。基于这些认识，并结合实际咨询经验，可以就利用关系催化当事人改变提出若干建议：

（1）始终保持对关系形态和质量的监控。

（2）视需要采取以下举措，但事前要确认关系能够提供足够的支持：

- 质对当事人；
- 挑战当事人的信念；
- 拒绝当事人对于怠于行动的托词；
- 拒绝当事人对于咨询师的不合理要求；
- ……

（3）巧妙地利用关系作为强化物，来设计各种改变程序。

思考·讨论·活动

1. 您是否有过任何受助的经验？回顾您作为受助者与您的帮助者之间的关系，描述、反思和评价这个关系。您的受助效果与这个关系的好坏有关吗？如果关系良好，导致良好的原因是什么？如果不好，导致不好的原因又是什么？把您的反思跟本章介绍的理论和/或研究结合起来，写一篇小论文。

2. 仔细研读第一节咨询关系作用机制的有关理论。写出您对于作用机制的主张。在小组讨论中提出您的看法，并说服别的同学接受您的看法。

3. 全班同学按5人一组分为若干小组。由一人扮演咨询师，一人扮演当事人，其余同学作为观察员。“当事人”和“咨询师”进行约10分钟的会谈练习，并对过程录像或录音。在练习中，当事人选择一个话题跟咨询师交流（请同学们谈自己的真实经验，而不是角色扮演）。咨询师尝试用本章所介绍的同感、真诚和积极关注态度对当事人作回应。

一轮“会谈”结束后，由三位观察员共同从会谈中挑选出3～5个“谈话轮”作为分析材料，分别以本章所介绍的同感、真诚和积极关注量尺对每个谈话轮中“咨询师”的反应进行三项评定。把全体5位组员的评定平均后得出评分。然后在小组里就咨询师的反应和各人的评分根据进行讨论。讨论的重点在于帮助咨询师了解他的反应的长处和局限各在什么地方，尤其要帮助咨询师探索自己为什么没有产生出更好一些的反应。

4. 在咨询师个人发展中的四个主题——安全感、自信心、权力和亲密关系——之中，哪一个或几个是您认为自己需要反思和处理的呢？挑选其中之一，写出您在该主题上的问题及其表现，设法自我探索其根源，设想它会在您与当事人建立和维持咨询关系之中发生怎样的作用，以及最重要的，探索您将怎样克服或者超越它对您的限制。在小组中分享您的反思，并寻求同学和老师的协助。

第五章

咨询过程:阶段与结构化

心理咨询与治疗是一个有开始有终结的过程。这个过程由一系列不同的活动组成。活动又是围绕着一系列阶段性的任务组织的。把握咨询过程有助于咨询师的工作定向,使咨询变得有结构。简单地说,它使我们知道在什么时候该做什么事。

第一节 对咨询过程的认识

一、咨询过程的概念

(一) 观察咨询过程的三种角度

咨询过程这个概念其实并不那么单纯,如果不明确我们所谈的咨询过程究竟指的是哪一种,就很容易造成混淆。从研究的目的出发,咨询过程的含义可能在四个方面有所变化(Orlinsky, Grawe, & Parks, 1994):(1) 观察的角度。对咨询过程的观察可以从参与咨询的两方的角度来进行(比如事后问卷调查),也可以从第三者(独立观察者)的角度进行。(2) 治疗的过程与改变的过程。有些研究者和实践者从当事人的角度来看治疗过程,例如罗杰斯(参见江光荣,2000),这种角度看到的是当事人方面在治疗进程中所发生的变化;另一些研究者从治疗的角度来看过程,把过程定义为治疗进程中发生的事件——不管是当事人方面的,咨询师方面的,还是双方关系方面的——任何事件:知觉、想法、感受、行动,等等。(3) 时间次序还是因果次序。(4) 观察的事件单位(基本观察单位是词、句子、互动单元,还是阶段?)。由于本章的目的只是从学习角度阐述咨询过程的情形,因此,对本书的读者来说,值得注意的是三个看待咨询过程的角度:当事人改变的角度,咨询师工作的角度,以及咨询双方互动的角度。

从当事人改变的角度看咨询过程,看到的是当事人身上发生的事情,比如当事人从初始期的定向不明、动机不强、防御,到中期的逐渐开放、主动,再到后期的广泛性的改变和自由感。这个角度的价值在于它帮助学习者理解在治疗改变这个漫长的过程里,各种改变的力量是如何在当事人身上生长出来,他内心里所经历的蜕变和挣扎,等等,从而更好地理解当事人,并明白在治疗过程中当事人的一些规律性的表现。这个角度的短处在于他把咨询师撇到一边,没有涉及咨询师在过程中的心理历程、关注点和变化。从咨询师的角度看咨询过程,较容易看清咨询师在过程中所面对的各种任务、咨询师所作的努力、咨询师的关注点和他的工作,等等。反过来的问题是,这一角度没有顾及在这一过程中的当事人。第三种角度是从咨询双方互动的角度看咨询过程,显然,这个角度虽然复杂一些,但它更符合实际。因为心理咨询与治疗本就是一个在当事人-咨询师的互动中逐渐推进的过程。从双方的相互作用看问题,能够更好地理解每一方的行为,从而也能更好地了解咨询过程的特点。

(二)咨询过程的两种认识模型

沿着相互作用的思路,可以把整个咨询改变比喻为一个反应釜中发生的复杂反应过程。在这个"咨询反应釜"中,人们投进了全部咨询要素:咨询师的理论立场、人格、态度、策略和技术,当事人的经验、认知和情感、行为、人格,等等。这些要素我们在前几章分别作过讨论。现在的问题是,这些要素的反应过程如何?它们是怎样最终得到一个反应生成物——当事人的改变的?对这个问题进行探讨虽然不告诉我们实际咨询的阶段进程的细节,却使我们能更好地把握咨询过程的本质。

可惜的是,在心理咨询与治疗学科发展的现阶段,我们能提出这个问题,却还不能完满地回答这个问题。因为这个问题太复杂、涉及的变量太多,现有研究尚不能确切地告诉我们,在咨询进程的每一时刻,反应釜中发生的每件事的详情。因而也就不能肯定地知道我们应该怎样控制反应进程。但我们也并非完全一无所知,就一些主要变量的相互作用情形,现在许多咨询师已有一些一致或近似的看法。根据海伦和希尔(Highlen & Hill, 1984, p. 346)的综述,当代研究者对咨询过程的本质的见解倾向于两种模型,即"相互作用模型"和"单向影响模型",见图5-1。

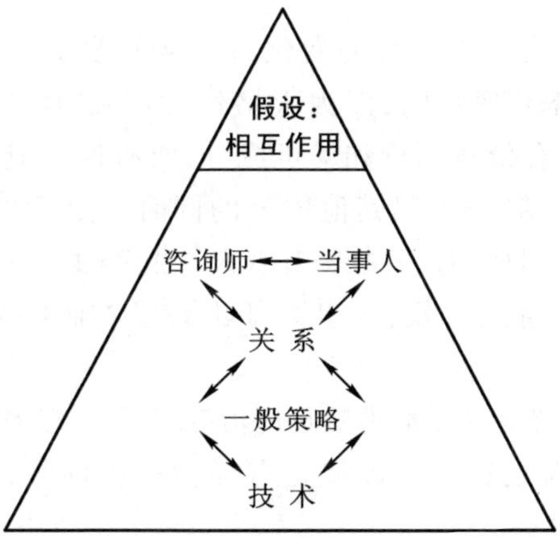

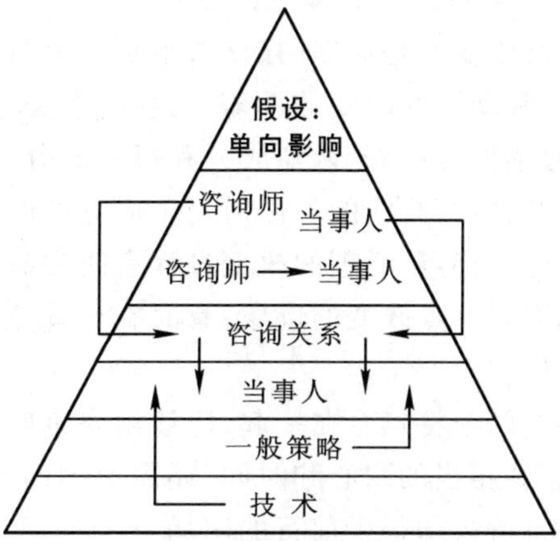

图5-1 咨询过程:两种认识模型

从图 5-1 所示的两种模型可看出,研究者对各要素的影响方式存有两种不同的看法。(a)图代表着“相互作用”的看法,即认为每一要素都对其他要素发生影响,同时又受其他要素的影响。而单向影响模型[(b)图]则认为各要素是相对独立地影响当事人的。

笔者对咨询过程的看法更接近于相互作用模型。在这个模型中,每个要素都跟其他要素存在复杂的相互影响。例如,咨询师和当事人之间存在着“匹配”的问题,这种匹配的情况影响着咨询关系,而咨询关系的格局一定会影响到咨询和治疗的取向以及治疗策略和技术的选择。反过来,特定的治疗策略和技术又会要求一定的咨询关系。不过,整体来看,这个模型中,咨询关系占有一个非常核心的地位。任何策略和技术都是在一定的咨询关系的气氛下施与的,关系的性质必然会影响技术的选择和指导的方式,也会影响当事人是否容易接受它们的影响,是否发生实际的治疗效用。

在这种把咨询关系看做各种要素的媒介和载体的思想指导下,我们就应在具体的咨询进程中特别强调咨询关系的建立和发展。尤其是在前期,从开始接触到探索问题到探讨治疗目标这些阶段中,始终把咨询关系放在头等重要的位置。同时,我们也应强调灵活性。因为既然咨询师和当事人的各变量是相互影响的,便无法按一个固定僵死的程式去行事,必须随时根据实际互动情况调整我们的反应。

(三)改变过程的特点

罗杰斯曾概括当事人中心治疗改变过程的若干特点(参见江光荣,2000,第 122-123 页),其中有两个特点恐怕是所有治疗所共有的:

1. 改变是一个连续的过程

这里所说的改变是指人格的改变。当事人在心理治疗中的改变是一个渐进而非跳跃的过程。这个特点提示我们,心理治疗是有规律的自然过程。咨询师应该对这一规律性的进程有所认识,从而使得我们面对不同的当事人不同的治疗特点时,心里仍然有清晰的定向,并知道努力的方向。

2. 人格改变是整体的改变

人格改变不是局部的改变,不是单个行为或一组行为的变化。人格的改变呈现出一变全变、联动性的改变的面貌。这个特点是容易理解的,因为人格作为习惯化的反应方式,有情感体验成分、认知成分和行动成分,还有价值评价和动机成分,所有这些成分都是互相关联、协调共济的。任何一个成分的改变,势必引起其他成分的同时或延后的改变。正由于这一特点,心理的改变过程有时颇有戏剧性:你可能跟当事人一起努力了很久,但就是见不到一点改变的迹象;有时在你毫无准备的时候,当事人却出现了“排山倒海”般的大变化。

以上两个特点合在一起,应该给咨询师一个启发,那就是心理治疗是一个相当艰巨的过程,需要相当的耐心和时间,还需要锲而不舍的韧性。即使是有经验的咨询师,也往往遇到旷日持久却很少前行的困局。

改变过程的特点还跟咨询和治疗的性质有关。在这一点上,心理治疗和心理咨询是有一些区别的。一般来说,心理治疗较多注意当事人的内部动力性问题和行为模式问题(如内在冲突、价值信念的改变、人格问题等),因此时程较长;心理咨询除注意当事人在这些问题外,还会较多注意当事人在特定生活领域的适应问题(如婚姻、职业、学业问题),在这些方面给出一些专业性的帮助。因此,心理咨询在过程上有较多"问题解决"的色彩,心理治疗则较少这一色彩。

二、自然主义的过程处理和技术主义的过程处理

不同的治疗家和理论流派对咨询过程的处理存在不同的倾向和态度(Brammer & MacDonald,2003)。某些治疗家和理论流派视咨询为一个自然的进程,因之很少对过程进行人为的干预和操控。这些治疗者愿意随着咨询的进展,听凭咨询师和当事人的直觉去引导咨询的方向,谈当下该谈的话题,做当下该做的事,这一倾向像处理日常生活中自然发生的友谊关系一样来处理咨询关系。以人为中心治疗可能是这一倾向的代表。以人为中心治疗承认咨询是一个渐进的过程,承认它有着阶段性的特点,但不从技术的角度来规定治疗的进程,不强调要依一定的计划和程序做事。心理动力学的咨询也不严守固定的计划和步骤,咨询过程的进展很大程度上取决于当事人呈现的冲突。这种处理倾向是较为自然主义的。

另一些治疗家和理论流派则明显采取技术主义的倾向。行为治疗是这一倾向的代表。行为治疗的特点之一是很强的计划性。它把咨询和治疗看成一组严谨的科学程序,整个过程从哪儿开始,到哪里结束,中间要做哪些"功课",都有一定规程。而每一步做什么,应该怎样做,也有清晰的规定。这些工作任务甚至会以时间表的形式固定下来,然后按部就班地进行。

更多的治疗家可能倾向于较中庸的立场。这种倾向是既保持一定的行动定向性,又给予治疗过程相当的自由度。本书作者较倾向于这种处理方式。这种方式的好处是:一方面,一定的程序性保证了咨询在一种约定的格局下进行,使得咨询双方以治疗目标为核心来调整工作方向;另一方面,它并不刻板僵滞,而是在大的格局清晰的情况下有随机调整的自由。

三、咨询基本阶段的划分

不同的理论家对咨询应划分为哪几个阶段意见不一。有的分为三个阶段,也有分为近十个阶段的。但仔细研究他们的划分,却发现他们的说法实际上是大同小异。各种分法都包含了一些基本的阶段性任务。表 5-1 是对八位理论家的划分进行比较分析后得到的结果。

表 5-1　咨询阶段的划分

Brammer	Carkhuff	Ivey	Wiliamson 等	Urban	Egan	Cavanagh	Blocher	一般阶段模型
(1) 进入 (2) 澄清问题 (3) 结构化 (4) 确定关系						(1) 咨询协议	(1) 发展关系	(1) 进入与定向阶段

续表

Brammer	Carkhuff	Ivey	Wiliamson等	Urban	Egan	Cavanagh	Blocher	一般阶段模型
(5) 探索问题	(1)、(2) 探讨和了解问题 (3) 定义问题	(1) 对问题进行定义	(1) 分析 (2) 综合 (3) 诊断	(1) 确定问题	(1) 识别、探讨和厘清问题以及当事人的机会和潜能	(2) 收集信息 (3) 评价诊断 (4) 信息反馈	(2) 问题确认	(2) 问题-个人探索阶段
探索目标、探讨改变的策略	(4) 界定目标 (5) 提出各种方案 (6) 讨论当事人的价值层次 (7) 选择方案	(2) 探讨解决方案 (3) 选择方案	(4) 预测结果	(2) 提出假设 (3) 检查假设 (4) 采取决定	(2) 找出并确定目的、目标、或行动议程 (3) 策划达成目标的行动策略,形成计划		(3) 确定目标	(3) 目标与方案探讨阶段
收集事实、表达深层感受、学习新技能 (6) 巩固 (7) 计划	(8) 实施方案	(4) 实行方案	(5) 劝导或治疗	(5) 参与行动	实施	(5) 行为改变	(4) 认知改变 (5) 行为改变 (6) 迁移和巩固	(4) 行动/转变阶段
(8) 终止和评价			(6) 追踪	(6) 评价结果	终止关系和随访	(6) 结束	(7) 结果评估	(5) 评估/结束阶段

从表5-1我们可以看出,尽管不同的划分有繁有简,表述有同有异,但大都包括五个基本工作内容。据此可将咨询过程分为五个基本阶段:(1) 进入与定向阶段;(2) 问题-个人探索阶段;(3) 目标与方案探讨阶段;(4) 行动/转变阶段;(5) 评估/结束阶段。

这些阶段是以工作任务为纲来划分的。这样划分的好处在于,它可以较好地体现出咨询师和当事人的互动情形。在每一个阶段工作中,随着咨询发展的自然进程,咨询双方的态度、动机、典型性的内心体验、互动中的关注点,等等,会有不同的表现,而每个特定阶段的工作任务和互动内容,是随着这种自然进程的变化而变化的。因此在以下介绍各阶段情况时,会以工作任务为中心,以当事人在该阶段的表现特点和咨询师在该阶段的关注点为基本线索,来描述各阶段的活动概貌。

第二节 咨询的基本阶段

一、进入与定向阶段

(一) 本阶段的任务

事实上,这是正式心理咨询过程开始之前的一个阶段,通常由首次(或头一两次)会谈完成。这个阶段的核心工作任务是所谓“接案”(case intake),即通过初步的了解,决定是否接受一个求助者进行正式的心理咨询或治疗,所以也有人称这个阶段为“接案阶段”或“预备阶段”(林孟平,1988)。在某些医疗机构,由于人手充足,这个接案工作甚至跟正式的治疗分开,由一位专门的接案人员来担任。不过,作者并不以为这是一个好的做法,因为这一安排重视的是机构的工作效率,对当事人并不公平——当事人在进入正式治疗后,得跟正式的治疗师再次重复接案会谈中的交谈内容,并且对建立咨询关系也可能有消极影响。幸亏多数情况下,这个工作还是由咨询师自己来做。

这个阶段的主要工作包括:

(1) 建立咨询关系;

(2) 收集相关资料,以利于:初步界定问题,明确咨询需要,初步了解当事人的个人、环境资源;

(3) 作出接案决定;

(4) 作出咨询安排。

进入这个阶段的当事人有两个出口:一是进入正式的咨询和治疗;二是被转介。这里侧重讨论一下转介问题。

从国内各咨询机构近些年的实践经验来看,有相当一部分心理咨询的求助者其实应该转介到医疗部门或某些社会援助部门。例如有的当事人的主要问题是身体疾病或者精神疾病,有的当事人则有经济上的困难、法律上的问题、就学或专业上的问题,等等,这些现实问题有的引起当事人心理上的痛苦,或者跟当事人的心理缺陷相互关联,从这个意义上说,为这些人提供咨询帮助是可以的。但是其中有一些人,可以明显看出其困扰的主要来源是现实困难,并且心理咨询并不能助其解决这种困难,这时候转介是必需的。例如一位遭受丈夫暴力虐待的妻子,一位有明显精神分裂症状的当事人,一位痛恨现在的专业想要转读另一专业的大学生,心理咨询可能不是他们急需的帮助形式。这时就需要跟其商讨转介的问题。当然,有的当事人也可以安排其在接受咨询的同时,寻求别的专业帮助。

初步界定问题是作出接案决定的基础。界定问题是要确切地了解在什么地方或情境里,什么人或哪些人,有一个什么方面的问题?问题的类型是个人内在的:人际的、工作或学习胜任方面的,还是家庭婚姻方面的?对问题的界定通常表现为可以用明确的陈述来表征这个问题。比如:“当事人对婚姻生活感到厌烦和不满,但又不知道如何改变这种状况”,“当事人对现在所学的专业不感兴趣,学习成绩差,不知应该申请改修另一专业,还是进行自我调整,坚持学下去”,等等。界定问题的主要作用是明确治疗需要,并据以评估咨询的预期效果。

在界定问题工作中,一个重要的考虑是弄清是谁的问题。一些新手往往想也不想就以为所有问题都是当事人的问题。其实有不少首次寻求帮助的个案,并不真是他自己有问题,而是因为别人的问题使他成了替罪羊。例如,一位家长将孩子送到咨询中心请求帮助,你可能发现,原来应该帮助的是家长而不是孩子。一位妻子来寻求帮助,问题却是起于她丈夫。就受助的单元来看,有的问题不是一个人的,而是两个人甚至更多的人的问题,例如夫妻关系问题或家庭问题。所有这些情况,在接案会谈中都是应该留意的,要据以考虑是接受求助者的本案当事人,还是转介到其他帮助机构(如社会、法律援助机构),还是设法动员问题的主要所有人来做咨询。

对于可能要进入正式咨询程序的当事人,这个阶段的另一任务是让他们获得定向。所谓获得定向,简单地说就是让当事人预先知道接下来要做的事,事情会如何进行,对他有什么期待和要求,等等。这个工作被称为“结构化”。结构化是建立正式咨询关系的一个重要环节。有关结构化的内容,见本章第四节。

(二)会谈初始

1. 了解当事人的准备

在见当事人以前,咨询师需要做一点准备工作,对当事人是谁、咨询的问题是什么有大致的了解。如果咨询机构有专职接待员做预约、登记、通知等工作,咨询师可以通过当事人登记的基本信息和求询问题、接待员的印象、转介信、家长或推荐人的介绍等资料来了解当事人。研究这些资料目的有二:一是看当事人是否适合接受咨询;二是为初次会谈提供一些假设。咨询师可以设想当事人的问题、处境,当事人可能的反应以及可以运用的策略等,形成这些假设有助于在咨询中搜集信息,有助于拟定咨询的方向。但这种假设不应变成先入之见,影响你倾听当事人的叙述,要准备它们在会谈中随时被纠正(Zaro, Barach, Nedelman, et al., 1977)。

在开始谈话后还应该就以上这些关注点直接从当事人那里获得信息。以下是应该重点了解的信息:

(1) 了解当事人求助的途径

了解当事人求助的途径即了解当事人是怎样求助的——主动?被动?被强迫?这个了解很重要。当事人可以分成两大类:一类是主动、自觉地前来寻求帮助的;一类是被动前来的。一般说来,主动的当事人对自己的问题感到不安或者痛苦,有改变的愿望,对咨询和治疗抱有希望,对待咨询的态度也比较积极。被动的当事人要么对自己的困难不自觉痛苦,要么有痛苦而无不安,要么没认识到自己有问题,要么是意识到有问题但又不相信心理咨询和治疗能帮助他,或者还有其他畏难或顾虑。他们是被其他人动员甚至强制来的。动员或强制的人往往是家人、亲友、教师或所在单位领导。在这类当事人中,有些人能够与咨询师合作,但许多人是不情愿、勉强、应付敷衍,甚至有抵触情绪。这些人缺乏求助动机。由于求助动机对咨询能否取得收效影响极大,因此咨询师应该特别慎重地考虑这类当事人的条件,有时要考虑有无必要建立咨询委托关系。

咨询师应该考虑两点:

第一,为什么要安排、动员这个人来咨询?具体问题包括:当事人是否真有心理困难或障碍？是否当事人只是别人的不正常心理的牺牲品？动员者或安排者一方期望从咨询中得到什么？在这里，了解是谁动员、安排来访能提供不少信息。通常，家人、亲友多是从当事人的健康和利益出发。但学校、雇佣单位的委托咨询却不一定总是从当事人的利益出发。例如，学校需要对当事人的智力进行鉴定，鉴定的结果可能导致不利于当事人的分班；雇用单位期望得到一个辞退当事人的合法依据。这都不是绝无仅有的事。总之，我们需要知道委托咨询的目的，它能帮助我们对当事人可能有的态度或反应有所准备，同时也好确定我们应有的反应。

第二，动员者是怎样"动员"当事人的？动员者是采取怂恿鼓励方式，强制胁迫方式，还是软硬兼施方式？动员者是怎样向当事人介绍咨询和治疗的？这些介绍正确吗？它们可能会在当事人心里产生什么预期和定势？这些信息也很有用。一位视咨询师为全知全能者的当事人，可能对咨询持一种被动依赖的态度，把咨询师的话奉为圭臬，不积极参与决策，不积极进行自我探索。而另一位当事人可能是老师作为一项惩罚手段打发来咨询的，这样他可能对咨询和咨询师先就抱着猜疑、敌对态度，把咨询师看成老师的帮凶而不是真心想帮助他的人。

(2) 了解当事人的态度和情绪

初次进入心理咨询的当事人通常在态度和情绪上是矛盾的、不安定的。他们的情绪感受是多成分混在一起的，期望、畏难和抗拒是最常见的态度和情绪。

期望：导致当事人来寻求咨询的直接原因有三类：想对自己有更多更好的了解；解脱烦恼；需要鼓励(Brammer & MacDonald，2003)。咨询师要注意当事人容易有的不切实际的期望，如指望咨询有神奇效果，能在很短甚至一次会谈中解决问题；期望遇到一位特别合意的咨询师，等等。这些不切实际的期望会妨碍咨询过程。

畏难和顾虑：受文化和习俗偏见的影响，许多当事人觉得看心理门诊是件不光彩的事。对有些人来说，接受咨询就意味着承认自己不正常。所以他们往往是悄悄地一个人前来。另一导致畏难和顾虑的原因是害怕暴露隐私。向一位陌生人(哪怕是咨询师这样的专业人员)暴露自己的弱点、毛病乃至隐私是一件相当困难的事，特别是有些涉及夫妻关系、道德、性问题的案例。

抗拒：即使是有最大动机的当事人也会有抗拒(Brammer & MacDonald，2003)。有好多因素会引致抗拒，如文化偏见(求助是示弱、丢脸、家丑)、害怕改变、害怕揭露内心世界、害怕向一个陌生人"交托"自己，等等。

(3) 了解当事人的预期和反应准备

多数当事人对即将开始的咨询都有一些事先的设想、预期，并随之作了一些准备。这些预期包括对会谈活动形式的猜想，对咨询师的态度、做派乃至形象的设想，对开始谈话内容的推测，等等。当事人有怎样的预期，当事人的预期与实际情况相符的程度如何，对咨询师是重要的参考线索。咨询师要设法了解他的预期，设法纠正不正确的预期，建立正确的预期。这也是结构化工作(见后文)的主要内容。

了解当事人的求助动机、态度和反应准备，是为了咨询师作出有针对性的反应，以便较快地建立起咨询关系。另外，咨询师要特别注意自己的态度和举止，因为这个时候当事人非常敏感，急切地想要从咨询师的言行中找到可以使自己定向的线索。布拉默和麦克唐纳(Brammer & MacDonald,2003)有一个提醒很好:咨询师应该在心里问自己,我有没有做什么使得当事人产生或加强了不切实际的期望、害怕和抗拒?

2. 咨询师自身的准备

咨询师自身的准备包括对当事人所求助问题的知识、有无接待经验,等等。例如,你的当事人是一位退休的老年人,你是否对老年人的心理有所了解?是否研究过退休造成的心理影响等。如果你的当事人是一个正在读小学的儿童,你也得问问自己:“我了解儿童心理发展的特点吗?”“我能与儿童顺利沟通吗?”如果感觉自己难以胜任,应该考虑转介。

当然,遇到从未接触过的当事人类型,不一定马上说不行,可以给自己一点挑战。柯里认为在自身实际的限制与挑战“极限”之间,存在着微妙的平衡。在认定我们缺乏人生经验与个人特质而无法治疗某种群体之前,我们应该先尝试一下。当你放开心情去面对,可能会发现彼此认同的理由比原来想的要多(Corey,1998)。比如,将要接待的是一个上网成瘾的青少年,咨询师可以先搜集一些网络成瘾的资料和信息,即使临时准备也未尝不可。但平时注意积累资料,用心学习,你将会在接待新的当事人时更有准备。

咨询师的准备还包括值班中的心情和状态。要设法使自己心境平和,注意力容易集中。送走一个当事人,不要马上接待第二个,最好整理上一位的信息,或简要写下咨询记录,然后休息一下,调整好之后,再接待下一个。如果前面的咨询中产生某种情绪或困扰,不要让这些影响持续到下一个咨询过程,要设法让自己平静下来。如有必要,可以向当事人稍加说明,请他稍等几分钟,作好了准备再开门迎接你的当事人。

(三)开始谈话

当事人进来后,应受到你友好的欢迎,方式不拘。当然,没有必要显出过分夸张的热情,关键是你的言语和非言语反应中要透露出真诚。然后你应作一个自我介绍,这时的自我介绍应该非常简短,例如:“我姓张,是今天的值班老师(大夫),你可以叫我张老师。”对方知道怎么称呼你,就给了他一个开口的方便。接下来的话题可视当事人的情形而定,有的可以直接进入正题,如“你来这里,是有什么需要我们的帮助吗?”有时当事人显得还没安定下来,则可以问问路上的情况、天气,等等,目的都是为了使对方放松,然后尽快转入正题。

引入正题的话可以有多种说法,但都要是开放式的问题,用语要模糊一点、笼统一点,以便当事人能按自己的想法自如地开始。如:

“我看了你的登记表,你希望我能对你有所帮助?”
“你觉得有些问题需要我们的帮助?”
“你到这里来是想要得到哪些帮助?”
“你到这里来的目的是……?”

二、问题-个人探索阶段

(一)本阶段的主要任务

问题-个人探索阶段是前一阶段的延续和深化。这个阶段进行的情形,因咨询师的取向不同存在很大变化。因此很难给出一个统一的工作模型。一般来说这一阶段会包括下面一些工作任务：

(1) 建立良好的咨询关系。就咨询关系的个人性和情感联系这一特性而言，我们没有一个专门发展这种关系的阶段，关系的发展是渗透在各阶段围绕基本工作内容的互动中进行的。但是，在咨询进程的初期，关系的建立显得特别重要。在这一阶段，咨询师心中始终要意识到关系的进展，并小心地选择反应方式。多用倾听技巧是合适的。

(2) 搜集有关资料。搜集资料是为了理解和界定问题，理解当事人，同时也为确定目标和计划方案作准备。搜集资料也涉及许多要考虑的问题和因素，比如搜集哪方面的资料，以什么为线索去搜集资料，如何进行搜集资料的谈话，等等，这些问题会在下一节和有关当事人评估的章节中进行较深入的讨论。

(3) 进一步界定和理解问题。界定和理解问题其实包括两方面的工作，即界定问题和理解问题。界定问题的工作在进入阶段就已经在进行了，本阶段继续此工作只是在前段基础上做得深入一些、明确一些，对有的问题的界定也可能随着了解的加深而要作出调整。理解问题是将心理困难与可能的原因或有关联的条件联系起来，通俗地说，就是发现因果关系或关联关系。

(4) 协助当事人进行自我探索，达到对当事人的深入了解。这项任务是整个问题-个人探索阶段的重心所在。问题理解也可以统辖在这个任务之中。

（二）当事人的反应特点

本阶段的当事人在经过了进入阶段后，对咨询过程已经有所了解，对咨询有一定反应上的准备。因此在情绪上比刚进入时要放松一些，反应也自如一些。但是在这个阶段开始的时候，当事人还很难进行深入的探索，往往还是披着一层刚硬的外壳在与咨询师进行互动。

在求助动机方面，当事人的表现可能各不相同。有的期待很高，非常关注咨询师的表态和咨询师对他的态度；有的非常消极被动，似乎接受心理咨询不是他自己的事；还有的表现得相当抗拒，尤其是那些通过强制或半强制的途径来接受咨询的当事人，他们会用各种方式表达他们的不满和反抗。

在反应方式上，有少数当事人一开始就有很强的情绪反应，只要咨询师能以真诚、关注和同感理解的态度对待，他们会像打开的闸门一样，倾泻内心的苦恼、不平或者愤怒。但多数当事人会用一种相当平静、理智的调子开始谈论自己的麻烦。有的人事先打过腹稿，所以讲起来有条有理、清晰流畅。但是，他们的叙述会给你一种不真实、奇怪的感觉——那些伤害、苦难、不公，听起来是那样平淡，那样干涩。这种叙述有三个特点：一是缺少情绪和情感；二是非个人化；三是概括和笼统。当事人会涉及情绪，但是并没有情绪反应，譬如当事人说："我当时气急了"，"我妈妈是那种……很要强的人，父亲去世后，她就一直带着我们兄妹四个过日子"，等等。说这些通常会引起强烈情绪的内容时，当事人给你感觉却是：他觉得这些都是平淡无奇的琐事。非个人化是当事人在该用"我"作主语的地方，用"你"，用复数人称，或者人称不明。例如，"一个人在那时，你没有办法选择嘛"，"事情就那样，你说或者不说，反正都一回事"。这些特点给人的感觉是在谈另一个人的事，不是当事人的事。概括和笼统也是这种叙述的突出特点。当事人会用许多代词或大而化之的词，如"那样"、"这样"、"人们"、"事情"、"反正"、"总是"、"都是"、"差不多”、“大概”,等等。他的叙述使你有一个大致印象,但不具体、不鲜明、不确切。当事人的叙述有时给人一种印象:他希望快点把这些味同嚼蜡的事情说完,他自己对这些毫无兴趣,也没指望别人对他所说的感兴趣。

当事人看待自己和自己的世界的态度有时会给人一种矛盾的感觉。一方面,当事人的描述令人觉得一切都非常自然,都顺理成章,“就是这样”,“只能这样”;但另一方面,当事人又让你觉得不解:既然如此,为什么你还要来咨询中心?这种描述反映着当事人个人建构的问题。当事人建构出一个独特的个人世界,这个世界是他不喜欢的,但它具有协调性和统一性,并因之具有稳定性。因此尽管当事人痛苦或者不满,但他看不出不合理之处,看不到另外的可能,看不到任何改变的出路。更要紧的是,当事人并没意识到这个世界是他自己心造的,从来也没怀疑过这个世界的客观真实性,甚至也没想到过可以怀疑这些“当然的”信念。

以上是本阶段初期当事人的一些特点。随着互动的深入,当事人在所有这些方面会逐渐发生变化。如果我们把变化的核心聚焦于当事人的内部建构,那么这个变化的方向可以形容为内部建构从协调、刚硬变得有所松动,协调被打破,再变得可以进入新东西,并随着新因素的进入而改变旧格局。建构的变化是内部的、不可观察的,但它伴随着一些外显的变化,可以据以推知内部的改变。

变化的一个明显标志是当事人越来越少用对象化的方式谈论自己和自己的麻烦。他的谈话越来越明显是谈“我自己”,“我的想法”、“我的感受”、“我的习惯”,而不再像是在谈别人。

另一个变化的标志是从谈事情到表达态度和感受。当事人在这个阶段开始的时候,倾向于平铺直叙地谈发生的事情,描述过程、介绍想法和观点,等等,这种谈论方式似乎让他感到比较自在。随着咨询关系的逐渐建立,当事人慢慢会流露出一些感受。一开始是不经意地流露,比如:“这学期事情还比较顺利,我觉得状态还不错……哎呀,不说了,真烦人!”再往后,当事人渐渐能够更自由地谈论态度和感受,尤其是负面的态度和感受。

第三个变化的标志是从谈过去到谈现在。随着会谈的进行,尤其是随着咨询关系的发展,当事人逐渐从谈过去转而涉及现在。这种现在不是“现在一般时”的现在,而是“现在进行时”的现在,即此时此地个人心里发生的想法、感受和情绪。这一变化发生在本阶段较晚一些的时候,是当事人自我探索的一个重要方面。一种情况是当事人将过去的情绪带到现在,旧的体验重新唤起。另一种情况是当事人跟咨询师互动中对二人关系的体验,比如对咨询师的喜欢、敬畏、恼怒,等等,这也就是心理动力理论的移情性体验。

(三)咨询师的反应要点

问题-个人探索阶段是咨询过程中一个时间较长的阶段,也是咨询中的重头戏段子。如前所述,不同的咨询流派在处理这一阶段的工作时有不同的倾向。以下所谈,是一般性的要点。

处理好“问题”和“人”的关系。“问题”是指当事人的问题,“人”是指当事人这个人。正如这个阶段的命名所暗示的,这个阶段既要探讨当事人的问题,又要探讨当事人这个人,咨询师要注意处理好问题探索和人的探索的关系。以作者的见解,处理这个关系的原则,是从“人”的角度看“问题”。如果我们只是盯住当事人的问题,把当事人的人际问题、工作胜任问题、夫妻关系问题、家庭关系问题都梳理一遍，我们至多得到一张问题清单，但往往无法理解这些问题，也看不出问题与问题之间的联系。须知问题总是“人”的问题，是“这个人”的问题。只有理解了这个人，才能理解他的问题。如果我们更多从“人”的角度，更多注重当事人的现象世界，了解他的自我、他建构世界的方式，我们就不仅知道他害怕，他退缩，他总是一个人静静地待在某个角落里，我们还能明白他为什么怕，为什么愿意一个人静静地待着。再进一步，我们还能知道他何以发展出这样一种建构世界的方式，何以有这样一个“受惊了的”自我。

处理好“张”和“弛”的关系。“张”和“弛”是指会谈互动中的压力。互动本身是可以产生压力的。询问、挑战当事人的说法，质对，要求当事人完成现场作业……这些处理都有可能使当事人感到压力。而抚慰，用没有实质意义的闲话来缓和气氛，原谅，表达温情……则使人放松。在问题-个人探索阶段，咨询师要对会谈中的“张”和“弛”有意识，并自觉地调节它们。一般来说，在此阶段初期，不应太“张”，因为此时当事人还没有准备，还不能承受较强的冲击。另外，新手要注意两个偏向：一是逼得太紧；二是放得太松。好的处理是张弛有度，一张一弛。

处理好“领”和“跟”的关系。咨询师和当事人就像两个结伴同行的人，在当事人内心世界里探索前行。如果这个比喻成立，那么就有一个实际的问题：在会谈互动中，两个人谁走在前，谁走在后？对这个问题，大多数治疗家的回答是，咨询师的位置在当事人稍后一点的地方。但这只是一般情形，并不是说咨询师永远也不可以领先，永远不要询问、提示、自我揭示……咨询师引领当事人的情况是时常会有的，如果运用得当，对咨询进程和效率会有积极作用。之所以要求咨询师以“跟”为主，以“领”为辅，是因为咨询师太主动、太积极，常常导致当事人变得被动和消极。而咨询师多运用倾听反应，有意识地拖后半步，能够促进当事人的自我探索。

处理好咨询师“理解当事人”和当事人“自我了解”之间的关系。咨询师在咨询过程中的一个基本任务，是所谓“个案厘析”（参见本书第八章）。个案厘析在这里是指咨询师达到对当事人全面透彻的了解，能够解释当事人的行为和反应。心理咨询师的另一任务是促进当事人的自我了解。如果处理得宜，这两项工作是彼此相倚，相互促进的；但如果处理不当，二者也可能发生冲突。原因在于咨询师对当事人的理解和当事人对自己的了解并不总是同步。当咨询师急于得到对当事人行为的解释的时候，他可能按自己的思路和假设去询问，去搜求证据，而忘了按当事人的步子走路。就如上面所说，他可能只是在“领”当事人，而不是在“跟”当事人，这势必妨碍当事人进行自我探索。

三、目标与方案探讨阶段

目标与行动方案的探讨是问题-个人探索的自然发展。在问题-个人探索阶段，当事人基本完成了“我是谁？”“我有什么麻烦？”的自我探索历程。当他不再忽视自己的感受，不再用习惯了的生活信条来约束自己的每个自然冲动，当他开始用好奇的、新鲜的目光重新审视自己的世界，他立刻面临的一个问题是：“我要到哪里去？”这个问题的一些变式包括：“我要的是什么样的生活？”“什么才使我感到幸福？”“我希望怎样改变我的生活？”等等。这就使咨询进入到目标与方案探讨阶段。

事实上,目标问题在实际会谈中往往是借具体的生活决策问题表达出来的。例如,要不要继续学习这个令自己讨厌的专业,要不要维持婚姻,是不是应该辞职,等等。这些生活决策问题后面,大都关联着人生目标问题。

在本章开头已经提及,心理咨询和心理治疗在目标设定上存在相当差别,前者较多涉及生活改变,后者较多涉及个人改变。不少心理治疗体系强调治疗改变的内隐性,如心理动力学治疗、以人为中心治疗、格式塔治疗等,这些内在的改变包括认知方式上的、体验方式上的、态度和信念上的。这些治疗体系不太强调当事人实际生活的改变,而是把这方面的改变看成个人内在改变的自然后果。因为这个区别,心理咨询和心理治疗在目标探讨上也有所不同。对不少心理治疗家来说,治疗的目标是明确、既定、统一的,比如促成当事人的领悟,让当事人内在的感受更加自由地流动,等等(参见第三章各流派的一般目标),这些目标只需存于治疗者心中,无须跟当事人讨论。所以,一些心理治疗中甚至可以没有目标探讨这个工作。但对目标的探讨在心理咨询中就比较重要。

有关咨询目标的理论探讨和设立目标的若干具体方法第三章已介绍过了,这里从互动和咨询师的反应角度补充讨论若干要点。

(一)激发当事人改变的动机

确定改变目标的工作其实并不难,也不会花很多时间。真正重要且有难度的工作是激发当事人改变的愿望。有不少当事人求助的动机只是需要得到抚慰、宽解,而不是认真想要改变自己的生活。使得当事人缺乏改变动机的直接原因大致有四种:(1)习惯了、适应了现在的生活模式。许多当事人的心态是生活虽然不够美好,虽然有不少痛苦和不满,但日子还可以过下去,还可以忍受。鞋子虽然很旧了,但还没有破,并且还“合脚”。(2)畏惧改变。有两种考虑会使得当事人畏惧改变。一是改变要付出代价,关系、亲情、金钱、时间、事业、爱、性,都有可能成为改变的代价。二是改变前景的不确定性或者风险,没有什么改变是绝对肯定、绝对有把握的。(3)没有认识到改变的可能性。当事人可能很痛苦,但没有看到任何可以摆脱痛苦的选择和出路。(4)现实获益。这是来自心理动力学理论的概念,指当事人因为“生病”而获得家人、亲友或工作单位的各种性质的照顾、宽宥,这使得当事人在一定程度上“愿意生病”。在当事人还没有真正产生改变的动机的时候,硬要使咨询转到目标探讨上来,一定会欲速而不达。在许多时候,耐心和等待是必要的。当然这不是说咨询师在这个问题上没有任何能动的余地。恰恰相反,咨询师在发现当事人缺乏改变的动机的时候,有许多事情可做。

问题-个人探索阶段的工作进行得是否深入充分可以影响当事人改变的动机。一般说,前一阶段工作越充分,当事人的改变愿望会越强。尤其是个人探索,如果较成功地促进了当事人的自我认识和自我反省,使当事人认清自己在面对各种影响自己的力量时,习惯性的反应方式是什么,以及这种反应方式又怎样导致了令自己痛苦的结果,当事人往往会产生改变的欲望。

针对上述妨碍当事人改变的原因,跟当事人作深入的交流,是促成当事人克服畏难、下决心改变的主要手段。如果当事人缺乏的是认识到改变的可能性,跟当事人讨论他可以有的选择,引入新的视角来看他的处境,是有效的做法。如果当事人是畏惧改变,可以有针对性地设计某些由易到难、由近及远的改变作业,使其从初步尝试中获得改变的勇气。但有一条须得注意，激发当事人改变动机的工作要防止出现咨询师太过积极而当事人被动应付的局面，仍然要强调当事人的主动性。

（二）处理好当事人的期望与目标的关系

这一点在第三章已经有过详细讨论，这里不再重复。

（三）咨询师要明了现有的干预手段和自己能力的局限

心理咨询与治疗的作用是有局限的，这种局限可分为专业的局限和个人的局限：前者是作为一个专业集体的局限，后者是作为咨询师个人的局限。有些特定治疗技术和方法，可能咨询师并不掌握，如果确定的咨询目标需要用到这些技术和方法，则可能需要转介。

（四）咨询目标的确定要以当事人为主，咨询师起辅助作用

确定改变目标是与价值干预关联最密切的工作。如果咨询师起主导作用，很容易导致直接的价值干预。所以咨询师的注意重点应该多放在当事人价值的澄清、个人需要的探讨等主题上，协助当事人自己作决策。另外，以当事人为主确定改变目标，有利于调动当事人的积极性，使其对改变有承诺感。

讨论目标时势必要涉及如何实现目标的问题，所以目标的确定跟行动方案或计划的拟定总是同时进行的。概略而言，制订方案或计划就是结合拟议中的改变目标，基于需要-差距的评估，根据当事人个人及其环境条件、咨询师的策略和技术储备等情况，设计出达到目标的行动方案或计划。行动方案大都可以用当事人的行为来定义。所有的行动方案都可以归结为行为的获得、增加或减少、停止。不过，这里的行为是广义的行为概念，不仅包括外显可观察的行为，而且包括内隐的活动。总之，包括一切可以由行为人主动调节控制的反应：思想、表达、体验、行动。例如，对于一个社会性退缩的当事人来说，假定改变的目标是要求在一定程度上改变这种现状，变得比较积极主动，那么行动方案可能包括当事人的以下多种行为：忍住恐惧，学习在心里鼓励自己，接受自己的"笨拙"，主动寻找机会在社交场合引起别人注意，练习跟别人交谈的技巧，等等。

方案探讨的主要工作有以下几项：

（1）根据上述要求，设想出各种可能的方案；

（2）对这些方案的优劣进行权衡、评估；

（3）确定一个合适的方案。

很明显，这是一个需要创造性的阶段。能提出多种"看似可行"的行动策略，才能从中选择较好的策略。所以，咨询双方（尤其是咨询师）的创造能力在这个阶段会受到考验。

目标和方案探讨也是充满决策活动的阶段。下面就此阶段的决策过程中会遇到的若干基本问题作些讨论。

问题一：应该寻找唯一正确或最佳的方案吗？答案是否定的。虽然从道理上推想，对每个问题都应该存在一个最佳解决方案，但实际的治疗受到多种条件的限制，例如当事人的时间、金钱，当事人的心理条件，咨询师的理论和技术准备，等等。所以徒然耗费精力去寻觅那个唯一的方案是不现实的。我们只能根据现有条件，从众多可能的方案中选择"看来最好"的方案。

问题二：有必要去探寻那些到头来不会采用的方案吗？有必要，因为只有比较才能鉴别和选择。只有找出众多的可能方案才能看出哪一方案更好一些。而且,事先想到其他可能还有一个好处,那就是万一所选方案在实践中证明不适合,我们还有备选方案。这种事情是常有发生的。

问题三:评价方案应以什么为标准?可以考虑下面三个指标:第一,有效性。该方案是一个有前途的"出路"吗?该方案具备解决面临的心理困扰的功能吗?这需要根据有关的心理学原理、规律、实验研究结论、其他同类治疗案例以及咨询师的个人经验进行判断。第二,可行性。当事人个人资源有多少是可以利用的?环境中有多少资源是可以利用的?个人和环境方面有哪些不利因素?这些不利因素是可以克服的吗?咨询师(有时还涉及他所在的治疗机构)具备实施此方案的能力和条件吗?第三,经济性。这一方案代价有多大(时间、精力、金钱、社会形象)?

问题四:由谁来确定方案?答案是共同参与,当事人为主,咨询师协助。要避免由咨询师一相情愿地设计方案,然后强加或推销给当事人。这有几个理由:首先,方案的实施有赖于当事人愿意接受该方案,愿意付诸行动。共同讨论、当事人为主的做法有助于当事人产生对行动方案的承诺感。其次,如果由咨询师单方面设计方案,这种做法似乎在暗示当事人是软弱的、无能力的、无责任的。这种暗示后果与咨询的本来宗旨背道而驰。第三,最了解当事人的是当事人自己,共同讨论方案能充分利用当事人的信息,例如他自己的和环境的信息,使方案更为切实可行。

问题五:当事人不愿接受方案怎么办?当事人不愿采纳一个方案或一种治疗策略的事时常会发生。事实上,不少治疗计划开初在当事人眼里是有点威胁的。因为该计划或该策略需要他作出艰难的甚至是痛苦的努力。这跟前面讨论到的改变动机实质上是同一问题。要解决这个问题,咨询师除了要考虑动机来源上的原因外,还可以有一些办法。如,对该方案或策略将如何实施、会取得怎样的功效作一些解释说明,给一点保证和鼓励。更重要的是咨询师自己要表现出对方案的信心和指导完成方案的能力,让当事人对你感到信任、放心。还有一种情况,当事人对改变途径自己有一个明确的设想,而且强烈希望咨询师接受他的想法。当他的意见不被依从时,他不愿意接受别的策略。笔者曾接待一位有强迫性恐惧观念的当事人,他的问题是一个极怪异的恐惧念头:假如自己死了,亲友将自己入殓埋葬,但在棺材里自己又活过来了,此时岂不是叫天不应叫地不灵?这一念头以强迫形式纠缠着他。他自己对改变途径有一个强烈的期待:咨询师能帮助他、说服他,使他相信这种事是不可能发生的。从咨询师这方面说,他期待的那种改变途径是不可能成功的,因为强迫观念当事人的一大特点就是有令人惊叹的"万一"假设能力。他能够无止境地假设可怕的事万一"就会发生"。因此,咨询师提议的改变目标是:能够停止这种强迫念头,或者想到这个念头而不再恐惧。该当事人在讨论方案时表现出强烈的抵抗。遇到这样的不情愿,咨询师首先须有的品质是耐心和坚韧,需要详尽讨论他的方案的不合理、不可行之处,然后对拟议中的方案进行说明解释,同时传递出你对拟议方案的信心和能力。在许多时候,鼓励当事人作试验治疗,同时保证如果试验失败可以重新考虑其他途径,是一种可行的做法。

问题六:怎样选择改变的策略和技术?方案中总要包含拟采用的策略或技术,它们是方案的核心成分。不言而喻,这和咨询师的理论取向以及他的策略、技术储备有直接联系。所以对同样的心理困难,不同的咨询师可能有很不相同的方案。例如对于前面那位有强迫性恐惧观念的当事人,心理动力学取向的咨询师会把重点放在揭示和分析无意识冲突上,而行为取向的咨询师会把重点放在运用行为技术阻止强迫观念的出现或对恐惧的脱敏上。

在当代占主流的折中主义取向的咨询师中,对策略技术的取舍遵循一个原则:不拘流派,择善而行。即根据当事人的条件和问题的性质,从任何你已掌握的技术中选择最适合者。当然,这有一个前提,咨询师须有相当丰富的理论、技术储备。

有时候,咨询师可能想在一位当事人身上试验一种新技术,这时有一个问题,应该让当事人知道你以前并未运用过该技术吗?答案是应该让当事人知道。硬充这一技术的专家不仅在专业伦理上不妥,而且难以处理万一事与愿违的局面。你需要征得当事人同意才能实施,并且最好取得一位熟悉此法的同行的督导。

四、行动/转变阶段

不言而喻,行动/转变阶段是咨询过程中最具活力的环节。在这一阶段,咨询师根据目标和方案,以一种或数种治疗理论为指导,通过分析、解释、指导、训练等方式来影响当事人。当事人积极参与这一活动,产生出理解、领悟、模仿,学习新的认知方式和行为方式等,向目标方向取得积极的改变。这就是行动/转变阶段的基本任务。

如同前一阶段一样,心理咨询和心理治疗在这个阶段的着重点也有些不同。对于多数心理治疗,这个阶段是个人探索阶段的延续,着重点仍然是在个人内部。强调内在冲突的解决,认知方式、体验方式的改变,信念、态度和价值的改变。对于心理咨询和一些行动取向的心理治疗,这个阶段比较强调当事人的行动。比如管理自己的行为,学习和练习新行为,解决实际问题,等等。

这个阶段在整个治疗过程中也是一个维持时间较长的阶段。人格改变的困难和复杂性在这个阶段体现得最为明显。当事人经常出现进一步,退两步,反反复复的变化。有关这些深入的互动,将在本章稍后加以详细讨论。这里先就若干一般性要点作一些阐述。

(1) 避免让当事人变成一种被动、接受、依赖的角色。在这阶段的互动中,咨询师可能更为积极主动,但这种主动主要应表现在支持当事人的活动、给予建议、协助当事人进行更深入的自我探索等方面,仍然不应使谈话的主角变成咨询师。须知当事人的自立、自主、创造性始终是咨询的基本目标,帮助过程本身不能抑制这些能力的成长。

(2) 保持灵活性。治疗策略和方法的应用具有试误性。改变方案中所运用的方法,往往需要根据当事人的实际进行调整,咨询师还可能在治疗过程中根据结果反馈(来自过程中的效果评估)作出修正、替换。但在调整或更换时要注意判明是该方法确实无效还是运用不当或未贯彻到底。

(3) 要注意治疗收获在实际生活中的迁移应用情况。有一些治疗流派满足于在咨询室里取得的改善,比如情绪的放松、获得领悟,当事人自觉良好。但以行为和认知治疗为代表的一些流派非常强调实际的行为改变,以及获得的能力、技巧迁移应用于其他生活方面的情况。作者认为这种做法是可取的。在实际操作上,直接的行为塑造常以家庭作业(比如行为管理计划)等方式进行,迁移应用情况则常利用扩大间隔期的后续咨询会谈来了解，并给予辅助。

（4）行动/转变阶段要经常进行评估，即根据已确定的目标，看咨询和治疗实际取得了多大进展。这种中间性评估是非常必要的。它一方面可以获取疗效的反馈信息，对下一步是继续下去还是进行调整提供决策依据；另一方面能使当事人（也还有咨询师）从积极的结果获得信心，增强进一步行动的积极性。

五、评估/结束阶段

评估/结束阶段是完整治疗过程的一个重要环节。但在实际治疗中它常被忽视，尤其在一些简短咨询中更是如此。其实结案的工作跟其他环节一样，也应该认真对待。

评估/结束阶段的工作一是对整个咨询和治疗的结果或进步作一个总结性评价；二是终止咨询关系。按照奥坤（Okun，1987）的总结，结束可能以以下三种情形之一的方式发生：

（1）咨访双方都觉得所有咨询目标都已达到，因而结束关系。这自然是最令人满意的结束。

（2）咨询目标尚未达成，由咨询师方面主动提出终止咨询关系。奥坤提出一条导致这样终止的常见原因，乃是咨询师由于人事变动不得不终止对当事人的帮助。其实还有一种更常见的原因，咨询师感到自己的专业能力不能有效地帮助当事人，或者感到当事人从另一位咨询师那里能得到更合适的帮助，出于咨询师的道德责任感，需要终止关系。

（3）当事人提前终止咨询关系：当事人提前终止咨询关系的事经常发生，其原因也较复杂。常见的原因有二：一是当事人感到治疗中存有某种威胁，因而逃避继续治疗，这本质上属于对治疗的阻抗（参见第九章精神分析疗法）；另一种原因是当事人感到治疗没有带来他期待的收获，因而中断来访。发生第二种情形的终止，会使咨询师感到自己无能和沮丧。咨询师需要冷静地分析是由于谁的问题导致终止。如有可能，应设法挽救咨询关系。无论是当事人想要逃避还是他因失望而想要终止，没有发展出有效的咨询关系经常都是一个重要原因。

对于正常进入评估/结束阶段的咨询关系，即上述第一种终止，沃德（Ward）概括出四项基本工作：

（1）评估目标收获。即前面说的对整个咨询结果进行总结性评价。总结性评价不仅有助于当事人方面巩固咨询收获，增强自我依赖的信心，也有利于咨询师的专业能力的提高。双方可以对照原来设定的咨询目标及其衡量标准逐项检查。不少咨询师是采取回顾对照的方式来评价。常常是从初次来访时的问题开始回顾，如果有录音、录像或文字记录，就出示这些记录，然后让当事人就现在的思想、情感、行为以及环境中其他人的评价报告改进情况。这样的结束评估可能花时间较长，然而是一种更积极的做法。这种评估还能够发现那些依然存在的问题。

（2）处理关系结束的问题。在即将结束咨询关系之际，当事人会对咨询师、对结束咨询关系产生一种称做分离焦虑的情感，在长时期且关系良好的咨询中这种情况更易发生。当事人会感到即将失去一位可信赖的朋友或导师，并将在没有咨询师支持的情况下独自面对自己的生活，因而产生或强或弱的焦虑反应。对这种反应，咨询师需要谨慎对待。以下是几点注意事项和处理方法：

① 警惕自己，不要“享受”当事人的依恋；

② 花时间让当事人获得独立处理问题的经验，并由此培养自我依赖的信心；

③ 向当事人保证，咨询师对他是开放的、可及的(be accessable)，可以随时获得必要的支持或再来访；

④ 延长来访间隔时间，逐渐过渡到终止咨询关系，比如由每周一次会谈改为两周一次，再改为一个月一次，等等。

(3) 为学习的迁移和自我依赖作准备。要花一定时间与当事人讨论：在离开咨询后一段时间里如何自我依赖，并运用在咨询中获得的收获处理新问题。有时候这涉及作出一个大致计划：双方设想可能出现的情况，并找出当事人的应对方式。考虑让当事人在自己的环境中发展和维持某种支持关系(比如与家人或朋友)也会是有益的。有些当事人报告说他们在遇到新问题时会“在脑子里与咨询师交谈”，作为向完全自我依赖的一种过渡，也是可行的方法。

(4) 最后一次会谈。最后一次会谈常比较轻松愉快。在各项任务完成之后，双方作一些带有社交色彩的交流。有的咨询师送给当事人一件小礼物如纪念卡、小饰件，作为一段共同工作的纪念。一件必要的工作是安排随访，可以交换地址、电话号码，也有计划好具体随访日期的。在一些简短咨询中，最后会谈常只占较少时间，而把整个结束评价工作合并在一次会谈中做完。

第三节 结构化

心理咨询与治疗的过程，是在一系列规范的限定下实施的。这些规范有的涉及伦理和法律，有的涉及专业效能，有的是出于执业便利，还有的是约定俗成的。在咨询中设置、维系和遵守这些规范，通常被称为结构化。咨询与治疗的“专业性”，部分是由结构化来体现的。

一、结构化的概念

在咨询过程中尤其在初始阶段，结构化(structuring)是很重要的工作。结构化是咨询师向当事人说明、解释、交代有关双方在咨询过程中反应定向的一些约定、规则或要求，并就当事人与此有关的态度和情绪进行处理的工作。结构化工作的实质是为咨询关系确定一个框架，它向当事人表明：我们将在什么格局、条件下一起工作。通俗地说，结构化就是咨询双方约定在咨询中做什么和怎样做。当然，这也意味着约定不做什么，和不能怎样做。另外，在咨询进程的任何时候，都有可能出现约定被违犯，或者有被违犯之虞的情况，此时需要纠正或者坚持。这些工作也应该视为结构化的内容。

咨询中结构化工作的价值和作用主要有以下几点：

(1) 减少当事人对咨询不切实际的期望。当事人求助时，往往有一些与实际不符的期望或假定。例如，当事人误以为，咨询师是个万能的人，有能力帮助自己解决任何问题；

自己只需要等待咨询师的建议；自己的问题可以很快获得解决；咨询过程就是听咨询师分析，找出问题的原因，等等。结构化能够帮助当事人了解咨询到底是怎样做的，咨询师和当事人各自的角色和责任是什么，从而防止咨询开始后双方互动上的隔阂。

（2）协助当事人了解咨询过程，减少当事人的焦虑。初次来咨询的当事人，通常不清楚咨询过程，所以往往带着焦虑进入咨询，咨询师的结构化技术让当事人了解咨询过程中可能发生的事情，以及两人在咨询中的角色，因此降低了当事人的焦虑。

（3）协助当事人作准备，以利咨询的进行（陈金定，2003）。布拉默讲了一句精彩的话，说对当事人的行为的结构化工作是帮助当事人了解如何做一个好的当事人（Brammer & MacDonald，2003，p. 62）。

（4）借以了解当事人在咨询过程中的内心冲突。结构化是在咨询师与当事人之间建立起两个人都承诺遵循的规范，如果当事人在后来的咨询进程中表现出违反规范要求的行为，如重复迟到、忘记付费、记错时间，等等，可能提示当事人内心发生着一些对咨询来说有意义的活动，可以提醒当事人注意这些行为，探索内心的欲望或冲突。

二、关系的结构化

结构化工作中，咨询关系的结构化是核心。关系的结构化是对双方在咨询过程中的角色、行为规范予以明确，以使关系形态符合咨询要求，避免不合专业规范的关系行为。

咨询关系的结构化有两个依据：一是通行的咨询伦理和专业守则中关于咨询关系的性质、咨询师行为规范的说明和规定；二是咨询师个人所遵从的治疗理论。关系的结构化与咨询师的理论立场有密不可分的联系，因为不同理论取向的咨询关系性质会有所不同。例如，以人为中心理论强调咨询师的真实和真诚，强调对当事人的积极关注，不重视移情分析，在这种理论背景下，咨询师会比较自由地出现在咨询关系中，会有较多的个人分享，对当事人的限制也会比较少。精神分析治疗特别重视关系本身的病理学意义，重视移情分析，所以特别强调分析架构（关系）的确定和维持。所以，咨询师应该根据个人的理论取向，来对当事人有关咨询关系、咨询师的角色和作用、当事人在咨询过程中的角色等方面的疑问、期待和反应定向作出反应、说明、交代和解释，以使咨询关系循着所要求的方向发展。

关系结构化当中的一个重要内容是澄清和修正当事人对心理咨询与治疗如何进行、当事人担任什么角色和责任、咨询师担任什么角色和责任的期望。首次接受咨询的当事人往往对咨询有误解，以为咨询就像去医院看病，医生了解病情，然后开个药方。不少当事人对咨询的预期是：我告诉咨询师我的麻烦，然后就看他的了。为了消除当事人不切实际的期望，为了发展积极的工作同盟，有必要在结构化中说明咨询师和当事人的角色、任务分工。例如：“在咨询中，我们的关系和分工不是你告诉我你的‘病’，然后我告诉你怎么办。我们需要一起工作，一起探讨你的问题，帮助你了解自己，一起寻找改变的办法。你需要主动地探索自己，把你的想法和感受说出来，把你的愿望或者不满说出来。”这种被称为“角色限定”（role limits）的工作是关系结构化的主要内容。它告诉当事人哪些行为是被限制的，哪些行为是被鼓励的。

关系结构化中，一个比较棘手的地方是对关系的职业性和个人性作出区分。在咨询伦理中,这个问题经常放在双重或多重关系的题目下讨论(参见本书第九章)。棘手之处在于:第一,人们一致认识到,要对咨询关系的职业性和个人性作出简单、划一的区分是困难的;第二,在对当事人解释、坚持关系的单纯性时,有可能会损害现有的关系基础;第三,在中国文化中,有些西方的关系规范显得不合情理(Sue,1997,转引自 Corey,Corey,& Callanan,1998)。在中国的关系结构化事项里,以下情况比较常见:

(1)当事人请咨询师吃饭、喝茶;

(2)当事人送咨询师礼物;

(3)当事人请求咨询师以非正式、非职业的方式作咨询;

(4)当事人邀请咨询师参加其私人的活动,例如聚会;

(5)当事人邀请或要求咨询师从事咨询以外的个人合作,例如销售物品;

(6)当事人希望跟咨询师发展个人友谊,有时还包括爱情关系;

……

从操作的角度来讲,在咨询开始时先就这些事项跟当事人作交代,会显得突兀,而且也不可能穷尽所有可能的情况。比较合适的做法是,只在适当的时候,告诉当事人你们的关系(不一定要用"关系"这个词)应该是怎样。不用专门花时间告知一大串"不许"。在随后的工作中,如果出现上述威胁关系规范的情况,再作具体处理。

有关当事人的权益的告知,也是关系结构化工作的一个内容。其中最受当事人关注的就是保密,以及与保密相关的事项。有关这方面的内容,以及具体规范,参见本书第九章。

三、环境和程序结构化

咨询环境的安排、布置也被看成结构化的一部分。

一般地说,会谈的地点要固定,最好是有专用的咨询室,内部的布置和座位也应固定。理想的情况是每位咨询师都有自己的办公室兼咨询室,咨询师固定用自己的办公室来进行会谈。许多学校机构使用共用的咨询室,各咨询师按时间表轮流使用。对于这种情况,在排定咨询日程表时,最好让同一位咨询师固定使用一间咨询室,这样他的当事人就是在一个较稳定的环境中接受咨询。一个稳定的、一致性高的安全环境,有助于当事人集中注意于自己的内心世界(林家兴、王丽文,2003)。

咨询室的位置及设置应该让当事人感觉安全、舒服与放松。咨询的房间,必须保障当事人的隐私,让当事人可以专心投入。咨询室所处地方要比较清静,外在的声音不会干扰咨询室的会谈。要保证清洁、流通的空气与充足的光线,让当事人能够心神稳定,集中思绪。

咨询室内的家具摆设应该让当事人感到舒适与放松,跟咨询师之间没有高下尊卑的暗示。室内设备不宜过多过杂,以免干扰当事人的注意力。咨询室的布置以简约、轻松为好,不宜布置得太容易引起情绪反应、太引起注意,或者令人感到拘谨。所以太强的颜色、太强的对比、太新潮、太豪华、太体现咨询师的个人品位,都不是理想的布置。

环境的结构化也体现着不同理论取向的区别。一般而言,心理治疗对环境的重视程度较高,心理咨询要求灵活一些。比如,心理咨询不一定非得在一个固定的专业咨询室才可进行。心理动力的治疗比较强调环境的模糊性和一致性。模糊性是指环境没有太明确的情绪诱导方向,这样当事人较容易将个人的东西投射出来;一致性是指消除环境变化对当事人的影响,这样如果当事人在同一环境中有什么异常的表现,通常是其内在过程的反映。但行为治疗和认知治疗不会这么看,只要求环境安静舒适就够了。

结构化也包括咨询将如何组织、如何实施的一些约定。我们把设置这些约定称为程序的结构化。这些事务性约定有的循常例,有的可以协商确定。通常要明确的事项包括:每次会见的时间(譬如每周三上午 10:00—10:50)、地点(指定的会谈室)、频次(间隔多长时间会见一次)、次数(通常是规定总共有多少次会谈)、结束咨询的时间等。

1. 时间

一般情况下,每一次咨询的时间为 50 分钟左右,或者在 45—60 分钟之间,最重要的是每次会谈时间尽量维持一样,让当事人学到:(1) 会谈是一种有目的与时限的"工作"时间;(2) 学习将"问题"带到特定时间、地点来谈,不使之蔓延至当事人的其他生活层面。

2. 会谈频率

通常以每周一次为原则,而且每周都固定在同一时间,例如每周三上午十点,不宜随意改变。会谈的频率如果少于每周一次,那么心理咨询的"浓度"会稀释,咨询的效果也可能会打折扣。一般而言,在积极性咨询阶段,每周会谈一次或两次是有必要的。在维持性咨询阶段,会谈频率可依情况改为每月一次或两次。若是在"危机处理"的阶段,则依情况需要增加会谈次数或延长会谈时间。

3. 次数

这个问题很难回答,因为心理咨询和心理治疗受到很多因素的影响,包括咨询目标、当事人的求助意愿、问题的严重程度、经济能力、家人的支持程度、交通是否方便、当事人努力的程度,以及咨询师的理论取向等因素(林家兴、王丽文,2003)。

咨询计划可以在初次会谈或接案阶段结束时与当事人达成一致意见,咨询师根据对当事人的评估,结合采用的治疗方法,向当事人建议需要做几次咨询;当事人综合考虑自己的时间、经济能力、改变的愿望等对咨询师的建议给予反馈,同意、不同意或想出一个折中办法。咨询次数的约定是依据初次会谈或前几次会谈的情况制订的,并非一成不变。所以,在达成一致意见之后,仍需要向当事人说明:随着咨询的进行,如果遇到新的问题、新的变化,还可以一起讨论修改计划。

4. 可能发生的事情

如果有必要可以声明咨询会出现反复等问题,让当事人作好心理准备。

有关程序的结构化工作主要是要让当事人在一些常见的问题上有反应定向或思想准备。在讨论上述事项时,要特殊强调双方要按约定方案行事,比如当事人不可以随便缺席(在许多治疗机构,当事人如果未经允许缺席,治疗费照收);如果的确有特殊情况应该怎样跟咨询机构联系;在特别紧急的情况下,当事人可以怎样做;当事人如果在咨询期间要作出重要的生活决定(如结婚、辞职),应该在咨询会谈中告知咨询师,并进行讨论,等等。

四、治疗协议

有的咨询机构或某些咨询师(尤其是持行为取向的机构和咨询师)将一些结构化的内容,以书面形式确定下来并由双方签署,此即所谓治疗协议。治疗协议通常包括了咨询目标、双方承诺遵循的行为规范以及咨询程序上的规定。签订治疗协议有督促当事人积极投入咨询的作用。

五、记录

记录也可看成结构化的内容之一。在咨询会谈中进行文字或声像记录往往是必要的,对于问题较复杂、为时较长的案例尤其如此。但记录也有些问题需要讨论。

第一个问题是当事人可能不情愿留下任何记载。不要以为对记录不作反应的当事人对记录没有不同意见,最好是对记录这件事作些说明。说明主要应该申明做记录的必要性以及记录将如何保管和使用。

做记录的理由或必要性主要有:(1) 为了整理会谈的内容;(2) 为防止遗忘;(3) 为了在后续会谈中利用先前的资料;(4) 为了今后的评估比较。

在解释记录的保管和使用时,要着重说明谁能接触这些资料,同时要了解当事人不想让谁接触这些资料,并给予保证。咨询师对当事人资料的使用要遵循咨询师的伦理准则,对此可向当事人作出肯定的交代。例如,保证如果发表咨询材料将隐去姓名、单位,或以征得当事人同意为前提。

第二个问题是怎样做记录。如果是录音或录像记录,往往使双方感到拘束。因此有些人愿意使用隐蔽话筒,把摄像机置于一个不引人注目处。做文字记录如果在谈话的同时进行,会引起分心,并使谈话不流畅。笔者主张在会谈结束后再做追记。在会谈中只记非常简要的几个关键词或要点以备忘。

思考·讨论·活动

1. 对于人格改变过程的整体性这个特点(见本章第一节),您有什么联想?这个特点跟行为治疗的理论存在冲突吗?

2. 访问一位治疗师或咨询师,请他给您讲述一个中途退出(通常称为“脱落”)的个案。探明脱落的原因,包括当事人、咨询师和咨询过程等方面的原因。特别思考一下,咨询师有无可能作出不同的处理,从而可以避免脱落。

3. 全班同学按5人一组分为若干小组。由一人扮演咨询师,一人扮演当事人,其余同学作为观察员。“当事人”和“咨询师”进行约10分钟的会谈练习,并对过程录像或录音。练习只涉及问题/个人探索。“咨询师”把主要注意力放在协助当事人的自我探索上。练习结束后,小组成员对咨询师的反应进行评论(可以参考该节“咨询师的反应要点”)。

4. 在中国文化背景下的心理咨询,其关系结构化会遇到哪些特别的挑战?如何处理这些挑战?

第六章

咨询过程:会谈

会谈是咨询和治疗的基本形式和手段。

从外行人的角度看,会谈似乎是件轻而易举的事。会谈不就是说话吗?谁还不会说话?其实,事情远不是这么简单。咨询会谈是一种特殊的会谈,它必须能够有效地促成当事人的良性改变。因此,心理咨询和治疗师应该是懂得会谈的道理,会娴熟运用会谈技巧的专家。有位美国记者开玩笑说,心理医生为什么仅靠微笑、点头就能挣大钱,就是因为他们知道在什么时候微笑、点头!话虽有点刻薄,却有几分道理。

在这一章里,我们将先讨论会谈的一些一般性问题,然后以主要篇幅介绍会谈的技巧。

第一节　会谈的一般问题

会谈有各种各样的类型。日常的社交谈话,社会科学研究中的访谈、教育情境中师生之间的教育性谈话,都是会谈。心理治疗与咨询中的会谈是一种专业的沟通方式。作为咨询师,应该对咨询会谈的性质和作用、会谈中的信息和信息加工过程,以及会谈的类型这些一般性问题先有所认识。

一、会谈及其作用

咨询会谈是一对一(咨询师和当事人),或一对多(一位咨询师和两个以上当事人)之间的信息交流。前者是个别咨询的情况,后者是团体咨询的情况。本章所讨论的,以个别咨询的会谈为限。

咨询会谈是通过咨访双方的信息交流来对彼此的认知、情感和行为产生影响。我们第一个要考虑的问题是这种信息的性质。一般说,会谈中涉及的信息可以分为两种:一是认知性信息;一是情感性信息。认知性信息是咨询双方所表达的事实、观点等陈述性内容,也有人统称为“内容”。例如当事人经历过什么事,有什么行为,他的看法和评价,后果,等等。情感性信息主要包括情绪、感受、态度这一类体验性内容。在心理咨询与治疗中,认知性信息是大量并且必要的,但在许多咨询师眼里,认知性信息的重要性不如情感性信息。这里说的情感性信息是指真实的情绪和感受,而不是认知化了的情感。用言语谈论自己的痛苦和真实地体验着痛苦是完全不同的。当一个人像谈论别人的事一样谈论自己的伤痛的时候,这个人很难有所触动,并因此很难有所改变。

信息的第二个方面是它的传递形式。信息传递的形式取决于所利用的符号系统。会谈所用的符号系统可分为两类:一类是言语符号系统;一类是非言语符号系统。言语符号系统的信息是借助语句说出来的,只要双方拥有共同的语言,一般透过言语知觉、理解机制,就能有效传递。当然,进一步探讨,也还有些特殊问题需要注意。例如,如果咨询师和当事人来自不同的文化和语言背景,所习惯的言语方式会有或大或小的差别,也可能造成传递障碍。武汉人夸小孩聪明、机灵,常用一个形容词:"贼!"对武汉人而言,这是一个地道的褒义词,但北方人听了可能会完全理解成另一个意思。所以咨询师应当对不同文化背景的当事人在言语上的差异保持敏感,有疑则问。而且要尽可能用对方能正确理解的语言交谈。对专业术语的使用也要慎重。咨询师需要根据对方的教育水平、文化背景估量对方能否了解术语的含义。一般情况下,尽可能少用专业词汇,而用比较通俗的词句交谈。

非言语性信息是指透过姿势、面部表情、目光、语调等非言语符号系统传递的信息。非言语性信息尽管也有文化差异,但其普遍性大于言语性信息,语言不通的人也能借助它实现一些基本交流(例如正常人与聋哑人,中国人和外国人)。非言语性信息远不是我们认为的那样无足轻重。许多人类学家甚至相信,人类的交流有 2/3 是借助非言语途径实现的。

照上述分析,我们就可以从内容和形式两个角度来看待会谈的信息交流。两两搭配就有四种形式:言语性认知信息、言语性情感信息、非言语性认知信息、非言语性情感信息。虽然认知信息和情感信息都可以以言语和非言语两种形式传递,但如果我们关心的问题是,何种性质的信息以何种方式传递较为有效,事情就变得有趣了。可以很容易看出,言语方式可以传递两种信息,但在传递认知性信息时尤有所长;非言语方式在传递认知信息时功能较弱,但在表达情感方面比言语描述更真切、更生动。

作为咨询师,我们在会谈中所做的事是两方面的。一方面是接收、理解当事人的言语信息和非言语信息;一方面是作出反应,即发出言语信息和非言语信息。所谓学习会谈技术,无非就是学会这两方面的技能。

会谈的作用或功能是容易明了的。心理咨询的基本活动就是会谈。通过会谈这种互动方式,咨询师和当事人两个人的信息系统发生接触、交换、冲突、融合、创新、修改,等等,从而实现协助当事人成长和改变。

二、交换信息的会谈与帮助性的会谈

本杰明(Benjamin,1981)区分了两种不同性质的会谈,交换信息的会谈和帮助性的会谈。交换信息的会谈可能在问题探索阶段占比例较大一些,咨询师通过这种会谈收集信息,以便作出诊断。但在咨询会谈中,这种会谈不占主要地位,即使在诊断阶段,也不应单以收集信息为目的。帮助性的会谈则在咨询过程较晚些时候逐渐占主要地位。在这种会谈中,咨询师主要不是获取信息,而是发送信息,让它们影响当事人。

正如前面提到的,不同性质的会谈是以咨询过程的进行为转移的。会谈总是过程的工具,视过程需要而变化。因此,没有必要过分强调在什么时候使用什么会谈方式,更不能认为在不同阶段只能运用单一性质的会谈。

还有一个重要问题应在此预先提及,那就是会谈与咨询关系的问题。咨询关系的建立、发展和维持是贯穿咨询过程始终的工作,它是其他咨询过程赖以展开的背景和依托。但在咨询中,没有一个专门用来发展咨询关系的会谈阶段,关系的发展是渗透在其他咨询任务的完成过程中逐渐进行的。因此,咨询师在会谈中要始终注意发展和维持咨询关系。有些谈话方式,单从完成某一特定任务看——例如收集资料——似乎合适,但联系发展关系的要求看则立见差池。“你是否对你丈夫不忠?”很可能不是个好问法。

三、会谈中的互动与信息加工

(一) 会谈中的互动

咨询和治疗是一个互动过程。二人互动的一个重要特性是“相倚性”。所谓相倚性,是指在交流中,一方的反应在一定程度上依赖于对方的反应,依赖于对方的所说所做。分析人们的社交性互动,可以发现存在着不同的相倚情形:假相倚、非对称相倚、反应性相倚和彼此相倚(参见巴克,1984)。假相倚的情形是:形式上在交谈,却不曾对对方信息的实质内容作任何反应,请看一个社交谈话的例子。

A:你觉得昨天的足球咋样?
B:我玩得太开心了!只是那儿有点冷。
A:8 号的那个点球真臭!××队运气太好了。
B:后来是大李把我捎回家的,路上还吃了块雪糕。
A:你看过这么臭的点球么?
B:……雪糕?
A:不!点球!

非对称相倚是只存在甲方对乙方的相倚,缺少乙方对甲方的相倚。反应性的相倚是双方的反应纯粹依赖于当时当地对方的反应,而没有自己的计划和预想。彼此相倚则是双方一方面表达着自己的东西,同时又对对方的所说所做有所反应。这个分析框架对于评价咨询会谈有一定启发。假相倚的互动双方没有实质上的接触,因而不可能有任何作用。顺便提一下,有时候当事人的假相倚互动是阻抗的表现。反应性相倚往往流于表面,没有深刻的交流。非对称相倚的互动往往发生在主观、权威主义、好自我表现的咨询师身上。显然,深入、成熟、高质量的交流有赖于彼此相倚。所以,咨询会谈中的互动应该主要是彼此相倚的互动。在这种互动中,咨询双方都带来真实的自己,表达真实的自己,同时对对方所说所做所感,也有切实的反应。

互动还有一个层次深浅问题。这里的深浅是指深入当事人内在信念、内心感受的程度。根据现有研究和许多治疗家的经验,笔者提出一个三维度的互动层次模型(江光荣,2005)。这个模型把会谈互动划分出内容(认知-情感)、个人性(非个人化-个人化)和时间(非此时此刻-此时此刻)三个维度,认为互动层次深浅可以借助这三个维度反映出来。内容维度反映会谈内容是集中于陈述事实、观点等认知性内容还是表达感受、情绪等情感性内容,个人性维度指交流的内容是咨询双方(尤其是当事人)个人的还是非个人的,时间维度指交流的东西属于此时此刻还是非此时此刻。一般来说,交流越是触及个人,越是集中于情绪和感受,越是聚焦于此时此刻,互动的层次越深。如图 6-1。

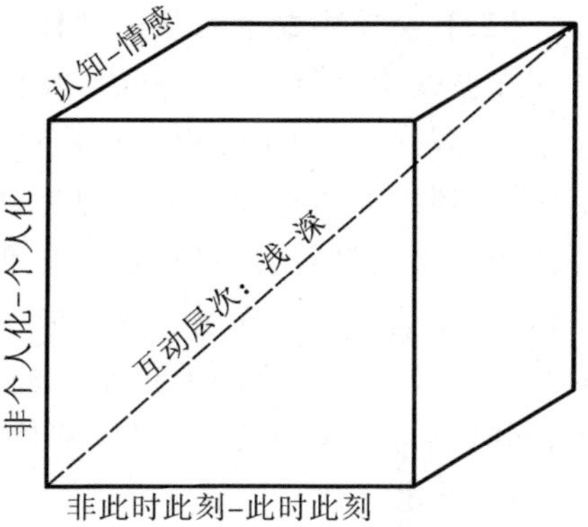

图 6-1 会谈深度的三维模型

按照这个模型,心理咨询的互动应该沿着认知──→情感,非个人化──→个人化,非此时此刻──→此时此刻的方向发展,才能达到越来越深的互动水平。通过实际检验,这个模型得到一定程度的支持(胡姝婧、江光荣、朱旭,2008;朱旭、江光荣,2010)。

John Powell 神父(1998)对人际交流层次作出过定性划分。他认为人与人之间的交流可以分为五个层次:交际性的交流("你好","今天太阳不错","很高兴见到你"……)、陈述事实的交流("我的专业是会计","我的第一个孩子是女儿"……)、评价性的交流("我一点也不喜欢工程专业","这电影真是垃圾"……)、分享内心(情感)的交流("他打电话给我了,我简直喜出望外","你的想法我完全没有料到,我非常非常抱歉","我一分钟也不愿意跟他待在一起"),以及高峰交流(两个人真正息息相通,心心相印地分享经验。"……是的,我也爱你,我也爱你!""你说得太对了,就是,就是那样的感觉!")Powell 认为,这五种交流层次的主要差别在于一个人愿意把他真正的感觉与别人分享的程度,而与别人分享感觉的意愿大小又直接与彼此的信任有关,信任度越高,分享感觉的意愿就越高。把 Powell 的见解应用于咨询,可知咨询双方互动的层次与咨询关系的发展存在相互依存的关系,咨询关系通过互动建立和发展,反过来,关系的密切程度又影响着互动的层次。

与互动关系甚密的还有一个称做"自我实现的预言"(self-fulfilling prophecy)的现象,这个概念是社会学家罗伯特·默顿提出的(Merton, 1948),指一种原本不现实的期待或信念,可引起一系列以该信念为出发点的互动,互动的结果竟然使原来并无根据的信念变为事实。心理学家罗森塔尔和雅各布森根据这一理论,做了一个大胆又极富创意的实验研究。他们在一所公立小学各年级各抽出三个班,从每班中随机抽出大约 20% 的学生,告诉他们的老师,这些孩子在随后的数月中将在学业成就上有"急速的发展"。到学年末的时候,测验发现,与控制组的孩子比较,这些孩子中的年幼者的智商真的提高了,他们的阅读成绩也有实质性的增加(Rosenthal & Jacobson, 1968)。学者们认为这一效应是由教师的期望产生的,故称之为"期望效应"。

在咨询双方互动中,自我实现的预言是有可能发生的。但自我实现的预言造成的结果可能有助于治疗也可能妨碍治疗,到底往好的方面还是坏的方面演变,取决于原初信念的性质。积极的信念导致积极的结果,消极的信念导致消极的结果。咨询师应该有意识地诱发积极的演变,避免消极的演变。有些治疗技术,例如归因训练,就含有利用自我实现的预言现象来造成良性改变的成分:咨询师设法让当事人相信,他的失败不是缺乏能力,而是付出的努力不够。当事人带着这一信念去对待他的新任务,会比以前付出更大努力,努力总会有成效,初步成效又会重新加强开始的信念,并可能改变周围的人对他的反馈性评价,最后形成一股强大的合力,推动当事人走向成功。

(二) 会谈中的信息加工过程

在会谈中,咨访双方都既接收信息,也作出反应。从接受信息到作出反应,中间存在一个内部的信息加工过程。它是对接收的信息的知觉、理解、评估和反应选择。咨询师须明白,会谈中的信息加工会出现种种"故障",导致信息的失真、丢失、增加。这种故障主要是由于人是带着主观的愿望、态度、兴趣、价值观以及人生经验去接受、理解和评价对方的信息的,这些主观变量会或轻或重地影响信息加工过程,从而造成信息加工的失误。下面给出几种容易发生的不当加工机制,咨询师应该保持清醒的头脑,防止自己跌入这些陷阱,同时也可以参照这些机制,及时发现当事人方面的失误。

1. 类化

人在认识别人时,容易犯这样一种错误:在了解到对方的部分特点后,就把对方归入某一类人之中,然后把自己脑子里有关这类人的"原型"(prototype)加到对方身上,认为对方也有"原型"所具有的种种特点,并以此为基础来展开跟对方的互动。类化的后果是,我们了解的当事人并不是真实的这个人,而是我们创造出来的一个人!研究表明,咨询师很容易犯这种常见的对人认知错误。坎特等人发现(Cantor, Smith, French, & Mezzich, 1980),一些临床心理学家在对当事人进行诊断时,不是去把当事人的特征跟通用的诊断标准对照,而是与自己脑子里那种由自己的经验形成的病人的原型对照,据此作出诊断。

2. 投射

投射是指人无意识地把自己的个人特性加在对方身上,认为对方也有这些特性。"以己度人"也是人际认知的常见错误。我们在跟他人打交道时,容易抱着"他人总是和我们相似的"这样的假定去看待别人,因而想当然地以为别人也有跟我们一样的愿望、爱好、习性。社会心理学家有时也称这种现象为"假定相似性"。自然,投射也容易导致对当事人的认识失真。在会谈中,咨询师具备"同感理解"这种态度(见本书第四章)有助于克服投射错误。

3. 虚幻相关

虚幻相关(illusory correlation)是指由于知觉者的期待作用,将两件本无关联的事知觉为有关联。这种情况最易在理解问题或诊断时发生。咨询师在治疗过程中,常在心里"琢磨"当事人,对其"所以如此"作出种种推测或假设。一旦想出一个假设,就会暗暗地期待自己的想法是正确的,于是容易按期待的方向去收集或解释资料,结果造成诊断或概念化工作的失误。

4. 选择性知觉

知觉具有选择性,这是普通心理学中早已阐明的事实。莱维特(H. Leavitt)曾对社会性知觉进行探讨,指出人们倾向于知觉到那些符合需要的事物,忽视干扰性事物,但对确实有威胁的事物也投入全部的注意。用通俗的话说,我们总是看到那些愿意看到和害怕看到的事物!在会谈中,选择性知觉在咨访双方身上都会发生。例如在诊断中,治疗者容易根据理论指导和假设,有选择地接受那些支持其判断的证据,忽视否定性的证据;当事人也有同样的情况,一旦他认为他的困难是由什么引起的,他会设法搜集支持证据,然后把它们"推销"给你。前面说的虚幻相关,其实是选择性知觉的一种特例。

第二节　倾听当事人

一、倾听的状态和态度

(一)倾听时基本的身心状态

倾听时理想的身心状态是全身心地专注于当事人,不是只用耳朵听,而是用整个身心听,作到与当事人"同在",同时自然地"忘我"。为了做到这一点,开始接待当事人之前,咨询师需要有一点时间准备自己:安静下来,让占据自己的那些事务、思考的问题、焦虑或兴奋的情绪暂时退开,尽可能"清空"自己。同时要开始准备让当事人进到你的世界里来,准备接受他。在整个会谈期间,咨询师也要尽量维持专注于当事人。

在会谈过程中,咨询师专注于当事人与监控自己,有时会形成矛盾。我们说,理想的状态是与当事人同在,同时忘我,但这理想的状态并非常态。许多时候,咨询师由于自己的个人事务或者问题,在互动中会产生自己的想法、感受和情绪,如果不对这些个人的反应进行监控,它们可能不知不觉中控制了咨询师对当事人的反应。咨询师会有意无意地让当事人谈他想听的东西,不谈他不想听的东西。咨询师会忘了根据当事人的需要和治疗的需要选择话题,做出反应。这种情况在初学者身上尤其容易出现。因此,咨询师需要对自己在会谈过程中的状态和内部活动保持监控,用第三只眼睛看着自己。但在监控的时候,我们又不容易跟当事人同在,做不到忘我。这就是矛盾之所在。

以笔者的意见,我们对这个矛盾应该采取接纳的态度。实际情况是,随着咨询师的成熟和老练,他们对监控的需要逐渐降低,能够跟当事人"真实地在一起"的能力越来越强;而这个成熟和老练,很可能是在先前大量良好的自我监控的基础上,慢慢发展出来的。所以,对于初学者来说,需要学会在专注当事人与关注自身之间分配注意,或者在当事人的世界和自己的世界之间进进出出。

(二)愿意倾听的态度

事实上,咨询师倾听的态度和习惯比具体技巧更重要。因为我们许多人在社会生活中养成了愿意说而不愿意听,习惯于说不习惯于听的倾向。除此之外,还有许多原因会造成我们对当事人听不进去,没有听见,或者误听错听。

第一类原因是咨询师人格方面的。柯蜜儿等指出,有三种咨询师在倾听当事人的时候有很大困难。

(1) 狂热的咨询师:这种咨询师太亢奋,太好动(或内心躁动,或身体行动,或两者都有),以致连安静地坐着听当事人的故事都做不到。

(2) 自我中心的咨询师:这种咨询师非常自恋,太执著于"诲人不倦",以至于剥夺了当事人倾诉的机会。

(3) 自我专注的咨询师:这种咨询员从表面上看像是在倾听,但在听的过程中他们内心有太多的“杂音”,因而在情绪上无法真正地倾听当事人(Cormier & Cormier, 1998, pp. 114-115)。

第二类原因是价值和动机方面的。人们容易带着评判的倾向来听,他们注意对方所说的与自己的价值观或看法是否一致,以此来把对方分成潜在的朋友或敌人。这种倾向使咨询师在会谈中跟当事人的关系是“你我”关系,而不是“我们”关系。更严重者,则在价值观上发生冲突,并因这种冲突对当事人产生情感上的排斥甚至敌对。此外,有时当事人的话含有激起情绪反应或引发联想的作用,例如涉及性、死亡、犯罪等内容,也容易引起咨询师从当前的内容分心。

第三类原因是客观方面的。这类原因很多,例如,因精力不够或时间较长而注意涣散。真正的倾听是一件相当消耗精力的事,时间长了,听者可能分心走神,也可能变得不耐烦。又如,由于信息传递中“噪声”的影响,导致错听、错解。说的人心中是一个意思,听的人知觉到的是另一个意思。诸如同音词、声音清晰度、方言俚语、环境噪声等,都能造成这种“噪声”。

二、会谈中的非言语行为

会谈并非就是说和听,人们不仅用口头言语说话,用耳朵去听,也用表情、形体动作说话,用眼睛去“听”。所以,会谈中非言语性活动是交换信息的重要手段。非言语交流给我们提供了认识隐蔽的情绪感受的线索,虽然它不那么确切肯定,但有证据表明,非言语线索比言语线索更可靠。非言语行为往往无意识地“泄露”当事人的真实感受,因为它较言语行为少受控制。会谈中常见的非言语行为如表 6-1,我们将选择几种进行详细讨论。

表 6-1 会谈中的非言语线索

非言语线索	举例
身体姿态	紧张,放松,前倾或后仰,肩膀下垂,架腿或平放
肢体运动	手脚姿势,抖腿,抱臂,摇头或点头,手指伸屈,手触、拍对方,玩弄小物件
眼睛	含泪或流泪,睁眼或闭眼,转动眼珠
目光接触	稳定的接触,闪避,游移
嘴部	笑,咬嘴唇,紧闭,放松
面部表情	生动的、呆滞的,皱眉,怪相
皮肤	脸红,出汗,苍白
声音	快,慢,高尖,颤抖,低语

(一) 学习非言语交流的途径

学习非言语交流旨在提高我们知觉非言语行为的能力和运用非言语行为反应的能力。以笔者的看法,大多数人都在长期的人际交往中获得了这两种能力,同一文化中的人一般都能正确地用表情表达内心,也能准确地理解他人表情的含意。因此,在运用和处理面部表情方面,更要强调的是内心的真诚、同感等态度特质。古人云,“情动于中,而形于外”，只有作到人到心到，才能心有所感，这是学习非言语行为技巧的第一道理。

另一个学习上的障碍是我们容易缺少敏感性，缺少留意自己和对方的非言语行为的习惯。所以作为提高非言语行为能力的一个重要途径，我们可以从自己的经验入手，来了解哪些非言语行为是有帮助的、哪些是没有帮助的，以及了解自己的非言语反应习惯如何。表 6-2 列出了通常人们觉得有帮助和没有帮助的非言语行为，请读者评估自己的感受是否跟别人一样，并根据自己接受帮助谈话的经验，补充另一些您感到有帮助和没有帮助的行为。

表 6-2　有帮助和没有帮助的非言语反应

有帮助的	没有帮助的
用相近的声调说话	不看被帮助者
保持善意的目光接触	远离或不面对着被帮助者
不时点头	嘲讽或轻蔑的表情
表情生动	皱眉，闭眼
时有微笑	阴沉着脸
不时有辅助手势	嘴紧闭
身体较接近被帮助者	手指在指指戳戳
中等的语速	心不在焉的姿态
身体向被帮助者前倾	打哈欠
偶尔轻拍或抚摸被帮助者	令人不快的声调
	语速过快或过慢

另一个途径是通过与另一位学习者进行会谈练习来了解自己的非言语反应习惯。采取双方轮换担任帮助者和被帮助者的方式，尝试各种非言语反应，并从对方那里得到反馈。

（二）主要的非言语行为线索

1. 面部表情

面部表情中最重要者是眼睛，人说眼睛是心灵的窗户，可见眼睛（准确地说是眼神）在会谈中的重要性。

咨询中常运用的技巧之一是目光接触。通常，咨询师的眼睛要看着当事人，表示你对他的谈话感兴趣，并有支持鼓励的意味，你仿佛在告诉他：“看着我，我听着你，我理解你。”但这种目光要自然、亲切，做到这一点并不难，关键是你要对对方真的有兴趣，且自己很放松，你就能自然而然地做得符合要求。但目光接触不是要始终注视对方，要视情形而定。一般地说，当对方倾诉时，多看对方一些；当自己说话时，可有一些离开。如果对方主动地看着你，你应迎合他的目光；但如发现对方有意避开目光接触时，就不要一味盯着，这会加剧对方的不安。对有目光接触恐惧症状的当事人，更要特别留心目光处理。这种情况下，你的目光会唤起他的焦虑反应。不过，从行为治疗的角度说，治疗者的目光注视又可以给当事人提供一个练习脱敏的机会。

当事人回避或移开目光常是谈及重要问题、困扰或内心冲突的提示。例如，许多当事人在谈及诸如性、屈辱、罪错等问题时会移开目光。

面部表情中另一重要部位是嘴部。嘴部的一些细微变化常传递着不同的情绪和态度。

2. 形体动作

形体动作又叫身体语言（body language）。交流中，最起作用的身体语言是手势和躯体姿势。比起西方人来，中国人形体动作的幅度要小一些，频率也低一些。

两手机械地搓，手指交叉分合，玩弄手指或小物件如手绢、笔等，常提示当事人内心紧张不安；摇头，摇手，突然急速反复调整坐姿，常是不耐烦、不同意的表示……要一一细述形体动作的含义实在是很困难的一件事，好在咨询师实际上并不难理解这些身体语言。

从咨询师方面来说，会谈中身体姿势微微前倾，自然放松（不要正襟危坐，刻板僵直），保持开放态势是基本要领。

3. 声音特征

在咨询会谈中较重要的声音特征有音强（音量大小）、音调（高低）、语速。每个人的声音特征都有一个一般模式或正常值。一般说来，两人交谈一段时间后，会较快地把握对方说话的一般声音特征，即对这种特征性声音模式产生适应性反应。

会谈中当事人的这种特征性声音模式的突然改变往往有重要意义。其实一个人的一般声音特征不能告诉我们多少东西，只有当某人突然明显地改变了这些特征，才提示我们在他心里发生了什么。因此，咨询师应该对当事人声音特性的改变保持敏感，同时也可以利用改变自己语调语速的方法来达到某种目的。

咨询师应该对自己的声音特征有所了解，因为多数人对自己声音的知觉是通过内传导（骨传导）进行的，这和外传导有所不同，这就是人们听自己说话的录音时会感到陌生的原因。再加上人不习惯注意自己的声音，所以我们对自己的声音特征知之甚少。了解自己声音特征的方法很多，最简单的办法是录下自己的谈话，反复放给自己听。

4. 空间距离及相对角度

咨询师与当事人之间应该保持多大的身体距离呢？从经验我们知道，相距太远或中间有隔离物，会给人疏远、冷漠、公事公办的感觉；相距过近又会产生拘促、不安。黑尔（Hall）将这种“个人距离”定义为“有机体在自己与他人之间保持的一个小防护圈或防护‘泡’”。两人距离过近，就侵入了对方的防护泡，会令人感到不安，并产生防御反应。这个“泡”并不是固定不变的，随着两人关系的密切程度、所处情境等的不同，“泡”的大小也会改变。关系越密切，个人距离越小。照这个道理反过来看，适当拉近个人空间距离又有助于发展关系。另有一点也须注意到，个人距离还是一个既有文化差异又有个人差异的变量，不同文化中的人，习惯的个人距离可能有差距，男性和女性对于个人距离的要求也不相同。因此，无法给学习者提供一个确定的指标，以确定两人在空间上的距离。在具体作法上，有四点建议：一是尊重当事人的选择，让当事人保持觉得舒服的距离；二是以较近为宜，在双方舒服的基础上尽可能靠近一些；三是随着关系加深而缩短距离；四是在会谈过程中不要僵硬不变地保持固定距离，而要随谈话气氛作小的调整。

在咨询师与当事人之间不应有将两人完全隔离开的家具,如桌子等。

两人的相对坐姿以直角侧面相向较好,因为直接面向容易引起局促且无回避目光的自由,侧身相对既能保持视线接触,又很容易暂时分开一下。

5. 沉默

会谈中出现沉默会给双方尤其是轮到说话的一方造成一种压力。其实沉默并不是一种单一的情况,按照卡瓦纳(Carvaner)的说法,有三种沉默:创造性的沉默、自发性的沉默和冲突性的沉默。

创造性沉默是当事人对自己刚刚说的话、刚刚发生的感受的一种内省反应。

自发性沉默往往产生于不知下面该说什么好这样的情况。

冲突性沉默可能由于害怕、愤怒或愧疚引起,也可起于内心里在进行某种抉择(比如选择话题、表达方式,或衡量要不要反驳咨询师等)。

"目光凝视空间"是创造性沉默的典型反应。此时当事人其实并未看什么,而是在集中注意于思考,沉浸在思绪或感受之中。此时咨询师最好也保持沉默,但维持对当事人的注意,也不要有引人注目的动作,以免分散对方的注意力。咨询师这种反应向当事人表明:咨询师懂得他正在思考,鼓励他思考,他掌握着继续思考或者交流其想法的主动权。

自发性沉默才是我们熟悉的沉默,是没有任何原因而发生的交流"空白"。这时双方都会感到有说话的压力,沉默时间越长,压力越大,也越紧张。此时当事人的目光常常是游移不定的。或者以征询的样子看着你。咨询师宜立即有所反应。如果咨询师没有准备好,可以用"你还有要说的吗?""对不起,刚才我们说到哪儿啦?"这类反应填补空白。

冲突性沉默既是由内心冲突造成,就比较难于把握,因为造成内心冲突的情况有很多。常见的冲突有:为将要说出的事感到难堪,说不出口;不知自己的话该不该说,有无必要说;要不要表达不同看法,反驳咨询师;用什么方式说才比较妥当,等等。冲突性沉默中常伴随较强的情绪体验,如羞耻、害怕、委屈和愤懑等。注意和分辨对方的情绪表现,结合谈话的上下文情况,常能大致估计对方冲突何在。如能大致估计冲突的症结,作出反应就比较容易。我们可以针对不同情况给予鼓励、保证、主动揭示自己的看法,等等。如果一时难以判断,应该以鼓励抚慰、坦率开放为反应原则。即向当事人表明,不管是什么,也不管是否重要,咨询师都准备倾听,准备以接纳的态度与当事人讨论。咨询师愿意正视和解决这个问题,而不愿含糊过去。例如:"我感到你有些为难,我想知道那是什么。""你似乎在以沉默告诉我什么,为什么我们不直接谈谈它呢?"

(三)对非言语行为作反应

咨询师要重视当事人的非言语行为,因为非言语行为、非言语行为与言语行为之间的关系,为我们提供了有价值的信息。咨询师要一直对以下问题有警醒:当事人的非言语行为在"说"什么?它们使我想到了什么?它们使我感到了什么?

帕森斯提出对当事人的非言语行为做反应的五种方式(Passons,1975):

(1)确定其言语和非言语行为之间是否一致。

(2)对言语与非言语之间的不一致之处,要留心或作出反应。

(3)当当事人沉默或不说话时,要留心或作出反应。

(4)通过聚焦于当事人的非言语行为,来改变会谈的焦点。举一个例子,咨询师说:

“我们刚才花了不少时间谈论你哥哥和妈妈的关系。我想让你注意，就在你谈这些的时候，你的手在做什么。”帕森斯指出，如果这样做是把当事人“领到”当前的感受或行为上，通常会有益；如果这样做是把当事人带离当前感受，则不好。

(5) 留心当事人在一次会谈前后或在一段时间以来非言语行为上的变化。例如，当事人变得比以前放松。

这里说的言语和非言语行为之间的关系是非常有意思的问题。有人概括两者之间有六种联系方式：复述、矛盾、替代、补充、强调和调节（Knapp & Hall，1992）。可看出，两者之间的关系有一致、协调的，也有不一致、不协调的。不一致、不协调在咨询中往往有特定意义，咨询师要能够迅速发觉这种不协调，并根据判断小心作出反应。

另外，柯蜜儿等提到咨询师和当事人非言语行为的“同步性”，即双方之间的非言语行为要和谐、协调（Cormier & Cormier，1998）。如果当事人悲伤、流泪，而咨询师兴奋、昂扬；当事人蜷缩身子，咨询师在一旁高高在上地挺直腰板，这显然都不协调。咨询师同步的、协调的非言语行为是咨询师同感态度（见第四章）的重要表征，缺乏同步性，几乎不可能对当事人有真正的同感。

三、反应性倾听

反应性倾听（responsive listening）的定义是：接受当事人语言的和非语言的信息，不仅注意外显的内容，更把握到他内隐的思想和感受。

反应性倾听表明咨询师能够察觉、体认当事人潜在的甚至无意识的想法、冲动和感受，并能将自己内心真实的了解、接受和关心传达给当事人。同时，通过澄清当事人的感觉，可以提高双方对整个情境的理解。

下面是两个反应性倾听的例子。

例一：

当事人：我不能怪他们，我知道我长得太胖了……

咨询师：当你看到同室的人都有男朋友时，你感到很伤心。你还很害怕，担心由于自己的外表，不可能会有人看上你。

例二：

当事人：我来这里什么都没得说，就是我妈，非要送我来！

咨询师：你不想来这里，但是你还是来了，你不仅生妈妈的气，还生自己的气。

如果对例一中的当事人说“不用担心”或“你可以考虑节食”之类的话，对例二中的当事人说“你妈也是为你好”之类的话，是没有帮助的。这类反应不能帮助当事人提高他们的自我了解。上面两例之所以是反应性倾听，是因为咨询师揭示了与主要的认知性问题相关的内隐感受，澄清了求助者的问题，增加了对整个情境的理解。

反应性的倾听是同感反应的基础。其要领在于两点：识别出当事人所表达的关键信息（内隐的、感受性的、主要的、有助于当事人自我了解的、促进探索的、促进对情境的理解的……);把这种了解以最有效的方式传达给当事人。这里“有效的方式”是指清楚的、明白的、尽可能简明的、贴切的,等等。

以下有两个练习,请试着将三个选择答案按优劣排序。

练习一:

当事人:哼,他就用那种该死的腔调告诉我做这做那,他以为他是谁?

咨询师 A:他是老板呀! 算了,别往心里去,老板都是那个样子。

咨询师 B:他对你指手画脚时,你觉得很愤怒。

咨询师 C:他对你呼来喝去的,一点也不尊重你。这让你确实感到愤怒。

练习二:

当事人:我想重新工作。但是我丈夫认为,孩子从学校回来时,我应该在家里。

咨询师 A:我能明白他为什么那样想。母亲在家里,对孩子的发展有好处。

咨询师 B:你不能决定是该回去工作,还是待在家里。

咨询师 C:听起来你有些生你丈夫的气,因为你丈夫把他的愿望强加于你。

第三节 会谈技巧

在咨询训练对会谈技巧进行专门训练是20世纪70年代以后的事,在这一方面,艾维(A. E. Ivey)的工作最为著名。艾维发展出了一套称为微型技巧训练(microskills training)的方法(Littrell,2001)。他提炼出一批会谈技巧,并将它们分作两大类:倾听技巧和影响技巧。前者重在接收信息,后者重在发出信息。其他学者所提炼的会谈技巧大同小异。下面所介绍的,是在综合各家讲法的基础上,归纳出的一个主要技巧清单。仍然按艾维的做法,分成倾听技巧和影响技巧两类。

一、倾听技巧

“倾听”一词的英文是 attending,有投入、参与、专心、注意之意,译成汉语“倾听”虽比较贴近原意,但易误解为聆听(listening),其实它不是指单纯地听,它包含着更多的反应。

(一)探询

会谈中不停地向当事人问问题,是初学者最自然的倾向。但是,会谈中过多地使用询问会导致一些问题。首先,询问容易使咨询关系变得非个人化、僵硬。要明白这样的交流是什么情形,回想一下看病时医生向病人问诊的场景即可。其次,询问容易使当事人变得被动,这是因为它限制了当事人进行内心探索和自由表达,慢慢地当事人就不再主动投入到咨询里面来。正因为这个原因,许多咨询师主张在咨询过程中,要节制使用询问技术。

会谈中探询的方法很多,疑问的眼神、疑问的语气词、“我不明白……”,都可以起到探询的作用。但最常见的还是提问。提问又有两种:封闭式询问和开放式询问。

封闭式询问是可以用“是”、“否”等一两个字简短作答的提问。如“你喜欢上学吗?”

“你母亲对你不好,对吗?”这类问题通常用“是不是”、“要不要”、“会不会”等形式提出。这类提问不引导当事人提供更多的信息,不扩大话题,而是就征询的问题进行查证。它的作用是获得特定信息、澄清事实、缩小讨论范围,或使会谈集中于某个特定问题。当当事人的叙述偏离了正题时,可以用它适时中止其叙述。这种提问有较强的收敛倾向,且比较节省时间。但也正是因为它有这种收敛倾向,会谈中要尽量少用。在会谈中常会发现,一连串的封闭性提问后,当事人常常变得被动、迷惑、沉默,甚至开始感到不快。

开放式问题(open-ended questions)是多数咨询师认为较合用的一种提问方式。个别作者甚至认为它是咨询会谈中唯一可以使用的提问。开放式提问通常不能用一两个字作答,而是要进行解释、说明或叙述。开放式问题常以“什么”、“怎样”、“为什么”、“能不能”、“愿不愿告诉我……”等形式发问。在会谈中,各种问法要根据当时情形合理使用,不能固着于其中一种问法。尤其是“为什么”为始的发问,有些咨询师主张慎用、少用。因为过多地这样发问有使咨询关系疏远化的作用,而且涉及当事人困扰的原因的这种提问,若当事人早已知道答案,他多半就不用来找你咨询了。以“能不能告诉我”、“愿不愿谈谈”这样的形式发问能导致最开放的回答,它像对当事人谈话的一种邀请,不带强制性,故有人称之为“一般性引导”。

要特别说明一下的,是询问的使用多少也与咨询理论取向有关。认知疗法一点也不回避提问,但以人为中心治疗则很少使用提问。以人为中心取向的理论家认为探询反映了咨询师主导的倾向,因而会妨碍当事人的主动性。另一些流派则认为用其他倾听技巧同样可以获得询问的资料,如自我表露。

(二)鼓励

鼓励是借助一些短语,或复述当事人谈话中的一两个关键词或语气词,或点头、注视等表情动作来完成的。它的首要作用是表达出咨询师对当事人的接受,对所谈的东西感兴趣,并希望不要中断这样一些意思。因此它起着支持当事人说下去的作用。例如:

当事人:我终于走出了家门,现在找到了一份工作,孩子也顺利地考上了重点高中,我简直不敢相信一切事情都那么美好。离婚以来,我第一次找回了以往的自信!

咨询师听完这段话时,微笑地看着来访者并点点头。这个反应表明咨询师跟随着当事人,感受到了她重新找回自信时的喜悦,并通过点头和微笑,表达出咨询师对当事人所表达的感受也很感兴趣。

鼓励的另一个功能是咨询师通过对来访者所述内容的某一点、某一方面作选择性关注而引导来访者的谈话朝着某一方向作进一步深入。面对当事人谈出一系列情况,你选择哪一话题作出鼓励反应,直接决定着下面谈话的方向。因此,鼓励虽然是个不起眼的技巧,却深深体现着咨询师对谈话中有治疗价值的东西的敏感和判断。例如:

当事人:我简直不知怎么办好!一整天都糟透了。早上,我妻子去上班时气冲冲的,厕所又漏水;我父母说他们要来住上一阵子;并且我才发现我儿子竟然赌博;我今年四十岁了,而我十分痛恨现在的工作。

咨询师:嗯……你的工作。

在这个例子里,涉及的人和事(与当事人烦恼有关)有妻子、厕所、儿子、父母、赌博、四十岁、工作,等等。涉及的情绪有"不知所措"、"痛恨"等。假如咨询师对"不知所措"作出反应,那么下面很可能他将继续谈出一些令他不知所措的事,或探索"不知怎么办"这种情感。如果你的反应是"你妻子上班时气冲冲的",那么当事人会接下去谈他的太太。据部分咨询师的经验,当事人长篇大论描述其困扰的最后一个主题,往往即是需要考虑的话题,是当事人的情绪反应较强烈的东西,也是需要优先考虑的话题。

(三)澄清

由于当事人是用内部参考系来表达自己,或由于当事人本身的混乱,会谈中常有一些信息不清楚的地方。在咨询师感觉重要的地方出现模糊和不确定,就需要进行澄清。

澄清(clarification)就是对当事人陈述中的模糊、意思不明确的地方,或隐含而又意义不清楚的表达,要求当事人作出进一步的说明、解释或补充。一个最容易出现笼统、模糊的场合是当事人使用所指不确定的代词,如"那个"、"他们"、"那样",等等。澄清的主要目的是使双方对所表达信息的确切含义取得共识。这样才能避免一些无效的、像打太极拳一样的假互动。另外,有少数当事人,模糊笼统成了他们的一种认识风格,或者一种防御方式。澄清和具体化对于他们理清自己的头绪,乃至逐渐学会以比较清晰、确定的方式思考问题,或者突破防御,也有一定好处。

请看例子:

当事人:结婚后,事情改变得太多了,我真没想到。完全不是我想象中的样子。
咨询师 A:听起来你对结婚带来的改变相当失望。
当事人:倒不是失望,是……是没准备。
咨询师 B:哦,你能描述一下你本来期待婚后的生活是什么样子吗?

两位咨询师不同的反应,对会谈的帮助也不同。后一位咨询师不忙着作较深的反应,而是以澄清技术先弄清当事人内在参考系中的看法,以后在此基础上再作深入一些的反应,这就会比较准确和可靠。

当事人:就说我自己吧……某些方面可能有点问题,总的还行吧?
咨询师:你说的"某些方面"是指……?

当事人使用"某些方面"和"总的"两个非常笼统的代词,使得谈话缺乏明确的所指。当事人的这种笼统化的思考方式也可能是一种防御策略,使自己得以逃避面对真实的麻烦。咨询师要求当事人说明"某些方面",显然是一个敏捷的反应。

澄清技术很容易掌握。当感觉不清晰,并且有必要弄清晰时,你就要求当事人作出解释或说明。常用的语句有:"你说……的意思是……?""你能描述一下……吗?""你是说……?"等等。

(四) 释意

释意(paraphrasing)是将当事人表达的意思,经过咨询师的理解后,再反馈给当事人。这种反馈一般是比较简明扼要的。直接引用当事人的原话中的关键词句是经常使用的方法。布拉默认为,释意的作用之一是检查咨询师是否准确理解了当事人所说的话,作用之二是传递给当事人这样的信息:我正认真听你的谈论,我的思想一直跟着你(Brammer,1993)。这对咨询关系是有益的。艾维则指出释意的另一个重要作用,是使当事人有机会再次审察其困扰,并重新加以组织。综合起来看,释意的基本功能一是"澄清",即在双方之间对当事人谈论的内容的实质取得共识;二是协助当事人更好地表达自己。其他作用,如当事人感到被理解,都是由这一基本功能派生出来的,且依释意的准确性而转移。例如:

当事人:我头都大了,她刚刚让我做这,一转身又让我做那。

咨询师:你被她弄得不知所措。

当事人:我们经常吵,有时我不由得问自己,我们真的能处好吗?……然而……我爱他,也希望事情会改善,尤其是现在我怀孕了。

咨询师:嗯,一方面来说,你爱他,但另一方面你却又怀疑你们能否长期相处得好。

释意反应的要领包括:(1) 获取当事人表达的信息,尤其要注意和分辨当事人想要表达而没有表达出,或想要表达而没有表达好的信息;(2) 提纲挈领地向当事人转述当事人表达中的基本信息,尽量用不同的话,用更贴近当事人本意的话来表达;(3) 观察当事人的反应或线索,看当事人是否感到被准确理解了。

(五) 情感反映

情感反映(reflection of feelings)其实译做"感受反映"更贴切,因为 feeling 一词可以指此时此刻人心中发生的所有身体的、情绪的感受,比中文"情感"的外延要宽。因为大家习惯了这个翻译,只好沿用。情感反映就是咨询师用言语的和非言语的方式,来表达当事人所谈到、所体验到的感受,简单地说,就是重现当事人的情绪感受。在会谈中,咨询师会特别敏感地对待那些当事人虽感受到却不曾清楚地意识到的感受。

情感反映与释意是同一类反应。它们应用在会谈中的情景,就好像咨询师为当事人举起一面镜子,让他们有机会听到、看到自己说了什么、感受到什么。二者的分别仅在于,释意着重于对当事人所谈的认知性内容的反映,情感反映着重于对当事人感受的反映。

按照柯蜜儿等的看法,情感反映的目的和作用有以下五种:(1) 促进当事人对自己情绪和感受的注意和探索,尤其是那些从来未曾表达过或被注意过的情绪,这是有治疗作用的;(2) 促进当事人产生被理解的感觉,进而促进与咨询师的交流;(3) 有助于当事人管理自己的情绪;(4) 当当事人表达出对咨询师的负面情绪时,情感反映有助于咨询师避免使用防卫,从而有助于减弱当事人的负面情绪;(5) 有助于当事人准确地对其情绪进行表征(Cormier and Cormier, 1998, pp. 104-106)。

以下三个例句都是情感反映：

咨询师：他那么莽撞粗鲁地出现在那个地方，你感到的不是爱和喜悦，而是愤怒和难堪。

咨询师：那时候，你发现自己对妈妈有一种既亲又嫌恶的感情。

咨询师：你虽然在笑，可是我感到你笑得很苦……

情感反映的要领和步骤是：(1) 体认和知觉；(2) 反馈性描述；(3) 检查和判断。情感反映的基础和前提是对当事人情感的把握。当事人有时是用言语描述情绪感受，有时是以非言语实实在在地表现着情绪，还有许多时候当事人情绪感受的线索是隐蔽不易察觉的。所以咨询师需要能够体认和察觉当事人的感受，这比听当事人用言语表述自己的情绪要困难，但却更紧要。在把握到当事人的情绪之后，咨询师需要将其符号化，即在自己意识中准确地表征当事人的情绪，然后将自己的表征以言语和非言语的方式向当事人转述。不少学者提到准确表征他人情绪的困难（如林孟平，1988），学习者须做一些练习：一方面是要丰富自己的表征情绪的概念和词汇；另一方面是要仔细分辨相近程度、相近性质的情绪，学会贴切地描述人的情绪感受。最后是观察你的反映产生了什么效果，判断它是促进了当事人的自我领悟还是没有作用。

准确的情感反映有助于加强咨询关系，不准确的反映，尤其连续出现不准确的情感反映，则会伤害咨询关系，当事人会产生失望、不耐烦甚至不满。要作出准确的反映，关键在于咨询师真正进入了当事人的内心世界，全身心地体察当事人的感受。所以，情感反映与同感是一体的，咨询师的同感是作出准确的情感反映的前提，情感反映则是表达同感的基本手段。

如前述，释意和情感反映是同一性质的技巧，二者都是帮当事人更好地看到自己，了解自己真实的想法、体验和情绪。因此在会谈中，二者常常是结合在一起运用。布拉默还提到一种更综合的反映技术，称为"经验反映"（reflecting experience）。它除了情感反映或释意外，还增加了对当事人非言语行为的观察，反映当事人透过非言语行为所表达的内在感受（Brammer & MacDonald, 2003）。例如："我注意到你在笑（行为描述），但我却感到你觉得自己受到侮辱（感受反映）。""看得出来，你虽然口里说没事（释意），心里却非常不高兴（感受反映）！你的脸色很难看（解释）。"显然，这种把多方面线索、说明结合起来的反映技术，对当事人的作用更大。

（六）具体化

具体化（concreteness）的含义很容易理解。具体化是针对每一位当事人的实情，对会谈中出现的一般化的内容（情绪的和认知的）进行限制性定义，从而使咨询双方对所讨论的内容得到正确、清晰的了解。

咨询会谈如果缺乏具体化，会变得毫无效率。极端的情况下，会谈会给人一种始终没有着力点，落不到实处的感觉。双方似有所云，然则不知所云，谈话似有所指，然则不知所指。其情形很像京剧《三岔口》里的那场打戏，两个人在黑房子“互动”（打斗），多数时候是在猜测对方的位置，并按自己的猜测行动，两人真正“触及”对方的时候很少。

因此咨询互动中的具体化有其重要性。具体化对于咨询师的意义是很明白的。它有助于咨询师准确地理解当事人：他遇到了什么问题，他的感受如何；并借以了解当事人的思维和感受方式。对于当事人，具体化的作用较为复杂。由咨询经验可以发现，许多当事人刚到会谈室时是这样一种心理状态：烦乱、痛苦，他模模糊糊地觉得自己有一肚子不幸的事，有一大堆难受的感觉，可他对那到底是哪些事、是什么感受却说不清道不明。而且正是这种说不清道不明恰恰又加重了他的困难感，尽管他自己往往不曾意识到这一点。具体化的会谈使他得以理清自己的观念、事实、感受、态度和欲望，在此基础上，很可能引发他对自己的问题产生新的领悟，至少也能消除混沌状态本身造成的烦恼。

造成当事人缺乏具体化可能与人的思维具有概括化、类化的特点有关。我们在把握现实时倾向于省去细节、过程，把感性经验变成较概括的概念形式，放入记忆。最后我们在提取记忆内容时往往只能提出一些概念。而情感的记忆有不同特点，情感以体验性的特点进入记忆，它的强度也许有改变，其体验的具体性却较少改变。加上情感的种类相对较少，生活过程中的同类感受会产生“累积效应”。结果就会造成情感反应很强，与之相联系的认知却不足的情况。在咨询中常能观察到有的当事人痛苦万分，却谈不出多少具体原因。

缺乏具体化可能有三种情况：模糊、概括化和概念不清。

除了表达障碍，当事人表达上的模糊往往反映着内在表征上的模糊。换言之，说不清楚是因为心里不清楚。在咨询中，许多时候是因为当事人的感受和事实脱节，情绪“罩住”了认识。结果，当事人会以情绪性的抱怨开始：“这一阵子太不顺心了！”“我苦恼死了！”等等。在咨询的初始阶段，对这种较为模糊的情绪表达，咨询师最好不要把注意集中于情绪，而应注意抱怨后面的事实细节，只有找到产生这些感受的事实细节，我们才能更准确地理解他的感受。例如：

当事人：我这段时间太不顺了。（情绪或者事实，模糊）

咨询师：嗯，你能告诉我一两件不顺心的事吗？（具体化）

当事人：好吧。上个月涨工资，没我。（事实，但不很具体）这几天跟我妻子又别别扭扭的。（事实，不具体）

咨询师：的确是两件烦心事。或许我们应该深入讨论一下，你愿意选择一件谈谈具体情形吗？（具体化）

通过逐步深入具体地发掘事实细节，并了解当事人是如何知觉、感受和认识这些事实的，我们就能协助当事人澄清思想和感受，咨询也就有了具体性。

过分概括化是当事人中较普遍的现象，艾利斯等人对此有精湛的说明，我们将在介绍理性-情绪疗法时详论。本来，概括化是人类思维的一种基本特性，概括过程就是从特殊、个别的事实、经验归纳出一般性的结论。概括的层次有高有低，以事实的特殊程度为转移。从极特殊的事实只能作出有限的、低层次的概括，否则就不合逻辑了。正如你不能根据一个鸡蛋是坏的就断定一篮鸡蛋全是坏的，如果依据一两个人对你不好就断言“全班人都跟我过不去”，就犯了过分概括化的毛病。概括是理性，过分概括则是非理性。概括的对立面是具体。在咨询中，通过具体化这一与概括化相反的过程，能够帮助当事人发现过分概括的错误，使其对自己的真实情况有准确的认识。

当事人：……我的性格很不好。

咨询师：一个人的性格有多方面的表现，你能告诉我你认为哪方面不好吗？（具体化）

当事人：我的性子很急，爱耍脾气。

咨询师：譬如……？（具体化）

当事人：我常对我的男朋友不耐烦，一下子就火了。

咨询师：对别人呢？比如对同宿舍的同学？（具体化）

当事人：那倒还好，我凭什么对人家发火呢？

咨询师：别的方面呢？譬如待人诚恳吗？自私吗？

当事人：那倒没问题，我跟其他同学处得不错。

咨询师：这么说，你认为自己性格不好，主要是因为你常对男朋友使性子？

至于概念不清的情况，有时候，我们会发现有的当事人看了一些变态心理学方面的书籍，他的言谈中夹杂着不少专业名词，比如“强迫症状”、“恋母情结”，等等，他们把自己与这些概念对号入座，自己给自己下了诊断。咨询师要特别小心地探查他们是否准确地理解了这些概念，不可被当事人牵着走。比如有位当事人一坐下就说：“我有强迫症”。咨询师要求他谈谈具体症状，他告诉咨询师，他洗手的次数明显比别的同学多。咨询师问，以前洗手次数和现在比，是否现在多？答，差不多，只是最近看过一本书后偶然注意到的。问，不洗怎么啦？答，难受、手心黏糊糊的。让他把手伸出来看看，果然汗渍渍的。原来他就是手心多汗，不洗不舒服罢了，根本不是什么强迫症。像这样概念不清的情况，不限于专业概念，还有一些是当事人生活圈子里的特殊用词，或他个人对某一概念的独特理解，造成咨询师感到模糊不清，都可通过具体化予以澄清。

具体化的操作很好掌握，一旦咨询师感到有混乱模糊，就可以直接提出要求。澄清是很常用到的会谈技巧。下面这些问法都是常见的：“你能举个例子吗？”“我感到有点模糊，你能说得具体些吗？”“你能向我描述一下当时的情形吗？”“你说……是什么意思？”

对具体化应合理掌握，我们不能以为具体化就是要对每个事实、感受都要把细枝末节讨论到，那样容易忽略对问题的整体把握，使会谈变得冗长琐碎，且反而使双方更为混乱。我们要求的是在全面衡量、把握整体的基础上，有针对性地对我们认为是重要的问题具体化。因此具体化常和“聚焦”结合。所谓聚焦就是使讨论从漫无边际的泛泛而论集中于某个话题，或者从对感受的一般性谈论而集中于一特定感受的体验。常可以使用这样一些引导实现聚焦：“你已经谈了好几个问题，现在你能选择最重要的一个详细谈谈吗？”“你能用一个词来表达你现在的感受吗？”

(七) 概述

概述(summarizing)就是把当事人的口语叙述、情绪感受和行为进行分析综合,以整理过的形式向当事人表述出来。概述可看成一个谈话段落或一次会谈的总结。通过概述把前面讨论的当事人的各种情况(情感、事实、观点看法等)系统清理一遍。可以形象地把它的作用比喻为梳辫子、穿珠子。

概述的作用主要在于给当事人一种运动感,感到在探索思想、情感以及问题原因方面正取得进展。同时,概述也让咨访双方对前一段会谈的内容有一个重新审视的机会,当事人通过这次审视也许能更好地认识自己,或得以补充资料,或得到反馈以确定咨询师是否正确地理解了自己。另外,概述往往自然地构成会谈的一次单元式收束,让双方有一个喘息之机。布拉默提出作出概述要注意以下几点:

(1) 当当事人谈话时留心各种主题和情绪性表现。

(2) 把关键性的观念、情感的基本意思加以综合,用概括的语句表述出来。

(3) 不要增添新的东西。

(4) 确定是否需要作出概述,或者请当事人自己来概述。确定时考虑你的意图:是为了在会谈之初调动当事人的积极性吗?是为了使散漫的思想和情感集中吗?是为了结束这一话题的讨论吗?是为了检查你对会谈进程的理解吗?是为了鼓励当事人更全面地探索自己吗?是为了在结束咨询关系前作一个改进的总结吗?是为了向当事人确认会谈正很好地进行吗(Brammer & MacDonald, 2003)?例如:

咨询师:从你对家庭、学校以及对你现在的推销工作的谈论看,你好像一直有这样一种感受:你在所有这些方面一直都是个失败者。

咨询师:让我们看看我是否理解了你前面谈的一些意思。你对你的女朋友到底是否爱你没有把握;你非常关心自己在别人心目中的形象;另外你认为你现在这种糟糕的心情正在损害你的学业。我的理解对吗?

二、影响性技巧

倾听技巧重在引导当事人自我探索、自我认识,在咨询师方面侧重于听。咨询师不主动地干预当事人的探索,而是起支持作用。倾听固然是必要和重要的,但单独使用则使咨询的进展变得缓慢。影响性的技巧的使用使咨询师更积极主动地进入会谈过程,对这一过程发挥影响。

影响性技巧虽然作用力较大,但不宜过多使用。因为,一般来说,咨询师主导色彩太浓会损害当事人的独立自主性。而且影响性技巧也存在较大的风险,技巧使用不当会危害咨询关系并进而妨害咨询效果。所以在实际咨询中,倾听技巧的使用比例远比影响性技巧要高——当然这也得与理论流派的取向联系起来,行为治疗和认知治疗使用影响性技巧是毫不犹豫的。

(一) 解释

解释(interpretation)是对当事人的问题、困扰作出超越其现时认识的诠解,从而使得当事人能够从一个新的角度来看自己的问题。在咨询和治疗中,咨询师会发现当事人常常对自己的思想、情感和行为方面问题的原因要么根本就不曾探索过;要么就是找到了一个自我损害的解释,并且被这一解释"套"住了,挣脱不开;还有的是陷入各种矛盾对立的混乱状况中,理不出头绪来。咨询师如果适当运用解释技术,提供自己对当事人问题原因的理解,有助于扩展当事人的视野,使其从一个新的参考系来看自己的问题,从而获得新的领悟。

解释不同于释意,释意的要义是准确地表达当事人的原意,它不改变当事人的参考系,解释则是提供不同于当事人现有理解的认识,它提供了新的参考系。在中文里,解释和"说明"经常混用。后者其实是"使意思更清楚",跟解释也不同。

咨询师据以作出解释的依据可以是一般心理学原理,某一咨询或治疗理论,也可以是自己的个人经验。所以对同一问题,不同的咨询师可能会从不同角度进行解释。正因为如此,解释的有效性就与咨询师的理论修养和创造性思维的能力有直接关系。因此,在准备解释之前,咨询师最好自问这样一个问题:对于这位当事人的这一问题,这一解释是合适有效的吗?

解释有很强的影响力,但这取决于当事人是否接受这个解释。解释也是有风险的。首先,倾向于解释的咨询师常常忽视当事人的主导地位。他们不能"跟着"当事人,而过多地思考、琢磨当事人,他们往往走到当事人前头去了,急于寻找一个假设来解释当事人的行为或症状。这会妨碍咨询师对当事人的同感理解。其次,解释的失败率较高,而解释失败有可能损害当事人对咨询师的信任,或感到咨询师没有很好地理解自己。解释失败的原因是多方面的,除了解释本身不合乎当事人的实际之外,解释的表达方式、解释的深度、当事人的理解能力,以及当事人的态度准备,等等,都可能成为导致失败的原因。我国许多咨询师都喜欢进行解释,因此了解解释的复杂性和风险是必要的。艾维等人认为,对任何一次会谈来说,两三个运用得当的解释可能是最大限度,当事人现有的参考系无法承受更多的冲击。

解释只有被当事人接受才有效,据此想来,最好的解释是当事人的自我解释。因此,把咨询师心目中的解释设法转变成当事人"自我发现"的解释是一种理想的做法。这种做法能够有效地降低直接解释的风险。解释性的设问是较好的方法之一。试比较以下两种表达方式:

"我觉得你不信任男人可能是起于小时候跟父亲的关系,你父亲曾那样粗暴地对待你。"

"……那么你认为你之所以不信任男人是因为你父亲曾那么粗暴地对待你?"

后面一种表达就是解释性的设问。它是试探的,并且把决定权交给当事人。咨询师可以创造性地作出许多反应,引导当事人自己去探索解释。

在咨询过程中哪些地方需要解释?这是一个见仁见智的问题,并且跟治疗理论取向有关系。斯皮格和希尔提到五种类型的解释(Spiegel & Hill, 1989, p. 125),有助于我们了解在什么地方,就什么作解释:

(1) 改变的障碍。解释的焦点在当事人为什么无法投入治疗过程或完成治疗作业。在心理动力治疗中，对防御或抵抗的解释通常是处理其他冲突的先决条件。

(2) 自我省察。解释的焦点在当事人怎样知觉自己和他人，以及怎样跟他人互动。这方面的领悟往往有助于当事人明了他们在知觉上的失误，这种失误又导致他们在自我评价和人际关系上的问题。

(3) 感受的觉察。解释的焦点是当事人没有觉察到的感受。经典精神分析时代，解释主要集中于当事人何以会有这样的感受（理性的解释），现在的解释强调帮助当事人有更多的体验性觉察（他正感受到什么）。一些重视体验的治疗体系如以人为中心理论、格式塔理论，都把较多精力放在促成当事人对感受的觉察上。

(4) 无意识成分的澄清。解释的焦点是无意识的冲动或冲突，包括移情。这有助于当事人认识当前关系中的扭曲，并更好地了解这些冲突是怎样在行动、感受和思想中表现出来的。

(5) 压力性质的生活事件。解释焦点是促进当事人对压力事件影响的觉察。这有助于当事人更好地了解其处境，以及哪些因素抑制了自己承认压力事件的影响力。

解释的层次（深度）也是一个要斟酌的问题。一些初学者往往唯恐解释不深，恨不得把心理分析的最深的底蕴一下全抖搂出来。结果在解释时不得不先给当事人上一堂弗洛伊德的理论课。这除了把当事人弄得云里雾里之外，没有任何积极价值。好的解释应是：(1) 不离开当事人及其当前问题；(2) 适合当事人的接受理解能力和接受心向①。

下例有助于咨询师体会解释层次问题（Brammer & MacDonald, 2003, p. 91-92）。

当事人：我昨晚参加了一个晚会，我喝得太多，我又哭又叫，就像个闹着要回家找妈妈的孩子。我感到难堪极了。

咨询师可能有下面任何一个层次的反应：

(1) 你醉到了哭笑不能自主的地步，你现在谈到它还感到难为情。（释意）

(2) 你对昨晚的事感受非常不好。（一般性情感反映）

(3) 你对昨晚自己失去控制感觉很不好。（轻微的解释，加了“控制”这一观念）

(4) 你到了不能控制情感的地步。现在回想起来，你为自己做出那样幼稚的举动而想要责罚自己。（解释——增加了责罚概念并把讨论转到童年行为模式上）

(5) 你喝酒，哭闹，并且提到妈妈，这些使我猜想你是否就是想回到妈妈怀里——想依赖母亲得到宽慰，感到自己不能独立支持。（较深的解释，提及需要妈妈的安慰和支持的愿望）

(6) 根据某一理论架构对当事人的叙述进行解释。例如，精神分析可能与返回子宫的欲望联系起来，格式塔理论可能以放弃对他人的依赖代之以自我依赖中的困难来解释，等等。

① 亦称心理定势，指当事人是否有了听取/接受某个解释的心理准备。

布拉默提出以下一些要领供解释时参考(Brammer & MacDonald, 2003, p.92-93):

(1) 找出当事人的基本信息;

(2) 先进行释意;

(3) 针对当事人所表达的东西,说出你的理解(根据你的理论,你对动机、防御、需要、风格等的一般理解);

(4) 语言要简明,层次要跟当事人所述意思较贴近;

(5) 以审慎、试探性的方式表达你的上述看法。例如"你看事情是否可能是……","这事照我的想法……";

(6) 请当事人对你的解释发表意见;

(7) 启发当事人自己作出解释。

(二) 指导

指导(direction)简言之就是直截了当地指示当事人做什么和说什么,或者如何做和如何说。指导可能是影响力最强的技巧之一。指导的本质在于直接造成行为改变,它明白地指示改变什么、学习什么,以及如何改变、如何学习。所以指导有强烈的行为取向。行为疗法中很多技术方法都要用到指导,例如行为管理、情绪性想象、放松训练,等等。但也有一些派别反对使用指导,如以人为中心疗法。但不管怎样,多数咨询师还是或多或少地运用指导。

正因为指导主要是行动定向的,单纯的指导是有局限的。对于不满足于"知其然"而希望"知其所以然"的当事人,指导应配合一定的说明和解释。

给予什么样的指导,与咨询师的理论取向有密切联系。我们可以大致把指导分成两类:一般性指导和作为某一疗法的实用技术的指导。作为实用技术的指导有一定的"套路",需要结合不同流派的治疗策略或技术进行专门学习,例如精神分析的自由联想方法中的指导、各种行为疗法的指导等。一般性的指导是咨询师针对某一问题,以基本心理学原理或个人实践经验为依据,创造性地设计出的指导。例如一考生在复习时一会儿搞数学一会抓历史,成天紧张兮兮效率却不高。咨询师根据学习和记忆的有关规律指示他如何合理分配复习时间,如何激发复习时思维的积极性,等等。把这类指导称做一般性指导是因为它们没有特定的套路和固定的内容,并且在大多数咨询场合都会用到。

(三) 劝告与提供信息

劝告(advising)和提供信息(informing)就是对当事人关心的问题提出建议,给予指导性或参考性的信息,以帮助当事人思考其问题,作出决策。劝告与提供信息的区别在于前者包含了具体建议,后者没有这一成分。我们在日常人际交往中是如此频繁地给予劝告和接受劝告,使我们每个人都积累了大量给予和接受劝告的经验。要领会这一技术,最好的途径或许是反省自己的经验。我们可以自问这样一些问题:别人劝告你时你的感受怎样?根据你的体会,在什么情况下劝告有作用?一个好的劝告有什么样的特点?

劝告技术的使用在咨询师中是有争论的。早期职业指导曾大量使用劝告,后来这种做法遭到批评,以至许多咨询师不再使用。有人甚至这样鄙夷劝告:"除非你知道对方不会听从劝告,否则永远不要给予劝告。"批评劝告的理由主要有:(1) 它反映了咨询师无所不知的自大倾向;(2) 劝告助长了当事人的依赖性;(3) 在日常生活中当事人已接受太多的劝告,以至在咨询中劝告没有什么效率。但近年来人们又倾向于认为劝告如果使用得当还是不失为一种有用的技巧。现在的看法是,如果由专家(如医生、律师、咨询师)给予有坚实的事实或科学依据的建议,且这建议适合当事人的情况,劝告是有帮助的。

给予劝告或提供信息特别在职业辅导、家庭或学校教育会商(consultation)(针对家长或教师)中有用。例如职业辅导中,咨询师往往通过测验获得当事人的能力倾向、职业兴趣、价值和态度方面的资料,然后把这些信息提供给当事人,并提出如何选择职业的建议,帮助当事人选择适合自己的职业。值得重视的是,对于一些重大的人生选择,如"我应该离婚吗?""我应该选择哪一项工作?""我应该借给他一大笔钱吗?"不宜(应该说是不可)给予直接劝告。

劝告无效的一个重要原因可能是当事人一开始就不曾打算认真考虑劝告和遵循劝告。尽管他会一再请求甚至赌咒发誓要听你的话。这种当事人请求忠告很可能只是需要支持、寻找依赖的情感的表露。咨询师要避免落入这个圈套。保险的做法是先搞清楚当事人的情感,仔细鉴别他是诚恳、直接地请求提供意见、建议,还是在表达一种委决不下或依赖性的情感。一般来说,应该先处理情绪感受问题,然后再处理忠告请求。

过多使用劝告的确会妨碍当事人独立性的发展,它无形中把解决问题的责任交给了咨询师。而且,经常用"如果我是你……"这种方式给予劝告,会无意识地把咨询师自己的需要、态度、价值观乃至自己的问题投射到劝告中去。所以,如果可能的话,采取提供参考信息,提供合理的思维方式,帮助当事人分析、评价可能的选择方案等做法更可取。

(四) 自我表露

自我表露(self-disclosure)又译自我开放或自我揭示。最初由杰拉德(Jourard,1971)提出这一概念,认为自我表露是一种稳定的人格特质,与心理健康密切相关。高自我表露者不仅向对方呈现真实自我,而且借自我表露来表达、创造亲密和爱。自我表露是人际交往中一个重要又有趣的现象,在社会心理学和咨询与治疗的研究中都受到重视。自我表露就是向交往的另一方表露自己半私人、私人和隐私性质的信息。在咨询过程中作为一种技术使用的自我表露,是指咨询师有意识、有目的地表露个人的特征、经验等信息。另外,还有学者主张把自我表露和自我卷入(self-involvment)的反应区分开来。前者是指咨询师陈述诸如个人特征方面的真实信息,而后者是指咨询师表达治疗情境中产生的对当事人的反应(Knox & Hill,2003)。但也有人只是把它们看做自我表露的两种类型。之所以作这一区分,是认为后者可能包含了咨询师的反移情成分。

从研究方面看,对咨询师自我表露即时效果的研究得到的结论基本一致:咨询师的自我表露具有积极影响。例如,希尔等(Hill,et al., 1988)发现咨询师的自我表露被当事人认为最有作用,并且引发他们的体验程度最深。诺克斯等人(Knox, Hess, Petersen, et al., 1997)的研究也表明咨询师的自我表露能引发当事人的领悟,使他们觉得咨询师更真实和人性化。但对自我表露的长期治疗效应的研究,结论尚不明确。

从作用机制的角度来看,自我表露的主要功能在于增进咨询关系,促发当事人的自我表露。具体来说,自我表露首先是传达着咨询师的真诚。在所谓文明文化中,自我表露被视为一件冒险的事,我们不轻易吐露心曲,我们也学会了尊重别人,不打听别人的私生活和私人情感，我们对那些见面没几分钟就大谈自己的人感到不解、不信任。因此，咨询师对当事人表达自己的个人信息，就会被看成一个真诚和信任的举动。咨询师的这种真诚相待的态度，有助于培养当事人的真诚、信任，这对培养咨询关系无疑具有积极价值。咨询师的自我表露还有一个积极效应，就是能够促进当事人的自我表露。社会心理学的研究观察到，当一个人向另一人作出一定的自我表露时，常常引发另一人作出层次相当的自我表露，随着这一过程的进行，双方的个人关系变得愈来愈密切。如果一方的自我表露未能引起另一人的自我表露，前一方的自我表露趋于受抑制。阿尔特曼和泰勒(Altman & Taylor)称这一规律为自我表露的"互惠规则"。

咨询师的自我表露可根据自我表露内容的时间和性质予以区分。从时间角度看，咨询师可以表达会谈当时的个人感受，也可以谈咨询师的过去经验或经历。从性质角度看，自我表露的内容有正负之分，即积极的、肯定性的经验和消极的、否定性的经验。这样，自我表露就有四种形式：现在积极的、现在消极的、过去积极的、过去消极的。现各举一例阐述之。

咨询师：你把这些你认为很难堪的事情告诉我，我很高兴，也很感激你这么信任我。

这一自我表露表达的是咨询师当时的感受，它向当事人传递的是咨询师对他的积极、肯定的态度反馈。

咨询师：我的确感到失望，你把我们上次会谈制订的方案完全丢在一边没付诸实施，不过我想你也许有自己的想法或原因。

这是揭示现在的负面经验。有时候，咨询师没有必要掩饰自己的负面感受。这样，在当事人心目中你可能反而显得更真实，更像个普通人，因而也更值得信任。但这种自我表露是应该注意分寸的，要能体谅对方的心情，尤其不应表达对当事人的否定性的评价以及攻击性的言词。

咨询师：我能体会你当时的那种感觉，我接到高考录取通知时也是充满了高兴、自豪的感觉，恨不得告诉每一个人……(过去积极的自我表露)

咨询师：你的这种感觉让我想起我第一次上讲台时的心情，当时我的感觉是非常紧张，生怕讲砸了，有点想逃开，可又清楚地知道逃不脱，又慌又乱……我这种感觉跟你相似吗？(过去消极的自我表露)

自我表露技术存在一个风险，就是易流于滥用。有的咨询师容易沉浸于自己的经验回顾中，大谈自己，使谈话的焦点离开当事人转到咨询师身上。更有甚者，有的咨询师在自我表露中不自觉地拿自己之长反衬当事人之短，这不仅离开了当事人，还会损害当事人的自我评价，抑制当事人的表达。咨询师的这种自我表露的动机是要表达自己并获得别人的承认。这种情况在日常生活中非常容易见到。所以，自我表露技术的使用要考虑一些重要的规则。

首先是咨询师要意识到自己的动机。你是基于对当事人的考虑，出于对促进会谈的需要的判断，还是出于自己的表现冲动而想要作自我表露？如果是后者，你需要抑制这种冲动。正如西蒙(Simmone)等所说，有效的自我表露最终需要"一种对道德和临床问题的意识，以便维持专业的界限和始终关注求助者及其需要。"(转引自 Cormier & Nurius, 2004, p. 177)。

第二是要考虑自我表露的时机。关于自我表露的研究发现，过早的自我表露不仅不能引起信任、好感，反而引起不适和戒备。所以，自我表露应该在已经建立起较自由的交流气氛的基础上进行。咨询师在进行自我表露之前，宜在心里自问一些问题，如"此时表露，当事人能接受吗？""当事人有思想准备吗？""是否显得唐突？"等等。

第三是要考虑自我表露的深度。原则是，以跟当事人当时所表露的层次相当的层次作自我表露，并且与当时咨询关系的密切程度相适应。例如：

当事人：刚上学那会儿，很小心谨慎，在寝室里也不敢放得开。

咨询师：是呵，我刚上大学时也是很拘束，不敢乱说乱动，总怕别人笑话自己。

这一例中咨询师的自我表露跟当事人的大体相当，但略深一点。看得出来这深的一点是坦露出拘束的原因，如果当事人接受，这个自我表露会是很有促动作用的。

第四是要考虑自我表露的多少。这里的多少，既指表露的量，也指自我表露的频繁程度。过多过少都不好。过少导致咨询师跟当事人之间的距离感，过多则显示咨询师并没太把当事人放在心上，而是较专注于自己，会从另一方向造成距离感。

最后一点是自我表露的性质，是正面的还是负面的个人经验。一般认为，咨询师揭示自己的负性经验是自我表露中比较有效的一种。但在真诚的前提下，正面的自我表露有时也有积极作用。

(五) 即时性

即时性(immediacy)是对会谈进程中当时发生的事情作出反应，尤其是对涉及当事人对咨询师的感受、双方对咨询关系的感受等，及时作出反应。而不是视这些为无关紧要的，或因为感到不便开口而忽略过去。伊甘曾指出，人们常在和他人互动时无法表现出即时性。例如丈夫觉得妻子所说的某件事是在轻视他，却什么也没说，硬生生地"吞下"自己的感受，但接下来的几天他开始对妻子有些冷淡、有点沉默；妻子注意到、觉察到发生了什么，但她也忍住不说什么。很快地，以往在他们关系中通常会被忽略的小事，却变得会激怒对方，情形变得越来越紧张……结果，可能一件很小的事就能引起巨大的冲突。这种情形在心理咨询中也时有发生，比如咨询师"吞下"对当事人的一个消极情绪，或双方为了维持一种互相喜爱的气氛而变得小心翼翼，谁也迈不出第一步讲出这种小心翼翼。如果咨询师对这些没有察觉，或有察觉而不能作出反应，咨询关系就会逐渐变得僵硬、虚假。

即时性还有着协助当事人认识自己，取得领悟的作用。当事人在咨询室以外的关系问题,往往会带到咨询室里来,反映在他跟咨询师的关系中,表现在他跟咨询师的互动上。他在现实生活中的退缩,会表现为在咨询师面前的退缩,同样,他在现实中的攻击性也会在咨询互动中表现出来。这样,当咨询师以即时化技术对其行为和情绪作出反应时,就有助于当事人领悟到自己的人际反应风格。

伊甘(Egan, 1990, pp. 224-227)从内容和作用上综合考虑,分出即时性的三种类型:

(1) 自我卷入式陈述(self-involving statements):咨询师表达此时此刻自己对当事人的感受和态度,可以是正面的,也可以是负面的。

(2) 关系即时性:咨询师对双方关系和涉及关系的反应上的感受、看法和评论等。但以整体的关系、一般性的反应倾向等为着眼点。

(3) 此时此地的即时性:对双方在此时此地的交流中发生的东西作出反应。以特定的互动为着眼点。

柯蜜儿和纽瑞丝(Cormier & Nurius, 2004, p. 171)的分类稍有不同,但更好把握:

(1) 咨询师即时性:表达咨询师此时的想法、感受和行为。例如:"听到你的遭遇我很难过。""很抱歉,我刚刚有点走神了,我们再来一次。"

(2) 当事人即时性:咨询师对当事人此时的想法、感受和行为作出"反映"。如:"你有点坐立不安,似乎在这儿很不自在。""你现在真的在笑,你对这事一定非常高兴。"

(3) 关系即时性:咨询师就自己对咨询关系的感受或想法作出反应。如:"我很感谢你能告诉我这些事。""我有点不安,觉得我俩在相互迁就。"

作出即时性反应的时机可能会令初学者感到困难。综合柯蜜儿和伊甘的建议(Cormier & Cormier, 1998; Egan, 1990),以下时刻往往需要作出反应:

(1) 当说话或行为出现犹豫或"小心翼翼"的时候。如:"阿平,我发现自己(或你)在刚刚这一段说话中变得非常小心,好像怕说错了什么似的。"

(2) 当发现关系中存在敌对、生气、愤恨、苦恼的时候。如:"小乔,我看你显得很生气,你感到我的话冒犯了你吗?""虽然我了解你刚才的愤怒,但你的话的确令我感到受伤,因为事情不是那样的。"

(3) 当觉察到一方或双方存在被吸引的情况时。如:"一开始我们就很投机,但现在我想知道,会不会因之使我们有所迁就或隐瞒,因为怕使对方不高兴?"

(4) 当发现当事人在谈话中变得越来越被动,被咨询师推一下才走一步时。如:"我在刚才一段谈话中觉得挺费劲,觉得必须不停地推你……"

(5) 当发现当事人在谈话中变得越来越抗拒,不肯作出合作的交流时。如:"我发现我们之间的谈话像在较劲,如果我没错的话,我们俩都在暗暗地要压倒对方。"

(6) 发觉谈话缺乏焦点或方向的时候。如:"你有没有一种感觉:我们好像迷路了?"

(7) 当感到信任出现问题的时候。如:"我发现你在很努力地选择用词,并且在谈什么的问题上显得很犹豫。"

作出即时性反应时要注意以下一些要点:

(1) 真诚、积极关注和同感的态度是有帮助的即时性反应的前提。即时性反应主要是调控咨询关系的,所以关系的基本决定因素自然起着前提性的作用。如果没有这些要件作为基本背景,即时性反应有可能变成纯粹的攻击、讨好、自我发泄或者投射。

(2) 咨询师要在事情发生的当时作出反应,不要等到过了好久之后。即时性的特征就是“即时”,是对当时当地的东西作出反应。

(3) 用中性的描述,避免用评价性的语句。无论是谈论发生的事情、情形、态度,还是感受,都尽可能用客观的陈述,避免附带评价。

(4) 清晰地使用人称代词。表述中要清晰地使用人称代词,以便双方清楚地知道是谁的感受、谁的意见。尤其是“我”、“你”、“我们”三个主语,只要有可能造成混淆就要明确使用。

(5) 考虑时机是否合适。

(六) 反馈

反馈(feedback)就是表达咨询师对当事人面临的问题的种种看法。反馈与提供信息、与即刻的自我表露有时显得不易区别。基本上,即刻的自我表露主要在情感和事实方面,反馈则主要表达一种看法、意见;提供信息主要是给出一些可能的参考线索和资料,反馈则是直接针对当事人问题作出的正面回应。当然,这种区分不是绝对的,也不是非要分得清清楚楚不可。

反馈的作用在于让当事人了解他的问题、想法在咨询师看来是否合理、有效,达到更正确的自我省视。咨询师的反馈信息起着一种让当事人从新的角度或更开阔的视野来看待自己的问题的作用。因此,反馈常伴随咨询师对自己看法的说明或解释。例如,一位考生被他的没有喘息之机的复习日程弄得紧张万分,想减少一点复习时间,却又怕准备不足。咨询师告诉他:我认为你的问题一是复习计划安排不合理,每天的任务超过了你能完成的限度;二是你由于老是认为自己没有完成任务,结果把时间浪费在担心着急上,实际用来复习的时间反而更少;三是担心着急干扰了大脑的积极、灵活的活动能力,致使复习效率不高。而这几方面又互相促进,恶性发展。然后咨询师又就几方面互相促进恶性发展的道理进行解释。在这段反应中,前一半是反馈,后一半是解释。这是一段相当有作用的反应,当事人立刻就能对自己的问题获得一些新认识。

反馈这种技术由于总是和咨询师的观点、看法相联系,所以容易流于滥用。在许多情况下,当事人可能已经从周围的人那里得到过反馈意见,因此,你的反馈如果没有新意是不会有好作用的。

(七) 逻辑推论

逻辑推论是指咨询师根据当事人所提供的有关信息,运用逻辑推理的规则,引导当事人认识其思维和行动可能得到的结果。这种影响技巧对于理性思维能力较强、自控力好的当事人可能是一种相当有效的技术。在理情行为疗法及其他认知疗法中,逻辑推论是一种常用技术。逻辑推论可用于症状分析(根据当事人的成长史、某些遭遇及中间过程,让当事人理解当前症状的发生原因及过程),这样的推论与解释很相近。逻辑推论也经常用于治疗方案的分析,这又可能有多种情况:一种情况是根据当事人的现状和倾向,推出将导致的结果,如果当事人的现状和倾向是不合适的,必然导致否定性的结果,这种推论就能让当事人更好地认识什么是不好、不行的,从而增强改变的欲望。换句话说,这种推论使当事人的荒谬之处得到“放大”。另一种情况是对咨访双方的行动方案进行推论,达到否定、排除不佳方案的筛选作用，也能通过对将来结局的展示鼓舞当事人付诸行动的积极性。

运用逻辑推论要尽可能让当事人积极参与，让他来进行推论，有时候，苏格拉底式的发问是可用的方法。可使用这样的句式："如果……那会怎样呢？""让我们设想一下，照这样行动，会有哪些可能的结果……"逻辑推论有时产生一种咄咄逼人的气氛，所以须以良好的咨询关系作基础。

（八）质对

质对（confrontation）又有译做"面质"、"对峙"者。质对技术是当咨询者发现当事人语言与非语言行为不一致、逃避面对自己的感受和想法、语言行为前后矛盾、不知道善用资源、未觉察自己的限制等行为时，咨询者指出来访者矛盾和不一致的地方，协助当事人对自己、对问题有进一步的了解。

个体对信息的加工都有自己特定的认知图式。一般来说，前来咨询的当事人的信息加工模式都会出现不同程度的僵化，他们可能会扭曲信息的意义，或看不到信息与信息之间的矛盾关系，因此无法觉察信息的真正含义。这些未被觉察到的信息或被扭曲的信息，会使当事人语言和非语言行为出现不一致，或语言前后矛盾，或信息之间无法产生联系。这种不一致的情况，往往会造成当事人知与行之间、知与知之间、或行与行之间的矛盾，并且引发一些问题。质对技术是一种有很强冲击力的影响方式，它使当事人不得不面对自己的矛盾之处，而这些矛盾可能是他以前没有意识到的。

质对可能会集中于真实性。一种有效的质对的方法是通过公开地与当事人分享你真实的感觉，或者集中地讨论当事人的回避和抵抗，为当事人提供真实的反馈，告诉他们现在正在发生的事情。可以使用像下面的话语："我感觉你其实不想和我谈论那件事情"，"我很奇怪你感觉你老是在受伤害，你为什么会有那种感受呢？"质对也可以集中于讨论矛盾，这种矛盾可能是言语和非言语行为之间的不一致，例如，"你说你很悲伤，但是你却在笑"；也可能是言语和思想之间的不一致，例如，"没有得到那份工作，一方面让你感觉受到了伤害，另一方面你好像感觉到某种程度的轻松"。

伊根认为：质对已日益成为心理咨询的核心部分，它促使当事人发现其言行中的种种自我挫败表现，并努力加以克服。在咨询中，很多咨询师通过提问、反问与深入的讨论来质对当事人思维方法中那些自我偏向、自我夸张与自我挫败的倾向。由此，质对的意义不在于否定对方，贬低对方；而在于开启对方，激励对方。质对的目的在于使当事人超越咨询者对他的质对，认识到他认知与思维方法中的偏差，产生新的领悟。

咨询师的质对虽然不是批评、责备、但是仍然容易引起当事人的反感。因此，咨询师使用质对时一定要明白自己的意图，即为什么要质问当事人。克特勒提出：咨询师在提出质问性的问题时，应该首先问自己你这样做是出于关心对方还是出于想惩罚或压制对方。因此，质问力求问而不审，质而不压，以推动当事人的自我审视与自我反省。同时，使用质对技术要特别注意表达方式。伊根提出表达质对的四点注意事项：

（1）质对应该在高级准确同感的基础上进行，咨询者应该明确当事人的矛盾，否则质对可能无效或有破坏性。

（2）质对应该是尝试性的，在咨询初期尤其应该如此。这样才能使当事人在开始探索自己的内在矛盾的时候不会感觉到过分的压力。

(3) 质对必须以建立一定程度的咨询关系为前提。艾维等认为,应该以同感、真诚、关怀和尊重等支持性特质来平衡质对可能造成的过度冲击。

(4) 质对应该以逐步接近的方式进行。即逐渐接近要害性的矛盾,而不是一开始就直奔主题。这样有机会让当事人一方面领会前面的东西,一方面有进行更深入质对的心理准备。

这些注意要点都是要减轻质对对咨询关系的负面影响,因此,咨询师要记住要旨,在会谈中灵活运用。

思考·讨论·活动

1. 以小组讨论的方式,探讨会谈深度的三维模型。重点有二:一是该模型的合理性;二是三维模型对我们学习咨询会谈的启示。在合理性方面,您可以从某个治疗理论(如精神分析理论、以人为中心理论)的观点来进行评论。在实践启示方面,您可以把焦点放在会谈过程中咨询师可以作哪些反应,不可以作哪些反应上面。

2. 应用前面用过的小组角色扮演形式进行以下活动:"咨询师"只用探询技巧对"当事人"作反应,持续5分钟以上。接下来的分享中,先由"当事人"谈自己被盘问的感受,然后"咨询师"报告自己当时的想法以及过程中的感受。全体组员结合这个活动对探询技巧的使用进行讨论。

3. 咨询师对当事人作反应能否只用倾听技巧,完全不用影响技巧,并且达到很好的帮助效果?答案是肯定的。请仍然应用小组角色扮演形式,进行以下活动:"咨询师"仅用倾听技巧(其中探询技巧尽可能不用或少用)对"当事人"作反应,持续10分钟,然后小组分享。分享结束后换另一对"当事人"和"咨询师",依次进行。分享时组员应聚焦于"咨询师"反应的长处和短处做出评论,尽可能不把焦点放在当事人的问题上。这个练习可以由学习小组在课后反复实施,对于帮助学员养成多听少说的习惯很有好处。

4. 从实习机构或其他助人机构取得一个真实、完整的治疗会谈记录的逐字稿(注意该资料的取得须合法及合伦理规范)。请完成以下工作:

(1) 制作一个三栏(列)多行的表格。三栏(列)的标题从左至右分别是"谈话轮"、"会谈技巧"和"评论"。

(2) 把会谈逐字稿划分出"谈话轮"(turns),并按顺序把每个谈话轮内容填入每行的第一栏。"谈话轮"是指当事人—咨询师之间的一个说话轮次。每个谈话轮包括一个当事人反应和一个咨询师反应。

(3) 根据本章对各种谈话技巧的说明,在第二栏标出该谈话轮中,咨询师所使用的谈话技巧。然后,在第三栏写下你对咨询师的反应的评论。评论的角度包括但不限于:反应的合适性、有效性、创造性。

(4) 从全部谈话轮中,挑选出您评价最高和最低的谈论轮各三个。对每一个都试着想想:如果换了您,在这里您会作出什么反应(注意,这是指在没有作出反思和评论之前,您可能作出的反应)?请对您的反应进行评议。

第七章

咨询过程：深入

不少新手甚至一些有一定经验的咨询师发现，在咨询进行一段时间以后，随着初始关系的“蜜月”结束，他们跟当事人的互动出现巨大困难。他们要么感到双方的交流“漂在水面上”，无法扎下去，不能触及当事人真正的感受；或者停留在重复谈论症状上面，不知道如何向前推进一步；或者当事人在面临作出行动选择的时候，发现任何选择都不可行，什么都做不了……这些表现，还有类似的其他表现，都跟咨询过程的深入有关。

这里说的深入只是一个大概的说法。咨询的深入，与当事人的改变分不开。深入应该是指任何有助于当事人改变、向改变的目标趋近的工作。那么，要考虑如何深入，就需要考虑当事人改变的途径。

当代心理治疗的理论体系中，有的强调从认知、理性的途径来促成当事人改变，例如心理动力理论、认知理论；有的重视情感、体验的途径，例如人本主义、存在主义的理论；有的强调行动，例如行为理论、森田理论。本书作者认为认知、情绪和行动，是构成人心理问题的三种基本成分，从其中任何一个方面突破，都有可能促成问题的解构和重组。因此，要把咨询过程引向深入，我们就可以从三个方面的一个或者多个入手。

克拉拉·希尔(Clara Hill)发展出一个三阶段的咨询模式(Hill，待出版)。她认为，助人过程可以分为前后相继的三个阶段：第一阶段是探索；第二阶段是领悟；第三阶段是行动。这三个阶段中，对认知、情绪和感受以及行动三种成分，各有所强调：探索阶段较多关注情绪，领悟阶段较多关注认知，而行动阶段较多关注行为。希尔把现有的各种心理咨询策略和技巧予以整理，将它们分配到不同的阶段之下。这个三阶段模式给我们一个很好用的框架，我们可以借鉴这个框架，来讨论如何从探索、领悟和行动三方面促进当事人改变的问题。不过，读者不应天真地以为咨询是如此规整地由先后相继的三个阶段构成。在实际过程中，探索、领悟和行动是很难清晰分离的，往往探索的结果就是领悟，领悟又能加深探索和觉察；行动可以由领悟引出，但行动中往往可以得到许多领悟。更符合实际的理解是，探索、领悟和行动是三种性质不同的加工(process)，在整个咨询过程中，这三种加工在任何时候都是可能的，只是总体来看，在前期较偏重于探索，在中期较偏重领悟，后期较强调行动。在咨询师方面，他需要根据当前咨询的进展(例如所处阶段)和当时当事人的需要(例如觉察还是行动)，来决定当下的会谈是侧重探索、领悟，抑或行动。

在一定程度上，本章是第五章、第六章主题的延伸。前两章分别介绍了咨询的动态过程和互动的基本技巧。在这一章，我们是围绕推进会谈、促进当事人改变这个主题，把过程和技巧结合起来，使读者领悟如何有效地使咨询深入和有动力。

第一节 协助当事人探索

一、什么是探索？

大多数咨询师开口闭口都在谈探索，但到底什么是探索？也许不是人人都能说得清楚。以笔者的见解，探索是让当事人真诚地面对自己，面对自己真实的感受、真实的想法、真实的意图。这么讲，是不是意味着人们——我、你、当事人——会有不真实的感受、不真实的想法、不真实的意图？的确如此。为什么如此？按照罗杰斯——也许还有弗洛伊德和其他许多理论家——的理解，我们许多人为了日常生活的"平静"，为了"正常地"生活下去，需要建构一个统一、协调，"看起来还不错"的世界。我们发明了各种各样的策略来完成这个建构活动。例如，我们会掩盖某些经验，淡化某些经验，忘记某些经验，歪曲某些经验，只因为这些经验跟我们业已存在的世界不协调、不统一。一旦我们承认这些经验，我们看起来还不错的世界就会出现内部冲突，严重时会有坍塌的危险。我们也会创造出一些（从未发生的）经验，其功用仍然是使冲突得到协调。面对故人的问候"你好吗？"我们习惯性地回答"还不错啦"，而似乎忘记了仅仅在一小时前，自己还在为升职遇挫大动肝火。一位妻子和母亲说："天下的家庭不也都差不多？我现在别无所求，只要儿子升学顺顺当当就行。"一位丈夫说："男人得为自己的选择负责，你说是不是？"在诸如此类的反应后面，您是不是察觉到还有点别的什么？在咨询过程中帮助当事人探索，是让他揭开掩盖的外衣，回到真实的经验，复原完整的经验，正视自己的愿望和需要……探索是让他们清晰地意识到"我的情况其实不怎么好"，"实际上我对丈夫非常不满"，"我真的好后悔当初娶了她"，"我其实好羡慕那个女人挽着她丈夫上街的样子"。

探索在心理咨询中有两个意义：其一，探索本身即具有治疗价值；其二，充分的探索是进一步改变的基础。

有问题的心理跟有问题的机体一样，用中医的话来说，是存在各种滞碍、不通。到处是防火墙，甚至主干道都堵死了，于是整个心理大厦就出现各部分互不联系、运转不灵的局面。这都是因为防御工程（心理防卫）的缘故。防御工程越是复杂坚实，这个人的心理世界也就越是僵化，越是分裂割据，越是效率低。而探索的作用，是拆除防火墙，打通网络通道，让内在的感受可以流动，让真实的想法可以见天日。所以，从这个意义来说，探索就是治疗。

但探索不是治疗的全部。探索的结果，往往是使当事人直面一些残酷的现实："我的生活，距离我当初的理想太远了！""我真的恨我妈妈！""其实我不笨，是我不敢能干！"

"真后悔当时因为好面子嫁给了他!""我不能骗自己了,我的确没有他们聪明。"这些更真实的经验,有的需要消化,需要领悟其原因,需要接纳和接受;有的会引起不满足,引发想要改变的意愿。总之,探索会自然地导致进一步的治疗进程。

二、当事人的故事

在过去20多年里,叙事治疗的出现受到很多人的关注。以叙事治疗的观点,一个人的故事是他对自己生命的自我表征。叙事治疗的精髓,可以说是协助当事人改变对生活的表征方式。我们可以部分借用叙事治疗的观点,来考虑如何协助当事人探索。

如果我们认可故事是当事人的对其生命的表征这个基本观点,那么我们就可以用新眼光去看待当事人的故事和他对故事的叙述。

先看当事人的故事。从心理病理学的角度来说,一个人心理世界的残缺和障碍,一定会体现在他的故事中。换言之,当事人的故事中一定存在某些特别的地方,比如缺失了某种东西、不合逻辑、过于"正常"、不合常理,等等。从当事人的故事中情感和事实之间的关系入手,最能够协助当事人发现更真实的经验。当事人的故事总是含有两种成分:一是描述、写实成分;二是情感、态度成分。前者如"我是家里第三个孩子","儿子20岁那年离开家,后来就没再和我们一起生活";后者如"我妈妈非常能干,要不是个女人……","……我是那样的人吗!"这两种成分在绝大多数时候是紧密结合着的,伴随着事实总有情感和态度。正是在这里,在情感、态度和事实的结合上面,蕴藏着大量有待探索的金矿。这些金矿的"矿苗"有一个关键特征,就是情感和事实之间存在不正常的结合。其具体表现多种多样,例如有事实却没有情感;或者反过来,有情感却没有事实支持,事实跟情感之间的搭配不合常理,等等。

跟故事紧密结合着的还有故事的讲述方式。有的人能够把故事讲得凄婉动人,有的人却讲得枯燥乏味,"扣除"掉表述能力的差异,我们还是能够体会到两个人对待自己故事(也是自己的生命)的态度的不同。有的人讲述的角度是自己,他的讲述中到处都是"我","我的":"我儿子"、"我的书"、"我的学校"、"我的员工",等等;也有人讲述的角度是别人,是"他"、"上司"、"学校"、"丈夫",等等。

总之,从故事和故事的讲述中,咨询师可以得到大量的机会来进入当事人的世界,跟当事人一起,去认出哪是被歪曲了的想法,哪是真实的欲望,什么能令自己有真正的幸福感,什么是自己真正想要的,什么是自己真正害怕失去的……从故事入手,是协助当事人探索的自然而又有效的途径。所有从事咨询的人,都应该花时间钻研如何倾听当事人的故事,并通过你的倾听,让当事人讲出不同往常的故事。

三、协助当事人进入探索状态

我们在第五章对当事人进入咨询的准备状态和咨询初段的反应特点作了一些描述。我们提到,不少当事人在这个时候呈现一种矛盾的情况。一方面,他痛苦并急切地想要得到帮助;另一方面,他带来了长期以来所学会并且差不多自动化了的一套防御方式。由于这种防御,当事人会显出某种病态的一致和稳定。罗杰斯也曾对这阶段当事人的反应特点作过非常准确的概括(参见本书第十一章)。其中主要者包括:没有认真关注过自己的内在感受,对个人经验缺乏自省;习惯性地根据现成的规范和价值标准来评价事物和个人经验;看问题的方式机械刻板,难以在对象与经验、感受与事实、实际情境与自己对情境的信念之间作出区分;很难接受对自己负责任、为自己活着的想法,相反,总是力图使自己相信,自己对别人负有责任;等等。所以,咨询师要记住,刚进入咨询关系的当事人是比较警惕、防御性比较高的,探索的姿态对于他们是具有威胁的。

以下一些策略有助于帮助当事人进入探索状态:

(一)专注于当事人

咨询师专注于当事人,与当事人同在,是营造安全的探索氛围的首要条件。这在前一章已经有讨论。

(二)准确地同感

同感是支持当事人探索的利器。但在开始阶段,咨询师不要过分追求非常深入、高水平的同感理解,因为这时候你不一定能够很好地进入当事人的内部世界,你的同感有可能出错,并且很深入的同感也可能因为当事人的防御而被拒绝。关键是要准确,不要偏离当事人的原意,要让当事人感到你听懂了他。

(三)不要评价当事人及其经验

评价是当事人最敏感的事情,它极易引起当事人的警惕,升高他的防御。咨询师要学会作没有评价的交流。特别要提醒的是,不仅否定性的评价妨碍当事人面对真实的经验,肯定性评价(例如表扬)也有同样作用。除非咨询师有清晰的意图,要利用表扬和鼓励促进当事人分享经验,并且知道适可而止,否则不要使用表扬。

(四)适当地自我表露

自我表露有多种功能,尤其是能够促进当事人的自我表露。详见第六章。

(五)作出必要的保证

当事人可能会有一些顾虑,他需要一些保证,比如咨询师不会责怪自己,会对所谈的内容保密,允许当事人自己决定谈什么及谈到什么程度,等等。如果现场情形显示有提供这些保证的必要,咨询师应该给予保证。

(六)做好结构化工作

结构化提供了一个会谈的框架,在这个框架下,当事人知道自己的任务之一是谈自己的感受和想法。所以结构化工作对促进当事人进入自我探索状态是有积极作用的。

四、探索的重点

指明探索的重点,是一件非常具有挑战性的工作。因为咨询理论取向、咨询师的个人经验以及咨询过程中的灵活性等原因,很不容易从理论上得到公认的重点。但这不是说咨询师对于探索的重点就没有共识了。如果我们做一个实验,挑选一批有效能的咨询师,让他们对一些具体咨询情景作反应(包括探索),相信他们的共识一定会多于分歧。这说明对于咨询中应该重点探索什么,实际上还是存在某种公认的标准的。只是目前本领域的研究还没有对此作出概括。以笔者的看法,如果我们认可探索是帮助当事人发现和面对真实经验这个基本定义,那么,结合对文献的归纳,我们可以找出若干个维度,并对每个维度上探索的方向作出说明。在第六章,我们曾介绍过笔者提出的会谈深度的三维模型,即内容(认知-情感)、个人性(非个人化-个人化)和时间(非此时此刻-此时此刻)三个维度。该模型就提供了三个方面的探索方向。以下笔者以三维模型为基础,从实际咨询过程的角度,提出若干探索的重点。

(一) 评价和感受

当事人谈论的内容,可能涉及事实,也可能属于评价和感受。请看示例:

"我出生三个月时,妈妈把我交给外婆带,到六岁要上学了,又回到妈妈身边。"(事实)

"我的命不好。生下来才三个月,妈妈就把我交给外婆带,直到六岁要上学了,才回到妈妈身边。"(评价,也许还有感受)

"我真想问问她(指妈妈),我到底是不是你亲生的!一个母亲怎么狠得下心肠,把自己三个月大的孩子交给别人带!"(感受和评价)

相对于事实的陈述,当事人的评价和感受更应受到重视。这是因为,评价和感受更具有个人意义。评价总是在某种程度上反映着当事人的需要和价值观。情绪感受一方面跟评价有密切关联,往往是基于评价而有情感;另一方面情绪感受比评价更能体现当事人的真实经验,因为评价还可能受到外在、习得的价值观念的影响,而情感则往往直接反映着个人需要被满足的情况,并且它不容易受到防御机制的管制。

弗兰克还提出另一个理由,他认为当事人在治疗过程中情绪的唤起对于改变是必需的。因为情绪的唤起代表着当事人真正投入到咨询中来,这时候才可能产生真实的而不是口头的改变(Frank & Frank, 1991)。反过来说,如果当事人一直是谈论而不是体验他们的感受,那是因为他们还不想面对和处理他们感受里真实的痛苦(Hill, 待出版)。

所以,在探索中重点关注当事人的情绪感受是明智的。再次重申,这里说的关注情绪或者对情绪作反应,是指协助当事人再体验和表达他们的情绪感受,而不是仅止于谈论情绪。

(二) 此时此刻

会谈中的时态是个很有意思的议题。就咨询会谈来说,可以把所有的会谈内容分成非此时此刻和此时此刻两类。此时此刻是现在进行时,是会谈中即时经验的交流。在心理咨询的交流中,非此时此刻的经验往往在此前已经被当事人加工过,如果在加工过程中防御机制曾起过作用,这些经验就以一种被防御工作处理过的样子储存在当事人的大脑里,再次讲述其实只是复述一次而已。就像祥林嫂讲述自己的故事一样,每次都是从"我真傻……"开始,听众都知道接下来她会说什么。而此时此刻的经验是会谈中当下出现于当事人心头的想法和感受。虽然它们也可能受防御工作的加工,但毕竟离真实经验更近一些。尤其是在安全的咨询关系中,防御的需要变得较小,经验受歪曲程度可能会更小一些。所以,此时此刻的经验更为鲜活,更能打动当事人。

请看下例:

当事人:嗯。我越排在前面,就越有一种莫名其妙的恐惧。我记得我上高一的时候,我考了班上第一名，跟第二名成绩就差20多分。我们班上第5名给我写挑战书，因为我们那里有一种习惯就是每隔5名写挑战书。

咨询师：你成了他追赶的目标。

当事人：嗯。我居然没敢接他的挑战书！但是我有胆量给我前面的人写（挑战书），我没胆量接后面的。我有时候觉得，我是这样一个人，后面有一头狼在追我，我在追前面一辆汽车。我就是不敢回头看那狼离我有多远，我明明知道前面那人比我跑得快得多，但是我无论如何都要赶上他，只有赶上他才能摆脱后面的追逐。我从来就不会想：自己的能力比别人强得多，所以不用担心。我一直就是这种感觉：只有往前不断进步才能摆脱后面的人对自己的威胁。

咨询师：你只有靠拼命追前面的，才能让自己不那么担心被后面的追上。

当事人：但是我现在停下来了，没办法前进了，甚至是想追前面的也追不上了。所以很恐惧。

咨询师：所以就特别怕。

当事人：……我上小学六年级就失眠，每天晚上睡觉都要喝一杯酒，用酒催眠。我不喝安眠药，我觉得安眠药伤大脑。不知道为什么，我从小到大都有一种很焦虑的感觉，一直没有办法克服。

咨询师：焦虑如影随形地跟着你，没有办法摆脱。这么多年了……从你脸上我也看得出来，你好辛苦。

当事人：（眼泪涌出来了）老师，我好累……

在这段对话里，前面大部分谈话都是过去时。但咨询师的最后一个反馈（“从你脸上我也看得出来……”）使当事人的经验回到了此时此刻。在这个时刻，当当事人说“老师，我好累……”的时候，他的意识和他的感受一致起来了。

再看一例：

（当事人追溯自己社交恐惧的起因。她回忆起高中时一次课堂上自己发言回答问题，结果被一位男同学恶狠狠地瞪了一眼）

当事人：……所以我下次就不敢再……不是放得很开，不敢那样回答问题。

咨询师：怕有人对你不满。

当事人：怕，就怕有人对我不满。那个人，他，他有一次甚至直接对我说出来了。他说你又不是块金砖。他的意思是说，好像整个班就我一个人能（逞能），别人都不知道（回答）似的。他就这样说了。当时，当时我也不知道该说什么……哎呀，其实我当时应该反驳他的，我没做，没做到，没做。

咨询师：如果你现在做，你会怎么做呢？

当事人：如果现在让我做，我肯定会反驳他的。

咨询师：嗯，怎么反驳？

当事人：我说，我是，我不是块金砖，嗯，怎么说呢，哎，我也想不出来，反正……（笑）

咨询师：是不是想说：“我的确不是块金砖，我也没想要做什么金砖，我只是举手发个言嘛，碍着谁了？”

当事人：太对了！哎呀，要是当时我能这样说多好啊！

当事人前面的谈话也是过去时，但从“哎呀，其实我当时……”这里，当事人回到此时此刻了。她的感受、想法一下子都鲜活了起来。而咨询师能够很贴近地跟上她此时此刻的经验，以至帮当事人把她的想法说了出来，这是非常有治疗价值的时刻。

（三）矛盾之处

当事人表述中矛盾的地方，往往也是探索的契机所在。前一章在讨论质对技术时，已经对当事人于会谈中出现的矛盾之处有所探讨。其实如果从心理防御的角度看问题，当事人身上的一些重要、深刻的自相矛盾，是防御的必然结果。因为防御工作，当事人的经验被分割成不同的区块，不同区块之间互不交通，从而可以让不协调的经验相安无事。表现在当事人意识里就是对矛盾浑然不知。正是这种浑然不知才使当事人能够过“正常”、“平静”的生活。对矛盾进行探索，正可以突破防御发掘出真实经验。

王培是一位非常勤勉、有抱负的28岁男子。他是三兄弟中的大哥，他爸爸在他5岁时因事故去世，当时妈妈还怀着最小的弟弟。王培描述说，那以后妈妈就拉扯着兄弟三人，顶住叔伯对其再嫁的猜疑、村里人的挤对、经济的困厄，以一个乡村小学老师的微薄收入，把兄弟三人养大。而三兄弟也个个争气，先后都考上了大学。王培对咨询师表达出对母亲无比的感恩和自豪。他能讲述一个又一个母子四人相依为命，妈妈自我牺牲守护三兄弟，弟兄们个个发愤读书的故事。这些讲述给咨询师留下了深刻印象。可是接下来的交谈中咨询师发现王培似乎较少跟远在家乡的母亲联系，他已经有约一年半时间没有回去探亲，平时也很少给妈妈打电话。咨询师有次问起他有没有回去看望妈妈，王培立刻回答，一直忙着准备参加全国司法考试的事，心里早计划好，考试一完就回家。考试结束后，王培在女朋友的催促下真的回家了。可是仅仅在家停了三天，他就回来了。随后的一次会谈，咨询师邀请王培谈谈他的探亲之旅。

咨询师：……这么说，掐头去尾，你在家还没待够三天……

王培：本来计划七天，后来看她还好，家里也没什么事，就提前回来了。

咨询师：讲得详细一点嘛！

王培：一切都很正常，没什么特别的事，怎么详细呀？

咨询师：（半开玩笑地）比如，你什么时候到的家，妈妈有没有去接你，见到妈妈有没有热泪盈眶（手势），……诸如此类的。

王培：（有些难为情）那你要失望了。我是中午到家，自己走回去的，妈妈正在灶膛下烧火（做饭）。

咨询师：那你……？

王培：我跟她打招呼。

咨询师：你说……？

王培：我大概是说：“妈，我回来了。”

咨询师：她……？

王培：她……应该蛮高兴吧，就继续做饭呀，什么的。

咨询师：你说她"应该"很高兴，而不是说她很高兴。

王培：这不明摆着的嘛，她不该高兴还……怎么着？

……

咨询师：王培，我有些困惑，也有些惊讶。就你以前给我讲的你家庭的故事，我一直以为你们母子兄弟之间是情深义重、暖意融融的情形。可你们母子重逢的场面却是比较……呃，怎么说？比较局促，甚至有点尴尬的？

王培：……

咨询师：另外，你离开妈妈有那么久了，本来计划住一星期，最后只三天就返回了，这也让我觉得有些不解。

由这里开始，王培跟咨询师的交流一点一点地揭开了他们家庭关系中另外的一面。原来，王培的妈妈在丈夫去世后，可能是因为在一个恶劣的环境中要独自抚养三个孩子的缘故，护犊的心态和繁重的劳动使她变得非常凶悍，这种凶悍不仅被用来对付不友好的环境，也自然地用在孩子身上。她经常打骂孩子、罚跪、饿饭，所有的事情都说一不二。这个家庭的氛围是粗暴、缺乏温情的。兄弟们长年累月提心吊胆、满怀恐惧地看着妈妈。努力学习，管好自己的事，不要惹妈妈生气，是他们每天的基本心态。这些探索协助王培逐渐领悟到他现在的问题（他对女友近乎苛求的态度令他们的关系蒙上阴影，他对自己事业抱负的实现存在很大焦虑）跟他个人生活态度以及深植内心的不安全感之间的关系。

从这个例子可以看到，当事人由于防御工作，他的世界显得出人意料的"合理"。在王培的意识里，他生活中的一切是那样的自然，"本该如此"。但在咨询师眼里，我们总是很容易就会感到这合理之中有着某种不合理。对这些不合理和矛盾的地方进行探索，往往能够帮助当事人避开防御、面对更真实的经验。

不过，咨询师需要知道，对矛盾的挑战会扰动当事人的平静状态，因此会让当事人感到威胁。所以对矛盾之处的探索要谨慎一些，要注意策略和会谈技术。

（四）"合理"、"当然"之处

跟矛盾相反的地方，有跟矛盾一样的问题。这就是当事人叙述中那些"合理"、"当然"之处。咨询初段，有些当事人的讲述显出一种特别的情形，就是这些故事非常合情合理，有时甚至合理到"不合理"的地步。使得听众忍不住要同情："是啊，你真的特别倒霉耶，出生就摊上这么个妈妈，小学遇上这么坏的一个班主任，高考又碰上特别难的一年，大学毕业遇上就业难，好不容易找个女朋友吧，到头来发现她一身毛病……本来不信命的人，听了你的故事只怕也不得不信了。"另一种很近似的情形，是当事人的故事倒还显出某些破绽，但当事人对这些破绽毫无察觉，毫无反思。在他看来，这一切都是如此的"当然"，没有半点不妥。一位对婚姻充满失望和不满的中年女士，把她们婚姻的毁坏全部归咎于丈夫：是丈夫的大男子主义使得她得操持家事，是丈夫的缺乏担当使她不得不像个男人一样在外面跑事业，是丈夫的不负责任使得儿子学习荒疏，是丈夫的缺乏情调使得家里一点情趣也没有……"真的是男怕入错行，女怕嫁错郎呀！"当谈起当初何以选择这个人做丈夫时,她说:"还不是虚荣心作怪呀！当时他还是军人,长得高大英俊,家庭也好。在我们那个年头,这样的人谁不倾心呀？再说了,我爸也是军人,自然也愿意我找个当兵的。"

稍稍分析一下当事人这样的故事,就会发现它们有两个共同特点:一是当事人对所有发生的事情都作了非常合理的归因。凡事必有因,此因是彼因之果,环环相扣,天衣无缝。二是在所有归因中,当事人自己要么是什么责任也没有,要么是被决定的、没有选择余地的,因而也是无辜的。正是这两个特点,使得我们有把握认定这些故事是防御工程的杰作。因为它们符合心理防御的一般功效:当事人的世界是一个可理解的、正常的世界。

后现代主义有一个名词,叫"解构"(deconstruction),意指拆毁旧的、现成的东西。探索其实也是一种解构。在当事人多年筑就的工程面前,面对他们的"合理"、"当然"之处,协助其找出"不合理"、"不然"的地方,就是拆毁防御,就是解构。在某个成长小组的一次活动结束前,组员们临时动议要不要一起去外面吃饭。大多数人对这个主意都很雀跃。这时有位中年女组员(焦点组员)急急地说:"不行不行,我得回去给儿子做饭。"一位组员劝说她:"你儿子已经上初中了,你让他自己解决不就得了。再说,你先生不也在家嘛！""那怎么行？……我儿子从来都是由我做给他吃的。老公不会做的呀！""哦哟,这爷俩这么依赖你呀,你不要累死?""没办法,这么多年了,再说我也习惯了。"这时另一位组员插进来说了一句:"依我看,与其说你先生和儿子离不开你,还不如说你离不了他们的依赖！"这位组员的话立刻让焦点组员沉默了,并由此展开了一段触及较深层感受的探索。

(五) 负面经验

在咨询的探索阶段,当事人的正面经验往往不如负面经验有价值。这样说的理由,仍然是从心理防御的概念而来。成功的心理防御,一般导致正面的至少是中性的想法和情绪感受。而不成功的防御总是让当事人得面对真实的失败、不满和痛苦。这正是许多人在白天、在人群里还开心高兴,却在夜阑人静时痛苦落泪的原因。

可能有人会担心,把负面经验作为探索重点会不会削弱当事人面对压力和困难时的力量和勇气。以笔者的看法,对负面经验的探索是让当事人能够真实地面对和接受自己,这在短时间内有可能会让当事人感到脆弱,但这就好比治疗一个疮结,只有把深埋的坏死组织清理干净,新生的肌肉才会真正有力量。所以在心理治疗中对负面经验的探索是建立健康的应对机制的前提。只是在这种探索过程中,咨询师要注意协助当事人分辨哪是他真实的痛苦,哪是他人为地加诸自身的痛苦。并且帮助当事人在面对真实的负面经验时,体验到自己的力量和勇气。咨询师要记住,心理治疗的自然进程,是从有眼泪、有悲伤,逐渐过渡到"没有眼泪、没有悲伤"(引自歌剧《洪湖赤卫队》)。

(六) 重要的关系

对当事人重要关系的关注和探讨,是咨询中永远的主题。这些重要关系的另一方可能是当事人的父母、配偶、子女、情感对象、同学、老师、同事、上级、搭档、朋友。在时间维度上,有的关系是过去的,比如跟已经去世的父母的关系;有的是新近的,比如恋爱关系;有的是持续的,比如亲子、夫妻关系。重要关系的"重要性"比较难于界定。可以从两个角度来看这个重要性:一是关系的另一方在当事人个人生活中的重要性,如果根据这个标准,那么当事人的家庭关系可能就是当然的重要关系。另一是关系跟当事人当前的心理困扰和改变的目标关联的程度,凡是跟当事人当前的问题联系密切的,凡是跟当事人改变的目标联系密切的,就是重要的关系。按道理说,后一种角度可能更合理一些。实际情况是两种角度在许多情况下是重合的,因为跟当事人的问题联系密切的人往往正是他们个人生活中的重要人物。

探索重要关系之所以有意义,原因之一是重要关系对当事人的影响巨大。父亲、母亲、伴侣、孩子是每个人生命中的重要价值对象。一方面,这些对象自身的生存、命运是我们牵挂的事项;另一方面,他们对待我们的态度和要求对我们有最大的影响。经常能见到年迈的父母对中年的儿女还有很大的控制力,父母一个不开心的叹息都可能令儿子要认真考虑是不是离婚。

探索重要关系的原因之二,是这些关系中浸含着大量未曾处理的经验,其中最被重视的是由早期亲子关系而来的经验。格式塔治疗把这种通常由早期经验而来,指向某位重要他人的未经处理的情绪称为"未竟之事"(unfinished business)①(Perls, et al., 1951)。由于未竟之事,当事人便不能面对某些实际上有用的信息,结果使得他们在心理和情绪上变得僵化(Greenberg & Malcolm, 2002)。这里说的对经验的处理是指,在安全、接纳的环境下,当事人得以按经验的本来面貌知觉、体验、表达经验。而探索中对这些经验的发掘和聚集,有助于它们得到适当的处理。

探索重要关系的第三个原因,是重要关系往往跟当事人的核心价值观有关联,借助对重要关系的探讨,有助于当事人探索其价值观。一位身为母亲和妻子的女性,在38岁的时候忽然发现找不到生活的意义:儿子长大了,丈夫忙他的事业去了,父母去世了……曾需要她的人似乎都不再需要她了。她不知道自己为什么而活着。透过对重要关系的探讨,当事人有可能重新审视她的人生观和价值观,重新思考人生的意义,进而发展一种不同的生活态度。

五、促进探索的策略

(一)维持当事人的探索状态

前面所讲协助当事人进入探索状态的一些策略,是促进探索的重要条件。所以咨询师要始终关注自己在这个过程中是不是专注于当事人,提供基础性的同感理解,同时不评价当事人。

(二)使时机、意图、技巧有效配合

对于实习咨询师来说,非常实际的困惑常常是:在会谈的某个当口,我该做什么?怎么做?这其实是个会谈中的时机、咨询师的意图和可采取的会谈技巧之间的配合问题。希尔曾对此给出一些经验性的意见(Hill, 待出版)。见表7-1。

---

① 为英语习语,意为"未完成的事业","未做完的事情","未了的心愿"等。

表 7-1　时机、咨询师意图和技巧的配合

时机	咨询师意图	可考虑的技巧
在所有时候	支持	适当地关注行为，关注地倾听，赞同和再保证
当咨询师想让当事人知道对咨询的正确期待的时候	提供信息	关于咨询过程的信息
会谈开始的时候	提供信息，聚焦	开放式提问，释意，情感反映
当事人正在富有成效地探索想法和感受的时候	促进宣泄，指出不适应的认知-行为	沉默，克制勿打扰，释意，情感反映
当咨询师想要问出当事人的想法或解释的时候	指出不适应的认知-行为	释意，开放式询问
在当事人有很多感受的时候，当咨询师想要了解当事人的感受、显示理解或示范感受表达的时候	指出并强化感受	情感反映，情感表露，对感受的开放式询问
在当事人漫无目标地谈话，困惑，或者"卡住"的时候	澄清	释意
在当事人回答咨询师的问题之后	澄清，指出不适应的认知-行为-感受	释意，情感反映
当咨询师没有听到当事人所说的，需要信息，或想要知道是否当事人有听到、了解或同意咨询师所说的时候	提供信息	封闭式提问
在当事人谈别人而不是自己的时候	聚焦	使用开放式提问或情感反映，将焦点转到当事人身上

资料来源：C. Hill. 助人技能：探索、领悟、行动三阶段模式. 段昌明，江光荣，等，译. 北京：人民大学出版社，待出版。

以笔者的看法，时机、意图和技巧三者之中，意图是最关键的。意图是咨询师在会谈过程中，根据当事人的现场反应，从促进探索这个基本目标出发所作出的策略选择。如果说咨询和治疗是一个经验学科的话，那么在这个方面对经验的依赖的确相当严重。有经验有效能的咨询师，能够在会谈的大多数时刻都做到心里有意图，有主意。新手咨询师要自觉地从经验中学习，积累自己的策略库，以及相应的分析判断能力。

（三）有反应地听，深入地同感

我们一再提到，当事人在"正常"和"平静"状态下，他的烦乱、不满、苦恼都暂时退到一边去了。而要让当事人能够面对真实的经验，必须打破这个"正常"、"平静"的状态，扰动当事人的内心世界。有反应的倾听、深入的同感，往往是打破这种表面平静的有效办法。关于这一点，在前面有关章节已经有较具体的讨论，这里不再详述。

（四）理解和处理当事人的抗拒

抗拒（resistance，又译阻抗）虽然是精神分析理论的概念，但抗拒现象其实在不同治疗中都存在。心理咨询的各个阶段都会遇见抗拒,但不同阶段的表现有所区别。有关行动方面的抗拒将在第三节介绍,这里仅对探索阶段当事人的抗拒作一点说明。

当事人抗拒探索的表现各种各样。一些容易观察到的表现如下:不认为对某些个人化的东西进行探讨有什么价值,例如:“那些陈芝麻烂谷子的事,不说也罢”;要求咨询师仅仅关注他(当事人)认为重要的议题,比如:“您就告诉我,我该怎么办”;直接拒绝谈论某个话题:“这事说起来好烦人的,就免了吧”;谈论中略过或跳过某些经验或细节,例如:“……长话短说,……”,“总而言之,……”;把焦点从自己身上转移到别的人(包括咨询师)或事上面:“你说我爸这到底是怎么回事呢”;用“理所当然”来回避对某个问题的深入讨论,例如:“人不能太贪心了,是吧,老师”,“高考在即,当然是一切为了儿子,为了儿子的一切”;因为伦理道德上的焦虑而回避谈论,如感到难为情,难以启齿,等等。要说明的是,在笔者看来,当事人的抗拒意图,既不像精神分析所说基本是无意识的,也不一定都是意识到的,而是从完全没有意识到完全意识都有可能,是一个连续谱。

以下提出几点协助当事人克服抗拒,推进探索的建议。

1. 从接纳当事人的抗拒入手

如同精神分析理论所说,抗拒和防御(压抑)的力量同源。是同一种力量,先进行防御,后又抵抗分析(弗洛伊德,1986,参见本书第十章)。这力量其实并不神秘,仍然是个体要求维持心理的平静、安然这一自然倾向。这倾向人人皆然,并无不妥。所以咨询师对当事人各种各样的抗拒,先要能够体谅和接受,而不要有反感。

在当事人方面,他之所以不谈,或者不愿意谈某些话题,要么是他认为谈之无益;要么是他感到谈起来很困难,很费力;要么是他认为没有必要谈……总之,当事人对于这些所谓的“抗拒”,是有他自己的理由的。从实际会谈策略上讲,咨询师也需要接纳当事人的理由(咨询师尽可以在心里认为它们是防御的作品)。只有这样,你才能站在当事人的身边,而不是站在他的对面。

2. 促成当事人对抗拒的自知

在接纳的基础上,咨询师可以用同感反映、反馈等策略和技巧,促使当事人知觉到自己的抗拒。当事人意识到自己的抗拒,是克服抗拒的重要进步。以下是一些反应举例:

当事人:那些陈芝麻烂谷子的事,不说也罢。
咨询师:你不情愿(或“不想”)再提这些旧事……

当事人:您就告诉我,我该怎么办?
咨询师:你希望我们直接讨论解决的办法,而不要涉及问题的原因。

当事人:这事说起来好烦人的,就免了吧。
咨询师:你不想谈这事,因为谈起来会很难受……

当事人:(笼统、过度概括地谈及所涉及的事件,话语中用了“长话短说”这个插入语)

咨询师:(半开玩笑地)你刚才这个"长话短说"也太短了!好像你不想细说其中的经过?

3. 适当地鼓励

在促成当事人意识到抗拒的基础上,给予适当的鼓励、催促,有可能使当事人开始面对他回避的话题。例如,咨询师说:"我了解你不愿意再提这些旧事,可是我感到你心里并没有真的忘了它们。"

(五)具体化

具体化策略(见第六章)在协助当事人探索时非常有用。当事人笼统模糊或者用抽象的词语来叙述,有时是防御的表现,因为这样可以不必触动感性的、真实的体验。透过具体化,咨询师可以巧妙地接近当事人的真实经验,当事人会在描述细节、表述感受的过程中不知不觉地触及他们原本隐藏着的经验。

第二节 协助当事人领悟

一、领悟及其治疗价值

在心理学里,领悟(insight)是一个早已有所认识但又了解不充分的现象。许多人把它等同于"理解",但另一些人并不同意,因为它有两个特点是理解所不具备的:一是领悟往往是一个豁然而悟的过程,故领悟在中文里又常被称为"顿悟";二是领悟中似乎存在情绪成分,伴随着理解,领悟者常常有欣然、释然或其他情绪性的体验。西方学者常提到领悟中的"啊-哈!"现象,就是这两个特点的集中体现。

在心理咨询中,领悟是指当事人在意识层面发生的"意义转变",转变的关键点是出现了新的联系("甲与乙关联",因果的联系,等等)(Hill,et al., 2007, p. 442)。Elliott 的分析(1984,转引自 Elliott,et al., 1994)指出心理治疗中的领悟具有四个元素:"明白"(明白了的感觉),联系(把不同的、分离的东西在认识上联系起来),顿然(顿然而得),以及新意(是此前未有的新认识、新发现)。Elliott 没有提出情绪元素,但希尔认为,领悟有理智的领悟和情绪的领悟,情绪的领悟更有治疗作用(Hill, 待出版)。

Elliott 的分析是立足于跨理论的角度。由于理论立场的不同,心理咨询理论家对于领悟的看法或者着重点是存在差别的(参见 Castonguay & Hill, 2007)。大致可以这么说:(1)所有学者,无论来自哪个学派,都同意具备上述 4+1 个元素[①]的理解是领悟;(2)不同理论立场的学者还认为,不具备其中某一或某些元素也可以是领悟;(3)不同理论立场的学者对于哪些是不必具备的元素看法不一。看法不一经常出现在两个元素上:顿然和情绪。

一些学者不强调领悟必须是顿悟。他们认为,只要是理解,顿悟还是渐悟无所谓

① 指 Elliott 所说的四个元素加上情绪元素。

(Wampold, Imel, Bhati, et al., 2007)。这种倾向在认知治疗学派中更为明显,而且在其他学派中也越来越普遍。不强调顿悟的学者往往也不强调情绪元素的必要性。他们同样认为,有情绪成分的理解是好的,没有情绪成分也可以是有帮助的。

另一个分歧是理解和觉察的区分。如上述,认知理论的学者较重视“联系”,即认识上出现新的意义,而人本-存在的学者重视对体验和感受的觉察。以人为中心理论经常用“符号化”这个术语作为领悟的同义语。符号化(symbolization)是指“个体觉察或意识到经验的过程”(Raskin & Rogers, 1989, p. 169)。罗杰斯认为这种觉察(领悟)有4个特点:(1) 它不是思考,而是在当下关系中的一种体验;(2) 它是清醒、如实地感受个人的感受,既不约束,也不夸张;(3) 经验是首次被完整地体验到;(4) 经验是受当事人欢迎的、可接受的(Rogers, 1959, pp. 52-53)。

最近,帕斯奎尔-雷奥和格林伯格提出一个较为综合的领悟模型(Pascual-Leone & Greenberg,2007)。这个模型把心理治疗中的领悟看成一个可以在两个加工维度上变化的现象。一个维度是心理加工类型,维度的一端是知觉、情绪性的加工,另一端是思维和概念性的加工;另一维度是心理加工的抽象程度,维度一端是具体,另一端是抽象。可以把各种不同的领悟都放进这个二维架构之中。偏于具体-感受一端的领悟是以人为中心式的领悟,偏于抽象-理性一端的是心理动力式的领悟。模型图示见图7-1。

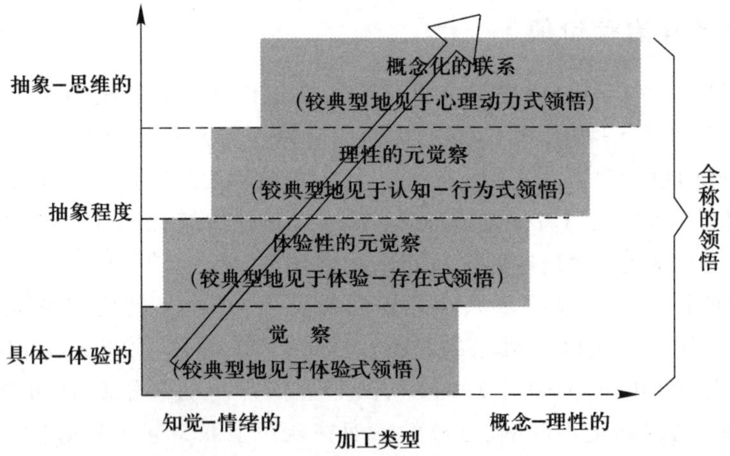

图7-1 领悟的类型和维度
(Pascual-Leone & Greenberg, 2007, p.37)

在笔者看来,觉察和领悟的确可看成如帕斯奎尔-雷奥和格林伯格这个模型所示的连续谱,但从促进觉察和促进领悟的工作来看,二者还是有所不同。觉察主要跟探索相联系,领悟则主要跟促进理解的各种认知性工作相联系。

下面谈谈领悟在心理咨询与治疗中的价值。在这之前我们得先了解理解对于人的意义。人为了适应环境,必须能够解释和预测外部环境和内部环境(自身)里发生的事情,而解释和预测是以理解为前提的(Heider, 1958)。这一认识提示,理解是人的一种基本需要,并且这个基本需要具有进化上的根源(Wampold, Imel, Bhati, et al., 2007)。在个体身上,理解的需要,或者宽泛一点说,认知的需要,体现为原发性的好奇心、探究行为。当人们面对不能认识、不能理解的情境,或者认知、理解的进程遇阻时,人们会焦虑。问题情境于个人的利害关系越大,焦虑越重。这时个体会竭力去获得哪怕多一丁点儿的认识和理解。而当人们对陌生的事物、现象有所了解,知道"是什么"、"为什么",以及"会怎样"之后,人们就会心安、放松很多。按照弗兰克的说法,理解是人们获得控制感(他称为主宰感)的重要条件(Frank & Frank, 1991,参见本书第二章)。这就是为什么人们情愿面对残酷的"真相",也不愿忍受不确定和模糊的原因。

心理咨询与治疗的价值之一,就是通过协助当事人获得觉察和理解,而达至对问题情境的控制感,并因之而缓解焦虑。

领悟在心理治疗中的另一个价值,也许是更重要的价值,是它为当事人提供了一个新的替代性解释(Wampold, Imel, Bhati,et al., 2007),并且这个替代性解释指向建设性的改变。上述对自己的问题和/或处境感到困惑的当事人,可以说是对问题缺少理解,他们需要的是一个解释。心理治疗的另一些当事人不是缺少解释,而是对自己的问题和/或处境有一个不当的解释,这种不当的解释导致了他们的问题发生或维持。例如,阿莉认为,男友对自己的热情之所以逐渐减退,是因为两人相处久了,自己的魅力不再"新鲜",男朋友"吃腻了",而她已经黔驴技穷,没可能"更新"自己的魅力。咨询师给阿莉提供了一个不同的解释:阿莉在和男友相处时,总是在下意识地观察和检验男友是否对自己"上心",是否"迷恋",其实她是在借男友的表现来判断自己够不够"迷人",是不是"可爱"。更深层的原因可能是阿莉对自己够不够聪明、美丽、可爱,没有稳定的自信和接纳。男友热情的减退,不是因为阿莉魅力下降,而是因为阿莉无休止的"检验",使得男友不堪压力而厌烦。从功能的角度来看,阿莉的解释把问题的根源指向自己的女性魅力缺乏,是一个较为稳定、内在、并且很难控制的归因;而新的解释则是一个较为可控的归因(自信和自我接纳),它提供阿莉一个改变的选择——减少自己对男友的"检验行为"。

领悟的第三个价值可能是它有助于情绪的"疏通"。以笔者的见解,这种疏通的实质是情绪和认知这两种不同的加工发生对接,从而使得情绪和认知可以双向自由流动,情绪可以转化为认知,影响认知;认知也可以调节和管理情绪。这种疏通可能发生于不同的水平。在较低的水平,是当事人的感受被察觉,被符号化。典型的情形如当事人察觉到某个原来从未意识到的情绪,"疼并且'看到'自己在疼"。在中间水平,是在认知的"照亮"下,感受被进一步识别和分化,感受产生的背景和条件被发现。典型的情形如当事人的模糊、混沌的感受变得清晰,能够更精确地描述自己的感受,当事人领悟某个感受产生的原因,等等。在更高的水平,是情绪和感受被接纳,并且被正确地表达。

二、三种重要的领悟

心理咨询中领悟的内容各种各样。就协助当事人改变来说,以下三个方面的领悟可能较为重要。

(一) 对自己的领悟

当事人获得对自己的感受、思想和行为的了解(是什么)和理解(为什么),尤其是对那些令自己困惑、焦虑、痛苦的经验的了解和理解,其治疗价值是不言而喻的。大多数咨询师都会同意,当事人对自己的觉察和领悟是咨询过程中真正实质性的改变。所以,咨询师在咨询过程中,应该注意协助当事人把理解的重点放在自己身上。

(二)对他人行为的领悟

当事人生活中的重要人物,常常也是他心理困扰或者幸福的直接攸关者。重要他人在我们生活中的重要性,只要想想以下现象就会明白:许多人的父母已经去世多年,但他们似乎仍然活着,在影响、支配我们的想法、选择。有人会说,这不关父母,是我们自己的事。不错,逻辑上的确如此。但是,要处理好自己的事,要获得对自己的领悟,我们往往需要理解别人,需要理解父母、配偶是怎样的人,他为什么要那样对待我。明白了父母是怎样以及为什么那样对待我们,才能够更好地觉察和领悟我们对父母的真实情感和态度,领悟我们何以对学习、工作、爱情、金钱会有那样的反应。一句话,对影响我们的重要他人的理解,有助于我们对自己的理解。

除此之外,对他人行为的领悟,往往也是改变我们跟他人互动方式的开端。对他人的理解越多,我们跟他人互动的效率就越高。

(三)对关系的领悟

对关系的领悟是指当事人对其生活中重要关系的重新认识。大多数心理治疗理论都重视当事人的关系。一些传统的心理治疗理论认为心理治疗其实就是关系治疗。当事人的问题来自关系(如早期的亲子关系),表现为关系(现时的关系问题),而且透过关系来治疗(治疗关系、移情关系)。对关系的领悟与对己对人的领悟常是互相联系着的,对关系的领悟可以说是对己对人领悟的综合。当事人可以透过体验和审视自己跟某位重要他人的关系,更好地了解自己;也可以透过关系,更好地了解对方。反过来,基于对自己、对他人的认识和理解,当事人可以更好地了解何以自己跟对方发展出现时这样一种关系。双方的需要、性格、经验是怎样地在关系中互相制约又互相满足。

对关系的领悟中一个较为特殊的工作是对治疗关系的领悟。治疗师透过协助当事人观察和反省他们的治疗关系(例如移情),帮助当事人达到对个人生活中重要的人际关系的重新认识。关于这方面的内容,已经在本书第四章有详细讨论,这里不再赘述。

三、促进领悟的策略

希尔就咨询中促进当事人领悟提供了一些非常有价值的建议(Hill, 待出版; Hill, et al., 2007)。她的模型包括一个在领悟阶段的工作流程,以及若干促进领悟的会谈技巧。以下有关促进领悟策略的讨论,部分来自希尔的意见。

(一)为领悟作准备

在当事人没有领悟的准备时,即使咨询师提供一个正确的解释,也不会出现真正的领悟。为促成当事人领悟,咨询师需要协助当事人作好领悟的准备。准备的关键在两方面:一是让当事人开始“需要”一个领悟;二是他能够经受住领悟的冲击,并从领悟中获得改变的动力。说让当事人需要一个领悟,是指要造成这样一个势态:当事人好奇了,困惑了,欲罢不能了,想要知道是什么、为什么。说要让当事人能够经受住领悟的冲击,是因为有些领悟对当事人来说很残酷,具有威胁,当事人需要有力量来承受。譬如:“如果说你母亲这么在意你的初恋,其实是因为她一辈子都没有忘记她的初恋情人,她在内心里一直在拿初恋情人鄙视你父亲,在为自己的婚姻懊悔。你同意这个说法吗?”这个解释可能是正确的,但如果当事人没有准备好,它只会造成伤害。

为领悟作准备主要靠两点:一是探索工作比较充分;二是建立了安全的咨询关系。

充分的探索是领悟的前提和基础。当事人对自己、对环境(重要他人)、对自己与环境的关系进行探索,最终结果往往是当事人发现许多新的、真实的感受、想法和事实,这些东西是他未料到、不明白、不理解的。“我真的不懂,我妈妈的一声叹息,为什么会让我那么放不下,那么内疚呢?”“我也明白他对我们的关系并不认真,可我就是着魔了一样迷恋他、顺从他。我好担心,好怕!我真恨我自己,你说我这是咋的了?”类似这样的疑惑在探索过程中会不断涌现。随着探索越来越充分,一些重要的困惑就会凝聚,最后变成需要解释和理解的主题。

要使当事人对某些具威胁和冲击的领悟有承受力,主要依靠安全的咨询关系。任何冲击,实质都是对于当事人现存的需要、价值和信念的冲击。咨询师可信赖、不评价,以及对当事人表现出充分的接纳,能够令当事人放下防御,有勇气正视真相。

(二)运用技巧,促成领悟

有一些会谈技巧对于促成领悟非常有用。其中最为突出者有解释、质对、自我表露、逻辑推论和即时性等。在这些技巧中,解释的适应面比较宽,它直接促成理解性的领悟;质对在促进觉察,尤其是当事人觉察其隐藏的非理性信念方面非常有用;有些自我表露是表达咨询师自己面对跟当事人相似问题时的个人领悟,这对启发当事人的领悟有时很起作用;逻辑推论能够非常有力地推动当事人达到或者接受某个领悟;而即时性在协助当事人对咨询关系产生领悟上更有所长。以上这些技巧及其在运用中的注意事项,第六章有详细讨论,此处仅就运用技巧促成领悟的操作作少许补充。

对当事人需要的领悟,咨询师不必“胸有成竹”。新手咨询师往往下意识地认为要使当事人领悟,咨询师得“先知先觉”。其实,咨询师不可能事事先知先觉,也不必要事必先知,有时候咨询师跟当事人同在迷惑中反而更有利于当事人领悟。

以温和、试探性的方式来实施解释、质对等工作。希尔提到要以出于好奇心的态度,而不是炫耀或者批判的态度来做这些(Hill, 待出版)。这样做能够避免激起当事人的防御反应,并且使咨询师可以有收回、修改某个说法的空间。

以合作而不是教导的方式进行解释和质对。合作更利于调动当事人的参与,教导则容易激起防御。

重视启发,避免灌输。此前说过,最好的解释是当事人自己“发现”的解释。咨询师如果侧重以提示、提供线索的方式来实施上述技巧,就有助于当事人的“发现”。

留意当事人对于领悟干预的反应。促成领悟的各种干预都是有冲击力同时也有一定风险的。解释有可能不当,也可能当事人不能接受。所以咨询师要注意观察当事人的反应,必要时要视情况作出修正或调整。希尔提到当事人经常会隐藏消极反应(Hill, 待出版),这点咨询师要特别留意。

(三)巩固和扩大领悟

“领悟”这个词经常给人造成一种误解,就是一旦领悟,当事人便豁然贯通,一劳永逸地理解了所有相关的事情。真实情况很少是这样。真实情况是,在时间上,当事人常常今天悟，明天懵；在空间上，当事人常常此处悟，彼处懵。习惯了的反应，很少因为一次认知上的改变而发生永久性的改变。新衣服总是没有旧衣服穿着自在，新工具总是没有老家什用着顺手。这情况不仅发生在行为改变上，也发生在认知改变上。所以，巩固和扩大领悟是一个不能忽视的环节。

精神分析很重视修通（working through）工作，修通其实就是领悟的巩固和扩大。

一些巩固和扩大领悟的策略如下（Hill，et al.，2007）：

（1）强化当事人的领悟。咨询师可以用反馈、欣赏等方式，强化当事人所作出的领悟。例如："你这个想法真的很有趣。""对呀，你和妈妈之间真的是越亲越互相折磨呢！"

（2）协助当事人以清晰的语言或别的符号把领悟表述出来。思维的符号化能够使所思所想变得明确、肯定，从而使当事人从若有所悟的状态转到清楚所悟的状态。咨询师可以要求当事人把领悟说出来，或者协助他作出表述。

（3）重复所获得的领悟。当事人一时达到的领悟，会因为各种原因忘却或放弃，因此需要在咨询过程中一再重复，以加深领悟。

（4）以不同的方式表达领悟。能够以不同方式表达同一个领悟，表明当事人对此领悟理解较深，对其实质把握得好。所以协助当事人以不同方式表达领悟，也是加深领悟的有效办法。

（5）把领悟推广到不同的情境和问题中。当事人对一件事情、一个情境、一个问题、一个反应的理解，如果只是局限于此一个，那还是处在就事论事的水平。要加强和扩大领悟，需要帮助当事人把此一领悟扩展到类似的事情和反应上去。这可能是巩固和扩大领悟中最重要的工作。以精神分析的观点，当事人不能把不同情境中、不同关系中自己的反应的共同之处联系起来，其实是一种防御的表现（称为"隔离"，isolation）。它有助于当事人维持原有的心理结构。无论怎样看待这个现象，在治疗上，协助当事人把特定领悟迁移应用到更广阔的空间和情境，是必要的工作。例如："你有没有发现，在这两件事上，你的反应是一样的，都是还没有开始就放弃了。"

（6）在有需要的时候，协助当事人提升领悟的概括水平。有时候，当事人的领悟只跟较特异化的情境或问题有关。例如，一位当事人悟到自己的烦躁易怒以及肩背酸痛等症状，跟自己所负责的部门面临中期考核有关。这是一个浅显、特异化的领悟。进一步交谈中，当事人发现，以前念书时，从初中开始自己就一直有考试焦虑，每逢重要考试，上述症状就会出现。当事人把眼前的症状跟以前的考试焦虑联系起来，领悟的范围有所扩大。再进一步，当事人发现自己从小就对"聪明"、"有能力"这类评价词特别敏感。任何一个情境中，只要包含有对他的能力有所评价的成分，当事人就会紧张。而这个倾向跟自小父母极其注重他的"能力表现"，对能力表现"赏罚分明"有关。可以看出，这几层领悟，最后一层的概括水平最高，而较高概括水平的领悟，其理解的范围较大、程度较深。

（7）促进领悟和行动的连接。许多领悟会直接导致行动。如果咨询师有意识地促成当事人把领悟付诸行动，则领悟就会更加深刻。

第三节　协助当事人行动

一、咨询过程中当事人的行动

这里所说的行动,是指当事人朝向咨询目标做出的具体行为或行为改变。通俗地说,就是当事人“起而行”,通过实际的行动来改变自己,影响别人,以求达成个人的改变目标。当事人在经过一定程度的自我探索,获得一些领悟之后,会自然产生改变的要求。他不喜欢自己的表现,不满意自己跟环境的关系,想要生活得更有活力,希望生活更有趣、更有意义……总之,他觉得“再也不能这样活”,想要换个活法。但是,采取实际行动去改变自己的生活不是一件容易的事。旧的生活习惯、惰性、对环境中他人消极反应(如抵制)的预期、缺乏必要的行动资源,等等,都会变成行动的阻碍。咨询进展到这个阶段,如果能够协助当事人从“坐而论”变为“起而行”,既是顺势而为,又是推进咨询之所需,因而是一件非常重要的工作。

对于行动在心理咨询和治疗中的价值,不同的治疗学派有不同的看法。以经典精神分析为代表的、偏重理解和领悟的学派,不太重视行动。他们认为理解和领悟才是治疗的关键,认识是人格改变的内在依据,如果认识改变了,当事人的行为自然就会跟着发生改变。在另一边,众所周知,行为治疗学派几乎只关心行动,视行为改变为心理治疗的全部。在 20 世纪中期,由于精神分析与行为治疗的对立和争论,甚至出现了各自向其极端发展的情况:精神分析刻意地远离行为,行为理论刻意地排除认知。不过,从 20 世纪 80 年代以后,心理治疗的发展趋势是走向折中、整合,新一代的理论家和治疗家不再局限于门派之见。同时重视情绪、认知和行动,已经被大多数业内人士所接受。

承认行动改变为有效的治疗途径,并不代表对这一途径的价值有周全的认识。以笔者的观感,对心理治疗中行动改变的作用及其机制的认识,还远不能令人满意。传统的行为理论,如经典条件作用和操作条件作用,虽然对行为发生和改变的条件和机制提供了相当精确的解释,但由于行为主义理论根本排除了情绪和认识在人的心理世界中的地位,因而显得非常偏颇甚至不合常识。另一些强调行动的理论,例如森田理论,虽然讲了不少诸如“行动转变性格”之类的话语,但对行动造成人格改变的机制还是缺少理论说明。日常经验告诉我们,行动往往有着意想不到的效果。一对彼此吸引又犹豫的男生和女生,当一方鼓起勇气拉住对方的手,往往是突破困窘的第一步;在心里念叨一千遍“害怕当着全班同学讲话是没有必要的”,不如站上讲台一分钟;很多伴侣争吵过后的和解,不是通过双方谈话,而是通过为对方做点什么打破僵局的;读一万字有关苹果滋味的描述,永远不如拿起一只苹果亲口尝一尝。这些现象后面的道理,非常值得心理学重新去探讨。一位大三女生,出生后妈妈把她交给外婆带,上学后才回到父母身边。她最受不了的情景就是看到妹妹在妈妈身上蹭来蹭去、亲密无间的样子。她最渴望的事情,就是自己也可以像妹妹一样挽着妈妈、搂着妈妈或者被妈妈搂着。她和妈妈的恩怨冲突,在精神分析的治疗中领悟了一百次,接受是接受了,遗憾却永远遗憾着。直到有一天,妈妈生病住院,她在病床前照顾，从给妈妈梳头、喂饭，过渡到给妈妈按摩，才突破了那一道看不见的墙……

行动与情绪和认知之间的关系值得治疗者反复琢磨。现有心理治疗理论，尤其是认知理论，单纯强调认知是关键，容易给人错误的概念，以为行为只是单向地服从认知的东西。其实许多时候，行动能够导致许多仅由认知无法得到的经验，这些经验被认知加工后，能够产生更丰富、更深刻的认识。

行动的治疗价值不是在行动之前，而是在行动之后。行动的效应，只有行动之后才能显现出来。一方面，行动过程中和行动完成后，当事人内心的体验和与之相伴随的认知改变，具有真正的治疗功能。另一方面，当事人的行动总是会影响他的环境（比如重要他人），环境会因当事人的行动而发生改变。如果当事人改变了惯常的模式说话做事，他的环境一定会有所反应，要么接纳，要么抵制。总之，一旦当事人开始行动，他和环境组成的系统就开始"动"起来了。只有这个系统"动"起来，才有改变它惯常的轨迹的可能。而环境的相应改变，如果辅之以治疗目标的导向，就能最终促成当事人新行为方式的形成和巩固。

二、改变的意愿与抗拒

行动起于行动的意愿。但是，许多时候，我们要面对当事人没有行动意愿或意愿低下的情况。精神分析理论以"抗拒"这个概念来理解当事人所有抵制、妨碍咨询取得进步的行为，并认为抗拒的主要原因乃是"两级获益"（参见第十章）。其实，在心理治疗的各阶段，当事人投入治疗的动机和意愿是一个非常复杂、富于变化的现象，仅仅用抗拒理论并不能圆满地予以说明，尤其是事关当事人的行动改变的时候。

当事人在完成了自我探索和领悟，转向行动改变的环节，往往处于一种矛盾冲突、欲行又止的状态。采取行动的意愿和压制、放弃行动的意愿相互交织，争持不下。在这个阶段，由于前期当事人的自我探索和领悟已经比较充分，所以他的挣扎已经不能用抗拒来解释，尤其是由一级获益（症状或病态行为使得当事人的无意识欲望得到部分满足）的抗拒来解释。此时当事人行动受阻主要是出自一些现实的原因。一些常见的原因如下：

（1）缺乏行动的迫切性。这往往表现在正反两个方面。从正面看，采取行动的"好处"还没有好到让当事人愿意冒险一试。从反面看，如果不采取行动，日子似乎还能过，痛苦还能忍受，"事情还没坏到那个份儿上"。咨询师要了解一个现象，就是人如果长期处在压力和痛苦之中，由于适应的缘故，他的忍受力是非常高的。这种温水煮青蛙的情况令当事人很难下决心跳出困境。

（2）对改变的后果感到不确定，害怕失败。任何个人选择都有风险，倘若采取行动，作出改变，最后发现原来的目标实现不了，但已经付出的代价，比如离婚、放弃现在的职业、让别人知道自己的秘密，等等，却不能收回。

（3）预期他人会反对和抵制。当事人和其环境是一个已经存在许久、彼此互为存在条件的系统。在这个系统中，当事人的问题行为、人格特点，不论是多么不合理、不应该，却是这个系统的必要成分。就好比钟表机芯上的一个齿轮，缺了它，整个系统就会崩溃。在临床上可见到，正是儿子的学业不良、网络成瘾，相当有效地维持着父母已经破碎的婚姻；而父母的不和，又是儿子问题行为的起因。在这种情况下，如果当事人决意开始行动，做一个不一样的自己，他的环境一定会不适应。有些情况下，这种不适应会导致反对或抵制当事人的改变。当事人对这种反应和抵制的预期,会令其不敢贸然行动。

(4)缺乏行动的"路线图"。有时候,当事人只是感到要改变,要有所行动,但他还不知道要做什么、怎么做,没有方向和行动计划。在这种状态下,当事人也是不会行动的。

(5)缺乏必要的个人条件,或者存在外部条件限制。行动总是需要行动者有一定的心理、身体和物质方面的条件。有时候当事人这些个人条件存在局限。行动还往往需要某些外部条件的配合。比如某大学生的个人行为管理计划,需要他的环境中有一个人能够协助监察他的行为执行情况,并按要求负责执行奖励和惩罚。这个人最好是他的室友。可是他的室友中没有人愿意承担这个任务。

(6)害怕行动过程中的辛苦。许多情况下,当事人不能行动的原因简简单单就是因为害怕辛苦,害怕行动中的困难。

以上这些原因,看起来都是比较"正常"的原因,是大多数人都会如此的原因。但是,有一个特别的因素使这些正常原因变得不正常。它就是当事人的性格。上述那些正常的原因,在有的当事人身上,被他有缺陷的性格放大,而变得极具力量,束缚得当事人寸步难行。举例说,一位有社交回避问题的当事人,她需要采取的行动包括:主动参加公开活动,向有关的人作自我表露,主动关注别人的事情,必要时求助和助人,等等。但咨询师发现,这位当事人似乎特别能忍受(现状);她对行动失败的担心比所有的人都强烈;她预期周围的人会非常不合作,她主动交往一定会讨没趣……当然,这个情形也可以换个角度来看:当事人面对行动时所表现出的诸多挣扎和消极反应,正是其问题的体现;而协助当事人解决这些内心冲突的过程,恰恰是最具针对性的治疗。

协助当事人克服内心困难,激发他们改变的意愿,需要根据当事人的具体情况有针对性地做工作。这里提出几点一般性的指引:

(1)探索和领悟要充分。探索和领悟阶段的工作做得越充分,就越能为行动提供坚实有力的认知、情感和动机基础。当当事人感到自己"看清楚了"、"想明白了"、"要么坐着等死,要么起而求生",他进行决策时的不确定感就会降低,行动的意愿就会提高。

(2)对目标的价值作充分的讨论。任何行动目标,总会涉及两个功能性的价值维度:得与失,正与负。前者指获得还是失去价值,后者指价值是积极还是消极。两两配合,就是:获得正面价值(如得到爱情)、失去正面价值(如失去升职的机会)、获得负面价值(如被友伴逐出圈外)、失去负面价值(如免除身体疾病)。正常情况下,行动的意愿可以用以下公式表示:

$$行动意愿=(获得正面价值+失去负面价值)-(获得负面价值+失去正面价值)$$

在实际咨询中,行动目标所涉及的上述四方面总是极为复杂,每个结果在价值上的积极与消极、量的大小,又完全依赖当事人的主观标准,所以并不容易简单确定。因此,在目标探讨阶段,工作要深入细致,尤其要让当事人想得周全,有时要协助他们以想象或试验的方式,就行动可能的得失取得尽可能真实的经验。

(3)对畏难反应本身进行探索,获得领悟。对畏难反应本身进行探讨往往有特别的效果。一方面可能是因为畏难往往跟前期的探索和领悟不充分相关。往往在当事人面对自己的畏难反应时,他原来的冲突、非理性信念等,会再一次出现。当事人有机会发现自己"其实还没有走出来","道理是明白了,感情上还是没接受",等等。因此这些探索有着加深、拓展前期探索和领悟工作的功能。

(4) 了解行动的"路线图"。就是要跟当事人具体讨论他的朝向目标的行动方案。做什么,怎么做,行动步骤如何,怎样迈出第一步,等等,这些问题解决得好,当事人行动的可能性就高。

(5) 对行动中可能遇到的情境(包括他人的反应)作出预想方案。咨询师需要提醒当事人,他的行动可能会引起其他相关者的反应。可以跟当事人一起就此讨论各种可能的情况,同时鼓励当事人设想或演练自己如何应对。

(6) 以想象、示范观摩、角色扮演等方式过渡。在进行上述各种探讨时,如果适当配合一些能够模拟实际情形、真实的行动,并能够产生感性体验的技巧,会非常有效地协助当事人从理性认识过渡到实际行动。

(7) 给予适当的鼓励和支持。行动的困难在行动之前,行动的效果在行动之后。由于存在这道沟,所以对当事人的"第一次推动"特别重要。因此咨询师给予适当的鼓励是必要且有用的,尤其是在当事人欲动还休、犹豫不决的时候。另外,咨询师向当事人保证在其行动过程中,会给予指导、支持,也会让当事人感到有力量。

(8) 接纳犹豫和反悔。当事人的犹豫不决和反复无常对咨询师来说是一个挑战。我们会感觉困惑、焦躁,甚至生气,也可能感到心虚或自我怀疑。在这些情绪影响下,咨询师有可能变得不耐烦,粗率地催促当事人,甚至开始攻击当事人;也可能变得更加温和,更低姿态,以换取当事人的"进步";咨询师还可能考虑放弃咨询,承认失败。希尔提到,咨询师要提醒自己,可能自己内心有如下一些非理性的信念在作怪:"所有当事人都必须改变","每个当事人都可以被帮助","没有求助意愿的当事人不可能被帮助","我对发生在当事人身上的事负有责任","每个个案我都必须成功","如果我帮不了这个个案,我就是个无用的人",等等(Hill,待出版)。

三、咨询目标与行动

心理治疗中当事人的行动是隶属于治疗目标的。因此确定咨询改变的目标往往也就确定了相应的行动,又因此确定目标的过程对帮助当事人采取行动有着关键的影响。有关确定目标的话题,本书在第三章和第六章有详细讨论,此处不再赘述。

四、协助当事人决策

在当事人行动的有关事项中,无论是行动意愿问题,还是目标选择问题,以及方案确定问题,都与一个共同的过程有关,这就是决策。在协助当事人行动的所有工作中,最困难但也最重要的,恐怕就是协助他们作决定。

以下是一些可能有用的建议。

(1) 让当事人意识到他必须作决定。拖延是一个非常普遍的现象。解决拖延的一个有用技巧就是跟当事人讨论拖延的结果。透过这个讨论,帮助当事人明白拖延其实也是决定,也是行动,不过它是离自己的目标越来越远的行动。

(2) 协助当事人明确适合自己的决策方式。人们大体有两种决策风格:一种是理性的、结构化的方式;另一种是直觉的方式。虽然看起来,理性的方式似乎更有道理,但有些当事人还是更倾向于直觉的方式。把理性的方式强加于这样的当事人可能没有好的效果。

(3) 协助当事人进一步澄清其价值观。在自我探索和领悟过程中,当事人可能已经有一些价值观的探索。但在确定目标和行动选择的时候,往往这些价值观冲突会再一次出现。咨询师要理解当事人的反复,并利用机会再次协助其澄清一些价值倾向。

(4) 提出尽可能多的选择。当事人面对的问题或者目标往往可以有多个解决或出路。在左右为难之时,经常会有第三条道路就在那儿,但没有被当事人(有时也包括咨询师)看到。咨询师的一个重要职责就是协助当事人发现潜在的可能性。咨询师要学会娴熟地说"还有没有别的办法/选择/可能?"

(5) 采用决策技术。咨询师发展出了一些协助当事人决策的技术(如 Hill, 待出版),它们主要是属于理性的决策方式。专栏 7-1 提供了由笔者所发展的这样一个决策程序。

专栏 7-1 协助当事人决策的程序

这个决策程序考虑了三个变量:价值、选择以及成功的可能性。价值是指当事人与所要解决的问题或所欲追求的目标相关的一些价值观。选择是指当事人为了实现目标而可能有的一些行动。成功的可能性是指每个选择能够成功的概率。它取决于一些环境的和当事人自身的条件。

例如,一位大二女生,她想要改变目前糟糕的同学关系(主要是跟室友的关系),希望在跟同学交往时更自信,不要委屈自己。与此相关的一些价值观包括:被人尊重、自由和自主的感觉、比较可爱、免除苦恼。经过讨论,她和咨询师一起发现了这样一些可能的选择:在宿舍跟室友相处时,如果发现有人做出有损自己利益的行为(例如半夜了不管其他人已经上床,还看电影),可以平静但认真地要求对方关机,而不再隐忍;搬回家去住,或者在校外租房单独住;比以前更退让一些,主动关心别人,多一些自我牺牲。然后,他们又详细分析了采取每个选择所具备和不具备的条件,包括环境条件和自己的条件,对每个选择成功的可能性作出评分。所有这些讨论最后被集成在如下这张表格里:

选择	价值				成功概率	总评
	被人尊重(8)	自由和自主的感觉(5)	比较可爱(6)	免除苦恼(7)		
正视和自我表露	+3(24)	+2(10)	-3(-18)	-1(-7)	0.7	9×0.7=6.3
搬家	-2(-16)	+2(10)	0(0)	+2(14)	0.5	8×0.5=4
主动关心别人	+2(16)	-2(-10)	+3(18)	-1(-7)	0.6	17×0.6=10.2

当事人先提出与问题相关的价值,并对每项价值在他心目中的大小评分(1~10级评分。本例中,4个价值栏内括号里的数字即是当事人对该项价值的评分)。接着评估每个行动选择对于各项价值实现的程度,从-3到+3共7级,负值表示妨碍价值的实现,正值表示有助价值实现。"价值"栏里各小括号里的数值代表此行动对个人价值的大小(系价值大小与实现程度的乘积)。接下来再评估每项行动选择能够成功的可能性。对可能性的评估要分别考虑外部环境条件和个人条件,综合得出一个成功的概率估计(得分在0~1)。最后,总合各选择的价值并分别乘以成功概率,即得到总评分数。这个分数可供当事人决策。在这个案例里,这位大二女生显然更应该考虑"主动关心别人"方案。

五、行为技术的运用

在协助当事人行动的过程中,运用行为技术是非常有效的手段。为了避免混乱,这里先澄清一下在本书中行动和行为两个概念的关系。在行为理论中,行为通常是指可观察的动作或动作组合,比如吃饭、打架。基本上,本书是把行动看成行为的上位概念。行动是有目标的行为或行为组合,而且行动还包括非外显的部分,比如改变态度。因此,所有的行动都可以转换为行为。这样,运用行为技术来促成行动就是可能的了。

以行为理论的角度来看,所有的行为治疗可分为三类行为改变:一是戒除旧行为;二是塑造新行为;三是把一个旧行为改造成新行为。其实,第三种改变可以还原为消除旧行为或者塑造新行为。行为治疗者发展出了一些通用的程序和专门的技术,用来完成各种行为改变。这些通用程序和技术可以通过阅读专门的行为治疗书籍来学习。本书第十一章则提供了一个行为治疗概要。

运用行为技术过程中,一个很关键的步骤是把行动具体化为特定行为。在当事人有了行动的意向之后,他往往只有一个大致方向,知道要在哪方面有所行动,并没有落实到具体行为上。例如,邹先生已经领悟到,他之所以在工作上总不得重用,常常觉得"被压住了",而且也常觉得自己窝囊,并不是因为自己缺乏能力,而是因为缺乏勇气,不敢表达自己的主意。而缺乏胆气又是因为害怕遭遇别人不同意,害怕冲突。而这一切又都是因为他有一个专横、暴躁的父亲。"父亲折磨了我26年,而且死后还'附在我灵魂里'继续折磨。"经过前期咨询,邹先生已经决意要改变自己的"懦弱性格"。现在的问题是,从哪儿开始?从做什么开始?这就是行为具体化工作的内容。它其实是要在当事人-环境互动系统中,确定所要建立的新行为或者所要消除的旧行为。行为治疗称这些被锚定的行为为"目标行为"(target behavior)(Kazdin, 1997, p.71)。

确定目标行为看来简单,实际很不简单。一些行为治疗程序遭遇失败,并不是程序本身不对,或者操作失误,而是一开始的目标行为确定得不对,以致半途而废。在决定当事人应该改变什么行为,或者学习什么行为时,有时答案似乎非常清楚,比如受虐的妻子从隐忍改变为战斗,逃学的学生改变为按时上学,但有时这些直接、明显的答案却不是好的答案。战斗的结果是遭遇失败或者更严重的家庭暴力;按时上学只坚持了两天就被放弃了,而且还新添了撒谎。还有,很多情况下,围绕当事人的治疗目标,可以有很多行为选择。心理治疗同时选择众多的行为作为目标行为并不可行。显然,我们希望目标行为要符合一些标准。这些标准中比较重要者有:具体、可改变、具关键性。具体是说目标行为要涉及做什么和怎么做,或者不做什么和不怎么做,而不能只是比较笼统的态度或要求。例如,“积极主动一些”和“每次班组会上必须发言”,后者具体性较高。可改变是说目标行为是可学会的或可消除的,而不是难以执行或者难以改变的。具关键性标准是基于这样一个事实:人的行为总是互相关联的,但并不是每一个关联的行为都具有同样的意义和重要性。有的行为具有枢纽的性质,它承上启下,影响面广,影响力大。有的行为发生率高,对当事人的日常生活影响大。如果能找到这样的行为作为目标行为,就会收到事半功倍的效果。

在确定目标行为时,采取“系统性功能分析”的方法,可能比较容易找出符合上述标准的目标行为。系统性功能分析这个名词很准确地概括了这个方法的特点。首先是系统性,它要求咨询师不要就事论事地看问题,而是要把当事人和他的环境当做一个整体,一个相互联系、互为条件的系统,从整体看局部,从系统理解“部件”(行为)。其次是功能分析,它要求咨询师侧重从功能的角度而不是别的角度理解行为。功能多数时候是体现为效用的,所以功能分析往往就是对一个行为的效用作分析,分析这个行为给了当事人什么,给了环境什么。把二者结合起来,系统性分析有助于我们找到具关键性的行为,功能分析有助于我们理解这个行为产生和维持的条件。以上述邹先生个案为例,邹先生要采取行动改变自己的“懦弱性格”,经过讨论,发现邹先生最不能忍受自己“懦弱”的地方,是在工作中。他在家里也“懦弱”,但咨询师和他都同意,要是邹先生能在“外头”,在工作单位抬起头来,他在老婆面前自然也就有地位了(系统性)。而他在单位里的懦弱表现,可以概括为两点:一是不会说“不”;二是不敢说“要”。他办公室的同事,会把一些事务性的、不能显示业绩的事情,“自自然然地”交给他做;大家会无所谓地支使他跑腿;有了新任务,总是派别人负责,他只是“小组中的一员”……在这些场合,他虽然心里委屈,但从来都是逆来顺受。这是不会说“不”。科里讨论工作的会上,他其实往往有自己的见解,可是他觉得“即使说了别人也不会有什么反应”,“领导不会听进去我说的东西的”,“要是别人不同意会起争论的”,所以他多数时候只是心里头“一拱一拱的”,最后什么也没说;科里有任务,要分派工作,他习惯了等领导发话,而不能事先“活动活动”,做做领导的工作……这是不敢说“要”。邹先生和他的咨询师最后同意,邹先生的行动要围绕着说“不”和“要”来确定具体行为。在接下来确定具体目标行为的时候,发现需要和可以说“不”的场合非常多,需要表达“要”的场合也不少。依着系统性功能分析的方法,最后确定:(1)邹先生要以说“要”为主,适当说“不”。这是因为说“要”的行为较少引起冲突,邹先生感到执行起来容易一些(可改变标准),而且一旦邹先生能够“漂漂亮亮地露几次脸”,他在同事心目中的形象和分量也会改观(关键性标准);(2)说“不”的行为具体化为,对办公室同事随意的支使,以“对不起,我手头有事/我有自己的事/请你自己去/我不想去……”等语言作为拒绝。说“要”的行为具体化为,在每周一的科务会上,必须作不少于三分钟的发言,发言的内容和腹稿须在会前准备好。

目标行为明确之后,就可以采用各种具体的行为技术和程序,来帮助当事人学习新行为和消除旧行为(参见第十一章)。在使用这些行为技术的过程中,家庭作业是一个非常有用的做法。

家庭作业是心理咨询中被普遍采用的一种助人策略,在认知-行为取向的治疗体系里应用尤其广泛,其对于治疗效果的作用得到相当强的实证支持(Kazantzis & Ronan, 2006)。家庭作业就是咨询师和当事人一起商定的,由当事人在咨询室之外,在两次咨询的间隔期内完成的活动。这些作业往往要配合一定的强化安排,以便保证它得到履行。家庭作业有很高的灵活性,可以配合各种改变任务和当事人条件量身定做。大多数当事人的行动可以直接用家庭作业的形式来实施。例如,婚姻咨询中,要求配偶双方要在两次会谈间隔期至少从事一次非常规活动(如出去吃饭、周末郊游、看文艺演出,等等)。家庭作业也可以作为辅助手段,用来支持主要活动的执行。例如,要求当事人每天记行为日记,对所要戒除的行为或所要学习的行为的实践进程进行监测,并就行为过程中的体会进行整理(实际上是一个认知处理过程),就是一个很有用的家庭作业。

六、跟进与支持

当事人的行动开始实施之后,咨询师要做当事人的"场外指导"。这至少包括三方面的工作。

(一)咨询师要密切跟进当事人的行动进展

要了解当事人是怎么做的,效果如何,过程中出现了什么新情况,是否遇到阻碍,有没有停下来,等等。很少有行动方案从一开始就完美妥善到不须作任何修改。事先的设想不周,中间又出现新的变化,都是行动中经常出现的情况。扼要地说,跟进工作有四个方面:第一是评估,即评估行为实践是否正在取得预期的效果;第二是分析,如果行动遇阻,要跟当事人一起分析原因在哪里;第三是调整,即对原来的方案或行为方式作出改变,以适应实际情况;第四是指导,即具体地教给当事人怎么做,怎么应对过程中的变化,等等。

在跟进过程中,咨询师要非常留意当事人在行动过程中所产生的感受。一方面,当事人有可能再次经验原来曾经遇到的困难、冲突,以及其他负面感受。这些经验在此前的会谈中已经处理过,但现在似乎又退回去了。这种情况有时会让咨询师感到气馁。咨询师要把这些情况视为正常,并把处理这些情绪看成加强和巩固此前工作的一个机会。协助当事人在行动中处理这些经验,跟原来只是在咨询室里处理这些经验,效果是不一样的。另一方面,当事人在行动中也可能产生新的感受和领悟。比如,当事人原以为向上司提出要求会遭到拒绝,结果发现上司竟然挺好说话的。本以为自己一定不行,结果却发现自己应对得挺好。当事人在行动中所产生的这些积极经验特别宝贵,咨询师要选择性地强化它们。

(二)咨询师要关注当事人与其环境的互动

在当事人开始行动之后,他生活中的重要他人一定会受到影响。有时候重要他人正是当事人行动的目标,另一些情况下他们会受到当事人行动的间接影响。咨询师要非常留意这些重要他人对当事人行动的反应。要花比较多的精力跟当事人一起商谈如何发掘和利用有助于当事人改变的力量,如何化解不利于当事人改变的力量。

(三)咨询师要给当事人心理上的支持

健康有力的咨询关系是帮助当事人行动的最重要的力量。咨询师要让当事人感到,他随时可以指望咨询师的协助,他不是孤军作战。咨询师也要敏感地觉察到当事人的挣扎,冲突,及时给予鼓励或者鞭策。

思考·讨论·活动

1. 本章在多处谈及心理防御这个现象。请复习有关心理防御的理论,并结合本章对于心理防御的论述,从跨理论的角度重新认识心理防御这个概念。您可以选择的角度包括:心理防御的功能、心理防御的个体发生学、心理防御的现实表现和临床表现、治疗过程中对心理防御的处理、对传统心理治疗理论(如精神分析)中的心理防御理论的评价,等等。请把您的认识写成一篇小论文。

2. 在当事人的表达中,对事实的认知、相关的评价和感受往往是混合呈现的。在协助当事人探索的时候,咨询师要能够敏锐地察觉和分辨当事人表达中的评价和感受。请在老师的协助下,选择一段真实的会谈资料(该会谈段落中,当事人的叙述既有事实陈述,也混合着评价和感受),以小组学习的方式,试着对当事人的认知部分与评价和感受部分进行分离。在完成这个学习后,您可以依此方法,自己去寻找一些会谈材料,做扩展的练习。

3. 聚焦于本章第二节"促进领悟的策略"部分,以小组讨论的方式进行学习,重点是加深对这些策略和方法的理解和掌握。

4. 在您的个人经历里,有没有过自觉并成功地改变自己某个方面或习惯的经验?例如,有意识地让自己更开放、更主动地社交,开始身体锻炼,戒烟,不吃零食,准时起床……或者您有没有过自觉但不成功的自我改变经验?请尽可能完整地回忆某个改变经验,利用第三节有关行动改变的知识,来总结出您的改变成功或不成功的原因。

5. 全班同学分成若干个学习小组,每小组以5~7人为宜,并且小组成员相对固定。小组每周至少聚会一次,时间为2~3个小时。小组活动内容为个别咨询会谈练习。每个成员轮流担任"当事人"、"咨询师"和"观察员"三种角色(轮换办法由小组自行商定)。每个练习轮次分为会谈练习段(约15分钟)和讨论分享段(约20分钟)。

此项练习是本课程中最重要、最基本的一个练习,从本章学习结束时开始,持续到课程结束。此练习强调两点:真实和综合。鼓励"当事人"学员带入真实的个人事项向"咨询师"求助,个人事项的开放程度由自己决定,以感觉安全为限。"咨询师"学员要以一个真实的助人者自居,努力综合地运用截至目前学习过的所有咨询态度、方法和技巧来帮助"当事人"。"观察员"学员要认真观察并记录过程中的"热点"(个人认为重要的、好的、不当的地方),并在讨论分享中提出自己的看法。鼓励学员利用录音、录像记录、回放会谈过程。全体小组成员都要遵守保密等专业伦理规范。

第八章

个案厘析与评估

在心理咨询与治疗过程中，咨询师一直要面对的一个任务，是对当事人及其困难获得一个专业的认识。这是一件重要且相当具挑战性的工作，对于初学者尤其困难。一方面，我们所学习的理论知识比较抽象，而当事人的行为表现非常具体，要从当事人的具体行为抽象出符合理论概念的模式，不是件易事；另一方面，心理咨询与治疗的理论流派众多，不同理论体系相互竞争，使得实际工作者经常面临选择困难。除此之外，近些年由于循证治疗的影响，个案的诊断和评估被提升到更重要的地位。这又使这件困难的工作更增加了压力。本章将从介绍个案厘析的一般概念入手，然后阐述几个主要体系的个案厘析框架。最后，对获取个案厘析资料的过程——临床评估——中的若干问题略作一些探讨。

第一节　概述

一、什么是个案厘析

在心理咨询与治疗的实践中，有多个名词涉及对个案的问题获得专业化的理解。它们包括诊断（diagnosis）、评估（assessment）、概念化（case conceptualization）和个案厘析（case formulation）。大致而言，诊断是依据某个既定分类体系和相应的标准，根据当事人问题的临床表现（症状），将当事人进行归类的活动。由于学界事先已经对每类障碍进行过研究，对其外显行为特征和内在过程，对问题的发生发展有着系统的知识，一旦某个个体被归入一个障碍类别，治疗师就可以依据既有知识来理解这位当事人及其问题。评估的概念比较窄一点。它主要指依据一定标准或者工具，对当事人某方面的行为、特质是否符合或达到某个有临床意义的标准作出判断。例如，用一个衡量人际功能的量表评价一个人的人际交往能力或人际关系损害的情况。"概念化"和"个案厘析"两个名词其实指的是同一个概念，只是学者在叫法上习惯不同而已。从文献看，近几年用"个案厘析"的多一些。

个案厘析在学者们心里的理解不尽相同。目前大家比较认可的是埃尔斯（Eells,

2007)给出的一个最为宽泛的定义。按埃尔斯的说法,个案厘析是有关当事人问题的“原因、诱因和维持性的影响因子的假设”(Eells,2007,p.4)。简单地说,个案厘析是一个假设,它解释了当事人问题何以发生和形成以及怎样维持。

由于着眼点的不同,又可从内容和过程两个角度去看个案厘析。从内容的角度看,它是有关当事人及其问题的一幅整体的图画(Eells,2007)。在这幅图画里,当事人的各种内隐和外显的行为、症状,当事人的过去和现在,当事人与其他人的关系,当事人的环境等等元素,以有意义、可以理解的方式组织在一起。由于这个组织(即假设),一些原来零乱的、没有关联的甚至相互矛盾的信息,变成了相互有关联的、相互解释的;原来没有意义的资料,一下子有了意义。

从过程的角度来看,个案厘析指的是临床工作者形成上述假设和图画的思维加工活动。这包括通过会谈收集信息,在头脑里尝试形成假设,让假设与资料互动以检验和修正假设等活动。显然,形成假设是一个非常富有挑战,同时又很刺激的过程。它对临床工作者的专业知识、临床经验和创造性有非常高的依赖度(Eells,Lombart,Kendjelic,Turner,& Lucas,2005)。

个案厘析的临床价值可从四个方面来归纳。首先,它提供了当事人及其问题的一幅有意义的图画。有了这幅图画,当事人行为的意义、原因就得到了理解,而这个理解是临床干预的前提。其次,它提供了一个可以用来组织和加工当事人信息的结构。有了这个结构,当事人的有关信息就不再是支离破碎的,而是可以相互关联起来的。这个结构还有助于纠正对某些信息不正确、不恰当的解读。因为如果一个特定的解读跟整幅图画没有关联或者互相抵触,那么一定其中一方有不当的地方。再次,它为选择相应的治疗目标,设计或选择治疗策略、技术提供了依据。至少从逻辑上说,基于充分的个案厘析的治疗应该比缺乏这种依据的治疗会更为有效。最后,个案厘析还有助于咨询师更好地与当事人互动,尤其是达到更好的同感理解,以及对工作同盟可能会遇到的困难有所准备(Eells,2007)。

大多数心理治疗取向和大多数心理治疗形式中,都有个案厘析或类似个案厘析的工作,但并不存在一个统一的个案厘析模式。大致来说,个案厘析模式可以归为三大类。第一类是精神医学的诊断模式,其中以美国精神病学会的《精神疾病诊断与统计手册》(DSM)影响最大。第二类是各主要心理治疗流派基于各自的心理病理学理论和治疗理论所发展出来的个案厘析模型。例如心理动力理论、认知行为理论等治疗体系,都有自己的个案厘析模型。这里面还包括一些基于某一理论针对某类特别的障碍(理论+障碍)的个案厘析模型,例如针对抑郁障碍的认知治疗的个案厘析。第三类是跨理论和非理论的模型。跨理论的个案厘析模型试图从不同的治疗理论中抽出共同的个案厘析元素,并以此为基础发展出某种具有广泛适用性的个案厘析模型。非理论的个案厘析,从文献来看比较少见,其实在实践中可能有相当一个比例属于这种情况。这类个案厘析有实践无理论,具体情况五花八门,因为没有调查资料,所以人们对这一类的情况了解不多。

就各主要心理治疗取向而言,精神分析的治疗传统是重视个案厘析的,弗洛伊德的个案研究可以看做个案厘析的开拓性尝试。人本心理治疗传统上反对诊断,认为心理诊断不必要甚至有害(Rogers,1951),因此对个案厘析也持保留态度(Eells,2007)。在个案厘析的探索工作中,近些年最为活跃的是认知治疗和认知行为治疗的学者,他们在个案厘析的操作化和标准化方面取得了相当引人注目的成绩。另外,最近几年一些折中取向的学者试图发展跨理论的个案厘析方法,这是非常值得重视的动向。

二、精神医学诊断模式

精神医学的诊断模式可以说是个案厘析中影响最大的模型。从临床实践来说,即使心理治疗师并不使用医学诊断模式于实际治疗工作,也会参考相关的诊断。从研究来说,医学诊断模式通常被当做诊断的"金标准",大量的研究是应用或参照医学诊断来对当事人进行分类的。另外,从个案厘析的发展历程来说,精神医学的诊断模式是源头,它的方法论对后来的各种个案厘析实践都有影响。

概括而言,医学模式的诊断观有以下几个主要假定:(1) 存在着有着同一机体根源、病因、症状、病程和预后的疾病单元;(2) 心理疾病与身体疾病没有什么不同,症状是某种潜隐状态或条件(病因)的表现,通过症状可以推知病因,治疗症状不能根治疾病;(3) 患上心理疾病,病人没有任何责任;(4) 治疗是专家的事;(5) 虽说在特定个体身上病症表现可能有文化差异,但基本病因、病程和转归却是普遍一致的(Meyer & Salman,1984)。在这样的思想指导下,各国精神病学家和临床心理学家作出艰苦努力,发展出了一个个精神障碍分类体系和诊断标准。

目前在国际精神病学界较有影响的分类和诊断体系有:

(1) 美国精神病学会的《精神疾病诊断和统计手册》(DSM)。该手册目前的版本是第4版,即DSM-Ⅳ。它将全部精神障碍分为17类,并为每类障碍的亚型制订了详细的诊断标准。DSM-Ⅳ从五个方面对当事人进行评估,每个方面称为"轴":

轴Ⅰ:临床障碍与其他可引起临床关注的障碍;

轴Ⅱ:人格障碍与精神发育迟滞;

轴Ⅲ:一般医学状况;

轴Ⅳ:心理社会与环境问题;

轴Ⅴ:总体功能评估。

(2) 世界卫生组织(WHO)的《国际疾病分类手册》(第10版)(ICD-10),目前的英文版本是2004年的修订版。此版的中文版本于2008年出版(董景五主译,人民卫生出版社出版)。ICD-10的第五章为精神疾病部分。ICD-10的精神疾病部分基本上采用了DSM-Ⅳ的诊断标准,但分类不一样,它把精神障碍分为10类。

我国目前的分类系统和诊断标准是《中国精神障碍分类与诊断标准》第3版(英文简称CCMD-3)。这个方案的分类与ICD-10大体一致,又尽可能地照顾到与我国原有的分类和诊断名称的衔接。该方案将精神疾病分为10大类,亦为每类疾病及其亚型规定了定义和诊断标准。CCMD-3还借鉴DSM-Ⅳ的多轴诊断方式,提出了七轴诊断体系(陈彦方,2007)。

这种统一的分类和诊断标准的开发和使用,有明显的科学价值。它们有力地促进了人类对精神障碍的研究,加深了对各种精神障碍的了解。它们在精神疾病的流行学调查方面、精神障碍的比较研究方面尤其成功,因为它们提供了统一的评价标准。在临床上,有人认为它也有一定帮助，比如它能够帮助治疗者评估问题行为和选择适当的治疗方案。然而，实践情况表明，在针对具体病人的临床治疗和咨询方面，医学模式的诊断存在不少局限。

局限之一是对症不对因。按照医学诊断的一般常规，理想的诊断除了要列出障碍的症状，还应该能够确切说明障碍的原因和发病机制。然而现在各国的分类和诊断标准对于大多数心理障碍都只给出了症状标准。造成这种情况的原因主要在于心理障碍的成因极其复杂，病因学的研究遇上了极大困难。目前除了一些病因较单一、易明的外源性精神障碍（由感染、中毒、脑外伤和脑器质性病变等引起的障碍）外，对于大部分障碍只能提供非常一般、粗线条的病因方向的揣测。然而不管怎么说，障碍总是有原因的，有效的治疗干预应该是对因干预。因为不同病因能够引起相同症状，同一病因又可能表现出不同症状，只知外显症状不知病因，势必对治疗造成困难。

局限之二是见病不见人。与躯体医学的传统一致，精神医学的诊断也倾向于把视野集中在“病”上面。医生关注的是这是什么病？怎样治这个病？这对心理障碍的诊断来说是有明显偏失的。因为心理障碍不同于躯体障碍，是这个“人”有了障碍，而不仅是他的躯体有障碍，不理解这个人就不能很好地理解他的“病”。而人是一个有多方面的存在规定性的实体，既是生物的人，又是社会的人，还是精神的人。不了解这个人的全部生活情形、他的整体面貌，就不易对他的“病”进行有效的治疗。目前以美国《精神疾病诊断与统计手册》系统为代表的诊断方案提出了多轴诊断的思想，这对传统上单纯聚焦于障碍本身的诊断是一大改进。但从实践上看，多轴诊断的实行情况并不理想，在中国多数精神科医生还是偏重单一诊断。

与此相关的一个问题是，由于医学诊断从完整的疾病单元看问题，致力于从症状标准、病程标准等鉴别出一个个独立的病种，就使得那些有这样那样的心理行为障碍，而又不符合“疾病”诊断的当事人，以及主要对这类人提供服务的咨询师，无法从这种诊断中受益。

局限之三就是在国外受到广泛批评的所谓“标签化作用”。医学诊断的结果，是赋予每位病人一个疾病名称，如张某患躁狂抑郁症，李某是偏执型人格障碍患者，等等。这等于给当事人贴上了一个标签或印记。本来，按躯体医学的传统，这种标定无可厚非，对患者也没有多大副作用，张某不会因为诊断为肺结核而导致病情加重或生出别的什么问题来（心理上的反应除外）。但对精神障碍的标定却不同，它的确会产生某些副作用。副作用之一是使得带有标记的当事人社会处境更为不利。在多数社会里，人们对精神障碍患者都表现出消极态度，如偏见、歧视。那些被诊断为精神分裂症、性心理障碍或其他什么标记的人，会发现家人、上司、同事、朋友对待他们与以往不同。人们认为他们是可怜的、危险的、没有希望的。这种社会反应无论从社会伦理角度还是从治疗角度看，对当事人都是不利的。副作用的另一方面是直接影响当事人及其障碍。被标定患有某种精神疾患会在当事人心中唤起复杂且往往是消极的反应，例如负性自我评价、悲观、抑郁。有时还会诱发消极的“自我实现预言”过程，使得障碍恶化和复杂化。

局限之四发生在医生及医患关系方面。批评者认为，由于医学诊断模式侧重从“问题”和“疾病”来看待病人，间接地促使治疗者往消极的方面“建构”他的当事人。如果一个人的反应定势是以“心理疾病”的建构系统来看这个世界，那他将会建构出一个充满问题与心理异常的世界（Ivey，1980）。他会对当事人身上积极的、趋向成长的力量视而不见。1973年，心理学家罗森汉（D. Rosenhan）发表了一篇引起轰动的研究。罗森汉与7位合作者（其中包括一位心理学研究生、一位医生、一位家庭工作者、一位画家和一位精神病大夫）伪装成精神病人，竟先后成功地住进了美国东、西海岸的12家医院。在入院诊断时，他们每个人都对医生佯称有幻听症状（精神分裂症的一种典型症状），除此之外，每人对医生谈的都是自己生活的真实情况。结果，8人中有7人被诊断为精神分裂症。尽管他们一住进医院后就完全以正常状态出现，也不再报告有幻听，却没有一个人受到进一步检查。每人平均在医院待了19天，才在家人或朋友的“营救”下得以出院（Rosenhan，1973）。这项研究虽然后来也引起了一些批评，但它的结果的确是令人震惊的。正如谢弗（Scheff，1974）评论的，一旦一个人被贴上“精神病人”的标签，这件事就会改变别人对他的知觉，正常行为也会被看成异常行为。医生如果有这样的倾向，很难说不会对病人及治疗发生消极影响。

在临床工作中，精神医学诊断最成功的应用是药物治疗。在心理咨询与治疗领域，许多咨询师并不使用标准化医学诊断，另一些咨询师则利用精神障碍分类和诊断标准来甄别、排除非心理咨询和心理治疗适应证的病人，而对适用心理咨询和心理治疗的当事人采用其他理论框架进行个案厘析工作。

第二节 几种主要治疗理论的个案厘析

以下简介几种主要心理咨询与治疗理论的个案厘析。由于个案厘析目前还是一个比较受理论流派局限的领域，每个治疗理论都有自己的有关个案厘析的立场、原则、概念框架和做法（Eells，2007），所以不可能在这里逐一进行详尽介绍。学习者可以在钻研某个特定治疗方法的过程中，结合个案实例对该体系的个案厘析进行系统学习。以下介绍中，除认知行为治疗的个案厘析稍为展开一点以外，其余仅对该理论有关个案厘析的立场和主要概念框架略作说明。

一、心理动力理论的个案厘析

当代心理动力理论并不是一个严整、单一的体系，而是以一些“亚型”存在着。就目前在实践中影响较大者而言，主要是传统的精神分析理论、客体关系理论以及自体心理学（Messer & Wolitzky，2007）。自体心理学跟客体关系理论共同之处很多，可以合并讨论。

经典弗洛伊德主义的心理病理学理论（参见本书第十章）是以人的存在的二重性——生物性存在和社会性存在——以及二者的矛盾为起点的。弗洛伊德把这种二重性及其冲突具体化为一套人格理论，包括动力理论、结构理论和发展理论等几个大的方面。弗洛伊德认为，两种基本的生物驱力——性驱力和攻击驱力——是人从事一切活动的原动力，也是一切心理发展的源头。驱力的活动法则是所谓“快乐原则”，即通过释放获得快感,降低紧张水平,以及尽量减少痛苦。另一方面,个体发展过程中由教化而生的道德和良知等内在力量构成了人的社会性部分。这样,个体便会经常生活在两种心理力量的冲突之中。神经症及其各种症状如焦虑、恐惧、强迫,最终均来源于人类这种又爱又怕的心理处境。

所以经典精神分析的个案厘析,比较关注的是个体内心的道德焦虑和冲突。其中最为分析师重视的是俄狄浦斯冲突(Oedipal conflicts)。俄狄浦斯冲突就是著名的所谓小男孩"想要"占有母亲、攻击父亲的内在欲望。其实俄狄浦斯冲突可看做一个隐喻,它代表人类的性和攻击两种原生的驱力面对强大的惩罚性威胁,既不能自由满足,又不能消灭,这样一种困境。这一困境的心理特点,是又爱又惧,欲罢不能。由于这个过程具有无意识的性质,所以在症状上就表现为以焦虑为核心的各种神经症征象。在个案厘析上,经典精神分析重视从个案的无意识材料(尤其是富含着幻想的材料)入手,去发掘这些表面现象后面的基本冲突,并进而把个案的神经症症状跟基本冲突联系起来。分析师借助对心理防御机制的识别和解读,来实现对表面材料跟基本冲突的关联。

客体关系理论的心理病理学相对于经典精神分析已经发生了相当大的转变。其关注点不再是性和攻击驱力的释放,而是"自体"(self)①和"客体"(objects),以及二者之间的关系。自体和客体都是当事人的一种心理表征,分别代表当事人心理世界里自己的形象和重要他人的形象。客体关系理论认为,自体和客体心理表征的一个最重要的特点,是"好"与"坏"的二极性(Cashdan,2006):自体和客体都被分裂地表征(体验、知觉)为"好"的部分和"坏"的部分("好我","坏我";"好母亲","坏母亲")。个体心理发展的一个基本任务,就是能够将自体和客体的"好"、"坏"部分予以整合,对自体-客体关系的表征比较积极正面,随着年龄的增长,能够跟"客体"发展出"真实关系"——基于客观现实知觉的关系(Gelso,2002)。客体关系理论认为,三岁以前的母婴互动形态对个体形成正常还是病理性的自体、客体表征起着至关重要的作用②。在这个生长阶段,一方面,儿童严重地依赖母亲的照料;另一方面,母婴互动中不可避免会给儿童带来负性经验(躯体和心理上的不适感受,以及由此衍生出来的对母亲的负面体验)。这种基于生存依赖的冲突性的经验构成了婴儿早期发展的一个非常特别的处境(同一个自体或客体,一会儿是好的,一会儿是坏的)。个体所有的自体和客体的表征,其实是由这些早期经验积淀而来。如果个体不能成功地整合这些冲突性的经验,其自体认同和客体关系就会出现问题。

总之,自体、客体以及自体-客体关系,构成了客体关系理论理解当事人的主要概念框架。由于咨询师并不能直接观察当事人的自体和客体表征,在个案厘析上,客体关系理论非常倚仗投射性认同这个概念。投射性认同(projective identification)是指当事人的一种个性化的行为模式,这种行为模式"诱导"与其互动的对象以一种限定的方式产生感受、想法和行为(Cashdan,2006,p. 57)。由于当事人病理性的投射性认同是源于早期与

---

① 客体关系理论中 Self("自体")概念,略等于传统心理学中的"自我",故英文为同一词。可能是因为在心理动力体系概念的中文翻译里,已经把经典精神分析的 Ego 译成了"自我",为避免混淆,中国研究客体关系的学者把 Self 译作"自体"。其实这是避免了一个混淆,又造成了另一个混淆:读者可能误以为"自体"是完全不同于"自我"(self)的概念。

② 注意经典精神分析强调的是 3—5 岁这个时期。

重要客体的关系，所以投射性认同一定会表现在咨询关系之中。咨询师因此可以利用对当事人在咨询关系中互动方式的观察，以及自己被当事人“诱导”出来的反应，来认识当事人的“自体”和“客体”。

二、人本-存在理论的个案厘析

如前所述，经典的以人为中心理论反对诊断及相关的评估等做法。但如果因此就认为以人为中心取向的心理治疗完全不用个案厘析，那也是不符合事实的。罗杰斯反对心理评估和诊断，主要出于两个理由：一是这样一种由一个人决定另一个人是否有病，是否正常的做法，会导致人际控制。同时这种主-从性质的治疗关系剥夺了当事人做自己、自我负责的机会。二是每个人的内心感觉，只有当事人自己最能够接触到（Rogers，1951）。事实上，如果咨询师牢记罗杰斯的警告，在咨询关系中尽可能作到真实一致，能够同感当事人，能够尊重和积极关注当事人，并且把“诊断”集中在当事人的内部加工活动，而不是当事人这个人（Greenberg & Goldman，2007），也可以作到既避免社会性控制，又实现对当事人的心理病理学理解。事实上，跟其他心理治疗体系一样，以人为中心理论也有自己的一套心理病理学概念系统。这套概念系统构成了人本心理治疗个案厘析的指南。

人本理论的核心概念是“自我”（self）、“体验”（experience）、“一致性”（congruency）等（参见本书第十二章）。人本-存在治疗理论非常看重感受、直觉这样一些情绪性、前意识的心理活动，认为它们是跟认知、言语性质的活动同样重要的内部过程。罗杰斯有一个非常独特的概念叫“机体智慧”。它是人身心一体的整体性机能，能够评价经验、指引行为。整体机能健全的人，其感受、直觉等感性经验与认知、语言表征的理性认识之间有着高度的一致性。而心理病理问题，大都出于当事人放弃了机体智慧这种整体机能，转而一味倚重于理性，机械僵化地以规则、道理来指引个人生活。在心理机能上，病态的自我导致个人的情绪感受与认知之间或者互相隔离，或者被压制（情绪），或者被扭曲（认知），认知不能如实表征内在感受。

在个案厘析上，人本-存在理论既跟一般理论一样，致力于理解当事人及其问题，寻找问题跟内在心理过程之间的关联，又有一些独特的地方。其中最突出的有三点：一是重视“当下”的经验；二是厘析过程与治疗过程合一；三是以“相遇”的态度而不是诊断的态度来理解当事人。按照现象学派的理论，“当下”的情绪和感受包含了较多真实的、新鲜的经验，这些经验受“自我”的扭曲比较少，故而可由此知道当事人哪些本真的需要被压制了。同时还可经由这个线索，去了解当事人的自我中存在着何种图式，该图式透过怎样的“手法”（情绪-认知过程）导致了问题或症状（Greenberg & Goldman，2007）。人本-存在理论的个案厘析与治疗过程不是分开的两部分，而几乎是合一的。这跟诊断在前、治疗在后的一般常识非常不同。人本-存在治疗理论强调咨询师和当事人之间的伙伴关系，而不是一个负责诊断和治疗，另一个作出配合的主从关系。咨询师和当事人合作地对当事人的内心世界进行探索，往往在咨询师得出某个解释性认识的同时，当事人也同时获得了领悟。人本-存在治疗的个案厘析的另一个独特之处，是在获得资料和解释资料过程中，不单纯依赖智力和理性加工，而是非常重视咨询师的投入和同感。罗杰斯认为咨询关系不仅仅只是一位专家跟求助者之间的职业关系，更是两个人之间的“相遇”

(encounter)。咨询师全身心地与当事人“同在”,以体验的方式获得当事人的信息,这在个案厘析中有着不可替代的作用。

三、认知行为治疗的个案厘析

认知行为治疗也不是一个单一的心理治疗体系,而是一组有着共同或相近的概念和理论的治疗方法的共称(Nezu,Nezu,& Cos,2007)。不过,认知行为取向的各种治疗方法在心理病理理论和治疗理论上,有许多共同点。这可能跟它们的历史渊源有关。当代认知行为治疗主要有两个来源,分别是认知治疗和行为治疗。在心理病理学方面,认知治疗认为当事人的内部思维(Beck,Rush,Shaw,et al.,1979)或信念(Ellis,1979)起着关键作用,一些病理性的、非理性的思维或信念导致了不适的感受和行为。行为治疗认为个体非适应性行为或症状都是学习的结果,而环境因素在这个学习中充当了关键的角色。认知理论和行为理论的结合使得认知行为治疗在理论上出现了一个大的飞跃。原来的认知理论不重视行为,并且对病理性认知的发生学缺乏认识,而行为理论排斥认知过程,对充当着症状和问题的内在原因的认知机制认识不足。认知行为理论把这些不足都弥补了,成为一种比较完备、比较全面的理论。

就个案厘析而言,根据尼祖等的说法(Nezu,Nezu,& Cos,2007),目前在认知行为治疗领域里大致有四个模型比较有影响,分别是培尔生的模型(Persons & Tompkins,2007),这个模型较多体现了贝克的认知理论的传统,强调认知功能受损在致病过程中的作用;莱菡的辨证行为治疗模型(Linehan,Cochran,& kehrer,2004),它由莱菡针对边缘型人格障碍的治疗发展而来(Koerner,2007);海因斯所发展的“功能分析的临床个案模型”(Haynes & Williams,2003);以及尼祖等人发展的以问题解决为组织框架的模型(Nezu,Nezu,& Cos,2007)。

虽然每个具体模型在个案厘析上各有独特之处,但整体来看这些模型有一些重要的共同点。其一是它们都强调个案厘析的概念、推论和假设等要有实证支持,尤其是有实验研究的支持(Nezu,Nezu,& Cos,2007; Persons & Tompkins,2007)。对基于思辨或不系统的临床经验的概念推论和假设等采取拒斥的态度。其二是以功能分析作为个案厘析的基本的方法学工具(Nezu,Nezu,& Cos,2007)。功能分析方法源自行为治疗(参见本书第十一章),它以相互作用、共变的观点来看待当事人不同方面变量(如症状、内部图式、环境力量)之间的关系,并由此理解当事人的困难或问题。其三是以系统论的思想来看待当事人的身体、思维、情绪和行为,以及过去经验、动机、环境力量等要素,还有这些要素在改变中的作用,不再一味偏重于认知或者行为。

在这些模型中,培尔生的模型影响比较大,而且在笔者看来,这个模型的框架强调个案厘析中的一些基本的、共同的方面,因而采用不同治疗理论的临床工作者也能够利用或借鉴这个框架,这对于学习个案厘析比较有帮助。下面对这个模型略作介绍。

培尔生的模型涉及个案的四个方面:问题、机制、起源以及诱因(Persons & Tompkins,2007)。问题泛指当事人各方面存在的困难,包括心理和精神上的各种症状及相关障碍,以及社交、学业、婚姻、职业等方面的问题。培尔生很强调临床工作者要尽量全面地掌握当事人所有的问题。即使有些问题最后不会成为治疗的目标,全面地了解问题有助于理解问题之间是怎样关联着的。机制(machenisms)是指造成问题的直接原因及其发生作用的方式。在认知取向的个案厘析中,咨询师往往比较重视某些特定的思维模式或信念在导致当事人症状或障碍上的作用。这些思维模式或信念被培尔生称为机制。当然,情绪、行为甚至身体的变量,都有可能作为机制引发心理问题。起源是指机制的起源,即某个机制是由怎样的条件或原因造成的。这往往涉及早期经验、学习或环境、机体等。机制和起源都是当事人问题的原因,但前者是直接的原因,后者则是较为间接的原因,即原因的原因。诱因则是激发或触发当前问题或症状的某个内部或外部事件。诱因不是原因,而是启动机制开始动作的引子。一个回忆、一次搬迁,都有可能触发问题。培尔生认为,所谓个案厘析,就是收集和发现个案上述四个方面的资料,把它们按照内在逻辑组织起来。

以一位存在冲动控制障碍的30岁女性当事人为例。当事人的问题包括经常性的情绪失控、自伤以及混乱的异性关系,最近因为做出危险的自杀姿态而被介绍到精神卫生中心。会谈中咨询师发现,最近她的自杀尝试是在一次跟她现任男友发生冲突后,她感到男友会像她以前的男人一样离开她。进一步的会谈中咨询师发现,当事人的失控和自伤行为大多出现在与重要他人发生矛盾之后。一个明显的模式是,每次冲突都会有一个积累-升级过程,其间她会有隐忍、讨好(以行动而不是语言),到失控,直至爆发,最后是对方觉得她"不可理喻"而永久或暂时地离开她。自伤通常发生在情绪爆发之后的24小时内,她一人独处的时候。当事人对自己的看法包括认为自己"贱",有时不知道自己是谁("有时我都不认识自己")、自己是个什么样的人。在被问及情绪爆发过程中她有什么想法和感受时,当事人说"我也不知道","它们(指情绪)要那样"。当事人对她生活中的男人的态度很矛盾:一方面觉得男人很重要,她无法不依赖男人生活;另一方面她觉得男人是无法理解的动物,他们随时会离开,因而"靠不住"。当事人自小父母离异,被寄养在外婆家,而外婆家里没有别的成年男人。按照培尔生的模型,这个个案的厘析可按如下方式组织:当事人幼年父母离婚及寄养经历[机制的起源],使她发展出了一套紊乱的自我、他人和环境的图式。自我是低劣的、"贱"的,他人是不可靠的、不可预测的,环境是充满威胁、随时会抛弃自己的[机制]。另一方面,可能由于一定程度上生物学的易感性(她母亲也有情感障碍)[机制的起源],她在情绪上比较容易被激活,同时控制能力比较差[机制]。上述图式使她对自己是否够好、是否能够赢得别人(尤其是重要的人)的爱总感到不确定,对自己是否有能力保持对方的爱没有信心。因而当事人在跟重要他人包括男友相处中,表现得非常纠结。她不断地"检验"对方是否还对自己有兴趣。她还做出各种努力以让重要的人不要抛弃自己[问题和症状]。当事人的图式还令她有非常强烈的不安全感,以及对男性的不信任。由于这些,当事人跟男友的关系中缺少健康、互惠的爱的表达,各种非言语的检验、控制行为占了重要地位,性也成了控制的手段。当控制失效,冲突[诱因]便升级,男友离开是当事人痛苦的顶点,她再次被强烈的被遗弃感所占据,情感爆发和自伤行为是这个过程的自然结果[问题和症状]。

在操作上,培尔生的个案厘析模型包括以下步骤(Persons & Tompkins,2007):

(1)了解问题,列出问题清单。如前所述,这个步骤要求咨询师尽可能全面地了解当事人在生活各方面存在的困难和问题。但培尔生指出,太长的问题清单也可能不好处理,所以5~8个项目的问题清单比较合适。如果清单太长,可以合并分组。了解问题的主要方式是临床会谈，也可以采用一些自评量表，如 SCL-90-R(Derogatis，2000)、贝克抑郁问卷(BDI；Beck，et al.，1979)，以及培尔生所在的机构自编的纸笔评估工具等。

(2) 应用美国《精神疾病诊断与统计手册》(DSM)五轴诊断。培尔生模型是主张应用 DSM 诊断系统的临床个案厘析模型之一。他们的理由是这样做使得临床诊断和个案厘析与实证研究结合得更紧密。从临床价值来说，把问题清单与 DSM 诊断结合起来，可以促进对障碍的理解。

(3) 选择一个“锚定诊断”。“锚定诊断”是一个初级的、用来组织诊断信息的工作诊断。选择锚定诊断的一个标准是，该诊断能解释或者组织最多的问题信息。另一个参考标准是治疗目标。如果一个个案可以适用两个锚定诊断，比如双相情感障碍和边缘型人格障碍，而双相情感障碍已经由药物治疗得到较好控制，心理治疗目标会主要集中于边缘型人格障碍，那么，就选择边缘型人格障碍作为锚定诊断。

(4) 选择一个可用于该锚定诊断的概念化模板。在临床心理学领域，对于一个特定障碍的诊断，经常存在不止一个理论模型。例如抑郁症，就有强调生物学、认知以及综合因素等不同的理论模型。个案厘析工作的这一步，就是从已有理论模型中选择一个，准备用做后续工作的模板。指导这一选择的原则包括：尽可能选择有实证研究支持的，治疗师最熟悉的，更适合这个个案的，最易于被当事人接受的，等等。

(5) 将模板个体化。即把选定的模板具体应用到当前个案身上。这可能是个案厘析中最复杂、最考验咨询师的创造性和洞察力的工作。它要求咨询师要从当事人的思想、感受、行为以及身体反应等方面的线索中，从反应内容和反应方式的细节中，从个案-环境的互动和关系中，“看出”跟模板的关键概念相一致的地方，从而达到借助理论模板理解当事人及其障碍的目的。培尔生告诫，这项工作不太可能总是那么理想化，可能有的问题或症状不能通过模板中的核心概念得到理解——它可能是某个偶然因素的结果。所以治疗师的头脑要灵活一些，开放一些。

(6) 提出假设以解释机制的起源。在这一步，咨询师要收集有关信息，试图了解当事人何以以及怎样发展出了那样一些造成问题和障碍的心理机制。

(7) 了解并描述引起(障碍)当前发作的诱因。诱因总是启动或激活问题机制，由机制导致了特定的行为-情绪-认知反应(障碍)。因此这个工作往往可以通过了解症状反应前后的事件序列来侦查。

上述全部工作完成后，治疗师就可以把个案厘析的结果用文字或者图示的形式表达出来。

第三节　临床评估

个案厘析是在个体水平理解当事人。在个体水平之下，我们还可以从行为的水平(如症状)和行为模式(如障碍或疾病)水平来理解当事人(Persons & Tompkins，2007)。事实上，个体水平的理解须以行为和行为模式水平的理解为基础。对行为和行为模式的理解，通常属于临床评估的范畴。这一节我们来探讨临床评估的一些问题，主要是评估的途径和评估资料的使用问题。

临床工作者可以通过多种途径获得当事人的资料,例如走访家庭成员、教师、工作单位的同事,调查当事人的作业(如工作绩效、课业成绩),实地观察当事人在实际生活中的表现,角色扮演,生理反应指标的测量,个人档案,催眠状态下的回忆,自由联想,行为记录,等等。事实上,这些方法的确都被临床心理学家使用着。另外,随着当代心理治疗越来越强调实证支持,临床工作中也越来越重视客观性较强的资料采集途径,以及来源不同的资料之间的互动。不过,由于临床实践的条件所限,上述不少方法,尤其是那些客观途径,较少被使用。实践中运用最多的还是两种传统的途径:会谈和心理测验。

一、会谈

会谈是评估当事人的最基本的途径,在所有咨询流派中都是这样的。

有人指出评估性会谈存在两种形式:一种是结构式会谈;另一种是非结构会谈,也叫自由会谈。

结构式会谈是社会调查常用的一种方法。它是由会谈者(在咨询中是咨询师)事先按照所要收集的资料的范围(哪些方面的资料)和要求,确定一个问话的程序结构,根据这个结构编制一个会谈提纲,然后照这个提纲顺序提问,要求被试逐一回答。在社会调查中这种提纲有时设计得非常严密细致,第一个问题提出后,如果被试有"是"和"否"两种可能的回答,第二个问题是按不同回答分别设计的。被试回答"是"时问什么,回答"否"时问什么,都事先考虑好了。这样的设计能保证不同的会谈人按同一提纲进行访谈能得到一致的资料。但在咨询会谈中几乎没有人使用如此高度结构化的会谈,因为咨询评估针对的是个体而不是群体,不要求资料的一致性,而且高度结构化的会谈会丧失灵活性,妨碍对有价值资料的深入探讨。此外,结构式会谈使得咨询关系变成一种"公事公办"、"程式化"的互动,将不利于咨询关系的发展。

非结构式的或自由式的会谈,其特点是事先没有一个固定的框架,双方可以从任何一个话题开始讨论,可以用任何方式来表达,从而可以让当事人掌握主动,让他来选择他想谈的问题。这种方式可使当事人自然而然地说他要说的话,并且随时可以在咨询师认为有价值的主题上进行深入探索。这样一种方式使得双方都更为积极、投入,尤其是咨询师方面需要进行积极的分析、判断活动。如果说在结构式会谈中咨询师是在资料收集后进行分析综合来理解当事人的,那么在自由式会谈中,这种理解活动是伴随着资料收集同时进行的,因而它有明显的"尝试-错误"特点。但这种方式对经验不足的咨询师来说往往显得比较难以把握,容易使会谈流于散漫、无定向,并且可能漏掉一些重要的资料,而且它比较费时间。

其实,在有经验的咨询师那里,完全的"自由"会谈也是极少见的。咨询师对话题的选择,对某些问题的深入探讨仍然透露出某种结构。准确地说,咨询会谈大多数是一种小半结构大半自由的会谈。结构主要体现在评估内容的确定和评估重点的选择上。

虽然会谈在咨询评估中具有其他方法无法替代的长处,如操作便利,富有灵活性,能获取"活的"经验资料,有助于发展咨询关系,等等,但也有它的缺陷。一个主要缺陷是通过会谈获得的资料难以避免主观性,从而使得据此作出的评估不够客观准确。导致这一情况的原因主要是在会谈的互动过程中，双方在印象形成时容易发生类化、投射、选择性知觉、自我实现的预言等认知加工失误。因此，临床评估中有时需要使用一些客观的评定工具或标准化的心理测验，使会谈资料与测验结果互相对照、互相印证。

二、心理测验

由于缺乏心理测量学方面的专业知识，不少人对心理测验抱有不正确的看法。有的把它看成心理学家的秘密武器，有的以为测验百分之百可靠，更有人以为咨询就是测验，所以目前在我国学习心理咨询的人中间，存在不少滥用、误用测验的情况。因此，咨询师应该对心理测验的本质、作用及其局限有正确的认识。这样才能保证在咨询评估中正确地使用这种工具。

那么什么是心理测验呢？

世界上万事万物大都有个度量，如长短、大小、轻重等。人类发明了计量工具（如尺、天平）来测量这些属性。照这个道理，人的心理特性应该也可以测量。人类有这个想法不是一天两天了。孟子曾说："权，然后知轻重；度，然后知长短。物皆然，心为甚"（《孟子·梁惠王上》），表达的就是这个意思。但由于人的心理的内隐性、主观性和可变性，对人的心理属性进行测量一直存在方法上的困难。直到 20 世纪二三十年代，由于测量方法学方面的研究取得突破，心理测验才迅速发展起来。

从本质上说，心理测验实际上是在标准条件下用一组行为样本作为刺激，去激发被试的反应，然后根据反应去推论被试与该组行为对应的心理特性的情况。也就是说，心理测验是一种间接的测量。关于这一点我们可作下面的解释。测量学家在编制测验之前，有一个基本假设，即人身上的确有各种心理特性的存在，这些特性是看不见摸不着因而无法直接测量的。例如，我们假定存在着"智力"、"人格"这样一些心理特性，但这些特性本身是无法直接观测的。我们又假定，这些内隐的、无法直接观测的特性或直接或间接地影响着人的各种行为和活动——比如解决某个难题，因此我们有可能通过观测这些外显、可观察的行为和活动，来间接地了解内隐的特性的情况。例如，如果我们观测到某人在很短的时间内完成了一项较为困难的任务，我们就可以认为这个人的智力较好。因此，观测一个人的行为可以间接地推论这个人智力的高低。这样，我们就找到了一条间接地测量人的心理特性的途径。但这里又有一个问题。由于一项心理特性能够影响许多外显行为，按理，要推论某个人的某项心理特性，应该观测他与这项特性有关系的全部行为才比较有把所握。但一个人与这项特性有关的全部行为可能不计其数，要观测每一个行为是不可能的。因此我们只好求助于抽样法则。选出一部分行为作为"真实的全部行为"的样本来进行观测，并依据样本的观测值来推断所欲测量的心理特性的情况。

由于心理测量的这种间接性特点，就使得它在可靠性、真实性、准确性等方面远不如物理的测量。咨询和治疗工作者对这一点应该心中有数。心理测量工具不是咨询师的魔杖，而是咨询师的拐杖。

三、心理测验的使用、选择和解释

(一) 心理测验的使用

从以上对心理测验的本质、作用及其局限的介绍,结合心理咨询与治疗的伦理规范要求,这里对临床工作中心理测验的使用提出两个原则。

1. 必要性原则

在日常的临床工作中,当事人大量的个人信息可以通过会谈取得。如果咨询师具备较完备的临床知识和技能,从这些会谈信息中可以提取所需要的诊断性资料。而且,这些个别化的资料对于个案匣析而言,其价值远在标准化的心理测验之上。事实上,在临床实务中存在一个现象,咨询师资历愈深,经验愈丰富,使用心理测验愈少。因此,临床工作中使用心理测验的第一个原则,就是必要性原则:仅在确实需要使用测验的时间和场合,才使用心理测验。这些时间和场合包括但不限于:需要作出正式的诊断(如涉及司法要求),用于评估会谈的时间受限,评估的对象不是个体而是群体,咨询师认为需要标准化测验的结果以与会谈资料相互比照,等等。

2. 安全性原则

这里的安全性可以从两个角度考虑。一是测验本身及测验过程对于当事人的安全性。有些测验或测验过程会对被试产生一些副作用,例如人格测验的某些题目引起被试的道德焦虑,智力测验引起当事人的挫败感等。这些需要事先作出评估,必要时要采取一些预防措施。二是与实施测验人员的专业资质有关的安全性。鲁莽、野蛮地实施测验,必然对当事人造成损害。因此测验的施测者、解释者和结果使用者,都须具有合格的专业资质,对测验的性能、用途、测验的操作、结果的计分和分析、测验的解释有着充分的知识和技能。与此有关的一些知识在下面有进一步的介绍。

(二) 测量工具的选择

临床评估中要进行测量,咨询师首先需要选择适合的测量工具。选择测量工具实际上包括两个决定:第一个是要决定选择哪方面的测验或评定;第二是要决定在同类测量工具中选择哪一种。

对一个特定的当事人需作哪方面的测验或评定,如职业兴趣方面的、人格方面的,还是智力方面的?这取决于所咨询的问题以及咨询师对问题原因的初步判断。通常这个决定在对问题作过一定探索后不难作出。这里我们着重谈谈第二个决定,即在确定了要作某方面的评量后,选择同类测量中的哪一个作为测量工具。这涉及对一个测量工具的优劣程度的认识。

测量学家提出了一些标准用来衡量一个测量工具的优劣,几个主要的标准如下:

1. 效度

一个测验的效度是指该测验能否测出测验编制者所欲测量的特性。假如一个测验目的在于测量被试的内-外向性,但测验题中包含着像“在大多数情况下我在作决定时不跟别人商量”这样的题目(一般说这个题目主要涉及人的独立性),除非我们能证明独立性和内-外向性有很高的相关,否则这个题目是否有效就值得怀疑。测验的效度总是相对测验目的而言的,由于测验目的不同,就有了不同的效度要求。一般来说,效度分为内容效度、效标关联效度和结构效度三大类。在临床诊断中选择评估测验时,要着重注意的是内容效度。当然,对于职业选择、学业辅导中常用的能力、性向(aptitude)测验,预测效度也是重要的(关于各种效度含义的详细说明,请参看心理测量学方面的书籍)。

2. 信度

信度即一个测验的可靠性。这个可靠性是通过测验结果的一致程度来判断的。信度实际上包含两方面的含义。一是指一个测验在不同时间施测所得结果的一致性。这种信度也叫再测信度。我们用一把尺子间隔一段时间两次去量一棵树的高度,假如两次测量得到的值不一样,原因可能有两个:一是树长高了或变矮了;二是树的实际高度没变,而是尺子出现了伸缩变化。假如我们要下结论说是树长高了或变矮了,我们必须先对尺子有把握——它在两次测量中没有伸缩变化。同理,我们必须对我们使用的心理测验工具的跨时间稳定性有把握,才能可靠地推测两次测量的变化是由于被测特性的改变所致,两次测量的变化值就是特性改变的程度。如果测验本身的稳定性不可靠,那就像拿一把橡皮尺子去量那棵树。在编量表时,测验编制者通过对同一被试样本两次施测同一量表来确定一个测验的稳定性。与效度指标一样,测验编制者要在测验手册中说明本测验的信度系数。对于临床评估而言,我们自然要在同类测验中选择效度和信度高的测验使用。另一种信度是所谓同质性信度,是考量一个测验的内容一致性的。同质性信度高能够增加测验结果的稳定性。

3. 鉴别力

鉴别力又叫区分度,指的是一个测验能对不同个体在同一心理特性上的差异作出区分的精细程度。一把尺子可以以厘米为最小单位,也可以以毫米为最小区分单位。后者丈量物体的精确程度要比前者大一个级数。测验的鉴别力意义与此相同。测验的鉴别力取决于每个测验项目的区分度。通常这个指标是通过考察每个项目的分数与总分的相关来获得的。

4. 常模

跟物理量的测量一样,对于一项心理特性的强弱、高低程度的测量,也需要一个标准或尺子。但心理特性不像物理性质一样可以找到一个客观的、绝对的标准,如绝对零。心理测量学家发明了另外一种标准,叫做常模。通俗地说,常模是一个特定人群在一个心理特性上的分布。在心理测验中,我们总是把一个个体与他所属的人群进行比较,看他在这个群体中是比大多数人的得分高还是低,以此来判断他的某个心理特性的高低优劣。常模经常以百分位数和标准分数的形式给出。以标准分数常模为例,它是在已知所测的心理特性在总体中服从正态分布的前提下,计算出总体(一个人群)该心理特性分数的平均数和标准差,将这个比较标准提供给测验的使用者。我们在评估一个个体的测验分数时,拿这个人的分数与总体平均数比较,再结合标准差的情况,就能知道这个人的得分在他所属的人群中处在哪个分布点上。

既然我们是通过与一个总体的平均分数进行比较来了解一个当事人的心理特性情况,那么我们选择测验时首先就要查看一个测验的常模是否包括了这个当事人所属的群体。我们说的总体总是在一定年龄、地域内的总体,只有当我们的测查对象处于常模所代表的总体之内时,才能进行比较。假如一个测验是在辽宁省范围内取样编制的,它的总体就是辽宁省的人群。如果我们把一位湖北的被试的得分与这个常模进行比较,严格地说,比较结果是不可信的。同理,把一位初中生的结果与高中生的常模进行比较也是没有道理的。

5. 测验手册

在选择测验时,我们要仔细阅读它的测验手册或指南。测验手册除了要载明上述信度、效度、常模指标外,还应有关于这个测验的编制、性能、使用方法和注意事项的详尽说明。只有对这些有透彻的理解,才能作出较明智的选择,并对测验结果给予正确的解释。

(三)测验结果的解释

对测验结果进行解释是一个敏感而又重要的环节。曾经有一种意见主张不要向当事人解释测验的结果,因为对结果进行解释是一件既有技术难度(因为多数当事人对心理测验的性质不甚了解),又有一定风险的作业。但多数咨询师主张,有所解释比完全不加解释要好一些。来自咨询实践中的观察表明,多数当事人希望听到咨询师对自己的测验结果进行解释。如果完全不理会当事人这种愿望,不仅会对咨询关系造成损害,还有可能导致当事人对自己的问题的猜疑或担忧。咨询师在对测验结果进行解释的时候,主要应考虑两方面的问题:一方面是如何科学、正确地理解测验结果;一方面是如何合宜、艺术地说明这一结果,使解释过程有利于当事人的积极改变,至少不引起副作用。

从第一方面的考虑看,要作到科学、正确地理解测验结果,测验者需要对所施测的测验的性质、性能有透彻的理解,对信度、效度等指标以及这些指标在测验学上的意义心中有数。同时咨询师应该明确地认识到,心理测量结果的可靠性远不如物理测量,因为心理测量受测验材料、施测过程、主试被试身上与测验无关的个人因素的影响要比物理测量大得多。因此,测验误差是在所难免的。咨询师要综合上述各方面的情况,对测验结果作出一个可信程度的大体估计,以决定你对这个测验结果能信任到什么程度。

引起测验误差的原因可能来自三个方面。首先是测验本身引起的误差,这种误差由测验手册上载明的信度、效度可以估计出来。其次是施测过程引起的误差。临床上使用的测验大多是标准化测验,但即使施测是按标准化程序要求操作的,施测过程中仍会有意外因素可能引起误差,因为标准化的要求不可能对一切情况都考虑到并予以明确规定。譬如环境因素如温度、光线、噪声或意外的打扰,都有可能影响被试的心境、态度,进而干扰被试的真实反应。最后是被试方面的原因。这方面的因素最难控制。例如被试对测验的动机、态度,被试的学习和经验,对测验是否感到紧张焦虑,以及生理因素等都有可能影响测验结果。假如一个孩子在家里已做过大量模拟智力测验的题目(现在市面上、互联网上有不少科普读物载有这类题目),他就可能对测验材料、反应技巧有较好的准备。而另一个没做过这类题目的孩子在这方面就不如前一个孩子。假如前一儿童比后一儿童得分高,我们很难估计前一儿童否真的智商较高。

在对一个测验结果的可靠性作出大体估计的基础上,我们应考虑如何合宜、艺术地向当事人解释、说明测验结果。咨询师应该把实施测验、解释测验当做咨询活动的有机部分来对待,对测验的解释应该以促进当事人的成长、促进咨询关系的发展为目标,至少不能造成对这些目标的妨碍。

都德曼(Doldman,1961)曾区分出四种解释方向。

(1) 描述性的:主要是客观地、描述性地提供测验信息。

(2) 发生学的:侧重在解释当事人“为什么”会有这样的行为或经验。

(3) 预测性的:重在根据目前得分来推测当事人将来会怎样。

(4) 评估性的:不是指评估现状是好还是不好,而指对当事人某方面的性向、能力作出估价,以便能给当事人一些忠告和建议。例如对能力倾向、职业兴趣这种类型的测验往往要作这一方向的解释。

在咨询中对某一特定当事人到底采取哪一种解释方向,要依测验的性质、所咨询的问题以及当事人的个人特点而定,有时可能需要作两种以上方向的解释。不少咨询师认为,纯客观的描述性解释要慎用、少用。如果我们向一个儿童的家长解释说,他孩子在韦氏儿童智力测验上智商为130,这意味着他的孩子与同龄儿童比较起来,其智力高于98%的孩子。这是个客观正确的解释,但这个解释对家长教育孩子的态度会产生什么样的影响呢?会不会导致家长以一种放纵、优越的态度教养孩子呢?相反,如果我们对一位儿童的家长说,他孩子智商为85,这意味着他孩子的智力在84%的孩子之下,会不会导致家长以一种不抱希望的态度来对待孩子呢?会不会由此产生负向的期望效应呢?在预计到存在负性影响的可能性而又无法判明对方会怎样对待结果的情况下,我们宁愿相信负性影响一定会发生,并转用较为积极的解释方式。就上述第二例,我们可以这样对家长说,“您的孩子从测验结果看智力接近中等程度的孩子,只要家长和老师在学习上加强辅导,增强他的自信心和刻苦精神,您的孩子能够正常学习并完成学业”,这就比前一种解释好得多。

为了使我们的解释既作到科学、正确,又有利于咨询目标的实现,一些咨询师提出了进行解释时应遵循的若干原则(Blocher,1987;Byrn,1968)。笔者觉得以下几点值得注意。

(1) 重在告诉当事人对测验结果的解释,不简单地报告测验分数。美国心理学会《心理学家的伦理标准》中明确地作了这样的要求。这样要求的目的在于防止被试或与被试有关的人误解或误用测验结果。假如你通知一位当事人,他的智力测验结果是智商为110,如果不再作任何解释,对智力测验一无所知的当事人会莫名其妙。

(2) 结合其他资料来源考虑和解释测验结果。不应孤立地、单一地根据测验分数来解释当事人的情况,而应结合其他途径(如会谈、家访、个人传记资料)获得的有效信息来理解当事人,然后对结果进行解释。诸如文化背景、教育背景、健康状况、言语能力、动机、施测过程等都是决定测验结果有何意义的重要参考变量,考虑测验分数时应该重视这些变量的情况。

(3) 以积极的、发展的眼光看待消极的测验结果。这不是主张回避消极结果,把不好说成好,而是在承认心理品质可塑、可改善的前提下,通过解释激发当事人身上成长、成熟的力量和资源,维持和增进当事人的自信心,以利于当事人的成长。既真实地报告测验结果,又不引起负面后效,是能够统一起来的。

(4) 解释应该是尝试性的,要留有余地。鉴于心理测验的信度总不如物理测量,对心理测验的结果应该永远持一种不绝对肯定的态度。在解释时不能传递一种万无一失、一定如此的信息给对方。尤其是根据测验结果作出引申性的推论或预测时要特别小心。例如,不要用“根据测验结果看,你很可能……”这样的说法,而说“就多数得这个分数的人的情况看,他们可能……”。

(5) 用当事人能够理解的表述,通俗浅显地进行解释,避免满口专业名词。

(6) 弄清做此测验的目的,确保测验结果不被第三方用做损害当事人利益的依据。如果测验是为了临床诊断,为了帮助当事人,这个问题不突出。但有些测验是学校、雇用机构为了选拔、鉴定等目的要求做的,这时测验者有义务权衡真实报告测验结果是否会导致对当事人的不公正,如果是,应该拒绝做此测验,更不要说报告结果了。

思考·讨论·活动

1. 个案厘析对于实际咨询与治疗的价值何在?请以此为讨论题在小组中阐述您的观点。

2. 请教师提供一个真实的个案资料(资料要比较丰富全面),全班同学分成三组,分别从心理动力学理论、以人为中心理论和认知行为理论的视角,对此个案进行研究,写出个案厘析报告。报告的体例不要求统一,各小组可根据该理论的某个个案厘析框架来写,也可根据小组自定的结构来写。但报告都须包含或涉及以下内容:个案一般资料,个案的困扰或问题,个案的人格特点(或者任何类似的概念,如行为模式,习惯等),个案的人格特点与问题的发展上的原因,个案问题与当前环境的联系,以上各部分之间可能存在的联系,以及对于咨询和治疗的建议。

请在课堂上报告各小组的报告,然后进行全班讨论,讨论的焦点是三个报告对个案及其问题所提供的理解和解释的比较。不同立场的同学可以展开辩论。最后,请大家把注意焦点放到各个理论视角对于此个案比较一致的认识上,把这些共识以要点形式列举出来。

3. 邀请一位心理咨询师或治疗师来课堂,报告他的一个个案,重点是他在咨询过程中对此个案的厘析过程,包括咨询师所依据的心理治疗理论,收集资料、形成假设、资料和假设互证、修正假设的过程,等等。报告结束后,同学可就各人关心的问题向报告人求教。

4. 请尽可能多地列举在个别咨询中使用心理测验的好处和局限。

第九章

专业伦理问题

心理咨询与治疗是与人打交道的实践活动，且具有私密性的特点。因此在心理咨询与治疗中不可避免地要涉及伦理问题。能以合伦理的方式处理与当事人的关系，就成为心理咨询与治疗工作者的一个特别的标志。心理咨询和心理治疗工作者对本专业的伦理准则和伦理问题的关心，要超出其他行业的从业者。一套明确的准则(或标准)可以规范本专业人员的职业行为，从而借以维护本专业在公众中的信誉，也让本专业的从业人员具有安全感。心理咨询和心理治疗发展较早的国家，大多制订了心理咨询人员的伦理规范。例如在美国，美国心理学会(APA,1995)、美国咨询协会(ACA,1995)、美国婚姻家庭治疗协会(AAMFT, 1991) 等专业组织均制订了心理咨询与治疗的伦理标准。对咨询师违反伦理规范的行为，轻者提出警告，重者取消会员资格、吊销执照(Corey, Corey, and Callanan,1998)，更为严重者可导致法律诉讼。我国心理咨询与心理治疗工作起步较晚，但在20世纪90年代初就已经开始对本领域的伦理、道德行为进行规范(中国心理学会,1992;中国心理学会与中国心理卫生协会,1993,1999)。2007年，中国心理学会颁布了《中国心理学会临床与咨询心理学工作伦理守则》(中国心理学会临床与咨询心理学专业机构与专业人员伦理守则制定工作组, 2007)(见本书附录)①。这是中国心理学会下属临床与咨询心理学专业委员会经过数年准备，最后出台的一个规范，也是到目前为止中国大陆专业机构推出的一个最为完备的规范。

毫无疑问，咨询员应该熟悉、遵守本专业的伦理规范。不过专业伦理准则只是为从业者提供一个普遍意义上的指导标准，并未给具体咨询情境下的伦理问题提供明确的答案。这就要求心理咨询与治疗者具有高度的伦理敏感性和良好的专业判断力。

心理咨询与心理治疗涉及的伦理问题有诸多方面，本章就与咨询实践有密切关系的当事人的利益和权利、咨询师-当事人关系、保密问题，以及从业者在咨询实践中经常碰到的其他伦理问题进行讨论。

---

① 读者也可上中国心理学会官方网站查阅。

第一节 当事人的利益和权利

如果咨询师希望自己的行为符合伦理,就必须慎重对待当事人的权益。在咨询与治疗过程中,咨询师对待当事人应该作到热情、真诚。不论当事人的民族、种族、信仰、出身、性别、年龄、社会经济地位以及性取向(sex orientation)如何,都应该平等对待。关于当事人的权益,本节主要探讨当事人利益优先原则和知情同意两个问题。

一、当事人利益优先原则

咨询师要记住一点,遵守专业伦理准则的根本目的是更好地维护当事人的利益。专业伦理准则中只涉及咨询师的行为是否合乎道德,而对自己的伦理标准有较高要求的从业者应该时常问自己"我的行为是不是能使当事人的利益最大化?"(Corey, Corey, & Callanan,1998)。对当事人负责、尊重和维护当事人的最大利益是心理咨询和治疗工作者行为的一个重要原则,这就是当事人利益优先原则。

根据这个原则,在咨询实践中遇到利益冲突时,咨询师应该把当事人的利益放在优先地位。例如,遇到法律与伦理准则发生冲突的情况,咨询师在做决定时,首先要考虑怎样做才对当事人最有利。即在不违反法律的前提下,让自己的行为尽量符合伦理标准(Corey, Corey, & Callanan,1998)。

根据当事人利益优先原则,咨询师还应该把自己的利益置于当事人的利益之后。例如,咨询师在安排会谈时间时,应首先考虑当事人的便利;咨询师应对那些无力支付服务费用的当事人给予同样热情、认真的咨询服务。

在心理咨询与治疗中有时会碰上第三方出面请求咨询师对某当事人提供服务的情况,比如学校、工作单位、家人或亲友出面请求对某个当事人给予咨询或治疗。这个第三方与当事人之间存在某种监护或从属关系。由于这种关系,第三方往往觉得有权知道当事人的种种情况,甚至要求作出某种不利于当事人的鉴定。在这种情况下,咨询师首先要弄清第三方与当事人的关系,并以优先保护当事人的权益为原则处理相关问题。当咨询师判断这种委托关系对当事人可能造成潜在损害时,应拒绝给予咨询。

在学校或雇用单位工作的心理咨询与心理治疗人员,有时会面临一种两难情境。譬如,学校或雇用单位把咨询师及其工作视为管理的辅助工具,而要求提供学生或雇员的心理信息,甚至要求咨询师作出有损当事人利益的鉴定。此时,咨询师的伦理准则要求他优先考虑当事人的利益,如果无法通过说明、解释取得谅解,咨询师宁愿接受自己的利益受损害的结果。

心理咨询与心理治疗的目的是促进当事人的改变。在咨询过程中,咨询师的所言所行要有利于培养当事人的自主性,促进当事人的自我探索与成长。若咨询师的行为是有意无意地鼓励当事人的依赖性来满足自己的需要,是有悖于当事人利益优先原则的。另外,当初始会谈阶段制订的咨询或治疗目标已经达到,或当事人不能再从咨询或治疗中获益时,就应该终止咨询关系。若咨询师为了经济上或其他方面的利益,迟迟不结束咨询关系,也是不道德和不符合伦理的(Corey, Corey, & Callanan, 1998; Brown, Pryzwansky, & Schulte, 1995)。

二、知情同意

要建立起有效的咨询关系,必须在咨询开始时向当事人告知他们的权利和选择。知情同意(informed consent)是指在与当事人确立咨询关系之前,咨询师有责任向当事人说明自己的专业资格、理论取向、工作经验、咨询或治疗过程、治疗的潜在风险、目标及技术的运用以及保密原则与咨询收费等,以利于当事人自由决定是否接受咨询或治疗(Cormier & Cormier, 1998; Corey, Corey, & Callanan, 1998)。

柯里等人认为,在发展咨询关系的过程中,保护当事人利益首先就是要做到知情同意(Corey, Corey, & Callanan,1998)。一些人认为最好让当事人签下书面同意书。同意书应包括以下信息:签字同意的日期,咨询师与当事人的姓名,当事人对咨询师所解释的内容已经理解的声明,咨询或治疗的可能效果与风险,治疗技术的选择,保密问题及当事人和咨询师签名等。对儿童及丧失判断能力的当事人,应由当事人的家人或法定监护人签名。当事人有接受或者拒绝咨询的权利,咨询师不得用强制、利诱,或歧视、拒绝等手段来影响当事人的选择[中国(台湾)辅导学会,1988]。在接下来的咨询或治疗过程中,咨询师还要用适当方式让当事人明白诊断的含义,测验的目的,治疗记录的存放等(Corey, Corey, & Callanan,1998)。咨询师在对当事人解释时不应过多使用专业术语,更不能含糊其辞或故弄玄虚。

当事人有权了解咨询师的资质。在当事人询问咨询师的资格问题时,咨询师不应感到厌烦,而应该诚实、坦率地向当事人介绍自己在心理咨询与治疗领域所接受的教育或训练,获得的文凭(credentials),以及从业资格认证(certifications)等,有时还包括咨询师的从业经验,是否在接受督导等当事人关心的问题。咨询师伪造证件,夸大学历,或出示与心理咨询和治疗无关的证书来表现自己是不合伦理的。不管咨询师自己感到多么没有经验和资历,也不能靠谎言和欺骗来弥补(Corsini & Wedding, 1994; Sommers-Flanagan & Sommers-Flanagan, 1999)。但对当事人提出的与咨询或治疗无关,涉及咨询师私人信息的问题,咨询师可以拒绝回答。

咨询师有时要自问,自己是不是咨询或治疗某位当事人的适当人选,或者自问所采取的咨询或治疗方法是否恰当。治疗师在与当事人正式建立咨询关系之前,有伦理上的义务知会当事人,他有权寻求其他咨询师或医疗人员的服务,并且咨询师愿意提供必要的协助。咨询师在确定当事人的治疗方案时,应该与当事人作必要的沟通,听取当事人的意见。例如,对患一般抑郁症的当事人,常常只通过心理治疗来处理。但对于有比较严重的抑郁症状的当事人而言,抗抑郁症药物也是可以选择的治疗方案。此时咨询师有义务提醒当事人这种选择。总之,当事人应该被告知其他可以得到,而且有效的治疗方法和胜任的咨询师(Corsini & Wedding, 2000),以便当事人去选择。

咨询师在记录会谈内容时,应该向当事人解释,记录的目的是确保咨询师能准确地记住所有的事。咨询师同时应该知会当事人,他们有权在需要时复印个案记录。为了不引起当事人的误解和对当事人不必要的伤害,个案记录一定要客观,且只记录咨询或治疗过程中所讨论到的问题和发生的事情(Sommers-Flanagan & Sommers-Flanagan, 1999)①。记录一旦存在,当事人有权知道个案记录是否得到妥善保管,至少被锁在柜子里,不会被来往人员翻阅。接受未成年人为当事人,应先征得其父母或监护人的同意,以示对合法监护权之尊重。一般来说,对未成年当事人,其父母或法定监护人有权从咨询师那里了解关于当事人治疗进展的信息,但不能接触个案记录。

如果咨询师选择使用录音或录像设备来记录咨询会谈过程,或使用单向玻璃让其他咨询师或学员观摩、学习,一定要向当事人解释其目的是为了教学,或是为了确保当事人得到更好的帮助。在打开记录仪器之前,必须征得当事人的同意。通常要有当事人的书面许可。否则,在当事人不知情的情况下,记录咨询过程是对当事人隐私的严重侵犯,是极其不符合伦理的行为(Corsini & Wedding, 2000)。另外,还要向当事人解释音像记录的可能用途、存放方式及最终销毁等一系列当事人关心的问题(Corey, Corey, & Callaman, 1998)。

第二节 咨询师与当事人关系

第四章已经谈到,咨询师-当事人关系是一种独特的人际帮助关系。通过这种关系,使当事人产生改变和成长。作为这种关系的主导者,咨询师应该明确专业关系的界限(boundary),自觉维护咨询关系的纯洁性,避免与当事人发生双重关系。

双重和多重关系(dual and multiple relationships)是指咨询师与当事人之间既是咨询关系,同时或相继又存在着另一种(或几种)关系,诸如上下级、师生、性伙伴关系或生意关系等。在心理咨询与治疗实践中,如何处理双重和多重关系被认为是最复杂的咨询伦理问题。在美国,双重关系问题是当事人对咨询师投诉的最常见原因(Brown & Lent, 2000)。双重关系之所以复杂是因为:(1) 有些双重关系是不可避免的,例如许多咨询专业中的师徒关系。(2) 同样是双重关系,但双重关系的类型不同,对当事人的影响却不尽相同。例如,有研究表明,作为双重关系的两种关系中,另一种关系是师徒关系往往带来的是积极结果(Herlihy & Corey, 1997) 。(3) 双重关系不仅可能对当事人造成伤害,还会引起公众对咨询行业的质疑。(4) 伦理准则对某些类型的双重关系态度不明确(Brown & Lent,2000)。

双重关系虽然并不总是,但的确常常是有害的。对此,有一个根据社会角色理论所作的解释。它认为损害首先是由于角色冲突。每一种社会角色都规定着相应的角色期待和角色义务。当咨询师与当事人之间同时存在双重或多重关系时,当事人对咨询师的角色期待可能发生混乱,对两人关系的定位出现不清晰的地方。这会让当事人感到迷惘,因为

---

① 除了这种正式记录之外,咨询师还可以有一种私人笔记式的记录。这个记录的内容和形式可以比较个人化,比如记录咨询师的一些不确定的分析、假设,一些专业上的感悟,特别的细节等。这个笔记属于咨询师个人。当事人和咨询师工作机构无权对此笔记提出要求。但咨询师仍然要按保密原则妥善保管,并承担与保密有关的法律和伦理责任。

此时他既不清楚自己应扮演什么角色,也不清楚应该期望咨询师做什么。其次,多重角色的任务有时是互不相容的,这就会混淆问题,失去客观性。例如,咨询师向当事人兜售物品时,作为咨询师的责任是要关心当事人的利益;而作为销售员,则要从客户那里牟利。显然,二者是相互对立的。最后,在通常情况下,咨询师与当事人的权力是不对等的,当事人往往处于劣势地位。这就有可能出现咨询师利用或剥削当事人的情形(Brown & Lent, 2000)。以上三种情形,以最后一种最为严重,也是众多伦理守则关注的焦点。

基于以上原因,咨询伦理准则要求咨询师在咨询过程中,与当事人保持适当的界线。这不仅给咨访双方一种安全感,同时也使咨询过程变得可以预测(Palmer & McMahon, 1997)。这是一个总的要求和原则。在这个原则指导下来处理各种与双重关系有关的问题。

根据这个原则,咨询师不应该接受与自己已经存在某种关系的人作为当事人。如果已经卷入咨询关系,要作出转介的处理,以使两种关系不会同时存在或相继存在(Cormier & Cormier,1998)。一个常见的事例是作为大学教师的咨询师,其课堂上的一位同学在听课之后,请求该咨询师为自己提供专业帮助。如果该咨询师接受这个委托,就在师生关系之外又发生一重咨询关系。另一常见的情况是咨询师的亲戚、朋友和熟人请求咨询师为自己作心理治疗。对这两种常见情况,符合伦理的做法都是避免结成咨询关系。不过,两种情况下伦理要求的严格程度有所区别,如前所述,师生关系与咨询关系的重合风险相对较低,因而在没有更好选择的情况下,接受这个委托也是可以的。

但是,有时候要避免双重关系同样面对伦理两难困境:接受委托是双重关系,不接受委托是见死不救。尤其在现阶段,我国咨询师人数很少,服务机构覆盖的地方很少。许多需要帮助的人,尤其是一些突发心理危机的场合,没有可资求助的机构和咨询师。咨询师会发现,面前这位已经与自己存在某种个人关系的求助者,没有可能建议他去别处治疗。与双重关系所冒风险相比,不予施救所冒道德风险更大。此时咨询伦理准则甚至要求咨询师冒着双重关系的风险接受当事人。在这种双重关系不可避免的情况下,咨询师一方面要保持清醒的意识。另一方面,应就这一问题与当事人进行坦诚的商讨。应该告诉当事人,双重关系可能对治疗效果产生负面影响,甚至可能对当事人本人造成伤害。在治疗过程中,咨询师要经常检视自己的行为,看是否超越了专业的界线。如果咨询师在开始会谈阶段就能够明确地预见到已有关系可能造成伤害时,则绝不能同意提供咨询服务(Brown & Lent,2000)。

性关系可以看成一种特殊的双重关系,由于这个问题的严重性,咨询伦理守则中经常是单独就此作出规定。在任何情况下,咨询师与当事人之间发生性关系都是不符合伦理的,有时甚至会导致法律诉讼。美国心理学会和美国咨询协会的伦理准则均明文规定:禁止咨询师接纳从前有过性关系的求助者为当事人;禁止咨询师与正在接受其咨询或治疗的当事人发生性关系(APA,1995;ACA,1995)。美国心理学会还规定,在结束咨询关系后的两年之内,咨询师不得与前当事人发生性关系。研究表明(Palmer & McMahon,1997),在绝大多数情况下,咨询师与当事人发生性关系会对当事人产生近期或/和远期的损害。这种关系会使当事人感到矛盾、内疚、抑郁等,增加当事人的自杀危险性,有的当事人还会出现创伤后应激障碍。

大多数性关系发生在年龄较长的男性咨询师与年轻的女性当事人之间。除性别和年龄因素外,咨询师过多的自我表露是与当事人发生性关系的先兆。尽管咨询师有的时候作适当的自我表露是真诚的表现,对当事人有示范作用,有利于当事人的内心袒露。但如果咨询师有过多的自我表露,则容易破坏专业关系的界限,并且常常成为咨询师与当事人发生性关系的前奏(Palmer & McMahon,1997)。另外,咨询师跟异性当事人发生身体接触,也是一件敏感的事。咨询师需要根据文化和习俗规范,非常谨慎地处理。

除了与当事人发生性关系被普遍认为不符合道德外,以下几种情形也常常被公认为是违背专业伦理的:向当事人兜售物品,给雇员作咨询,邀请当事人参加私人聚会等(Brown & Lent,2000)。

第三节 保密

心理咨询和心理治疗中当事人要袒露大量的个人信息,并通过诊断和测量产生许多有关当事人的新信息。自然地,当事人会非常关心心理咨询和治疗者会怎样对待和使用这些信息。因此,对当事人的有关资料保密,不仅是咨询师和治疗者的伦理原则,也牵涉到当事人对咨询师和治疗者的信任,进而影响咨询和治疗的效果。例如,咨询师在非专业场所谈论个案,泄露当事人的信息,不仅会失去当事人的信任,也对咨询关系造成严重并且常常是不可挽救的损害(Cormier & Cormier,1998)。然而对当事人的资料保密不是绝对的。在某些情况下,或是为了心理咨询和治疗的学科发展,或是为了当事人的最大利益,或是为了他人或公众的利益,或是得到了当事人的书面许可,允许咨询师公开当事人的信息。所以咨询师在遵守保密原则的总前提下,对一些特殊情况应根据法律和伦理准则认可的方式处理。

如果保密原则要被打破,最好知会当事人采取这一行动的用意,在行动之前,尽量征得当事人同意。理想的情形是邀请当事人参与决策过程,这有利于维持咨询关系(Corey, Corey, & Callanan,1998)。并且,透露信息时,应在达到所期望目标的前提下,以透露的信息量最少为原则。

咨询师向第三方公开当事人信息的一种情况,是在进行本专业的科学研究、教学中使用(包括演讲和著述)当事人的资料。在这样做时,必须确认交流是在纯专业情景下进行,并且“应适当隐去那些可能会据以辨认出服务对象的有关信息”(《中国心理学会临床与咨询心理学工作伦理守则》,第 2 章第 6 条)。通行的做法是隐去当事人的真实姓名、住址和具体隶属机构。

公开当事人资料的第二种情况,是为了当事人的利益,需要与其他咨询师或专家会商(consultation),或接受督导,有时也包括与当事人的父母或配偶交换意见,其中涉及透露当事人的有关信息。例如,与另一位同行讨论诊断和治疗问题,目的是吸收同行的智慧更好地帮助当事人。又如向教师提出个别辅导的建议,或要求父母或配偶采取一些配合治疗的措施。在这样做时,咨询师的行动原则是,先确认这样做是为了当事人的最大利益。然后向当事人说明这样做的理由,以及将怎样与第三方交流,并得到当事人的同意和信任。

公开当事人资料的第三种情况，是咨询师在咨询过程中意识到当事人本人的生命安全受到威胁。例如当事人说他打算自杀。咨询师要特别留意以下危险信号：当事人在咨询会谈时严肃地谈到自杀；过去曾有过自杀尝试；当事人有严重的抑郁症状（大多数自杀者的共同特征），表现出无助、无望的情感；有严重的焦虑症状或伴有惊恐发作；有自杀的实施计划（自杀计划越具体，情况越严重）；有酗酒或吸毒史；当事人突然取消业务安排或更改遗嘱；有精神病治疗史；社会支持系统解体等。当咨询师意识到当事人确有自杀意图时，首先应尽一切努力阻止当事人采取自杀行动。当自杀风险非常高，又没有十足的把握肯定他不会自杀时，咨询师应该迅速通知其家人、监护人，或有关机构，同时做好个案记录。

公开当事人信息的第四种情况，是当事人有明确意图要伤害他人，或危害社会安全。此时，咨询师必须打破保密原则，以保护有关人员或社会公众的利益。但是，咨询师不是超人，如何识别有潜在危险的当事人并不容易。以下是一些可供参考的线索：年轻男性，失业，嗜酒或吸毒，过去有暴力记录，冲动、偏执，以及曾表明有伤人或杀人的欲望，等等（Corsini & Wedding, 2000；Corey, Corey, & Callanan, 1998）。咨询师首先应该积极治疗被推断有潜在危险性的当事人。同时，向专家咨询，并做好个案记录。若情况紧急，咨询师应该立即向有关当局报告，如果可能的话，还应向潜在的受害人预警。此时，咨询师不必一定先将自己的打算告诉当事人。咨询师决定报告时有几个前提条件：第一，与当事人的咨询关系真实存在；第二，对危险性有合理预测；第三，潜在的受害人能够被认定（Corey, Corey, & Callanan, 1998）。

公开当事人信息的第五种情况，是儿童当事人在接受咨询或治疗过程中透露遭到虐待、遗弃，或成年当事人自己袒露有虐待、遗弃子女的行为。根据《中华人民共和国未成年人权益保护法》（2006）第二章第十条："父母或者其他监护人应当创造良好、和睦的家庭环境，依法履行对未成年人的监护职责和抚养义务。禁止对未成年人实施家庭暴力，禁止虐待、遗弃未成年人，禁止溺婴和其他残害婴儿的行为，不得歧视女性未成年人或者有残疾的未成年人。"如果咨询师合理判断儿童遭虐待、遗弃的情况确实存在，有责任向有关当局报告。不过，在我国绝大多数老百姓心目中，通常把子女看成私有财产。咨询师在采取报告行动前，最好与同行磋商，必要时请教法律专家。

在当事人患有致死性、传染性疾病（如艾滋病），且极有可能传染第三方时，咨询师是否应该打破保密原则，向第三方提出警示，对我国咨询人员来说还是一个新的伦理课题。近年来，我国感染艾滋病的人数逐年上升，咨询师在工作中很有可能接触到艾滋病阳性的当事人。若这类当事人在咨询或治疗过程中透露，他有频繁的性活动，却未采取任何保护其性伙伴免受传染的措施，且不打算在近期将病情告诉其性伙伴。此时，咨询师应该借鉴国外同行的做法，鼓励、劝导当事人主动向其性伙伴袒露真相，至少采取适当的预防措施。若当事人不听劝告，咨询师应本着尊重当事人权益和对社会负责的精神，以合乎伦理的方式处置之。

第四节 其他伦理问题

由于心理咨询与治疗工作的特殊性，除前面已经谈到的当事人的利益和权力，咨询师与当事人关系及保密问题外，还有诸如咨询师的专业能力、转介、心理测验的应用等与专业道德密切相关的问题。以下就对这几个问题逐一探讨。

一、专业能力

在心理咨询与治疗领域，从业者在执业之前接受系统的教育或训练，具备相应的专业知识、技能并获得从业资格，是道德执业的基础。2002 年，我国劳动与社会保障部制定并颁布试行《心理咨询师国家职业标准》。该标准对心理咨询职业的活动范围、工作内容、技能要求和知识水平作了明确规定（中华人民共和国劳动和社会保障部，2002）①。中国心理学会的《中国心理学会临床与咨询心理学专业机构和专业人员注册标准》中（中国心理学会，2007），有一个《心理师注册标准》。这个标准较前一标准在科学性、合理性和实用性各方面都有显著提升。

咨询师接受系统的训练并取得执业资格，并不能保证所有与专业能力有关的问题不再发生。在公众心目中，心理咨询这个专业的服务范围总是有些模糊的。对于一位当事人来说，他并不十分了解他的咨询师的专业局限。由于这两种原因，咨询实践中很容易碰上求助者的要求超过了咨询的职能范围或者咨询师专业能力的情况。这就要求心理咨询师和心理治疗者对本专业的职能范围有清楚的界定，对自己的能力局限有清醒的自我认识。在实践中，心理咨询和治疗者要遵循两个原则：第一，如实地向当事人介绍本专业的职能范围；第二，不在超出自己能力范围的领域工作。当当事人的困难属于心理咨询和治疗的帮助范围，但咨询师本人不具备解决这一困难的经验和技能时，妥善的做法是将当事人转介给另一位有此能力的咨询师，而不应根据自己的一知半解勉强治疗。咨询师要切记一条警告：错误的治疗不如不治疗。

心理咨询与心理治疗工作者应该始终抱一种开放的态度，在实践中不断地学习，通过接受继续教育和阅读，使自己的知识、技能跟上本学科的发展，作到与时俱进。咨询师在这种继续教育和实践中，有时会面临一种特别的情况，他需要在一个治疗个案上尝试一种新的治疗技术或方法。这个技术或方法可能是咨询师独创的，也可能是从同行的交流中学得的。此时咨询师应该遵循的职业指引是：(1) 取得当事人的知情同意；(2) 最好有一位对此方法有合格训练的同行作为督导。

二、转介

为当事人提供转介是咨询师的常规工作。在许多情况下需要为当事人提供转介。当

① 不过，这个标准颁布后，受到专业人士的批评。批评意见主要认为该标准对人员资格、专业训练要求过低，职业活动规范缺乏或粗陋，等等。

咨询师的道德、宗教或政治信仰与当事人目前的问题纠缠在一起,咨询师感觉自己无法保持客观性;当当事人的困难变得已经超出咨询师的专业能力范围,或咨询师的能力已经达到极限;当咨询师对当事人的价值观极度不满;当咨询师不能保持客观,或者咨询师非常担心会把自己的价值观强加于当事人(Corey, Corey, & Callanan,1998);当咨询师由于身体、心理原因或受到情绪困扰,不能为当事人提供有益的服务;当咨询师跟当事人之间有很强的性吸引,以至于影响到正常的咨询过程;当当事人自己提出转诊,而咨询师看不出这种要求有任何病理学意义……在所有这些时候,应该认真考虑转介的必要性。

然而,负责任的转介不仅仅是告诉当事人另一位咨询师的名字,而应当让当事人能够选择那些有能力且有资格处理其问题的咨询师。在与新的咨询师讨论案例前,咨询师必须得到当事人的书面许可。

当转介由咨询师提出时,要耐心地做好当事人的工作,不要给他增添心理负担。须知咨询师提出转介对于当事人来说是一个重大的事情。当事人的直接的反应往往是,“我做错什么了”,或者“天哪,我的问题竟然这么严重”。咨询师需要真实、谨慎地向当事人解释需要转介的理由。事实上,多数需要转介的原因是在咨询师这方面,而不是当事人的问题,例如上述列举的多数理由。因此在作这种解释时,要向当事人讲明白,转介的主要原因是咨询师或本咨询机构所能够提供的服务不能够满足当事人的需要。

三、心理测验工具的应用

不同理论学派对在日常咨询和治疗中使用心理测验和定量评定工具有不同的态度。其中的争论有一部分是出于科学和专业效能方面的考虑,即使用测验是否对治疗过程和效果有帮助。但使用测验还在伦理方面存在需要考虑的问题。在我国近年的咨询实践中,心理测验的使用、管理存在不少问题,滥用、误用的情况相当突出,如违背当事人意愿使用测验,测验后不提供反馈,测验目的不明确或者施测者不合格,等等。

心理咨询师始终要对在什么情况下使用心理测验以及测验的目的是什么保持敏感。在给当事人做某种心理测验前,首先应该回答以下几个问题:(1)你对该测验了解多少?(2)你为什么要使用该测验?(3)你能否对测验结果作正确的解释?(4)当事人是否愿意参加测验?(5)你如何将测验结果与咨询过程结合起来,而不只是给当事人一个测验分数?或者说,是否能用当事人能理解的语言告诉当事人测验结果对他们意味着什么?(6)你能否对测验结果保密?(7)你是否对测验结果持一种专业的、有判断力的态度(考虑到测验的信度、效度、常模及时效方面的局限性)?在解释和运用测验结果时,一定要把测验分数与当事人的实际情况结合起来。还要考虑到民族、文化、语言以及社会经济地位等因素可能对测验分数的影响(Corey, Corey, & Callanan,1998)。最后,咨询师还要牢记一点,使用测验的根本目的是为当事人服务,即为咨询师或/和当事人作更为合理的决策提供参考信息,绝对不能让测验结果损害当事人。

四、时间界线和咨询师仪表

临床心理咨询与治疗实践中,时间是一个很重要的事项。如果当事人是付费的,可以认为咨询师出售的商品是时间,所以必须尊重时间的界线(Sommers-Flanagan & Sommers-

Flanagan,1999)。咨询会谈中,关于时间的指导原则是,尽可能准时开始,按时结束。

一般来说,一次咨询会谈大约50分钟,要获得比较详细的有关当事人的信息,初次会谈的时间可以长一些。另外,一些紧急情况要求咨询师对时间灵活掌握,不受时间界线的限制,如防止当事人自杀的危机干预。

如果咨询师迟到了,或中途有急事不得不使咨询中断几分钟。咨询师首先应该向当事人道歉,并简要解释迟到或中断的原因。并且用延长会谈或是其他办法来补偿当事人被耽误的时间,以表达咨询师对当事人的尊重。

咨询师的外表与穿着也是一个需要顾及的方面。一个人的外表、穿着对第一印象尤为重要,因为第一印象很难用理性来解释,但通常会引起喜欢或不喜欢的直接情绪反应。而作为咨询师的目标是让自己的外表给当事人留下好的第一印象,以助于形成默契、信任的咨询关系。

新手咨询师往往难以决定咨询会谈时的着装。有的人干脆忽略这一点,另一些人则穿着得过于考究,显得拘谨。人们都有这样的经验,一个人的穿着打扮会影响周围的人对他的反应。所以咨询师必须意识到自己的外貌和着装会影响当事人。咨询师穿着得体表现了对当事人的尊重。男咨询师扎马尾辫,女咨询师穿迷你裙都是不合适的。穿着挑逗性的服饰则是不道德的。在咨询师不能确定自己的外表、穿着会有什么样的影响之前,最好穿得保守一点。

思考·讨论·活动

1. 通读本书附录所载《中国心理学会临床与咨询心理学工作伦理守则》。

2. 访问一家心理咨询/心理治疗机构,侧重了解该机构在保障当事人权益、保密等伦理要求上的做法。在小组内分享您的观察,包括您认为做得好的和不足的地方。如果发现不足,请讨论导致该不足的原因。

3. 访问一位咨询师或治疗师,请他讲述一个他所经历的专业伦理方面的困难事件,了解在事件中该咨询师/治疗师所面对的问题及其内心活动。

4. 全班同学分成两组,每组选出一个5人代表队进行"伦理难题解答竞赛"。事先另外选出一个5人小组作为裁判组,以计分方式对每个解答评分。竞赛程序:每组事先准备3道咨询实践中可能遇见的伦理难题(伦理难题不能是抽象的理论问题,必须是涉及具体人物、情境的实际问题。另外注意向对方小组保密),交给任课教师审阅。任课教师主要保证两组所交难题不要重复。竞赛开始,两个代表队分别向对手念出第一道伦理难题,然后各自准备解决办法(8分钟)。接下来,两队分别报告本队的解决办法。裁判组进行评分并公布得分(计分和得分办法事先设计好)。然后依次进行下一轮竞赛,直到结束。最后计算总分,决定优胜一方。

第十章

精神分析疗法

本章和以下几章介绍当代心理咨询与治疗的主要理论体系。内容均依以下结构安排：第一节呈现该体系的总体面貌，第二节介绍该体系的主要概念和理论观点，第三节介绍该体系的治疗过程和方法，最后一节是对该体系的评价。

精神分析的出现在人类认识自身的历史上，在心理治疗的历史上，都是一件划时代的大事。精神分析的创立距今已经超过100年，但它仍然是当代最有影响的治疗体系之一。学习心理咨询和治疗的人士，不管最终是否会认同这个治疗体系，都会从中获得灵感和启发。

第一节 概观

一、精神分析的历史与现状

精神分析是现代心理治疗的奠基石，但它的影响远非局限于心理治疗领域。对于整个心理科学乃至20世纪西方人文科学的各个领域，它的影响几可与达尔文学说媲美。就它在心理治疗领域的地位和作用来说，它既是一种系统的疗法，又是整个现代心理治疗的基础。精神分析的思想和方法，有时从正面，有时从反面，给后来的其他疗法以灵感或刺激。

图10-1 西格蒙德·弗洛伊德

精神分析疗法整个的体系，基本是在它的创立者西格蒙德·弗洛伊德（Sigmund Freud，1856—1939）（图10-1）的有生之年形成和完成的。综观它的发展历程，大体上可说经历了艰难的崛起、辉煌鼎盛和渐趋衰落这样几个时期。

弗洛伊德1856年出生于奥属摩拉维亚一个名叫弗赖堡的小镇，父母都是犹太人。弗洛伊德的犹太人身份在他早年的生活中是一个相当重要的事件，它对弗洛伊德的人格发展有很大影响。因为作为一名犹太人,弗洛伊德在学业和后来的学术研究上不断受到歧视,这促使他养成了自尊自强、不妥协的个性特点。

虽然弗洛伊德很早就对精神病学感兴趣,但直到1885年之前,他的研究主要集中在神经系统的组织学方面,并且取得了几项相当重要的成果。同年秋天,由于得到一笔奖学金,弗洛伊德得以赴法国巴黎,在萨尔拍屈里哀医院就学于当时欧洲著名的精神病学家沙可(参见第一章)。在这里,沙可对癔症的研究和治疗给弗洛伊德留下了深刻印象。回维也纳以后,他便开始独立行医,以治疗神经症为主,从此开始了他对神经症的病因学——尤其是神经症的心理学原因的探索。

弗洛伊德开始用从沙可处学来的催眠方法治疗癔症。其实在此之前,维也纳的一位内科治疗师布洛伊尔(Josef Breuer,1842—1925)已经在自己的诊所里用催眠术治疗癔症病人。布洛伊尔曾向弗洛伊德详细介绍过他治疗的一位患癔症的女病人的情况。这位姑娘①在清醒的时候和别的病人一样,既说不清症状的起因,也搞不清这些症状与她生活中的其他经历有什么联系。而在催眠状态中,她能够联想出许多原来未曾涉及的经验,由这些经验很容易就能找出这种联系。结果表明,她身上的大多数症状,都与她照料父亲时的一些情绪性事件有关。后来,弗洛伊德在自己的病人身上进行研究,发现凡用上述疗法的癔症当事人身上均可观察到布洛伊尔发现的情形。对这些现象的思考导致弗洛伊德提出精神分析学的几个重要概念,其中最重要的是无意识、压抑、能量转化等。这些思想最初发表在弗洛伊德和布洛伊尔于1893年合著的论文《癔病症状的心理机制》,后又在两人合著的《癔症研究》一书中得以阐发。《癔症研究》一书被视为精神分析学说的开端。

在这一时期,布洛伊尔和弗洛伊德所使用的治疗方法称为宣泄法(catharsis)。治疗目的是把病人的那些因受到阻碍而导致症状的情感引入正常轨道,使之得以释放。宣泄法中的关键技术是催眠。但是,弗洛伊德后来逐渐感到,在他和布洛伊尔合作期间,有一个重要的东西被疏忽了,那便是病人的性的因素。随着经验的积累,他认识到并不是所有的情感刺激都会引起神经症病象,引起这类病象的,通常是病人当时经历的性冲突或者早年的性经验。这一发现促使弗洛伊德从专门研究癔症走向探讨一般神经症的心理病因。这一步又导致两个重大发展:一是使得他坚信,性的因素是所有神经症的基本病因之一;二是他放弃了催眠方法,转而发明了自由联想法(free association)。

从催眠术到自由联想法,中间经历了一个过渡。最初,弗洛伊德发现催眠术在一些非癔症当事人身上并非总能成功,后来,他又感到在整个宣泄疗法中,似乎病人与治疗师个人的情感联系比整个宣泄的作用还要大,而且他从法国南锡的伯恩海姆(Hippolyte Bernheim,1840—1919)——与沙可齐名的另一位催眠大师——处了解到催眠的确有局限。这些促使他决心放弃催眠而寻找一种替代方法。

弗洛伊德从伯恩海姆的作法中受到启发,他不用催眠,而是让病人舒适地躺在沙发上,弗洛伊德以手触按病人的额头,叫病人注意一个特殊症状,回忆与这个症状有关的经历。当病人表示不愿或不能回忆时,弗洛伊德坚持要他回忆。用这种催逼加鼓励的方法,

① 这个案例在《癔症研究》中被化名为Anna O,其真名叫Bertha Pappenheim,后来成为社会工作的先驱人物(Mitchell & Black, 2011)。

病人也能回忆出那些遗忘了的经验。但弗洛伊德很快又发现了这个方法也不适用，因为这个方法仍然不能很好地克服病人无意识的抵抗，而且对双方的压力太大。因而弗洛伊德转而采用一种正好与此法相反的作法。让病人尽量放松、注意当时"流"过脑海中的任何思想、意象，不用意识去指导思想或进行任何评判，并报告出这些意识经验。这便是后来一直保留下来的自由联想法。

自《癔症研究》出版以后，弗洛伊德一直独自孜孜不倦地进行着探索和研究，陆续出版了一系列著作，其中包括《梦的解析》(1900 年)、《日常生活的心理病理学》(1901 年)、《一个癔症病例》(1905 年)、《性学三论》(1905 年)、《戏谑及其与无意识的关系》(1905 年)。这些著作标志着精神分析体系的正式诞生。

与此同时，精神分析的理论也逐渐从无人理睬或遭人贬斥转而赢得一些支持者，瑞士的著名精神病学家布洛伊勒(Eugen Bleuler，1857—1939)及其助手荣格(Carl Gustow Jung，1875—1961)与弗洛伊德建立了个人联系，在维也纳和欧洲其他地方也陆续有人参加进来。1908 年，一批同仁在萨尔茨堡会晤，一致决定定期举行非正式会议，并出版一份名为《精神病理学与精神分析学研究年鉴》的杂志。1909 年，弗洛伊德和荣格应美国心理学家、克拉克大学校长霍尔(G. S. Hall)的邀请，去美国作了为期一周的讲学和访问，从此，精神分析学说就在美国流传开来。

弗洛伊德是一个性格倔犟的人，曾因学术见解上的分歧与不少老师、同事、学生分手。但他并不是个故步自封的人，就在精神分析学说已广泛传开，他个人赢得了世界范围的声誉之后，他仍在不断地修改、发展自己的理论。20 世纪 20 年代以后，他的体系有相当大的变动。其中最重要的是在早期的意识-无意识理论基础上发展出关于人格结构的理论，即著名的本我、自我和超我学说。这个人格结构理论与原先的精神区划理论(即意识、无意识、前意识的划分)互相补充，使整个体系更为完善。

20 世纪 30 年代以后，纳粹势力在中欧纷纷得势。在纳粹的迫害下，许多心理学家(其中也包括一些精神分析学家)逃亡到美国。弗洛伊德作为一个犹太人和精神分析的创始人，开始受到迫害，他的著作在柏林被当众焚烧，出版公司被查封、没收。在英国治疗师、弗洛伊德忠实的追随者琼斯(Ernest Jones)的帮助和劝说下，弗洛伊德于 1938 年迁居伦敦。1939 年 9 月，弗洛伊德因多年的口腔癌复发，在伦敦去世。

精神分析的理论和治疗体系在发展过程中经历了两次较大的修正。第一次是在弗洛伊德还在世，弗氏自己的体系还未定型的时候，阿德勒(Alfred Adler，1870—1937)和荣格因与弗洛伊德意见不合而分裂出去。阿德勒创立了自己的个体心理学，荣格创立了他的分析心理学。这两人与弗洛伊德的分歧各不相同，但都不赞成弗洛伊德关于心理动力的本源——力比多的看法。阿德勒认为心理动力的本源不是生物性的力比多，而是社会性的追求优越的要求；荣格则认为力比多的本质不是性的，而是一种普遍的生命力，性只是这种普遍的生命力的一部分。这两次分裂并未促使弗洛伊德对自己的体系作出重大修改，倒是促使阿德勒疗法作为一个独立的体系出现于心理治疗的舞台。不过，阿德勒与弗洛伊德的分歧似乎预示着精神分析运动史上的第二次重大修正，即二十世纪三四十年代一批新弗洛伊德主义者对传统精神分析理论的挑战。这批人在总的倾向上与阿德勒一致，强调社会性因素的影响在心理活动中的作用。

由于一批精神分析学者移居美国,加上欧洲本土上战火纷飞,20 世纪 30 年代以后,美国成了精神分析发展的中心。由于时代精神的变化,一些新的学术思想影响着美国的精神分析研究。这些新思想认为应该把人看做社会的动物而不是严格的生物学上的动物来加以研究(舒尔茨,1975)。所谓新弗洛伊德主义就是在这样的背景下出现的。

新弗洛伊德主义的几个代表人物是霍妮(Karen Horney,1885—1952)、弗罗姆(Erich Fromm,1900—1980)、沙利文(Harry Stach Sullivan,1892—1949)和埃里克森(Erik Erickson,1902—1994)。这些人相互之间也有分歧,但在以下几点上有共同认识:(1) 在对人性的理解上,更强调社会文化因素而不仅是生物学因素;(2) 认为性本能的作用被弗洛伊德夸大和歪曲了,与其说性本能及其冲突决定人格,不如说人格决定性反应;(3) 在性格的形成、焦虑及神经症的产生上,人际关系是最重要的原因;(4) 早期经验仍然重要,但重要的不是心-性发展中的冲突,而是一般的家庭教养关系及其作用方式。

第二次世界大战后,一批英国临床精神分析师在长期的临床实践中系统观察了儿童与母亲的关系,在弗洛伊德的理论基础上形成和发展出了一套独特的理论——客体关系理论,成为精神分析学新发展的代表。这一理论的心理治疗注重从人际关系的层面来理解人的心理病理现象,通过修复病人的早期客体关系来达到治疗的目的。

20 世纪 50 年代以后,由于人本主义心理学的兴起和大量新的疗法的出现,心理治疗领域中精神分析独霸天下的格局发生了很大变化。精神分析疗法开始走下坡路。在精神分析内部,严格坚持弗洛伊德的观点和疗法的治疗者只占很小比例,出现了许多修正了的疗法。当代心理动力学实际上是一个包容着大量同中有异、异中有同的“小疗法”的集合体。他们都承认自己属于精神分析这一大治疗体系,但每种疗法都有自己的新观点或新做法。就它们的共同点来看,弗洛伊德的一些最基本的概念依然保持下来,这些概念包括:无意识活动及其冲突、人格结构理论、早期经验的作用、领悟在治疗中的基本作用,等等。就其独特之处来说,他们各自发展或从其他流派借鉴了一些新方法,用来检查无意识中的情感冲突,促进领悟或者发展适宜的应对策略。吉利兰德等人(Gilliland, James, Roberts, & Bowmwn, 1984)曾举若干例子,见表 10-1。

表 10-1 若干当代精神分析疗法

疗法	工具
Shorr(1972,1980),心理意象疗法	造像术,排演,练习,联合,遭遇(encounter)
Tion(1969),心理综合法	意志训练,音乐疗法,暗示,升华,冥想,录像技术,医疗技术
Greenwald(1973),指导决策疗法	目标定向的问题解决,练习,家庭作业,自我控制的奖赏
Keston(1980),无意识抗拒策略	对无意识抗拒的沉思
Langs(1973),支持性干预	支持性的和正视现实的反应
Riess(1972),大时间量疗法	马拉松式的克服防御的方法
Spotnitz(1969),当代精神分析	治疗家卷入,复现自我,使对象贬值,类毒素反应(使当事人对有害的内投射产生“免疫”)
Progoff(1977),强化日志疗法	强化日志记录,过程反省,“昏暗意象”,日志反馈

续表

疗法	工具
Small(1972);Alexander 和 French(1946),简短疗法	理性的动力方法
Wolberg(1964)和 Barnett(1981),催眠分析和催眠疗法	催眠方法,改变意识状态
Pearsons(1965),协同一致疗法	纸笔交流,协同一致

资料来源:Gilliland, James, Roberts, & Bowmwn, 1984, pp.11-12.

从表中可以看出,当代精神分析有了相当大的变化,治疗者不再拘泥于弗洛伊德的经典思想和自由联想技术,而是大量创造和借鉴其他疗法的技术。山茨(Shands,1980)曾分析过这么一个现象:从一些调查数据看,精神分析治疗的人数相当有限,估计只有约2%的病人接受精神分析治疗;但从事精神分析的治疗者和学习精神分析的学生却不算少。对此,他指出,在美国社会里,接受精神分析是一种给人优越感的途径。因为精神分析从经济、智力和文化教养等方面对治疗对象进行了限定,只有极少数人有条件接受精神分析。这便使得从事和学习精神分析者有可能向社会上层流动。他在这篇名为《精神分析有前途吗?》的文章结尾处谈出自己的看法:作为一种疗法,精神分析前途暗淡,作为一种人格理论和研究工具,它将继续保持强大的影响。这个看法已经部分变成事实。

二、精神分析治疗的特点

(一) 治疗目标

当代心理动力治疗有两大目标:缓解症状和改变人格。本来传统的精神分析只重视人格改变。由于受行为治疗的影响,现在的治疗者也重视像焦虑、强迫行为、心身症状等临床症状的缓解或消除。改变人格是一个不很确切的术语,在治疗者认识中有较大出入。它有时是指矫正像攻击、怯懦这样的人格特质,这是容易理解的。但有时人格改变也指一些更一般因而也较模糊的概念,比如“更有效率”、“更为适意的个人生活”,这些又可在工作、人际关系、性等方面表现出来。这些当事人希望治疗能达到这样一些目的:更能实现智力和情感上的潜能;使人际交往,包括与同性和异性的交往更有成效;对自己有更高的认同感;与双亲分离(不再依赖)但又保持良好的关系;有稳定适意的婚姻关系,等等。还有一些治疗者把人格改变主要限定在“心理动力学变化”上,这是指弗洛伊德人格结构体系内的本我、自我、超我的动力协调。自我力量的加强,能更好地控制、应付本能驱力、外部世界以及良知之间的矛盾冲突。这倒是弗洛伊德的本意。

(二) 病人的选择

并非所有的精神病人都适宜作精神分析治疗。即使是神经症,也并非所有的病种都适合于分析疗法。传统上,认为最适于精神分析治疗的是癔症、强迫症、焦虑症和恐怖症。传统上也有一些明确排除的病症(但不是说除此之外的其他病种可以接受)。一般地说,情感性精神病、精神分裂症、药物及酒精依赖、长期的严重人格障碍以及器质性病变所致精神障碍都是应排除的病种。

当代一些治疗者不再单纯根据精神病学的临床诊断选择病人，而试图寻找更有普遍意义的标准。他们想知道：什么样的当事人更可能从精神分析治疗中获益。这种想法促使人们去考虑当事人的个人特征。实际上，许多人认为弗洛伊德的话仍有道理："人不太老，病不太重"。有人据此提出，年轻、有吸引力、善言谈、聪慧和成功——即所谓 YAVIS（见第二章）病人较适合作精神分析。一些更深入的研究尤其强调当事人的两个特点：一是智力，主要是领悟力、言语表达能力；二是动机，即缓解症状和改变现状的愿望。其实，具有这些特点的当事人不仅是精神分析的理想对象，而且可能是任何疗法的最可能获益者。

（三）治疗时间

正统精神分析的一大特点（不一定是优点）之一是旷日持久。一般一个病人需要二三年甚至更长时间，每周四五次治疗会谈，每次 50 分钟。当代精神分析已在这方面做了大的改变，时间一般在 6 ~ 18 个月，会谈也改为每周一次。发生这种改变主要是由于美国医保改革。为适应这种要求，当代治疗者一方面不断创造和革新治疗技术，另一方面在治疗中也更积极主动，因而使病人的改变快了一些。但总的说来，精神分析的治疗仍然太费时，加上费用颇高，一般人很难承担起这笔花费。

第二节 基本理论

精神分析理论还有许多名称，如心理动力学、心理动力疗法、动力心理学、深蕴（depth）心理学、精神分析的心理治疗，等等。从总的倾向来看，精神分析理论是一种描述人的内部各种力量矛盾运动的心理学说。对立、冲突概念贯串于这个学说的各个部分。最基本的对立大概是人在本质上的二元属性的对立，即作为生物学的人与作为社会性的人的对立。在弗洛伊德心目中，这种对立冲突是意识——无意识分立、人格发展、神经症形成的根本原因。

从基本理论体系看，弗洛伊德理论的骨干部分包括意识-无意识划分理论，人格结构理论，人格发展理论。以下我们先扼要介绍这些理论，然后将其他几个主要概念合并作一些讨论。

一、意识-无意识理论

人的心理活动有些是能够自己察觉到的，假如我们现在把注意力集中在自己的内心活动上，便会发觉心头不断地流过一个个观念、意象、情感。弗洛伊德把这些能够被自己意识到的心理活动叫做意识。

一般人可能不那么熟悉无意识心理活动，因为无意识的基本特点就是不易被我们察觉到。发现无意识心理现象是弗洛伊德的一个主要贡献。虽然在弗洛伊德之前已有人注意到无意识现象，例如 19 世纪德国的赫尔巴特以及与弗洛伊德同时代的法国精神病学家让内（P. Janet）。但弗洛伊德基本上是在自己的研究和临床观察中独立发现无意识活动的。弗洛伊德从催眠后暗示现象和许多神经症病人在清醒状态下无法理解症状与从前经历的联系等事实，推断在人的心里有一个不为人所知的领域，这便是无意识。

根据弗洛伊德的看法，无意识（unconsciousness）这个术语有两重含义：一是描述性的，指一些潜伏的、无法被察觉的思想或观念；另一是指无意识领域中的这些观念、欲望的动态活动。弗洛伊德更重视的是后者。

在无意识中，有一部分内容是可以进入意识、被我们察觉的，这一部分无意识被称做前意识（preconsciousness）。所以后来专门把不能进入意识的那一部分无意识称做无意识。前意识的内容与意识的内容没有什么不同，它们不包含什么见不得人的东西，因而进入意识没有什么困难，二者之间只是当前是否处于活动状态的区别。意识、前意识和无意识之间则有质的区别。无意识的内容往往包含着大量与人的本能欲望、非道德的冲动相联系的观念或经验，因而受到压制，不被允许自由进入意识。这意味着在意识的入口有一道检查机制，弗洛伊德在早期把这种机制称做检查员，后期发展出人格的本我、自我和超我结构后，这种检查作用就由超我担任了。

无意识无法直接观察，只能从行为来推论。了解无意识的几种途径有：遗忘、口误、笔误，梦，意外，以及神经症的各种症状。

无意识虽然不能被人所觉察，却对人的行为有极重要的影响。神经症的各种症状行为的原因，大都要追究到无意识精神活动之中。关于这一点我们在了解了人格结构及其运作情形后会有更明确的认识。

二、人格结构理论

弗洛伊德的人格理论是一种结构、内容、运作三位一体的人格理论。他把人格分为本我、超我和自我三个部分，每一部分都有相应的心理反映内容和功能，三部分又始终处于冲突-协调的矛盾运动之中。

1．本我

本我（id）是精神结构中直接与人的生物机体相联系的部分，"它含有一切遗传的东西，一切与生俱来的东西，一切人体结构中内在的东西——因此首先就是来自躯体组织……的本能"（弗洛伊德，1987）。从本我的心理内容看，它包含了个体的一切原始的冲动和本能欲望，其中最重要的是生本能（与性本能相联系）和死亡本能（破坏、攻击、毁灭等）（弗洛伊德，1920）。从作用来看，本我是一切心理能量之源，因为本我从生物本能中吸取能量，然后推动机体活动。从活动方式看，本我按"快乐原则"行事，它不知道道德、外在的行为规范，它唯一的要求是获得快乐，避免痛苦。弗洛伊德认为婴儿的人格结构以本我为主。当婴儿感到饥饿时，本我要求即时的满足，如果得不到满足就产生挫折。婴儿克服挫折的努力可能是学习、成长的最初契机。自我和超我都是随着孩子的成长和学习逐渐在以后发展出来的。

本我在性质上是无意识的，但无意识与本我不是同一个概念。无意识中还有其他心理成分。

2．超我

超我（superego）是人格结构中代表理想的部分。它是在个体成长过程中，通过内化道德规范、社会要求而形成的。具体地说，在儿童与父母的互动过程中，需要控制自己的追求快乐的某些冲动，在父母的权威要求下，他不得不同化父母所代表的社会准则，最终就把父母的外在权威内化为自己的内在权威。在开始的时候，父母通过命令、威胁、惩罚等方式把道德要求从外部强加给儿童，到后来，父亲的形象被内化为超我，成为孩子自己的批判力量。超我形成以后，它便代替父母的外在监督而对孩子的思想和行为进行内在的自我监督。即使父母不在，儿童也能从内部判断和指导自己的行为。

超我包括两个部分：自我理想（ego ideal）和良心（conscience）。自我理想是在儿童看来父母以为完美的人的形象，简言之就是儿童心目中的完人。自我理想来自儿童从父母处获得奖赏的经验，儿童的某些行为得到父母的认可和赞赏，这种经验内化后就构成了自我理想。良心则是儿童受惩罚经验的结果。通过受罚，儿童懂得了什么是不道德的，这些经验内化而为良心。

超我的突出特点是追求完美，所以它与本我一样是非现实的。任何与自我理想和良心相背离、相冲突的经验都不被超我所容忍。它是苛责的，吹毛求疵的，也是蛮不讲理的。超我大部分也是无意识的。

3. 自我

自我（ego）是在本我的基础上发展起来的。本我虽然是一切欲望之源，但却无能力自己满足其欲望。因为本我按"初级过程"活动。所谓初级过程是通过幻觉（能满足欲望的事物的心理意象）来降低需要的紧张度的，因而它不能实际地满足欲望。于是需要另一种精神机构来完成这一任务，自我就是人格结构中执行这一功能的机构。

自我产生于儿童与外界现实的相互作用。它的一个基本作用就是感知外部世界的存在，反映外部世界的事件、特点、要求。此外，它也感受产生于心灵内部的刺激，即反映本我和超我的要求。这样一来，自我便是集多重任务于一身的一个执行机构。弗洛伊德曾形象地把自我比喻为一个要事奉三位主人的仆人。一方面，自我要反映本我的欲望，并找到途径满足本我的欲望。另一方面，它要反映客观现实，分析现实的条件和自己的处境，寻找适合的满足本我欲望的对象、途径和方式。在它进行这些工作时，它又受到超我的严格的监督，"超我丝毫不体谅自我在本我和外部世界方面遇到的种种困难，为它的行为制定了若干明确的准则，如果自我不服从这些准则，超我就用强烈的自卑感和内疚感来处罚自我"。

自我周旋于三个主人之间，它只能根据"现实原则"行事，即客观真实地反映现实，斟酌利害关系，以最现实可行的方式行事，必要时，推迟本我欲望的满足，或者以其他经过变形、化装的方式（通过自我防御机制的工作）满足之。

自我到底是意识的还是无意识的，弗洛伊德说得不很明白。但他的基本意思是自我的内容基本上是意识的，但自我的活动往往是无意识的。即自我所从事的各种活动过程是无意识的，往往不被主体觉察到。

三、人格发展理论

根据弗洛伊德的见解，儿童期的性欲在人格发展中扮演了重要角色，所以弗洛伊德的人格发展理论又常被称做心理-性欲发展理论。

弗洛伊德认为，追求快感是一切生物的天性，而一切快感都直接或间接地与性有联系。所以性欲不像传统认为的那样只在青春期以后才产生,儿童与生俱来就有性欲。但是,在弗洛伊德心目中,性欲并不单纯指与生殖活动相联系的欲望,而是指来自身体的任何部位所产生的快感,只是这种快感在性质上带有性的色彩。因此,在婴幼儿期,儿童的性欲主要表现为追求身体器官的快感。儿童身上能产生快感的区域开始较为弥散,而后逐渐集中到一些特定部位和器官。但在儿童生命期的不同时段,有不同的能产生最大快感的区域,因而在一定时期儿童以追求该区域的快感为最大的愿望。在这一时期内,最大快感部位的活动又与外界刺激、与父母的养育活动有直接关系。例如在口唇期,儿童口唇部位的活动就跟母亲的哺乳有直接联系。因此,儿童追求快感的欲望与父母满足这些欲望的情况的相互作用就对儿童人格的发展产生了决定性的影响。这就是心理-性欲发展与人格发展的基本关系。

弗洛伊德认为,随着出生成长的时间顺序,儿童身体上的最集中产生快感的部位发生有规律的转换。弗洛伊德据此把儿童心理性欲的发展分为几个阶段。各阶段不同的发展情况决定着不同的人格特点的形成。

1. 口唇期

口唇期(oral stage,又译口腔期)出现在生命的第一年,在这个时期,快感主要来自口唇部位的活动。这一阶段又可细分为两个时期:在初期,孩子的牙还未长出,快感主要来自唇、舌的吸吮和吞咽活动;在后期,体验快感的部位主要是牙齿、牙床和腭部,快感来自咬和吞嚼一类活动。弗洛伊德认为,心理-性欲的正常发展应该是该部位活动得到的满足既不太少又不过度。太多太少都会使儿童“固着”(fixation)在这一阶段而不能顺利过渡到下一阶段。在口唇阶段,如果母亲能适当地哺乳和照料儿童,使儿童的欲望得到适宜的满足,可使儿童产生安全感,有助于形成信任别人、自信而不依赖别人、易于与人和谐相处的个性特点。但如果照料不当(例如断奶处理不当),使儿童的口唇欲望不能满足或者过度满足,则会形成一些不好的个性特征。具体地说,如果发生了初期阶段的固着,这个人就会从事大量口唇活动或与口唇活动有象征联系的活动,如沉溺于吃喝、抽烟、接吻,或者嗜好收集,当一名好听众(吸收知识)等,这被称为口欲综合型性格。而固着于口唇阶段晚期者可能表现出嗜爱咬嚼及相关的象征性活动,如贪吃、挖苦、嫉妒等,这被称为口欲施虐狂性格。

2. 肛门期

肛门期(anal stage)在生命的第二至第三年,此期间由于儿童已能控制肛门括约肌的运动,加上成人开始对儿童施行大小便控制训练,生理上的主要快感区转移到肛门。肛门期发展顺利,可形成有独立能力的性格,表现为自我决定行动,无过分的羞耻感,心理矛盾较少,容易合作等。如发生肛门期的固着,就容易形成所谓肛门性格。一种是肛门排放型性格,如表现为无条理、浪费、邋遢、放肆凶暴等;另一种是肛门便秘性格,如过分干净,过分注意条理、吝啬、小气、固执、忍耐等。之所以形成这样的性格,与孩子在追求肛门快感与父母的控制排便训练之间发生的矛盾情形有关。例如儿童可能会憋着,等粪便积多了再排出以增加快感,还可能以排出或不排出来与母亲作对,等等。此时的这些特定习惯性行为方式就成了日后性格特征的原型。

3. 生殖器期

大约在于3—5岁期间,儿童已能分辨两性性器官的差别,并从玩弄生殖器得到快感,于是进入生殖器期(phallic stage,又译做性器期)。这一时期是弗洛伊德最为重视的时期,因为在这一时期产生所谓俄狄浦斯爱恋,而俄狄浦斯爱恋的解决情况对日后的性格乃至神经症有极其重要的影响。

在开始进入这一时期时,男女儿童都对母亲产生带有性爱色彩的爱。在男孩子,由于爱母亲而又发现母亲属于父亲,于是就产生了对于父亲的嫉恨。这就是所谓俄狄浦斯爱恋①。男孩发现父亲比自己更强大,无力与父亲抗衡,当他知道没有阴茎的可怕并受到父亲要割去他的阴茎的威胁时,他便产生"阉割焦虑",便不得不放弃乃至忘掉对母亲的爱恋。这是俄狄浦斯爱恋的正常解决。如果这种爱恋不是被"破坏掉",而是在压力下压抑下来,进入无意识固着下来,就称为"俄狄浦斯情结"(Oedipus complex)。俄狄浦斯情结对个性有极大影响,而且是日后神经症的根源。

女孩开始也有与男孩一样的对母亲的爱恋,但后来女孩发现男孩有阴茎而自己没有,就出现所谓"阴茎羡慕"(penis envy),认为母亲没有给她,因而恨母亲而转去爱父亲。这是女性的俄狄浦斯爱恋的情况。它的解决也有几个可能:一是导致性约束或神经症;一是出现女性男化情结乃至同性恋倾向;一是发展出正常的女性气质。

4. 潜伏期

上述三个阶段组成了所谓前生殖器期。在其中的一个阶段发生固着就会形成日后的所谓口唇性格、肛门性格或生殖器崇拜性格类型。在此之后出现一个相对平静的心理性欲发展阶段,称做潜伏期(latency period),大约从五六岁持续到青春期。在这一潜伏期,心理性欲活动不那么显著,儿童的主要活动转到上学和学习上。但前生殖器期的经验记忆仍保持在内部并对将来的人格发展会发生影响。

5. 生殖期

生殖期(genital stage)是发展的最后阶段,发生在青春期,可以持续很长时间。随着生理上的成熟,个体开始了一系列重大转变,总的趋势是向一个成熟的、社会化的成人转变。此时期的活动包括异性吸引、社会化、团体活动、结婚成家以及职业发展。然而,如果在生殖期之前的某个阶段发生了固着,它们就会在整个成年生活中表现出来,影响这一时期的发展,包括产生神经症和其他心理障碍。

总括地讨论一下弗洛伊德关于人格发展的思想,我们可以发现两个特点:第一,他把性欲(尤其是儿童性欲)要求与养育方式之间的相互作用看成人格发展的决定性因素;第二,极其强调婴幼儿期(即生殖期之前)的发展情况在人格形成中的作用。这两个特点与精神分析对心理障碍的本质的认识又有密切关系。

四、心理障碍的本质

弗洛伊德研究的主要心理障碍是神经症。他把神经症分成两大类:一类是所谓现实神经症(actual neuroses),包括神经衰弱、焦虑性神经症和忧郁症;另一类是所谓精神神经

① 该术语取自希腊神话俄狄浦斯王,俄狄浦斯是忒拜王子,由于命运的安排,他无意中娶了自己的母亲,杀死了父亲。

症(psycho-neuroses),主要包括癔症、强迫症和恐怖症。这两类神经症虽然都与性驱力——力比多(libido)有关,但作用机制不同。弗洛伊德认为,现实神经症是直接源于力比多的不能正常宣泄,也就是说,是由于病人性生活的不满足。在女人,多为性交中断、丈夫性无能、寡居或更年期性欲增强而不能满足。在男性,多是性交中断、禁欲或其他原因导致的性欲不满足。总之,是由于病人现实的性生活不正常引起的。但弗洛伊德推想这种神经症的产生是直接由性的扰乱在机体上造成的结果,类似某种未知的性毒素在体内积储太多而造成的自体中毒,从性不满足到症状形成中间不存在什么心理机制的作用。这种"性毒素假说"今天看来没有多大价值,因为从未有人发现这种性毒素的存在。

实际上,弗洛伊德所治疗和研究的神经症主要是他所说的精神神经症,他的病理学说主要是从对癔症、强迫症和恐怖症这几种神经症的研究得来的。

弗洛伊德认为,人的性欲望(力比多)要求满足,要求表现出来。但由于现实的原因而得不到满足和宣泄,可引起力比多退行(regression)。如果病人在幼儿期的发展不顺利,在口唇、肛门或生殖器期发生了固着,力比多便容易退行到发生固着的阶段,以那个阶段(口唇、肛门或生殖阶段)儿童性欲的表现形式出现,这便是成人的性心理障碍的发生原因。但人的自我往往不会听任这种情况发生。自我是依据现实原则工作的,由于预感到性冲动可能招致的危险,加上超我又在另一方面监督自我,要求自我对付幼儿性欲的盲动。因此,自我会预先产生焦虑,这种焦虑实质上是对自己本能冲动可能导致的危险的惧怕。于是自我便努力压抑力比多,不让其在意识域内活动。压抑作用因条件不同可能产生不同的结果。在一种情况下,本能冲动被永久性地破坏掉,力比多能量转移到其他方面,便不会产生心理障碍;在另一些情况下,力比多要么仍然保持着它的"精神专注",被限制在本我之中,要么退行到某一早期阶段,结果是造成各种不同的神经症。后一些情况的压抑实际上都不是完全成功的,自我虽然实行了压抑,却无法使本能冲动完全被抑制住,自我只好利用"自我防御机制"对某些特别强烈的力比多欲望加以变形、化装,以神经症症状的形式表现出来。因此,神经症症状乃是自我与本能欲望相冲突的妥协,或说是这种妥协的产物。它一方面使自我减轻了焦虑,一方面部分地、虚伪地满足了本能欲望。所以弗洛伊德说,症状是生活中所不能满足的欲望(尤其是性欲)的代替满足。然而这种妥协并非总是对等折中的,在某些时候,可能代表禁欲的力量"得分"多一点,便产生强迫症状;在另一些情形下,可能代表泄欲的力量多一点,结果出现癔症症状。

五、自我防御机制

前面多次提及"自我防御机制"这一概念,现在我们对它专门作一介绍。

在人格发展过程中,本我和外界现实之间,本我和超我之间,会经常出现矛盾冲突。这时,人就会感到焦虑。这些矛盾力量的会聚点集中于自我。焦虑是自我的焦虑。自我必须不断地协调、解决矛盾冲突才能降低焦虑。自我在协调、解决矛盾的过程中,逐渐发展出一些手法、技巧,更正确地说是一些习惯性的反应方式,它们能不知不觉地在自我活动中起作用,使超我、本我各自都得到满足,同时至少在主观上作到与现实相适应。这些手法、技巧因为具备某种心理保护的功能,所以称为自我的心理防御机制。

自我心理防御机制最初由弗洛伊德本人提出,后来弗洛伊德的女儿安娜·弗洛伊德

(Anna Freud,1895—1982)又作了深入的研究。安娜·弗洛伊德认为,无论是健康人还是神经症、精神病病人,都在无意识地运用心理防御机制。二者的区别仅在于是否过分运用或运用不当。如果运用得当,可以避免痛苦并与现实相适应。如果运用不当,虽然也可能在主观上减轻焦虑,表面上调和矛盾,但却以症状形式表现出来,形成神经症。安娜提出了九种心理防御机制。在弗洛伊德去世后,后继的精神分析学者继续对此有所研究和发展,提出的防御机制共有十几种。下面介绍公认而又常见的若干种。

1. 压抑

压抑(repression)是最基本的防御机制。压抑就是把那些不为超我所容忍,具有威胁性的记忆、念头、冲动或知觉禁锢在无意识之中,不使其出现于意识。更具体地说,压抑包括两种心理运作:一是把已出现于意识或前意识的东西逐出,使之进入潜意识;二是把本来处于潜意识但欲进入意识的冲动或观念阻遏住,不让它们闯入意识。要注意的是,压抑活动本身是自动发生的,是不为主体所觉察的。被压抑的内容由于无法进入意识,所以也不能通过正常的回忆活动"忆出"。这在表现上类似于遗忘,但又不是真的遗忘,因为被压抑的心理内容仍然存在,所以这种遗忘叫主动性遗忘或动机性遗忘。

通过压抑,使自我至少暂时避免了面对本我和超我、本我和外部现实之间的冲突,从而保护了自我。但被压抑的心理内容并非静止不动,它们仍在无意识中活动,从而不知不觉地影响人的行为。弗洛伊德认为癔症和其他一些转换性的心身障碍都是压抑造成的。这些症状是被压抑的愿望的象征性、替代性的满足。在正常人,被压抑的愿望也常借口误、梦、失误表现出来。

2. 投射

有些本我欲望或冲动为超我不容,个体便把自己的这些东西加在一个外人身上,断定是别人而不是自己有这些动机或愿望,这就是投射(projection)。例如一位对另一个人存有敌意的人会在心里对自己说:"这人对我存有恶意!"在临床上可见到有些具有被害妄想的病人经常表现出一个顽固的看法,认为周围的人都不怀好意,在算计他。在弗洛伊德体系里,这种症状被看成投射的表现,是病人自己的对人敌意、攻击欲望外投于他人的结果。因此,投射会造成人对客观现实的知觉、判断错误,而且这种错误很难通过现实检验加以纠正。

3. 置换

置换(displacement)是用一种精神宣泄替代另一种精神宣泄。自我以一种可获得的对象替代另一不可获得的对象,或者以不致引起焦虑的对象或行为替代会引起焦虑的对象或行为,这就是置换。通过置换,个人的真实欲望既得到部分满足,又不致在精神结构内引起太明显的冲突。

置换是一种运用得相当频繁的防御机制。置换依其结果的社会意义而不同,有的时候,力比多的能量借助一些有益于社会的活动如文艺创作及其他创造性活动得以宣泄,这样的置换被弗洛伊德称做"升华"。有一些置换性宣泄是无害的,体育运动、摇滚乐、交谊舞是典型的例子,在这些活动中,性冲动和攻击冲动能得到一些满足。然而,也有一些置换最终成了病态的症状。恐惧症症状常常是这种置换的结果。例如本来是担心自己的性冲动有不恰当表现,经过置换作用演变为对公共场所的恐惧(广场恐惧症)。病人自己怎么也不明白为什么要害怕到公共场所去。因为置换作用像其他自我防御机制一样,是无意识地发生的。

4. 合理化

某个行为或观念已经发生,而导致这个行为或观念的真实动机、欲望又是不能为意识所承认、所接受的,于是就找一个看似合理正当的理由来解释之,以免除焦虑,这就是合理化(rationalization)。有人借伊索寓言中狐狸吃不上葡萄说葡萄酸的故事戏称之为“酸葡萄效应”。鲁迅笔下阿Q的“精神胜利法”也是典型的例子。除了这种贬低个人渴望获得而又无法获得的事物的价值的合理化外,抬高已获得而又实无价值的东西的价值也是合理化的表现形式。例如,“不管怎么说,抽烟不一定就是件坏事,多少大人物不都抽烟么?”

5. 反向形成

内心有一种欲望或观念要求表现,但表现出来可能引起不良后果,或招致现实的惩罚,或招致良心不安。于是反而表达相反的欲望或观念,借此达到抑制原来欲望的目的,这称为反向形成(reaction formation)。例如,犯罪倾向很强的人反而可能去当警察;一个强迫症病人反复检查煤气灶开关,可能正是内心里伤害他人冲动的反映;有的病人内心里希望亲近异性,反而会表现为惧怕异性。

6. 转化

转化(conversion)也叫躯体化(somatization),指把心理上的痛苦、焦虑转化为躯体症状,从而避开了直接的焦虑痛苦体验。弗洛伊德认为癔症的躯体症状(有躯体机能缺失,无相应的器质性病变)是典型的转化作用的结果。其他病人也有这种情况。有趣的是,许多病人对躯体症状表现出一种麻木不仁、无动于衷的态度,好像他们并不希望治好似的。按精神分析的理解,这正说明躯体症状是某个无意识冲突的解决,它变相满足了病人的无意识欲望。

7. 退行

退行(regression)是指从人格发展的较高阶段倒退回早期阶段。退行和固着有联系,退行总是退回到发展中发生固着的阶段。通俗地说,退行就是当一个人面临某一应激情境,无法以适合该年龄身份的适当行为独立应对时,转而以较早阶段的幼稚行为方式来求得他人的支持和安慰。例如,大学新生每周都要回到父母身边去过周末,成年人在内心焦虑时不自觉地咬手指等行为,都是退行的表现。也有人把成年人沉湎于幻想和白日梦看成退行的一种较严重的形式,这使他得以生活在一个能满足其愿望的虚幻的世界里,而免去了面对现实的焦虑。

总括地看精神分析的人格理论,可看出它们是建立在一些基本假定或原则之上的。亚罗(Arlow, 2000, pp. 40-41)将这些原则概括为:

(1) 决定论思想。或许是受19世纪机械主义和决定论思潮的影响,弗洛伊德不相信偶然、自由意志,他认为任何冲动总是有原因的,现在是由过去决定的。像口误、笔误这类生活中的事件,他也认为后面必有无意识的原因。

(2) 地形学理论。严格地说应该称为“心理地形学假说”。这个假说体现在他的意识-无意识的区分上。每个心理成分、心理事件,都可以依据其可被意识到的程度加以判断。越是无意识的东西,在人的心理生活中越是基本的东西,影响力越大。

(3) 动力学观点。力和力的相互作用的想法充斥着弗洛伊德的理论。精神分析假定人的基本驱力来源是人的本能,但驱力本身不是本能,在精神分析的体系内,驱力指个体受激后的中枢兴奋状态。中枢兴奋推动心灵采取行动,最终目标是降低张力,获得满足感。

(4) 发生学观点。发生学观点强调两个东西:一是遗传的倾向对个体后天发展过程的影响;二是后来的心理结构、冲突、人格特质受童年重要事件与愿望的影响。证明这个观点的一个基本事实是人类婴儿对照料者的严重依赖性。正是这种严重的依赖,使得儿童早期跟照料者的互动经验具有长久的影响。

六、客体关系理论与自我心理学

20 世纪 70 年代以后,英国一部分精神分析学者逐渐从传统的精神分析中发展出一个较新的取向,通常称这个取向为客体关系理论(object-relations theory)或自我心理学(self psychology)。对这一发展作出重要贡献的人物有玛勒(M. S. Mahler)、温尼科特(D. W. Winnicott)、肯伯格(O. F. Kernberg)、柯哈特(H. Kohut)等。综合而言,客体关系理论和自我心理学强调以下一些重点:

1. 早期经验对于人格形成和心理病理学的发展具有至关重要的作用

弗洛伊德本来就强调早期经验的作用,客体关系论者跟弗洛伊德有所不同,他们不再沿用弗洛伊德的心理-性欲发展理论那种半寓言式的说法,而是更实际地分析早期母婴互动对于婴儿的影响。

2. 发展是一个有着内在规律、先后相继的序列

与弗洛伊德的发展阶段不同,玛勒将儿童期的发展概括为三个阶段:正常的婴儿自闭阶段,共生阶段,分离/个体化阶段。总体来说,这个序列是伴随儿童活动能力的逐渐提高,认知水平的不断发展,内在心理结构从客我不分的混沌一体状态向逐渐分化的状态演变的过程。

3. 母婴互动和母婴关系形态对儿童早期发展,并由此对后来的人格的形成,有着决定性的意义

正是在这种互动过程中,婴儿逐渐分化出三样东西:"我"、"客体",以及"我"-"客体"关系。婴儿的内部世界可以说是以这三根础柱为核心逐渐丰富和复杂化地建造起来的。由于在母婴互动中,主导的一方是母亲,所以,母亲(或代理母亲的人)对婴儿的反应模式有着至关重要的影响。一位"足够好的母亲"(温尼科特创造的术语)对待婴儿的反应,会协助儿童发展出自尊、自信的自认,并对外部世界也有着安全、积极的心理预期,能够爱人;而消极的母婴互动会导致儿童消极的自认,并以消极预期和消极态度对待外部世界。这个建立在早期体验基础上的心理结构,鲍尔比(J. Bowlby)称之为"内部工作模型"。

4. 早期经验会留下永久性的痕迹

这种痕迹并不是静止的,而是时时在活动,在影响着个人的心理加工。按客体关系和自我心理学理论家的理解,"内部工作模型"(或类似的内部结构)作为早期经验的产物,

伴随着个体现时的活动和体验，它们是现在症状的直接原因。

如果说经典精神分析从20世纪四五十年代以后日渐式微，那么，客体关系理论和自我心理学在一定程度上使得它又获得了新生。目前客体关系理论已经被许多从事精神分析治疗的实践者接受，并整合到传统的精神分析治疗之中。

第三节　精神分析的治疗

一、治疗的原理

从前面经典精神分析的病理学理论可知，精神分析把无意识的心理冲突看做神经症的根本原因。参与冲突的有四种力量：本我、超我、外界现实和自我。在这四种力量中，唯一行使认识功能的是自我。而神经症病人的自我都不够强健有力，它在协调解决冲突中不能正常有效地发挥作用，不得已而采用这样那样的防御机制，从而形成了各种心理症状。又由于参与冲突的各方处于不同的意识层面，这种冲突本身又是无意识的，不能被病人所觉察，所以病人虽明白自己有这样那样的症状，但却不知症状的意义以及造成症状的原因。因此，分析治疗的焦点不应放在消除外显症状上，而应放在向病人揭示内在冲突的原因和冲突过程上。即把这一系列碎片样的无意识过程和材料经过分析、解释，让病人在意识层面得以了解和领悟。一旦病人明了自己得病的原因和过程情形，症状便有了一个合理的解释，自然就消失了。所以，分析治疗工作的要旨可以简明地归结为：促使无意识过程向意识转化。

然而，这一转化工作是异常艰难的。因为，第一，由于致病冲突的无意识心理内容不能通过有意回忆揭示出来，而分析者也不能知晓病人已经忘却的那些经验。第二，由于所谓的"两级获益"，病人对分析会产生抵抗。因为这两重原因，促使病人由无意识向意识转化就变成了一场艰苦的、往往是马拉松式的"战斗"。关于上述第一种原因我们已经讨论过，现在对后一种原因再作一些说明。

所谓"两级获益"，是说病人借助生病从两方面获得了好处。第一级获益又叫内部获益，指的是症状满足了病人的无意识欲望、使无意识冲突得到变相的、虚幻的解决。前面我们说过，受到压抑的力比多要求表现和宣泄，由于这种性欲望的满足对象和表现方式是为现实和超我不容许的，自我只好通过心理防御机制，把这些欲望化装为症状表现出来。欲望既得到表现，自然也是一种宣泄，一种满足。这是所谓一级获益的情形。二级获益是指病人借助生病，从家人、朋友和其他人那里获得支持、同情、安慰，从而减低应激压力。这种情况很容易理解，事实上无论什么病人都可能有这种获益。由于这种好处来自环境，所以也叫外部获益。

由于这两级获益，病人便有意无意地想"留在病中"，而对治疗表现出一种矛盾态度。他一方面由于现实症状的痛苦和环境压力，在总体上表现得积极求治，像要努力摆脱疾病的折磨；但另一方面，在实际治疗进程中，又时时显得消极、回避，例如不积极配合检查，不愿采取实际行动练习新行为，纠正强迫动作，乃至借故误掉治疗时间或"忘了"治疗时间，等等。弗洛伊德把这种现象叫做治疗的“阻抗”(resistance)。阻抗的来源包括:(1) 阻止、妨碍当事人自由联想的力量;(2) 干扰当事人试图回忆和获得内省的力量;(3) 与当事人理性自我(reasonable ego)及想改变自己的欲望相对抗的力量。阻抗有些是有意识的,但大多数是无意识的。有意识的阻抗容易消除,无意识的阻抗则很难对付。阻抗在本质上是来自于病人内部的反向力量(counterforce),它与分析、分析家以及分析程序和过程(analytic procedures and processes)相对抗。弗洛伊德于1912在论及识别阻抗的重要性时说:“阻抗伴随着治疗的每一步,在治疗中对当事人的每一个联想,每一个行动(act)都要放在阻抗的意义下加以考虑和对待”。当事人的联想和行动代表了一个妥协——指向康复的力量和与其相反的力量之间的一种妥协。对当事人的神经症来说,阻抗具有了防御的功能。(1) 阻抗对抗了分析程序的有效性;(2) 阻抗对抗了当事人的理性自我和分析情境;(3) 阻抗保护了神经症的状态;(4) 由于精神生活的所有部分都可以起到防御功能(defensive function),因此它们也都能为阻抗的目的而服务。在治疗中,出现明显、强烈的阻抗是分析接近问题症结的一个信号,它提示分析进入了一个实质性阶段,但也是最难的攻坚阶段。所以弗洛伊德说,分析工作中最艰苦的是克服阻抗,它是治疗的中心任务之一。

阻抗的力量与压抑的力量同源,都出自自我或自我与超我的联合活动。弗洛伊德认为,是同一种力量先是实行压抑,而后又抵抗分析以维护压抑。要克服压抑和抵抗,我们可以借助的是病人自己的两种积极力量:一是病人要求康复的动机;一是病人的理智。在帮助病人克服抵抗时,心里要明白此时病人内心正经历两种力量的“决斗”:一种是要援助抵抗力的动机;另一种是要打消抵抗力的动机。治疗师的策略是:第一,向病人表明旧的解决(实行压抑,以症状为替代性满足)足以致病,新的解决(在意识水平认识、接受自己的力比多欲望)可以恢复健康;第二,告诉病人他的自我已不是幼年时的自我,现在的自我已足够强大,有能力在意识水平上清醒地认识、处理矛盾冲突。

与阻抗同样在治疗过程中具有重要作用的另一种现象是移情(transference)。在长时间的分析治疗过程中,病人会逐渐出现一种特殊的表现,他不再关注自己的疾病,而对治疗者变得越来越有兴趣。他与治疗者的关系似乎变得越来越密切,似乎治疗者正变成他个人生活中的一个重要人物。这便是病人对治疗者发生了移情。当事人对治疗者的移情反应各式各样,有的显得对治疗者充满好感,崇拜之,顺从之,在一段时间里病情也急速改善。有的对治疗师发生爱慕。移情也有相反的情况,病人对治疗师出现敌视和贬低。前一种情况叫做正移情,后一种叫做负移情。事实上,不管哪一种移情,病人对治疗师的这种强烈的感情并非由于治疗情境或治疗师的行为而发生,因此不能作正常发生的感情来看待。弗洛伊德(包括客体关系理论)认为移情实际上是病人过去(多为幼年时期)对父母或重要他人的情感经历的重演,只不过用治疗师替代了儿时的情感对象。换言之,病人把治疗师当做早年生活环境里和他有重要关系的人,把曾经给予这些人的感情置换给了治疗师。所以移情在精神分析的治疗中具有重要价值,因为它让当事人有机会重新体验到各种他们不易接触到的感受。通过移情,当事人将封存在无意识里的感受、信念和欲望表达出来。

一旦移情发展到了相当强烈的程度,整个治疗工作的重心便发生转变。分析、回忆过去退居次要地位,而对新出现的"移情神经症"的分析治疗占了主要地位。既然移情神经症是原来神经症的翻版,假如治愈了这个新得的神经症,就等于治好了原来的神经症。病人如果能重新与治疗师保有正常的关系,摆脱了被压抑的本能倾向的影响,则在离开治疗师之后,也仍然能够保持健康。

因此,移情的产生和处理,就是治疗过程中治疗师工作的重心所在。从后面对治疗过程的讨论可以看出,治疗师先是要发展与病人的关系,以利于移情的发生,通过移情分析来实现治疗的主要目标,最后再解决移情关系本身的问题。

二、治疗过程

当代精神分析治疗没有一个完全统一的过程模式,但也没有太大分歧。按照亚罗(Arlow,2000)的说法,治疗可以分为四个阶段:

(一) 开始阶段

这一阶段包括两部分。第一部分工作主要是明确当事人的问题,并确定这些问题是否适合采用精神分析治疗来解决,亦即确定当事人的障碍是否是精神分析的适应证。在确定了这一点以后,要就精神分析治疗的情形、治疗规则及咨访双方各自的职责进行解释,取得共识。第二部分工作是治疗师设法了解当事人及其潜隐的无意识冲突的情形。但在开始阶段,治疗师只处理当事人陈述问题的一些表面主题,不深挖更多的无意识材料。作出正确的心理动力学评估和诊断是分析治疗开始的关键,它至少应包括以下内容:(1)当事人发病及求诊的原因;(2)重要的生活史及早期生活中的重要人物;(3)对以前治疗及治疗师的体验;(4)如何与治疗师建立和发展关系;(5)主要的心理冲突及心理防御机制的形式;(6)心理发展与人格结构的特点。

(二) 移情发展阶段

随着治疗的进行,当事人开始出现对治疗师的移情。如前所述,移情实质是当事人对过去生活中的重要人物如父母的情感在治疗师身上的投射。治疗师要向他解释这一点,向他表明他现在的知觉、理解和反应方式是与过去对父母的反应方式一样的。

移情作用的分析是精神分析治疗的重要工作之一。它帮助当事人区分幻想与事实、过去与现在。它也帮助当事人了解持续的无意识的童年幻想对现在行为的影响,能帮助当事人了解到他如何错误地知觉、诠释,并如何用过去的方式活在现在。当事人在理解过去的行为经验怎样影响、决定着他现在的行为和体验后,就能选择较为灵活而非刻板的行为方式并作出更适当的选择。

移情并不总是以明显和直接的方式表现出来,当事人的情感常常以不明显的方式向治疗师表达出来。这时仍需要注意的是治疗师必须对这种不明显的表示保持敏感,只能在合适的时候给以解释。他还要警惕反向移情,即治疗师将自己隐藏在潜意识中对特定对象的某种情感转移到当事人身上。面对当事人的奉承、表扬、批评、愤怒和其他情感表达,治疗师必须要能够保持客观。在精神分析训练时常见的一个要求,是对未来的治疗师给以精神分析。这一做法的目的是减少治疗师将自己未解决的冲突带到工作中去的可能性。他们必须与当事人保持足够的距离,才能对非理性的、自我伤害行为作出认真的、准确的、深入的解释。另有一种看法则认为,如果治疗师对自己的反向移情问题有过较深入的自我了解,他也可以将自己的反向移情反应作为一个了解当事人移情的手段。

(三)修通阶段

这是前一阶段的继续和深化。它包括运用以解释为主的各种技术,结合自由联想的材料和移情表现,向病人揭示他的无意识欲望和无意识冲突,使病人了解症状的真意,获得并加深理解和领悟。对阻抗的克服也是修通工作的任务之一。修通(working through)意味着有反复、有曲折,是漫长、艰苦的过程。弗洛伊德曾说它是对治疗师耐心的考验。在修通过程中,会不断出现一些新的联想和回忆,有时会发掘出某些重大的早年生活事件,治疗师随时给予分析和解释,加深、打通病人的领悟,尤其是情感性领悟。只有不屈不挠地坚持这种过程,才会逐渐获得治疗效果。

(四)移情的解决阶段

这是最终解决移情并结束治疗的阶段。当主要的无意识冲突已经修通,就确定一个大致的结束治疗的日期。但往往在面临结束时,当事人的移情表现一下子变得更为突出。常见的表现是当事人已经消失的症状突然恢复并加重,或者推翻原来的解释和领悟,这实际是当事人不愿结束他对治疗师的情感依恋的表现。对移情的解决仍然主要靠解释。一旦当事人真的解决了移情问题并作好结束治疗的准备,原来的领悟即可恢复。在终止治疗前,对当事人关于结束治疗后的一些不切实际的幻想和期望要给予重视,使之具有现实性。

三、治疗策略和技术

正统的精神分析治疗技术仅使用自由联想和解释。当代精神分析治疗已很少有人恪守弗洛伊德的传统,而使用非常多样的方法和技术。像催眠等弗洛伊德后来放弃了的技术又被重新使用,而一些新的技术也被有选择地根据精神分析的理论框架加以采用,另外还有人创造了一些与传统疗法很不相同的治疗形式。总的来说,精神分析的策略和技术也可以分成信息收集策略和干预策略两大类,前者以自由联想为代表,后者以解释为代表。下面略作介绍。应该说明的是,精神分析技术的学习和使用需要在专家的指导下进行,知道一些弗洛伊德理论及看过一点粗略的方法介绍就进行分析是危险的。对这种做法,精神分析学派称之为野蛮分析(wild analysis)。

(一)自由联想

自由联想方法被发现之后,弗洛伊德曾称之为"到达无意识的康庄大道"。自由联想的基本要求是,让当事人集中注意于头脑中"流出"的任何念头、意象或思想,不用意识指导思维,不对出现的东西进行任何评判,即时说出这些思想。自由联想对于当事人并不难学会,关键在于让他放弃一切评判的倾向,不管出现的想法有多么荒谬、没有意义、不道德或愚蠢、罪过,也不管说出来会不会难为情或遭批评、耻笑,他的任务仅仅是:(1)"观察"那些思想和感觉;(2)报告出来。开始会谈时当事人要做到这一点是比较困难的,因为他不能不考虑给治疗师的印象。但是随着治疗师的鼓励和指点,当事人能够逐渐进入状态。

联想是完全随机性的,在这种情况下,治疗师除了要求当事人进行联想外,不附加任何别的指示。弗洛伊德认为在治疗情境中,实际上不可能有真正"自由"的联想,当事人仍处在治疗情境的控制之下,所以不用担心他的联想会离题。在经典的分析中,经常使用的是这种联想。在当代一些治疗师那里,还以一种可称为“指定联想”的方式来运用自由联想。例如,当当事人谈到某件事、某个人、某种情绪体验时,治疗师要求他“保持在”这件事、这个意象、这种情绪上,进行联想。例:

治疗师:你正感觉到紧张,停在这种感觉上,让它带着你走……

治疗师:你说了许多关于你父亲的事,其中你提到那种愤怒的感觉,集中于那种愤怒并联想童年时的经验。

从联想得到的材料虽然是无意识的材料,但这些材料不一定就是以无意识的本来面目显现,因为压抑和抵抗的力量即使是在自由联想的情况下也在起作用。它们会对无意识的材料事先进行化装,然后才允许其出现于意识中,所以治疗师要判断联想材料被歪曲的程度,剥去伪装,才能找出材料的真意。这与梦的分析是同一个道理。这个工作也是分析中最困难之处。

(二)梦的解析

梦的解析在精神分析治疗中是另一个了解无意识内容或内在冲突的途径。在睡眠中,防御机制转弱,被压抑的感觉会浮现上来,因此弗洛伊德认为梦是“通往无意识的绝佳途径”,因为梦会把无意识的希望、需求与害怕表达出来。那些不被接受的动机会以伪装或象征的形式表达出来,而不是直接出现。按精神分析的理论,梦有显相和隐意之分,显相是梦中的情境和事件,隐意则是隐蔽在显相后面的无意识动机。析梦的工作就是通过显相揭示隐意。在揭示梦的隐意的过程中,常要运用自由联想来产生更多的材料,以找到显相和隐意之间的联系。对梦的分析需要了解梦的工作——梦如何把无意识冲动伪装成显相,以及梦的象征规律等,弗洛伊德所著的《梦的解析》对此有大量讨论。

(三)澄清

澄清就是对当事人所讲的而治疗师觉得不清楚、不明确之处要求病人作进一步的说明。澄清是一般的倾听技巧(见本书第四章),不过精神分析所要求的澄清往往更直截了当。布拉赫认为,这里只有一个准则,如果不能肯定,就要追问。澄清的基本作用是了解当事人的生活详情,以及他的内心活动详情。另外,澄清还可能帮助治疗师查明当事人是否患有更严重的精神疾病——有思维障碍的疾病,因为言语不清很可能是思维混乱的表现。一般来说,当要求病人澄清某事时,神经症病人会照做,而有思维障碍的病人如精神分裂症病人会进一步暴露思维混乱。

(四)联结

联结就是帮助病人领悟治疗师已经发现而病人未意识到的各种联系。如当前感受和行为的某些方面之间的联系,过去与现在的体验之间的联系(如与父母的关系和现在对治疗师的关系的体验),过去、现在和未来(如志向、抱负)之间的联系。联结的作用一是帮助病人理解自己的各种行为和体验,二是将碎片式的经验拼接成整体,这是人格重整的必要环节。

（五）反映

反映涉及会谈技巧中的情感反映、释意。它是把病人所说的内容或情感体验经过治疗者的组织之后再以明确的形式反馈给当事人。反映的基本要求是不对病人所展示的东西加以增删，只是使之更明确，要害更突出。例如，当当事人面临某种混乱和焦虑时，治疗师说："我似乎感到你在想要做什么和应该做什么之间感到非常矛盾。"

（六）解析

广义地说，澄清、联结、反映都属于精神分析的解释这一大类。这里所说的"解析"也是解释技巧之一。它的目的是促使病人意识到无意识的动机、态度和感受，使病人获得领悟。所以解析是整个解释技术的核心。对治疗师认为重要的无意识行为的各种表现都应予以解析。具体说，解析常包括以下四个方面，即：移情、防御或阻抗、良知和梦。

对移情的解析关键是指出病人现在对治疗者的情感、态度是其幼年时对家庭成员（如父母）的情感、态度的反映。奥芬克兰茨与托宾提出在以下四种情况下应对移情进行解析：当当事人在治疗中并无明显原因而表现出过分的情感反应，尤其是反复出现时；当当事人联想进程受阻时；当治疗师觉得对移情的解析会增进病人的领悟时；当当事人童年时对重要人物的态度与现在对治疗师的态度有联系并且接近清醒的意识时。对防御机制的解析首先要识别出当事人使用了什么防御机制，然后针对该机制的特点和作用过程予以解析。对良知（超我）的表现也应予以解析，例如过分的内疚，应努力挖掘其在超我中的根源并分析其现实的危害。重要的是让当事人能够意识到自己的超我，并对超我是否现实合理进行反思对梦的解析，前面已述。

（七）质对

本书会谈技巧一章已对质对进行详细介绍，精神分析也把质对作为一项技术来使用。精神分析使用质对时把重点放在让当事人正视自己行动所造成的后果上面。这在处理阻抗时是一种有效措施。例如，当当事人经常迟到以致危及治疗时，让他面对这样一个事实：他的治疗徒有其表，全无实效，他的口头承诺和实际行为不符。为防止过强的冲击，一般是先解析，再用质对。

质对也用于处理"行动表达"（acting out）问题①。行动表达实际是一种防御方式，是指病人无意识地将内心冲突和焦虑，以某些带有自我损害性质的行动如狂饮、自杀、寻衅等表达出来。质对可以助其正视行为背后的矛盾，从而促进领悟。譬如，治疗师对当事人的滥饮，说："你喝酒过程中的那种'狠劲'，不像是你所说的发泄，倒像是惩罚自己。"

第四节 精神分析疗法评价

对精神分析进行评价不是一件容易的事。弗洛伊德的理论诞生后，既有捧到天上的赞扬，也有打入地狱的贬斥。从近些年的总的倾向看，人们对精神分析的态度在向正常、

① 也译做"见诸行动"，似不如"行动表达"贴切。

平实回归。

从积极的方面看,精神分析疗法的若干贡献是不能抹杀的。它第一个对人类的无意识心理现象作了系统探讨,无意识概念已被正统心理学所接纳。它对成年人人格结构的分析包含许多合理成分,它强调自我在人格结构中的核心作用,强调自我的整合、组织经验、协调、控制功能,这与当代多数人格理论家的看法是一致的。它偏重从生物学角度看待人格发展的原因,虽然有重大偏颇,但也包含着一些重要真理,而这些真理又恰恰是经常遭到忽视的。以笔者的看法,社会文化学派对经典精神分析的批评也有过头的地方,过分轻视人的生物属性不一定就更正确地把握了人的存在。

精神分析疗法的另一种贡献体现在它在心理治疗中的历史作用上。它是第一个正规的治疗体系,它的出现使心理治疗跨入了一个新的历史时期。正因为这个第一,它对后来出现的各种疗法有重大影响,有的疗法直接从它这里接受了某些思想和原理,有的从它身上吸取了灵感,也有的在反对它、攻击它的过程中创造了新东西。这时候,它从反面刺激了创新。

精神分析疗法也受到多方面的批评。首先,它的疗效并不很肯定。当然,由于鉴定心理治疗疗效的研究的固有困难,对精神分析的疗效评价有不同看法,但总的说来,人们同意它不是很有效的一种疗法。其次,它疗程太长、花费太大是公认的事实。加上它对当事人(适应精神分析疗法者)的选择条件(如智力、文化程度等),使得心理障碍当事人中只有极少一部分人有可能成为接受分析者。事实上,正统的分析治疗是一种典型的贵族式消费。除了上述这些较外在的缺陷外,精神分析的理论体系中也有不少遭到批评的地方。

精神分析学说有太强的生物决定论色彩。它单纯强调人的生物本性的作用,人成了他的生物欲求的奴隶。理性、意志不过是直接、间接地服务于生物欲望的工具,自我是本我的仆人。这里固然包含着部分真理,但精神分析把它当成了全部,这就走向了谬误。

更严重的是,经典精神分析学说把性本能的作用强调过头了,它把性驱力看成心理发展的基本动力以及心理障碍的基本原因。这是不符合事实的。从发展的角度来说,虽然婴儿最初只有一些最基本的生理需要,但这种需要不一定就具有性的色彩。弗洛伊德实际上是把人的一切快乐的情绪体验都归结为发自性快感这个本源,这与当代情绪研究的认识相去甚远。而且,婴儿在稍微长大一些后,便开始萌发一些社会性的需要,儿童是在各种需要与环境发生相互作用(在相互作用中又不断产生新的需要)这样一个复杂的相生相长的过程中发展的,绝不是一种不变的性驱力与环境力量之间的相互作用。

把性失调和性压抑解释成一切神经症的成因更不符合事实。许多人指出,弗洛伊德之所以这么看重性的作用,与他生活时代的局限有关。弗洛伊德生活在维多利亚时代的欧洲,性道德观占统治地位。他接触的当事人阶层大多持清教徒的性道德观,性压抑是比较普遍的。这导致了弗洛伊德作出错误的概括。要反驳弗洛伊德的这一观点,只消看看当代西方社会和一些非禁欲文化就行。当代西方社会一些人的观念中,性已成了与穿衣吃饭差不多一样随便的东西,而神经症病人并未稍减。一些非禁欲的原始部落中并非没有自己的神经症。事实上,当代多数分析家已不再特别看重性因素的作用,更不把它当做唯一的原因。

弗洛伊德忽视环境、社会力量的作用这一点也受到批评,并在当代分析家那里有所矫正。当代多数治疗理论正确地看到,社会性的冲突是众多心理障碍的主要原因,但在弗洛伊德体系里:(1) 社会力量只限于家庭成员;(2) 社会力量只以不变的方式与儿童的性驱力发生相互作用,作用的结果只产生一种不变的心理症结——俄狄浦斯情结。冲突的复杂性、多样性被惊人地单纯化、公式化了,这绝对是有违事实的。

最后,弗洛伊德的学术研究方法遭到更普遍的批评。他收集资料、处理和解释资料的程序完全不符合一般科学研究的要求。例如,他的个案样本不具有随机性,他的记录依赖的是他和病人的回忆。这无法排除他可能有意识地根据自己的假设,有选择地寻找支持证据。总之,正如霍尔和林基德(1970)指出的,弗洛伊德的著作包括他的结论,但不包括:(1) 得出结论时所依据的资料;(2) 分析资料时所用的方法;(3) 关于他的经验材料的系统说明。正因为如此,对待弗洛伊德理论出现了一种有趣的情形:一方面,许多人(包括一些著名学者)赞扬它的天才智慧的光辉;另一方面,这一理论的大部分并未被主流心理学(不是心理治疗)所接纳。

思考·讨论·活动

1. 进行文献研究,了解从古典精神分析到以客体关系为代表的当代心理动力取向在心理病理学尤其是病因理论上的发展转变脉络。把您的研究写成一篇3 000字左右的论文。

2. 弗洛伊德把性驱力(尤其是儿童性驱力)与养育方式之间的相互作用看成人格发展的决定性原因。请以此为辩论题,把全班同学分为正方(同意弗洛伊德的主张)和反方(反对该主张),组织一场辩论。(提示:在开始辩论前,双方要用一周左右的时间做文献研究并在内部讨论自己的论据。)

3. 以小组分享的方式对心理防御机制进行讨论。讨论中,组员先从个人经验或者对他人行为的观察中,提出一些心理防御的事例,然后对这些事例中防御所实现的功能进行探讨。本章介绍的一些心理防御机制可作为参考,但不是唯一标准。

4. 在精神分析治疗中,移情及移情分析占据着核心地位。请搜索一个实际治疗案例(可访问一位治疗师,或者从已经发表的案例中选择),聚焦于当事人移情的表现与治疗师对移情的处理。把您的研究结果带到课堂,与同学分享并听取大家的评论。

第十一章

行为疗法

行为疗法(behavior therapy)是在行为主义心理学的理论基础上发展出来的一个心理治疗派别,是当代心理疗法中影响较大的派别之一。与心理分析等其他疗法不同,它不是由一位研究者有系统地创立的一个体系,而是由许多人依据一种共同的心理学理论(行为主义心理学)分别开发出的若干种治疗方法集合而成。行为疗法经常与"行为矫正"(behavior modification)这个名称混用,但也有人认为二者应该区分一下,把以操作性行为理论为基础的方法叫行为矫正,把以经典性行为理论(巴甫洛夫理论)为基础的叫行为疗法。实际上,坚持严格的区分是困难的,因为多数咨询师既运用前一种理论的方法也使用后一种理论的方法,而且还有一些方法虽然也属于行为治疗但却不以这两种理论为基础,例如以班杜拉(Bandura)的社会学习理论为基础发展出的一些方法。

本章对行为疗法的介绍假定读者对行为主义心理学的基础理论已有所了解,因而不详论这些基础原理,有关介绍在普通心理学教科书里很容易找到。

第一节　概观

一、行为疗法的产生和发展

行为疗法的发展可以很自然地分成两个时期,以 20 世纪五六十年代为分界线,此前为行为疗法的理论准备时期,此后为行为疗法的形成和发展期。

在理论准备期,研究工作基本属于基础心理学的理论研究,虽然有几个重要的临床应用尝试,但研究者的目的并不在治疗上,而是在对理论的验证上。这一时期行为主义的两个主要理论方向先后出现,前一个方向是经典条件作用或应答性条件作用的方向,沿巴甫洛夫(Ivan Pavlov,1849—1936)、华生(John Brodus Watson,1878—1958)和赫尔(Clark Leonard Hull,1884—1952)这个线索发展;后一个方向是斯金纳(Burrhus Frederic Skinner,1904—1990)及其弟子所开创的操作性条件作用的方向,斯金纳的工作直接与 20 世纪五六十年代的行为疗法连接起来。

20世纪初，巴甫洛夫（图11-1）的条件作用研究取得伟大的成功，巴甫洛夫学说揭示了部分行为获得的机制（应答性条件作用）。巴甫洛夫的“实验性神经症”研究①已经蕴含着这样的思想：异常行为（神经症）也缘于条件作用。1913年，华生发表了著名的论文《行为主义者心目中的心理学》，主张即使最复杂的行为也是由条件作用形成的。1920年华生作了一个经典实验，证明人的情绪反应可由条件作用来获得②。在这个称做“小阿尔伯特实验”之后，华生还设想了几种可用来消除不适情绪反应的程序，其中一种类似于后来的系统脱敏训练，这个设想在1924年由华生的学生琼斯（M. C. Jones）以实验方式进行了验证。

图11-1 巴甫洛夫

在20世纪四五十年代，赫尔及其弟子多拉德（John Dollard）和米勒（Neal Elgu Miller）的工作延续了巴甫洛夫条件作用的方向。赫尔对以巴甫洛夫式条件作用为核心的学习作了更系统的研究，而多拉德和米勒则在《人格和心理治疗》（1950，1965）一书中把精神分析的理论概念改造为以赫尔的学习理论术语来表达的东西，这为行为主义者打入心理治疗领域奠定了基础。

斯金纳（图11-2）作为操作性条件作用研究方向的代表人物，在20世纪30年代末发现了另一类型的条件作用——操作性条件作用。到了20世纪50年代，斯金纳开始把他的学说的应用范围扩展到人类生活的各个方面，其中包括对多种非适应性行为的矫正。在《科学和人类行为》（Skinner，1953）这本书里，斯金纳依据他在动物实验中获得的行为原理解释人们在各种日常生活情境中的行为。这种解释大大刺激了其他研究者利用强化原理进行行为矫正的探索。例如富勒用一杯加糖的热牛奶作为强化物，使一位住院卧床不起的智力深度迟钝的病人以适当的方式把右臂抬高到垂直位置；格林斯庞（Greenspoon）证明，一个简单的社交性语气词（如“唔——唔”），也可以起到强化物的作用，影响大学生说某种类型词语的频率。20世纪50年代第一个正式将操作性条件作用原理应用于临床治疗的研究是艾朗和迈克尔作的。艾朗在其导师迈克尔的指导下，在巴西一所精神病医院进行了多次行为矫正，让工作人员应用强化、消退、回避条件作用等程序改变患者的行为，这些行为包括扰乱护士的工作、粗

图11-2 斯金纳

① 巴甫洛夫在对狗进行条件反射的分化训练中观察到，当狗对圆和椭圆的分辨越来越困难（例如，当圆和椭圆的比例达到8∶9）时，狗出现了类似神经症症状的反应。

② 华生找了一个11个月大名叫阿尔伯特的婴儿做实验，当小阿尔伯特注视一只白鼠（阿尔伯特以前不害怕白鼠）时，华生在他脑后用铁锤敲击一根钢条。经过共6次配对呈现，阿尔伯特就对白鼠产生了强烈的恐惧反应。

暴的举动、拒食、说假话,等等。这一研究证实操作性行为技术可以成功地矫正精神病人的某些行为和症状。

在斯金纳学派在美国迅速取得进展的同时,沃尔普(Joseph Wolpe,1915—1997)(图 11-3)和艾森克(Hans Eysenck,1916—1997)分别在南非和英国沿着巴甫洛夫—华生—赫尔的方向做了开创性的工作。沃尔普在英国生理学家谢林顿(Sherrington)所发现的“交互抑制”现象基础上,创建了交互抑制原理,并依据这一原理发展出系统脱敏技术。这成了当代行为疗法的一个里程碑。在英国,艾森克于 20 世纪 50 年代对传统心理疗法(主要是精神分析治疗)进行了猛烈的批判,并大力倡导以学习理论的程序来取代传统疗法。沃尔普和艾森克之间相互影响,1960 年,艾森克出版了《行为疗法和神经症》一书,书中列举了许多应用交互抑制和应答性条件作用程序的病例。

图 11-3 沃尔普

20 世纪 60 年代以后,一方面,各种行为疗法的技术开发和治疗研究飞速发展,另一方面,两种理论方向的研究者加强了学术交流。各种行为治疗的刊物纷纷创办,一些大学建立了训练中心,许多大学开设了行为治疗的课程。行为治疗作为心理治疗的一个流派正式登上了舞台,并很快站在了这个舞台的中央。

20 世纪 70 年代,行为治疗成为心理学界的一股主要力量,它对教育学、心理学、心理治疗学、精神病学和社会工作产生了重大的影响。行为技术得到了广泛发展,其应用领域扩展到商业、工业和儿童抚养等方面。

20 世纪 80 年代被人们认为是在概念和方法方面突破传统学习理论,探索新知识的时期。在行为治疗领域两个最重要的发展是:(1) 认知行为疗法作为一股主要的力量出现;(2) 行为技术被用来干预和治疗身体上的失调,即今天的行为医学。

认知治疗早在 20 世纪 50 年代就已经有所发展,但直到 20 世纪 70 年代以后才逐渐获得重视。认知行为治疗是行为治疗与认知治疗的结合。认知行为疗法的一个特点就是重视内在认知过程在障碍形成及行为改变中的作用。认知行为疗法的几个代表人物是贝克(Beck,认知疗法)、艾利斯(Ellis,理性-情绪疗法)、迈切鲍姆(Meichenbaum,认知行为矫正)和拉扎勒斯(Lazarus,情绪想象、多样式疗法)。近些年里,认知行为疗法发展异常迅速,大有后来居上之势。我们将在本书第十三章介绍其中的一个代表——理性-情绪疗法。

在数十年的发展进程中,行为治疗的学术组织和社会影响也日渐扩大。到 20 世纪 90 年代晚期,美国行为治疗协会发展为包括大约 4300 会员的协会。今天,很多行为治疗社团和 50 多种杂志致力于行为治疗,它们的分支在世界各地都能见到(Fishman & Franks, 1997)。

二、行为疗法的特点

综合起来看(Corey, 2004; Kazdin, 2001; Miltenberger, 2004; Spiegler & Guevremont, 2003),行为疗法主要有下面一些特点。

(1) 强调以行为为中心。行为疗法不谈论人格、自我、动机这样一些不能直接观察的变量,而以能用某种方式进行观察、测量的行为(也可能包括内隐的行为)为中心。一切心理障碍都要用“非适应性的行为”来描述,而不去假设这些行为背后还存在什么更根本的、更深层的原因。当代行为咨询师并不否认人的内在认知和情感活动,但只重视这些内隐活动的外在表现。例如,说某个孩子有严重智力迟钝,行为咨询师只谈论这个孩子不能系鞋带,不会自己上厕所,只能用手抓东西吃,在智力测验中智商仅为35分,等等。在治疗和矫正的目标上,行为疗法把行为本身的改变作为目标,不采用“人格改变”、“消除内在冲突”这些思路来指导治疗。

(2) 行为治疗强调的是当事人目前的问题和影响这些问题的因素,不强调对可能的历史性的决定因素的分析。他们强调的是现今影响当事人目前问题的特定因素以及可以用来改变其行为的因素。有些时候,他们也考虑与当前行为有关的过去环境事件中的一些有用信息。治疗师们关注维持当事人问题行为的环境事件,并且通过改变环境事件帮助当事人改变行为。

(3) 强调环境因素等外在变量的作用。在行为咨询师看来,人的一切行为(包括异常行为)都是通过学习获得的,导致学习的重要力量存在于环境或情境变量中。如果一个异常行为得以持续,环境中必有维持它的条件。行为治疗的重头工作就是:① 分析是哪样一些条件导致不适行为的获得和维持;② 考虑怎样重新安排这些条件来消除非适应性行为。

(4) 行为疗法力图使自己建立在科学方法的原则和程序的基础之上。它的技术以基础心理学的实验研究为根据。其中,学习心理学,尤其是经典条件作用和操作性条件作用是最重要的理论支柱。当代行为咨询师仍在不断探索新的治疗技术,在进行这种探索时,他们要么利用实验心理学的研究成果来产生新技术,要么对新技术依据实验心理学的原理、方法进行科学检验和论证。行为疗法强调对方法、目标、治疗效果进行明确的、往往是定量的描述。这样,别的咨询师可以重复,检验其有效性,不同的咨询师之间可以互相交流。它也重视对治疗效果进行定量评估,以判定疗效的大小。这使得行为疗法有一种非常明快、精确的风格。

(5) 在行为治疗中,咨询师期望当事人是积极的,他们应从事特定的行动以解决自身的问题。咨询师期望当事人做一些事情来改变他们的行为,而不是仅仅谈论他们的状况。当事人在治疗中或治疗外,均须监控自己的行为,学习并练习应对技能以及通过角色扮演练习新的行为。行为治疗是一种行为取向的方法,学习被看做治疗的中心。给当事人布置日常生活中的治疗任务和家庭作业是这种疗法的一种基本成分。虽然行为治疗被叫做治疗,但实际上它是一种教育的方法,在这种教育方法中当事人参与了一个教学的过程。

(6) 行为的方法强调当事人的自我管理和自我控制,强调将在治疗室里学到的东西应用到日常生活中去。治疗师经常要求当事人自己发起、管理以及评价他们的治疗,并对自己的变化负责。同时,尽可能将治疗中的进步应用在实际生活中。

第二节 基本理论

行为疗法的理论来源有四个,即:经典条件作用理论、操作性条件作用理论、社会学习理论和认知理论。由于认知理论主要与认知行为治疗有关,所以这里暂不讨论。

这里要讨论的三种理论的一个共同点就是学习。它们都是关于有机体学习发生的条件和机制的理论,但各说明一种学习形式。因此学习概念是行为疗法的核心。在行为主义者看来,除了遗传和成熟的有限作用外,学习是获得行为和改变行为的主要途径。无论是适应的行为还是不适应的行为,都产生于学习。既然心理治疗就是消除和改变非适应性行为,获得适应性行为,学习就是实现治疗目标的主要(如果不是唯一的话)手段。行为治疗技术实际上是一些获得、消除和改变行为的学习程序。下面介绍的就是各种治疗技术所依据的三种学习的原理和原则。

一、经典条件作用

经典条件作用(classic conditioning)又叫应答性条件作用或巴甫洛夫条件作用。它是以无条件反射为基础形成的。一个中性刺激通过与无条件刺激配对,最后能引起原来只有无条件刺激才能引起的反应,这就是初级条件反应的形成。在初级条件反射的基础上又可以引入一个新的中性刺激建立次级条件反射。由于人具有概念和语词能力,可以用概念和语词替代任何具体的刺激物,所以人能够用语词建立极其复杂的条件反射系统。华生曾经认为,经典性条件作用是一切行为的基本单位,意思是一切行为都可以通过分析还原为一个个(巴甫洛夫)条件反射。这一看法后来由于操作性条件作用和其他学习形式的发现被推翻了。但经典条件学习的确是许多行为的获得途径,这一点是毋庸置疑的。遗憾的是,我们很难确认到底哪些种类的异常行为源于经典条件作用,因为许多行为既能通过经典条件作用获得,也能通过操作条件作用获得。

经典条件作用的若干概念如下:

1. 强化

伴随条件刺激的呈现给予无条件刺激。例如在小阿尔伯特实验中,白鼠出现(条件刺激)的同时,给予一个强噪声(无条件刺激)。强化是形成条件反射的基本条件。

2. 泛化

对一个条件刺激形成的条件反应,可以由类似的刺激引起。反过来说,条件反应可以迁移到类似原条件刺激的刺激上。在小阿尔伯特的实验中,小阿尔伯特对白鼠产生的恐惧反应,可以由白猫、小兔、狗乃至一块棉花引起。俗话说的"一朝被蛇咬,十年怕井绳"也是泛化的表现。临床症状上许多恐惧症都有泛化情形,例如,一位妇女可能由一次外出偶然受惊而逐渐演变为害怕一切公共场所(广场恐惧症症状)。泛化可能是许多症状得以维持和发展的原因。

3. 分化

分化是与泛化相对的过程。在泛化发生后,继续进行条件作用训练,但只对特定条件刺激予以强化,对类似刺激不予强化,会导致有机体抑制泛化反应,只对特定条件刺激发生反应,这就是分化。分化意味着有机体逐渐能够分辨刺激物之间的性质差异。分化的形成是选择性强化和消退的结果。

4. 消退

已形成的条件反射由于不再受到强化,反应强度趋于减弱乃至该反应不再出现,称做条件反射的消退。消退概念对临床应用有两个意义。其一是,如果一个异常行为得以维持,个体环境中一定存在使之得以维持的强化条件。因为如果不存在这种条件的话,该异常行为应该已经自行消退了。其二是,可以改变环境变量,使之不再包含强化异常行为的条件,促使异常行为减少甚至消失。但是消退并非全面、永久性的遗忘。实验表明,如果对已消退的条件反射重新训练的话,所需训练次数要比原来建立该条件反射的次数要少,这一"节省"现象说明原来的条件作用训练残留了某种永久性的后效。巴甫洛夫认为消退不是一种消极过程,而是一种对已形成的条件反应的积极的抑制过程。换言之,对一个已发生消退的条件反应来说,原来的条件刺激(它本来是强化物即将出现的信号)现在变成了这样的信号——原来的强化物不会出现!这就导致了对原来反应的抑制。

5. 颉颃条件作用

如果对一个已形成的条件反应进行这样的操作:一方面撤除原来的强化物,例如在白鼠出现时不伴以强噪声(这是前述消退训练的程序),同时设法使一个不能与原来的条件反应共存的反应与原来的条件刺激建立联系,例如在白鼠出现时让小阿尔伯特吃他喜欢的食物(一种放松的、积极的反应)。结果,原来的条件反应会更迅速地被消除(与单纯消退训练比较)。这样一种操作程序称为"颉颃条件作用"(anticonditioning)。颉颃条件作用就是前面提到的沃尔普所说的"交互抑制",它是几种重要的治疗技术如厌恶疗法、系统脱敏训练的理论基础。

二、操作性条件作用

虽然许多与情绪反应相联系的行为和习惯可能是应答性条件作用的结果,但人们普遍认为,人类更大范围的行为是通过操作性条件作用过程获得的。

操作性条件作用(operant conditioning)又叫工具性条件作用(instrumental conditioning)。它的关键之处是有机体(动物或人)作出一个特定的行为反应,这个行为反应导致环境发生某种变化,即发生了一个由有机体引起的事件。这个事件作为行为后效,对有机体可能是积极的、有适应价值的,也可能是消极的、有负面适应价值的。不管是哪一种,这个事件都会对有机体后继的反应有影响。如果事件具有积极价值的话,有机体会更倾向于作出同样的行为;如果具有消极价值的话,则会抑制该行为。这自然是一种学习,通过这种过程,有机体"知道"了行为与后效的关系,并能根据行为后效来调节行为。

虽然并非如斯金纳所设想的那样,一切行为都可以通过操作性条件作用来解释,但的确有无数的行为和经验是通过操作性条件作用获得的。被火烧过一次的儿童再也不会去捉那美丽的蜡烛火苗;婴儿饿了就放声大哭,因为哭叫每次都能带来乳汁;假如生病能带来那么多的关照和安慰并能逃避烦恼的话,人们自不必奇怪为什么有人会"泡病号";既然钞票能买到几乎一切“好东西”,那么千千万万的人为了金钱奔走钻营乃是天下最容易理解的道理了。

既然人们的行为是由行为的后效来塑造的,那么有意识地设置一些环境条件,使特定的行为产生特定的后效,就可以人为地控制、塑造行为。操作性条件作用的治疗原理就在于此。

操作性条件作用的一些重要概念如下,我们会发现,它们与经典条件作用的概念有一些共同之处,但也有明显区别。

1. 强化

强化是操作性条件作用的核心概念。它涉及的是行为获得机制。强化分为正强化和负强化两种。正强化指的是,当个体作出一个行为后,给予一个积极强化物。这会增加个体作出该行为的频率。例如,在咨询会谈中,当事人进行自我揭示时,咨询师给予点头、微笑等支持反应,当事人会倾向于进一步的自我揭示。负强化指的是,当个体作出一个行为后,取消厌恶性刺激,这也会增加该行为的出现频率。例如,当一只不断受到电击(消极强化物)的老鼠偶然碰到一个杠杆时,电击停止,老鼠以后在遇到类似情境时会增加压杠杆的反应。这两种强化的原理不难理解,困难在于如何确定一个强化物的性质,如何判断强化物是积极的还是消极的。有时候,强化物是积极的还是消极的很容易分辨,例如那些与有机体的生存直接相关的事物,如食物、电击,但我们很难说被人爱总是一种积极强化物,被一个自己不爱的人爱可能是一件令人相当痛苦的事。所以在治疗中,针对一个对象选定一件合适的强化物是一项需要非常小心、仔细,有时要有点想象力的工作。

2. 惩罚

惩罚是和强化相反的概念,它涉及的是行为的消除机制。和强化一样,惩罚也分正惩罚和负惩罚。正惩罚是指,当个体作出一个行为后,出现惩罚物。这以后个体会减少作出该行为的频率。例如,当一个孩子攻击同伴之后,爸爸给予批评,这个孩子的攻击行为会减少。负性惩罚则是当个体作出一个特定行为后,他所想望的东西不再出现,这也会减少作出该行为的频率。例如工厂规定,迟到三次扣除一个月的奖金,就是利用了负性惩罚原理。

3. 消退

操作性条件作用的消退概念与经典条件作用的消退概念很接近。它指的是:在一个特定情境下,如果某人作出以前被强化过的反应,而现在这个反应没有得到通常的强化,那么此人下次遇到类似情境时,就较少可能再做同样的事。换言之,如果通过积极强化使一种反应的出现概率增加了,那么完全停止强化将导致这种反应的频率下降。要使一反应完全消退,需要进行多次消退训练。如果反应在消退期间不时受到偶然强化,则不仅不会出现消退,反而会使该反应更加牢固。因为这种情况已是一种特殊的强化程序了。

4. 强化程序

由于消退现象的存在,要使一个行为保持下去,就必须不断进行强化。但如果每次反应后均予以强化,不仅实际上难以做到,而且也不是最有效的强化办法。强化程序揭示了不同的强化安排的后效,它为强化方式提供了依据。

斯金纳研究了四种基本强化程序的效果,即固定比率程序、变动比率程序、固定时距程序和变动时距程序。

(1) 固定比率程序:预先确定目标行为的出现次数,当足额次数的行为出现后即给予一次强化,这就是固定比率强化程序。例如每当鸽子啄10次后给一个食物球。计件工资制也是这种强化的例子。

(2) 变动比率程序:依照一个概率(譬如0.1)给予强化,但强化的次数间隔随机安排。在这种情况下,被试平均每10次反应受到一次强化,但强化并不是在10次反应后一定出现。这种强化的典型例子是赌博。赌徒们即使一直在输钱,却被“下一次没准会赢”的念头驱使着不愿离开赌桌①。研究表明,变比率强化的行为比每次均强化的行为和固定比率强化的行为更难消退。

(3) 固定时距程序:不管被试作出多少次反应,均在一个固定时间后给予一次强化。例如不管动物作了多少次按压杠杆的反应,均在一分钟后出现一次食物。按月发工资也是这种强化的例子。这种强化的一个后果是被试在一次强化后反应频率急剧下降,直到下一次强化快出现时反应又迅速上升。

(4) 变动时距程序:与变比率强化类似,是按照一个有平均时距但每次时距随机变化的程序进行强化。

一般说来,按反应比率强化的行为出现频率高于按时距强化的行为;而变比率变时距的强化效果又优于定比率定时距的强化效果。但如果是训练一个新的反应的形成,则100%的强化(每次正确反应均给予强化)效率最高。所以,理想的做法是:在条件反应形成期采用100%强化(又叫连续强化),在维持期采用断续强化,尤其是变比率变时距强化。

在利用操作原理制订行为矫正方案时,常会结合使用不同的控制手段和强化程序。例如,在消除一个不适应行为(采用消退或惩罚)的同时强化一个新的适应性行为(采用强化)。在塑造一个新行为时采用连续强化,随后改用断续强化以维持这一行为。多种手段和多种方式可以组合成各种不同的矫正方案。

三、两种条件作用的比较

比较一下两种条件作用,有助于我们更好地了解它们各自的特点。表11-1引自马丁和皮尔,从中我们可以清楚地看出两种条件作用的不同和类似之处。

表11-1 操作性条件作用和经典条件作用比较

	操作性条件作用	经典性条件作用
行为类型	行为是由有机体发出的;有时称之为随意的行为	应答的或者反射的;是由先前刺激引起的,称之为不随意的反应
强化	**程序**:反应之后给予积极强化物(或者,反应之后去掉厌恶刺激) **结果**:行为的出现率增加	**程序**:先前的中性刺激和非条件刺激配对 **结果**:中性刺激能够引起条件反应,而该刺激现在成了条件刺激

① 注意,这个解释虽然可能为真,但“真正的”行为主义并不接受这种诉诸认知的解释。

续表

	操作性条件作用	经典性条件作用
消退	**程序**:先前被强化的反应出现后不给予强化物 **结果**:反应的出现率下降	**程序**:呈现条件刺激时,不再伴随非条件刺激 **结果**:条件刺激不再引起条件反应
自动恢复	**程序**:进行消退(行为不再出现)后,进入"休息期" **结果**:休息期之后,先前被去掉的反应会再次出现,尽管比消退期间要少	**程序**:进行消退(训练到条件刺激不再引起条件反应)后,进入"休息期" **结果**:休息期之后,条件刺激再次引起条件反应,尽管比消退期间要少

资料来源:马丁,皮尔(著).林殷沪,等,(译).(1991).行为矫正.北京:科学出版社,第227页.

四、社会学习理论

社会学习理论提出了另一种学习形式,称做观察学习或模仿学习。社会学习理论家争论说,人类更大量的行为获得不是通过条件作用的途径,而是通过示范、观察、模仿的途径进行的。的确,没有哪位成年人去为一位少年设计一套学骑自行车的强化训练程序,绝大多数孩子都是先观察别人如何骑车,由别人告知一些要领,然后自己进行模仿练习而学会骑车的。按社会学习理论的说法,构成人的模仿对象的范围极其多样,不仅有别人的行为,而且像书籍、电影、电视、图画等一切信息载体都可能成为呈现被观察、被模仿行为的载体。这就难怪他们要宣称模仿学习是人类学习的主要途径了。

图 11-4　班杜拉

班杜拉(Albert Bandura,1925—　)(图 11-4)分析了观察学习的过程,指出观察学习包括四个具体过程①:首先是注意过程,其实应该叫知觉过程或者观察过程,即集中注意观察所要模仿的行为示范,这是后面过程的基础。其次是保持过程,是指把观察得到的信息进行编码并储存在记忆中的活动。再次是运动再现过程,即通过自己的动作组合再现被模仿的行为。最后是动机确立过程,这是一项模仿实际实行与否的关键因素,这一过程会影响前面三种过程。多数有目的的模仿行为都须某种动机力量的支持。观察、记忆和重现,如果没有动机推动和支持,都有可能不发生(当然也有无意模仿的情况,但这种模仿往往是零散的、随机的,且往往对个体不具有明显的意义)。

观察学习不一定非要达到动作再现程度,虽然从行为主义的角度看,只有模仿者实际再现出被模仿的行为,才能确认发生了模仿。但观察学习也可仅有注意过程和记忆过程

① 注意这里说的过程,是指心理加工活动,不是指先后顺序。

就已经习得了一个行为。显然,学会切断颈动脉自杀这一行为,并不必非得死一次。但在行为治疗中,人们一般都强调要实际练习习得的行为,因为仅仅停留在认知水平,人们的一些障碍并非总能消除,只有实际作出适应的反应并习惯于这种反应,才能彻底克服障碍。而且,练习实际行为还有对认知结果进行反馈、矫正的作用,从而加强和巩固新学习的行为。

社会学习理论并不排斥条件作用理论,它在解释观察学习的条件时,仍然承认强化的作用。但社会学习理论不把强化看做学习的充分必要条件,换句话说,有强化会促进模仿学习,没有强化,学习也能发生。如果把一项模仿活动与直接的奖励或惩罚联系起来,无疑会促进或抑制该模仿行为。但在日常生活中大量的模仿行为并不伴随直接的奖励或惩罚,模仿或去模仿照样发生。对于这种情况,还可以用"替代强化"概念来解释。例如,看了电视上的攻击行为的儿童,可能会表现出同样的攻击行为,虽然没有人奖励这个儿童的模仿。这是因为电视上的攻击行为受到了某种奖励,这使儿童受到了"替代强化"。如果电视上的攻击行为受到惩罚,孩子可能不表现出模仿行为。这可以说是儿童受到了"替代惩罚",从而抑制了模仿行为。但这并不说明儿童没有习得该攻击行为,实际上儿童已经把这种攻击行为样式储存在记忆中了。为了证明这一点,班杜拉曾经做了一个经典的实验。把幼儿园的孩子随机分为三组,看一段表现攻击行为的电视片,片中一位榜样人物对一个成人般大小的塑料小丑作出各种身体攻击行为。然后控制三组被试看到的结果:第一组孩子看到的是榜样因攻击小丑而受到奖励;第二组看到榜样因攻击行为受惩罚;第三组是控制组,他们没有看到榜样因攻击而得到任何后果。然后把孩子一个个单独带进一间放有塑料小丑和各种可用作攻击武器的玩具的房间,观察他们的反应。不出所料,第二组(惩罚组)孩子的攻击行为比另两组少得多,而第一、三组的攻击量接近。这正说明无强化(如第三组)也能产生模仿。为了进一步证实不论学习是否有强化,所有三组儿童都有所学习。实验者以各种诱人的奖品为诱饵,告诉所有儿童,能模仿出榜样的攻击行为就能得到奖励,结果,所有三组儿童都表现出同样的学习水平。这个实验有力地支持了开头的论点:有强化能促进模仿学习,尤其是影响模仿行为的表现或抑制,但模仿学习不依赖于强化的有无。

在行为疗法的技术体系中,有一些治疗技术是依据社会学习理论发展出来的,例如示范疗法(modeling)、行为排演(behavior rehearsal)等。榜样学习原理还被更普遍地应用于咨询过程之中,或者被其他的专门技术所结合和吸收。咨询师在适当的时机及时给予正确反应的指导或示范,都可看做榜样学习原理的应用。

经典条件作用和操作条件作用都排除了中间过程(指大脑的加工),班杜拉的社会学习理论则承认内部加工过程。它认为行为要受刺激事件、外部强化和中间认知过程的影响,强调环境、个人因素(信念、偏好、期望、自我知觉等)和个体行为三者之间的交互作用。

第三节 行为治疗过程

传统的行为治疗多少有些技术至上的色彩,不太重视咨询过程中咨询关系的作用。当代行为治疗吸收了咨询关系的研究成果,也重视咨询关系这一因素,强调在咨询和治疗过程中要引导当事人发挥主动性,积极参与治疗。因此,咨询师也要表现出准确地倾听、理解、积极关注、无条件接纳等态度,努力建立积极的咨询关系。咨询师不再过多地以专家姿态自居,把自己的矫正程序强加于当事人,而是设法动员当事人参与行为分析、方案设计和评价。这些做法无疑会给学习和矫正提供动力支持,使治疗更为有效。

行为治疗的方法技术虽然多种多样,但每一个个案的治疗大都遵循一个一般的模式。按照马丁和皮尔的说法,一项治疗至少应该包括行为评估、治疗和随访三个阶段。有的文献列举了更细的划分,但也可归入这个三阶段模式。下面我们根据这一模式对行为治疗过程作一些介绍。

一、行为评估

行为评估又叫行为功能分析或行为分析,是收集、测量和记录有关非适应性行为的信息,了解该行为的发生条件或维持条件的过程。行为评估主要有三个作用:描述问题行为、选择治疗策略和评价治疗效果。在制订一项行为治疗方案前,无疑得先知道我们要改变、塑造什么行为,要知道这个行为何以产生和维持,然后才能有的放矢地从行为疗法的各种技术中选择最适合、最有效的方法来改变制约问题行为的条件。最后,只有记录了治疗开始前的行为情况才能在治疗中和治疗后进行疗效评估,了解治疗是否取得了进展。

在对一具体个案进行行为评估时,所要做的工作可以合理地分作两步:第一步是鉴别出问题行为;第二步是对问题行为进行分析。

行为主义的咨询师不喜欢用临床诊断的分类体系来谈论某当事人患的是什么病,而宁愿说他有什么非适应性行为。艾森克曾把非适应性行为分做两大类:一是行为不足,例如不与他人交往,不能完成作业;一是行为过多,例如经常发脾气,贪食。然而由于文化相对性,要确定一个行为是不足还是过多往往因当事人的生活环境不同而不同,无法找到一个不变的标准。因此,要判断一个行为是否为非适应性行为,只有联系以下几种情况考虑:(1) 与当事人生活环境中的社会常规进行比较;(2) 联系当事人的整个生活情况,看这个行为是否对他的生活造成损害;(3) 当事人自己是否因这一行为而苦恼;(4) 周围的人有什么评价。因此,鉴别问题行为实际上是一个广泛收集有关信息,进行综合分析的初步诊断过程。

在初步鉴别出问题行为后,再进行行为功能分析。行为功能分析一般按照一个"A-B-C 模式"进行,即分别考察行为的"前导事件"(A, antecedent events)、"继发行为"(B, resultant behavior)和"行为后效"(C, consequence)。[1]

---

① 也有用不同代称的,如称为"S-R-C 模式"。S 指"刺激"(stimulus),R 指"反应"(response),C 指"后果"(consequence)。分别与"A-B-C 模式"的 A、B、C 一一对应。

1．前导事件

顾名思义，前导事件是一个行为反应发生之前个体经历的事件。按照刺激-反应原理，前导事件是一个先行刺激，与随后的行为反应有直接关系，这种关系虽然不一定总是因果功能关系，却往往具有因果功能关系的特点。例如，有时候前导事件实际上只是一种信号刺激，后面的行为是一种应答性条件反应。信号刺激和条件反应之间的联系是一种没有普遍性和必然性的联系，所以它并非因果关系。但对于这一位当事人来说，又的确具有某种前因后果联系的特点。因此，了解当事人非适应性行为发生的环境、情景对于理解这一不适行为以及设计矫正策略是至关重要的。

鉴别出真正与后续行为有直接关系的前导事件有时是相当困难的。因为每一次行为发生时的情境事件大多是极其丰富、复杂的，其中有真正的前导因素，也混有大量不相干的因素，要分离出真正的因素，需要多次对行为发生的情境进行比较，只有那种每次在行为发生时都出现的因素才可能是真正的前导事件。换句话说，如果当事人在不同的时间、地点出现同一不适行为，那么在不同的时间、地点中那种共同的或相似的情境、事件、气氛才是前导事件的真正要素。

2．继发行为

继发行为是指在前导事件之后当事人的反应。这个反应可以是情绪的，如紧张、焦虑；可以是言语或行动的，如骂人、逃学；也可以是生理的，如出汗、想要小便①。分析继发行为时要注意将行为具体化。有时这有一定困难，当事人常常只报告一些笼统的感受，比如“我觉得非常苦恼”，“气极了”，等等。行为分析要求把这些笼统的一般的概念还原成具体可观察的言语和行动。譬如“气极了”，要了解：(1) 有什么样的生理反应，如肌肉紧张、气促、心跳等；(2) 动作反应，如坐或立，攻击动作，咬牙切齿等；(3) 言语反应，如骂人等。有时候为了具体了解这些反应细节，咨询师会要求当事人把反应示范表演出来。

除了行为本身之外，还要了解这种行为量的特征。常见的行为量的特征包括出现率(频率)、持续时间、强度和广泛性。譬如一个逃学行为，可以记录每周逃学多少次(出现率)、每次平均几个小时(持续时间)、是上数学课逃学还是上语文课逃学(广泛性)。如果是打人行为，则可能要了解每周发生几次(频率)、伤害对方到什么程度(强度)或平均每次攻击多长时间(持续时间)、是打比自己力量弱的孩子还是任何别的对象(广泛性)。

在作行为评估时，行为治疗师设计了各种记录表来记录各项评估量。而且还使用一些不同的记录方式，例如连续记录、间隔记录(在一段给定时间内，间隔一段时间——如10分钟——记录一次)、时间取样记录(如在一天内，每小时观察1分钟并记录一分钟内目标行为的出现次数)等。

3．行为后效

我们知道，操作性条件反应是由行为的结果来决定的。对行为后效的分析，实际上是了解在一特定行为之后出现了什么结果，从而根据这一结果来判断它对行为者的影响，看它对行为有什么样的强化作用。一般说来，一个行为要得以维持，这个行为的结果一定给

① 当然也会有认知反应，不过严格的行为治疗不问认知。

行为者带来了某种“好处”。在评估这种强化作用时，重要的是以当事人的参考系来考虑。因为在咨询师眼里，可能这一后果是不值得的，或者是只有眼前好处而有长远害处，这样我们就有可能歪曲或忽视这种后果的实际影响。

在行为后效中，来自他人的社会性反应（社会性强化）往往是重要而又易于被忽略的因素。对于许多个体来说，他人的关怀、注意、称许甚至任何一种简单的回应都可能构成实际上的强化。而且这种强化往往是断续强化，所以在维持不适应行为方面作用更持久。这是需要特别留意的。

总之，行为功能分析是要彻底检查行为发生前、中、后的各种因素和事件，按照条件作用原理找出行为产生和维持的条件，区分行为是应答性反应还是操作反应，从而为制订干预策略作好准备。

二、行为治疗

治疗是中心环节。从行为治疗的观点看，治疗无非是消除、改变一个非适应性行为，或塑造一个新行为，抑或二者同时进行。要完成这项任务，实际要做三件事：(1) 确定目标行为；(2) 选择方法技术；(3) 实施治疗计划。

目标行为可能是一个新行为，也可能是一个旧行为改造过后的形式，或者是一个行为的消失状态。不管是哪一种，确定目标行为都必须考虑咨询目标的一般要求（参见本书第三章）。它们应该是有助于当事人适应环境，有助于当事人的成长和发展，同时不悖于社会价值规范，不妨碍他人利益的。

对目标行为要下精确定义（指标化），要使之操作化，便于观察和测量。譬如目标行为是戒烟，就要明确什么动作算抽烟（定性，例如“把点燃的香烟叼在嘴里”），在多长时间内有几次抽烟行为被认为达到指标（定量，例如一周内不超过两次），等等。

选择治疗方法和技术要根据目标行为的性质和特点，备选技术的特点以及实施条件综合考虑。行为咨询师现在已拥有相当丰富的方法和技术，有的适合训练一个应答性反应，有的适合消除一个操作性行为。一般说来，在确定了目标行为后，不难有针对性地选择适合的方法和技术。但仅考虑这两类反应是不够的，环境中影响治疗进行的因素在行为治疗中往往有举足轻重的作用。因此在选择方法时要细致考虑当事人环境中有哪些条件有助于这一治疗方案的实施，有哪些条件会妨碍这一方案的实施。尤其是当事人周围的重要人物如家人、教师、亲友，其中有谁可以帮助管理刺激或强化物，有谁可能妨碍这一计划的贯彻。

开始实施治疗后，咨询师和其他有关的人按治疗方案的要求给予指示、示范，控制刺激、强化和信息反馈。咨询师这时像一部机器的操作者，他必须按要求监督、调整和控制这部机器的运转。这中间包括定时甚至随时评估当事人是否正发生满意的改变，如果出现异常，要查明是哪一环节出了毛病，作出相应的调整，进行新的尝试。正如前面讲到的，实施阶段的问题往往出在当事人离开治疗室之后，要么是当事人自己，要么是他周围的人不能按要求去做。因此，许多咨询师建议在制订方案时要同当事人及其周围的重要人物协商，计划制订后要把实施步骤和要求向他们作详细说明，并在执行过程中随时注意这些人是否正在按要求作出适当行为。

三、随访

虽然许多治疗由于条件限制是没有随访的,但行为咨询师大多认为一个完整的治疗应当包括随访。随访就是在干预期结束后不定期地了解当事人的情况,看治疗所取得的进步是否保持下来了。

随访有两方面的作用。对于当事人来说,随访能够了解他在治疗机构里取得的进步在自然环境中是否保持,是否迁移。这有助于疗效的巩固。如果出了一些偏差可以及时予以弥补。对于咨询师来说,随访是进行科学研究和提高个人专业水平的重要环节。

第四节 治疗技术

属于行为疗法体系的治疗技术林林总总有数十种,在一节篇幅内不可能一一备述。我们将重点讨论放松训练、系统脱敏和自我管理技术,对其他方法只作简要介绍。

一、放松训练

焦虑是许多神经症的共同反应,焦虑又以身体的、心理的紧张为突出特征。很久以前人们就发现焦虑可以通过身体放松得以缓解。像中国的气功、印度的瑜伽,都有使身心放松的功效。20 世纪 20 年代美国内科医生、精神科医生、生理学家雅各布森(Jacobson)提出了一种肌肉深度放松技术,后经沃尔普采用,现在已成为行为疗法中最广泛使用的技术之一。它既可单独使用以克服一般的身心紧张和焦虑,又可合并到其他技术如系统脱敏、情绪想象中使用,以治疗有焦虑症状的障碍。

放松训练(relaxation training)有多种形式,最常用的是一种渐进式紧张-松弛放松法,即渐进式肌肉放松训练。它是通过循序渐进地放松一组一组肌肉群最后达到全身放松的。在每一组肌肉群的放松过程中,要求先使这组肌肉紧张,这是为了使初学者知道什么是紧张,从而能通过比较更好地体会放松的感觉。现在的咨询师多使用放松训练录音,它可以提供给当事人并带回去做每日的练习。

二、系统脱敏

系统脱敏(systematic desensitization)主要用于治疗各种恐惧症状,例如害怕某些动物、考试焦虑、社交恐惧、广场恐惧和性交焦虑等。它通过使当事人在放松状态下接触(实际的或想象的)恐惧对象来克服焦虑。由于焦虑状态与放松状态不能共存,设法在诱发焦虑的刺激情境与放松反应之间建立联系,就可以取代和抵消原来的刺激-焦虑联系。这实际上就是前面说到的颉颃条件作用,它是系统脱敏的原理之一。系统脱敏的原则是系统性,即把焦虑反应分解为由轻而重的一个系列,逐级脱敏。这一技术包括三个步骤:(1) 学会肌肉放松;(2) 构成焦虑层级;(3) 实施脱敏。

1. 学习放松

咨询师先教会当事人放松程序,并要求他回去后每天练习,通常需要 2 ~6 周,达到能自如地进入身心放松状态的程度。

2. 构成焦虑事件层级

当事人与咨询师一起探讨各种令当事人恐惧的情境，然后根据焦虑程度的高低抽取若干情境作为焦虑事件并将它们排成一个层级。沃尔普和拉扎勒斯(Lazarus)建议这样来构成焦虑事件层级：先让当事人报告一个令他最为恐惧的情境或事件，给它指定一个表示焦虑程度的量值[沃尔普称为"主观不适单位"，subjective unit of discomfort (SUD)](100)，然后确定一个最平静的情境，指定 SUD 值为 0，再以这两个事件为参照基准分别估计每一事件的焦虑程度值(这个估计由当事人做)，并按从低到高的顺序排列出来。焦虑程度为零的事件一般不写出来，称做控制事件，往往用"在林中散步"、"听抒情音乐"等作为控制事件。在脱敏过程中，控制事件常常在当事人出现紧张或不适时引用，以帮助重新放松。另外，两个相邻的事件之间的程度差要控制在 5～10 分。小于 5 分则抽去一个，大于 10 分则插入一个。这样，整个焦虑事件层级就在 10～20 个。表 11-2 是一位害怕听男教师上课的大学女生的焦虑层级。这位女同学害怕听一位男性青年教师上课，更害怕老师单独与她谈话。

表 11-2 焦虑事件层级举例

编号	焦虑程度(SUD)	事件
1	5	闲聊时，一位同学提到这位老师
2	10	早晨起床后，记起今天有这位老师的课
3	20	预备铃响了，向教室走去
4	25	自己坐在教室后排，教师进教室
5	30	开始讲课，不敢看讲台
6	40	坐到中间一排，强迫自己注视老师
7	50	坐到前排，注视老师，碰上老师的目光
8	60	老师在教室巡视，在自己旁边停下来看自己做练习
9	70	老师课堂提问，点名要自己回答
10	80	课间休息，老师在自己座位旁坐下，与包括自己在内的一群同学闲谈
11	90	在教室，老师同自己一人谈话，有目光接触
12	100	在教师办公室单独谈话，有目光接触

3. 实施脱敏

实际进行脱敏常用两种方式：一是想象脱敏；一是现实脱敏。想象脱敏是在治疗室内靠想象再现焦虑情境，现实脱敏则是实地接触焦虑情境。现实脱敏效果比想象脱敏好，但由于条件限制(例如引起焦虑的情境不易或不方便现实地重现，或受到伦理规范的制约等)往往不易做到。但在想象脱敏完成后应要求当事人在现实情境中运用从想象脱敏学到的反应来应付实际情境，这是不可缺少的。

想象脱敏可以这样做：先让当事人进行放松，同时想象控制情境。待当事人身心完全松弛后，由咨询师念出第一个(SUD 为 20 以上的事件)焦虑事件，要求当事人尽可能真切地想象自己置身于那一情境之中，在头脑里保持这一清晰的意象，直到开始感到焦虑紧张。事先指示当事人感到紧张后就竖起食指示意一下。咨询师发现示意后就让当事人停止想象，并报告刚体验到的焦虑程度值。对一个事件是否完成了脱敏可以从两个指标判断:一个是当事人保持想象的时间,如果想象时间超过30秒而无示意,意味着他不太紧张,此时让他停下来,报告焦虑值;另一个指标是所报告的焦虑值。一般作法是连续2~3次,焦虑下降到20以下,认为这一事件的脱敏完成,可按前述程序进行第二个事件的脱敏。如果报告的焦虑值仍大于20,则让当事人重新放松(1~2分钟),然后重复想象这一事件。这样一种操作形式称"可变时间想象",另有一种"固定时间想象"的形式,不如前者灵活。

每次脱敏治疗时间控制在30分钟左右,脱敏事件1~4个。不能赶进度,一定要确认当事人对一个事件已经不再感到紧张才能进行下一事件的脱敏。

系统脱敏主要用来治疗有特定恐惧对象的恐惧症。后来有人在系统脱敏原理的基础上,针对强迫症的特点,发展出一种治疗强迫症(也可用于恐惧症)的技术,称为"暴露与反应阻止法(exposure and response prevention)"(缩写为EX/RP)(Meyer, 1966; Foa & Franklin, 2004)。这个方法针对强迫症的两个成分:强迫思维(当事人不由自主的想法、冲动意念或想象,例如反复回忆门锁好没有,煤气关掉没有。这种思维活动当事人不能控制并因此焦虑痛苦)和强迫动作(指一些仪式性的行为,如反复返回家检查门锁好没有,反复起床检查煤气关掉没有。这种行为有的能够预防强迫思维出现,有的能够减轻强迫思维所带来的焦虑和痛苦),分别采用暴露和阻止反应两种处理。暴露是指以想象或真实的方式,让当事人面对能够引起强迫思维的情境或线索。这其实就是系统脱敏的做法。反应阻止是指在暴露的同时,阻止当事人作出仪式性的行为。例如,阻止当事人的检查行为、清洗行为。这个方法经过菲欧(E. B. Foa)等人多年的精炼和标准化,现在已经成为一种影响较大的治疗技术。临床研究表明,这种方法治疗强迫症,效果优于药物治疗,并且有很好的长期疗效(Foa & Franklin, 2004)。

三、自我管理

自我管理(self management)体现了行为疗法一种倾向上的转变。传统的行为疗法是咨询师占据主导地位,当事人是被动的、依赖的。而在自我管理这一治疗模式里,当事人在行为改变的各个环节扮演积极、主动的角色,他自己对改变负责任。这是一种当事人参与治疗的模式。实践表明,自我管理治疗有一些独特优点。这些优点包括:(1)它提高了当事人改变行为的动机水平;(2)直接在生活的自然情境中改变行为;(3)对一些不易在治疗室里观察和处理的行为能够进行矫正,尤其是一些在每天生活中都要出现多次的行为,例如贪吃零食、乱扔东西、秽语等,用自我管理方法可能最为有效。

我们每个人每天都要多次进行行为的自我管理和自我控制。遗憾的是,我们的自我控制经常无效。我们老在对自己说,"我不应该抽烟","我不应该嗜酒","我应该把自学时间延长一小时",但却又抽烟不止,贪杯如常,把应该延长的那一小时用在无所事事上,然后再使劲责骂自己是个不长进、意志薄弱的人。从行为主义的观点看,把这些行为归罪于意志薄弱,不解决任何问题,因为从来也没有人能告诉我们如何使意志坚强起来。行为主义认为自我控制无效的真正原因在于行为的即时后效与延迟后效之间的矛盾。

马丁和皮尔指出了这一矛盾的四种情况:(1)轻微的即时强化与严重的延迟惩罚相对立。抽烟的即时后效是享受感,延迟后效是呼级系统的不适,甚至有肺癌的危险。虽然延迟后果比即时后果的分量重得多，但即时后果对行为的影响要比延迟后果强烈。(2) 轻微的即时强化与更重的延迟强化相对立。一个人可以挣一块钱花一块钱，享受每一次小小的强化；也可以把钱攒起来，买房子、买汽车，享受更有价值然而却是数年之后的强化。对于常有进项然而存折上数目不见增加的人来说，多半是轻微的即时享受战胜了长远的高级享受。(3) 即时惩罚与延迟强化相对立。每天延长一小时学习时间可能是难受的（枯燥感、疲劳感），然而优秀的成绩却可能在将来带来好处（更好的工作，更高的薪水）。(4) 轻微的即时惩罚与更严厉的延迟惩罚相对立。这常是人们推延当做之事的原因。你畏惧疼痛而不去治虫牙，虽然拖延下去后果更严重——可能要拔掉这颗牙。然而还是即时后果占了上风。从这四种情况看，人们自我控制失败乃是由于追求长远目标的意愿不敌直接后果对行为的影响，行为的自我管理的关键就在于改变这种情况。

威廉斯和洛恩（Williams & Long, 1979）提出了一个自我管理行为模型，是众多自我管理模型之一。它把自我管理技术分成五个操作步骤，即选择目标、监测靶行为、改变情境因素、获取有效的结果和巩固收获。见表 11–3。

表 11–3 自我管理行为模型

步骤 1：选择目标
A. 一次确定一个靶结果目标①
B. 目标应该：
1. 重要；
2. 可测量；
3. 能够达到；
4. 积极
C. 靶结果目标的陈述应该包括：
1. 所希望的表现（或消失）水平；
2. 预定达到目标的日期
步骤 2：监测靶行为
A. 选择适当的靶过程目标②
B. 在实施行为改变策略前先对靶行为进行基线评估③
C. 开始记录与过程目标有关的行为数据：
1. 行为发生后即时记录；
2. 使用纸笔、手腕计数器、跑表等工具记录行为；
3. 记录行为的频数、持续时间或行为产品数
步骤 3：改变环境因素
继续记录靶行为
A. 一开始先要避免肯定会产生不希望的行为的情境
B. 改造情境，以便：
1. 使你易于觉察自己正在做什么；
2. 限制会诱发“坏”行为的刺激；
3. 使所希望的行为易于出现；
4. 确定与失调行为不相容的那些替代行为

续表

步骤 4:获取有效结果 继续记录靶行为;继续维持环境的改变 A. 区分行为结果,确定它是具有强化性质还是惩罚性质 B. 组织强化匹配[④]以使: 1. 适宜行为及时得到强化; 2. 容易达到强化标准; 3. 其他人会支持行为目标的达到; 4. 对通往过程目标的行为制订一个渐进的强化时间表; 5. 强化物既包括外部强化物也包括内部强化物; 6. 强化物有足够的价值或力量使之有效; 7. 按一个程序计划进行强化,以产生最大的激励作用——短期、中期和长期的作用; 8. 坚持用图表形式精确地、系统地记录行为; 9. 可以以书面形式制订一项行为合同 C. 如强化匹配不能产生希望的行为变化,可使用厌恶性的后果改变行为: 1. 承诺并写下该承诺,当不按规定行事时处罚自己(或许与一位支持者签订合同,同意放弃某样对自己有实际价值的东西); 2. 用物理手段诱发痛苦; 3. 刺激餍饫法(过饱和法)[⑤]
步骤 5:巩固收获 继续记录靶行为,继续维持环境因素的改变,维持自然结果 A. 评价: 建立一个有效的评估-反馈系统,以保证可以对自我管理进行调整、重新定义或改变方向,以达到和维持靶结果目标 B. 维持自然结果: 1. 逐步撤销自我记录活动; 2. 在自然环境中保持最多的改变; 3. 维持自然的强化匹配; 4. 逐步撤销人工强化匹配; 5. 谋求社会支持; 6. 应用自我管理方法于其他方面

资料来源:Gilliland, B. E., James, R. K., Roberts, G. T., & Bowman, J. T. (1984). *Theories and strategies in counseling and psychotherapy*(pp. 162-163). Englewood Cliffs, NJ: Prentice-Hall.

术语解释:① 靶结果目标:对一项自我管理计划的目标的陈述,要确切指明计划的结果;② 靶过程目标:对计划实施过程中所需要的反应(这些反应有助于靶结果目标的实现)的陈述。例如每天减少若干大卡热量摄入对减肥这一靶结果目标而言即是一过程目标;③ 基线评估:干预措施实施前对行为现状的评估;④ 强化匹配:指定和管制强化物或惩罚物,使之与行为反应产生所需要的联系;⑤ 刺激餍饫:持续重复一种强化活动直到该活动不再产生强化作用或产生厌恶感。例如一支接一支抽烟直到看到香烟或闻到烟味就感到厌恶。

按照上述步骤,当事人在咨询师的协助下制订一个详细的自我管理计划。自我管理的成败关键在于管理计划能否坚持不懈地实施。既然行为者以前经常屈服于行为的即时后效而损害长远利益，很难保证在执行计划过程中不出现类似情况。为了克服这个困难，自我管理常结合“行为合同”策略。行为合同策略要求当事人与一位或几位支持者签订一项合同，合同中明确载明各方的义务和责任，执行方式，等等。例如，当事人应该作的行为，完成情况的衡量标准，其他人应该的行为反应，奖励和惩罚的手段、方式和管理办法。

下面是一位名叫蓓吉的当事人的行为管理计划和行为合同。这位妇女 54 岁，有轻微的心血管障碍，须吃无盐食物并减肥。在咨询师的指导下决定采用自我管理办法达到减肥目标。见表 11-4，表 11-5。

表 11-4　自我管理计划示例

自我管理行为计划：减轻体重

实施人：蓓吉·史密斯(5 月 23 日)

步骤 1：目标选择

我为了健康和有一个满意的自我形象必须减轻体重。我计划在 12 个月内减轻 22 公斤，以达到理想的体重——57 公斤。

步骤 2：监测靶行为

步骤 2a：过程目标的选择

1. 我将制订一个计划食谱，每天三顿，每顿热量为 750 卡，吃低盐低热量的简单食品
2. 我将制订一个常规锻炼计划，每天至少锻炼 6 次，每天总共锻炼不少于 2 小时 15 分钟
3. 我将制订一个常规步行计划，逐步达到每天步行不少于 3 公里，无论晴天还是雨天

步骤 2b：基线评估

1. 我现在体重 79 公斤
2. 我目前每天摄入热量在 4000～5000 卡
3. 我没有进行任何常规锻炼
4. 因为我随时都有钱买需要的衣服，所以我不操心衣服大小问题
5. 我每天都在职工餐厅大吃免费午餐

步骤 2c：记录与过程目标和结果目标有关的行为

1. 在一张图示表格上记录体重，两周一次
2. 坚持每天计算热量
3. 每天完成锻炼计划，每一日锻炼序列完成后予以核查并在一个日程表上做上标记
4. 步行要每天进行，每日计划距离完成后予以检查并在日程表上做标记
5. 我的督导员将在她的案头日志上记录我每天是否带去了我的指定午餐，照做了就给予表扬，未照做就给予批评

步骤 3：改变环境因素

1. 每天须做好次日的低热量午餐，放进冰箱，并在门上作一记号以免忘记。不做完这些不得上床睡觉
2. 看电视或学习时，身边放一碗胡萝卜和芹菜梗来嚼
3. 把立体声定时器设定在早晨 7 时，使舞曲录音每天准时开始奏响
4. 早上离家前，把我的轻便跑鞋放在进门过道上，以便下班回家后首先看见它
5. 不再径直去职工餐厅吃午餐，而是到我的督导员办公室，在督导员的监督下吃我的午餐

续表

步骤4:获取有效结果

1. 无论哪个月,只要我达到减轻2公斤的目标,我丈夫将额外在我账户上支付给我50美元。无论哪月我没有达到目标,就罚我付50美元给我丈夫

2. 任何时候只要我放了一碗胡萝卜和芹菜梗在身边,就可以继续看电视或学习。如果没有,就必须立刻停止学习或看电视。我丈夫同意监督

3. 每次做了锻炼,我就可以享受洗一次20分钟的温水泡沫澡;每次未做锻炼,就要洗一次冷水淋浴,用洗涤皂

4. 每次我完成了步行计划,就可花15分钟照料花草。这是我特别喜爱的活动。如果没有做到,我得替我丈夫擦皮鞋

5. 我得把我的指定午餐带给我的督导员,她将在餐厅公开表扬我;如果我没有这么做,她将在餐厅公开批评我

6. 如果我在规定日期实现了靶结果目标,我就将收到我自己的600美元,外加从我丈夫那里得到的600美元,这些钱将用来去加利福尼亚看望一位朋友。如果没有做到,这些钱就全部归我丈夫了

7. 我丈夫同意,任何时候只要他看见我在履行本计划所载的条款,就表扬我

步骤5:巩固收获

步骤5a:评价

1. 在任何为时两周的减肥期,如果我没有减轻1公斤以上,我的咨询师和我将检讨这一计划的要素,并作出必要的调整

2. 我丈夫同意就任何他观察到的阻碍我进步的行为或事件给我提供反馈

步骤5b:维持

1. 达到57公斤体重后,我将继续保持一张体重表以评价我的体重。在任何一个月我的体重超过了58公斤,就恢复实施整个行为计划

2. 我的所有超过10号的衣服都将送给慈善机构

3. 我丈夫将在卧室装一面全身长的镜子,以便我欣赏自己的新体形

4. 我相信我的新行为将在我的生活中变得极其重要,当我作出新行为时就会感到愉快,否则就会内疚

表11-5 行为合同示例

行为合同

我,蓓吉·史密斯同意执行一项减轻体重和锻炼计划,该计划已在前一文件中载明。按照这一计划,我将在从今年6月1日起至明年6月1日止的12个月之内减轻体重22公斤。

我还同意遵守我的行为计划中所述之各项条款,如若未能实现本合同之各项约定,付罚金600美元给我丈夫奥斯卡·史密斯。

签名:蓓吉·史密斯

日期:

续表

我，奥斯卡·史密斯同意履行附加文件中所述之各项条款。我还同意除了上述文件指明的方式外不以任何方式对控制饮食和锻炼计划发表议论或指指点点。 我还同意，如果蓓吉·史密斯成功履行了合同的各项条款，我提供对应的600美元款项。我同意如果蓓吉·史密斯没有履行以上合同的各条，就从她那里接受600美元。 签名：奥斯卡·史密斯 日期：
我，安妮·梅·琼斯，蓓吉的督导员，同意在午餐时间监督蓓吉吃控制餐。我还同意按附加文件所述给予表扬和批评。 签名：安妮·梅·琼斯 日期：

资料来源：Gilliland, B. E., James, R. K., Roberts, G. T., & Bowman, J. T. (1984). *Theories and strategies in counseling and psychotherapy* (pp. 178–180). Englewood Cliffs, NJ: Prentice-Hall.

四、其他行为技术

（一）厌恶疗法

厌恶疗法（aversion therapy）是一种有效但要慎用的技术，一般不主张用于学校，而需在专门的治疗机构由熟练的专家使用。而且往往要求在其他干预措施无效且当事人愿意的情况下才选用这一疗法。因为使用厌恶刺激有一定危险性和副作用。

厌恶疗法的原理也是拮抗条件作用。即设法使一个要消除的行为（这一行为受到某种愉快反应的强化）与一种厌恶反应建立联系，从而使行为人放弃或回避问题行为。以戒酒训练为例，这一过程可见图11–5。

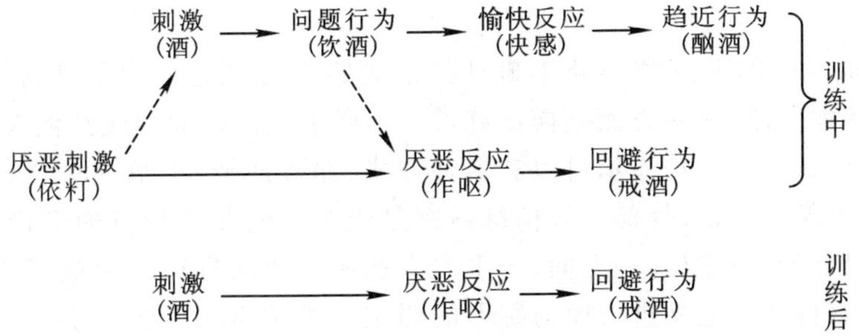

图11–5 厌恶疗法原理示意

在这一戒酒治疗中，先给酗酒者服一种催吐剂依米丁，在药物即将生效前拿来酒并让他喝。这样，当事人饮酒后的反应就不再是通常饮酒后的快感，而是恶心、呕吐这种令人厌恶的反应。如此反复训练后，当事人就会在酒的刺激（看到、听到、嗅到）与恶心反应之间建立条件联系，从而回避酗酒行为。一种用厌恶疗法原理戒烟的程序是让当事人一支接一支地快速吸烟直到恶心（过饱和法）。这样，香烟的味道最终就与恶心反应建立了联系。这一程序称做快速吸烟疗法。但研究表明它单独使用时只有短期疗效。如果结合其他行为治疗技术使用，则效果较好。

引起厌恶反应的刺激通常有电击、化学药物等。另有一种程序不使用现实的物理化学刺激，而运用想象厌恶刺激来代替，这种方法又叫“内隐敏感训练”。

（二）肯定性训练

肯定性训练（assertive training）又译自信训练或自表训练，侧重改善人们在社会性交往方面的不适应行为以及相伴随的焦虑反应。许多人在与他人打交道时表现得被动、畏缩、依赖；或者在自己或他人受到不公正对待时，虽心有不平，却不挺身维护自己的利益和正义；或者在需作出选择、决策的时候，不能轻松地进行决断；或者与某些重要人物如上司、权威、亲近的异性打交道时拘谨、紧张或回避。我们常以“缺乏自信心”来解释这些行为缺失。行为主义的咨询师不假定存在“自信心”这种内在特质，但相信上述困难可以通过肯定性训练来克服。

肯定性训练没有一个一致的固定程式，通常要包括情境分析、实际练习和迁移巩固这样几个环节。情境分析是对需要当事人表现出肯定性行为而他又不能表现出这些行为的情境进行甄别、筛选，并确定在该情境中适宜的反应是什么。实际练习是借助言语描述或想象重现问题情境，当事人在咨询师的指导下通过角色扮演、模仿等方式练习新的反应。咨询师除指导外还提供反馈和强化以促进这一学习。迁移巩固包括处理学习进程中出现的某些新问题（例如当事人在实际生活中的肯定反应招致了他人的攻击），在其他场合运用学到的经验自主产生适宜反应等。

肯定性训练如果与一定程度的认知矫正相结合，效果会更好。我们都知道，不能在人前表现出自信行为，常有一些内在认知上的障碍，例如担心触犯对方，认为凡事“退一步海阔天空”，赞扬别人有阿谀奉承之嫌，等等。在进行行为练习之前，应该对当事人在认知上的具体偏差进行分析和矫正。这对于调动当事人进行肯定性练习的积极性，克服练习过程中的困难，乃至结果的巩固，都有很大价值。

（三）模仿

模仿（modeling）的理论基础源于班杜拉的观察学习理论。模仿实际上包括两个方面：一方面是榜样示范；另一方面是模仿练习。榜样示范是咨询师或其他人向当事人清楚地演示新的适应行为。这种演示可以有多种方式，如咨询师、小组、同伴或他人的实际行为示范，影片、录像和录音，等等。模仿练习则是当事人依照样板行为进行实际演练。在有些情况下，只有榜样示范这一方面，当事人未被明确要求进行实际演练，这称为被动模仿学习。既观察榜样示范又进行模仿练习的叫主动模仿学习。实际上，被动模仿学习在咨询中大量存在，例如咨询师的某些正确反应，咨询师要求当事人对周围人的行为进行观察等，都有模仿学习成分。

在治疗中，咨询师的工作包括帮助当事人确定和分析所需的正确反应，提供榜样行为和随时给予指导、反馈、强化。当然，这些工作也可以由一位咨询师认为合适的其他人（例如当事人的家人或同伴）来做，但咨询师要保持对进程的监督和指导。

模仿技术可应用于多种行为障碍。例如，在一例对恐惧症的治疗中（杨德森，1983），咨询师运用模仿技术并结合其他技术成分，成功地治愈了一位妇女怕脏的反应。该病人极端怕脏，每日花大量时间洗手，洗家什器物，拖地板。咨询师在治疗中自己用手触摸墙壁、地板，甚至鞋底，又用这只脏手拿杯子喝水，还故意把杯口弄脏，再喝杯里的水。然后，咨询师吩咐当事人照做(以上为模仿技术),做完后两小时内不准洗手(反应阻止和冲击疗法)。

(四)操作性条件作用技术和代币法

操作性条件作用技术是一大类行为矫正方法的总称。这些方法都是根据操作性条件作用原理发展出来的。在行为咨询师看来,行为矫正主要涉及三种情况:(1)塑造一个新行为;(2)增加一个适应性行为的发生率;(3)减少或消除一个不适应的行为。艾森克把前两种情况所对应的行为问题称做行为不足,把后一种对应的行为问题称做行为过剩。不同的操作性条件学习方法适用于不同的情况,因此可以把操作性条件学习方法按上述三种情况分为三个子类,即:(1)塑造新行为的方法;(2)增加行为发生率的方法;(3)减少行为的方法。当然,这种划分是粗陋的,有的方法既具有增加行为的功能,又有减少行为的功能。属于第一类的技术有行为塑造、刺激辨别训练、行为链技术。这些技术在训练弱智儿童和有某种特定的行为缺失的人时特别有效。属于第二类的技术有正强化程序、负强化程序、代币法等。第三类技术包括各种消退程序和惩罚程序,以及用于减少行为的强化程序,如低反应率区别强化、无反应区别强化和不能共存反应区别强化。由于代币法经常是各种强化程序实施的中介,且被广泛应用,我们在下面对它作稍详细一些的介绍。

代币法(token economies)是基于条件强化物这一概念而发展出来的。一种原来无强化作用的刺激物经过与真正的强化物建立联系,就获得了强化的力量。这种刺激物就是条件强化物。我们日常使用的钞票是一种最普遍的条件强化物。代币也是一种"钞票",只不过它只在咨询师和当事人之间"流通"。在代币法中,咨询师和当事人约定代币的形态(常用扑克牌、小红星等)、币值(一定量的代币能兑换多少支持强化物)、支持强化物(与代币关联的真正的强化物,如食品、文具)、取得代币的行为标准以及兑换支持强化物的方式等事项,然后就以代币为强化物来改变对象的行为。

代币法有两个明显的优点:第一,它能在有效行为出现后及时、方便地支付(强化)。这样就能用它们来连接目标反应与支持强化物之间的长时间延迟,当行为出现后不可能或做不到马上给出支持强化物时,这就非常重要。第二,代币能有效地应用于一个群体,它是一种一致的强化物。事实上,幼儿园和小学低年级教师一直在广泛使用她们自己的代币法。

建立一个代币体系通常需要涉及以下步骤:

(1)确定目标行为。代币法可以用于塑造新行为、减少不适应行为和增加适应性行为,但更多时候是用于增加适应性行为。确定目标行为的原则与自我管理等方法一样。

(2)确定基线以了解开始代币法前的行为水平,并为执行过程中的评估提供比较数据。

(3)选择支持强化物。这可以通过询问当事人或其他调查方法来确定。在当事人是一个群体时要注意支持强化物须对大家都有吸引力。

(4)选择代币的类型。一般要求代币有吸引力,轻便耐用,不易伪造。

(5)选择能帮助实施管制的人员。在规模较大的代币体系中,常需要其他人来协助管理代币的制作、保管、发放和兑换工作。这些人可以是咨询师的同事、助手,或家长、教师,也可以是体系中的成员。对后一种人员要慎重选择。

(6) 决定具体的实施程序。这又包括:① 设计适当的数据表,决定谁来记录行为数据,怎样记录和什么时间记录;② 决定谁来执行强化(发给代币),怎样执行强化,强化什么行为;③ 确定每个对象每天每次行为能获得代币的数量;④ 建立兑换支持强化物的规则,确定每种支持强化物的代币值;⑤ 如果使用惩罚,规定具体的办法和惩罚标准;⑥ 明确工作人员的职责;⑦ 对潜在问题作出计划。

(7) 可能的话,为当事人和工作人员编制一本工作手册。

(8) 计划使当事人脱离代币,在自然环境中维持学习成效的办法。有两种常用的办法:一是逐渐取消代币,可通过逐渐延长代币发放的间隔时间,逐渐减少赢得代币的数量,或延长目标行为和发放代币之间的时间来实现。另一种办法是逐渐降低代币值,即需要更多的代币兑换原来的某种支持强化物。自然环境中流行的强化物是社会性强化物(如表扬、赞许),因此在过渡时期要寻找能提供社会性强化的有关人员,以保证顺利过渡。

(9) 联系伦理规范考察整个体系和每一步骤,确保该体系的伦理合理性。

(五) 生物反馈治疗

生物反馈治疗(biofeedback)是 20 世纪 60 年代由美国心理学家米勒根据操作性条件作用理论创建的。他首先在动物身上进行内脏反应训练的实验研究,于 1967 年首次获得成功,从而创立了这一崭新的治疗技术。按照传统的观念,骨骼肌(随意肌)是人能够随意控制的,而内脏和腺体等平滑肌(不随意肌)则受自主神经支配,是不能随意控制的。米勒所创立的生物反馈技术第一次打破了这一传统观念,用科学事实证明,通过特殊的学习和训练,人也可以学会随意地控制自己的心脏、血管、肠胃、肾脏和各种腺体等内脏器官的活动,就像随意控制骨骼肌群那样。

生物反馈技术是借助一些实时监测人体生理指标的仪器来进行的。临床上常用的多为记录神经电生理指标(肌电、皮电等)的仪器。现在有许多公司生产生物反馈仪。这种仪器可以实时将当事人的电生理指标以声、图等形式呈示出来,当事人就可以根据这种反馈慢慢练习控制自己的反应。

临床实践证明,生物反馈确实是一种行之有效的行为治疗技术。生物反馈和松弛反应训练相结合,可以使人更快、更有效地学会使用松弛反应来对抗并消除一般的心理、情绪应激症状。在临床上,生物反馈已被广泛地应用于治疗各种心身疾病、神经症和某些精神病。

第五节 行为治疗评价

行为治疗有很多吸引人的地方:明快简洁的风格,以实证研究为根基的原理,可观察可验证的疗效,以及广泛的应用范围,都使人感到它是咨询和治疗领域的一次革命。但是行为疗法也有一些方面遭到诟病和指责。看一看这些批评和行为咨询师的反应是有意思的,或许它能使我们对行为疗法乃至整个心理治疗认识得更深入一些。

行为疗法遇到的第一种责难是伦理方面的。批评者指责它对人进行操纵和控制,这损害了人的基本权利。的确,行为主义心理学家发现了控制人类行为的钥匙。应用行为方法可以“随心所欲”地操纵人做什么和不做什么。华生当年的说法的确有些骇人听闻:“给我一打健全的孩子和我可用以培育他们的特殊世界……我可以把他们训练成我选定的任何类型的特殊人物,医生、律师、艺术家、大商人乃至乞丐、小偷。”行为治疗和矫正确实是对人的行为的控制,这个指责符合事实。对此,行为咨询师的答复是:行为治疗是对人的行为的操纵和控制,但是又有哪一种心理治疗不是对行为进行控制呢?只要是以社会性为特征的生物,相互之间的控制是不可避免的。一部人类文明史,就是一部相互控制史。其他疗法对人的控制无非就是隐蔽一点、间接一点,而人们对此用一个不太刺激的词——“影响”。因此,问题不在于治疗是否对当事人有所控制,而在于这种控制是否有益于当事人和社会。

到此,这个争论很快滑向一个伦理学上争论不清的核心问题:什么对人是有益的?我们可以从第三章看到继续争论的情形。

对行为疗法的第二种批评主要来自心理动力学流派。这种批评是以医学模式为基础的,它认为外在的行为障碍(譬如强迫洗手行为)起因于内在的冲突。从理论上说,只改变外显行为是表面的、无效的,因为内在冲突并未消除,它会导致新的外显行为障碍和症状。因此,直接矫正外显行为的行为疗法只不过是以一种行为障碍替代另一种而已。这一被称为“症状替代”的假设对行为疗法构成了更具实质意义的挑战。它必须在理论上作出答辩,并从实验中检查是否出现了批评者预言的症状替代现象。

在理论方面,行为主义答复说,如果当事人有问题,问题就是非适应性行为本身,而不是什么假设性的内在原因。非适应性行为不是某种内在冲突的表面症状,它之所以发生,根本不是由于发生了某种内在冲突,而是由于学习。假如洗手能引起家人的关注,而这种关注又使当事人在焦虑时觉得好受一些,洗手便可能顺理成章地演变成一种操作性行为。不幸的是,洗手行为本身后来变得不可控制而成了新的痛苦之源。既然如此,治疗洗手行为就是心理治疗的目标,放弃这个直接目标而硬要去寻找某种看不见摸不着的内在症结实在毫无意义。

在实证检验方面,一些研究并没有发现行为治疗的结果出现了症状替代。在多数情况下,研究者发现直接矫正行为既是成功治疗的必要条件,也是充分条件,虽然原因仍不清楚。

虽然症状替代问题最终未能打击行为疗法,但与此有关的一个更基本的问题仍然存在:人的心理是一个整体,它是知(认知)、情(情绪)、意(意志)、行(行为)四种成分合一的。这个常识性的道理谁也无法否认。行为治疗只问其一,不管其他,这有多大可靠性?对于认知功能没有受损的个体来说,外界因素作用于他,首先是引起认知方面的反应。其他成分(包括行为)无一不受认知因素的调节。忽视认知因素,只作外在行为矫正,难道没有舍本逐末之嫌吗?话说回来,这一分析也不会导致人们放弃行为疗法,而只是对它的功能作一些限定。毕竟,从任一因素入手来干预心理障碍都是可行的,至少从理论上说是这样。因此,行为治疗仍不失为一种合理、有效的疗法。只不过它不会对任何种类的障碍都是合理、有效的,而是对那些适于作行为治疗的障碍较为合理、有效。这话听起来有循环论证的味道,然而事实很可能正是如此。

临床心理学家最关心的还是一种疗法的疗效。行为疗法的疗效如何呢?与其他疗法比较起来,它是更好还是较差?已经有不少疗效的比较研究,但由于这种研究存在方法上的困难,结论的可靠性不很高。大致说来,人们同意这样的看法:像其他几种主要疗法一样,行为疗法的疗效是肯定的。行为疗法的疗效如果不是更好的话,至少也不比其他疗法差。对于某些障碍,行为疗法可能是最有效的疗法。

思考·讨论·活动

1. 学习者对行为疗法常常持有极端的态度,要么热烈拥护,要么激烈抵制。在您对行为疗法有所了解之后,请问您的态度属于哪一种?您是喜爱、拥护呢,反感、抵制呢,还是二者兼有呢?请把您拥护什么和反对什么及其理由分别逐一列举出来。请在小组里分享您的看法。

2. 强化和惩罚是塑造行为的核心机制。不知您是否注意到,行为理论从来也没有对强化和惩罚何以能够塑造行为,它们是怎样起作用的,作出恰当的说明。这是为什么呢?您能够试着作出说明吗?如果您作出了说明,请检查一下,您的说明是不是"行为主义"的。

3. 想想您自己有无某个想要改变的行为问题(比如上网时间太多,不能按时作息,害怕社交……)。请按照行为评估的程序和方法,对您的行为问题进行评估,并写出评估报告。完成报告后,请再回顾一下您的评估过程,思考行为评估中的关键点和难点。

4. 每个同学把自己在上一题里所做的自我评估报告交给小组里的某位成员,请他做自己的行为治疗师。同时每位同学也接受另一位同学作为自己的当事人。但避免两个人相互交换做治疗师和当事人。治疗师按照行为自我管理技术的要求,协助当事人做出一个行为管理计划,并协助其完成。在行为评估环节,治疗师可以参考当事人原来的行为评估,但要自己另做行为评估。小组要在这个作业期间定时会面,主要工作是对各个"个案"进展过程提供同伴团体督导。

第十二章

以人为中心疗法

20 世纪 80 年代初，有研究者曾对 800 名临床和咨询心理学家作了一次调查。结果发现，被认为对当代心理治疗最有影响的心理学家中，卡尔·罗杰斯名列第一(Smith,1982)。25 年后(2007 年)，Cook 等再次作了同一调查，罗杰斯居然还是排在首位(Cook, Biyanova, & Coyne, 2009)。的确，罗杰斯及其开创的“以人为中心疗法”在当代心理咨询和发展历史上享有特别的声誉。虽然近些年来，以人为中心疗法作为一个单独的流派不再像数年前那样声名隆盛，追随者众多，但它的一些重要思想，如人本倾向、强调咨询关系、自我概念，等等，已经被大多数治疗体系所吸收，成为整个心理咨询和治疗学科的共同财富。

本书前面有关章节已对以人为中心疗法的若干内容有所介绍。为避免重复，在介绍到相应主题时，只作简单概述。

第一节 概观

一、以人为中心疗法的发展过程

以人为中心疗法的基本体系是由罗杰斯一手发展起来的。卡尔·罗杰斯(Carl Ransom Rogers,1902—1987)(图 12-1)生于芝加哥近郊一个勤劳的清教徒家庭。幼年时受的教育强调德行、勤劳以及基督教的信仰。1922 年，罗杰斯到北京参加世界基督教徒学生联合会，异域见闻使他原有的一套信念受到很大冲击，使他“能够思考我自己的思想，得出我自己的结论，并采取我所信任的立场”(Rogers, 1961b)。这次经历以及从中得到的感受使罗杰斯相信：人最终必须信任、依靠自己的经验，才能做真正的自己。这一思想深深地影响着他日后的人格研究。

图 12-1 卡尔·罗杰斯

按照吉利兰德(Gilliland)等人的看法,以人为中心疗法的发展大体可分为四个阶段:第一阶段以罗杰斯1942年出版《咨询和心理治疗》一书为标志。这本书的副题为"临床实践中的最新概念",正如这个副题表明的,罗杰斯在书中提出了一些重大的、与当时占主导地位的指导式心理咨询取向很不相同的治疗理念。其中一个关键思想是:只有当事人才能够充分、深刻地了解自己。要取得较好的疗效,就要依靠当事人来指导治疗过程。针对当时的心理咨询和治疗由咨询师主导一切的倾向,此时期罗杰斯的体系称为"非指导性治疗"。

第二阶段以《当事人为中心疗法》的出版(1951)为标志。自此以后很长一段时间里,罗杰斯的体系一直叫"当事人为中心疗法(client-centered therapy)"。在这本书中,罗杰斯系统地阐述了这一疗法的理论和实践。其中,关于人的"自我概念"、自我概念与机体经验的关系等理论问题得到更深入、更清楚的探讨和分析。在实践方面,也从重视当事人所说的事实内容转为同时重视隐蔽的情感体验,从而真正深刻、准确地"进入"当事人的"现象世界"。

第三阶段称为"经验阶段"。1957年,罗杰斯从芝加哥大学来到威斯康星大学,任心理学和精神病学教授。这使他有机会将当事人中心理论应用到以精神病人为主的服务对象身上。这个阶段罗杰斯开始有意识地探索治疗中究竟需要什么条件才能使当事人发生改变,并力图使自己的理论受到严格的经验检验。这一努力促使他强调咨询师和当事人之间的"伙伴关系",重视咨询师的态度对当事人的影响,重视双方情感、体验的交流。

第四阶段,也就是现在称为"以人为中心疗法"(person-centered therapy)的阶段,约始于20世纪70年代初。这一名称的改变恰如其分地反映了罗杰斯兴趣重点的转移。罗杰斯强烈地希望把他的体系扩展到传统的心理咨询与治疗领域以外,使之应用于社会生活的不同方面,诸如政治、国家和民族关系、教育、管理、家庭、团体,等等,使当代大多数人过上一种人本主义的、存在主义的个人生活,即超出个人的社会角色的、充分发挥其机能的、整合程度高的生活。在这种帮助活动中,"以人为中心的治疗"强调一种"人-人"关系,而不是"帮助者-被帮助者"的关系。

在其60余年的学术生涯中,罗杰斯的思想一直在不断变革,然而构成他的体系关键内核的那个基本信念——人的幸福建立在充分占有人的本性,"是他自己"之上——却始终没有改变。

罗杰斯于1987年2月去世。

罗杰斯去世以后,心理咨询与治疗领域发生了一个历史性的转变。传统上主要以不同治疗流派"百家争鸣"为主的格局被逐渐淡化,折中主义途径和"辐合论"的途径日益赢得重视,再加上心理学中盛极一时的人本主义思潮已经送走了它的鼎盛期,以人为中心疗法的声势有所减弱。但总的看来,它仍是当今世界上地位比较稳固、影响很大的几种治疗流派之一,同时也是新的治疗模式的主要灵感来源之一(江光荣,2000)。

二、以人为中心治疗的特点

以人为中心治疗的所有特点可以归纳为一点,即强烈的人本主义倾向。这一倾向与心理学中的一个派别——人本主义心理学一致,所以也可以说以人为中心治疗是人本心理学思想在心理治疗领域的体现。

(一) 基本理念的人本主义色彩

心理学的一个根本问题是怎样看待人。在人本主义心理学出现之前,心理学中最有影响的两大学派是精神分析学派和行为主义学派。人本心理学是作为这两大学派的反对力量而出现在心理学舞台上的。它一方面反对精神分析学派从对心理障碍患者的观察去推论人性,认为这样看人得到的是"病态的人";另一方面反对行为主义者从对动物的观察去推论人性,认为行为主义者眼里的人是"大一点的白鼠"。20 世纪 60 年代认知心理学出现以后,人本主义者也反对认知心理学,主张人不是"笨一点的计算机"。人本主义者主张从健全发展的人身上去观察人的基本属性,这样才能正确把握"人是什么样的"这一根本属性。

具体到罗杰斯及其以人为中心疗法,其人本主义精神主要可归纳为这样几点:(1) 相信人本质上是好的,有"善根";(2) 相信人有向好的、强的、完善的方向发展的强大潜力;(3) 相信人能够自我指导,自主自立;(4) 主张心理学应该研究人的价值和尊严,心理咨询和治疗应该为恢复和提高人的价值、尊严作贡献。

(二) 重视当事人的主观世界

以人为中心疗法的哲学立场是现象学和格式塔心理学。罗杰斯认为,一个人的主观经验世界(称做现象场)是他的直接现实。现象的世界是一个整体的世界,其中任何部分都只有从其与整体的联系中才能得到解释。任何一个部分的改变,总是会造成整体的改变。他从何而来,要往何处去,为什么痛苦悲伤,这一切都只有进入他的现象世界才能理解。因此以人为中心疗法反对用一些外在的指标、标准来衡量、评估当事人。其理由除了认为这种诊断或评估容易使咨询师见"病"不见人,容易产生一种自大、自负的执业态度之外,最主要的就是认为这种"从看台上观察当事人"的做法根本无法了解当事人独一无二的主观现象世界。

(三) 反对教育的、行为控制的治疗倾向

以人为中心治疗的基本假设之一,就是当事人有能力自己发现价值,发现问题,并有潜在的个人资源解决自己的问题。所以这种疗法反对咨询师耳提面命式的教导,摒弃由咨询师告诉当事人什么好,什么不好。同理,以人为中心疗法也不主张采用奖励、惩罚等行为控制手段来"治疗"当事人。总之,它反对一切对当事人施加"影响"的做法。

(四) 由当事人主导治疗过程

因为咨询师总是不如当事人更了解他自己,所以会谈的主题和方向应交给当事人掌握,由当事人选择。咨询师信任当事人有能力主导治疗进程,并且相信没有咨询师的指导性的干预,当事人能够更自由地自我探索,从而获得对自己最有价值的收益。

(五) 咨询师做当事人的"朋友"和"伙伴"

在以人为中心的治疗师看来,咨询师在会谈中能做的最好工作是创造一种气氛,一种能够让当事人(也包括咨询师自己)不感到威胁和限制,能够自由地感受情感、探索自我的氛围。要做到这一点,首要的条件是建立、发展和维系双方之间的咨询关系。这种关系的特点是真诚、理解和信任。因此,咨访双方应该做脱去了角色面具的朋友,像一对结伴

到个人内心世界进行“探险”的伙伴。

第二节 基本理论

一、罗杰斯眼里的人

（一）人的本性

人本主义者都承认人有本性。罗杰斯不赞成人的本性是后天学习的说法，他认为人不是白板，不是胶泥；人是天生就有某些心理趋向的，人是有本性的。这个思想源于他认为“凡生物就有本性”。狮子是吃肉的，老鼠是胆小的，每种动物都有他本身的特性。罗杰斯将生物本性界定为：“该物种的一些共同属性，体现着该物种的一般特点”（Rogers，1957）。人性同样也是先天的，是这个物种的共同属性。对于人的本性，我们不能去反对它，而应该接受它，并且按我们本性的指引来生活。同时，他认为人的本性事实上是积极的、建设性的，是指向与其他人建立密切的个人关系的。虽然罗杰斯也承认人可以为恶，而且常常为恶，但他强烈地认为，那不是人的本性的反映，而是别有原因。所以“以人为中心疗法”的核心思想之一，就是强调人要顺从自己的本性去生存。

（二）实现趋向

集中体现罗杰斯人性观点的概念是“实现趋向”。罗杰斯假定实现趋向是人身上的一种最基本的、统御人的生命活动的驱动力量。他认为，在人类有机体中有一个中心能源，它是整个有机体而不是某一部分的机能。也许最好是把它定义为对有机体的履行、实现、维持和增强的趋向（Rogers，1980）。事实上，在罗杰斯的心目中，这是一切有机体的共有属性，差不多和“生命”一词等义。它是任何生物天生就赋有的、体现生命本质的东西。实现趋向最充分的表述就是“朝充分发挥机能的方向前进”。正如另一位人本主义心理学家马斯洛以形象的说法所表达的那样：“一颗橡树籽可以说‘迫切要求’成长为一棵橡树；一只虎仔可以看成正向老虎的样子‘推进’……”（马斯洛著，李文湉译，1987，p. 144）实现趋向的含义大体上是，生物要求将其由遗传赋予的潜在的性状充分表达出来，要求将自身所赋有的机能（在人，包括人的各种身体的、心理的机能）充分发挥出来，而所有这些表达这些发挥，从某个特别的角度来看，是有方向的。这个方向如罗杰斯所说，是向上、向前，积极的，建设性的，创造性的。实现趋向是罗杰斯体系的基石，以人为中心疗法的许多概念和原理，都与这个概念有密切的联系。

进一步分析的话，实现趋向包括两个方面：（1）生物学方面，指一切生物共有的成长、成熟趋势；（2）心理方面，表现为人独有的自我实现趋向。这种实现趋向赋予人强大的生存动力，顽强地追求发展。例如，刚开始学步的孩子，一次次跌倒，很痛，照行为主义学习理论的道理，这孩子会不再尝试，然而事实是孩子想走的愿望反而增强了，因为行走是他的实现趋向所要求的。

（三）机体智慧和机体估价过程

个体所遭遇的一切，他生活中发生的任何变化，最终都要衡诸实现趋向来确定它们对于个体的意义。符合实现趋向的，有助个体成长、发展的，对人具有积极价值，反之则具有消极价值。这就有一个问题：怎样判断一个事件、一个外部影响是积极的、符合实现趋向的呢？罗杰斯对此有一个独特看法。他不去寻找某种外部标准，而是假定生物体自身有能力作出这种判断。这种能力源于有机体本身，是一种“机体智慧”(organismic wisdom)。个体具有的机体智慧表现为他能通过一种“机体估价过程”(organismic valuing process)来评价什么是好的(符合实现趋向)，什么是不好的(阻碍实现趋向)。在人身上，这种机体估价的直接体现形式是感受或体验。那些同实现趋向一致的体验是令人满足的，因此使个体倾向于接近和保持之；那些同实现趋向相矛盾的体验是令人不快的，因此引起回避反应。这样看来，机体估价过程实质是一种把经验与自我实现趋向相协调的反馈机制。

(四) 人性基本可以信赖

实现趋向也好，机体估价过程也好，都是诉诸个人自身的。如果这就是人的本性的话，我们仍免不了担心：这种从个人出发，为个人生存而活动的本性，一旦跟环境中的他人相互作用，跟社会发生关系，不会妨碍他人、损害社会利益吗？对此，罗杰斯的回答是：人性基本可以信赖。他说：“人的基本属性自由发挥作用时是建设性的、可以信赖的……当我们能把个人从防御中解放出来，使他对自己广大范围内的需要和对广大范围内环境与社会的要求全都开放时，可以相信他的反应是积极的、前进的、建设性的。我们无须问谁将使他社会化，因为他自己的最深切的需要之一就是与人亲近和交往……我们无须问谁将控制他的侵犯冲动，因为当他对他所有的各种冲动都更为开放时，他希望得到他人的爱和给予他人以爱的倾向将如同他想与人争斗或为自己攫取东西的冲动一样强烈……在这些方面和其他各个方面，当他对他所有各种经验全都趋向开放时，他的全部行为将成为更平衡、更现实的，这种行为是适合一个高度社会性的动物的生存和提高的。”(Rogers, 1961b, p. 194)

综合以上几点，我们可以把罗杰斯对人的基本看法归纳为三句话，即：人性规定了价值，有助自我实现者为有价值，阻抑自我实现者为无价值或否定性价值；人性知道价值(通过机体估价过程)；人性的个人性与社会性是统一的、一致的，应该信任人性。

既然如此，心理咨询和治疗的最高目标就应该是恢复人的本性，帮助人按其本性的要求去生活，使其更丰富；帮助人更好地自我实现，更自由、更充分地发挥其潜在的生命机能。

二、人的主观世界——现象场

在罗杰斯看来，与其说个体生活在一个客观现实的环境中，不如说他生活在自己的主观经验世界之中。这个主观的经验世界称做“现象场”(phenomenological field)。一个人在现实世界中如何观察，观察到什么，有什么感受，是因人而异的。因此，每个人的现象场都是独一无二的。这个主观的现象世界才是这个人的真正的现实，因为他的行为、思想、感受直接由这个主观世界来决定。正是由于这个原因，不同的人对同样的刺激、同样的事件会作出不同的反应。

罗杰斯依据现象场理论作出了一个重要推论，而这个推论是他治疗的指导原则之一。这个推论是：个人的知觉世界是他的直接现实，只有个人自己才能真正地、完善地了解自己的经验世界。旁人(包括治疗者)永远不可能像当事人自己那样好地了解当事人。这就是治疗过程要由当事人来主导的原因。

三、自我

罗杰斯的自我理论是其人格理论的核心,故罗杰斯的人格理论常被称为人格的"自我理论"。自我理论又是他关于心理失调的理论基础。

(一) 自我的结构和内容

自我是从一个人的现象场中分化出来的一部分,在一个人的现象场中具有核心意义。在罗杰斯看来,自我不等于自我意识,而是自我知觉(或意识)与自我评价的统一体。它主要包括:

(1) 个人对自己的知觉及与之相关的评价。例如,"我是个坏男孩"。"男孩"是知觉认识,"坏"是评价。

(2) 个人对自己与他人关系的知觉和评价。例如,"人们都不喜欢我"(知觉)。潜隐的评价可能是"我不好","这很令人伤心",等等。

(3) 个人对自己与环境关系的知觉和评价。例如,"这个公司能让我发挥自己的才干"。

(二) 自我的形成

在婴儿最初的经验世界——现象场中,一切事件都是混沌一片的,孩子并没有"我"的概念。随着儿童与环境和他人的相互作用,他开始慢慢能把自己与"非自己"区分开来。有关自己的种种经验就从现象场中分化出来,形成了他的最初的自我(Rogers,1951)。

在儿童开始有了初步的自我概念后,人的实现趋向开始转变为自我实现趋向。孩子在自我实现趋向这种基本动力的驱动下,在环境中进行各种活动,与他人发生相互作用。在这种活动和相互作用过程中,孩子会产生大量的经验(孩子知觉、感受到的一切事件)。通过机体估价过程的自动作用,有些经验使孩子感到满足、愉快;有些经验使孩子体验到不满足、不愉快。孩子便逐渐在意识中赋予那些感到好受的经验以积极的评价,赋予那些感到难受的经验以消极评价。由于有了这种有意识的评价的指导,孩子就在今后的活动中倾向于寻找、保持那些积极经验,回避那些消极经验。应该说,这样的发展是最理想的发展,因为孩子寻找的那些经验恰恰是有助自我实现的经验。但是,一个特殊的情况使得这种理想的发展常常受到干扰。

(三) 价值条件和自我的异化

在孩子寻求的积极经验中,有一种是受到他人的关怀(尤其是父母的关怀)而产生的体验,还有一种是受到他人尊重而产生的体验。换句话说,孩子有了关怀和尊重的需要。这种对重要他人的爱的需要甚至压倒了自我实现的需要。不幸的是,这些需要的满足取决于他人。大多数父母总是根据孩子的"表现",即孩子的行为是否符合父母的价值标准、行为标准,来决定是否给予孩子关怀和尊重。换句话说,父母(也包括他人)的关怀和尊重是有条件的,这些条件体现着父母和社会的价值观。罗杰斯称这种条件为价值条件。儿童反复地从自己的行为后果体验这些价值条件,迟早会懂得什么是好行为,什么是不好的行为；懂得怎样想、怎样做是好孩子，怎样想、怎样做是坏孩子（实际上这是大人的标准）。然后孩子会把这些价值观念内化，将它们变成自我结构的一部分。当这种内化了的价值观念和行为标准形成以后，儿童人格发展中的一个重大事件——罗杰斯常把它看成一个可悲的事件——就发生了：儿童的行为不再受机体估价过程的指导，而是受内化了的社会价值规范的指导。或者更准确一点地说：儿童被迫逐渐放弃机体估价过程，而依据自我中内化了的社会价值规范去评价经验。这意味着儿童的自我和经验之间发生了“异化”（estrangement）（Rogers，1959，p. 226）。

四、心理失调和心理适应问题

当一个人的自我和经验之间出现了不一致、异化时，会发生什么事情呢？照罗杰斯的看法，个体会在潜意识中感到这一经验具有威胁性。感受到威胁的直接表现是焦虑。焦虑产生后，防御过程就会启动。防御过程是阻止经验和自我的不一致被揭露，维护自我结构的完整性，从而维持自我关注的一种手段。这一防御过程可借助不同的方法来实现，如：(1) 选择性知觉——只允许那些与自我价值感（价值条件）相一致的经验被意识到；(2) 歪曲经验——将与自我不一致的经验从认知上予以歪曲，使之与自我一致；(3) 否认——否定经验的真实性。例如，一个在学习能力方面自我概念很差的学生，会把考试得了一个好分数这个经验看成“瞎猫碰上死老鼠”或“老师改卷搞错了”（歪曲）；一个在性观念上受到很深的封建道德观影响的妇女会否认自己有任何性欲要求（否认）。这些心理活动被称做防御过程。读者可以发现，罗杰斯的这种看法与弗洛伊德有一致之处。

在罗杰斯看来，只要经验与自我之间存在不一致和冲突，只要个体否认或歪曲经验，这个人就存在心理失调（incongruency）。因此，几乎一切人都会体验到失调，只是程度轻重有差别罢了。失调程度较轻的人对经验较为开放，否认、歪曲经验的比重较小，客观、准确地知觉经验的比重较大。失调程度严重的人则相反。

失调不等于心理适应不良（maladjustment）。在许多时候，当个体预感（subception，或译“阈下知觉”，指对经验没有完全的意识，而是某种模糊的觉察）到某个经验与自我不一致时，虽然也会产生焦虑、紧张，但通过防御过程，他能够成功地掩盖这种不一致或失调，不使自我结构受到真正威胁，从而使自我的价值条件得以维护。他的焦虑会降低或消除，因而不会出现很严重的烦恼。只有当他的防御手段失效，不能成功地歪曲或否认经验和体验，才会出现烦恼和紊乱，出现“神经症性”的适应问题。因为在这种情况下：(1) 个体因预感到经验和自我失调的威胁而产生焦虑；(2) 因防御失败而致经验和体验得到完全、明确的意识，个体不得不面对这些他力图否认的经验；(3) 自我和经验的对立非常明显，而个体又无法使之协调，完全失去控制局面的能力。总之，当一个人意识到“我是怎样”，同时又认为“我不该这样”的时候，内部的紊乱就不可避免。

在以人为中心疗法看来，不存在像精神障碍分类系统（如 DSM）中那样一个个具体的独立的病种，适应障碍只有程度的差别而没有种类的差别。所有障碍的根源都来自自我概念与经验之间的不一致或失调。内部紊乱最严重的情况是精神崩溃，整个精神结构解体，类似于精神分裂症。紊乱程度稍轻的则表现为焦虑、恐惧和抑郁等情绪反应，类同于神经症。总之，心理适应障碍的共同的、基本的特征就是这个人不再能像一个正常人那样有效地发挥其心理机能。

我们把以人为中心疗法的基本思想归纳如下：

(1) 个体天生就有一种实现趋向。在个体的自我开始形成以后，这一实现趋向主要表现为自我实现趋向。

(2) 机体估价过程总是与实现趋向一致。信任机体估价过程，依赖它的指导，就能发展出一种健康的自我概念，就会最大限度地减少对真实经验的歪曲和否认，从而促进自我实现。

(3) 由于在发展过程中个体或多或少地摄入、内化了外在的价值观，自我中的这一部分越来越多地支配着个体对经验的加工和评价。

(4) 当经验中存在着与这部分自我不一致的成分时，个体会预感到自我受到威胁，因而产生焦虑。而自我发展较好，无效的、有害的自我概念较少的个体，能够较为开放地对待任何经验，因而不太可能感到威胁和焦虑。

(5) 预感到经验和自我不一致的个体，会运用防御过程（歪曲、否认、选择性知觉等）来对经验进行加工，使之在意识水平上达到与自我一致。如果防御成功，个体也不会出现明显的适应障碍。

(6) 如果某个经验特别重大，或者由于别的原因，个体无法通过防御过程使之与自我概念协调，而受到威胁的这个自我概念又在自我中具有重要地位，就会出现心理适应障碍。即个体面对内在矛盾束手无策，无能为力，自我不再能发挥其机能。

(7) 因此，心理适应问题的根源在于个体自我中那些无效的、与其本性相异的自我概念。

第三节 治疗过程和策略

一、治疗的目标

以人为中心治疗的基本目标可以说是"去伪存真"。"伪"就是一个人身上那些价值条件化了的自我概念，或者说由这些自我概念衍生出来的生活方式，即思想、行动和体验的方式。"真"就是一个人身上那些代表着他的本性，属于他的真正自我的思想、情感和行动方式。罗杰斯常用"变成自己"、"从面具后面走出来"这样的话来表达以人为中心的治疗目标。在《成为一个人意味着什么》一文中，罗杰斯这样谈到心理治疗希望在当事人身上产生的变化："他……变得愈来愈接近他真正的自己。他开始抛弃那用来应付生活的伪装、面具或扮演的角色。他力图发现某种更本质、更接近于他真实自身的东西。"(Rogers, 1961, p. 109)

一旦去伪存真的工作得以完成，当事人似乎变成了一个新人，一个"充分发挥机能的人"。充分发挥机能的人起码在以下几方面有根本的变化：

(1) 他对任何经验都较为开放，也就是说，他不再对经验进行取舍，歪曲和否认某些经验。他变得更能够了解源于自身机体内部的情感和态度，也能够更客观、更准确地认识现实，而不是穿着一套防御盔甲置身于经验世界中。他能够自由地体验并意识到对己对人的爱、恨、气恼、失望等情绪状态；他能看到“并非一切树木都是绿的，并非一切男子都像刻板无情的神父，并非一切女性都拒人于千里之外，并非一切失败都证明自己毫无是处……”（Rogers，1961，p. 115）。

（2）他的自我结构变得能与其经验相协调，并能够不断变化以便同化新的经验。他变得越来越感到他对经验的评价是立足于自身的，是用自己的心、自己的眼去看待一切，而不再寻求他人的赞同或否认，不再依赖他人提出的生活准则，不再依赖他人来帮助自己作出决定或选择。总之，他这时能感到自己是为自己活着，自己对自己负责，完全真诚地对待自己。

（3）他变得更信任自己的机体，充分利用机体估价过程而不是价值条件来评价经验。“他们越来越深刻地发现自己机体的可靠性，认为它是一个最好不过的工具，因为它能够在任何新的环境下找到最恰当的行为方式”（Rogers，1961，p. 118）。虽然机体给出的信息也可能出错，但由于人对经验的开放，一旦出错即可知道，并迅速修正。他不再害怕自己的情感反应，他能够信任、欣赏自己源于机体的丰富情感。良心不再是一个铁面无情的检察官，而能够与机体感受和睦相处。

（4）他愿意享受变化的过程，而不是追求达到一种理想、满意然而固定不变的状况。他愿意生命像流水，愿意体验这种此时此刻正在进行的流动、变化，承认生命的意义存于这流动过程之中，而不是为了一个“目的地”而生活。

可以看出，以人为中心的治疗目标总是表述得较为笼统，较为一般化，而不够具体确切。这是因为它把咨询看做整个人的改变，而不是某个症状、某个问题的改变。罗杰斯相信，人的心理机能活动具有整体性，是一个通体相关的组织系统，任何一个部分的变化都会涉及整体。因而要从整体变化去了解部分的变化。由于这个考虑，以人为中心的治疗不以问题解决模式为然，不以特定的策略、手段去追求某个问题的可观察的改变。

二、咨询和治疗过程

由于以人为中心的咨询和治疗过程既不以问题为中心，又不具有明确具体的目标，而是“以人为中心”，以整体改变为目标，故初学习者常感到困惑。“如果我连他的问题是什么都不清楚，我怎样能帮助这个人呢?”“如果当事人自己也不知道他想要什么，我又能为他做什么呢?”这些都是常见的疑问。也许，学习以人为中心疗法最好的途径就是作为一位当事人亲自去参加治疗。一次完整的治疗经验要比文字描述有用得多。作为一种不得已的选择，让我们尝试分别从当事人的角度和咨询师的角度来看看治疗过程的情形。

（一）咨询过程中的当事人

在咨询的起始阶段，当事人经常表现出这样一些态度、情感和特点：（1）对咨询师、咨询本身有疑虑，不放心。不能断定接受咨询是否明智。（2）对自己生活中的经验的感受要么没有有意识地省察过，要么没有表达出来。换句话说，当事人对经验的感受没有自知之明。（3）经验事物的方式受习以为常的价值条件倾向的束缚，个人对这种方式从没有反思过。换句话说，他们习惯性地根据社会规范、外在的道德标准或别人的价值观来评价自己的态度、行为和情感。（4）表现出或公开或隐蔽的消极态度，焦虑、自疑、责难他人。

(5) 很难接受对自己负责任、为自己活着的想法,相反,总是力图使自己相信,自己对别人负有责任。(6) 看待事物的方式机械刻板,难以在对象与经验、感受与事实、外在情境与自己对情境的信念之间作出区分。(7) 觉得向人谈论自己的情感、困难和情绪体验很难开口,视为畏途。

在咨询逐渐推进的过程中,咨询师以支持、参与的态度加入咨询关系,设法创造一种使当事人能够自由、自主地进行自我探索的条件和气氛。在这种气氛和条件下,当事人逐渐对进行自我心灵“探险”变得积极起来。在这种充满惶恐、喜悦、疑惑、痛苦、顿悟的探险历程中,沿着积极的方向,在态度、情感和认知等各方面取得进步。这些进步的主要方面有:(1) 对咨询和咨询师,对接受咨询的担心和疑虑逐渐消除,代之以积极的态度和情感;(2) 逐渐能够识别和表达先前否认的情感体验,能够越来越坦诚地交流这些体验;(3) 逐渐能够越来越多地意识到内部的体验,对整个机体自然产生的感受能够意识到并认可、接纳它们。总之,对随时随地流过心头的一切,无论是积极的还是消极的,都更开放、更坦然,有一种挣脱束缚的解放感;(4) 不再从外部的标准、外在的眼光来评价自己的思想、情感和行为,而代之以内部的、自己的评价,并无条件地体验到价值感;(5) 消极态度、自我怀疑、焦虑以及责难他人的倾向逐渐减少,变得越来越乐观、平静、自我接纳,以建设性的、现实的态度对待他人的所作所为;(6) 接受对自己的行为和选择负责的处世原则,不再感到须对别人的行动和选择负责,对此越来越坦然;(7) 变得能够清楚地区分对象和经验,感受和事实,外在情境和自己的信念。

(二) 咨询过程中的咨询师

以人为中心治疗的咨询师在咨询过程中的表现很有些“清静无为”的特点。事实上,罗杰斯的确非常景仰中国古代哲学家老子的思想。他最喜爱《道德经》五十七章的一段话:“我无为,而民自化;我好静,而民自正;我无事,而民自富;我无欲,而民自朴。”以人为中心疗法也有点像禅宗的修炼方法:让修行者“自悟”。

然而这种无为并非真的什么也不做,正如禅宗的学习也要靠某种情境、条件的促动一样,以人为中心的咨询也是有条件的。这种条件就是咨访双方的关系。按照罗杰斯的看法,如果在咨询师和当事人之间发展出了一种相互信任、无条件地接纳对方、真诚坦率、愿意倾听彼此心灵的自然流露的关系,就能够最有效地促进当事人在自己的心灵世界作“探险旅行”,促使当事人发生前面说的改变。

所以,以人为中心的咨询师在咨询过程中不是把注意力放在当事人有什么问题,这种问题因何而发生,应该运用什么特殊技术帮助他克服心理困难这样一些问题上,而是放在设法建立一种理想的咨询关系,营造一种特殊的交流气氛上。

罗杰斯就如何创造这种助人关系发表了大量看法。综合而言,咨询师应该表现出下列一些个人特点、态度和人际反应方式:

(1) 咨询师自己要体验到内在的协调,要作到对自己真诚一致。即咨询师所意识到的自己的情感和态度与他实际体验到的情感和态度是一致的。他不能嘴里赞同对方,实际上却感到(并非意识到)恼火、猜疑;同时,把这种真诚的态度自然而然地表露出来,传达给对方。不能言语在传递一种信息,语调、身体在传达另一种信息。这两者的关系是,先有对自己的真诚一致,才可能让他人感到你的真诚一致。

(2) 不对当事人这个人以及他的感受和行为作评价,不把外在的价值观和标准强加给对方。这使当事人不感到有来自外部的威胁(譬如失去咨询师的关怀和尊重),能够放心地去体验内在的情感、矛盾和威胁。同时能让他意识到,他的生活是他自己的,没有什么外部评价能改变这一点,从而使他成为一个自主的、替自己负责的人。

(3) 满怀热情,投入地去倾听当事人。以同感的态度,用当事人的眼光来理解当事人,尽可能准确甚至比当事人自己还要准确地体察对方,并把自己的这种体察表达出来。

(4) 无条件地接纳对方,把对方作为一个完整的个人来接纳,而不是有条件地接纳,不是只接纳他的(符合咨询师自己的态度的)某一部分。通过言语、声调和非言语行动传达对当事人这个人的接纳、理解、尊重和珍视。

(5) 尽力向当事人传递对他的无条件的关注,不戴专家、权威的面具,没有"我帮助你"这种疏离态度,像两个平等的朋友那样,关怀对方,喜爱对方。

(6) 保持自己的独立性,向对方传递出这种独立性;同时向当事人传递自己对对方独立性的尊重,信任他们自己对自己负责的能力。双方都不必需要、依赖对方的认可和赞同,不必取悦、逢迎对方。

以上各点,经常被归纳为同感理解、真诚一致和无条件的积极关注这三项关系条件,我们在第五章已作过较详细的讨论,这里不再赘述。

三、咨询过程中的重点

如果以为以人为中心的治疗过程完全是由当事人主宰,随便谈什么都听其自便,那也未必符合事实。实际上,咨询师一直在通过自己有选择的反应引导当事人侧重注意某些东西。所有的侧重点都指向一个东西,那就是当事人对情感或感受的体验。前面说过,以人为中心的治疗认为,产生心理困扰的基本原因是当事人自我拒绝、歪曲或否认了许多经验,这些经验中包括他的情感或感受。因为这些感受来自他的机体,反映着他的本性要求,而当事人的价值条件化了的自我隐隐感到它们具有威胁性,因而通过防御过程歪曲和否认之。通过让当事人探索这些感受,重新体验、认识它们,就能逐渐消除经验与自我的失调。

仔细分析的话,对感受的探索可以包括触及、体验、识别、接受和表达等不同环节。触及是隐隐约约、模模糊糊地觉得自己心有所感这样一种状态;体验是让这种感受清晰地从心头流过,明确地意识到它、品味它的过程;识别是了解这是一种什么感受;接受可以说是一个态度改变过程,包括承认这是我的感受,反思为什么我以前不能接受它,以及其他更广泛的改变;表达就是向有关的人、生活中重要的人表露这种感受。当然,在实际会谈中较少有这样循序渐进的探索,但肯定涉及其中的一个或几个环节。兹举一例看看咨询师是如何运用倾听技巧支持当事人进行情感探索的:

当事人:我很难去感受,有时候我搞不清楚我感到的是什么。

咨询师:你时常未曾意识到在你心头流过的是什么情感。

当事人:是这样。我相当难以搞明白我正感到什么,更不用说把那感受告诉别人了。

咨询师:所以,你也感到很难让别人懂得它们如何触动了你。

当事人:嗯,我总是把情感封闭起来,它们令人不安。

咨询师:不清楚你体验到什么情感,这令你不安,而假如你明白是什么情感,也令你不安。

当事人:有几分如此……在我小时候,如果我发脾气就会受到惩罚;如果我哭闹,大人就把我塞到我的房间里,并告诉我不许哭。我记得有时候只是高兴和嬉闹,也有人告诉我别疯,安安静静的。

咨询师:所以很小的时候你就懂得,你的情感会招来麻烦。

当事人:每当我刚刚开始要感受到什么的时候,就什么也没有,或者弄得像一团乱麻。就这样,我认为自己没有权利感受愤怒、性欲、欢乐、悲伤,或者随便什么。我只该做我的事,好好的,不要有抱怨。

咨询师:你仍然相信,把你的感受封闭起来,不表露它们,这样更明智一些。

当事人:对!尤其是对我丈夫和孩子们。

咨询师:你的意思是说,你不让他们知道你内心的情况。

当事人:呃,我对他们会对我的情感有兴趣这一点,太没有把握了。

咨询师:好像他们的确不在乎你内心的感受。(此时当事人哭了)此刻你感到了某种东西。(当事人继续哭,一段沉默)

当事人:我感到好难过,好绝望。

咨询师:你看,现在你能够感受,也能向我谈论它。

在这段谈话中,当事人从模糊地触及自己的感受,到体验它并向咨询师表达出来,但接受它的工作还要进一步去做。

在会谈中,当事人常常习惯于谈事情,谈别人,谈“要是……就好了”,而有意无意地忽略自己的感受。咨询师则力图选择性地注意他的内在感受,无形地使会谈集中在探索情感体验上。

四、咨询策略和技术

前面说过,以人为中心治疗不追求特殊的策略和技术,而是把重点集中在创造一种良好的关系氛围上,使得当事人能够自由地探索内在感受。在这样做的时候,可以说咨询师最大策略的就是把他自己作为一种工具,把整个人投入关系中去,通过表现自己的真诚、关切、尊重、善解人意来创造出所需要的那种关系。从这个角度说,与其把以人为中心的治疗看成“治疗”,不如看成两个真诚相待的朋友的交心换心。

罗杰斯在《协助关系的特征》一文中,谈到了如何建设一种有治疗作用的关系。罗杰斯的体会共有10点(Rogers, 1961a)。

(1)我能否让对方觉得我是值得信任的,是可靠的,以及在某种深刻意义上是表里一致的?这一点谈的是咨询师要想建立好的咨询关系,就要作到真诚,作到表里一致,“是其所真是”(be whatever he deeply is)。

(2)与此有密切关系的一个问题是:我是否有足够的表达能力,使我能将自己的意思毫不含混地传达给对方?是指咨询师要对自己的感受保持敏感性,而且能够接受自己的感受。

(3) 我能否让自己体验到一种对别人的积极态度——即温暖、关心、喜爱、感兴趣,以及尊重? 大多数人很难对人自然而然地产生亲近感。因此,咨询师是否能够做到对当事人的积极关注是影响咨询关系的一个因素。

(4) 我是否有足够的力量,使自己可以和对方分开来? 罗杰斯强调咨询师要有独立性。只有咨询师自由地体验到自己是一个独特的个体时,才能够更深入地进入对对方的理解、接纳中去,而不会害怕失去自己。

(5) 我自己是否有安全感,从而能够允许对方拥有他自己的独特性? 咨询师允许和鼓励当事人自由自主,尊重当事人人格的独立性。

(6) 我能允许自己完全进入他的感受和个人意义的世界里去,并且像他一样看待这些感受和意义吗? 咨询师能否作到同感理解,或者说,至少在试图作到同感理解?

(7) 我能不能接纳当事人向我呈现出来的每一个面相(aspects)? 咨询师能否作到无条件的积极关注?

(8) 在这种关系中,我是否较为敏感,留意我的举动不致让对方感到受威胁? 咨询师能否给当事人一种安全感,创造出一种安全的氛围?

(9) 我能不能帮他解除外在评价的威胁? 咨询师能否对当事人采取不评价的态度?

(10) 我能否视对方为一个正在"形成"过程之中的人,或者我是否宁愿受他的过去还有我的过去的束缚? 咨询师是否视当事人和自己是有无限潜在可能性的,可以改变的,具有内在发展能力的人?

在技巧方面——如果说有技巧的话,那么以人为中心治疗的主要技巧就是倾听技巧:开放式询问(并不常用)、释意、情感反映、鼓励、自我揭示,等等。以人为中心治疗很少用影响性技巧。事实上,以人为中心的治疗者经常会遇到当事人要求给予指导、解释的压力,尤其在开始阶段当事人还不习惯这种无指导、不引路的咨询方式的时候。面对压力,咨询师一方面表达理解对方的不满,另一方面又"顽固地"不予指导。直到最后,当事人终于领悟到别人的指导不起多大作用,或者不再对获得指导抱希望,而端正态度,靠自己,自己对探索负责。到了这个时候,会谈就比较有效率了。

第四节　以人为中心疗法评价

一、以人为中心疗法的贡献

从心理咨询和治疗的发展角度看,以人为中心疗法的一个主要贡献恐怕是它对咨询关系的研究(Cain, 1990)。它先是从实践中发现了咨询关系对促成当事人改变起到至关重要的作用;然后又从理论上阐明了何以咨询关系会导致积极改变;最后,它令人信服地提炼出良好的咨询关系应具备的一些基本要件。正如我们已多次说明的,发展咨询关系,培养真诚、同感理解和无条件积极关注等关系条件,这已成了绝大多数咨询师的共识,成了当代心理咨询和治疗实践的共同基础。

以人为中心疗法的第二个贡献是它对人的能力的积极信念。这种能力一是当事人的自我指导能力,一是自我负责的能力。很难说这种信念有没有根据。但一旦咨询师怀着这样的信念去对待当事人和咨询,它本身似乎就会创造一种神奇的力量,推动咨询取得进展,推动当事人发生改变。

罗杰斯关于自我概念的发展受早期教育环境(尤其是父母)影响,通过价值条件作用而内化的论述,虽然可以明显看出受弗洛伊德的影响,但无论从经验研究还是常识来看,都是令人信服的。笔者也能接受由于自我排斥某些对机体有益的经验而导致适应障碍这样的"病因学"理论。有越来越多的人相信,个体的自我概念,尤其是个人的自尊-自卑情况,对人的心理生活有着极为广泛和深刻的影响。

最后应提到的一个贡献是,以人为中心疗法强调咨询师这个人,他的人格和态度的作用,而不是方法技巧的作用,这对咨询师形成自己的咨询思想是有积极意义的。笔者并不赞成以人为中心疗法的轻视方法的倾向,但笔者认为把咨询师的人格和态度摆在具体方法技术前面是合理的。

二、以人为中心疗法的局限

以人为中心疗法连同其人本心理学思想也受到不少批评(参见江光荣,2000)。其中主要有如下一些。

首先,它的整个体系透露出一股强烈的轻视理性的气息。以人为中心的治疗把人的感受摆在第一位,强调治疗要使当事人能够自由地体验和拥有自己的感受,并借此实现治疗的效果。这有一定的道理。接受心理治疗的当事人,在心理上往往有太多的负担,他们对自己有不切实际的高要求,对自己的表现总是不能满意;他们脑子里装满了道德律条和价值规范,要求自己是圣人、贞女、贤妻良母或者好丈夫好父亲。一事当前,他们第一反应是"照道理应该如何做"。总之,道理、规矩、伦理、义务……是他们生活的指南。用罗杰斯体系的语言来讲,这些人有太多的"价值条件",他们背负着沉重的包袱,过着过于理性化的生活。对于这些人,的确可以用罗杰斯的概念说他们迷失了自我,远离了自己的本性。这些个体需要的是从这些内化但又是异己的力量中解放出来。而信任自己的机体、直觉等的指导,不失为一条回复本性的道路。

但是,如果由此就全部否定理性的价值,甚至要求一切人过一种"跟着感觉走"的生活,就是偏颇的。人对生活价值的选择和评价,既不依据他们认为这种选择正确,也不需要逻辑的合理性,而主要依靠人的直觉性质的感受,这对绝大多数人来说,恐怕都是难以接受的。从理论上说,人的本性中难道就不包括人的理性吗?因此,以作者的见解,心理治疗中一定程度的"反理性"可能是合理的甚至是必要的,但它不应成为要求人以及人的健康生活的基本标尺。

其次是这个体系的个人主义取向。心理学史家舒尔兹曾评论说,罗杰斯的体系"看来缺乏对他人的责任感和清楚明确的目标和目的。这一理论好像是鼓励个人过一种完全自私和率性而为的生活。它强调的是体验、感受,完全为自己而活着,而没有相应地强调对事业、目标或人的爱、奉献和义务……机能充分发挥的人……所关切的只是一己的存在,而不是促成他人的成长和发展"(Schultz, 1977)。这个批评是太严厉了,但它对罗杰斯是又冤枉又不冤枉的。冤枉者,罗杰斯的本意里从来不崇尚和鼓励那种以自我为中心的人生观;不冤枉者,罗杰斯的确鼓吹人应该顺从自己的本性、"机体智慧"的指引,去过一种合本性的生活。换句话说,罗杰斯鼓吹了人性至上,但没有鼓吹个人至上。但对有些人来说,本性至上就是个人至上,或者会导致个人至上。

再次是以人为中心治疗的咨询师显得过于被动,有时简直是完全受当事人的操纵。治疗中主要是倾听和反映当事人的感受,对有些当事人,譬如内省能力和内省习惯比较好的当事人,可能很适合,对另一些当事人则可能使咨询旷日持久地拖下去,却收获很少。对这一点,有研究指出罗杰斯到晚年已经有所变化,在和当事人相处时比较积极,更多自发性。布罗德莉(B. T. Brodley) 从录音资料中分析比较罗杰斯前期(1944—1964 年) 和晚期(1977—1986 年) 在治疗会谈中的言语行为,发现在晚期,罗杰斯根据自己的看法来讲话的频率较前期增加了 4% ~16% 。而且这些增加的反应其内容多为评论、解释和说明。另外,在晚期罗杰斯提出引导性的问题的概率也增加了(Thorne, 1992)。

最后一个问题是以人中心治疗体系排斥任何诊断或评估,不对障碍进行任何分类,也忽视具体策略和技术的运用。虽然罗杰斯对这些常规做法的批评大部分是正确的,但这不意味着咨询师在采用这些方法时不能作到扬长避短,充分利用评估手段更迅速有效地理解当事人,利用某些有针对性的技术更直接地促进改变。

思考·讨论·活动

1. 许多人在理论上、公开态度上拥护人本主义心理学的人性观,同意人是亲社会的、倾向于建设和创造的。但是,不少在理论和外显态度上赞同人本主义人性观的人,在实际面对人的时候是戒备的、疏远的,甚至是敌对的,在实际面对事的时候是自私的、贪婪的,或者懒惰的。请思考和分析这一现象,尤其是自省一下这个现象在您身上是否也一定程度存在。请结合个人的体会探讨其中的原因。

2. 罗杰斯的心理病理学理论在发展初期受到过精神分析理论的影响(参见江光荣,2000)。请比较这两个体系的心理病理学理论,找出其中的相同点和不同点。完成工作后,请您思考一下,这个比较工作和结果对您的心理病理学观点有什么启发吗?

3. 罗杰斯关于"机能充分发挥的人"的看法,浓缩着他对人性、心理治疗目标乃至美好人生的观点。对于学习以人为中心治疗的人,掌握这些思想的精髓非常要紧。但对初学者来说,这些看法比较晦涩,不易把握。请以小组讨论方式,结合您所观察到的正反两方面的实例,领会这部分内容。

4. 邀请一位以人为中心取向的咨询师来报告他的一个咨询案例。报告结束后,就咨询目标、咨询过程,以及咨询关系等方面的具体问题和做法,向咨询师请教。

第十三章

理情行为疗法

就在20世纪五六十年代行为治疗兴起的时候，另一取向的治疗——认知治疗——也已经出现。艾利斯(A. Ellis)于20世纪50年代提出了"理性疗法"，当时没有引起太多注意。但自60年代以后，艾利斯在心理治疗圈内的影响逐渐提高，尤其是另一位认知治疗家贝克从认知入手治疗抑郁症获得很大成功，这使得认知治疗开始获得承认和重视。另一方面，行为治疗家于20世纪60年代以后观念发生了一个重要的改变，他们把认知也看做行为的一部分，并认为也可以通过学习的方式加以矫正。这样，一些行为治疗家的字典中加入了认知因素。这两个来源的力量逐渐合流，于70年代以后在心理治疗领域形成一个新的理论取向，这便是认知行为治疗。

今天，认知行为取向已经成为心理治疗中几个影响较大的基本范型之一。跟精神分析和人本取向不同，认知行为取向并不由一人创造，也没有一个统一的、共同的概念体系，而是由许多人各自相对独立地发展出各自的体系(不排除相互影响和借鉴)。随着这些体系的成熟，人们发现它们有着相同或相近的取向，这才从认识上将他们集合在一起。一般认为，属于这一取向的有埃里克·伯恩(E. Berne)的"相互作用分析"(TA)①，梅钦鲍姆(D. Meichenbaum)的"认知行为矫正"，贝克(A. Beck)的"认知疗法"，艾利斯的"理性-情绪-行为疗法"(REBT)，以及格拉塞(W. Glasser)的"现实疗法"等。

在这些体系中，艾利斯的"理性-情绪-行为疗法"享有很高的知名度，其认知行为取向的色彩也特别突出，所以本章选择这一疗法作为认知行为治疗的代表进行详细的介绍。

第一节 概观

一、理情行为疗法的历史

理性-情绪-行为疗法(rational emotive behavior therapy，REBT；为方便计，本书将其中

① 也有人认为相互作用分析应该属于精神分析阵营。

文名简称为“理情行为疗法”）酝酿于20世纪50年代，60年代后渐趋成形。但据艾利斯自己说，理情行为疗法的核心思想——对理性认识在人的生活中作用的强调，却与艾利斯的早年生活与学习有关。

阿尔伯特·艾利斯（Albert Ellis, 1913—2007年）（图13-1）生于1913年。在童年和少年时代，艾利斯在身心两方面的发展上都出现过一些困难。他患过急性肾炎，性格也一度很羞怯，怕在人前讲话，尤其怕与异性相对。在此期间他对哲学产生了浓厚兴趣，阅读了古代和现代许多哲学家、思想家的著作。其中爱比泰德、奥勒留、爱默生、杜威、弗洛伊德、罗素、华生①等人对他尤其有影响。在这些思想家的影响下，艾利斯开始意识到自己的情绪问题是没来由地自己制造出来的，从而下决心采取一种认知-行为性质的方法来克服自己的社交焦虑。

图13-1 阿尔伯特·艾利斯

艾利斯于1943年在哥伦比亚大学获得临床心理学硕士学位，1947年获哲学博士学位。尽管他对当时占统治地位的精神分析疗法不无疑虑，他还是觉得这是种深刻的治疗形式，因而于1947年在凯伦·霍妮研究所的一位分析家的指导下开始进行个人分析和训练。自此以后，他便开始以经典精神分析的方法进行心理治疗。但到1953年左右，他越来越对这种疗法的理论及其疗效失去信任，虽曾努力尝试对它进行改造，但最后还是认为这样做徒劳无益（Ellis & Bernard, 1985a）。

在20世纪50年代理情行为疗法的酝酿时期，艾利斯曾将这种治疗称做“理性疗法”（rational therapy, RT）。艾利斯试图以此使它与其他疗法区分开来。但后来发现人们常将它混同于18世纪的理性主义哲学思想，这易于使人忘记这种疗法同时也强调行动的特点。这样，艾利斯与他的第一个合作者罗伯特·A·哈帕（Robert A. Harper）旋即决定，将RT改名为“理性-情绪疗法”（rational emotive therapy, 简称RET）（Ellis & Bernard, 1985a）。这个名称一直沿用到20世纪90年代。1993年，艾利斯再次在名称上“与时俱进”（因为这时认知行为治疗成了热点），在名称中加进一个“B”（behavior），成为REBT。他辩称，该疗法本就是一种综合认知、情绪与行为的理论和方法，所以“理性-情绪疗法”（RET）其实一直都是“理性-情绪-行为疗法”（REBT）。

REBT的特点是认知、行动并重，理性、经验并重。但在20世纪60年代，它强调理性作用这一特点更突出。艾利斯坚信，一个人如果有了一种合情合理的生活哲学，他就几乎不可能产生情绪困扰。艾利斯认为他的这种信念吸收了古今许多哲学家、思想家和一些重要的认知治疗家的思想，其中也包括中国古代思想家孔子和道家的思想。中国古代思想家大多认为，情生于思，要改变情绪，就得改变人的思想。后来，西方哲学家如斯宾诺

① 除弗洛伊德和华生本书有专门介绍外，其余人物：爱比泰德（Epictetus）为希腊斯多噶派哲学家；奥勒留（Marcus Aurelius）为古罗马皇帝，爱比泰德的门徒；爱默生（R. W. Emerson）为近代美国散文家和诗人；杜威（J. Dewey）为美国教育家及哲学家；罗素（B. Russel）为英国哲学家。

莎、罗素把这些观点引入了现代西方世界。

REBT 在 60 年代早期曾采用其他疗法的一些练习方法,如皮尔斯(Perls)的"遭遇法"(encounter methods)等,后来又发展出一些属于它自己的经验性练习,这使它的行为取向也得到加强。

随着 REBT 的发展,70 年代以后有越来越多的临床心理学家加入了 REBT 的阵营。REBT 的原理被应用于多种多样的情绪障碍的治疗,出现了不少阐述 REBT 的著作。除了学术性的著作外,REBT 还出版了大量自助性的理性-情绪治疗程序读物,以及一般的普及读物,例如《理性生活向导》、《成功婚姻向导》、《克服拖沓毛病》,《个人幸福向导》,等等。

到了 80 年代,REBT 已经成为一个国际闻名的心理治疗体系。它有两所研究机构,一个是"理性-情绪治疗研究所",是一家非盈利性的教育和科研组织,创办于 1959 年;另一家是"理性生活有限研究所",创办于 1968 年,是一个培训机构。两所机构的本部都设在纽约市。除了出版专著、书籍和通俗读物外,还出版一份名为《理情与认知行为治疗》("*Journal of Rational-Emotive and Cognitive-Behavior Therapy*")的期刊,其中收录 REBT 最新的发展。在教育培训方面,开设了成人教育课程、研究生培训,以及特别的专业进修班。

二、理情行为疗法的特点

从整体上看,理情行为疗法有以下一些特点。

(一)人本主义倾向

艾利斯明确宣称,"REBT 不刻意装做'纯客观的'、科学的或以技术为核心的,它对人类的困难及其基本解决途径采取明确的人本主义、存在主义的立场倾向"(Ellis & Bernard, 1985a, pp. 21)。这种倾向首先表现在理情行为疗法对人的本性的观点上。同许多人本主义者一样,艾利斯也认为人有其固有本性,虽然人的先天生物倾向中既有好的东西也有消极的东西,但人要活着,活得快乐,总是一个不争的事实,这是人的本性。理情行为疗法断定,人从其本性出发,就有追求一种充实的、自我实现的生活的倾向。在目标和价值问题上,REBT 认为,人仅仅因为他活着、存在着,就完全可以做他自己,而用不着非要做出什么业绩来证明自己的价值。作为一种人本-存在的治疗,REBT 的目标就是帮助人克服其非理性的、自损的行为,帮助他获得其生命的最大价值,帮助他追求长期的幸福而不是眼前的短暂快乐。在治疗力量上,REBT 信赖、重视个人自己的意志、理性选择的作用,强调人能够"自己救自己",而不必仰赖魔法、上帝或超人的力量。

(二)教育的倾向

REBT 有很浓厚的教育色彩。也可以说它是一种教育的治疗模式。

首先,在心理咨询和治疗的原则方面,REBT 不回避它力图用一套它认为合理的、健全的心理生活方式去教育当事人这一事实。REBT 的基本目标就是帮助人们更富理性地思考问题,更适宜地去体验和感受,更有效地行动。其次,REBT 的治疗过程有很强的教导味道。在咨询中,REBT 的治疗者经常用讲解、说服乃至辩论的方式来教导当事人与自己的不合理信念进行质疑问难,并大量使用 REBT 书籍、讲座、录音录像、讨论会、示范等教育技术,教会当事人运用 REBT 的思考方式,以理性的信念和思考方式取代非理性的信念和思考方式。最后，理情行为疗法还专门发展出了一套适用于儿童和学校咨询的体系，称作“理性-情绪教育”。它是一套用于青少年心理教育和辅导的体系，旨在帮助孩子提高心理机能水平，解决学习中的各种问题。

（三）强调理性、认知的作用

理情行为疗法承认并且强调心理机能的整体性，认为人的感知、思维、体验和行动是互相联系的整体。在治疗途径上也广泛采纳情绪和行动方面的方法。但它更突出理性、认知的作用。这是 REBT，也是所有认知疗法的一个最本质的特点。理情行为疗法的一个基本假定是：人的情绪来自人对所遭遇的事情的信念、评价、解释或哲学观点，而非来自事情本身。情绪和行动受制于认知，认知是人心理活动的“牛鼻子”。把认知这个“牛鼻子”拉正了，情绪和行为的困扰就会在很大程度上改善。所以在 REBT 的治疗中，总是把认知矫正摆在最突出的位置，给予最优先的考虑。

第二节 基本理论

一、理情行为疗法的人性观

任何一个成型的心理治疗体系都有自己的人性观或人性假设，这种观点总是相当深刻地影响着它对心理障碍的原因、发生机制以及治疗途径的理解和探索。REBT 也不例外。REBT 的人性观有自己的独特之处。

艾利斯强调人具有生物性的、先天的心理倾向，这种倾向在人的心理生活中扮演着重要角色。在这一点上，REBT 与人本主义者相同，而和行为主义者有别。但对这种先天倾向的性质的看法，艾利斯与罗杰斯、马斯洛等人本主义心理学家判然有别。艾利斯虽然也认为人有要存在、趋向于成长和自我实现这样的内在倾向，但同时还认为人天生就有发展出一种非理性的、不利于生存发展的生活态度的倾向，而且艾利斯更强调后一种倾向。例如，他说：“在许多时候，人类天生就倾向于进行畸形的思维；倾向于自毁前程；倾向于过于受暗示影响和过分概括化；倾向于无端地焦虑不安和生气，并且持续不断地让焦虑和敌意侵害自己。不管他们受过何种教育，也不论他们在什么样的社会环境中长大。”（Ellis, 1973, cited in Gilliland, James, Roberts, & Bowman, 1984, p. 195）“人类天生就有一种异常强大的倾向，要求并坚持他们生活中的一切都得尽善尽美。一旦他们未能立刻得到想要的东西，就狠狠地谴责自己、他人及这个世界。”（Ellis, 1979, p. 195）

在艾利斯看来，正是这种先天倾向，容易使人在后天的教育和环境影响下发展出非理性的生活态度，造成心理失调。

二、健全的人和咨询目标

REBT 假定人的基本存在规定性就是要活着，要避免不必要的痛苦，要自我实现。为了达到这样的存在，一个人应该获得并内化以下一些价值，或者说，一个健全的人应该具备以下一些品质（Ellis & Bernard, 1985a）：

(1) 自我兴趣。健全的人首先对自己感兴趣,并且稍稍高于对他人的兴趣。

(2) 社会兴趣。大多数人是在群体中生活,从社会交往中获得自我价值感的,只有关心他人,帮助他人,尊重他人,他才能在环境中生活得愉快适意。

(3) 自我指导。健全的人首先倾向于自己对自己负责,同时也愿意与人合作。他不一味依赖他人的支持和援助。

(4) 高耐挫力。健全的人能容忍自己和他人犯错误,即使他强烈厌恶自己或他人的行为,他也能克制自己不去诅咒自己或他人。

(5) 灵活机变性。成熟和健全的人在考虑问题时富有灵活性,能接受改变,对自己和他人没有定下一套死板的、不能改变的规则。

(6) 能接受不确定性。健全者有这样的观点,我们生活的世界充满机遇和各种可能性,绝对的肯定性是不存在的。他们能接受并欣赏这种不确定性。

(7) 投身于创造性的追求。健全者除了积极从事基本的人生事业之外,还能从投身于一些极大地吸引了他们的身外之事中获得更大乐趣。

(8) 科学的思维。健全的人比失调者更客观,更富理性,更求实。他们能了解自己的所思所感、所作所为,并在意识中达到知、情、行的整合协调。

(9) 自我接纳。健全者能够作到仅仅因为自己是个人,自己活着,就高兴地活着,欣赏自己。他们不以自己是否作出了在外人看来有价值的事业来评判自己。简言之,他们无条件地接纳自己。

(10) 冒险精神。情绪健全者敢想、敢试、敢冒失败的风险,有开拓精神,但并不蛮干。

(11) 追求长远的享乐。适应良好的人也是趋乐避苦的享乐主义者,但他们眼光更远,不会为眼前的快乐牺牲长远的幸福。

(12) 现实主义。健全者有现实、实际的人生态度,他们知道十全十美的理想境界只是乌托邦。他们不枉费心机去追求十足的快乐、幸福,不企求完全免除焦虑、抑郁、灰心和敌意。

(13) 自己对情绪困扰负责。健全者觉得自己应对自己的情绪困扰负主要责任,而不是防御性地责怪他人和社会环境。

以上这些品质总起来可以看做一种理性的人生态度。REBT 咨询和治疗的基本目标就是要帮助人达到这种人生态度。而为了实现这个基本目标,就应该在人的认知、情绪和行为这些基本方面下工夫。因此,REBT 把咨询和治疗的直接目标放在认知、情绪和行为的改变上。具体一些说,REBT 直接追求的东西是:

(1) 矫正非理性的思想、信念,以及非理性的思维方式。REBT 强调帮助当事人树立积极的、能带来生存快乐的价值取向、追求、目标和理想,让当事人学会用科学、理性、求实、灵活的方式来思考问题。思考方式又是更基本的东西。REBT 假定,科学、理性的思维方式对大多数人在大多数时候来说,是达到矫正目标的有效工具。

(2) 矫正不适宜的情感,帮助当事人获得适宜的情感体验。艾利斯把情感区别为适宜的和不适宜的,这种区分颇有独到之处。情感本有积极情感和消极情感之分,然而适宜与否并不与积极消极的划分标准一致。适宜情感既有积极的,也有消极的;不适宜情感亦然。适宜的积极情感是人的目标、愿望达到和满足时产生的体验,如爱、幸福、愉快等;适宜的消极情感是人愿望受挫,目标行动受阻时产生的体验,如遗憾、歉疚、生气、失望等;不适宜的积极情感是使人暂时感到好受,但却导向将来的更大痛苦和挫折的情感,如自大、敌意、妄想;不适宜的消极情感是使人的处境更糟,使挫折更重,而不是有助于人改善、克服不利处境的情感,如抑郁、焦虑、绝望、自卑,等等。

(3) 矫正不适宜的行为,增进适宜的行为。艾利斯把强迫冲动、成瘾行为、刻板反应,以及退缩、恐惧等称做"自我挫败(self-defeating)行为",因为它们不必要地严重妨碍了人的生活和幸福,妨碍人实现近期和远期目标。

(4) 放弃非理性的要求。艾利斯说:"针对非理性要求所导致的问题,最高明的解决之道就是帮助患者降低要求。"(Ellis, 2000, p. 282)REBT 的治疗认为直接治疗目标可以有不同层次,诸如转移注意、安抚式的暂时满足都是较低层次的解决,不能永久彻底地帮助当事人;而最高层次的治疗是教当事人懂得放弃,放弃非理性绝对化要求、完美主义、予取予求的处世方式,改变这种性格。

三、情绪失调的原因——ABC 理论

理情行为疗法关于心理失调的原因和机制的看法集中体现在它的"ABC 理论"中。ABC 理论非常著名,以至人们提到理情行为疗法,就会想到它的 ABC 理论。

艾利斯常引用古代斯多噶派哲学家爱比泰德和莎士比亚的话来表达 ABC 理论的核心观点。爱比泰德曾说:"人的烦恼不是起于事,而是起于他对事的看法。"莎士比亚的《哈姆雷特》中则有这样一句话:"世事无好坏,思想使之然。"这些话和中国古语"天下本无事,庸人自扰之"简直如出一辙。REBT 的确认为,大多数人的心理烦乱、情绪失调都具有"庸人自扰"的特点。

艾利斯曾用图(见图 13-2)来说明 ABC 理论(Ellis, 1979):

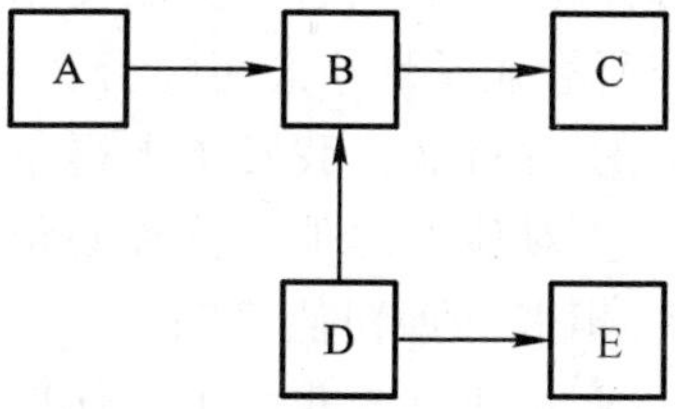

图 13-2 ABC 理论示意图

A 代表诱发事件(activating events,又常缩写为 As)。按照 REBT 较新的解释,As 是当事人所遭遇的当前事件,或与这事件相关的当事人自己的思想、感受或行为,也可能是当事人对过去经验的有意识或无意识的记忆。譬如,张女士离婚了(事件),张女士对自己说:"我离了婚,这一年来我不得不一个人带着孩子。"(有关这件事的思想、感受和行为)张女士对她母亲当年离婚的可怕回忆(过去经验的记忆和思想)。C 代表在 A 发生之后,个体出现的认知、情绪和行为(对接受治疗的当事人来说,常常就是神经症症状)。因为这些不良情绪或行为总是接着 A 出现,所以人们总是把它们看成 A 的结果,故称做 C(consequences,亦可缩写为 Cs)。

按常识的看法,会认为 As 直接引起了 Cs,但 REBT 认为,这种看法虽非总是,但在大多数时候是不符合事实的。通常在 As 和 Cs 之间总有一个非常要紧的中介因素在起作用,这个中介因素是当事人对于 A 的信念、认知、评价或看法,通常用信念(beliefs)的缩写来表示,写作 B 或 Bs。按照 REBT 的看法,人极少能够纯粹客观地知觉、经验 A,总是带着或根据大量的已有信念、期待、价值观、意愿、欲求、动机、偏好来经验 A。因此,对 A 的经

验总是主观的、因人而异的。又因此,不是 A 直接引起了 C,而是 B 直接引起了 C。换言之,事件本身的刺激情境并非引起情绪反应的直接原因,个人对刺激情境的认知解释和评价才是引起情绪反应的直接原因。

以前述例子来说,假如张女士现在正经验抑郁、悲观、伤心等抑郁症状(Cs),她的症状并非由离婚这件事直接引起,而是由于她对离婚这件事所抱有的成见、所作的解释和评价所致。假如她对离婚及随后的一系列事件不是像现在这样看成一件极其糟糕、极其不幸的事,并把责任归咎于自己,认为自己无能、无价值,将来也不可能有什么改变;而是对自己说,"这事的确是不幸,但也不是糟透了,它让我从夫妻冲突中解脱出来,而且让我能够选择新的生活",她就不会产生抑郁了。

在 ABC 理论中,D 代表治疗[因为 REBT 的主要治疗技术是教导当事人对 Bs 进行质疑问难,故用"质辩"一词(disputing) 的缩写表示]。通过 D 来影响 Bs,认识问题解决了,情绪和行为困扰就会在很大程度上解除或减轻。最后达到 E——一种新的情绪和行为后效(a new emotional and behavioral effects)以及一种新的有效的生活态度或生活哲学(an effective philosophy)。

四、非理性信念及其特点

艾利斯把人的信念区分为理性信念(rational beliefs)和非理性信念(irrational beliefs),缩写为"rBs"和"iBs"。这是一些有关生活的较为抽象较为一般化的信念。引起情绪、行为失调的是非理性信念,其突出特点是绝对化,"必须如此",不可通融。REBT 有关非理性信念的观点主要有以下几点。

(1) 一般性的非理性信念为数并不多(艾利斯曾列举美国人常有的非理性信念 10 余种,参见第三节表 13-1),但具体联系到生活的不同方面时,这些一般信念会生发出许多较特异化的信念,譬如关于爱情的信念。

所有非理性信念可以分为三类,都以"必须"为特征:

① 对自己,"我必须干得不错,必须赢得他人的赞赏,否则我就是个糟糕的人";

② 对他人,"他人待我必须像我希望的那样周到、友善,否则社会和世界就该狠狠地谴责、诅咒和惩罚他们";

③ 对社会,"我的生活环境、条件必须样样合意,使我能轻松、迅速、方便地得到一切我想要的东西,免除任何我不想要的东西"。

(2) 非理性信念常不以确切的语言形式存在,它是不言明的,它存在于人的"前意识"之中,因此很容易进入意识,影响人的思想活动。

(3) 抽象信念常反映了一个人的价值观。它影响一个人对现实、事件及经验的解释和评价。换句话说,信念是预先确定的组织框架,一个人会按照它们来理解、评价自己的处境、经验。按照 REBT,一个人对现实的解释、期待、推测,不管是否符合实际,其本身并不足以引起极端的烦恼,他用自己的一些固有的非理性信念来衡量、评价对现实的认识才会产生极度的烦恼。

(4) 一个人带着非理性信念来理解、评价他所知觉到的现实,这种思维过程往往是非理性的、畸形的。正是这种非理性的思维及其结果最终导致情绪失调。这类自我挫败思维有四种常见的形式：

①“糟糕可怕至极”。例如：“我必须考上大学，现在竟然没有考上，天下再也没有比这更可怕的事了！”

②“不能忍受”。如：“这事绝不能落到我头上，现在竟然真就落到我头上了，我无论如何受不了。”

③“包罗一切或过度概括”。例如：“我这次考试竟然失败了，我将永远不会有什么作为。”

④“贬低自我价值”。例如：“我没能做得像应该的那样好，没能像应该的那样得到别人的称赞，我是个毫无用处的窝囊废！”

（5）一个人何以会发展出非理性信念呢？艾利斯认为有几方面的原因。

首先，人类天生就有很强的倾向，趋于非理性地思考、看待事物，这几乎是一种“似本能”。其次，儿童时期的学习在形成非理性信念上扮演了重要角色。由于有先天倾向的基础，加上孩子比成人更缺乏客观地评价自己和环境的能力，儿童很容易从父母的表扬和批评中概括出非理性的观念，并内化成自己的信念。再次，人们容易把一些理性信念通过过度概括、夸大，转化为非理性信念。例如，“关心人、对人友善是一种好品质”这一理性信念，通过过度概括可能会变成“我必须在任何时候任何情况下都关心人，否则我就是个彻头彻尾的坏人”。最后，一个人在长大后会不断地自我灌输、自我宣传一些非理性信念，从而使它们得以维持（有些非理性信念也会由于实践检验而被丢掉）。

五、其他重要概念和观点

1. 次级症状

一个人在C点产生情绪失调，体验到焦虑、抑郁、自卑或愤怒等痛苦感受时，会把相当大一部分注意力转到这些心理痛苦上，以同样非理性的信念和自我挫败式思维来对待自己的情绪症状。他会对自己说：“我是绝对不该如此焦虑的，天哪，我竟然得了焦虑症，这太可怕了，我无法忍受，我是多么糟糕啊！”这样，这个人就会出现对焦虑的焦虑，对抑郁的抑郁。艾利斯把这种由心理痛苦本身而来的症状称做次级症状。这种次级症状往往比初级症状还令人痛苦。由于次级症状让当事人更觉得无能为力，因而妨碍当事人把精力放在理解、处理初级症状上。所以，REBT的治疗者往往先处理次级症状，或者在处理初级症状的同时注意鉴别和处理次级症状。

2. 咨询关系

REBT赞成咨询师与当事人之间建立一种亲密的关系，也赞成运用同感倾听、情感反映等技术来建立关系。但总的说来，REBT只把关系作为支持、鼓励当事人自我探索和改变的辅助条件，而不像以人为中心治疗那么重视关系本身。事实上，REBT认为在没有咨询关系支持的情况下，个人通过阅读REBT的自助读物也能自我改变。更有甚者，REBT指出，对咨询关系中当事人和咨询师过分依赖、需要对方的认可这一点应抱谨慎态度，因为这种态度一方面会妨碍当事人切实行动起来改变自己，另一方面会导致彼此迁就，妨碍咨询师坚定地激励当事人作出改变。REBT经常对需要对方认可、赞赏这种态度背后的非理性信念进行探讨。

REBT与以人为中心治疗非常一致的一点是对无条件自我接纳的重视。它非常注意向当事人灌输这样的信念:对人不应作价值评判,一个人不因他有钱、事业成功就更有价值,也不因未达到某一外在标准就没有价值。总之,一个人肯定自己作为一个人的价值时,是不需要任何先决条件的。

3. 整体机能观和综合的改变途径

REBT坚持认为人的心理活动是一个整体,思想、体验和行为互相作用,彼此关联。假如一位妇女的信念是:"我在任何情况下都必须很出色,如果不这样那就太糟了,那我就是个一无是处的人!"她就会感受到焦虑、抑郁等情绪,她在求职、工作中的行为也会出现失调。不仅认知会影响情绪和行为,情绪、行为也会影响认知,这就是整体机能观。

与此相应,REBT在治疗策略上持综合立场,即开放性地采用认知的、情绪的和行为的治疗方法和技术。REBT认为,人产生失调的方式是复杂多样的,因此,没有一种单一的方法能帮助当事人从各不相同的失调中恢复过来。REBT除了它自己独有的一些认知、行为方法外,也有选择地运用其他治疗流派发展出来的策略。

4. 领悟与行为改变

REBT极其强调领悟的作用。但它对领悟有自己的看法。REBT认为领悟可以有认知的领悟和情绪的领悟,两种领悟的效果是不一样的。前者只是相信某事,其强度较弱,且难以一贯坚持,而后者强度大,坚持性好。因此,治疗应追求这种伴有强烈的情绪体验的领悟,它对改变的作用更大。REBT认为,一个人要改变其不适宜的情绪和行为,须达到三种不同水平的领悟。第一水平的领悟是当事人承认,情绪、行为的失调基本上不是由先前事件(即As)引起的,而是由自己加在这些事件上的非理性信念(iBs)引起的;第二水平的领悟是,当事人认识到,不管自己最初是怎样出现失调的,我们之所以现在仍然心烦意乱,是因为我们仍在向自己灌输与当初一样的非理性信念;第三水平的领悟是,当事人意识到即使有了第一和第二种领悟,认识到是我们自己"创造"和"维持"着自己的情绪失调,这些认识不会自动使我们的情绪、行为困扰消失,除了我们立即行动起来,在现在、在将来持之以恒地从思维上、情绪体验上和行动上与我们的非理性信念战斗,此外没有别的出路。

第三节 治疗过程和策略

一、治疗过程

与其他一些疗法比较起来,理情行为治疗具有积极、直截了当、不转弯抹角的特点。它以问题为中心,而不以关系为中心。咨询师显得很"强",像一个教师那样行动。大体说来,咨询过程包括以下一些活动。

(一)明确REBT的结构,了解治疗要求

对于初次接受REBT治疗的当事人,咨询师首先是向他讲解REBT的基本原理,尤其是 ABC 理论。让他明白,在 REBT 看来,不是个人遭遇的事件(As),而是个人的非理性信念(iBs)造成了情绪和行为上的困扰,以及怎样通过认知改变来改善情绪和行为。同时要说服当事人相信:理情行为疗法是有效、有用的。这种讲解要适合当事人的接受能力,浅显易懂。

此外,要交代 REBT 治疗要做些什么,当事人有些什么任务(如阅读、思考、练习等),让当事人有所准备。

(二)检查非理性信念和自我挫败式思维

理情行为疗法把认知干预视为治疗的“生命”,因此,几乎从治疗一开始,在问题探索阶段,咨询师就以积极的、说服教导式的态度帮助当事人探查隐藏在情绪困扰后面的“自语”,借此来明确问题的所在。咨询师坚定地激励当事人去反省自己在遭遇刺激事件后,在感到焦虑、抑郁或愤懑前对自己“说”了些什么。

(三)与非理性信念辩论

与非理性信念辩论是 REBT 的核心。咨询师运用多种技术(主要是认知技术)帮助当事人向非理性信念和思维质疑问难,证明它们的不现实、不合理之处,认识它们的危害,进而产生放弃这些不合理信念的愿望和行动。

(四)得出合理信念,学会理性思维

在识别并驳倒非理性信念的基础上,治疗者进一步诱导、帮助当事人找出对于刺激情境和事件的适宜的、理性的反应,找出理性的信念和实事求是的、指向问题解决的思维陈述,以此来替代非理性信念和自我挫败式思维。为了巩固理性信念,治疗者要向当事人反复教导、证明为什么理性信念是合情合理的,它与非理性信念有什么不同,为什么非理性信念导致情绪失调,而理性信念导致较积极、健康的结果。

(五)迁移应用治疗收获

REBT 积极鼓励当事人把在治疗中所学到的客观、现实的态度,科学合理的思维方式,内化成个人的生活态度,并在以后的生活中坚持不懈地按 REBT 的教导来解决新的问题。

二、治疗策略

为了有效地完成治疗过程中的各项工作,理情行为疗法发展出了一些相应的做法,我们不妨称之为治疗策略,如检查非理性信念和思维的策略,与非理性信念辩论的策略,等等。在这些策略中,又包括运用一些相应的方法和技术。REBT 的方法技术中,既有它自己独有的,也有从其他疗法中吸收来的。艾利斯等人常将 REBT 技术分为三类,即认知技术、情绪技术和行为技术,其实有的技术兼有认知和情绪,或认知和行为的特点,不易硬性区分。以下我们以介绍几种基本策略为主,穿插讲解一些重要方法和技术。

(一)检查非理性信念的策略

检查非理性信念的关键是把握它的“非理性”特征。与具体诱发事件或情境(As)相联系的非理性信念和自我挫败式思维往往是较具体、较特异化的思想。在初期,识别出这些较具体的非理性思想也就够了,进一步挖掘它们背后更一般化的生活哲学和人生信条可放在稍后一些时候进行。识别非理性思维着重看它们是否表现出前述非理性思维的特征形式,即:(1) 探寻“糟糕可怕至极”的想法,比如问:“你觉得在这件事上,有什么非常

糟糕,不敢想象的东西吗?”(2)探寻“我无法忍受”的信念,找出当事人觉得什么是无法接受,不能忍受的。(3)探寻“必须……”、“应该……”的思想,让当事人反省,他在认识、看待所遭遇的事件时,带上了哪些预先存于心中(却又往往不曾意识到)的“必须……”、“应该……”或“绝不能……”。(4)探寻自我贬斥、自我谴责的思想,看当事人是否因自己的行为、表现贬斥自己,或是否因可能会有然而还未成事实的失败而准备谴责自己。总之,看思想中是否包含倾向于把自己看做一无是处、不可原谅的成分。

当事人有时不懂得怎样寻找情绪后面的思想,为了引导当事人按要求去思考,REBT的治疗者常使用这样的句式提问:“当……时,你心里在对自己说什么?”“当……时,你头脑里在想些什么?”有时,咨询师也用一两个短语作为语头,刺激当事人完成句子,以此办法引出思想,如“你觉得要是他不爱你,那就……?”

当事人一开始报告出的思想往往是合乎理性的。譬如,一个失去了一个好的工作职位的人会说,“我对自己说,要再找这样好的一个工作一定非常困难”;一位面临高考而焦虑不安的学生会说,“要是我不能考上大学,我的家人一定会非常失望”。REBT认为,这些理性思维虽然也能引起焦虑、抑郁,但单就它们的作用不会引起严重不适,它们背后实际上连着非理性信念,因此要顺着它们去挖掘隐藏着的非理性信念。

下面引用艾利斯所举的一段会谈示例,看他是怎样检查非理性信念的。当事人是一位想跟男子交往却又总是不敢主动行动的女子。

咨询师:当你在一个舞会上或别的社交场合发现某个男子,他显得英俊迷人,你想要跟他攀谈,但你却又逃开去,此时你对自己说了些什么,致使你退缩不前?

当事人:我告诉自己他不属于我——他已经有一个女伴,如此,等等。

咨询师:嗯,那是个使事情合理化的解释:你给自己找到一个借口,它看似可能(实则不可能),这样你就不必跟他交谈了。但你这个合理化解释后面的理由是什么呢?你真正告诉自己的东西是什么?它使你害怕跟他交谈。

当事人:我不知道。

咨询师:不,你知道!“假如我过去跟他交谈……”就什么?

当事人:“他不会喜欢我,他会拒绝我。”

咨询师:对了!那就是你告诉自己的东西。接下去,“要是他不喜欢我,要是他拒绝我,那……”什么?

当事人:“我将永远也找不到一个我看上的男人,没有一个好男人会喜欢我。”

咨询师:对,这就是你对自己说的东西……

在这段对话中,咨询师以典型的“当……时,你心里对自己说了些什么”句式提问,引出信念,又循着合理化了的“自语”追寻iBs,最终找到了非理性思想。当事人的非理性思想符合“如果……就糟糕可怕至极”的特征。可以预料,如果继续探索,会暴露出符合其他非理性特征的思想,以及更一般化的非理性信念。

(二)与非理性信念辩论的策略

一旦非理性信念被识别出来,咨询师就开始帮助当事人与非理性信念辩论。这是理情行为治疗的核心环节。与非理性信念辩论的工作实际上包括“破”和“立”两方面，即一方面设法动摇、破坏当事人的非理性信念和自我挫败式思维，一方面设法树立理性信念和思维，用理性思维取代非理性思维。咨询师运用各种方法来完成这两方面的工作。

质疑是最常用的一种方法，它在动摇当事人的非理性信念上显得很有力量。治疗者常这样质疑：“有什么证据支持这一信念？”“你这样想的理由是什么？”“从……（事实、理由），能够得出这一结论吗？”这类问题可以根据情况灵活创造，实际运用并不难。质疑的关键是抓住信念中违反逻辑、不合常理、与经验事实相悖之处，以逼迫当事人“使荒唐的东西成立”的方式来撼动非理性信念。

为了使质疑更有力，治疗者常使用夸张反诘式的问法。有人发现，艾利斯在头次会谈中有16%的问话是夸张反诘式的。笔者曾与一位女大学生就她担心自己的眼睛正在迅速衰老的问题有一段谈话，识别出的 iBs 是：“我必须永远使我的眼睛保持青春，否则我就无法忍受”。谈话中使用了这样的夸张反诘：“你是说，你准备一到40岁就自杀是吗？因为那时你绝不可能保持20岁的眼睛，而你无法忍受这一点！”“你的意思是，‘不是眼睛为我而活着，而是我为眼睛而活着，’是吗？”

另一重要方法是辨析（discriminating）。艾利斯和格里格把辨析界定为帮助当事人区分或分辨意愿和需要（wants and needs）、欲求和要求或“必须”（desires and demands or musts），以及理性观念和非理性观念。例如，“我想要得到某人的爱”是意愿，“我必须得到某人的爱”是绝对化的要求；前者是理性的，后者是非理性的。辨析常可包括三项工作：(1) 识别或分辨；(2) 证明前者为什么合理，后者为什么不合理；(3) 作用或后果分析，说明为什么前者不会导致情绪困扰，后者会导致情绪困扰。辨析的主要意图是使当事人认识到非理性信念的不合理及其对自己的危害，从而产生想要抛弃它们的动机。

向非理性信念和思维挑战还应包括用理性的、现实的信念、思维、体验和行动取代、替换非理性的东西，这是“立”的环节。REBT 灵活运用多种方法和技术来实现这一目的。其中较重要又富有 REBT 特色的有以下一些：

1. 语义精确法

REBT 咨询师认为，思维规定着语言，反过来，语言也塑造着思维。因此，治疗者帮助当事人首先以合理、现实的方式来界定自己面临的情境，防止按前述非理性思维的特征形式来认识、评价情境事件。例如：“他不再爱我了”这一事件（A），只能得出以下一些界定：(1)“他找到了一位在他看来比我更可爱的朋友，不一定意味着我就真的不如那一位可爱”；(2)“他不爱我不意味着所有的人永远都不会爱我”；(3)“我感到遗憾、伤心，但并非整个世界都一下子变得糟糕可怕至极了，并非绝对不能忍受”；如此，等等。然后，要求当事人学会并经常练习用以下一些形式来思考和“自语”：

不用“必须……”、“应该……”这样的说法，而用“要是……就好了”这样的说法。

不用“我绝不能……”或“……是不可能的”这样的说法，而用“我能……但我觉得那样做有一定困难”或“我现在还没做到……但这不意味着那是不可能的”。

不再说“要是……就糟糕透了（就可怕极了）”，而说“要是……就麻烦了（就太令人失望了）”。

不再想“因为……所以我是个一无是处的没出息的人”，而学会对自己说“人是不能以成败论英雄的"。

2. 替代性选择

由于非理性信念都有极端化的特点，所以常使当事人钻入了牛角尖，看不到其他可能性，看不到事实上还有很多别的选择。REBT 治疗者常引导当事人思考、想象其他可能的解释，其他可能的行事方式，或其他可能的解决问题的办法，并且通过让他们想象其他可行办法带来的积极后果来激励当事人采取行动改变。

3. 去灾难化

对于"糟糕可怕至极"的信念，治疗者常用一种可称之为"去灾难化"(decatastrophizing)的办法，使其不合理之处暴露出来。做法是让当事人设想最坏的可能是什么。因为任何事情总是相对的，总有比"可怕"还要可怕，比"糟糕"还要糟糕的东西，当事人认为的可怕事实上不可能是绝对"到顶"的可怕。例如，

当事人:要是我考不上大学，那真是糟糕可怕至极，我不敢想象……

咨询师:但你能想象！请告诉我，会发生的最坏事情是什么？

当事人:我妈妈会非常伤心，我感到没脸见人，我将不会有好前途。

咨询师:很好！让我们先看你妈妈会怎样伤心。她会伤心得哭上一场？

当事人:可能。

咨询师:哭一天一夜，不歇气地哭？……她会哭上十天半月？她会不想活了？

当事人:(笑)

咨询师:你瞧，糟糕至极的意思是彻头彻尾的糟糕，可怕，百分之一百零一的可怕！事实上呢？

当事人:(笑)我把事情夸大了。

事实上，这种去灾难化的方法可以稍作变通运用于所有绝对化、极端化的信念。

(三) 其他策略和技术

REBT 除了上述认知策略外，还运用其他一些认知、情绪和行为定向的策略和技术，如理性-情绪想象、角色扮演、羞耻-攻击练习、现实脱敏、后效管理、阅读 REBT 书籍、家庭作业、幽默和 REBT 歌曲，等等。下面重点介绍理性-情绪想象和认知家庭作业两项，它们较为常用和富有 REBT 的特点。

1. 理性-情绪想象

理性-情绪想象(rational-emotive imagery, REI)系由马尔茨比(M. Maultsby)所创。这一技术的要领是:

(1) 让当事人生动地想象自己面临曾使自己心烦意乱的情境，并重新体验不适情绪。

(2) 让当事人改变这种情绪，以在该情境中可能允许的较适宜的情绪取而代之。在这时候，当事人常感到困难，咨询师坚持要求他这样做，鼓励他尝试各种办法，直到完成。

(3) 停止想象，让当事人报告自己是怎样作到情绪改变的。当事人往往是通过形成理性信念和理性思维才作到改变的。此时治疗者要注意强化新发现的理性思维，必要时可启发其他理性思维。

(4) 让当事人按此方式,实践练习一段时间。

现举一个实例,当事人是一个出现严重考试焦虑的应届高中毕业生,非常害怕即将面临的考试情境。

咨询师:请闭上眼睛,慢慢作几次深呼吸……尽量使自己坐得舒服一些。现在请你在头脑里想象高考的情境,尽可能想得生动、真切,就像事情正在进行一样……考场很安静,大家都很严肃,你在自己的位子上坐下来,教师坐在讲台前……你能想象吗?

当事人:能……

咨询师:很好,请想象你最担心害怕的情景……想象它正在发生……

当事人:……不,我好紧张,害怕,我能停会儿吗?

咨询师:保持想象,把注意力集中在那个情境上……注意你的感受……请描述你的感受。

当事人:一开始,只是有点紧张,然后,我发现试卷上的题好像都不会做,就开始惊慌起来,脑子全乱了,完全无法平静下来思考……我预感到非砸了不可,感到绝望。

咨询师:那正是我要你找的感受。好,现在请继续保持刚才的情景,要像刚才一样生动真实……然后,请把惊慌、绝望换成有点担心或遗憾,明白吗,担心或遗憾……

当事人:这恐怕做不到……我做不到!

当事人:你能做到,坚持这样做!想办法告诉自己些什么,譬如,“就算考砸了,天也没有塌下来……”

当事人:(一两分钟后)我想我做到了,我只感到担心和遗憾,我轻松多了。

咨询师:很好!现在请告诉我,你是怎样使惊慌绝望转变成担心和遗憾的?

当事人:我告诉自己,惊慌绝望一点用处也没有,反而使自己越发不会做题;我还告诉自己,就算这一场考不好,还有下一场,就算今年考不上,我明年还可以考,就算我永远上不了大学,我也还会找到别的出路,还有别的机会……如此,等等。

咨询师:非常好!你明白你是怎样使自己的情绪发生改变的吗?你告诉自己一些符合理性的思想,它们使你从惊慌绝望中解脱出来。像这样的理性想法,我想你还能找到很多。

当事人:是,譬如,一个人应该“但问努力,收获听其自然”,就像我们以前讨论的。只要我自己努力了,我就对得起自己了。

咨询师:很好!现在我要求你按今天学到的理性-情绪想象的方法,每天至少练习一遍,连续一个月。你愿意吗?

当事人:好的,我愿意。

REI 还有另一种变式:开始也是要求当事人想象不适情境并产生不适体验,然后要求当事人报告此时支配自己的信念。咨询师帮助当事人识别出其中的非理性信念,并与之辩论。最后要求当事人用理性信念取代非理性信念,并体验新的感受。这种形式既可用于治疗,也可用于检查非理性信念。

2. REBT 家庭作业

REBT 治疗师经常给当事人布置家庭作业。像理性-情绪想象、后效管理(contingency

management)、阅读 REBT 自助书籍等都可作为家庭作业的内容。其中,REBT 发展出了一种“自助表”,它把 REBT 的主要内容制成表格样式,作为一项基本的家庭作业让当事人完成。实际上,当事人也完全可在没有治疗师的情况下,通过阅读 REBT 自助书籍并借助这份自助表来为自己治疗。以下是这张表的式样,见表 13-1。

表 13-1 REBT 自助表

(A) 诱发事件(在我感到情绪困扰或产生自我挫败行为之前刚刚发生的事件、思想或感受):______

(B) 后果或情况(在我身上出现的,也是我想要改变的情绪困扰或自我挫败式行为):______

(C) 信念[导致我产生情绪困扰或自我挫败式行为的非理性信念(iBs)]:(圈出所有你应用于诱发事件的 iBs)

(D) 辩论(与每一圈出的非理性信念辩论):例如“为什么我必须干得非常棒?”“哪儿写着我是个笨蛋?”“何以证明我必须受人赞赏?”

(E) 有效的理性信念[取代非理性信念的理性信念(rBs)]:例如“我希望干得很棒,但并非非如此不可。”“我是个行动有些差劲的人,但我这个人不是笨蛋。”“尽管我喜欢受人赞赏,但没有理由必须如此。”

1. 我必须干得棒或非常棒!	9. 对真正糟糕的事和难以相处的人,我不能忍受。
2. 如果我做事蠢笨,我就是个笨蛋或一无足取的人。	10. 当遇到重大的不顺心的事时,那是极其糟糕可怕的。
3. 我必须受到我看重的人的赞赏。	11. 生活中若遇到的确不公平的事,我不能忍受。
4. 如果我被人拒绝,我就是个不好的、不可爱的人。	12. 我必须被我看重的人所爱。
5. 人们必须公平地待我,必须满足我的要求!	13. 我必须总是心想事成,否则就必然要感到痛苦伤心。
6. 行事无德者应该为人所不齿。	补充的非理性信念
7. 别人绝不能辜负我的期望,否则就太可怕了。	14.
8. 我的生活必须一帆风顺,没有麻烦。	15.
	16.

(F) 感受和行为(我获得了自己的理性信念之后感受到的):______

我将在大量场合作出很大努力,有力地对自己重复我的有效理性信念,这样我就能使自己在现在减轻情绪困扰,在将来减少自损行为。

理性-情绪治疗研究所制 1984

资料来源:Ellis, A. , & Bernard, M. E. (1985). Clinical application of Rational-Emotive Therapy(16-17). New York :Plenum.

三、治疗过程中的咨询师

在治疗过程中，REBT 的咨询师的工作和风格与其他治疗取向的咨询师大异其趣。REBT 咨询师试图努力的是以下一些事项（Ellis, 2000）：

（1）无论当事人所谈的是什么，咨询师总是试图集中到他的主要的非理性信念上。例如当事人谈自己的情绪和感受，谈事情的经过，咨询师关注的总是他在这些后面隐藏着的非理性信念。

（2）咨询师对质疑当事人不会感到犹豫，并且从当事人的生活中，从他对别人的想法中，来揭示证据。

（3）咨询师通常比当事人超前一步。他往往预先"侦测"到当事人的非理性信念，并帮助当事人去了解这些。

（4）咨询师对当事人的情绪，如伤心、难过等，并不作同情的接纳。反而会利用这种机会，告诉当事人正是因为他现在还有愚蠢的想法，所以才会难过和伤心。对于当事人的移情反应，咨询师并不进行解析，而是直接指出其中的非理性成分，无论是对其过去的重要他人，还是对现在的咨询师。

（5）咨询师对当事人显得相当严格，很少表现出爱和温暖，但也表现出绝对的接纳，以及对其能力的肯定。咨询师给当事人的感受，是理性的接纳和鼓励多于感情的抚慰。

（6）他不断地引导当事人发现自己非理性的想法，而不是告诉他，他的想法不理性。同时让当事人明白，他的难受的感受，大量来自他的想法。

（7）咨询师会有意识地使用一些强烈的字眼，例如，"你是自己给自己找来痛苦"，"你告诉自己，'我简直就是垃圾'！"。这些强烈的、夸张的用词能刺激当事人对一些东西的领悟。

（8）咨询师虽然较少表现出接纳和同情，但常用同感理解，尤其是当事人不能如实地表达内心的负面感受时。这有助于当事人抓住内在的重要的东西，而不停留在表面的感觉上。

（9）咨询师会不断检查当事人对所教导的内容的了解程度。

（10）咨询师尽量使会谈中涉及的东西都明确、清晰，咨询师一直都很主动，很积极，但不会把当事人丢在后面，自己往前跑。

第四节　理情行为疗法评论

理情行为疗法 50 余年来受到心理治疗界的极大重视，成为认知-行为治疗取向中最知名的疗法之一。这与它的一些特点及其对临床心理学的贡献有关。但理情行为疗法也有一些明显的局限性。作为中国的治疗者，对这一疗法的长处和短处，以及这一疗法在我国文化背景下的适用性问题，应该有所认识。下面就这些问题，作些简要评论。

一、理情行为疗法的贡献和局限

如前所述,REBT最突出的特点就是它对情、理关系的见解和处理,强调情从理生,以理驭情。这一见解虽非REBT的创见——诚如艾利斯所说,它与古代东西方的哲学思想有渊源关系,并且在基础心理学中,有关情绪的理论从阿诺德(Arnold)、沙赫特(Schachter)、拉扎勒斯(Lazarus)到伊扎德(Izard)和曼德勒(Mandler),一直认为认知过程在情绪反应中起着支配性的作用——但REBT的作者们结合临床心理障碍对这一思想作了有自己独到之处的阐发。它说明了在心理障碍患者这一特殊人群中,是哪样一些非理性信念,通过怎样的认知评价过程,影响着当事人产生情绪失调。REBT的理论观点也得到其他认知治疗师与同行的认可,特别是贝克(Aaron Beck)与其同僚,支持了REBT的临床假设。

上述事实一方面表明,REBT的基本理论假设有相当牢固、坚实的基础;另一方面表明,REBT对人类关于理情关系的知识作出了自己的贡献。

但这一基础理论仍留下一些值得质疑的问题。一个重要的问题是何为"理性"。像这样的说法,"理性思想是……使人生活得更长久、更快乐的思想"是循环定义;而如果说"有理性"就是能对信息进行客观、合逻辑的加工,那许多正常的人,无心理障碍的人并非就是有理性的人,因为几乎人人都经常会有非理性的观念和思维。这并非只是个理论思辨中的问题,在实际治疗中,虽然我们可以按照艾利斯所指出的非理性信念和思维的特征来发现非理性信念,但仍然不时会感到识别困难。这与上述问题不一定没有关系。

第二个特点是REBT的积极、主动、明快和追求速效的治疗风格。相对于心理分析和以人为中心疗法,REBT的确显得非常有力,有一种不断推进的动感。REBT的治疗者像一个强有力的辩论对手,对对方的非理性思维步步紧逼,直到对方投降。但这种风格也有一个重大隐患。由于REBT不太重视咨询关系的作用——事实上,艾利斯曾认为即使当事人对咨询师感到反感,仍然能实现有效治疗——在没有信任、温暖、同感等因素支持的情况下,可能会出现以下结果:(1)咨询师的话的影响力会打折扣;(2)当事人可能因承受不了这种咄咄逼人的会谈压力而中断咨询。艾利斯认为不能过于强调关系因素的理由是,咨询师小心翼翼、过于关心情感支持的态度会向当事人暗示:他是软弱无力的,不能承担改变的责任,不能承受改变的痛苦。这有一定道理。但不能说咨询师就无法作到既取得积极的关系支持,又避免消极暗示。

REBT的第三个特点在于它对待方法和策略的折中主义态度。它主张"有效即可用"的原则,综合采用认知的、情绪的和行动定向的治疗策略。但这种折中是一种"以我为主"的折中,坚持把与非理性信念和思维辩论作为REBT的核心治疗策略。在这种原则下,REBT开发了一些自己独有的技术和方法,如理性-情绪想象、羞耻-攻击练习、REBT自助表等,这些方法丰富了心理治疗手段的储备。

最后一个值得讨论的问题是REBT的再教育的、价值干预的倾向。REBT的治疗者很像一位教师,他或直接或间接地告诉当事人哪些是理性信念,哪些是非理性信念,并极力说服当事人用理性信念代替非理性信念。我们知道,人的价值观与信念总是紧密联系的,有时候二者简直无法区分。改变信念事实上也是改造价值观。我们在前面(见第三章）曾区分了价值的功能干预和内容干预，并认为咨询应以功能干预为主。依此原则衡诸 REBT，可以发现，REBT 的价值干预虽然在理论上也是功能性的——表现为以逻辑的、经验的准则来区分理性和非理性，但在实践上 REBT 治疗者常常容易超出功能干预范围，而进行内容干预。这一点是应该引起注意的。

二、REBT 在我国应用的几点考虑

中国人是一个较重现实、重理性的民族，"讲道理"是我们口语中出现频率极高的一个词。中国人这种"讲理"、"说理"的特点与 REBT 的基本精神非常符合。因此，REBT 治疗从总的倾向看比较适合中国文化的特点。这从 REBT 介绍到我国以后获得不少治疗者的好评，可以得到印证。但从笔者及另一些咨询师的经验看，还有一些问题需要讨论。

（一）当事人和问题的选择

理情行为疗法偏重从认知环节入手，以逻辑方法来解决问题，这就使得它的治疗效果与当事人是什么人，他的问题是什么性质的问题有相当大的依存关系。以笔者的经验观察，REBT 对受过较多逻辑思维训练的当事人比较适合，对文化程度低的人比较费力（不是不能应用）。在治疗的适应证方面，虽然迄今为止 REBT 几乎应用于绝大多数心理障碍的治疗（Ellis, 2000），但有证据表明，它并非在所有方面都同样成功。例如，它在治疗考试焦虑和社交焦虑方面非常成功，但在治疗单纯恐惧上疗效不如现实脱敏。另外，用 REBT 结合行为管理方法矫正强迫障碍比单独运用其中任何一种效果更好。艾利斯根据研究结果指出："虽然各种问题都可以接受 REBT 的治疗，但并无报告指出他们能产生相同的疗效。正像所有的心理治疗案例一样，比起严重受困扰的患者，REBT 明显地对于中度困扰患者与单一症状患者（例如性障碍）产生更好的效果。"（Ellis, 2000）一个总的感觉是，REBT 在处理诸如爱情、婚姻、家庭、学习、工作等方面由明确可辨的现实事件引发的心理困扰上，显得更有用武之地。

（二）非理性信念的文化差异

信念，不论是理性的还是非理性的，基本上都是在社会化过程中形成的。由于文化环境不同，社会化条件不同，不同文化中的人的非理性信念自然也会有不同。这一点在逻辑上是很容易证明的。中国的当事人有哪些常见的非理性信念？这些非理性信念是否也符合艾利斯在美国人身上发现的那些特征？这是中国的 REBT 治疗者应该重视的一个大问题。从现有的一些跨文化心理学研究结果看，已经表明中国人的价值、信念取向与西方人有不小的差别。例如，与个人自我价值感有关联的一些非理性信念，美国人常表现为对个人成就的过分要求，中国人则更重品行，在道德方面出现绝对化的要求。美国人的非理性思维中，"我不能忍受"是一个突出特征，中国人的非理性思维则以"我必须忍受"为特征。另外，笔者感到艾利斯概括的美国人三类非理性信念之一："我的生活环境、条件必须样样合意，使我能轻松、迅速、方便地得到一切我想要的东西，免除任何我不想要的东西"（见本章第二节），在我国当事人中并不典型。凡此种种，都需要我国治疗者认真思考。实践者应该有意识地观察、总结我国当事人的非理性信念及其独特特征，这样才能使 REBT 在我国站住脚。

(三) 口服与心服

还有一个看来很小但并非无关紧要的问题。REBT 的辩论,须使当事人“口服心服”方才有实际效果。但据作者观察,我国当事人容易出现“口服心未服”的情况。这可能有两个原因:一是由于咨询师在辩论中运用单方面说理太多,忽视了双向的互动,当事人未能尽可能把内心的担心说出来,没有充分地“抵抗”,致使当事人因咨询师的“苦口婆心”感到他“应该被说服”,而不是真的投降;二是由于我国当事人大多比较注意尊重咨询师的权威或面子,或为了取悦咨询师,而违心地投降。无论是哪一种情况,咨询师都应该保持清醒和警惕。一般说,通过培养咨询关系中的真诚坦率因素,鼓励当事人为自己辩护,都可以有效地避免出现口服心不服的情况。

思考·讨论·活动

1. REBT 理论认为所有的情绪困扰不是因为当事人遭遇到应激事件,而是由于其后面存在非理性信念和认识。您在多大程度上赞同这个核心假说呢?

2. 在几个主要的治疗理论中,REBT 治疗的指导性最强。另外,判断一个想法一个认识是理性的还是非理性的,很难找到一个哲学上可靠的标准。这两样加在一起,似乎存在这样的危险:咨询师把自己的价值观和人生观——以理性的名义——强加给当事人。请对此发表您的评论。

3. 请使用 REBT 自助表(见本章),对您自己的某个情绪问题或行为问题做自助治疗练习。请把您完成的自助表带到课堂,在小组里分享您的体会。提示:分享个人作业的组员按“情绪/行为问题—检查出的非理性信念—与非理性信念质辩的情况—效果”这样的逻辑顺序报告,其他组员给予协助(包括辩论)。重点放在检查非理性信念和与非理性信念质辩上。

4. 可以将 REBT 理论与其他咨询理论结合起来运用吗? 如果您打算这么做,你将选择把哪个理论跟 REBT 结合呢? 您会怎样把它们结合起来呢?

第十四章

结构式家庭治疗

20世纪50年代，一些心理咨询师对传统三大势力的还原论和个人中心主义进行了批评和反思，并引入现代系统论，用独特的视角来看待个人的心理问题，逐步形成一个新的治疗流派——家庭治疗流派。虽然家庭治疗从其开创至今只有六十年左右的历史，但它已经引起越来越多的关注。一些治疗家认为，它已成为心理治疗领域中第四种最为重要的治疗流派（Gladding,1982）。

家庭治疗作为一种新的治疗取向，是由一些具体的疗法所组成的。这些疗法都坚持在家庭系统之中看问题，但它们有着不尽相同的理论概念和治疗技术。目前有六种家庭治疗理论受到学界认可：客体关系家庭治疗、经验家庭治疗、鲍文的代际互动家庭治疗、结构家庭治疗、策略家庭治疗以及行为学派家庭治疗。在家庭治疗的众多流派中，结构家庭治疗具有简洁和实用两大特征，似乎也较切合中国文化下的家庭背景，因此本章选择结构家庭治疗作为家庭治疗的一个代表进行介绍。

第一节　概观

一、结构家庭治疗的发展历程

家庭治疗的产生与发展得益于两方面：一是传统的心理治疗理论所提供的理论基础；二是现代系统论思想。这二者的结合使得家庭治疗这种崭新的治疗取向得以产生。

虽然家庭治疗的创立和发展工作是过去60年中的事，但它思想的源头可以追溯到20世纪初，精神分析的理论中就暗示着家庭治疗的必要性。精神分析认为，俄狄浦斯情结的发展跟家庭尤其是家庭中的亲子互动有密切关系。

阿德勒比弗洛伊德更强调家庭对个人神经质行为的影响，他认为个人在家庭中的出生顺序影响到他在家庭中承担的角色，从而形成了不同的人格。因此，我们可以通过家庭成员的互动形态来了解一个人在家庭内和家庭外的人际关系情况。

美国精神病学家沙利文是最早和最重要的家庭系统模式理论的倡导者，他将精神分析的观点转移到个人的人际关系上。他认为，个体的“自我”、“自尊”以及“同一性”等概念都是在与重要他人的交往中形成的。这些重要他人中，父母、同胞和同伴又尤其重要。因此家庭里的互动在儿童的社会化过程中起重要作用，如果父母认为孩子是可爱的、有价值的，那么有利于儿童形成积极的自我意识和自我价值感，而这些自我感觉反过来又能帮助他们对抗每天生活中可能遭受的挫折和压力。

尽管早期的精神分析学家已经考察了家庭对于个体不良行为的作用，但他们却没有将治疗的焦点放在家庭这个更大的单位，只是停留于对个体内部冲突的关注。他们的着眼点是从家庭理解个体，但是他们的学说为家庭治疗的出现奠定了基础。家庭治疗先驱唐·杰克逊（Don D. Jackson，1920—1968 年）和鲍文（Murray Bowen，1913—1990 年）都接受过沙利文的训练，可见他们从精神分析家那里获得了部分灵感。

第二次世界大战期间出现的控制论为社会科学家理解家庭提供了最早的认识论启示（Goldenberg & Goldenberg, 2000）。反馈和内稳态是控制论的两个核心概念。控制论揭示了一个系统如何借助反馈信息进行不断的自调节而维持其稳定性。一位人类学家格利高里·贝特森（Gregory Bateson，1904—1980 年）敏锐地意识到控制论思想对社会科学的价值。他指出家庭非常类似一个控制系统，而家庭中的交流过程在维持这个系统中具有关键的作用。他的认识给了早期家庭治疗师很大启发。

现代系统论的出现进一步促进了家庭治疗的发展。现代系统论以整体性、模型化和最优化三种原则来探索系统现象（李愿，2000），对各种学科形成冲击。其主要思想对心理治疗也产生了影响。整体性强调系统的整体性质要大于各个组成部分的相加，要了解组成部分和整体的性质需要在整个系统的各种关系中进行考察；模型化和最优化则规定构成系统的成分之间的内在联系、结构和功能，可以建立定量的模型，从系统的整体出发，协调整体和局部的关系，从而使系统的运作处于最佳状态。

控制论和系统论的观点使人们看待问题的视角发生了转变，改变了以单元、元素和内容为出发点的思考方式，转而强调关系和过程的作用；改变了线性决定的观点，转而强调相互作用、互为因果的非线性模型。在系统论的影响之下，家庭系统观念的出现是自然而然的事。再由家庭系统的观点来考虑家庭成员心理问题及其治疗，也是一个必然的趋向。

20 世纪 50 年代被公认为家庭治疗的奠基期（Goldenberg & Goldenberg, 2000）。甚至在这之前，儿童精神病学家内森·艾克曼（Nathan W. Ackerman，1908—1971）认为社会情境容易导致情绪困扰，他在治疗时开始一起会见儿童和其家庭成员，并且把治疗的重点从个体的过去经历转到当前家庭成员间的互动关系上。内森·艾克曼常因此被认为是家庭治疗的创始人。1959 年唐·杰克逊建立了世界上第一个家庭精神研究中心，从事家庭关系的训练、研究和治疗。1960 年艾克曼在纽约建立了家庭治疗中心。家庭治疗打破了早期治疗的局限，成为处理家庭问题、恢复家庭功能的更有效的治疗模式。随着家庭治疗的扩展和深入，出现了许多适用不同情况的疗法，米努钦正是在此基础上创立了结构家庭疗法。

结构家庭治疗的创立者萨尔瓦多·米努钦（Salvador Minuchin）（图 14-1）1921 年出生于阿根廷境内一个有着俄罗斯-犹太血统的移民家庭。1948 年他以军医的身份志愿加入以色列军队，1950 年来到美国芝加哥跟随布鲁诺学习儿童精神医学，这个时期的学习对他的理论产生了重要影响。因为在学习期间，他得到了家庭治疗的创始人内森·艾克曼的指导。米努钦于 1952 年回到以色列工作,旋即又于 1954 年重返美国并开始学习精神分析。之后米努钦作为精神科医生在一所少年犯学校工作,这使得他能大量接触到生活于纽约内城区的黑人和波多黎各人的家庭和他们家庭中的青少年。1959 年米努钦和两位同事对底层社会的家庭进行分析,发现功能不良家庭的两种形式:一种是纠缠混乱型;另一种是疏离型。在长达 8 年的工作中,米努钦和合作者慢慢发展出许多简明直接、行动取向的家庭干预策略。在此基础上,米努钦和合作者于 1967 年发表了《贫民区中的家庭》(Minuchin, Montalvo, Guerney, Rosman, & Schumer, 1967),并获得广泛关注,此时他的家庭结构理论基本形成。随后他由临床的工作转向家庭治疗中心并主持一些工作,于 1974 年发表《家庭及家庭治疗》,该书成为家庭治疗领域阐述最为清晰、最为畅销的书籍。1981 年以后,米努钦研究了正常状态下的家庭,完成了一系列著作,并对家庭治疗领域进行了系统的评论,还在纽约成立家庭研究所,开办工作坊,为世界各地培训了大量的家庭治疗工作者,大大推动了家庭治疗尤其是结构家庭治疗的传播和发展。

图 14-1 萨尔瓦多 · 米努钦

20 世纪 90 年代以来,受整个心理治疗领域整合趋势的影响,结构家庭治疗与其他家庭疗法出现了相互融合、相互吸收的趋势,同时它也吸纳了传统心理治疗的一些概念和技术,得到了充实和发展(汪新建,2004)。

结构家庭治疗由于分析家庭问题简洁明了,在家庭治疗者中甚至整个心理治疗领域倍受推崇。一项调查表明,在英联邦的所有家庭治疗者中有近 21% 的人认为自己是结构家庭治疗者(Bor, Mallandain, & Vetere, 1998),可见其在家庭治疗中的受欢迎程度。

二、结构家庭治疗的特点

结构家庭治疗同其他的家庭治疗流派一样,是一种整合的治疗模式,它最大的特点在于从家庭这样一个系统来看问题,同时也有一些较为独到的分析和解决问题的方法。现将结构家庭治疗的主要特点分析如下。

(一)治疗针对的对象是整个家庭的界限与互动

家庭治疗与个人的心理治疗所针对的对象是不同的,它不从“个人”的心理入手,不太关注个人的内在心理结构,对行为动机、个人的潜意识、个人欲望等问题不作深入的探讨。结构家庭治疗的焦点在于整个家庭系统,通过对家庭系统内的界限、成员关系以及互动等情况的考察来发现不良的家庭功能,然后重构家庭内部的结构,进而对不良的家庭功能进行矫正,达到系统和个体行为的共同改善。例如,同样是治疗一个儿童的厌食行为,传统的心理治疗会关注问题儿童的异常行为或者当前的内部体验,而结构家庭治疗认为家庭的结构问题与儿童的不良行为是互相关联的,因此治疗需要针对整个家庭的结构和功能,家庭成员几乎都要参与治疗之中。

（二）以系统的眼光看待家庭现象

以系统的观点看问题，意味着系统内的组成成分是相互联系的，构成一个整体，整体中一个部分的变化将牵连性地影响所联系的其他部分，这种影响的传递将带来全局的改观。一位父亲对大儿子的责骂是因为大儿子出手教训了弟弟，而弟弟的喧闹让哥哥心烦，造成了哥哥对他的惩罚。因此我们在观察一个人的行为时，需要以系统的观点去了解，否则我们观察到的只是断掉联系的当前行为，而忽略了更前面的起因以及它对其他行为的影响，对事物的了解也就缺乏全局性。在这样的视野中，每个家庭成员的行为可以说既是其他成员反应的结果，也是另一些家庭成员行为反应的原因，它既受别人的影响也影响着他人。当任何一个成员的心理与行为变成病态时，将被理解成更全面的含义：其病态的变化将对整个大系统——家庭——产生一连串的作用。如果他的行为出现好转，这可以由家庭的改变而发生，也同样会引发整个家庭新的反应。

（三）结构家庭治疗带有较强烈的指导色彩

结构家庭治疗对待咨询关系的态度受到人本主义的影响。从治疗师努力想加入家庭系统那时起，就要顺应家庭内的互动和气氛，让家庭每个成员体会到支持和尊重。但结构家庭治疗师只是把这些当做参与治疗的基础，他们在治疗过程中更多是以权威和指导者的角色出现的。重构过程中，治疗师要求家庭成员重演家庭互动，布置安排任务要求家庭成员完成。他们向家庭成员提出要求，并经常在现场进行观察和指点。这些都表现出治疗师的指导性。曾文星把家庭治疗师比做交响乐团的指挥，一会儿拿着指挥棒指一指，请某成员大声说话表达意见，一会儿用手压向某成员，请他小声点甚至停下听别人的意见（曾文星，2001，p. 117）。在这种指导之下，家庭成员领悟家庭中的问题，并尝试新的互动方式的可能性，从而带来新的改变。

（四）结构家庭治疗关注此时此地，但也以动态发展的眼光看问题

结构家庭治疗重点考虑家庭结构问题，观察家庭的互动对成员行为的影响，但治疗师更关注此时此地的互动，而不太在意过去发生了什么及其对当前行为的影响。治疗师通过指导家庭现场的演出来观察家庭的互动形态，并对当前的互动模式作出修正，从而达到问题的改善。

虽然关注此时此地的互动及其对成员体验的影响，但结构治疗师以发展的观点来看待家庭。在他们看来，家庭并不是静止的，而是随着年岁与子女的成长而经历着不同性质的发展阶段，在不同的发展阶段有不同的问题和任务需要去面对，因此需要以家庭发展的观点来理解家庭所处的境地。另外，家庭与个人的病理关系也是动态的，体现为两者连接的深层含义是互动的，一方的改变将引起另一方的改变，而这正是治疗的基本假设之一。

第二节 基本理论

一、人在系统之中

传统的心理治疗虽然也承认环境对个人的影响，但它们的注意力聚焦于线性因果关系,个人是环境的塑造物,因此人和环境在范畴上是对等实体。但在结构派家庭理论看来,这样来分析个人行为不能看到完整的图像。米努钦曾借用一个寓言来说明这个问题:一个人在北极旅行,他原本以为自己驾着狗拉的雪橇,一直在向北方前进。可是经过整整一天后他查看自己所处的纬度,发现自己的位置比早上的位置更靠南了,原来他在一块巨大的冰山上跑了一天,而冰山是向南漂移的(Minuchin,1996,p. 4)。由此看来,离开了人所处的环境系统,不能正确说明和解释当前个体的行为和经验,如果将个体放在所处的系统中来考察问题,看到的问题更为真实。

因此,秉承现代系统论的思想,结构家庭治疗认为个人时时处于环境中,应该在环境的系统中来理解个人。个人不能独立于环境之外而单纯地把我称为"我自己"。"自己"永远是环境中的"自己",离开了环境,"我自己"是没有意义的。所以个人的行为不再仅仅是个人的事情,而是与环境紧密联系的。最近的生物科学研究也认为,生命有机体是一个包括躯体和其特殊环境的组合,因此生命过程不仅仅只有身体对环境的适应,还蕴涵着环境对身体的适应。

在系统中理解人的行为得到的信息会更为全面。一个孩子的社交恐惧不再仅仅是不良社交行为的习得,也不再仅仅是个人内在价值感丧失的体现。事情的真相揭开后,可能发现不良社交行为和价值感丧失只是一组相互联系的事件中的两个环节,其他的环节还有父母对孩子的关注和照顾,父母之间关系的紧张和妥协,等等。所有这些环节组成一个相互联系的整体,社交恐惧只是其中一个环节而已。

二、家庭是一个系统

家庭是一个系统。作为系统的家庭有着不同的组成"成分",并且这些成分的结合方式决定了家庭的结构,而稳定的家庭结构也必然对个体的行为产生作用。

人们在生活中总是寻求对某个群体的归属感。在不同的文化中,个体寻求归属的群体在规模、分化程度上存在差异。原始社会生产力落后,人们不得不依托部落等较大的群体来和他人发生联系,进行分工协作和分配,这样才能完成生存、繁衍的任务,因此人们对群体的归属要求尤为强烈。随着生产水平提高,社会分工越来越精细,社会结构发生变化,家庭这一更小的单位可以满足人们繁衍和抚育下一代的需要,家庭逐渐取代部落等大集体单位,成为个体依恋和归属感寄托的对象。然而,家庭处于变化的社会环境之中,家庭的社会功能也不断被社会发展所改造,托儿所和养老院的出现对家庭养育功能的剥离即是明证。将个人、家庭和社会三者放在一起考虑,可以认为家庭具备了两大功能:一是内在的功能,对家庭成员的心理社会保护;二是外在的功能,顺应和传递社会的文化。

结构家庭治疗师强调家庭对于儿童发展的重要性,他们认为不管在怎样的文化中,家庭都担负着塑造成员自我认同感的责任。人类的认同感由归属感和个别感组成,而家庭正是将这两部分加以结合的主要场所。

在社会化的过程中,家庭培养孩子的认同感。其中归属感主要来自于孩子对家庭的顺应以及他采取家庭结构处理生活事件的互动模式。对于一个男孩子,在他的一生中,他总是父母的儿子、弟弟的兄长,他带着这样的一种身份在社会中生活,正如一个妇女的母亲身份是她一生中重要的事情一样。每个成员身处的环境虽然可能变化,但他身上总刻着我是“子女”或“父母”的印记，在这样的身份中他能找到一种寄托。同时，家庭对于个体形成个别感也有着很深的影响。儿童通过参与不同的家庭子系统而扮演着不同的角色，儿童逐渐能明白“我”是独特的，在家庭中以及家庭以外有着自己独有的行为方式和准则，与他人比较起来是不同的。

家庭作为一个系统由不同的子系统构成，它塑造着归属感和个别感，这是家庭对内功能的体现。系统论认为一个系统下面可以由更小的单位组成，同时它也对外界更大的系统保持开放状态，家庭中成员、子系统和整个大系统形成良性的信息反馈，利于功能的发挥和完善。家庭系统在与外界的交流中，会将社会的传统习俗等文化特性带入系统内，引起家庭相应的回应以顺应社会文化的变化。倘若一个家庭不能对更大社会系统保持敏感，家庭本身的维系以及对个体的塑造将成问题。所以，家庭对外的顺应和传递社会文化的功能实际上也会对家庭成员的个别行为和互动方式产生影响。因为当整个家庭面对不同的社会压力时，家庭成员的行为并不一样，两者会出现很大的差异。

三、家庭的组织和结构

大多数结构家庭治疗师都追随米努钦的看法，认为家庭由每个家庭成员构成，但作为一个系统，家庭并不是所有成员的简单相加，而是要大于相加之和的。因为家庭是依靠各成员互动而成的，它的组成部分之间并不是一个简单的链形连接，而是互相交错的网络层次结构。在这个层次结构中，父母权力最大，兄姐比弟妹的责任更大，并且父母有不同的角色，例如，父母之一负责规矩，另一个则提供对子女的温情。家庭内部的各种连接是不一样的，不同的连接将形成家庭系统中的子系统(subsystems)。家庭成员依据自己在家庭中的辈分、性别和功能与其他成员的连接形成了子系统，使家庭保持一种较为稳固的结构并行使一定功能。由于成员特性和成员之间联系的多样性，一个个体可以属于不同的子系统，而有多种身份。例如一个成员可以和不同的其他成员分别构成夫妻子系统、父子子系统、兄弟姐妹子系统；他在这些不同的子系统中，分别扮演丈夫、父亲或儿子、兄弟的角色。家庭系统是以个人和子系统为组成单元的；它们需要遵循子系统界限(boundaries)来使彼此区分清晰，使家庭功能得到分化，而整个家庭也就有良好的运转。

家庭结构是一套看不见的功能要求，它们体现在家庭成员相互影响、相倚互动的模式之中(Minuchin, 1996)。在一个三口之家里，儿子总是嫌妈妈唠叨，总是不听母亲的话，但对爸爸的同样要求却会立即照办，母亲会以儿子不听话为由向父亲投诉，父亲在这时候则会扮演两种角色：一是法官和裁判的角色；二是对母亲进行安抚的角色。这种模式一旦形成，这个家之外的人都能很快看出这三个人之间相互依存、相倚互动的惯常格局。之所以说是功能要求，是说一个成员的行为反应是以另外的人的反应方式为条件的。比如，妈妈的唠叨，前提是儿子的“不听话”，和丈夫的“肯听投诉”，以及儿子对父亲的服从。这三个条件如果不存在，妈妈的唠叨也就难以为继了。

四、家庭界限

家庭内的界限是系统内各子系统之间范围的划分，决定了家庭成员能否加入某个子系统，并以何种方式加入该子系统。也就是说界限限定了成员属于何种子系统以及在子系统中处于何种位置。家庭成员正是在这些规定下既完成了个体个性的发展，同时也使家庭系统的功能得以实现。

界限保证了成员可以在子系统内免受其他人的严重干涉，使该子系统功能得到良好发挥。但界限如果过于僵硬，以致将子系统跟另外的子系统完全隔离，却是不好的。这样看来，较理想的家庭功能的发挥对各子系统界限有颇高要求。米努钦在《家庭及家庭治疗》中指出了两种功能不良的家庭界限类型：纠缠型（enmeshement）和疏离型（disengagement）。纠缠型是成员之间或子系统之间界限过于模糊、松散，结果造成成员彼此之间距离过近，家庭系统的分化松散模糊，这样会使成员的行为出现交叉，对其他成员的行为有太多的干扰。疏离型的家庭其子系统界限过于刻板，成员的行为变得僵化或疏远，大家过于担心是否会伤害到别人，彼此的互动如履薄冰，不能形成有效、开放的沟通，家庭的保护功能必然受到阻碍。纠缠型和疏离型是两种极端的界限形式，大部分健康的家庭处在中间的位置，界限是清楚的，却又不是僵硬不可伸缩的。

纠缠型的子系统缺乏分化，成员可能会因为过分关注彼此的归属感而放弃了各自的自主性，从而阻碍了自主性的探索和对问题的独立处理，不利于个体个别感的形成。而疏离型的子系统情况则相反，成员有很强的独立性和自主性，可是他们的独立感几乎扭曲，过分强调自我，而缺乏对家庭或家庭成员的关心、忠诚和归属感，在面对一些压力时找不到应有的支持系统。由此可见，在纠缠型和疏离型家庭系统内，家庭成员的互动总是不恰当的：纠缠型家庭中，个体一个细微的动作很容易引发家庭成员的激烈反应；而疏离型家庭中，个体有些行为需要家庭成员给予反馈时，却得不到应有的关注，只有以十分激烈的方式呈现时才可能获得家人的回应，寻找到“家”的支持。在这样两种界限的家庭系统内，家庭对个体形成自我认同感和归属感的功能得不到发挥。

五、家庭子系统

家庭子系统处在整个家庭系统的网络架构之中，它们之间互相联系和作用，构成了家庭这个更大的系统。家庭系统内存在三种最为重要和常见的子系统：夫妻子系统、亲子子系统和同胞子系统。

（一）夫妻子系统

两个不同性别的成年人为了建立一个家庭的目标而生活在一起，从而形成了夫妻子系统。夫妻子系统具有特殊的任务或功能，并且是家庭功能中不可缺少的部分。在夫妻子系统内，夫妻双方必须建立起彼此互相补充和支持的互动模式。在这种模式中，夫妻双方通过协商不同意见而满足对方的需要，但又不会觉得勉强和委屈；还可以发展出互相补充的角色，从而获得家庭在改变时大量的稳定性和灵活性的信息，以满足将来改变家庭情况的需要。

夫妻子系统要建立清晰而灵活的界限，一方面可以防止其他子系统的侵入，另一方面避免夫妻子系统界限过分僵化而寻求不到支持。当夫妻双方出现了冲突，需要推心置腹地了解彼此的想法来解除分歧时，一个孩子被动地或主动地出面站在母亲的一方，毫无顾忌地大声斥责父亲，数落父亲的不是，这就是界限不清。孩子混入了夫妻子系统，会引发家庭互动的问题。夫妻子系统界限的僵化同样也会带来家庭的问题。夫妻双方有了矛盾冲突、见面就吵,妻子情绪低落而沮丧,把自己的处境同上大学的女儿讲,女儿却无动于衷,认为那是父母自己的事情,忽略了母亲还是一个妻子,不为母亲提供情绪上的支持。这种严格的夫妻子系统界限对家庭也是不利的。

(二)亲子子系统

家庭中孩子的出生需要夫妻子系统进行分化来执行教养孩子的责任,但又不能失去夫妻之间的相互支持性。孩子与父母之间所建立的界限就是亲子子系统内的界限,它需要既可以让孩子与父母之间形成亲密的关系,同时也要避免:(1) 孩子干扰夫妻子系统的功能,(2) 父母对孩子的成长过分干预。很多家庭在只有夫妻两人时,相处很好,家庭系统也很稳定地执行功能,但一旦孩子出生,夫妻双方变得手足无措,无法很好地达到三人家庭的协调状态。

亲子系统是父母与孩子构成的关系连接,它是孩子成长的重要影响因素,担负着养育儿童和塑造儿童人格的重任。亲子系统对孩子的养育过程随着孩子的年龄变化而有所变化。当孩子很小时,养育的功能是亲子子系统的重要功能之一。当孩子逐步迈入社会环境后,这种"养"的功能变得不那么重要,父母更希望对子女的成长进行控制和指导,期望塑造孩子的行为特征。但是父母的期望往往与子女独立自主的需要相冲突,在青春期表现得更为明显,因此亲子子系统中父母对子女的养育逐渐变成了一个亲子相互适应的困难过程。一些被子女早期接受的规则,对于帮助孩子发展道德和技能可能有帮助,但在孩子稍大一点后却又会拒绝这些规则,孩子会向父母提出一些新的要求,来满足成长的需要。而作为父母可能并不乐意放弃对子女的控制。如果固守过去自己的权力,那么必然带来与子女的冲突和矛盾。因此,父母对子女应有适当的控制和指导,给予子女合适的空间和自由,才能真正发挥亲子子系统的作用。

(三)同胞子系统

同胞子系统是孩子学习与同伴建立关系的第一个社会性实验场所。孩子在同兄弟姐妹的互动中学会同伴交往中的一些规则,熟悉在交往中彼此支持、孤立以及如何妥协、协作等相关技巧。孩子们一般都是将在同兄弟姐妹的交往中习得的相处之道迁移到家庭外的同辈群体中;同时,他们也把在与外界群体交往中学习的新方法和经验教训带入家庭的同胞子系统中,进一步加强与兄弟姐妹的互动。如果这个子系统的界限过于僵化,那么孩子在同胞子系统中的学习很难迁移到外部同辈群体中,从外界学习获得的方法也难以融入家庭内部用于协调兄弟姐妹关系,结果是引起孩子的同伴交往困难和同胞冲突。因此,家庭中的父母尤其要注意保护好同胞子系统,对孩子成长的机会给予尊重,而不过分协助和干扰,使得孩子们能够有机会学习合作、竞争、逃避、屈服,学会去赢得同伴和放弃同伴。

六、家庭结构与个人问题

结构家庭治疗与其他家庭治疗在看待个人问题上存在共同点,都认为个人的问题其实是家庭系统出现问题,是家庭功能不良的表现,但结构家庭治疗更关注家庭各子系统的界限及子系统的功能问题。

结构家庭治疗师认为家庭功能不良就是家庭满足成员成长的需要这一功能得不到执行,并把功能不良的家庭结构分为五大类:纠缠型家庭、疏离型家庭、家庭内的男性不顾家庭、家庭里父母拒绝介入和父母为未成年人的家庭(Goldenberg, 2000)。这些家庭都有普遍的压迫感和无助感,通常由母亲一个人领导家庭来努力地控制和引导有过错的孩子,而事实是母亲往往不能很好地完成这个任务。究其实质,问题来自于家庭结构的顽固性,特别是家庭无力面对和矫正一些不良的互动模式,这些互动模式阻碍了家庭成员需要的满足。结果就是当新的情景出现时,家庭还坚持运用陈旧、过时的方式进行互动,家庭对压力和外部改变的反应刻板而不适当。例如,在孩子出生以前,夫妻之间是一种协商和补充的关系,但孩子出生后,其中一方对新显露的矛盾不知所措,因为他没有作好准备来养育孩子。另一个例子就是父母已经习惯了安排孩子的活动,可这种习惯不能适应成长中的孩子对自主性的需求。在压力面前,家庭成员担心自己或者其他成员会抛弃固有模式,这种担心通常又会导致家庭成员陷入对失败模式的刻板重复之中,由此家庭深陷不良互动的泥沼之中。

当家庭系统中的界限或子系统功能不良时,家庭成员会以假性共同或假性敌对、替罪羔羊出现等手段来阻碍成员对系统结构问题的觉察,来维护系统的稳定。假性共同是家庭成员专注于彼此配合的集体性而牺牲掉成员的个性,这种看似稳定的状态让人们忽略内在的潜在冲突。假性敌对是以一种表演式的小争吵和冲突引起大家的关注,避免更大冲突的发生。替罪羔羊表现为家庭指定一个有问题的成员来承担罪责,或者某成员自觉出现问题以承担责任,来掩盖家庭本身的问题,譬如,一个孩子总是不听话、不听管教,父母天天对着他发火训斥,其实真正原因在于夫妻关系已经濒临破灭,只是双方将精力集中到孩子的问题上,以免家庭崩溃。这几种方式都是以表面现象改变家庭成员的真实感受和体验,显露家庭某成员的症状,从而转移个体对家庭问题的注意,满足家庭其他成员之需要,避免对家庭功能的怀疑和颠覆。然而这些手段并不能带来家庭冲突的真正解决,只是将问题和隐患用假象遮盖起来,牺牲了家庭成员的自立、自信和能力感的发展。因此家庭某成员的行为问题有时是一个表层现象,只有将个人问题置于家庭系统的框架下来考虑,从系统结构和功能入手才能发现内在的意义。需要说明的是,这些掩盖系统问题的提法并不为结构治疗者所独有,其他的家庭治疗理论中也能见到这些描述,它们可以被认为是家庭治疗者公认的用以理解个人问题的假设。

米努钦从家庭结构出发,认为如果家庭的界限不清或者过于严格都将引起家庭互动的困难,家庭的正常功能得不到执行。其外部表现就是家庭成员出现症状行为。家庭前来接受治疗常因为家庭里有一位成员出现症状,有症状的成员被大家认定为“患者”。在治疗者看来,家人在认定该成员是“患者”时,他的症状其实是正在维系着系统或者曾经是维系系统的一种策略。个体出现症状可能是家庭结构和功能出现问题的一个表征,而这个成员出现症状常因为他的特殊家庭生活情境,并且被整个家庭所认可。也就是说,当家庭认定了某个成员是问题时,在某种意义上说,整个系统也正在强化这个症状的存在。基于对家庭功能和个人问题实质的分析,家庭治疗师认为应该致力于重塑可以执行健康家庭功能的家庭系统,使家庭系统有健全的家庭结构,使家庭运作时界限和规则灵活清晰,并促成成员良性互动和交流(曾文星、徐静,1996)。家庭治疗不会停留于个人的病症,而是借由表现于外的个体症状来理解整个系统的问题,通过改变对外适应不良的反应方式或改善功能失调的家庭互动形态,达到个人和家庭系统的共同改变。

第三节 治疗过程和策略

结构家庭治疗过程有一个比较清晰的逻辑顺序。开始是治疗师的加入，设法跟家庭建立治疗关系，接下来是对家庭的功能和互动模式进行观察诊断，再后是对家庭结构进行改造。这种治疗模式需要治疗师有高水平的关注、活力和独立的分析思考能力。

以下介绍家庭治疗的过程和它的一些策略。

一、首次会谈

首次会谈可以分为三个阶段。第一个阶段是社交阶段，治疗师遵循礼节性的文化准则与家庭成员集会。第二个阶段是问题阶段，治疗师询问家庭里每个成员对于家庭问题的看法。第三个阶段是相互作用阶段，治疗师通过帮助家庭成员演出他们典型的互动方式来探索家庭结构。

和其他的家庭治疗方法一样，治疗师认为所有的家庭成员都应该加入开始的会谈中，除非那些刚出生的婴儿或蹒跚学步的孩子，这样可以让治疗师有机会观察全家人的互动及反应情况。至于以后是否需要全家人都继续参加会谈则看家庭问题的性质而定（曾文星，2001）。在初次会谈中，如果家庭中有比较小的儿童（学前到小学），治疗师可以通过和这些小孩建立关系来开始会谈，这种策略可以让治疗师表现出权威。如果家庭中有中学或更大的孩子，治疗师则应该通过与执行子系统（如父母）建立联系来开始会谈。另外，当问题儿童是青少年时，在同全家人碰面后再单独地同父母交谈，最后同青少年交谈是比较有效的方法。

（一）社交阶段

当一个家庭进入会谈室，他们会按自己期望的方式坐下。在介绍了自己以后，治疗师应该同每位家庭成员交谈，知道他们的名字。在社交阶段（social stage），治疗师发现家庭中有哪些人，哪些人应该到场参加会谈。同时，当一家人走进咨询室时，治疗师应该注意父母与孩子的关系，父母可能对孩子过于严格或过于放纵。家庭成员所坐的位置也应该加以注意，我们可以从中发现家庭的从属关系。

（二）了解问题阶段

社交阶段是一个简单的过程，它只持续几分钟的时间，而了解问题阶段（problem stage）则是询问什么问题让家庭寻求治疗。这种询问将交际的情景转换为治疗的情景。对于为什么家庭来寻求治疗或者家庭的问题是什么的询问，有两个方面需要注意：治疗师如何询问以及对谁进行询问。对于该向谁发问的这个问题，有两种方法值得推荐。一种方法是首先提出一些缺乏明确定向的问题，如“你们为什么来到这里”。由此可以提供机会来观察谁是家庭发言人，但这种方法同时也有一个危险，问题儿童可能最先回应以获得对面谈的控制。第二种方法是首先和那些看似很少卷入家庭问题的成人交流。

（三）互动阶段

治疗师对于问题的了解有两种手段：一是获得每个成员的评论，此时由治疗师主持，他是会谈的中心；另一种是让家庭成员互相谈论该问题，治疗师不再是每个成员交谈的对象，这时就进入了互动阶段（interaction stage）。当家庭成员有了不同的看法时，交互作用阶段容易发生，可能有的家庭成员努力想继续同治疗师谈论自己的看法，治疗师就需要指导他们返回到家庭中，和其他成员谈论他们的看法。

尽管可能需要多次会面才能澄清家庭问题，但当治疗师和家庭首次的面谈结束时，治疗师和家庭应该公开地对家庭问题总结出一个合理而清楚的描述。治疗师应该努力以一种感兴趣、自信和充满希望的语气来结束初次会谈。如果还是不能作出明确的表述，治疗师可以作一些说明，如“这看起来是一个很复杂的情况，我想需要更多的会谈来收集更多的信息”。同时，最初的会谈结束时应对下次的预约作出安排。

首次会谈的另一个重要任务是跟家庭建立关系。治疗师要以关切的态度，获得家庭成员的接纳。家庭治疗师跟家庭的关系，米努钦形容为“像是这个家庭的一个远亲”：他可以对这个家庭说很多话，但又不是家庭中的一分子；他跟成员建立较为密切的互动关系，但却不发生利害联系。

二、改变过程

在结构家庭治疗的范畴内，存在三个基本的改变过程：加入（进入系统）、陈述或概念化（确认适应不良的互动）和重构（改变适应不良的互动）。治疗目标在于帮助家庭从一系列的问题型互动转变为另一系列建设性的互动，使得问题症状消失或者减轻到一个可以接受的水平。结构家庭治疗以清楚地理解家庭内适应不良的互动特点作为基础，进而理解这些互动如何与家庭所经历的症状相联系，并用精细设计的程序来进行干预，确定清晰而灵活的界限，重构家庭系统的结构，以促使具备适应功能的互动方式出现。

（一）加入

家庭治疗师把建立治疗系统并把自己定位为领导者的过程称为加入（joining），它是进行家庭治疗的基础。因为只有当治疗师加入一个家庭才能对家庭关系和功能进行考察，才能对家庭的互动施加影响，进行家庭的重构工作。一个家庭前来接受治疗说明他们需要帮助，他们会邀请治疗师加入家庭系统中并帮助他们改变。大多数情况下，家庭会将治疗师作为领导者接受到家庭系统内，然而要真正成为治疗系统内一个有效的领导者，治疗师要接受家庭的组织和风格，并融于其中；他必须去聆听、理解、顺应、支持、指导一个家庭内发生的故事，必须努力体验家庭互动模式以及这些模式的优缺点。也就是说，治疗师应该去体会家庭成员被排斥或被当做替罪羔羊所感受的痛苦，以及他们被爱、被接纳所感受到的喜悦。

加入不是仅仅停留于形式上的和家庭成员在一起，只有被家庭成员看做理解自己、理解家庭的一分子，治疗师才能被认为加入了系统。

（二）陈述与概念化

家庭治疗中的陈述和概念化（formulation）是对家庭内不良功能和互动的评价与确认，其实是治疗师加入家庭系统后透过自己与家庭互动的经验进行评估的过程。米努钦于 1974 年简洁而清楚地列举出家庭治疗师在分析家庭形态或者进行互动诊断时需要注意的问题，斯代恩等人（Stein, Mozdzierz & Mozdzierz，1998）将之概括为六大方面，包括：

(1) 思考整个家庭的结构,它所沿用的互动模式以及其他可利用的替代方法;

(2) 通过观察家庭在面对变动的情境时系统中的联盟、结合,以及子系统所显现出的转换情形来评估整个系统接受重构的弹性和能力;

(3) 治疗师检查家庭系统的共鸣能力,观察家庭对个别成员行为的敏感程度,是过度纠缠还是过分疏离或者处于两者之间,纠缠型的家庭对成员的行为反应过于敏感,而疏离型家庭则表现为敏感度过低;

(4) 综观家庭生活的情况,分析支持力量的来源以及家庭生态中的压力;

(5) 检视家庭的发展阶段以及家庭执行该阶段任务的状况;

(6) 探索家庭如何利用被认定为病患者的症状来维护家庭系统内惯用的互动模式。

家庭的结构、弹性程度以及被认定为病患者在系统中的地位都是隐含的家庭关系,它需要治疗师真正进入系统,在生态的环境中才能观察和领悟得到。这需要治疗师创造一个适合的环境,剔除家庭成员刻意表现给他人看的戏剧资料,让成员在较少理智控制和较不戒备的情况下表现出真正的互动。也就是说治疗师的评估以加入系统为基础,要有一双敏锐的眼睛来观察家庭。

(三)重构家庭

重构(restructuring)是治疗师为了迫使家庭产生治疗性的改变,向家庭挑战及质对的治疗介入方法。这些干预的目的在于帮助家庭从当前的互动方式和不合要求的症状中得到改变,从而达到以更适应和成功的方式来互动。需要说明的是,加入、功能分析以及重构的区分是人为的,因为治疗过程是一个连续的运动,加入、探索、观察、概念化、帮助、形成治疗契约和带动改变会在治疗的过程中反复出现。

结构家庭治疗常用如下七种重构的策略:再现家庭互动模式、标定界限、升高压力、安排作业、利用症状、操纵情绪以及支持教育或指导。这几种最常用的重构方法可能因治疗师的喜好和家庭情况而有所侧重。

1. 再现家庭互动模式

让家庭表现出生动的互动模式来代替成员对互动情况的描述,对于家庭治疗具有相当重要的意义。每个成员的描述是经过自己主观加工和选择的,他的描述是不完全的或者是有失偏颇的,因此治疗师从家庭成员的描述中获得有关家庭的信息十分有限。为了掌握更丰富的资料,治疗师需要帮助家庭在他面前真实表现出解决冲突、互相支持、加入联盟和分散压力的方式。治疗师可以在一个清楚描述的提纲下,指挥某些家庭成员彼此互动。例如,治疗师发现女儿对父亲的描述表示不屑,私下和母亲讨论父亲的意见,治疗师可以明确地告诉她:“你就当面跟你父亲谈谈你现在的看法。”帮助家庭成员在一些剧本中表现互动,一方面可以避免治疗变得以治疗师为中心,另一方面则可以帮助家庭成员意识到、体验到彼此互动的方式。

2. 标定界限

家庭各子系统中适当的界限是家庭功能的基础,可以很好地塑造家庭成员良好的个别性和归属感。但功能不良的家庭往往是界限模糊不清或者过于刻板的,使成员的个别性和归属感不能达到一个适当的状态。对于家庭各子系统界限的标定,就是帮助家庭在自主性和依赖性之间建立弹性的、灵活的规则。对于纠缠型家庭需要划分出较为清楚的界限,鼓励大家表现出自己的个性,也对其他成员的个别性保持宽容;而对于一个疏离型家庭,治疗师则需要帮助家庭适当改变那些死板的界限,增加子系统的通透性,让成员之间多一些关爱和支持。

3. 升高压力

接受治疗的家庭通常自己发展出了一套惯用的功能不良的互动模式,来应付面临的压力,而那些被大家认定为“患者”的成员则是这些模式的核心。因此,在压力面前家庭往往没有尝试其他的互动方式。治疗师加入系统后,可以探索其他合适的行为,而升高压力就是治疗师运用技巧打破原有平衡状态的一种方法,用以创造出新的环境和情境,让家庭多一些尝试的机会,学会走向适应的模式。治疗中治疗师可以压制家庭中惯用的沟通方式、强调家庭以前所掩饰的差异性、揭示隐含的冲突、加入某个成员或联盟来升高家庭压力,给家庭更多的锻炼的机会。

4. 安排任务

治疗师通过给家庭安排任务,让家庭能够根据构思去面对和解决一些问题。它可以在会谈之中进行任务安排,如“以一种孩子能接受的方式来跟他说你的意见”;也可以布置家庭作业让家庭成员在家里执行。治疗师把重点放在任务上,实际上就是在矫正以前的家庭结构和互动模式,向家庭提示新的可能性和学习机会。

5. 利用症状

结构家庭治疗师将认定为病人的成员症状看做家庭功能问题的表征,他们并不把重点放在个体症状上。被认定为病人的症状通常会在家庭系统的互动中有着重要地位,它们往往是家庭压力的集中点,也是家庭用来应付压力解决问题的一种不良方式,其实家庭也暗中提供着支持的力量维持固有的系统。因此,家庭治疗师通过直接处理症状、夸大症状、转移到新的症状等手段,挑战家庭成员以前的体验,让大家对问题实质有正确的认识,进而改变以前的不良互动方式。

6. 操纵情绪

作为一个系统,家庭一定会有自己的主流情感气氛,比如一个家庭可能在大家交流时是忧郁的,而另一个家庭可能更多是玩世不恭的。在家庭互动过程中流露出的情感气氛可以向治疗师提供新的线索来探索家庭互动情况,也可以向治疗师提供治疗的契机。在治疗中,治疗师重新概念化一个情绪、改变一下家庭的情感气氛都会提供互动方式改变的可能性。

7. 支持、教育和指导

支持、教育和指导一般是属于加入的技巧,但放在家庭的重构中也具有重构的功能。治疗师加入家庭系统后,通过支持、教育和指导可以加强家庭系统的维系,可以让成员增加表现良好家庭功能行为的机会和技巧。但其中的一些内容其实比较难以真正同上述的标定界限和指定任务等重构手段相区分。

结构家庭治疗虽然有较强的指导色彩,但它也强调对于家庭成员情绪感受的体会与支持,从始至终需要治疗师给予家庭系统及成员以尊重和理解。有的学者认为积极而真诚的工作关系是所有家庭治疗所公认的要素之一(Lam,1991),它是家庭治疗的基础,只有在这样安全的环境中家庭才能再现出生动而真实的互动,家庭成员才能真正领会家庭的问题并根据需要作出相应的改变。因此，在家庭治疗当中，当事人中心所提倡的用以促进咨询关系的一些谈话技术也是适用的。同时，在结构家庭治疗过程中尤其注意使用“是的，但是”和“是的，而且”谈话技术，即一方面肯定家庭成员对于某问题的感受，但同时又不局限于他的感受和认识，还提供更全面的或者相反的思路来看问题。它既可以支持家庭成员，让他们感受到理解和尊重，还能挑战成员的现实感，暗示在家庭中还有更多的改变现状的方法。

第四节 结构家庭治疗评价

一、结构家庭治疗的贡献

结构家庭治疗属于现代家庭治疗内的一个分支，系统的观点是所有现代家庭治疗的最大特色。分析结构家庭治疗的贡献，有时并不能将它与其他家庭治疗分开。因此，结构家庭治疗的优点可能也是大多数家庭治疗的优点。

从结构家庭治疗的发源以及发展来看，它与其他治疗特别是传统的三大治疗流派相比，最大的贡献在于，它蕴涵的系统观提供了一个新的了解当事人问题的视野，改变了传统心理治疗看待问题的模式。传统模式的还原主义对个人问题的假定是线性的单向因果关系，即 A—B—C 模式。它关注于反应链索上的一个引发点 A，来理解现在的状态 C。这样看待个人问题有时能够提供因果关系的理解，但并不真实。它割裂了个体与他人和环境的互动，所以取得的信息是不全面的，缺乏生态效度。而结构家庭治疗的系统观在家庭系统的真实背景中通过系统的观点看问题，并在此时此地真实的家庭互动中来了解个人问题，这样才把个体看做生活中的人、更为生动的人。

家庭系统观在结构家庭治疗理论中占核心地位，决定了家庭治疗以整个家庭系统为单位进行治疗，对于提高和巩固疗效有很大的贡献。由于个人症状有保护家庭系统的功能，仅仅依靠个人的改变将受到整个系统的抵制，使这种改变不容易发生，并且容易回到原来的状态。因此家庭系统治疗师查尔斯认为，在一个人成为一个成熟而健康的个体之前，必须和原生家庭一起解决所有的情绪问题，而不是仅仅要个人去抵制或积极接受那个家庭（Charles，2001）。这种治疗方式，减少了个体改变的一相情愿，把当前改变的意愿改造成整个家庭系统的共同目标，每个成员的改变为系统的改变作贡献，同时系统的改变又促进成员的改变，效果更为明显也容易得到巩固。同时，结构家庭治疗强调个体和家庭的共同改变，治疗发生的情境也不拘泥于咨询室内当事人与咨询师的互动，而是在实际的家庭生活场景中处理问题，可以大大提高将心理治疗中的改变迁移到其他生活情境中的可能性。已有相关研究表明，通过设置实验组和控制组进行比较，以结构家庭治疗为代表的家庭疗法针对药物滥用、婚姻不满意的抑郁妇女、成人的精神分裂症等诸多问题有明显的临床效果（Markus，Lange，& Pettigrew，1990）。

以结构家庭治疗为代表的家庭治疗理论中的系统观，不仅会带来心理咨询领域的改观，还会引起传统家庭关系研究模式的转变。研究者认为，传统的家庭关系研究停留在家庭关系如何影响个体的行为上，忽视个体行为对家庭反应的影响，并将家庭关系当做背景变量抽离出家庭系统来考察，此时的个体脱离了“关系”，而不是将个体放入“关系”中（游淑华，2001）。以往的家庭研究主要是将个体与家庭分开，把它们看做两个变量，再分别从两头寻找资料来分析家庭对个人的影响。这种做法失去了整体性的观点，得到的结果往往只是零碎或过度简化的知识。这些研究的模式在家庭系统观受到关注后将有所转变，研究者将注重在生态的系统中做研究，以相互影响的思路来探究家庭与个人的关系。

家庭是个体成长和生活的重要基地，家庭对个体健康成长与发展的影响是深远的。以结构家庭治疗为代表的家庭治疗，不仅为当事人的问题评估和改善提供了一个更有效的工具，也可帮助改善家庭环境，从而达到对家庭成员心理问题进行预防的效果，因此在将来会受到更多的关注。

二、结构家庭治疗的局限

结构家庭治疗虽然受到很多治疗师的青睐，但同时也遭受到一些批评，概括起来主要有以下局限：

第一，从 20 世纪 80 年代开始，结构家庭治疗受到男女平等主义以及关注种族和文化的评论者的批评。女权主义者认为，家庭理论者和治疗师强调权力问题以及权力对抚养策略等代际关系的影响，但在系统里却没有提到同一代人之间如夫妻关系中的权力问题；他们批评一些治疗师轻易地转移了男性的责任，而暗示女性要对家庭的功能不良负主要责任（Vetere，2001）。越来越多的人口资料显示，男性施加给女性伴侣的暴力行为的比例很高，这与性别方面的批评是一致的。另外，在许多文化里，男性被认为是家庭的领导者，也普遍拥有更多的权威，那么为了避免性别的偏见，治疗师在确认自己的价值观是否会对治疗的家庭有所侵害时，应该保持对自己个人意识形态的清醒认识。库泊在其著作中提到，当处理家庭关系中的权力滥用问题时，要特别关注责任和安全；并且当父母在治疗中重新获得对孩子的权威时，应寻找一些方法来支持妇女，并且在夫妻关系中去矫正相关的权力不平等问题（Cooper，2000）。

第二，对结构家庭治疗的另一种批评，指它仅定位于家族内的家庭群体，而忽略了外延家庭、邻居和其他社会机构的作用，从而造成了其所描述的当前问题是一幅不完整的图画。如果说人是系统中的人，那么他不应该仅仅是家庭系统中的人，他的生活背景决定了他还是更多、更大系统中的一员，他要与学校、邻里甚至更大的社会系统进行互动，而这些互动关系都没有受到重视。有学者认为，问题在于家庭治疗理论者在问题诊断描述时，没有理论化的语言和模型来包含对更大系统的评估，造成了他们观点被局部应用，从而带来了局限（Vetere，2001）。

第三，结构家庭治疗的焦点在此时此地，用家庭互动模式来描述和试图缓解症状行为，但却限制了对症状行为的解释和预测，由此会让治疗师寻求其他的模型来说明这些问题。意识到这种局限，家庭治疗领域与其他主要心理治疗领域内整合性的实践成为发展趋势，但在概念水平上，整合这些理论在目标上彼此缺少很好的衔接，导致了应用和实践上的一系列问题。

第四，问题的维持以及症状行为对于系统具有保护功能，这种结构观受到了批评。系统通过问题来得到维持是结构家庭治疗者公认的观点，并且他们都认为症状行为通常对于解决问题和适应有“讽刺性”的效果。这种观点受到批评，因为它没有证明症状行为在家庭群体内可能带有功能上的含义；另外，结构治疗师所看到的功能不良可能根本就不存在，譬如可以说一个家庭的问题只是暂时偏离轨道，而非真正功能不良。不过，结构家庭理论同时也关注家庭内部能力和力量，这也可以稍微缓解这些批评。

三、结构家庭治疗在中国文化下的利弊

结构家庭治疗也是“舶来品”。米努钦作为创立者为该治疗方法培养了大量国际性的实践者。近年来这一治疗方法引入我国，受到中国学者的关注。在中国文化下讨论结构家庭治疗的利弊，对于结构家庭治疗的引进和/或改造，应该有不少启发。

结构家庭治疗强调家庭的结构，认为家庭是一个层级的结构，内部存在着子系统和界限问题，并有不同的权力分配原则，这一点放在中国家庭中来看的话，十分贴切。传统的中国家庭对其成员的代际角色有明确的界定，追求和谐与孝道的儒家文化指导着家庭内夫妻间和亲子间的互动，家庭的结构化程度很高，这与米努钦所提出的结构与角色的概念是一致的（Pearson，1993）。因此，中国的家庭文化在经历过几千年的等级社会后，在家庭权力和界限方面的表现比欧美应该更为明显，米努钦的家庭治疗模型可以很好地应用于中国文化。封建社会所鼓吹的“三纲五常”思想可以说是家庭权力分配原则的生动体现，它们体现父系社会中父亲的最高地位，要求在家庭中，作为妻子、儿子、兄弟应该有怎样的行为准则。这样的规定在当今社会早已经不被提倡，但毕竟还带着深深的印记，这与结构家庭治疗中家庭结构的假设是吻合的。在当今社会的变迁中，传统文化的颠覆与这些准则沉积的互相冲突，对个人的心理冲击是难免的，应对和适应这种变化是个人在社会发展中的一个任务。因此，用结构家庭治疗的理论来分析中国家庭之中的问题有很强的针对性。

另一方面，中国文化土壤中有些成分也给结构家庭治疗带来很大的阻力，这也是所有家庭治疗会遭遇的障碍。有学者认为，在中国的传统文化下，心理病症被个人和整个家庭看做耻辱的事情，家人都尽力向外界掩盖家庭有心理疾病病人的事实。一旦被外人知道，对于家庭成员和整个家庭来说都是一件丢面子的事情，因此家庭会限制有病症的成员的社会活动，以减少整个家庭的尴尬（Yang，& Pearson，2002）。所以在素有“家丑不可外扬”的文化背景中，要一个家庭在治疗师这样一个“外人”面前演出家庭的故事，未免有些勉为其难。并且中国文化下比较喜欢“家有家规”，认同“家家有本难念的经”、“清官难断家务事”等观念，那么自己家里的问题本来就“应该”是这样的，凭什么要去听一个外人的指指点点呢？所以，中国的家庭可能对家庭治疗师看似言听计从，但事实上可能并不理会，甚至可能在一开始对治疗师的指导就表示不接受。这些是中国的家庭治疗师面对的挑战。怎样让家庭成员领会这些问题，并发掘家庭改变的动力，需要治疗师作出更多的努力。

思考·讨论·活动

1. 家庭治疗的核心方法论是系统观，强调家庭成员个体的障碍或问题要从家庭结构问题中去寻找

原因,也只有通过对结构的治疗才能解决。这个理论不重视个体的变量如人格特征、内在需要、内部冲突等。您同意这种方法论吗?说说您同意或不同意的理由。如果再给您自己一些挑战,您能否试着把精神分析的某些概念跟家庭系统理论调和起来呢?

2. 作为练习,请试着分析您自己的家庭结构。其中重点包括:家庭中的子系统,子系统内和子系统之间的互动模式,这些模式后面的功能要求(关联)。请尽量用客观的立场来做这个练习,不需要做"诊断"和评价。

3. "界限"其实是调节家庭成员或子系统之间"介入"程度的一些看不见的约定或规则。界限有助于保护成员的"完整性",但界限也可能使成员感到隔膜和疏远。请试着应用界限概念来看看您和您的家庭。您与父母之间的界限如何?与兄弟姐妹之间的界限如何?父母之间呢?目前这些界限有什么问题吗?

4. 在中国文化中实践结构式家庭治疗,可能会遇到哪些独特的问题?在实践中有哪些特别需要注意的事项?请查阅文献,并结合个人的思考写出您的认识(要点即可)。请在小组里分享您的意见。

第十五章

其他疗法

在这一章里，我们有选择地介绍另外几种有影响的心理咨询体系。由于篇幅的限制，对每一体系或疗法都只作较简明的介绍。这几种疗法分别是现实疗法、折中的咨询和治疗、森田疗法和钟氏领悟疗法。

第一节 现实疗法

现实疗法（reality therapy）是由美国精神病学家威廉·格拉瑟（William Glasser，1925— ）（图 15-1）所开创的一个心理咨询和治疗流派。格拉瑟对精神分析不满，认为精神分析不是教人对自己负责，而是纠缠于过去并因此而指责别人（比如父母）。相反，他认为个体应该接受自己的行为，在现实世界中认识自己的责任，对自己的行为负责。1961 年，格拉瑟在《心理健康还是心理疾病》一书中首次谈到现实疗法的一些基本思想和实践尝试。1965 年，格拉瑟的《现实疗法》一书问世，标志着现实疗法的正式建立。在这本书中，格拉瑟对传统心理治疗的一些基本理念作了批驳，系统阐述了现实疗法的应用。自此以后，现实疗法就以其一些受欢迎的特色迅速受到心理咨询和治疗者的注重，并推广开来。但是，现实疗法是从实践中总结出来的，在理论基础上较薄弱。20 世纪 80 年代，格拉瑟对鲍威尔（Power）的控制理论产生共鸣，并借用控制理论作为现实疗法的理论基础。但他后来在实践中又发现"控制理论"一词容易带来误解，他又开始寻找新的理论。1998 年格拉瑟出版了《选择理论》一书，正式以选择理论作为现实疗法的理论基础。2000 年，在《现实疗法Ⅱ》中，又阐述了选择理论的应用。到目前，选择理论成为现实疗法的核心，在治疗中教给当事人选择理论也成为现实疗法的一个特色。

图 15-1　威廉·格拉瑟

从基本倾向来看，现实疗法属于认知-行为治疗，因而具有这一取向的若干特色。它的理论简明易懂，符合常理；它依赖人的理智和逻辑能力，以问题为中心，以现实合理的途径求得问题的解决;它注意思维和行为,较少直接针对情感和情绪;它强调现在和将来,而不纠缠于过去,重视"怎么办",而不是"为什么";它反对以医学的或"疾病"的模式来看待人的心理困扰,而强调人的自主自立、自己对自己负责这些品质的作用;它也重视咨询师和当事人之间的关系,主张咨询师要"卷入"(involvement)关系,但它不像以人为中心疗法那样让咨询师取一种被动、支持的姿态,而允许咨询师更积极主动,更多一些指导。

由于这样一些特点,现实疗法很容易被形形色色的做人的工作的人士所掌握,而不是局限在少数受过专门训练的治疗者手中(Gilliland,1984)。它被广泛地应用于学校、监狱、戒毒中心、社区和其他社会服务机构。尤其是在学校咨询和辅导中大受欢迎。事实上,格拉瑟在学校咨询中做了大量工作。他的《人人成功的学校》("*Schools without failure*")提供了各种适用于课堂的现实治疗方法。他还创办了"教育工作者训练中心"(ETC)等培训机构,举办讲习班、研讨会,传授"人人成功的学校辅导方案"(SWF)。另外,选择理论还可以应用在管理和领导方面。

一、基本理论

(一) 人格理论

格拉瑟认为人有一些基本需要。在早期理论中,格拉瑟提出两种需要:爱的需要和自我价值感需要。一个人需要爱人,也需要被人爱;需要感到自己在别人眼里是重要的,体验到自己是一个有价值的人。20 世纪 80 年代以后,格拉瑟提到人有五种基本需要:生存、归属、力量感、乐趣和自由。其中,求生存是生理需要,其余四种都是心理需要。这五种基本需要都是必需的,但五种需求的强度却因人而异。有些人对爱和归属感有强烈欲望,而有些人对权利及自由需求很高。这些需要驱使人们终生做出行动来满足它们。人的大脑不断检查输入信息,用感觉告诉人们其行为满足需要的情况。快乐就是在告诉人们一个需要被满足了,痛苦则是在说正在做的事情不能满足迫切想满足的需要。受到痛苦的驱使,人们会不断地寻求满足需要的方法。

一个人总是生活在一个"现实"世界中,要满足他的基本需要,就必须在现实环境中有合适的行为。现实疗法中的行为指的是整体行为(total behavior),由四个部分构成,它们是行动(acting)、思考(thinking)、感觉(feeling) 以及生理反应(physiology)。如果把整体行为比做汽车,基本需要就是发动机,行动、思考、感觉和生理反应都是轮子,行动和思考都是驱动轮,他们引导汽车前进的方向;感觉和生理反应是后轮,紧紧跟随驱动轮,汽车前进的目的地就是满足基本需要。只有他做出合适的选择、合适的行为,他才有可能从与环境的关系和与他人的关系中获得他需要的东西。从这个意义上说,一个人的命运取决于他自己,必须由自己对自己负责。换一种说法,环境中总是存在社会评价、社会期望、奖励和惩罚的力量,一个人要满足自己的基本需要,必须依赖环境和他人,而他能选择的是他自己的行为,他能够决定自己做或不做、怎样做某些事情,使自己的行为既符合自己的需要,同时又不剥夺他人满足他们自己的需要的机会。这样的行为才是现实的、负责的行为。

(二) 心理困扰的实质

格拉瑟在《选择理论》一书中强调了关系的重要性,他认为当事人"只有一个基本心理问题。一个人要么为目前不满意的关系而痛苦,要么他或她根本没有满意的关系"。

他提出四种亟须改善的关系：夫妻关系、亲子关系、师生关系和老板与员工的关系。这些关系处理不好，就容易引发心理问题。他认为究其本质是当事人的行为无益、无效，不能满足其基本需要。他们自责、自卑，觉得自己一无是处，且认为自己无能力改变自己，不能承担责任。他们倾向于让步、放弃、投降，习惯于接受失败。这些都是心理困扰者潜藏在症状后面的共同特点。

格拉瑟否认心理疾病，他认为被称为心理疾病的行为都是当事人的选择，当事人有能力改变这些行为。

（三）治疗的目标

现实治疗把这样一些事情作为治疗追求的目标：帮助当事人认清什么是他们真正需要的——通常是想要与某些人发展或维持良好关系——认清自己为什么需要这些；辅助他们对自己当前的所作所为进行分析评价，看看现有行为是否有益、有效、负责（对满足自己的需要而言）；协助他们选择负责任的行为，制订建设性的行动方案，以便作出改变，达到对自己生活有效的控制。因此，负责任的行为是现实治疗的核心目标。负责任的行为的含义是"满足自己的需要，而在这样做的时候其行事方式又不剥夺他人满足他们的需要的可能性"（Glasser, 1965, cited in Gilliland, James, Roberts, et al., 1984, p. 218）。

（四）治疗的重点

现实疗法认为行为包括四种组成成分：行动、思维、情感体验和生理反应。从控制的有效性或容易程度来说，比较容易控制的是行动，其次是思维。因此，现实治疗把治疗过程的重点放在行动——可观察的行为上。它并非完全不理会情绪感受，但它总是从情感与行动和思维的关系、联系的角度来谈论情感，相信随着个人成功地选择有效行为，情感体验也会随之改善。持现实疗法的治疗者认为："我们不能够命令自己感到好受些，但我们总能够命令自己做得更好些，而做得更好些会使我们感到好受些"（Glasser & Zunin, 1979, cited in Gilliland, James, Roberts, & Bowman, 1984, p. 219）。

更进一步说，现实治疗师关注的外显行为是当前的和今后的行为，而不是过去的行为。他们认为人不能改变他的过去，关注过去的失败是浪费时间。关注现在和将来才是建设性的。因此，现实治疗师总是把主要精力放在帮助当事人分析他当前在做什么，他的所作所为是否能有效地满足个人需要；帮助当事人设计新的行为，并随即付诸实践。

二、治疗过程

格拉瑟在《心灵驿站：现实疗法的新方向》（Glasser, 1981）一书中阐述了应用现实疗法的八条原则。这些原则构成拉现实治疗师在治疗过程中的行动指南。这八条原则及其实施要领如下：

（一）发展相互卷入的咨询关系

现实治疗也非常重视咨询师和当事人之间的个人关系。它把这种关系叫做相互"卷入"（involvement）。在咨询师这方面，他要以个人化的、真诚的、理解的态度对待当事人，创造一种亲密的、相互信任的关系气氛。重点是让当事人感到咨询师信任他有能力做出负责任的行为，感到咨询师对他的接纳和尊重，从而体验到自我价值感。但这种关系不能向当事人传递这样的感觉：由咨询师对当事人负责，他可以依赖咨询师，不必依靠自己。

在治疗的初始阶段，有意识地让当事人在思想上认清自己的要求和希望，了解行为如何影响感觉也是一项必需的工作。因此，现实治疗师会教给当事人选择理论，要让当事人明确地意识到什么是自己不想要的（例如焦虑、痛苦、抑郁、人际矛盾，等等），什么是自己想要的（例如愉快轻松、爱情、金钱、如意的工作、良好的人际关系，等等）；自己的行为是怎样导致痛苦的感觉的。尤其要让当事人了解：只有改变行为，其他的才会改变。

（二）探讨当前行为

现实治疗师坚持把焦点集中在当前行为上。如前所述，他们虽然也注意情感、态度等方面，但为了从较易控制的方面着手，则始终坚持以行为为中心。如果讨论涉及情感，那么现实治疗师总是设法使之与行为或行动联系起来。假如当事人说："我今天的心情糟透了，难受死了。"咨询师不会问："你能向我描述一下这种感受吗？"而可能问："你做了什么使自己这么难受？"同时，咨询师也尽可能把重点放在当前的和将来的行为上，很少涉及过去。对上面一个问题，咨询师更可能问："你能够做点什么，使自己感到好受一些呢？"对过去的行为进行讨论只在这样两种情况下才是合适的：(1)为了证明过去行为的无效、无益；(2)为了给将要作出的行为改变寻找合适的行为。

探讨当前行为的主要目的是让当事人意识到自己正在做什么，判断这种行为是否能够满足自己的需要，是不是负责任的行为。在多数情况下，这种探讨实际上是让当事人意识到自己的行动与自己的需要背道而驰，是不负责任的行为。这一步骤与下一步骤难以分开。

（三）帮助当事人评价自己的行为

评价行为的标准是看行为是否有助于满足当事人的需要。当然，还要兼顾行为是否妨碍他人和社会的利益。但评价不应由咨询师来作出，而是当事人的责任。咨询师要尽量保持客观，只是鼓励、支持当事人作出评价。但这不是说咨询师要消极被动一些。事实上，当事人要客观地正视自己的非适应性行为常常比较困难，他们往往不能看出那些习以为常的行为的自我挫败性质，有时会不自觉地为不适行为辩护，找借口证明该行为是必要的。所以咨询师要积极主动地行事。他们往往以辩论的形式设法迫使当事人作出客观的评价，其作法有些类似 REBT 的辩论。但有一点要注意，咨询师在这样做的时候始终要有真诚、关怀的态度。

（四）帮助当事人选择、设计负责任的行为

如果当事人肯定地认识到自己的行为是不适当的、不负责任的，咨询师就开始帮助他重新考虑现实的、负责的行为，制订一个新的行为方案。在做这件工作时，咨询师要注意这样几点：第一，咨询师不能越俎代庖，有意无意地代当事人选择行为，把自己认为合适的行为强加给当事人。第二，要密切地参与选择、评价新行为的活动，如果当事人的选择不合理，引导他认识这种不合理。第三，新的行为方案不能太复杂、太难，要注意其成功的可能性。第四，坚持要求把行为方案以书面形式写下来，作出一个类似行为合同一样的计划书。

（五）让当事人承诺履行行为计划

让当事人承诺负责地履行行为计划，这种承诺是对他自己负责，也是对约定的行为计划和咨询师负责。通常这需要做一些鼓励和强化的工作，以激发当事人的行动动机。在

多数时候,咨询师要求把承诺以书面形式写入行为合同。

(六)当当事人未能履行计划时,不接受任何借口和开脱

如果当事人未能按计划行动,除了的确发现计划本身不可行、需要修改的情况以外,咨询师不接受任何解释和借口,他在这一点上表现得非常坚决。在处理这类问题时,咨询师会根据不同情况分别对待,但始终注意两点:一是坚持计划必须执行;二是避免生硬、攻击的态度。咨询师很少去讨论行动为什么失败,而是问:“你觉得下一次应该怎样做就会成功呢?”如果当事人显得对计划是口惠而心不至,咨询师会说:“如果你内心里的确不想做,那我不希望你觉得为了我你不得不做,我情愿听你直言‘我不想做’。”

(七)不使用惩罚手段,但要求当事人承担行为后果

现实治疗师坚决摒除对当事人运用惩罚的做法。如果当事人未能按计划去做,他不会受到咨询师的责难、鄙视或任何别的惩罚,但他应该承担自己不负责任的行为所导致的自然结果。格拉瑟认为惩罚有诸多弊端,其中最重要的是会强化当事人的失败感,以及无价值感和无能感,而这正是现实治疗力求消除的东西。行为后果则不同,它是行为的逻辑结果,是自然现实的东西。它使当事人认识到“种瓜得瓜,种豆得豆”的道理,认识到个人须对自己的行为负责。这个认识不是外人灌输给他的,是现实教给他的。行为后果对当事人同样有鞭策、激励作用,但不会有惩罚的那些弊端。

(八)决不放弃

在治疗过程中,当遇到困难、阻力时,咨询师需要表现出百折不挠的劲头,也要鼓励当事人不要放弃。格拉瑟认为放弃不仅意味着承认失败,而且意味着接受失败。咨询师如果放弃,其榜样作用会感染当事人,损害咨询关系,增加当事人的无价值感;咨询师如果不放弃,同样可以通过榜样作用感染当事人,给当事人以力量,增强当事人的价值感。

如果的确是由于计划不周或者其他无法克服的原因导致行为失败,咨询师应该设法避免当事人把责任归咎于自己,防止他因此而认为自己无能,自己不好,而应该客观冷静地从计划、外在条件方面找原因。既不放弃,又不顽固地坚持不当的行动路线。

上述八条原则实际上也是一个分阶段有步骤的过程结构。不过,现实疗法要求治疗师要有灵活机变性,不要把这些步骤看成一个凝固不变的烹调手册。在这八条原则中,卷入关系是最基本的原则,所有其他原则及其派生的策略和方法都要在真诚、接纳的相互卷入关系中来展开和实施。

第二节 多态治疗

一、心理咨询与治疗中的折中取向

在心理咨询与治疗领域中,兼采各家理论和方法体系中的某些成分,集合成一个综合性的体系,这种取向被笼统地称之为折中主义(eclecticism)①。

① 还有某些类似的名称,如“整合的趋势”(integrated approach),“辐合的取向”(convergent orientation)等。

试图以折中的方式进行咨询和治疗的尝试早在20世纪30年代就有了。当时美国精神病学家费伦齐(French)就试图把巴甫洛夫条件作用理论与精神分析的某些概念联系起来。例如,他谈到某些心理防御机制是以学习原理为基础的。后来多拉德和米勒(Dollard and Miller)又作了同样但更深入一些的尝试。索恩(Thorne)在20世纪50年代就正式致力于一种折中的咨询体系,他把这种努力称为"依据实证经验对所有已知的方法进行折中的集合和评价"(Thorne, 1950, cited in Gilliland, James, Roberts, & Bowman, 1984, p. 270)。索恩是第一个正式的折中体系的创始人。他对咨询和治疗中折中取向的发展有重要的影响。但截至20世纪70年代,折中取向并不为多数咨询师所肯定。这之后,折中取向在咨询和治疗师中才越来越有市场。在美国,许多咨询师都认为自己的理论取向是折中主义的。例如,20世纪70年代中期加菲尔德和克茨对美国心理学会咨询心理学分会的733名会员进行调查发现,64%的被调查者认为自己是折中主义者(Garfield & Kurtz,1977)。20世纪80年代初有人调查了同一总体中的心理学家,发现倾向折中主义的占41%(Smith, 1982)。20世纪90年代初,折中主义曾经达到一个高峰(Young, 1993)。此后这种强调折中的呼声有所减弱,但折中主义已经被多数心理治疗师所认可。

但截至目前,折中取向并未形成一个大一统的单一的体系,折中主义者唯一的共同信念就是在方法论上主张折中或整合。在怎样折中的问题上则歧见多多,有各种不同的折中体系。按照诺克罗斯(Norcross, 1986)的分析,有三种不同的折中类型:

1. 技术的折中主义

这种折中是以一个基本理论体系为组织框架,融合、吸收其他学派的技术和方法。拉扎勒斯的"多态治疗"是这一类型的代表。

2. 综合的折中主义

综合的折中主义是对两个或两个以上的理论体系予以整合,前面说的把弗洛伊德思想与学习理论整合的做法就属于这种折中。另外,有一部分咨询师着眼于研究各种治疗中一些共有的治疗要素,并从这种研究结果出发来整合不同的理论,这条路线以弗兰克为代表(参见本书第二章)。

3. 非理论的折中主义

这种折中没有对哪一理论观点的偏好,仅仅依据咨询师认为对某个当事人而言采用什么方法较为可行,自由地采用任何方法。诺克罗斯发现属于这种非理论的折中主义的咨询师约占全部折中主义者的10%。

在折中主义的阵营中,南非心理学家拉扎勒斯的多态治疗是技术折中主义的代表,也是当代西方影响较大的治疗体系之一。所以,我们下面对它作专门介绍。

二、多态治疗的发展和背景

拉扎勒斯(Arnold Allan Lazarus, 1932—　)①(图15-2)最初是一位著名的行为主义治疗者,但在20世纪60年代中后期,他的理论立场有所转变。他发现仅用行为治疗不能

① 拉扎勒斯生于南非,在南非完成学业并开始其早期专业生涯,后于20世纪60年代中期移居美国。

够使当事人长期保持疗效。他还意识到坚持用一个现成理论去套咨询师的实际治疗可能会歪曲或丢掉真理,咨询师可以接受所有经检验证实有效的技术,而不必太拘泥于它们所属的理论体系。1967 年,拉扎勒斯正式提出"技术的折中主义"(technical eclecticism)的主张。

图 15-2 拉扎勒斯

作为一种方法论思想,拉扎勒斯主张技术的折中主义是一种有系统的折中。即要有一些基本的理论原则,并且要使这些理论原则及其概念有内在的一致性,以这些理论构架来组织各种方法和技术。拉扎勒斯所持的基本理论原则主要来自行为主义阵营,其中又以班杜拉的社会学习理论占支配地位。另外两个理论来源是一般系统论以及团体和沟通理论。这几方面的理论被协调地组织起来。他把自己的这样一个虽是折中但又自成一家的治疗体系称做"多态治疗"(multimodal therapy①, MMT)。

三、多态治疗的基本理论

在拉扎勒斯看来(Lazarus, 1991),人的存在、人的心理生活包括七个方面。他把这些方面称做"形态"(modalities)。这七个方面是:行为(behaviors)、情感(affective responses)、感觉(sensory reactions)、意象(images)、认知(cognitions)、人际关系(interpersonal relationships)和生理机能(need for drugs)。按照各个关键词的首字母,这七个方面缩写为 BASIC I. D. [由于生理机能方面的问题常涉及药物治疗,故用"药物"(drugs)一词的首字母代替]。任何一种心理障碍,都会表现为这七个方面的全部或部分的失调,但极少只局限于一个方面。因此,心理治疗也不应只是对一个方面的治疗,而应采取综合的手段,按照障碍所涉及的方面及其内在联系,进行多元的干预。

心理失调的基本原因可能是下列的一种或几种:(1) 矛盾的或相互冲突的感受(例如处于一种鱼和熊掌不能兼得的境地,又如对某一事物或人既爱又恨的感受);(2) 错误的信息;(3) 信息缺失(包括缺乏某些技能,忽略了信息,以及幼稚无知);(4) 不良习惯(包括条件性的情绪反应);(5) 人际焦虑(如过分的依赖性,情感寄托的对象不合适,过于不相容等);(6) 与自我评价过低或自卑相关的问题;(7) 生理机能失调。应该说明的是,上述原因中有一些在某些人看来不是最终原因,而是问题。但拉扎勒斯基本上是从行为主义的眼光来看待它们的,从治疗的需要来说,分析到这个层次也就够了。

行为障碍的获得或形成主要是通过学习过程实现的。这些学习过程包括:条件性联想(应答性条件作用和操作性条件作用);榜样示范、认同及其他替代性学习(班杜拉式的学习);以及特质化的知觉(指对客观环境主观化了的知觉过程,包括知觉歪曲、忽视、否

① 这个名称也有直译做"多重模式治疗"的,其实不妥。拉扎勒斯用 modality 一词的本意是指心理生活及其干预的 7 个方面,并非 7 种治疗模式。张春兴先生译做"多功能治疗",更接近一些但不易理解。

认,等等)。拉扎勒斯强调这些学习具有“非意识”(non-conscious)的特点,即这些学习不是人有意而为的,而是自动的、学习者没有察觉的。

在动机方面,拉扎勒斯承认人有避免痛苦、不适、消极感受(如焦虑、抑郁、自责等)的需求。他把这些叫做“防御反应”。防御反应的表现形式可以是弗洛伊德体系中的否认、拒绝、置换、投射,等等,但防御反应不等于弗氏体系的“防御机制”,他摒斥弗洛伊德对防御机制的那些深奥莫测的解释,只接受人能够利用上述防御手段来消除痛苦这一点。

此外,拉扎勒斯比较重视人的生理方面。他强调“阈限”概念,认为人的许多心理特点,如对挫折的耐受性、对应激压力的承受力等,都与一个人先天的生理阈限有关。由于阈限有个别差异,所以人们在心理障碍的易感性上也有差异。此外,在评估和治疗上,拉扎勒斯也很关注生理学上的原因,以及对生理方面的干预(如药物治疗、营养、卫生和锻炼等)。

四、多态治疗过程

多态治疗的一个突出特点是因人制宜,因事制宜,虽然它有一个一般的程序结构,但只要咨询师觉得有变动的必要,可以毫不犹豫地打破常规。拉扎勒斯经常强调这句话:“对这一位特定的当事人来说,谁,什么,是最好的?”(Lazarus, 1991) 根据这个原则,多态治疗要求咨询师花大力气来确定当事人的具体情况如何,在什么样的条件下,用什么样的方法,才可能取得最好的治疗效果。

多态治疗的另一特点就是采取多方面干预的策略,不局限于一个方面。对于行为、情感、感觉、意象、认知、人际关系和生理这七个方面,只要需要都可以进行干预。拉扎勒斯认为,综合的干预是获得最好疗效,并且使改善长期保持下去的最好途径。

(一) 咨询关系

拉扎勒斯也重视在咨询师与当事人之间建立一种亲密的、坦诚的、相互信任的关系。他重视咨询师的一些个人特点(对发展关系有影响的,参见本书第四章)的作用。拉扎勒斯对咨询关系的看法很容易得到我们的赞同。他认为,仅仅只提供关系支持,这样的“治疗”只对少数当事人有效;对大多数当事人而言,仅有良好的咨询关系是不够的。但缺了关系条件也是不行的。换言之,良好的咨询关系是治疗成功的必要但非充分条件。他把关系看做治疗技术能够生根、能够发挥作用的土壤。另外,他强调关系不应是为关系而关系,而应指向二人联合起来解决问题,完成治疗任务,应具有“工作关系”的性质。

(二) 评估

多态治疗非常重视评估。它要求对 BASIC I. D. 各方面进行全面评估。评估的程序大体如下。

首先,多态治疗者要求当事人完成一份“多态生活史问卷”,利用这份问卷,咨询师力图对当事人进行比较全面的了解,以便回答这样一些问题:当事人是否适合多态治疗?采取何种风格基调的治疗比较合适?哪样一些方法和技术可能比较奏效?当前比较紧迫、需要立即处理的问题是什么?等等。要明确的问题有 12 个,依次是:

(1) 有无精神病征象?

(2) 有无器质性障碍征象?

(3) 有无迹象表明有抑郁、自杀或杀人倾向?

(4) 当前主诉的问题是什么？主要诱发事件是什么？

(5) 有哪样一些重要的前导因素？

(6) 对当事人的问题起着维持作用的是何人？何事？或何物？(指后效强化作用)

(7) 当事人希望从治疗中得到什么？

(8) 有无线索提示采取何种治疗风格较合适(如咨询师采取指导姿态好还是非指导姿态好)？

(9) 何种会见方式能使当事人有最佳收获？个别的，与另一有关的人一起，全家一起，抑或是团体治疗？

(10) 有无可能建立满意的咨询关系？有必要转介吗？

(11) 为什么当事人在这时候寻求治疗，而不是下一周、下个月或者下一年？

(12) 当事人有哪些积极的特质或力量？

这份问卷完成后，咨询师与当事人一起对它进行分析，明确 BASIC I. D. 各方面的问题，做出一份"形态概貌图"(modality profile，实际上是一张问题检出清单)，这张清单按七种形态分别列出问题行为。它是制订治疗方案的依据。到此，初始评估就基本完成了。

在治疗过程中间，还要不断进行评估，称为"次级评估"。次级评估主要是为了判断治疗是否有效，以及对某一局部问题作更深入的了解，或者找出某个问题在不同功能方面(例如认知和行为)的联系，以便修改治疗方案。

(三) 基本治疗阶段

多态治疗虽然非常强调因人制宜，因事制宜，但还是有一个基本的治疗路线。

一般而言，初始阶段的会谈集中力量建立密切的咨询关系，进行问题评估和探索。这期间要作的一个重要判断是确定当事人是否适合作多态治疗，是否适合由这一位治疗师来治疗。如果认为不合适，就把当事人转介给别的治疗机构或别的咨询师。

在初步评估结束，明确了问题行为以后，治疗会谈的重心就转到探讨合适的治疗途径上来，设法找出对此一位当事人最有帮助的治疗形式，看看这位当事人需要哪样一些具体的治疗，即制订一个治疗计划或方案。与此同时，多态治疗者往往已经着手对一些比较明显、比较紧迫的问题进行处理。例如对抑郁、焦虑等表现突出的情绪反应给予一些劝告、安慰，使当事人的即时不安有所缓和。如果发现有自杀、杀人等危机倾向，则不拘什么时候，一旦发现就立即予以干预。

在以上工作完成后，就转入正式治疗阶段。治疗依据问题检查表和治疗计划，对 BASIC I. D. 每一方面的主要问题逐一予以解决，直至终止。要说明的是，多态治疗并不要求对检查出的问题不分巨细地每一个都予以解决或消除。它只追求对一些重要的、影响广泛的问题进行有效的处理。多态治疗师认为追求完全没有问题或困扰的境界是不切实际的，他们会劝说当事人接受这种并非十全十美的状态。

五、治疗策略和技术

如果有必要，多态治疗师会毫不犹豫地采用任何经实践检验有效的技术，不管这些技术属于哪一个流派或治疗体系。但总的说来，拉扎勒斯还是偏重行为技术和认知技术一些，这恐怕正是不少人把多态治疗看成认知-行为取向的原因。拉扎勒斯把多态体系运用的技术分为三类:行为技术(包括正统行为治疗的所有技术);认知技术(主要吸收了艾利斯和贝克等人体系中的技术);非行为非认知技术(包括药物、营养和锻炼等生理干预手段,以及从其他体系中广泛吸收的技术)。此外,多态治疗还使用一些独创的技术,现将其中两种稍加介绍。

(一) 时间投射技术

时间投射技术(time projection)可以分为前瞻性的和回溯性的两种。前瞻性的时间投射是让当事人生动地想象将来的生活情景。拉扎勒斯曾证实(Lazarus, 1991),让抑郁病人生动地想象今后数月的生活,在想象中加进越来越多的积极事件,能够有效地减少消极情绪。回溯性时间投射是让当事人回到自己过去生活的某一个时刻(像美国电影《时间隧道》描述的那样),以现在的身份(成年人的)观察自己的(或许是幼年的)活动,并干预那些活动。例如,一位中年男性现在的问题是自信心低,要求他回到五岁时的一次玩耍活动情境中,观察小男孩的父亲是怎样过分苛刻严厉地对待孩子的,并要求这位已长成大人的人干预当年的小孩和父亲的活动,告诉小孩他没有错,告诉父亲他太严厉了,等等。通过这样的活动,当事人往往能产生积极的领悟。

(二) 荒岛幻想技术

荒岛幻想(deserted island fantasy)也是一种想象技术,主要用来了解当事人在人际交往方面的特点和问题。要求当事人做一次幻想实验,想象有一位魔术师告诉他:"当我挥动我的魔杖,你立刻就会出现在一个荒岛上,并将在那儿待上六个月。"事先告诉当事人,他在岛上时,世界其他事情都将暂时停止,时间凝固;岛上树木葱茏,生活供应充足,但没其他的人。然后要求当事人先作一个选择:是愿意独自一人在岛上待六个月呢,还是愿意在岛上另有一位令人愉快的异性呢?这些交代弄妥当以后,让当事人出现在岛上,这以后就听任当事人尽情发挥想象……通过对当事人想象情况的分析,咨询师能够了解当事人与别人建立密切的人际关系的能力,人际反应特点(如友好的还是敌意的),人际互动技能,不适的行为模式等有价值的信息。

第三节　森田疗法

森田疗法是日本精神病医生森田正马(1874—1938)(图15-3)创立的一种心理治疗体系。这个体系出现于20世纪早期(1919年),比当今流行的大多数欧美体系早很多年。该体系自创立以来,虽经森田的门徒和日本精神科医生几代传承,其基本理论和治疗方法却没有大的改变,不仅在日本医学心理学界独树一帜,且影响所播远及欧美,成为有世界影响的一个治疗体系。

图15-3　森田正马

森田疗法的一些基本理念,尤其是"顺应自然"的治疗原则,表现出浓厚的东方文化色彩。这跟森田对汉学,对老庄、禅学有一定造诣有关,还跟他作为一个日本人,在东方文化的熏陶下成长的个人经验有关。森田生长于农村,自幼家庭对其教育很严,年幼时体弱,且有神经质倾向,11 岁后经常头疼,心动过速,12 岁还尿床。上大学时,有段时间为各种身体上的毛病所苦,恰在此时,家里因农忙忘了给他寄钱,森田误以为父母不关心他,一激之下,干脆对身体不适不管不顾,放弃治疗,拼命去学习,结果考试成绩很好,而且发现自己的神经症竟然好了。这些个人经验对森田疗法的形成有重要影响。当然他的理论还来源于他从医后对神经症病人的临床观察和治疗。所以可以说他的理论源于东方文化,较适合于东方文化中的人。也是由于这一原因,森田疗法在我国心理咨询和治疗界享有较高声誉,颇受重视。

一、森田疗法的特点

森田疗法有不少独特之处,其中主要有以下四点:

第一,不问过去,注重现在。森田疗法认为,当事人发病的原因是有神经质倾向的人在现实生活中遇到某种偶然的诱因而形成的。治疗采用“现实原则”,不去追究过去的生活经历,而是引导当事人把注意力放在当前,鼓励当事人从现在开始,让现实生活充满活力。

第二,不问症状,重视行动。森田疗法认为,当事人的症状不过是情绪变化的一种表现形式,是主观性的感受。治疗注重引导当事人积极地去行动,“行动转变性格”,“照健康人那样行动,就能成为健康人”。

第三,生活中指导,生活中改变。森田疗法不使用任何器具,也不需要特殊设施,主张在实际生活中像正常人一样生活,同时改变当事人不良的行为模式和认知。在生活中治疗,在生活中改变。

第四,陶冶性格,扬长避短。森田疗法认为,性格不是固定不变的,也不是随着主观意志而改变的。无论什么性格都有积极面和消极面。神经质性格特征亦如此。神经质性格有许多长处,如反省性强、做事认真、踏实、勤奋、责任感强;但也有许多不足,如过于细心谨慎、自卑、夸大自己的弱点,追求完美等。应该通过积极的社会生活磨炼,发挥性格中的优点,抑制性格中的缺点。

二、神经质理论

森田疗法的主要适应证是所谓“神经质”。神经质是森田自己对一类心理障碍的命名,大致相当于当今精神疾病分类中的神经症,但外延要窄一些,包括焦虑症、恐惧症、强迫症、疑病症、神经症性睡眠障碍等。森田把神经质分为普通神经质、发作性神经症和强迫观念症三种类型。森田的一个很有特点的见解是把癔症单列一类,认为它和神经质有本质的不同。后来,森田的弟子,森田疗法的第二代传人高良武久把神经质称为神经质症,以避免把神经质性格倾向与神经质障碍相混淆。森田关于神经质总的看法是:它是在一定素质倾向的基础上,通过一些特有的心理活动方式而发展出来的。

(一)疑病素质——神经质的素质基础

森田认为(1992),发生神经质的人都有素质基础,他称这种素质为疑病素质。所谓疑病素质,乃是指一种精神活动的倾向性,通俗地说就是担心自己患病。森田认为,每个人与生俱来都有“生的欲望”，这种欲望如果向外发展，则产生建设性作用，如果向内发展，则产生疑病性素质。因此，具有疑病素质者，拥有过分强烈的“生的欲望”，他们习惯于内省，对自己躯体方面和精神方面的活动注意过度，常常留心体会自己这对不对头，那是否正常，对身体和心理两方面的不适、不快或异常极为敏感，极为关注，稍有风吹草动，就忧心忡忡，形成疑病。总之，这种人的特点是“始终把自己放在心上”。此外，他们中的大多数人进取心强，认真细致，凡事务求完善，未达到心目中的理想状态，便难以安心。

至于这种疑病素质的本源，限于当时心理学研究的水平，森田说得不很肯定。他倾向于认为这是一种先天性的素质，但也不能完全排除后天境遇、教养等因素的影响。后来，森田先生的弟子大原健士郎对此进行了详细的阐述，认为“疑病性素质”是一种精神能量，并非是固定不变的，幼时父母及老师的教育亦可对其发生影响。另外，森田的高足和传人高良武久提出用“适应不安”来取代“疑病性素质”，从而将“疑病性素质”扩展为“对自己生存不利的不安感”。两者概念的差异不大，只是后者显得更为简明易懂。用今天的眼光来看，森田关于疑病性素质是神经质的根源的推想仍然颇有道理。

（二）精神交互作用

人偶尔会出现一些不适的感觉，例如睡眠过度感到头昏脑涨，饱食之后胃部不舒服，初次在众人面前讲话感到紧张局促，等等。此时，如果人把注意力指向和集中在这种感受上，就会使这种感受变得敏锐起来，越发清晰地感到头昏沉沉的，胃胀得难受，紧张得脸热心跳，手足无处放……过敏的感觉又会促使注意进一步被吸引、被固定在体验这种感觉的活动上。这样一来，感觉和注意就出现一种交互作用，一种彼此促进的局面，致使该感觉越来越放大，人再也无心注意别的事情。森田称这一现象为“精神交互作用”。

其实，这种精神交互作用的情况，大多数人都曾偶有体验。只不过正常人通常注意一下不适感就忽视过去了，或者对自己说，“这没什么”，而不接着去深究。但有疑病素质者则不同，由于他们更倾向于内省，经常留心自己的感受，又容易要求自己这也要对头，那也不能出差错，结果，他们就更易于出现精神交互作用，易于陷入交互作用这个怪圈而不能自拔。在他们身上，精神交互作用的情形往往是这样的：一旦他们体验到某种不适，他们很容易把这种不适看成异常的、病态的或者不好的，从而对它们产生恐惧和不安，极力想要摆脱它们，这样反而使他们更要留心注意自己是否有这种不适感受或行为，越留心注意，感受就越明显。随着这种彼此促进的过程，不适感觉或行为便逐步加强，乃至固定成为长期症状。

（三）注意与痛苦感受的固着

精神交互作用是神经质产生的基本机制。在精神交互作用中，注意起着关键作用。所以注意差不多可以说是神经质的罪魁祸首。当事人在经历了第一次症状发作以后，往往就会对这种“不正常”、“不好”、“不应该有”的“毛病”特别敏感，注意便经常指向搜寻这毛病的蛛丝马迹，极易把自己别的感受或活动与此联系起来，总是对毛病提心吊胆，时刻担心毛病的下一次出现。时间久了，有的当事人甚至忘了自己第一次发作究竟因何而起。这样，当事人实际上总是时刻带着一种“预期恐惧”在生活（森田正马，1992）。在预期恐惧存在的前提下，感受与注意的交互作用更易频繁发生。当事人的整个精神活动越发局限在自己的活动和毛病上，促使症状固着下来。此后，当事人再也不能无牵无挂地、一心一意地从事其他生活事务，对外界的兴趣越来越少，形成“追鹿猎狮不见山”的精神活动局面。

三、神经质症的治疗原理和原则

森田疗法把治疗改变的着力点放在情绪和行动上，而不是放在认知改变上。这和森田对知、情、意、行几者关系的独特看法有关。

森田学说认为，情绪在很大程度上独立于知识、理解，也独立于人的意志努力。先看情绪、情感体验与知识、理解的关系。举例来说，有恐虫症的患者见到毛毛虫时，会感到不快、厌恶、害怕，这是真切的情绪体验，尽管他们知道它并不会喷射毒气，也不会向人扑来，但仍禁不住吓得闭上眼，本能地想要避开。可见，仅仅有了知识，获得了对某事的理解，并不一定对改变情绪有多大作用。所以，对恐惧症病人说“毛毛虫无害于你，所以没有必要害怕”，即使说上一千遍，一点作用也不会有。

那么知识和理解在什么情况下有作用呢？在它们和体会结合，形成“领悟”时才有作用。体会是亲身实践、验证某事之后获得的具体感受。一个人亲自投入某件事，既从中获得了对事情的认识理解，又有强烈体验，才是领悟。就好比要知梨子的滋味，读上一大堆对梨子滋味的描述，不若尝一口梨子来得真切。

再看意志与情绪的关系。一个人的意志往往不能直接控制情绪，即使一个人下了大力气要自己发怒，也怒不起来；但凭空挨了别人一记耳光就立刻发怒了。所以，假如咨询师对神经质症当事人说，“要振作精神，不要把痛苦看成了不得的事”，或者“不要去想自己的毛病”，这等于白说。

但意志（还包括知识、认识）能够有效地影响、支配人的行为。我们能够较为轻易地命令自己上床睡觉或起来，做事或读书……利用意志控制行动这一点，可以促使当事人通过行动来促使某些改变的发生。

森田学说强调，行动方式不仅表现出一个人的性格，更重要的是，行动也能改造人的性格。因为只有行动才能调动人的全部精神活动，在行动中才能获得单纯思考所不能获得的领悟。“如果通过实际行动体验到自信，即使本人并未觉察到这种自信，也会使我们的性格更加坚强。”（森田正马，1992）森田疗法认为治疗神经质症的必要途径在于陶冶当事人疑病素质样的性格（高良称为神经质性格），陶冶性格的必要途径又在于行动，在于“跳入水中学游泳”。

那么，什么是森田学说所要求的行动呢？这要联系森田疗法的基本治疗原则——“顺应自然”来谈。

森田学说对神经质症当事人心理活动特点的看法，可以以一句话来概括，即不自然。神经质症当事人常常混淆了客观与主观、欲望和可能、情感和理智。例如，他们不理解人的情感不论积极还是消极，本质上都是人的天性与外界相接而产生的一种自然反应——遭遇挫折会抑郁、愤怒，丧失亲人会悲伤，中彩了兴高采烈；他们徒劳地希望自己没有恐惧，没有悲观，以致为此产生强迫症状，然后又幻想以意志努力来制服强迫。凡此种种，都是不自然地逆人性而动，犹如强要使河水上山。

要克服这些毛病，唯一的出路就是服从客观的法则，一切顺应自然。森田的说法是：

“对待寒冷必然会感到寒冷，对待痛苦和恐惧也必然感觉到痛苦和恐惧，对待烦恼也依然如此。切莫徒劳地做愚蠢的事。”(森田正马，1992) 一句话，顺应自然就是接受和服从事物运行的客观法则，包括精神活动法则，不勉强做不可能的事。如果顺应自然还有一点人的主动性的意思在内的话，那么还有一个词是“听其自然”。什么事情是该发生的，就任其发生，接受它。

作到顺应自然，就能够最终打破神经质病人的精神交互作用。因为他们不愿意接受痛苦，不能忍受自己的“不对头”，因而就百倍留意自己的“不对头”，一旦他们承认自己可以不快乐，可以“不对头”，就不会刻意注意“不对头”，就不会时刻担心“能不能治好”、“好了多少”这类问题。

而要作到顺应自然，途径是通过行动。森田疗法所要求的行动，是在这样一种态度指导下的行动：任其痛苦，忍受不安，为所当为。“对人恐惧患者要忍着发抖的恐惧心，赤面者要坚持以这种样子与人接触；不洁恐惧患者害怕不洁，同时又要坚持去打扫卫生；失眠恐惧患者也要忍着失眠的痛苦坚持去做白天应该做的一切。”(森田正马，1992)这个行动准则的意思是，正视消极情感，接受各种症状的出现，感到恐惧便恐惧，感到强迫便任其强迫，感到不安便任其不安；不试图否认、回避、消除或反抗，而把主要心思放在踏踏实实、自然而然地去做应该做的事上面。

这样，当事人首先就在心里排除了由“不欲如此”所引起的动机冲突，进而逐渐达到适应痛苦，对症状越来越不敏感，就像人在船上，随船而动，终于不觉船动一样。

对于已形成固定的强迫观念，极难从中摆脱的病人，要他把注意转到别处反而不自然，不如由他困在痛苦中，放手体验痛苦。置之死地而后生，当他痛苦到了极点，体会到自己确实无力反抗痛苦，完全放弃抵抗时，他的心理冲突才会被打破。这时他的痛苦反而会立刻减轻。

四、治疗过程

森田疗法有两种形式：一为门诊治疗；一为住院治疗。对症状较轻的病人，可以让当事人阅读森田疗法的自助读物，在家坚持记日记。同时定期通过门诊接受咨询师的指导，以这样的方式进行治疗。对症状较重的病人，则要求住院治疗。

(一) 住院治疗

住院治疗主要是借助住院后环境改变这一便利条件，让当事人按一种特殊规定来安排生活。这种生活有助于切断精神交互作用，体验顺应自然的生活态度。在住院期间，咨询师并不对当事人作多少说教式的治疗谈话，甚至不直接触动当事人的主诉，只是在当事人不断诉说痛苦和不安时，告诉他应顺应自然，老老实实地接受痛苦和不安，或根据具体情况，参考当事人的日记，给予适当指导。其余工作都是放在安排住院期间的生活规定上，一切领悟、体验都等待当事人在遵守规定的生活中自然发生。

住院的生活规定分为四期：

第一期：绝对卧床期。这一期一般为四天到一周。在此期间，禁止当事人会客、读书、谈话、抽烟等活动，什么安慰也不作，除吃饭和大小便外，保持绝对卧床。当事人在这期间会产生各种各样的想法，或陷入更痛苦的状态。但他必须忍受这一切痛苦、烦闷，一切听之任之，不能采取任何措施，只能默默地忍受痛苦和烦恼。一般情况是，当事人刚入院后，情绪上可出现暂时的安定，但随着终日卧床，各种想法会如潮而至，会对这种疗法的效果产生怀疑，有时出现极端苦恼，难以忍受，渴望起床。但随着继续坚持卧床，逐渐又会出现安静倾向，当事人可以尽可能去想自己的一切。在这之后，当事人会出现一种无聊的感觉，总想立刻起床去做点什么，出现这种无聊感之后，可以进入第二期。

第二期：轻工作期。这一期一般为三天到一周。此期间仍不允许当事人过多地与别人交谈（现今森田疗法尝试着不再限制患者之间的交谈），禁止外出、看书等，夜里卧床规定为七八个小时，白天可到室外，可做些轻微的劳动。当事人开始在晚上记日记。从第三天开始，逐渐放宽工作量的限制，让当事人做各种体力活。在第二期的开头，当事人会体验到一种从无聊中解脱的愉快感，但几天后，他会感到似乎被愚弄了，甚至想停止治疗。

第三期：重工作期。时间也约为三天到一周。当事人可逐渐开始读书。在这期间，暂不过问当事人不太愉快的情绪，只让他努力去工作，以体验全心投入工作以及完成工作后的喜悦，培养忍耐力、信心和勇气。此一期的工作稍重一些，可做农活、炊事、木工活等，另外，也做运动、集体游戏、绘画、欣赏音乐等活动。读书以历史、传记和科普类读物为限，不读哲学、文学等思想类书籍。

第四期：生活训练期。为时一两周。此期为出院的准备期。这期间可做更重的工作，读书量亦可加大，必要时可允许患者外出，进行复杂的实际生活。

整个治疗过程如图 15-4。

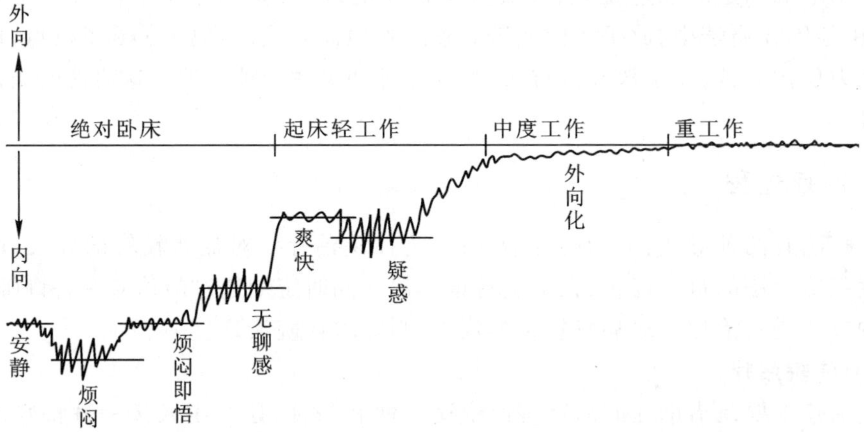

图 15-4 神经质症的治疗过程

资料来源：高良武久著，康成俊、商斌译（1989）：《森田心理疗法实践》，北京：人民卫生出版社，第 69 页。

图中形象地描绘出了当事人在治疗各期典型的心理状态，可以看出，当事人心理活动的一个总特点是越来越外向化。当事人的改善多是不知不觉发生的。森田疗法的患者经常不能准确地报告自己是何时好了的。

（二）门诊治疗

门诊治疗没有住院治疗所具有的特定环境，不能采用卧床及作息布置方式进行治疗，因此具有与住院疗法的不同特点。

门诊治疗主要通过治疗师与当事人一对一的交谈方式进行,一般一周一次或两次。治疗师应注意对当事人的同感,并建立良好的治疗关系。治疗师应在掌握当事人生活史的基础上,尽可能理解当事人的现实情况,不以症状作为讨论的主要内容,鼓励当事人面对现实生活,放弃神经质的抵抗症状的立场,认识到事物不因自己的主观愿望而转移,认识到接受症状的本来面目,不试图去控制,症状就会改观。最后鼓励当事人要承担自己生活中应承担的责任。在治疗中,治疗师应尽可能用提问的方式启发当事人对问题的理解,而不是过多地采用说服的方式。治疗的关键是帮助当事人理解顺应自然的原理。

具体地说,门诊治疗的要点是:进行详细的体格检查,以排除严重躯体病的可能,消除当事人的顾虑;指导当事人接受症状,而不要试图排斥它;嘱咐当事人不向亲友谈症状,也嘱咐亲友们不听、不答复他们的病诉。

随着时代的发展,森田疗法在治疗方式上有一些变革,但都没有定型。例如,一些治疗师从治疗经验出发,认为40天比较短,而将疗程扩展为3个月左右。另有森田治疗师将家庭治疗吸收到森田疗法中,在调整家庭成员的关系上下工夫,不仅效果很好,而且使森田疗法的适应性范围得到扩大。此外,森田疗法的适应证也有所扩大,不仅限于神经症,对心身疾病、抑郁症、精神分裂症、酒依赖、药物依赖等疾病也开展此治疗,甚至运用此疗法进行危机干预。这些发展和探索显然是有价值的。

第四节 钟氏领悟疗法

这里介绍的“钟氏领悟疗法”是我国精神科医生钟友彬(1925—2009)先生在精神分析疗法的基础上发展出来的一套体系。本来,钟友彬本人把这种方法称做“认识领悟心理疗法”,并把它看做精神分析在中国的应用和发展所形成的某种变体,但由于过去这些年我国心理咨询和治疗界有许多人接受和重视它,大家自发地把它称做“钟氏领悟疗法”,故这里干脆以这个名称称呼这一体系。

钟友彬先生对弗洛伊德的理论和疗法有相当精深的研究,更可贵的是,他不盲目照搬弗氏体系,而是立足于临床实践的亲身经验,对弗氏学说进行再认识和反思,对精神分析和现代心理动力学疗法的治疗机制有自己独到的见解。以这种见解为依据,构想出一个符合中国实际情况的治疗途径,然后又在治疗实践中对这种治疗途径进行验证。通过这样艰辛的探索和实践,才得以使这一疗法面世。

据钟先生自己介绍,钟氏领悟疗法起于20世纪60年代初与王景祥的合作,他们用心理动力学原则尝试对几个强迫症和恐惧症病人进行治疗。“文化大革命”中,试验被迫中止,文化大革命后期二人又分别进行治疗研究。期间,王景祥医生不幸去世。80年代以后,钟友彬先生的工作进展较快,1988年,钟友彬先生的《中国心理分析——认识领悟心理疗法》出版(钟友彬,1988),标志着钟氏领悟疗法正式诞生。

钟友彬先生为人仁厚,晚年多病,但仍关心着心理治疗在我国的发展。先生于2009年去世。

一、对传统心理分析治疗机制的反思

钟氏领悟疗法的独特之处与钟友彬先生对经典精神分析和当代西方心理动力学疗法之治疗机制的重新认识有密切关系。我们先来看看钟友彬先生的看法。

精神分析的治疗机制是什么？在弗洛伊德的体系里，起作用的治疗机制是"领悟"。按弗洛伊德的看法，病人当前的症状根源在于他的早年生活经验。幼年的某些未解决的心理冲突或创伤性经验被压抑到无意识中，形成症结。由于这些症结及其活动的无意识性，它们和当前的外显症状失去了可见的联系。通过自由联想和析梦，找到这些无意识症结，并使之与当前症状的内在联系暴露出来，让病人在意识水平上抓住这层联系，从而知道了自己病从何来及症状的真意。此即领悟。有了领悟，症状便失去了存在的意义，从而得以消失。

病人到底领悟了什么？无论是经典的精神分析还是当代心理动力学疗法都坚持认为，由咨询师"发掘"出来的这种无意识冲突和当前症状的联系是客观存在的。对此，钟友彬先生表示怀疑。他令人信服地论证了下面的看法：这种联系很可能不是客观存在的真实的联系，而是咨询师"创造"出来的联系。至少在一部分个案中，这种联系是人为的。换句话说，当事人所领悟的，可能是虚假的东西。

领悟的关键在于相信。既然虚假的领悟同样也能带来病情的改善，那么，由此推出的逻辑结论就是：领悟的内容本身并不重要，重要的是当事人相信它。钟友彬先生认为，精神分析治疗中，咨询师对当事人所进行的旷日持久的解释、修通工作，其主要价值就在于最终使当事人坚信不疑地接受医生的解释，相信自己的症状就是由什么什么而来的。而当事人对咨询师的移情、信任，都对他接受、相信这个解释起了促进作用。

笔者认为，上述看法是钟氏领悟疗法体系中最有价值的部分之一。它和我们在第二章讨论的弗兰克关于各种治疗的共有要素之第三个要素的说法不谋而合，而且说得更为透彻。这些看法能够大大刺激咨询师从新的角度来认识治疗，自觉地找准会谈的着力点。钟友彬本人也正是在上述认识的基础上来创建他自己的独特疗法的。

二、钟氏领悟疗法所遵行的理论原则

钟氏领悟疗法在总的倾向上仍然接近于精神分析，这表现为它接受精神分析理论的若干主要概念（钟友彬，1988）：

（1）承认无意识心理活动。它承认人都有无意识的心理运作过程，因此，某些异常行为背后的心理原因，当事人不能意识到，亦无从理解。

（2）承认精神结构理论，并承认心理防御机制是人们不自觉地会运用的应对心理冲突的手段。

（3）承认当事人患病后有两种获益。尤其是外部获益，即当事人因病而受到周围的人的宽宥、关怀，使改变发生困难。

（4）承认幼年生活经历，尤其是创伤性经验影响个性的形成，并可能成为成年后心理障碍的种子。但不同意把这种经验都看成幼年性冲突的结果，不承认俄狄浦斯情结的普遍性，而认为幼年期的心理症结是由于儿童无知无能，不成熟，因而未能及时解决心理冲突，潜抑下来成为无意识症结。

除上述概念外，钟氏领悟疗法还有一些独有的理念，其中有的源于心理分析和心理动力学观点，但都进行了改造：

（1）认为强迫症和恐惧症的症状是过去的或幼年期的恐惧在成年人心理上的再现，因而出现幼稚和成熟并存的症状特点。

钟友彬先生认为，人有四种年龄：实际年龄、生理年龄、智力年龄和情绪年龄。对多数当事人来说，前三种年龄通常是基本协调的，但情绪年龄（即情绪的发展）明显不成熟，落后于其他三种年龄。因此，在遭遇重大心理冲突时，当事人的情绪反应容易像儿童一样幼稚，但又由于成年人的生活经历的影响，情绪的内容却是成人的，因而使得人不易理解（钟友彬，1988）。

笔者认为，钟先生说当前恐惧症状是过去恐惧的再现，这是精当的见解。但说当前恐惧的表现特点是儿童的，内容是成人的，表述上却有点不够准确。我们所说的情感内容，通常是指引起该情感的对象、事物，而情感特点是指一个人怎样体验、表现该情感的方式。儿童的恐惧与神经症当事人的恐惧的不同在于，儿童怕毛毛虫，是真怕毛毛虫会伤害他，他的情感反应特点和内容是统一的；而成年人怕毛毛虫，他的情绪体验与儿童是一样的，表现特点也大多相同，所不同的是成年人在理智上知道毛毛虫不可能伤害自己，而仍然害怕一个儿童才会怕的东西。因此，成年当事人恐惧的特点是“知其不可怕而怕”。事实上，钟友彬先生在实际治疗中正是力图使病人认识到他的恐惧的这个特点，并由此让当事人领悟当前症状与过去经验的联系。

（2）强调意识层面的领悟，不重无意识内容的开掘。钟友彬先生深信中国人是一个重理智的民族，凡事总要问一个“为什么”。这一特点表现为当事人愿意听解释，愿意理解咨询师的话。他又认识到，中国人愿意接受的是入情入理、符合常识的解释。因此，领悟治疗的解释工作集中在当事人可以接受和理解的意识领域，言之成理，理而易解即可。他不去深挖当事人的无意识内容，不去分析无意识冲突的本质，也不去寻找当前症状的象征性含义。尽管无意识概念作为指导当事人的心理病因学说之一仍是有效的。

（3）把“相信”作为重点，而不是把解释内容本身的客观性作为重点。这一原则的依据前面已经讨论过。解释的效果不取决于解释的客观真实性，而取决于当事人相信和接受解释的程度。只要解释在当事人听起来入情入理，即使解释是杜撰的也照样有效。

另外，钟友彬先生也注意到中国人容易相信权威、信任咨询师的特点，他自觉利用这一点来加强解释的力量。还有一点钟友彬先生没有特别说明，那就是咨询师对待当事人的亲切、关怀、真诚的态度，也有助于加强解释、说服的作用。

（4）重视自我教育，自我“修通”的作用。钟友彬认为中国人有一个好习惯，那就是习惯于主动吸收外部的教育影响，然后联系自己的实际，自觉地消化、理解有关的道理。这种行之有效的自我教育方式应该在治疗中有意识地利用。经典的分析治疗花了大量时间用于“修通”（working through）工作，同样的解释反反复复讲上多少遍，最后才能被当事人所接受。而中国的当事人往往不具备这样长年累月地坚持咨询的条件，因此，要求当事人写日记、写治疗体会等方式，是促使当事人回家后自我修通治疗中的解释和道理的一个可行途径。

三、治疗过程和有关策略

(一)钟氏领悟疗法的适应证

钟氏领悟法的主要适应证为强迫症、恐惧症和某些类型的性心理障碍,如露阴症、窥阴症、挨擦症和异装癖等。值得一提的是,经典的精神分析一直认为性心理障碍不适用于精神分析,但钟氏领悟疗法治疗性心理障碍效果却相当好。

(二)治疗过程

钟氏领悟疗法的一般过程如下(钟友彬,1988):

(1)采取直接会谈方式。每次会谈时间为60分钟到90分钟。如当事人同意,可以有有关的家属参加。凡有书写能力的当事人,都要求他在每次会谈后写出咨询师解释的意见以及结合自己病情的体会,并随之记下头脑中存在的疑问。

(2)初次会谈侧重于了解症状是什么,表现形式如何,以及症状产生和发展的全过程。同时进行常规精神检查,以确定是否系领悟疗法的适应证。

如确定系本疗法的适应证,则进行有关的交代。交代内容的要点包括:① 讲明他的病是可以治好的。② 治疗效果的好坏不仅取决于咨询师,更取决于当事人自己。因为心理治疗不像吃药打针,病人被动接受即可,心理治疗要起作用,当事人主动合作是关键。③ 当事人的主动合作主要是对咨询师的解释、分析要联系自己的实际认真思考,作到融会贯通,并身体力行地付诸实践。钟友彬先生经常用"师傅领进门,修行在个人"的道理激励当事人。

(3)直接向当事人提出一个论断:他们的病态是由于幼年时的恐惧体验在现已成年的自己身上的再现,或用幼年儿童的方式来对付成年人的心理困扰。说法因诊断不同而略有出入。这个论断常在初次会谈结束前就提出。这样做就好比在当事人心里打入了一个楔子,为后面的工作立下了一个中心主题。

(4)接下来,可以询问当事人的生活史和容易忆起的有关经验,但不勉强深挖细找。

(5)引导当事人一起分析症状的性质。重点在于向当事人表明:这些症状是幼稚的,符合儿童的思想水平和行动特点,不符合成年人的思想认识水平和行动特点。因此,自己的恐惧和强迫,实际上是不自觉地用幼稚的手段来消除同样幼稚的恐惧,只不过当事人毕竟还是成人,能够意识到自己"知其不可怕而怕"的荒唐可笑。

(6)当当事人对上述解释和分析有了初步认识和体会以后,即向他进一步解释病的根源在过去,甚至在幼年期。对强迫症和恐惧症病人,指出其根源在于幼年期的精神创伤。这些创伤引起的恐惧情绪在脑内留下痕迹,在成年期遇到挫折时会再现出来影响人的心理,以致用儿童的态度对待在成年人看来不值得恐惧的事物。对于性心理障碍病人,则结合他可以忆起的幼年性游戏活动,讲明他的表现是用幼年方式来对待成年人的性欲或心理困扰。同时强调,当事人现在已是成年人,又已经明白了自己行为的荒唐可笑,知道了这种问题的原因,就没有理由还去怕孩子才怕的事,相信孩子才相信的应对行为了。

(三)分析解释的某些策略

既然分析和解释的效果不在于解释的客观真实性而在于当事人的"信以为真",那么分析工作重点考虑的就是如何使当事人接受和相信解释。为此,钟氏领悟疗法的一个策略性原则就是尽量使解释符合当事人的文化背景和知识理解水平。根据这个原则,要求治疗师尽可能用中国人习惯的常识、常理说明问题,对文化程度高的当事人,适当加强逻辑性;对文化程度低的当事人,尽量作到深入浅出,通俗易懂。

为了向当事人证明他的恐惧的幼稚性,治疗师常用这样一种比喻法。现引一例说明之(钟友彬,1988)。

当事人是一位有强迫洗涤症状的病理科医生,因害怕尸体接触时的脏,泛化到见了病理科的人,听到病理科的事都害怕得浑身紧张。为了说明这种恐惧的幼稚性,咨询师采用了这样一种方法:

咨询师:打个比喻,现在屋子里有各种年龄的人,老人、大人和幼童,都在高声讲话,我大声制止他们说:"你们谁再乱吵嚷,我就从衣服口袋里拿出一只老虎咬掉他的鼻子。"请判断,什么年龄的人才当真相信并害怕呢?

当事人:当然是小孩,不懂事的小孩,你那是吓唬两三岁的小孩子的。

咨询师:为什么?

当事人:因为不合乎成年人的经验和逻辑……衣袋里不可能取出老虎。

咨询师:你见了病理科的人,听到病理科的消息都害怕被弄脏了,甚至一提到病理科都心情紧张,当真地恐惧,而且用一些多余的行动来消除这种恐惧,这到底是成年人的逻辑,还是幼儿心理?

为了当事人领悟到某些消除恐惧的行为方式的幼稚性,有时咨询师也用比喻法。例如,对强迫洗手等行为,比做小孩相信用手一捂耳朵大灰狼就跑了,等等。总之,这类方法可以根据当时的情景,灵活创造,只要有助于当事人的领悟即可。

总的看来,钟氏领悟疗法有不少独创之处,尤其是它力图切合中国心理咨询和治疗的实际这一点值得称道。但这个体系还不是很成熟,一个突出的感觉是它的实践多于理论,很可能在它的实际操作中还有一些有治疗作用的东西未曾被认识到。而且它的一些做法还有待通过控制实验来检验其效度,并且需要从理论上(不仅是局限于心理分析体系上)进一步论证。但不管怎么说,这是中国人创造的一个较有影响的心理治疗体系,我们应珍爱它,完善它。

思考·讨论·活动

1. 全班同学分成四组,每组分配本章四种治疗法中的一种。小组成员以头脑风暴的方法,分别找出每种疗法的长处和短处,越多越好。每个长处或短处仅以一个句子表达。例如:"我赞成认知和行动比感受和生理重要,因为人能够控制前者,不能控制后者","感觉和注意的交互作用的确是神经症的主要发生机制"。每小组要指定一位记录员和报告员。接下来是全班分享,由每个小组的报告员报告自己小组的结果。提示:如果有同学有不同看法,可适当进行讨论,同时寻求教师的指导。

2. 假设您遇到一位非常消沉、萎靡的当事人,他坚持说,他对自己的情绪低落、无力做任何事情的状态感到无能为力。您将怎样用选择理论的思路教导他?如果他坚持说他自己做不了任何事情,因此才求助于您,您将怎样帮助他?

3. 关于心理治疗中的折中主义,您持什么态度？您会选择折中主义的立场来建构自己的咨询理论吗？如果是,您会选择哪样一种折中呢？

4. 对于强迫症的治疗,西方目前比较认可的方法是暴露与反应阻止法(EX/RP)(参见本书第十一章),而森田疗法显然是一个跟EX/RP非常不同的方法。请比较这两种方法,并尝试回答:为什么这两种疗法治疗强迫症都有效呢？

附录

中国心理学会临床与咨询心理学工作伦理守则

中国心理学会（以下简称“本学会”）制定的临床与咨询工作伦理守则（以下简称“本守则”），是本学会根据中华人民共和国民政部《社会团体登记管理条例》和其他国家相关法律、法规，授权中国心理学会临床与咨询心理学专业机构与专业人员注册标准制定工作组（以下简称“制定工作组”）在广泛征集有关专业人士的意见后制定的。制定本守则的目的是让心理师、寻求专业服务者以及广大民众了解心理治疗与心理咨询工作专业伦理的核心理念和专业责任，并借此保证和提升心理治疗与心理咨询专业服务的水准，保障寻求专业服务者和心理师的权益，增进民众的心理健康、幸福和安宁，促进和谐社会的发展。本守则亦作为本学会临床与咨询心理学注册心理师的专业伦理规范以及本学会处理有关临床与咨询心理学专业伦理申诉的主要依据和工作基础。

总　　则

善行：心理师工作目的是使寻求专业服务者从其提供的专业服务中获益。心理师应保障寻求专业服务者的权利，努力使其得到适当的服务并避免伤害。

责任：心理师在工作中应保持其专业服务的最高水准，对自己的行为承担责任。认清自己专业的、伦理及法律的责任，维护专业信誉。

诚信：心理师在临床实践活动、研究和教学工作中，应努力保持其行为的诚实性和真实性。

公正：心理师应公平、公正地对待自己的专业工作及其他人员。心理师应采取谨慎的态度防止自己潜在的偏见、能力局限、技术的限制等导致的不适当行为。

尊重：心理师应尊重每一个人，尊重个人的隐私权、保密性和自我决定的权利。

1. 专业关系

心理师应尊重寻求专业服务者，按照专业的伦理规范与寻求专业服务者建立良好的专业工作关系，这种工作关系应以促进寻求服务者的成长和发展，从而增进其自身的利益和福祉为目的。

1.1 心理师不得因寻求专业服务者的年龄、性别、种族、性取向、宗教和政治信仰、文化、身体状况、社会经济状况等任何方面的因素歧视对方。

1.2 心理师应尊重寻求专业服务者的知情同意权。在临床服务工作开始时和工作过程中,心理师应首先让对方了解专业服务工作的目的、专业关系、相关技术、工作过程、专业工作可能的局限性、工作中可能涉及的第三方的权益、隐私权、可能的危害以及专业服务可能带来的利益等相关信息。

1.3 心理师应依照当地政府要求或本单位的规定恰当收取专业服务的费用。心理师在进入专业性工作关系之前,要对寻求专业服务者清楚地介绍和解释其服务收费的情况。不允许心理师以收受实物、获得劳务服务或其他方式作为其专业服务的回报,因为它们有引起冲突、剥削、破坏专业关系等潜在的危险。

1.4 心理师要明了自己对寻求专业帮助者的影响力,尽可能防止损害信任和引起依赖的情况发生。

1.5 心理师应尊重寻求专业帮助者的价值观,不代替对方做出重要决定,或强制其接受自己的价值观。

1.6 心理师应清楚地认识自身所处位置对寻求专业服务者的潜在影响,不得利用对方对自己的信任或依赖利用对方,或者借此为自己或第三方谋取利益。

1.7 心理师要清楚地了解双重关系(例如与寻求专业帮助者发展家庭的、社交的、经济的、商业的或者亲密的个人关系)对专业判断力的不利影响及其伤害寻求专业服务者的潜在危险性,避免与寻求专业服务者发生双重关系。在双重关系不可避免时,应采取一些专业上的预防措施,例如签署正式的知情同意书、寻求专业督导、做好相关文件的记录,以确保双重关系不会损害自己的判断并且不会对寻求专业帮助者造成危害。

1.8 心理师不得与当前寻求专业服务者发生任何形式的性和亲密关系,也不得给有过性和亲密关系的人做心理咨询或治疗。一旦业已建立的专业关系超越了专业界限(例如发展了性关系或恋爱关系),应立即终止专业关系并采取适当措施(例如寻求督导或同行的建议)。

1.9 心理师在与某个寻求专业服务者结束心理咨询或治疗关系后,至少三年内不得与该寻求专业服务者发生任何亲密或性关系。在三年后如果发生此类关系,要仔细考察关系的性质,确保此关系不存在任何剥削的可能性,同时要有合法的书面记录备案。

1.10 心理师在进行心理咨询与治疗工作中不得随意中断工作。在心理师出差、休假或临时离开工作地点外出时,要对已经开始的心理咨询或治疗工作进行适当的安排。

1.11 心理师认为自己已不适合对某个寻求专业服务者进行工作时,应向对方明确说明,并本着为对方负责的态度将其转介给另一位合适的心理师或医师。

1.12 在专业工作中,心理师应相互了解和相互尊重,应与同行建立一种积极合作的工作关系,以提高对寻求专业服务者的服务水平。

1.13 心理师应尊重其他专业人员,应与相关专业人员建立一种积极合作的工作关系,以提高对寻求专业服务者的服务水平。

2. 隐私权与保密性

心理师有责任保护寻求专业服务者的隐私权,同时认识到隐私权在内容和范围上受到国家法律和专业伦理规范的保护和约束。

2.1 心理师在心理咨询与治疗工作中,有责任向寻求专业服务者说明工作的保密原则,以及这一原则应用的限度。在家庭治疗、团体咨询或治疗开始时,应首先在咨询或治疗团体中确立保密原则。

2.2 心理师应清楚地了解保密原则的应用有其限度,下列情况为保密原则的例外:(1) 心理师发现寻求专业服务者有伤害自身或伤害他人的严重危险时。(2) 寻求专业服务者有致命的传染性疾病等且可能危及他人时。(3) 未成年人在受到性侵犯或虐待时。(4) 法律规定需要披露时。

2.3 在遇到2.2中的(1)、(2)和(3)的情况时,心理师有向对方合法监护人或可确认的第三者预警的责任;在遇到2.2中(4)的情况时,心理师有遵循法律规定的义务,但须要求法庭及相关人员出示合法的书面要求,并要求法庭及相关人员确保此种披露不会对临床专业关系带来直接损害或潜在危害。

2.4 心理师只有在得到寻求专业服务者书面同意的情况下,才能对心理咨询或治疗过程进行录音、录像或演示。

2.5 心理师专业服务工作的有关信息包括个案记录、测验资料、信件、录音、录像和其他资料,均属于专业信息,应在严格保密的情况下进行保存,仅经过授权的心理师可以接触这类资料。

2.6 心理师因专业工作需要对心理咨询或治疗的案例进行讨论,或采用案例进行教学、科研、写作等工作时,应隐去那些可能会据此辨认出寻求专业服务者的有关信息(得到寻求专业服务者书面许可的情况例外)。

2.7 心理师在演示寻求专业服务者的录音或录像、或发表其完整的案例前,需得到对方的书面同意。

3. 职业责任

心理师应遵守国家的法律法规,遵守专业伦理规范。同时,努力以开放、诚实和准确的沟通方式进行工作。心理师所从事的专业工作应基于科学的研究和发现,在专业界限和个人能力范围之内,以负责任的态度进行工作。心理师应不断更新并发展专业知识、积极参与自我保健的活动,促进个人在生理上、社会适应上和心理上的健康以更好地满足专业责任的需要。

3.1 心理师应在自己专业能力范围内,根据自己所接受的教育、培训和督导的经历和工作经验,为不同人群提供适宜而有效的专业服务。

3.2 心理师应充分认识到继续教育的意义，在专业工作领域内保持对当前学科和专业信息的了解，保持对所用技能的掌握和对新知识的开放态度。

3.3 心理师应保持对于自身职业能力的关注，在必要时采取适当步骤寻求专业督导的帮助。在缺乏专业督导时，应尽量寻求同行的专业帮助。

3.4 心理师应关注自我保健，当意识到个人的生理或心理问题可能会对寻求专业服务者造成伤害时，应寻求督导或其他专业人员的帮助。心理师应警惕自己的问题对服务对象造成伤害的可能性，必要时应限制、中断或终止临床专业服务。

3.5 心理师在工作中需要介绍自己情况时，应实事求是地说明自己的专业资历、学位、专业资格证书等情况，在需要进行广告宣传或描述其服务内容时，应以确切的方式表述其专业资格。心理师不得贬低其他专业人员，不得以虚假、误导、欺瞒的方式对自己或自己的工作部门进行宣传，更不能进行诈骗。

3.6 心理师不得利用专业地位获取私利，如个人或所属家庭成员的利益、性利益、不平等交易财物和服务等。也不得利用心理咨询与治疗、教学、培训、督导的关系为自己获取合理报酬之外的私利。

3.7 当心理师需要向第三方（例如法庭、保险公司等）报告自己的专业工作时，应采取诚实、客观的态度准确地描述自己的工作。

3.8 当心理师通过公众媒体（如讲座、演示，电台、电视、报纸、印刷物品、网络等）从事专业活动，或以专业身份提供劝导和评论时，应注意自己的言论要基于恰当的专业文献和实践，尊重事实，注意自己的言行应遵循专业伦理规范。

4. 心理测量与评估

心理师应正确理解心理测量与评估手段在临床服务工作中的意义和作用，并恰当使用。心理师在使心理测量与评估过程中应考虑被测量者或被评估者的个人和文化背景。心理师应通过发展和使用恰当的教育、心理和职业测量工具来促进寻求专业服务者的福祉。

4.1 心理测量与评估的目的在于促进寻求专业服务者的福祉，心理师不得滥用测量或评估手段以牟利。

4.2 心理师应在接受过心理测量的相关培训，对某特定测量和评估方法有适当的专业知识和技能之后，方可实施该测量或评估工作。

4.3 心理师应尊重寻求专业服务者对测量与评估结果进行了解和获得解释的权利，在实施测量或评估之后，应对测量或评估结果给予准确、客观、可以被对方理解的解释，努力避免其对测量或评估结果的误解。

4.4 心理师在利用某测验或使用测量工具进行记分、解释时，或使用评估技术、访谈或其他测量工具时，须采用已经建立并证实了信度、效度的测量工具，如果没有可靠的信、效度数据，需要对测验结果及解释的说服力和局限性做出说明。心理师不能仅仅依据心理测量的结果做出心理诊断。

4.5 心理师有责任维护心理测验材料(指测验手册、测量工具、协议和测验项目)和其他测量工具的完整性和安全性,不得向非专业人员泄漏相关测验的内容。

4.6 心理师应运用科学程序与专业知识进行测验的编制、标准化、信度和效度检验,力求避免偏差,并提供完善的使用说明。

5. 教学、培训和督导

心理师应努力发展有意义的和值得尊重的专业关系,对教学、培训和督导持真诚、认真、负责的态度。

5.1 心理师从事教学、培训和督导工作的目的是:促进学生、被培训者或被督导者的个人及专业的成长和发展,以增进其福祉。

5.2 从事教学、培训和督导工作的心理师应熟悉本专业的伦理规范,并提醒学生及被督导者注意自己应负的专业伦理责任。

5.3 负责教学及培训的心理师应在课程设置和计划上采取适当的措施,确保教学及培训能够提供适当的知识和实践训练,满足教学目标的要求或颁发合格证书等的要求。

5.4 担任督导师的心理师应向被督导者说明督导的目的、过程、评估方式及标准。告知督导过程中出现紧急情况、中断、终止督导关系等情况的处理方法。注意在督导过程中给予被督导者定期的反馈,避免因督导疏忽而出现被督导者伤害寻求专业服务者的情况。

5.5 任培训师、督导师的心理师对其培训的学生、被督导者进行专业能力评估时,应采取实事求是的态度,诚实、公平而公正地给出评估意见。

5.6 担任培训师、督导师的心理师应清楚地界定与自己的学生及被督导者的专业及伦理关系,不得与学生或被督导者卷入心理咨询或治疗关系,不得与其发生亲密关系或性关系。不得与有亲属关系或亲密关系的专业人员建立督导关系或心理咨询及治疗关系。

5.7 担任培训师、督导师的心理师应对自己与被督导者(或学生)的关系中存在的优势有清楚的认识,不得以工作之便利用对方为自己或第三方谋取私利。

6. 研究和发表

提倡心理师进行专业研究以便对专业学科领域有所贡献,并促进对专业领域中相关现象的了解和改善。心理师在实施研究时应尊重参与者的尊严,并且关注参与者的福祉。遵守以人类为研究对象的科学研究规范和伦理准则。

6.1 心理师在从事研究工作时若以人作为研究对象,应尊重人的基本权益。遵守伦理、法律、服务机构的相关规定以及人类科学研究的标准。应对研究对象的安全负责,特别注意防范研究对象的权益受到损害。

6.2 心理师在从事研究工作时，应事先告知或征求研究对象的知情同意。应向研究对象（或其监护人）说明研究的性质、目的、过程、方法与技术的运用、可能遇到的困扰、保密原则及限制，以及研究者和研究对象双方的权利和义务等。

6.3 研究对象有拒绝或退出研究的权利，心理师不得以任何方式强制对方参与研究。只有当确信研究对参与者无害而又必须进行该项研究时，才能使用非自愿参与者。

6.4 心理师不得用隐瞒或欺骗手段对待研究对象，除非这种方法对预期的研究结果是必要的，且无其他方法可以代替，但事后必须向研究对象做出适当的说明。

6.5 当干预或实验研究需要控制组或对照组时，在研究结束后，应对控制组或对照组成员给予适当的处理。

6.6 心理师在撰写研究报告时，应将研究设计、研究过程、研究结果及研究的局限性等做客观和准确的说明和讨论，不得采用虚假不实的信息或资料，不得隐瞒与自己研究预期或理论观点不一致的结果，对研究结果的讨论应避免偏见或成见。

6.7 心理师在撰写研究报告时，应注意为研究对象的身份保密（除非得到研究对象的书面授权），同时注意对相关研究资料予以保密并妥善保管。

6.8 心理师在发表论文或著作时不能剽窃他人的成果。心理师在发表论文或著作中引用其他研究者或作者的言论或资料时，应注明原著者及资料的来源。

6.9 当研究工作由心理师与其他同事或同行一起完成时，发表论文或著作应以适当的方式注明其他作者，不得以自己个人的名义发表或出版。对所发表的研究论文或著作有特殊贡献者，应以适当的方式给予郑重而明确的声明。若所发表的文章或著作的主要内容来自于学生的研究报告或论文，该学生应列为主要作者之一。

7. 伦理问题处理

心理师在专业工作中应遵守有关法律和伦理。心理师应努力解决伦理困境，和相关人员进行直接而开放的沟通，在必要时向同行及督导寻求建议或帮助。心理师应将伦理规范整合到他们的日常专业工作之中。

7.1 心理师可以从本学会、有关认证或注册机构获得本学会的伦理规范，缺乏相关知识或对伦理条款有误解都不能成为违反伦理规范的辩解理由。

7.2 心理师一旦觉察到自己在工作中有失职行为或对职责存在着误解，应采取合理的措施加以改正。

7.3 如果本学会的专业伦理规范与法律法规之间存在冲突，心理师必须让他人了解自己的行为是符合专业伦理的，并努力解决冲突。如果这种冲突无法解决，心理师应该以法律和法规作为其行动指南。

7.4 如果心理师所在机构的要求与本学会的伦理规范有矛盾之处，心理师需要澄清矛盾的实质，表明自己具有按照专业伦理规范行事的责任。应在坚持伦理规范的前提下，合理地解决伦理规范与机构要求的冲突。

7.5 心理师若发现同行或同事违反了伦理规范，应予以规劝。若规劝无效，应通过适当渠道反映其问题。如果对方违反伦理的行为非常明显,而且已经造成严重危害,或违反伦理的行为无合适的非正式的途径解决,或根本无法解决,心理师应当向本学会的伦理工作组或其他适合的权威机构举报,以维护行业声誉,保护寻求专业服务者的权益。如果心理师不能确定某种特定情形或特定的行为是否违反伦理规范,可向本学会的伦理工作组或其他合适的权威机构寻求建议。

7.6 心理师有责任配合本学会的伦理工作组对可能违反伦理规范的行为进行调查和采取行动。心理师应熟悉对违反伦理规范的处理进行申诉的相关程序和规定。

7.7 本伦理规范反对以不公正的态度或报复的方式提出有关伦理问题的申诉。

7.8 本学会设有伦理工作组,以贯彻执行伦理守则,接受伦理问题的申诉,提供与本伦理守则有关的解释,并处理违反专业伦理守则的案例。

附:本守则所包含的专业名词定义

临床心理学(clinical psychology):是心理学的分支学科之一,它既提供心理学知识,也运用这些知识去理解和促进个体或群体的心理健康、身体健康和社会适应。临床心理学更注重对个体和群体心理问题的研究,以及严重心理障碍的治疗。

咨询心理学(counseling psychology):是心理学的分支学科之一,它运用心理学的知识去理解和促进个体或群体的心理健康、身体健康和社会适应。咨询心理学更关注个体日常生活中的一般性问题,以增进个体良好的适应和应对。

心理师(clinical and counseling psychologist):指系统学习过临床或咨询心理学的专业知识、接受过系统的心理治疗与咨询专业技能培训和实践督导,正在从事心理咨询和心理治疗工作,且达到中国心理学会关于心理师的有关注册条件要求,并在中国心理学会有效注册,这些专业人员在本守则中统称为心理师。心理师包括临床心理师(clinical psychologist)和咨询心理师(counseling psychologist)。对临床心理师或咨询心理师的界定依赖于申请者所接受的学位培养方案中的名称界定。

寻求专业服务者:即来访者(client)或心理障碍患者(patient),或其他需要心理咨询或心理治疗专业服务的求助者。

督导师(supervisor):指正在从事临床与咨询心理学相关教学、培训、督导等心理师培养工作,且达到中国心理学会关于督导师的有关注册条件要求,并在中国心理学会有效注册的资深心理师。

心理咨询(counseling):指在良好的咨询关系基础上,由经过专业训练的心理师运用咨询心理学的有关理论和技术,对有一般心理问题的求助者进行帮助的过程,以消除或缓解求助者的心理问题,促进其个体的良好适应和协调发展。

心理治疗(psychotherapy):指在良好的治疗关系基础上,由经过专业训练的心理师运用临床心理学的有关理论和技术,对心理障碍患者进行帮助的过程,以消除或缓解患者的心理障碍或问题,促进其人格向健康、协调的方向发展。

剥削(exploitation):在本守则中指个体或团体在违背他人意愿或不知情的情况下,无偿占有他人的劳动成果,或不当利用他人所拥有的各种物质的、经济的和心理上的资源谋取各种形式的利益或得到心理满足。

福祉(welfare):在本守则中指寻求专业服务者的健康、心理成长和幸福。

双重关系:(dual relationships):指心理师与寻求专业服务者之间除治疗关系之外,还存在或发展出其他具有利益和亲密情感等特点的人际关系的状况,称为双重关系。如果除专业关系以外,还存在两种或两种以上的社会关系,就称为多重关系(multiple relationships)。

中国心理学会临床与咨询心理学专业机构与专业人员伦理守则制定工作组

2007 年 1 月

参考文献

Abramson, L. Y. , Metalsky, G. I. , & Alloy, L. B. (1989). Hopelessness depression: A theory-based subtype of depression. *Psychological Review*, *96*(2), 358-372.

Abramson, L. Y. , Seligman, M. E. , & Teasdale, J. (1978). Learned helplessness in humans: Critique and reformulation. Journal of Abnormal Psychology, 87, 49-74.

Alexander, F. , French, T. M. , et al. (1946). Psychoanalytic therapy: Principles and application. New York: Ronald Press.

Allport, G. (1955). Becoming: Basic considerations for a psychology of personality. New Haven: Yale University Press.

Allport, G. W. (1968). Psychological models for guidance. In G. W. Allport (selected essays), The person in psychology. Boston: Beacon press.

Allport, G. W. (1977). Personality: Normal and abnormal. In H. M. Chiang, & A. H. Maslow (Eds.), The healthy personality: Readings (pp. 1-13). New York: D. Van Nostrand.

American Psychological Association. (1995). Code of ethics and standards of practice. Washington, DC: Author.

American Psychological Association. (2009). Guidelines and principles for accreditation of programs in professional psychology. Washington, DC: American Psychological Association.

Barrett-Lennard, G. T. (1986). The relationship inventory now: Issues and advances in theory, method and use. In L. S. Greenberg & W. M. Pinsof (Eds.), The psychotherapeutic process: A research handbook (pp. 439-467). New York and London: Guilford Press.

Beck, A. T. , Rush, A. J. , Shaw, B. F. , & Emery, G. (1979). Cognitive therapy of depression: A treatment manual. New York: Guilford Press.

Beers, C. (1908). A mind that found itself. New York: Longmans Green; republished by Doubleday, 1953.

Bem, D. J. & McConnell, H. K. (1970). Testing the self-perception explanation of dissonance phenomena: On the salience of premanipulation attitudes. Journal of Personality and Social Psychology, 1, 23-31.

Benjamin, A. (1981). The helping interview (3rd. ed.). Boston: Houghton Mifflin.

Beutler, L. E. , Machado, P. P. P. , & Neufeldt, S. A. (1994). Therapist variables. In A. E. Bergin & S. L. Garfield (Eds.), Handbook of psychotherapy and behavior change (4th ed.). (pp. 229-269). New York: John Wiley & Sons.

Blatt, S. J. , Zuroff, D. C. , Quinlan, D. M. , & Pilkonis, P. (1996). Interpersonal factors in brief treatment of depression: Further analyses of the NIMH treatment of depression collaborative research program. Journal of Consulting and Clinical Psychology, 64, 162-171

Blocher, D. H. (1987). The professional counselor. New York: Macmillan.

Blocher, D. H. (2000). Counseling: Developmental approach(4th ed.). New York: Wiley.

Bono, J. E., Judge, T. A. (2003). Core self-evaluations: A review of trait and its role in job satisfaction and job performance. European Journal of Personality, 17(2): S5-S18

Bootzin, R. R. & Acocella, J. R. (1988). Abnormal psychology: Current perspectives. New York: McGraw-Hill, Inc..

Bor, R., Mallandain, I., & Vetere, A. (1998). What we say we do: Clinical practice patterns of UK family therapy. Journal of Family Therapy, 20, 334-352.

Bowlby, J. (1988). A secure base: Parent-child attachments and health human development. New York: Basic Books.

Brace, K. (1997). Ethical considerations in the development of counseling goals. In The Hatherleigh Guide to ethics in therapy (pp. 17-35). New York: Hatherleigh Press.

Brammer, L. M. (1993). The helping relationship: Process and skills(5th ed.). Boston, MA: Allyn & Bacon.

Brammer, L. M., & MacDonald, G. (2003). The helping relationship: Process and skills (8th ed.). Boston, MA: Allyn & Bacon.

Brown, D., Pryzwansky, W. B., & Schulte, A. C. (1995). Psychological consultation(3rd ed). Bsoton: Allyn & Bacon.

Brown, S. D. & Lent R. W. (2000). Handbook of counseling psychology(3rd ed). New York: John Wiley & Sons.

Cain, D. J. (1990). Celebration, reflection and renewal: 50 years of Client-Centered Therapy and beyond. Person-Centered Review, 5(4), 357-363.

Cantor, N., Smith, E. E., French, R. D., Mezzich, J. (1980). Psychiatric diagnosis as prototype categorization. Journal of Abnormal Psychology, 89(2), 181-193.

Carkhuff, R. R., Berenson, B. G. (1977). Beyond counseling and therapy. New York: Holt, Rinehart and Winston.

Castonguay, L. G. & Hill, C. (2007). Insight in psychotherapy. Washington, DC: American Psychological Association.

Charles R. (2001) Is there any empirical support for Bowen's concepts of differentiation of self, triangulation, and fusion? The American Journal of Family Therapy, 29, 279-292.

Chwalisz, K. (2001). A common factor revolution: Let's not "cut off our discipline's nose to spite its face". Journal of Counseling Psychology, 48(3), 262-267.

Cook, J. M., Biyanova, T., & Coyne, J. C. (2009). Influential psychotherapy figures, authors and books: An internet survey of over 2000 psychotherapists. Psychotherapy: Theory, Research, Practice, Training, 46(1), 42-51.

Cooper, J. & Vetere, A. (2000). Working systemically with family violence. In N. Singh, J.

Leung & A. Singh (eds). International perspectives on child and adolescent mental health. New York: Elesevier Science.

Corey, G. (1991). Case approach to counseling and psychotherapy. Pacific Grove, California: brooks/Cole.

Corey, G., Corey, M. & Callanan, P. (1998). Issues and ethics in the helping professions. Pacific Grove, CA: Brook/Code.

Corey, M. S., & Corey, G. (1993). Becoming a helper. Pacific Grove, CA.: Brooks/Cole.

Cormier, S., & Cormier, B. (1998). Interviewing strategies for helpers: Fundamental skills and cognitive behavioral interventions. Pacific Grove, CA: Brooks/Cole.

Corsini, R. J. (1968). Counseling and psychotherapy, In E. F. Borgatta & W. W. Lambert (Eds.), Handbook of Personality and Research. Chicago: Rand McNally.

D'Elia, G. (2001). Attachment: A biological basis for the therapeutic relationship? Nordic Journal of Psychiatry, 55(5), 329-336.

Division of Counseling Psychology, APA. (1956). Counseling psychology as a specialty. American Psychologist, 11, 282-285.

Dollard, J. & Miller, N. (1965). Personality and psychotherapy: An analysis in terms of learning, thinking, and culture. New York: McGraw-Hill.

Eells, T. D., Lombart, K. G., Kendjelic, E. M., Turner, L. C., & Lucas, C. (2005). The quality of psychotherapy case formulations: A comparison of expert, experienced, and novice cognitive-behavioral and psychodynamic therapists. Journal of Consulting and Clinical Psychology, 73, 579-589.

Eells, T. D. (2007). History and current status of psychotherapy case formulation, in T. D. Eells (eds.) Handbook of psychotherapy case formulation (2nd ed. pp. 3-33). New York: The Guilford Press.

Egan, G. (1990). The skilled helper: A systematic approach to effective helping (4th ed.). Pacific Grove, California: Brooks/cole.

Egan, G. (1994). The skilled helper: A systematic approach to effective helping (5th ed.). Pacific Grove, California: Brooks/cole.

Elliott, R., Shapiro, D. A., Firth-Cozens, J., Stiles, W. B., Hardy, G. E., Llewelyn, S. P., & Margison, F. R. (1994). Comprehensive process analysis of insight events in cognitive-behavioral and psychodynamic-interpersonal psychotherapies. Journal of Counseling Psychology, 41(4), 449-463.

Ellis, A. & Bernard, M. E. (1985a). What is Rational-Emotive Therapy(RET)? In A. Ellis & M. E. Bernard (Eds.), Clinical application of Rational-Emotive Therapy(1-30). New York: plenum.

Ellis, A. (1958). Rational psychotherapy, Journal of General Psychology, 59, 35-49.

Ellis, A. (1979). Rational-emotive therapy. In R. Corsini (Ed.), Current psychotherapies (2nd ed.). Itasca, IL: F. E. Peacock.

Ellis, A., & Bernard, M. E. (eds.) (1985b). Clinical application of Rational-Emotive Therapy. New York: plenum.

Ellis, A., & Happer, R. A. (1975). A new guide to rational living. North Hollywood, CA: Wilshire Books.

Elvins, R. & Green, J. (2008). The conceptualization and measurement of therapeutic alliance: An empirical review. Clinical Psychology Review, 28, 1167-1187.

Epstein, S. (1980). The self-concept: A review and the proposal of an integrated theory of personality. In E. Staub (ed.), Personality: Basic aspects and current research (pp. 81-132). Englewood Cliffs, NJ: Prentice-Hall.

Eysenck, H. (1960). Behaviour therapy and the neuroses: Readings in modern methods of treatment derived from learning theory. Oxford: Symposium Publications Division, Pergamon Press.

Fishman, D. B. & Franks, C. M. (1997). Evolution of epistemology and theory of behavior therapy, In P. L. Wachtel, & S. B. Messer, (Eds.), Theories of psychotherapy: Origins and evolution. (pp. 131-180). Washington, DC: American Psychological Association.

Forsterling, F. (1988). Attribution theory in clinical psychology (translated by Jonathan Harrow). New York: Wiley.

Frank, J. D. (1974). Therapeutic components of psychotherapy: A 25-year progress report of research. The Journal of Nervous and Mental disease, 159, 325-342.

Frank, J. D. (1992). The Johns Hopkins psychotherapy research project. In D. K. Freedheim (Ed.), History of psychotherapy: A century of change (pp. 392-396). Washington, DC: American Psychological Association.

Frank, J. D. (1961). Persuasion and healing. Baltimore, MD: Johns Hopkings University Press.

Frank, J. D., Hoehn-Saric, R., Imber, S. D., Liberman, B. L., Stone, A. R. (1978). Effective ingredients of successful psychotherapy. New York: Brunner/Mazel.

Garfield, S. L. & Bergin, A. E. (1994). Introduction and historical overview. In A. E. Bergin & S. L. Garfield (Eds.), Handbook of psychotherapy and behavior change (4th ed.). (pp. 3-18). New York: John Wiley & Sons.

Garfield, S. L., & Kurtz, R. (1977). A study of eclectic views. Journal of Consulting and Clinical Psychology, 45, 78-83.

Gelso, C. J. & Carter, J. A. (1985). The relationship in counseling and psychotherapy: Components, consequences, and theoretical antecedents. The Counseling Psychologist, 13 (2), 155-243.

Gelso, C. J. & Carter, J. A. (1994). Components of the psychotherapy relationship: Their interaction and unfolding during treatment. Journal of Counseling Psychology, 41(3), 296-306.

Gelso, C. J. (2002). Real relationship: The "something more" of psychotherapy. Journal of

Contemporary Psychtherapy, 32(1), 35-40.

Gibson, R. L., & Mitchell, M. H. (2003). Introduction to counseling and guidance (6th ed.). Upper Saddle River, NJ.: Merrill Prentice Hall.

Gilliland, B. E., James, R. K., Roberts, G. T., & Bowman, J. T. (1984). Theories and strategies in counseling and psychotherapy. Englewood Cliffs, NJ: Prentice-Hall.

Giorgi, A. (1987). The crisis of humanistic psychology. Humanistic Psychologist, 15(1), 5-20.

Gladding S. T. (1982) Systems techniques in family therapy: Two pragmatic approaches. The Personnel And Guidance Joural, 242.

Glasser, W. (1981). Station of the mind: New directions for reality therapy. New York: Harper & Row.

Goldenberg, I., & Goldenberg, H. (2000). Family therapy: An overview (5th ed.). Belmont, CA.: Brooks/Cole.

Goldfried, M. R. (1980). Some views on effective principles of psychotherapy. Cognitive Therapy and Research, 4(3), 271-306.

Goldfried, M. R., & Padawer, W. (1982). Current status and future directions in psychotherapy. In M. R. Goldfried (Ed.), Converging themes in psychotherapy: Trends in psychodynamic, humanistic, and behavioral practice (pp. 3-49). New York: Springer.

Goldstein, A. P. & Higginbotham, H. N. (1991). Relationship-Enhancement methods. In F. H. Kanfer & A. P. Goldstein, Helping people change: A textbook of methods (4th ed.). New York: Pergamon Press.

Goldstein, A. P. (1971). Psychotheraputic attraction. New York: Pergamon Press.

Greenberg, L. S. & Goldman, R. (2007). Case formulation in Emotion-Focused Therapy, In T. D. Eells (Eds.) Handbook of Psychotherapy Case Formulation (2nd ed.). (pp. 379-411). NewYork: The Guilford Press.

Greenberg, L. S. & Malcolm, W. (2002). Resolving unfinished business: Relating process to outcome. Journal of Consulting and Clinical Psychology, 70(2), 406-416.

Hanna, F. J., & Bemak, F. (1997). The quest for identity in the counseling profession. Counselor Education & Supervision, 36(3), 194-207.

Hartman, D. & Zimberoff, D. (2004). Corrective emotional experience in the therapeutic process. Journal of Heart-Centered Therapies, 7(2), pp. 3-84.

Headington, B. J. (1979). Communication in the counseling relationship. Cranston, R. I.: Carroll Press.

Heider, F. (1958). The psychology of interpersonal relations. New York: Wiley.

Heppner, P. P., & Frazier, P. A. (1992). Social psychological processes in psychotherapy: Extrapolating basic research to counseling psychology. In S. D. Brown, & R. W. Lent (Eds.), Handbook of counseling psychology (pp. 141-175). New York: John Willey & Sons.

Herlihy, B. , & Corey, G. (1997). Boundary issues in counseling: Multiple roles and responsibilities. Alexandria, VA: American Counseling Association.

Highlen, P. S. , & Hill, C. E. (1984). Factors influencing clients change in individual counseling: Current status and theoretical speculations. In S. D. Brown & R. W. Lent (Eds.),Handbook of counseling psychology (pp. 334-396). New York: Wiley.

Hill, C. E. , Helms, J. E. , Tichenor, V. , Spiegel, S. B. , O'Grady, K. E. , & Perry, E. S. (1988). Effects of therapist response modes in brief psychotherapy. Journal of Counseling Psychology, 35, 222-233.

Hill, C. et al. (2007). Insight in psychotherapy: Definitions, processes, consequences, and research directions. In L. G. Castonguay & C. Hill (Eds.), Insight in psychotherapy, (pp. 441-454). Washington, DC: American Psychological Assoiation.

Hoehn-Saric, R. (1978). Emotional arousal, attitude change, and psychotherapy. In J. D. Frank, R. Hoehn-Saric, S. D. Imber, B. L. Liberman, and A. R. Stone(Eds.), Effective ingredients of successful psychotherapy, (pp. 73-106). New York: Brunner/Mazel.

Hollis, J. W. & Dodson, T. A. (2000). Counselor preparation 1999-2001: Programs, faculty trends (10th ed.). Philadelphia: Taylor & Francis and Greensboro, NC: National Board for Certified Counselors.

Holme, R. (1972). Abnormal psychology: Current perspectives. New York: Random House.

Horney, K. (1937). The neurotic personality of our time. London: Routledge & K. Paul.

Horney, K. (1945). Our inner conflicts: A constructive theory of neurosis. New York: W. W. Norton & Company.

Horvath, A. O. & Luborsky, L. (1993). The role of the therapeutic alliance in psychotherapy. Journal of Consulting and Clinical Psychology, 61(4), 561-573.

Horvath, A. O. (2001). The alliance. Psychotherapy, 38(4), 365-372.

Horvath, A. O. (2005). The therapeutic relationship: Research and theory. Psychotherapy Research, 15(1-2), 3-7.

Horvath, A. O. , & Bedi, R. P. (2002). The alliance. In J. C. Norcross (Eds.), Psychotherapy relationships that work: Therapist contributions and responsiveness to patients (pp. 37-69). New York: Oxford University Press.

Hoyt, K. B. (2001). A Reaction to Mark Pope's (2000) "A Brief History of Career Counseling in the United States". Career Development Quarterly, June, 2001.

Hull, C. L. (1943). Principles of behavior. New York: Appleton-Century-Crofts.

Ivey, A. E. , & Ivey, M. B. (2007). Intentional interviewing and counseling: Facilitating client development in a multicultural society. Belmont, CA: Thomson Brooks/Cole.

Ivey, A. E. , Ivey, M. B. , & Simek-Morgan, L. (1987). Counseling and psychotherapy: Skills, theories, and practice(2nd ed.). Englewood Cliffs, NJ: Prentice-Hall.

Jahoda, M. (1958). Current concepts of positive mental health. Oxford, England: Basic Books.

Jennings, L. , & Skovholt, T. M. (1999). The Cognitive, emotional, and relational characteristics of master therapists, Journal of Counseling Psychology, 46(1), 3-11.

Jiang, G. & Zhu, X. (2010). The Structure of working alliance: Evidence from China. Paper presented to the FMPP Annual Congress of Psychiatry and Psychotherapy and the 20th IFP World Congress of Psychotherapy in Lucerne, Swissland.

Jourard, S. M. (1971). The transparent self. New York: Van Nostrand Reinhold.

Jourard, S. M. , & Landsman. T. (1980). Healthy personality: An approach from the viewpoint of humanistic psychology (4th ed.). New York: Macmillan.

Judge, T. A. , Locke, E. A. , & Durham, C. C. (1997). The dispositional causes of job satisfaction: A core evaluations approach. Research in Organizational Behavior, 19, 151-188.

Kanfer, F. H, & Goldstein, A. P. (Eds) (1991). Helping people change: A textbook of methods (4th ed.). New York: Pergamon.

Kazantzis, N. & Ronan, K. (2006). Can between-session (homework) activities be considered a common factor in psychotherapy? Journal of Psychotherapy Integration, 16(2), 115-127.

Kazdin, A. E. (2000). Behavior modification in applied settings (6th ed.). Belmont, CA: Wadsworth Thomson Learning.

Knapp, M. L. , Hall, J. (1992). Nonverbal communication in human interaction (3rd ed.). Orlando, FL: Holt, Rinehart & Winston.

Knox, S. , & Hill, C. E. (2003). Therapist self-disclosure: Research-based suggestions for practitioners. Journal of Clinical Psychology/In Session, 59,529-540.

Knox, S. , Hess, S. A. , Petersen, D. A. , & Hill, C. E. (1997). A qualitative analysis of client perceptions of the effects of helpful therapist self-disclosure in long-term therapy. Journal of Counseling Psychology, 44, 274-283.

Koerner, K. (2007). Case formulation in Dialectical Behavior Therapy for borderline personality disorder, In T. D. Eells (Eds.) Handbook of psychotherapy case formulation (2nd ed.). (pp. 317-348). NewYork: The Guilford Press.

Kuhn, T. S. (1970). The Structure of Scientific Revolutions. Chicago: The Chicago University Press.

Lam, D. H. (1991). Psychosocial family intervention in schizophrenia: A review of empirical studies. Pschological Medicine, 21, 423-441.

Lambert, M. J. , & Bergin, A. E. , The effectiveness of psychotherapy, In A. E. Bergin & S. L. Garfield(Eds.) Handbook of Psychotherapy and Behavior Change(4th. ed.)(pp. 143-189). New York: John Wiley & Sons, 1994.

Lambert, M. J. , & Cattani-Thompson, K. (1996). Current findings regarding the effectiveness of counseling: Implications for practice. Journal of Counseling & Development, 74(6), 601-608.

Lazarus, A. A. (1991). The essential Arnold Lazarus. London: Whurr Publishers.

Lazarus, R. S. , and Folkman, S. (1984). Stress, appraisal and coping. New York: Springer.

Leary, T. (1957). Interpersonal diagnosis of personality: A functional theory and methodology for personality evaluation. New York: Ronald.

Leung, S. A. (1999). The development of counselling in Hong Kong: Searching for professional identity. Asian Journal of Counselling, 6(2), 77-95.

Leung, S. A. , & Chan, R. M. (1998). Training Hong Kong primary school counsellors for the twenty-first century: A proposed model. Asian Journal of Counselling, 5(1 & 2), 47-60.

Liberman, B. L. (1978). The role of mastery in psychotherapy: Maintenance of improvement and prescriptive change, In J. D. Frank, R. Hoehn-Saric, S. D. Imber, B. L. Liberman, and A. R. Stone, Effective ingredients of successful psychotherapy, (pp. 35-72). New York: Brunner/Mazel.

Littrell, J. M. (2001). Allen E. Ivey: Transforming counseling theory and practice. Journal of Counseling and Development, 79(1), 105-119.

Luborsky, L. & Barrett, M. S. (2007). The core conflictual relationship theme. In T. D. Eells (Eds.), Handbook of psychotherapy case formulation (2nd ed.). (pp. 105-135). New York: The Guiford Press.

Luborsky, L. (1977). Measuring a pervasive psychic structure in psychotherapy: The core conflictual relationship theme. In N. Freedman and S. S. Grand (Eds.), Communicative structures and psychic structures. (pp. 367-395). New York: Plenum Press.

Mahoney, M. J. & Patterson, K. M. (1992). Changing theories of change: Recent developments in counseling. In S. D. Brown & R. W. Lent (Eds.). Handbook of counseling psychology (2nd ed.). (pp. 665-689), New York: John Wiley & Sons.

Mallinckrodt, B. , Gantt, D. , & Coble, H. (1995). Attachment patterns in the psychotherapy relationship: Development of the client attachment to therapist scale. Journal of Counseling Psychology, 42, 307-317.

Markus, E. , Lange, A. , & Pettigrew, T. (1990). Effectiveness of family therapy: A meta-analysis. Journal of Family Therapy, 12, 205-221.

Markus, H. (1977). Self-schemata and processing information about the self. Journal of Personality and Social Psychology, 35(2), 63-78.

Maslow, A. H. (1954). Motivation and personality. New York: Harper & Row.

Matsuoka, J. K. , Breaux, C. , & Ryujin, D. H. (1997). National utilization of mental health services by Asian Americans/Pacific Islanders. Journal of Community Psychology, 25(2), 141-145.

McNeill, B. W, & Stoltenberg, C. D. (1989). Reconceptualizing social inluence in counseling: The elaboration likelihood model. Journal of Counseling Psychology, 36, 24-33.

Merton, R. (1948). The Self-Fulfilling Prophesy. Antioch Review, 8, 193-210.

Meyer, V. (1966). Modification of expectations in cases with obsessional rituals. Behaviour Research and Therapy, 4, 273-280.

Minuchin, S., Montalvo, B., Guerney, B. G., Jr., Rosman, B. L., & Schumer, F. (1967). Families of the slums: An exploration of their structure and treatment. New York: Basic Books.

Navarre, S. E. (1998). Salvador Minuchin's structural family therapy and its application to multicultural family systems. Issues in Mental Health Nursing, 19, 557-570.

Nezu, A. M., Nezu, C. M., & Cos, T. A. (2007). Case formulation for the Behavioral and Cognitive Therapies: A problem-solving perspective, in T. D. Eells (Eds.) Handbook of Psychotherapy Case Formulation (2nd ed.) (pp. 349 - 378). NewYork: The Guilford Press.

Norcross, J. C. (1986). "Eclectic psychotherapy: An introduction and overview." In J. C. Norcross (Eds.), Handbook of eclectic psychotherapy (pp. 6-29). New York: Brunner/Mazel.

Okun, B. F. (1987). Effective helping: Interviewing and counseling techniques. Pacific Grove, California: Brooks/Cole.

Orlinsky, D. E., & Howard, K. I. (1986). Process and outcome in psychotherapy. In S. L. Garfield & A. E. Bergin (Eds.), Handbook of psychotherapy and behavior change (pp. 311-381). New York: John Wiley.

Orlinsky, D. E., Grawe, K., & Parks, B. K. (1994). Process and ortcome in psychotherapy. In A. E. Bergin & S. L. Garfield (Eds.), Handbook of psychotherapy and behavior change (4th ed.). (170-377). New York: Wiley.

Palmer, S. & McMahon, G. (1997). Handbook of Counseling (2rd ed). London: Routelege.

Parsons, F. (1909). Choosing a vocation. Boston: Houghton Mifflin.

Passons, W. R. (1975). Gestalt approaches in counseling. New York: Holt, Rinehart and Winston.

Patterson, C. H. (1959). Counseling and psychotherapy: Thoery and practice. New York: Harper & Row.

Patterson, C. H. (1967) (Eds.). The counselor in the school: Selected readings. New York: McGraw-Hill.

Patterson, C. H. (1973). Theories of counseling and psychotherapy (2nd ed.). New York: Harper & Row.

Patterson, C. H. (1974). Relationship counseling and psychotherapy. New York: Harper & Row.

Pearson, V. (1993). Families in China: An undervalued resource for mental health? Journal of Family Therapy, 15, 163-185.

Perls, F., Hefferline, R., & Goodman, P. (1951). Gestalt therapy. New York: Delta.

Petry, N. M., Tennen, H., and Affleck, G. (2000). Stalking the elusive client variable in psychotherapy research. In C. R. Snyder and R. E. Ingram (Eds.), Handbook of psychological change: Psychtherapy processes & practices for the 21st Century (pp. 88–108). New York: Wiley.

Petty, R. E, & Cacioppo, J. T. (1986). Communication and persuasion: Central and peripheral routes to attitude change. New York: Springer-Verlag.

Phillips, M. R., Li, XY., & Zhang, YP. (2002). Suicide rates in China, 1995–1999, The Lancet, 359, 835–840.

Phillips, M. R., Zhang, J., Shi, Q., Song, Z., Ding, Z., Peng, S., Li, X., Zhang, Y. & Wang, Z. (2009). Prevalence, treatment, and associated disability of mental disorders in four provinces in China during 2001–2005: An epidemiological study. The Lancet, 373, 2041–2053.

Pickren, W. (2007). Tension and opportunity in post-world war II American psychology. History of Psychology, 10(3), 279–299.

Pinker, S. (2003). The blank slate: The modern denial of human nature. New York: Penguin Group.

Pinyuchon, E., & Gray, L. A. (1997) Understanding Thai families: A cultural context for therapists using a structural approach. Contemporary Family Therapy, 19(2), 209–228.

Pope, M. (2000). A brief history of career counseling in the United States. The Career Development Quarterly, 48, 194–211.

Powell, J. J. (1998). Why am I afraid to tell you who I am?: Insights into personal growth. Allen, Tex.: Resources for Christian Living.

Rockwell, P. J., & Rothney, J. W. M. (1961). Some social ideas of pioneers in the guidance movement. Personnel and Guidance Journal, 40, 349–354.

Rogers, C. (1951). Client-centered therapy: Its current practice, implications, and theory. Boston: Houghton Mifflin.

Rogers, C. R. (1942). Counseling and pychotherapy. Boston: Houghton Mifflin.

Rogers, C. R. (1957). The necessary and sufficient conditions of therapeutic personality change. Journal of Consulting Psychology, 21, 95–103.

Rogers, C. R. (1959). A theory of therapy, personality, and interpersonal relationships, as developed in the Client-centered framework. In S. Koch (Eds.), Psychology: A study of a science(Vol. 3): Formulations of the person and the social context(pp. 184–256). New York: McGraw-Hill.

Rogers, C. R. (1961a). The characteristics of a helping relationship. In P. T. Howntras (Eds), Mental hygiene: A text of readings. Columbus, Ohil: Charles E. Merrill.

Rogers, C. R. (1961b). On becoming a person: A therapist's view of psychotherapy. Boston: Houghton Mifflin.

Rogers, C. R. (1977). Carl Rogers on personal power. New York: Delacorte.

Rogers, C. R. (1980). A way of being. Boston: Houghton Mifflin.

Rogers, C. R. (1989). The necessary and sufficient conditions of therapeutic personality change. In H. Kirschenbaum, & V. L. Henderson (Eds.) The Carl Rogers reader. Boston: Houghton Mifflin, 219-235.

Rogers, C. R., Gendlin, G. T, Kiesler, D. V, & Truax, L. B. (1967). The therapeutic relationship and its impact: A study of psychotherapy with schizophrenics. Madison: University of Wisconsin Press.

Rokeach, M. (1973). The nature of human values. New York: Free Press.

Rosenhan, D. L. (1973). On being sane in insane places. Science, 179, 250-258.

Rosenhan, D. L., & Seligman, M. E. P. (1995). Abnormal psychology (3rd ed.). New York: W. W. Norton & Company, Inc.

Rosenthal, R. & Jacobson, L. (1968). Pygmalion in the classroom: Teacher's expectation and pupils intellectual development. New York: Holt, Rinehart & Winston.

Safran, J. D. (1993). Breaches in the therapeutic alliance: An arena for negotiating authentic relatedness. Psychotherapy, 30(1), 11-22.

Safran, J. D. and Muran, J. C. (2000). Resolving therapeutic alliance rutures: Diversity and integration. Journal of Clinical Psychology, 56(2), 233-243.

Samler, J. (1960). Changing values: A goal in counseling. Journal of Counseling Psychology, 7, 32-33.

Sartre, J. P. (1957). Existentialism and human emotions. New York: Wisdom Library.

Scheff, T. J. (1974). The labelling theory of mental illness. American Sociological Review. 39 (3), 444-452.

Schofield, W. (1964). Psychotherapy: The purchase of friendship. Englewood Cliffs, NJ: Prentice-Hall.

Schultz, D. (1977). Growth psychology-models of the healthy personality. New York: Van Nostrand Reinhold.

Seligman, M. E. P. (1995). The effectiveness of psychotherapy. American Psychologist, 50 (12), 965-974.

Skinner, B. F. (1953). Science and human behavior. New York: Macmillan.

Skinner, B. F. (1971). Beyond freedom and dignity. New York: Knopf.

Smith, D. (1982). Trends in counseling and psychotherapy. American Psychologist, 37, 802-809.

Smith, M. L., & Glass, G. V. (1977). Meta-analysis of psychotherapy outcome studies. American Psychologist, 32, 752-760.

Sommers-Flanagan, R., & Sommers-Flanagan, J. (1999). Clinical interviewing(2nd ed.). New York: Wiley.

Spiegel, S. B. and Hill, C. E. (1989). Guidelines for research on therapist interpretation: Toward greater methodological rigor and relevant to practice. Journal of Counseling Psychology, 36, 122-129.

Spiegler, M. D. & Guevremont, D. C. (2003). Contemporary behavior therapy(4th ed.). Belmont, CA: Wadsworth/Thomson Learning.

Staub, E. (1980). Personality: Basic aspects and current research. Englewood Cliffs, NJ: Prentiee-Hall.

Stein, S. J., Mozdierz, A. B., & Mozdierz, G. J. (1998). The kinship of Adlerian family counseling and Minuchin's structual family therapy. The Journal of individual Psychololy, 54(1). 90-107.

Strong, S. R. (1968). Counseling: An interpersonal influence process. Journal of Counseling Psychology, 15, 215-224.

Sue, D. W. (1997). Multicultural perspectives on multiple relationships. In B. Herlihy & G. Corey (Eds.), Boundary issues in counseling: Multiple roles and responsibilites (pp. 106-109). Alexandria, VA: American Counseling Association.

Teyber, E. & McClure, F. (2003). Therapist variables. In C. R. Snyder & R. E. Ingram (Eds.). Handbook of psychological change: Psychotherapy processes and practices for the 21 century (pp. 62-87). New York: Wiley.

Thorne, B. (1992). Carl Rogers. London: SAGE publications.

Truax, C. B. & Carkhuff, R. R. (1967). Toward effective counseling and psychotherapy: Training and practice. Chicago: Aldine Publishing Company.

Veith, I. (1965). Hysteria: The history of a diseas. Chicago: University of Chicago Press.

Vetere, A. (2001). Structural family therapy. Child Psychology & Psychiatry Review. 6(3), 133-139.

Wampold, B. E. (2001). The great psychotherapy debate: Models, methods, and findings. Mahwah, NJ: Erlbaum.

Wampold, B. E., Imel, Z. E., Bhati, K. S., & Johnson-Jennings, M. D. (2007). Insight as a common factor. In L. G. Castonguay & C. Hill (Eds.), Insight in psychotherapy, (pp. 119-142). Washington, DC: American Psychological Assoiation.

Watson, D. L., et al. (1984). Social psychology: Science and application. Glenview, Illinois: Scott, Foresman and Company.

Williams, R. L. & Long, J. D. (1979). Toward a self-managed life style. Boston: Houghton Mifflin.

Williams, M. (1992). The psychological treatment of depression: A guide to the theory and practice of cognitive-behavior therapy. New York: Routledge.

Wolpe, J. (1958). Psychotherapy by reciprocal inhibition. Stanford, CA.: Stanford University Press.

Yang, L. H., & Pearson, V. J. (2002) Understanding families in their own context: schizophrenia and structural family therapy in Beijing. Journal of Family Therapy. 24, 233-257.

Young, M. E. (1992). Counseling methods and techniques. New York: Macmillan.

Young, M. E. (1993). Theoretical trends in counseling: A national survey. Guidance and

Counseling, 9(1), 4-9.

Yuen, M. T. (1997). Extending the concept of teacher self-efficacy: The guidance and counseling dimension. Paper presented at the International Conference on Cross-Cultural Counselling in Chinese Communities, Hong Kong.

Zaro, J. S., Barach, R., Nedelman, D. J., & Dreiblatt, I. S. (1977). A guide for beginning psychotherapists. Cambridge, New York: Cambridge University Press.

Zhang, W., Hu, X., & Pope, M. (2002). The evolution of career guidance and counseling in the People's Republic of China. The Career Development Quarterly, 50, 226-236.

Arlow, J. A. (2000). 精神分析. // R. J. Corsini & D. Wedding. 当代心理治疗的理论与实务. 朱玲亿, 等, 译. 台北:心理出版社,25-78.

Cashdan, S. (2006). 客体关系心理治疗:理论、实务与案例. 鲁小华, 等, 译. 北京:中国水利水电出版社.

Corey, G. (1998). 咨商与心理治疗的理论与实务. 第二版. 李茂兴, 译. 台北:扬智文化出版社.

Corey, G. (2004). 心理咨询与治疗的理论及实践. 石林,等,译. 北京:中国轻工业出版社.

Cormier, S. & Nurius, P. S. (2004). 心理咨询师的问诊策略. 张建新, 等, 译. 北京:中国轻工业出版社.

Corsini, R. J. & Wedding, D. (2000). 当代心理治疗的理论与实务. 朱玲亿, 等, 译. 台北:心理出版社.

Corsini, R. J. (2000). 导论. // R. J. Corsini, D. Wedding,朱玲亿, 等, 译. 当代心理治疗的理论与实务. 台北:心理出版社,1-24.

Ellis, A. (2000). 理情行为治疗. // R. J. Corsini, D. Wedding. 当代心理治疗的理论与实务. 朱玲亿, 等, 译. 台北:心理出版社,259-316.

Foa, E. B. & Franklin, M. E. (2004). 强迫症. // D. H. Barlow. 心理障碍的临床手册. 第三版. 刘兴华, 等, 译. 北京:中国轻工业出版社,229-286.

Hill, C. ,段昌明. 助人技能:探索、领悟、行动三阶段模式. 江光荣, 等, 译. 北京:人民大学出版社, 待出版.

Kazdin, A. E. (1997). 行为改变技术. 陈千玉, 译. 台北:五南图书出版公司.

Linehan, M. M., Cochran, B. N., & Kehrer, C. A. (2004). 边缘型人格障碍的辨证行为治疗. // D. H. Barlow. 心理障碍的临床手册. 第三版. 刘兴华, 等, 译. 北京:中国轻工业出版社,512-566.

Miltenberger, R. G. (2004). 行为矫正:原理与方法. 石林, 等, 译. 北京:中国轻工业出版社.

Minuchin, S. (1996). 结构派家族治疗入门. 刘琼英, 译. 台北:心理出版社.

Mitchell, S. A. & Black, M. J. (2011):超越弗洛伊德:精神分析的历史. 白美正, 译. 台北:心灵工坊.

Sommers-Flanagan, R. & Sommers-Flanagan, J. (2001). 心理咨询面谈技术. 陈祉妍, 等,译. 北京:中国轻工业出版社.
Zaro, J. ,等. (1993). 咨询工作实务. 陈金定, 编译. 台北:心理出版社.
阿德勒. (1987). 生活的科学. 苏克, 周晓琪, 译. 北京:生活·读书·新知三联书店.
阿德勒. (1986). 自卑与超越. 黄光国, 译. 北京:作家出版社.
艾维、斯密克-道宁. (1982). 咨商与心理治疗. 阳琪, 译. 台北:桂冠图书公司.
奥格本. (1989). 社会变迁. 王晓毅, 陈育国, 译. 杭州:浙江人民出版社.
巴克. (1984). 社会心理学. 南开大学社会学系,译. 天津:南开大学出版社.
班克特. (2006). 谈话疗法:东西方心理治疗的历史. 李宏昀, 沈梦蝶, 译. 上海:上海社会科学院出版社.
邦德. (1990). 中国人的心理. 张世富, 等, 译. 昆明:云南人民出版社.
本尼迪克特. (1988). 文化模式. 王炜, 等, 译. 北京:生活·读书·新知三联书店.
波林. (1982). 实验心理学史. 高觉敷, 译. 北京:商务印书馆.
布洛克, 等. (1990). 心理治疗讲座. 刘平, 等, 译. 天津:天津科技翻译出版公司.
长谷川洋三. (1992). 行动转变性格:森田式精神健康法. 李治中, 等, 译. 北京:人民卫生出版社.
德文特, 简达. (1991). 自我心理调节. 邱在珏, 等, 译. 石家庄:河北教育出版社.
杜·舒尔茨. (1981). 现代心理学史. 杨立能, 等, 译. 北京:人民教育出版社.
弗罗姆. (1986). 在幻想锁链的彼岸. 张燕, 译. 长沙:湖南人民出版社.
弗洛姆. (1987). 逃避自由. 陈学明, 译. 北京:工人出版社.
弗洛伊德,(1987). 弗洛伊德自传. 顾闻, 译. 上海:上海人民出版社.
弗洛伊德. (1986). 精神分析引论. 高觉敷, 译. 北京:商务印书馆.
弗洛伊德. (1987). 精神分析纲要. 刘福堂, 等, 译. 合肥:安徽文艺出版社.
弗洛伊德. (1987). 精神分析引论新讲. 苏晓离, 刘福堂, 译. 合肥:安徽文艺出版社.
弗洛伊德. (1987). 文明及其缺憾. 傅雅芳, 郝冬瑾, 译. 合肥:安徽文艺出版社.
弗洛伊德. (2000). 梦的解析. 孙名之, 译. 台北:猫头鹰出版社.
高良武久. 康成俊, 译. (1989). 森田心理疗法实践. 北京:人民卫生出版社.
库利. (1989). 人类本性与社会秩序. 包凡一, 王源, 译. 北京:华夏出版社.
利伯特, 等. (1983). 发展心理学. 刘范, 等, 译. 北京:人民教育出版社.
卢梭. (1982). 论人类不平等的起源和基础. 李常山, 译. 北京: 商务印书馆.
马丁, 皮尔. (1991). 行为矫正. 林殷沪, 等, 译. 北京:科学出版社.
马尔塞拉,等. (1991). 跨文化心理学. 肖振远, 等, 译. 长春:吉林文史出版社.
马斯洛, 等. (1987). 人的潜能和价值. 林方. 北京:华夏出版社.
马斯洛. (1987). 存在心理学探索. 李文湉,译. 昆明:云南人民出版社.
马斯洛. (1987). 动机与人格. 许金声, 等, 译. 北京:华夏出版社.
马斯洛. (1987). 人性能达的境界. 林方, 译. 昆明:云南人民出版社.
迈耶, 萨门. (1988). 变态心理学. 丁煌, 李吉全, 武宏志, 译. 沈阳:辽宁人民出版社.
萨库索, 卡普兰. (1991). 临床心理学. 黄蘅玉, 等, 译. 北京:科学技术文献出版社.

森田正马.(1992). 神经质的实质与治疗. 臧修智，译. 北京:人民卫生出版社.
斯金纳.(1988). 超越自由与尊严. 王映桥，栗爱平，译. 贵阳:贵州人民出版社.
斯托曼.(1988). 情绪心理学. 张燕云，译. 沈阳:辽宁人民出版社.
《中国教育百科全书》编委会.(1991). 中国教育百科全书. 北京:海洋出版社.
陈秉华.(1999). 迈向专业:台湾辅导界发展的回顾与前瞻. 亚洲辅导学报，第6卷，第2期：21-47.
陈金定.(2003). 心理咨询技术. 广州:世界图书出版公司.
陈立华，等.(1994). 武汉市初中学生心理健康状况调查. 教育研究与实验，1994 (2).
陈学诗.(1985).精神医学的进展. // 中国医学年鉴(1985). 天津:天津科学技术出版社.
陈彦方.(2007). 精神障碍的分类学研究进展. //张亚林. 高级精神病学. 长沙:中南大学出版社,35-54.
戴忠恒.(1987). 心理与教育测量. 上海:华东师范大学出版社.
杜建政，张翔，赵燕.(2007). 核心自我评价:人格倾向研究的新取向. 心理科学进展，15(1)：116-121.
樊富珉.(1999). 中国内地青少年心理辅导的发展. 亚洲辅导学报，6(2)：5-19.
弗兰克.(1990).什么是心理治疗. //布洛克，等.心理治疗入门. 天津:天津科技翻译出版公司.
高觉敷.(1985). 中国心理学史. 北京:人民教育出版社.
杭州市“大中学生心理卫生问题和对策研究”课题组.(1990). 杭州市大中学生心理卫生问题调查.(未发表资料)
何镜炜，杜婉芬.(2001). 香港高校学生辅导的类别与方法. //樊富珉，陈启芳，何镜炜.香港高校学生辅导. 北京:清华大学出版社，89-114.
赫根汉.(1986). 人格心理学导论. 何瑾，冯增俊，译. 海口:海南人民出版社.
洪丕谟.(1990). 中国古代养生术. 上海:上海人民出版社.
胡姝婧，江光荣，朱旭.(2008). 整体与切割评估法考察咨询会谈深度结果比较. 中国心理卫生杂志，22(1)：59-63.
黄坚厚.(1992). 青年的心理健康. 台北：心理出版社有限公司.
江光荣，林孟平.(2003). 三种人的本质观及其对心理治疗的影响. 中国临床心理学杂志，11(2).
江光荣，王铭.(2003). 大学生心理求助行为研究. 中国临床心理学杂志，11(3)：180-184.
江光荣，夏勉.(2005). 美国心理咨询的资格认证制度. 中国临床心理学杂志，13(1)：114-117.
江光荣.(1996). 关于心理健康标准研究的理论分析. 教育研究与实验，1996 (3).
江光荣.(2000). 人性的迷失与复归:罗杰斯的人本主义心理学. 武汉:湖北教育出版社.
江光荣.(2001). 当事人中心治疗取向在中国文化中的效度. 中国临床心理学杂志，9(3).

江光荣.(2001). 心理咨询中的价值干预. 心理学动态, 9(3): 248-252.
江光荣.(2003). 心理治疗关系之作用机制研究述评. 心理学研究进展, 11(4): 555-561.
江光荣.(2005). 心理咨询的理论与实务. 北京:高等教育出版社.
江有恒, 沈光烈.(1947). 职业教育. 上海:正中书局.
乐国安.(2003). 咨询心理学. 天津:南开大学出版社, 50-51.
李心天.(1991). 医学心理学. 北京:人民卫生出版社.
李愿.(2000). 试论现代系统论对整体与部分范畴的丰富和发展. 宁夏大学学报(人文社会科学版), 22(1):24-29.
林家兴, 王丽文.(2001). 心理治疗实务. 台北:心理出版社.
林孟平.(1988). 辅导与心理治疗. 香港:商务印书馆.
林孟平.(1993). 小组辅导与心理治疗. 香港:商务印书馆.
林孟平.(1995). 以健康自我形象为核心的全校参与辅导. //萧炳基, 谭添钜. 教育质素:不同卓识之汇集. 香港:香港教育研究学会.
刘华山.(1998). 学校心理辅导. 合肥:安徽人民出版社.
龙立荣,江光荣.(1994). 中小学生心理辅导与教育理论问题讨论. 教育研究与实验, 1994(2): 40-43.
沙莲香.(1989). 中国民族性.(一). 北京:中国人民大学出版社.
沙莲香.(1990). 中国民族性.(二). 北京:中国人民大学出版社.
沈渔邨.(1991). 精神病学. 北京:人民卫生出版社.
孙颂贤,修慧兰.(2002). 家族治疗理论的家庭系统观. 辅导季刊, 38(3):41-47.
唐钺.(1982). 西方心理学史大纲. 北京:北京大学出版社.
汪新建.(2004). 关系的探究与调整:西方家庭治疗的新视角. 南京师范大学学报(社会科学版), 1: 88-92.
王文珮.(2001). 香港大学的学生辅导. //樊富珉, 陈启芳, 何镜炜. 香港高校学生辅导. 北京:清华大学出版社, 128-157.
王玉凤, 沈渔村.(1989). 学龄儿童行为问题综合研究之一:流行病学调查报告. 中国心理卫生杂志, 3(3): 104.
卫生部, 民政部, 公安部, 中国残疾人联合会.(2002). 中国精神卫生工作规划(2002—2010 年). 卫疾控发[2002]96 号文件.
温怡梅, 陈德华.(1990). 辅导学的历史与发展. //吴武典. 辅导原理. 台北:心理出版社,45-72.
吴武典.(1990). 辅导的基本理念. //吴武典. 辅导原理. 台北:心理出版社, 1-44.
武斌.(1992). 现代中国人. 沈阳:辽宁大学出版社.
徐声汉.(1996). 中医的心身观念与心理治疗的启示. //曾文星. 华人的心理与治疗. 台北:桂冠图书公司, 391-415.
燕国材.(1988). 中国心理学史资料选编. 第 1-4 卷. 北京:人民教育出版社.
杨国枢.(1984). 大学生的心态与行为. 台北:黎明文化事业公司.

杨国枢.(1985). 现代社会的心理适应. 台北:巨流图书公司.

游淑华.(2001). 有关"家庭关系"研究的省思——系统及生态的观点. 辅导季刊, 37(4): 38-44.

俞国良.(2001). 我国中小学心理健康教育的现状与发展. 教育科学研究,62-69.

俞晓敏, 江光荣.(2004). 心理求助行为及其影响因素. 中国心理卫生杂志, 18(6): 426-428.

喻本伐, 熊贤君.(1991). 中国教育发展史. 武汉:华中师范大学出版社.

曾文星, 徐静.(1989). 心理治疗. 北京:人民卫生出版社.

曾文星,徐静.(1996). 心理治疗理论与分析. 台北:水牛出版社.

曾文星.(1996a). 文化、心理与治疗. //曾文星. 华人的心理与治疗. 台北:桂冠图书公司, 1-26.

曾文星.(1996b). 从文化的角度谈中国人的心理治疗. //曾文星. 华人的心理与治疗. 台北:桂冠图书公司, 655-678.

曾文星.(2001). 家庭的关系与家庭治疗. 北京:北京医科大学出版社.

张伯源, 陈仲庚.(1986). 变态心理学. 北京:北京科学技术出版社.

张春兴.(1991). 现代心理学. 台北:东华书局.

张春兴.(1992). 张氏心理学辞典. 上海:上海辞书出版社.

张岱年, 程宜山.(1990). 中国文化与文化论争. 北京:中国人民大学出版社.

张海钟.(1995). 论心理健康标准的社会适应论. 教育研究与实验,1995(4).

张洪林.(1996). 正本清源:还气功本来面目. 北京: 中国社会科学出版社.

郑延平, 等, 译.(1987). DSM-3-R 修订版(DSM-3-R)分类诊断标准. (内部交流). 长沙:湖南医学院精神病学研究室,邵阳市精神病医院.

中共中央.(2006). 中共中央关于构建社会主义和谐社会若干重大问题的决定. 北京:新华社,2006 年 10 月 18 日.

中国心理卫生杂志社.(1993). 心理卫生量表评定手册.

中国心理学会.(2007). 中国心理学会临床与咨询心理学专业机构和专业人员注册标准.(第一版). 心理学报, 39(5):942-946.

中国心理学会临床与咨询心理学专业机构与专业人员伦理守则制定工作组.(2007). 中国心理学会临床与咨询心理学工作伦理守则.(第一版). 心理学报, 39(5):947-950.

中华人民共和国教育部.(1999). 关于加强中小学心理健康教育的若干意见. 教育部教基[1999]13 号文件.

中华人民共和国教育部.(2001). 教育部关于加强普通高等学校大学生心理健康教育工作的意见. 教社政[2001]1 号文件.

中华人民共和国教育部.(2002). 中小学心理健康教育指导纲要. 北京:人民教育出版社.

中华人民共和国劳动和社会保障部.(2002). 心理咨询师国家职业标准.

中华人民共和国卫生部.(2002). 2001 年中国卫生统计提要.

中华神经精神科学会, 湖南医科大学精神卫生研究所.(1989). 中国精神疾病分类方案与诊断标准.(第二版).
中华职业教育社.(2003). 社章. 中华职业教育社网站.
钟友彬.(1988).中国心理分析:认识领悟心理疗法. 沈阳:辽宁人民出版社.
朱旭,江光荣.(2010).咨询过程的深度:一个三维模型的探索.中国心理卫生杂志,24(1):7-12.